U0739626

在文学与历史之间

纪念五四运动100周年学术研讨会论文集 上

北京鲁迅博物馆
（北京新文化运动纪念馆） 编

上海三联书店

目录

上编：五四新文化运动研究

003　材料、诠释与价值重估

　　——百年五四运动史研究之检视（欧阳哲生）

028　走出求法与传道的留学怪圈

　　——中国百年留学现象的反思（赵京华）

049　对五四新文化的制衡与反思

　　——从《学衡》到《东南论衡》（沈卫威）

070　"认识性装置"的建构与运作：以五四现代人道主义思潮

　　　运动为例（张先飞）

095　五四白话诗杂谈（沈长庆）

110　旧垒新声：汪辟疆与中国现代新文学

　　——对新文化运动后新旧文学之间非对抗性关系的一例

　　　个案考察（邵宁宁）

129　重述百年文学史进程中的五四传统及左右两翼（李林荣）

138 再造文明与复古革命

——世界史上的五四（韩琛）

166 尺牍之间的"文白之变"

——《新青年》同人应用文改革之实践（刘静）

176 五四时期进步报刊微观研究

——以浙江省博物馆藏《赤城丛刊》为例（熊彤）

198 1922：新文化运动在香港

——以《香港策群》为视点（李明刚 张鸿声）

217 对儒家文化的选择性继承与改造

——从 1922—1924 年《学衡》看"学衡派"的历史文

化选择（汤昭璇）

234 胡适"科学"观念的现代性反思（沈庆利）

252 五四时期"问题与主义"之争中的胡适形象（林建刚）

263 安徽博物院藏胡适手书十言联考证

——兼谈胡适与歙县许承尧家的交往（闫启鑫）

274 罗家伦与 1941 年陪都重庆沙磁文化区的五四纪念（凌

孟华）

295 新文化运动的"主义"对话

——以青年张闻天的文学、思想为中心（熊权）

316 《儿童文学之管见》的修改（乔世华）

330 也谈五四时期欧阳予倩离开南通的时间及佚信

——对吴修申《关于欧阳予倩的两则札记》的补正（景李斌）

354　中国传统白话小说之争与五四文学革命

　　——以钱玄同、胡适为例（王小惠）

375　痴狂叙事与现代中国小说的源起

　　——以《狂人日记》《沉沦》等为例（裴争）

上编：五四新文化运动研究

材料、诠释与价值重估

——百年五四运动史研究之检视

欧阳哲生（北京大学历史学系）

　　五四运动是一个意义不断延伸的名词。最初它只是对 1919 年 5 月 4 日学生运动的指称。1919 年 5 月 19 日《民国日报》载北京中等以上学校学生联合会《致各省各团体电》首揭："五四运动，实为敌忾心之激发，亦即我四千年光荣民族性之表见。"5 月 20 日《晨报》刊北京学生联合会《罢课宣言》称："外争国权，内除国贼，'五四运动'之后，学生等以此呼吁我政府，而号召我国民，盖亦数矣。"所谓"五四运动"即指此意。随着运动的发展，6 月 5 日上海发生"三罢"，全国许多大中城市纷纷响应。7 月蔡晓舟、杨亮工编辑"第一本五四运动史料"——《五四》，随即将叙述"五四运动"范围扩大到 5、6 月份全国各地的爱国运动。① 五四运

---

① 又参见沈仲九：《五四运动的回顾》，载《建设》第 1 卷第 3 号，1919 年 10 月 1 日。沈文开首即道："1919 年 5 月 4 日，北京几千学生因为政府对付山东问题有失败的消息，大家联合起来用示威运动的法子去表示真正的民意，后来罢学罢市的运动，都是继续这运动的，也都可包括在这个'五四运动'名词内。"

动后来有一个扩大版，既包括 1915 年陈独秀创刊《青年杂志》以来提倡的思想革命、反孔教运动、提倡新道德、新文学，又涵盖 1919 年的学生运动和各地的市民运动、工人罢工、抵制日货运动。对五四运动的这种"广义"界定，实际包含社会政治、思想文化两个层面，"五四新文化运动"这一名称即是对五四运动具有复合性质的概括。陆定一《评性教育运动》（载 1927 年 1 月 18 日《中国青年》第 148 期）可能最早使用了这一名称。[①] 陈伯达《论五四新文化运动》（载 1937 年 6 月 15 日《认识月刊》创刊号）一文对这一名称的时限（1915—1923 年）、内容有意识地做了界定。[②] 最早出现的新文化运动、五四运动研究著作——伍启元著《中国新文化运动概观》（上海：现代书局，1934 年初版）、陈端志著《五四运动之史的评价》（上海：生活书店，1935 年初版）对新文化运动、五四运动的处理都带有泛化的倾向。华岗著《五四运动史》（上海：海燕书店，1951 年）是较早依据新民主主义革命理论展开五四运动历史叙事的代表性著作。海外五四运动史研究则首推周策纵先生专著《五四运动史》，该书《导论》从广义的角度对"五四运动的定义"作了最初的学术梳理。[③] 今年时逢五四运动百年，百年回看

① 陆定一此文在评述国内性教育运动的派别时，指出"性史"派"这派的代表是张竞生。这派的形成，要从五四新文化运动说起。从五四以后接受新思潮的人的分化，使一部分跑到政治运动的路上，而另外一部分则钻进了文学与艺术的圈子里"。

② 陈伯达此文称："'五四'——这只是表示了这次新文化运动整个时代的里程碑。这次新文化运动的整个时代，事实上应该上溯到民国四年《新青年》的出版（五四前四年），而以民国十年关于社会问题的讨论和民国十二年所谓'人生观之论战'为终点（五四后四年），接着'人生观之论战'，便是政治上狂风暴雨的时代了。"

③ Chow Tse-tsung, *The May Forth Movement：Intellectual Revolution in Modern China*, Cambridge, Massachusetts：Harvard University Press, 1960. pp. 1 - 6.

五四，从学术史视角检讨五四运动史研究实有必要。

一、五四运动史文献材料的解读

历史研究的基础是史料。傅斯年曾言："史学便是史料学。""但史料是不同的，有来源的不同，有先后的不同，有价值的不同，有一切花样的不同。比较方法之使用，每每是'因时制宜'的"。① 史料之鉴别本身就是一个问题，没有史料依据的历史研究实为无根之谈，不对史料之来源、价值、先后次序有一清晰的了解，就谈不上历史研究，作为历史学的五四运动研究自不例外。

五四运动的文献材料主要有三个来源：当时的报刊、亲历者的回忆和评介、保存的档案。

周策纵先生的《五四运动史》一书出版后，他曾将自己撰著此书所参阅的材料编辑过一本《五四运动研究资料》，这本资料几乎不为国内学界所关注。该书第一部分《五四时期的期刊与报纸》详列《期刊标题索引》、《编者与贡献者索引》、《新创期刊 1915—1923》、《五四事件后改进的旧期刊》、《支持新文化运动的主要报纸》。② 从其所列五四时期期刊报纸（604 种）可见，周先生研究五四运动史的原始文献材料主要是报刊。实际上，最初编撰的几本有关五四运动小册子也是如此，杨亮工当年编辑《五四》一书之所以

---

① 傅斯年：《史学方法导论·史料论略》，收入欧阳哲生编：《傅斯年文集》第 2 卷，北京：中华书局，2017 年，第 327 页。

② Chow Tse-tsung, *Research Guide to the May Forth Movement*, Cambridge, Massachusetts：Harvard University Press, 1963. pp. 1 - 129.

速成，即是因其所编乃是以当时的报纸报道为主要材料来源。[①] 1950年代以后基于中国革命史研究的需要，人民出版社影印出版革命期刊19种，其中包括五四时期的《新青年》、《每周评论》、《星期评论》、《共产党》等。1958—1959年人民出版社出版《五四时期的期刊介绍》（三集）亦是出于同样目的，其选辑期刊范围受到限制，最具新闻性的报纸不在其列。1980年代人民出版社影印革命期刊26种，其中有《星期评论》、《少年中国》、《新社会》、《北京大学学生周刊》、《秦钟》、《觉悟》、《共进》等五四时期的期刊。报刊是研究五四运动史的主要材料来源，这与当时新拓的公共空间有着密切的关系。

期刊在宣传新文化、展开思想启蒙方面功不可量，但新闻传播的主要渠道是报纸。《晨报》、《申报》、《民国日报》是五四时期最负盛名的报纸，这些报纸在1980年代得以影印出版。周策纵先生所提支持新文化运动的主要报纸，除了人们熟知的《国民公报》、《京报》、《晨报》、《时事新报》、《民国日报》外，还有北京的《国风日报》、天津的《新民意报》。报纸是报道五四运动的主要传媒，也是大众百姓的主要信息渠道。报纸的倾向直接影响舆论导向。如果说，青年知识分子从北大系统的《新青年》、《新潮》获取思想启蒙的灵感，《国民公报》、《京报》、《晨报》、《时事新报》这些研究系主导的报纸则开辟了五四新文化运动的另一个战场，他们互为倚角、相互奥援，吸纳了包括李大钊在内的一批北大新派师生加盟。

---

① 杨亮工（功）编辑该书称："一由于一切事实皆为当时己身之所亲历，一由于一切文电舆论皆为当时各地报章所登载，俯拾即是。"杨亮功：《早期三十年的教学生活：五四》，合肥：黄山书社，2008年，第97页。

以《晨报》为例，它在 1919 年五四运动中，追踪报道巴黎和会对青岛问题交涉的进展，及时传播北京学生运动和各地响应的情形，揭露北洋政府的政情内幕，大篇幅地宣传新思潮（特别是社会主义）。《晨报》快捷的新闻报道、明确的舆论引导，发挥了期刊难以替代的作用，它是当时北京最具影响力的报纸。

亲历者的回忆和评介是五四运动史的第二个重要材料来源。匡互生 1925 年在《立达季刊》发表的《五四运动纪实》可能是最早的回忆文字。从此，五四运动学生一方人士陆续撰写回忆录，回顾这次事件的亲历见闻。1949 年"五四"三十周年前后，五四回忆迎来了第一个浪潮，以后在 1959 年再推高潮。[1] 1979 年中国社会科学出版社出版三大册《五四运动回忆录》可谓集五四回忆之大成。从整理而成的《五四时期老同志座谈会纪录》可见这些进入耄耋之年老人的激动情绪。[2] 他们满怀革命激情，回顾自己青年时期追求进步、投身五四运动的光荣历史。这些回忆文字有些是自己亲撰，有些可能系经人整理。由于年岁已高，其中有些细节可能并不确切。以周予同先生的回忆为例，关于"火烧赵家楼"一幕，他曾在 1933 年、1959 年、1979 年三次回忆中都提及，1933 年他撰文纪念逝去的匡互生，只是说"五四"当天："当时匡互生最起劲，因为得不到武器，于是分头带火柴和小罐煤油等等。"并未具体说谁放的火，"我当时被群众所挤，仆倒在地，因为忽传警察开枪，有许多人从前面反退下来，所以没有走进曹氏住宅，不知互生兄曾做

---

① 参见中国科学院第三历史研究所编：《五四运动回忆录》，北京：中华书局，1959 年。《光辉的五四》，北京：中国青年出版社，1959 年。

② 参见中国社会科学院近代史研究所编：《五四运动回忆录》（续），北京：中国社会科学出版社，1979 年，第 1—22 页。

了些其他什么工作。"① 1959 年他再写《五四回忆片断》，虽没有指名道姓是谁放的火，但也认可为学生放火，"冲进上房的卧室，没有看见人影，打开台子的抽屉，也没有什么重要文件；于是带有火柴、火油的同学们便将卧室的帐子拉下一部分，加上纸头的文件，放起火来了。这一举动没有得到所有在场同学的赞同，火焰在短时间内也并不旺扬。"② 而在 1979 年再回忆这一场景时，他将与上述情景相关的人物一一对号入座，且说自己参与打砸汽车和点火烧宅。"院子里停着曹汝霖的汽车，我满怀愤怒一拳把车窗玻璃打碎，自己的手也划破了，鲜血淋漓"。"我们找不到几个卖国贼，便要烧他们阴谋作恶的巢穴。于是匡互生便取出火柴，同我一起将卧室的帐子拉下一部分，加上纸头的信件，便放起火来了。这一举动，被担任游行大会主席的北大学生段锡朋所发觉，跑来阻止我们说：'我负不了责任！'匡互生毅然回答：'谁要你负责任，你也确实负不了责任。'我俩将火点着，而火焰在短时间内并不旺扬。"③ 这样，匡互生不仅成了第一个砸窗跳进曹宅的好汉，而且是放火烧赵家楼的英雄。这三次回忆，一次比一次细腻，他的叙说带有"故事新编"的性质，且不乏将自己带入故事的情节。类似的情形其他人也不乏有之。由于五四运动在革命史的地位越来越高，以至参与这一运动者"老夫聊发少年狂"，重新焕发青年时代的激情，热衷把自

---

① 周予周：《五四前夕——悼互生兄》，原载《立达学园园刊》1933 年。收入北京师范大学校史资料室编：《匡互生与立达学园》，第 94—95 页。

② 周予同：《五四回忆片断》，原载《展望》1959 年第 17 期。收入北京师范大学校史资料室编：《五四运动与北京高师》，第 30—31 页。

③ 周予同：《火烧赵家楼》，收入北京师范大学校史资料室编：《五四运动与北京高师》，第 36—37 页。

己嵌入五四的大剧。尽管如此，对于五四运动是如何运动起来的，我们除了依赖这些当事的运动人士自述以外，别无选择，至于其真实性，只有通过相互核验、前后比勘才能做出较为符合实情的判断。

曾在北洋政府担任过政府官员职务的"遗民"也不甘寂寞。顾维钧在他的回忆录中详细披露了中国代表参与巴黎和会的谈判过程，拒签和约成为他外交生涯的亮点之一。[①] 曹汝霖在他晚年的回忆录中以"五四运动终身受冤诬"为题表达自己的心曲，把"五四"运动以后愈演愈烈的群众运动，"推原祸始，未始非五四运动为之厉阶也"。[②] 由于立场不同，当事者回忆的差异几乎是截然对立。

海峡对岸的文化老人并没有沉默。联合报社 1979 年将台湾回忆五四的文字辑成《我参加了五四运动》出版。毛子水以"不要怕五四，五四的历史是我们的！"为题明确表达争夺五四话语权的意愿。但如把这本小册子与三大册《五四运动回忆录》放在一起，就不难看出两岸用力的极不对称。五四运动这一话题当时在台岛仍是一个禁忌。

档案是历史研究的硬件，但在五四运动史研究中，却是一个弱项。按理说，档案是最原始的文献，现有关涉五四运动的档案文献主要为官书文档，收藏于政府机构之中，故档案文献在前期的五四运动史研究（1979 年以前）中几乎很少利用，所以档案反而成为

① 参见中国社会科学院近代史研究所译：《顾维钧回忆录》第 1 册，北京：中华书局，1983 年，第 172—234 页。
② 曹汝霖：《曹汝霖一生之回忆》，台北：传记文学出版社，1980 年再版，第 159 页。

摆在第三位的材料来源。与回忆录具有私人性质不同，档案带有"官方"性质，既然是官方的，在革命话语中则被视为反动政府的文件，因而被弃置不用，即使利用也是从反面理解，基本持不信任态度。政府档案作为五四运动的基础性资料，对了解北洋政府的动态至关重要。由于历史上种种原因，现存有关五四运动的档案资料并不多。现在整理出版的主要有：（1）中国社会科学院近代史研究所、中国第二历史档案馆史料编辑处编《五四爱国运动档案资料》，内收第二历史档案馆馆藏北洋政府时期关于五四运动的档案资料。据"编辑说明"，该书是"为纪念五四运动六十周年"在王可风生前主持编辑的"《五四运动史料汇编》初稿基础上，增删调整"而成。[①] 全书共分为三大部分：一、五四运动发生的历史背景；二、五四爱国运动经过；三、五四期间新思潮的传播。该书第二部分内容，为人们了解五四运动的政治情势、特别是北洋政府方面处置运动的举措提供了基本材料。该书所收材料有一部分来自于北京《政府公报》，它显属半公开的官文，并不是秘藏的档案。从编者对所选资料新加的标题，可以看出编者所持的政治立场。（2）《近代史资料》编辑部主持，天津历史博物馆整理《秘笈录存》（"近代史资料专刊"之一，中国社会科学出版社 1984 年 8 月初版。知识产权出版社 2013 年再版，对初版讹误有所订正）。五四运动的直接起因是北洋政府与巴黎和会的外交问题。1927 年，曾任北洋政府总统府秘书长的吴世缃，将秘书厅所存巴黎和会与华盛顿会议期间北京政府与和会代表及驻外使馆的往来文电等档案汇集为《秘笈录存》

---

① 中国社会科学院近代史研究所、中国第二历史档案馆史料编辑处编：《五四爱国运动档案资料》，北京：中国社会科学出版社，1980 年，"编辑说明"。

（未定稿）一书。当初吴世绅编辑此书，其目的在于"使后人知我国在会经过困难真状"，故其在资料选择上对北京政府有明显的回护之意，一些地方还有所删隐。(3)《北京档案史料》2009年第2期《档案中的北京五四》专辑。该书收入北京市档案馆藏档案史料12组，以及中国社会科学院近代史研究所藏、1919年7月编辑的《五四》中未行重刊的"文电录要"，和连载于《北京青年报》的6篇五四档案解读文章。[①] 这是有关五四运动档案的最新曝光。上述三种档案材料的披露，为我们了解五四运动时期北洋政府掌握的内部资讯和应对举措提供了直接依据。近年来，有的学者根据发掘的档案材料研究北洋政府与参加巴黎和会的中国代表处理对德和约的真实态度，取得了新的成果。[②]

　　从报纸的新闻报道，可见五四运动的进展、规模和各方反应；从个人回忆，能够了解各方人士介入运动的内情和运动的操作；从官方档案，可以看出北洋政府是如何处置运动的。这些材料体现了五四运动的不同侧面。若单独使用这些文献材料，可见五四运动某一侧面，如合而观之，也许可能得到一个比较全面、均衡的认识。历史研究追求客观、真实、公正，但五四运动的史料来源蕴藏着不同价值取向的矛盾，这些材料明显带有强烈主观色彩和价值取向，我们使用时从一开始就很容易产生一种不同价值冲突集于一身的感觉。对于这些不同价值取向的材料，我们既需要作回到"历史现

---

① 参见梅佳：《档案中的北京五四——写在前面的话》，载《北京档案史料》2009年第2期，第2页。

② 参见邓野：《巴黎和会与北京政府的内外博弈：1919年中国的外交争执与政派利益》，北京：社会科学文献出版社，2014年。唐启华：《巴黎和会与中国外交》，北京：社会科学文献出版社，2014年。

场"的细密考证，又要以"后五四时代"超越心态保持对它们的距离感。

二、五四运动史：主义与诠释的交织

随着新文化运动的兴起，欧美的各种新兴思潮、各种主义涌入中国，五光十色的外来思潮相互激荡，中国成了外来新思潮的竞技场，"五四"以后进入一个主义混战的时代。主义的兴盛反过来对认识、解释五四运动投射新的光影。从不同主义的视角诠释五四运动，五四运动研究呈现多元的状态。这是一个充满争议的事件。

首先是国家主义与个人主义的矛盾。青年党领导人曾琦指出五四运动具有"可贵之价值"与"特有之意义"。"在五四以前，中国非无卖国贼，非无媚外政府也，前清末叶，政府擅与外人缔结不平等条约，丧地不知几千里，赔款几万万，顾当时人民视若无睹，不闻起而制裁之，此何以故？盖国家观念尚未发达，国民意识尚未养成，因而对国权之丧失，自然无所感觉。至五四时代，则国家观念已发达，国民意识已养成，对于国家权利之丧失，有如私人财产之损害，痛心疾首，愤起抗争，此种爱国运动，实为'国家主义运动'"。[①] 他把五四运动归究为国家主义运动的功劳。1935年胡适为纪念五四，则给予了完全相反的意义诠释："民国六七年北京大学所提倡的新运动，无论形式上如何五花八门，意义上只是思想解放与个人的解放。""近几年来，五四运动颇受一班论者的批评，也

---

① 曾琦：《五四运动与国家主义》，收入陈正茂、黄欣周、梅渐农编：《曾琦先生文集》上册，台北："中研院"近代史研究所，1993年，第394页。

正是为了这种个人主义的人生观"。[1] 这种把五四运动个人主义化、自由主义化的努力，更强调五四运动思想解放的性质和世界主义的视域。

国共两党由于所抱持的主义不同，对五四运动的认识也有很大差异。国民党先后以《民国日报》、《中央日报》为主要阵地，在"五四"周年的日子十余次发表社论、纪念文章，根据不同时期国民党的政治需要，着力把五四运动的功劳归究孙中山的领导，将五四精神三民主义化。[2] 从1930年代中期新启蒙运动以后，共产党及其左翼对五四话语的建构显露其自身的特色。毛泽东代表中国共产党人在《新民主主义论》中对五四运动的性质、背景、阶级成分和历史作用给予了新的诠释：第一，"五四运动是反帝国主义的运动，又是反封建的运动。五四运动的杰出的历史意义，在于它带着为辛亥革命还不曾有的姿态，这就是彻底地不妥协地反帝国主义和彻底地不妥协地反封建主义"。第二，"五四运动是在当时世界革命号召之下，是在俄国革命号召之下，是在列宁号召之下发生的。五四运动是当时无产阶级世界革命的一部分"。第三，五四运动"是共产主义的知识分子、革命的小资产阶级知识分子和资产阶级知识分子（他们是当时运动中的右翼）三部分人的统一战线的革命运动"。第四，"五四运动是在思想上和干部上准备了一九二一年中国共产党的成立，又准备了五卅运动和北伐战争"。据此，他认定五四运动

---

[1] 胡适：《个人自由与社会进步——再谈五四运动》，载《独立评论》第150号，1935年5月12日。

[2] 相关论述参见欧阳哲生：《纪念"五四"的政治文化探幽——1949年以前各大党派报刊纪念五四运动的历史图景》，载《中共党史研究》2019年第4期。

是新民主主义革命的开端。① 毛泽东一锤定音，他的论断日后成为马克思主义者研究五四运动史的经典。

国共两党对五四运动的主要争执也许并非运动的性质，而是运动的领导权，双方都希望"五四"为我所用。对于五四运动的经过、性质，1930 年代中期，学界并无太大分歧。通读伍启元著《中国新文化运动概观》、陈端志著《五四运动之史的评价》，我们可感受到左翼的新启蒙运动与两著的论述方式、使用话语有接近、甚至基本相似之处。陈端志以"五四运动是反帝反封建的启蒙运动"作为结论，这似乎是当时知识界的共识。②

国共两党对五四运动领导权的争执，是其政治分歧在历史领域的延伸。因此，对五四运动的诠释，不仅是一个历史问题，而且与各自的意识形态建构密切相联。抗战以后，国共两党基于各自的政治需要，特别是为了争夺青年资源，加大了对"五四"话语权的争夺，五四运动遂成为意识形态之战的重要组成部分。

新民主主义革命理论对五四运动史研究影响至深。东北大学编《五四纪念文辑》（东北新华书店，1950 年）、华岗著《五四运动史》（上海：海燕书店，1951 年）、胡华编著《中国新民主主义革命史》（初稿。北京：人民出版社，1952 年）和何干之主编《中国革命史讲义》（北京：高等教育出版社，1957 年）叙述五四运动的内容，在理论上基本遵循毛泽东的定调，对无产阶级领导权、俄国十月革命对中国的影响、五四运动与中国共产党成立的关系做了有力

① 毛泽东：《新民主主义论》，收入《毛泽东选集》第二卷，北京：人民出版社，1991年，第699—700 页。
② 陈端志：《五四运动之史的评价》，上海：生活书店，1936 年二版，第260 页。

阐述，可谓新民主主义理论的具体文本解释。1980年代出版的李新、陈铁键主编《伟大的开端》（北京：中国社会科学出版社，1983年）、彭明著《五四运动史》（北京：人民出版社，1984年）在内容上虽作了较大篇幅的扩展，在叙事细节上亦多有拓新，但在理论上仍将五四运动史的论述维持在新民主主义革命的框架中未变。五四运动的革命性意义渐次在众多的论著中被消化殆尽。传统的革命史范式开始遇到"新革命史"思路的挑战。

新时期五四运动诠释出现了新的转向。首先是重新确认新文化运动打出的民主、科学两面大旗在思想解放中的历史作用，充分肯定新文化运动批判礼教、破除旧习的启蒙工作。这一突破开始是与"反封建"的革命性意义联结在一起，后来演变成为现代化建设的方向，成为中国社会从传统向现代转型的助推器。追求民主、发展科学是中国现代化的硬道理。按照这样一种新思维，在新文化运动中起过重要历史作用的蔡元培、陈独秀、胡适获得重新评价，新文化的闸门得以重启，新时期的思想解放运动直接以五四新文化运动的启蒙工作为先导，两者建立起新的历史联系，思想解放的潮流奔腾向前。在学术层面，五四运动史研究从此获得了前所未有的全面开发。

1990年代中国文化的发展伴随国学的复兴，呈现出新的多元思路。曾经被当作新文化运动批判对象的梁启超、梁漱溟、东方文化派、学衡派，他们的文化思想作为新文化的另一种见解、另一条建设思路，其合理性和存在意义受到了尊重和包容。新文化的面目由此又显得模糊难辨，新中有旧，旧中有新，不新不旧，新旧杂存。在新民主主义革命理论框架内五四运动之所以获得高评，在于它在政治层面具有"反帝反封建"的革命性意义，在于它作为群众运动所演示的成功的社会动员，随着革命转向建设，群众运动在法治的框架下被严格限制，五四运动所包含的社会政治意义受到了极大的消解，以致人们倾向将新文化运动与五四运动区别开来，胡适晚年以为五四运动"是一场不幸的政治干扰"的观点重新抬头，新时期的五四运动史研究更多地是在思想文化层面展开。如果说，过去人们习用"五四"涵盖新文化运动，现在反过来，出现了有以新文化运动取代五四运动的倾向，人们更愿把五四运动作为新文化运动进程中的一个"事件"来处理。"五四"青年节作为新的思想解放象征，仿佛成了知识分子的节日。

三、五四运动历史意义的"价值重估"

我们现今已进入"后五四时代"。从新文化运动扬西抑东的东西文化观到今日中国民族文化的伟大复兴，从以群众运动的方式谋求社会解放、民族解放到现在以法治规范公共秩序，从个性解放、思想解放到追求以人为本、社会福利、国家创新能力，"五四"以来中国现代化运动已经大踏步迈入新的更高台阶。当年陈独秀呼唤的民主、科学已成为中国现代化事业的主流选择和核心价值。我们回首渐渐远去的"五四"背影正在隐身到时代的幕后。随着时间的推移，我们时代的诸种特征与"五四"渐行渐远。

历史之树常青。历史的意义常常是在过去与现实、当前与未来的碰撞中迸发。若从"后五四"的角度检视，站在时代的高度反思百年中国走过的历程，五四运动之所以成为一个具有历史里程碑意义的事件，在于它是现代性在中国生根的一个显著标志。现代性元素伴随西力东渐从晚清依稀出现在中国，人们对它的认同是艰难的、犹疑的，现代性在中国的成长经历了一个演变过程。国人从传统的农业文明转向对近代的工业文明的认同，从古老的家国天下的帝制秩序到自由、民主、自治的共和制的转向，从传统的儒教伦理到容纳个性解放的新文化秩序的确认，在近代中国是一个突发、快速、激变的过程。

1915 年 9 月 15 日陈独秀创办《青年杂志》，其意是重塑青年形象，他的创刊宣言《敬告青年》即道明其宗旨所在。如果把他这篇文章与梁启超在 1900 年 2 月 10 日刊于《清议报》的《少年中国说》相比，可以看出二者一脉相承之处，二者都把中国的希望寄托在少年、青年身上。重新塑造中国少年、青年是两文的用力所在。比较而言，梁启超的"少年"是朦胧的、想象的，陈独秀的"青年"却是明确的、现实的，他提出青年的六大特征：（一）自主的而非奴隶的。（二）进步的而非保守的。（三）进取的而非退隐的。（四）世界的而非锁国的。（五）实利的而非虚文的。（六）科学的而非想象的。无一不是具有现代性特征。在陈独秀带领下，《新青年》杂志作者群形成了一股探讨青年问题和青年人生观的热潮。高一涵以长文《共和国家与青年之自觉》寄希望青年"自居于国家主人之列"，担负起建设民主政治之责任。他对"何为共和?"、"何为共和精神?"、"何为政府、人民责任?"、"如何改造青年之道德?"这一系列关乎时局的政治问题做了清晰的解答。指出青年"自觉之道"在于"炼志"、"炼胆"、"炼识"，以担负共和主人之重任。[①] 高一涵这篇文章是在 1915 年 9 月至 12 月连载，此时正是袁世凯酝酿

---

① 高一涵：《共和国家与青年之自觉》，载《青年杂志》第 1 卷第 1—3 号，1915 年 9 月 15 日—11 月 15 日。

复辟帝制之时，高一涵在文中强调青年对于共和制的认同，实则就是反对袁世凯复辟帝制，这是在进入共和制状态下对青年身份认同所做的新的确认。高语罕注意到"青年与国家前途"之密切关系。"欲国之强，强吾民其可也；欲民之强，强吾青年其可也，强之之道奈何？曰导正其志趣也，曰培养其道德也，曰发扬其精神也。顾精神之发扬，道德之培养，志趣之导正，首须研究青年之障碍，继说明人生之究竟，终则详论国民之责任。"[①] 李大钊呼唤"青春"，他认识到"青年之自觉"，"一在冲决过去历史之网罗，破坏陈腐学说之囹圄"，"一在脱绝浮世虚伪之机械生活，以特立独行之我，立于行健不息之大机轴"。他以豪迈的气概发出了时代的强音："以青春之我，创建青春之家庭，青春之国家，青春之民族，青春之人类，青春之地球，青春之宇宙。"[②] 这些激昂的文字对"新青年"形象做了浓墨重彩地勾勒，他们关注的主题是培植青年的"自觉"意识，是刷新青年的精神面貌，是青年对共和制的身份认同。新文化运动的最大成果就是唤醒了一代青年，也造就了一代青年，使他们自觉"新青年"的职责。身处共和制架构中的青年分子由此找到了自己不同于旧的科举制中的传统士人安身立命之处，开始拓展一片新的天地。五四运动主要是由一批具有新思想、受到新思想洗礼的学生发动的，可以说没有新文化运动就没有五四运动，这是二者的关联之处。

现代性之确认伴随新的思想解放。这一过程与对传统儒教伦理的批判甚至颠覆分不开，这突显在对近代文明的认知上。传统儒家

① 高语罕：《青年与国家之前途》，载《青年杂志》第1卷第5号，1916年1月15日。
② 李大钊：《青春》，载《新青年》第2卷第1号，1916年9月1日。

以谦曲、文弱为美，崇尚安逸、田园诗般的农家生活，这种道德观、价值观在新文化运动中遭到了清算。这突出地表现在对文明与野蛮关系的理解，在新文化运动中发生了极大的变化，这一点过去少见人提及。陈独秀认定，"世称近世欧洲历史为'解放历史'：破坏君权，求政治之解放也；否认教权，求宗教之解放也；均产说兴，求经济之解放也；女子参政运动，求男权之解放也"。"解放云者，脱离夫奴隶之羁绊，以完其自主自由之人格之谓也"。以此为鉴别，"有独立心而勇敢者"为贵族道德，"谦逊而服从者"为奴隶道德。与对独立人格的尊崇一致，是对进取心的推许。"欧俗以横厉无前为上德，亚洲以闲逸恬淡为美风；东西民族强弱之原因，斯其一矣"。[①] 他比较东西文明，称"西洋民族以战争为本位，东洋民族以安息为本位"；他对热衷战争一方反而作了肯定，"西洋民族性恶侮辱，宁斗死；东洋民族性恶斗死，宁忍辱。民族而具如斯卑劣无耻之根性，尚有何等颜面，高谈礼教文明而不羞愧"。[②] 文明与野蛮的对立关系在相互转化，"强大之族，人性，兽性，同时发展"。所谓"兽性"，谓意志顽强、体魄强健、信赖本能、顺性率真。陈独秀把提倡"兽性主义"列为四大"教育方针"之一（其它包括现实主义、惟民主义、职业主义）。[③] 这种对"野性"的偏爱似乎成为新青年的精神特征。毛泽东在《体育之研究》对文明与野蛮的关系亦作了新的辨认："近人有言曰：文明其精神，野蛮其体魄。此言是也。欲文明其精神，先自野蛮其体魄。苟野蛮其体魄矣，则文明

---

① 陈独秀：《敬告青年》，载《青年杂志》第 1 卷第 1 号，1915 年 9 月 15 日。

② 陈独秀：《东西民族根本思想之差异》，载《青年杂志》第 1 卷第 4 号，1915 年 12 月 15 日。

③ 陈独秀：《今日之教育方针》，载《青年杂志》第 1 卷第 2 号，1915 年 10 月 15 日。

之精神随之。"① 他非常强调体育，这是身体观的一个重大转变。体育优先是近代教育的一个特点，这与西方的影响密不可分，传统儒家价值观则是把德育放在首位。傅斯年也发出过类似的感慨，1926年8月17、18日他致信胡适说，"我方到欧洲时，是欣慕他的文明，现在却觉得学欧洲人的文化，甚易学而不足贵；学欧洲人的野蛮，甚难学而又大可贵。一旦学得其野蛮，其文明自来；不得，文明不来。近年很读了些野人文学，希望回国以鼓吹神圣的野蛮主义为献拙于朋友"。② 傅氏打算"鼓吹神圣的野蛮主义"的想法与陈独秀提倡"兽性主义"教育的做法如出一辙。作为"新青年群体"的中坚人物，傅斯年与毛泽东不仅见解略同，而且在言语和表述上有相互接近甚至雷同之处。后来鲁迅在《略论中国人的脸》中比较中西脸相特征时得出两个公式：人＋原始性情＝西洋人。人＋家畜牲＝某一种人。他对野畜"驯顺"为家畜所表现的"人性"并不以为然，以为中国人的脸"还不如带些原始性情"。③ 新文化先哲这些对强健体魄、复归野性的呼唤，带有一定的非理性成分，但其对传统文明的大胆批判、对改造国民性的强烈意向不失为"片面的深刻"。现代中国风起云涌的社会运动、翻天覆地的政治革命也许能从脱去羁绊的野性力量的复苏找到某种根源。

五四时期是公共空间大为拓展的时代。"二次革命"以后，袁世凯严酷镇压革命党，控制新闻舆论，公共空间大为压缩。新文化

---

① 毛泽东：《体育之研究》，载《新青年》第3卷第2号，1917年4月1日。
② 傅斯年：《致胡适》，收入欧阳哲生编：《傅斯年文集》，第7卷，北京：中华书局，2017年，第61页。
③ 鲁迅：《中国人的脸》，载北京《莽原》半月刊第二卷第21、22期合刊，1927年11月25日。

运动兴起以后，各地进步青年纷纷起来组织社团，创办报刊，逐渐打破万马齐喑的沉闷局面。据统计，1919 年这一年中全国涌现的新思潮报刊就达 400 余种。[①] 在北京知名的代表性新报刊有《新潮》、《国民》、《北京大学月刊》、《新生活》、《平民教育》、《五七》、《少年中国》、《新中国》、《新社会》、《少年》等。在天津有《天津学生联合会报》、《觉悟》等。在武汉有《武汉星期评论》、《学生周刊》。在长沙有《湘江评论》等。在杭州有《双十》、《浙江新潮》、《钱江评论》等。在四川有《星期日周刊》、《四川学生潮》等。知名的社团有：北大学生组织的新潮社、国民社、马克斯学说研究会、平民教育讲演团等；毛泽东、蔡和森等在长沙发起创建的新民学会；恽代英在武汉发起成立的互助社、利群书社；周恩来等在天津组织的觉悟社；在南昌有改造社。王光祈、曾琦、李大钊等发起组织的少年中国学会是五四时期规模最大的社团，其分支机构和成员遍布全国各地。这些社团虽然宗旨不一，但其成员大多为青年学生，通常以研究问题、揭露黑暗、改造社会、宣传新潮、追求解放为职志。新报刊、新社团如雨后春笋般涌现，公共空间的拓展，为现代社会生活的活跃创造了必要条件。

五四运动是社会解放的时代。五四时期涉及讨论的社会问题包括妇女解放问题、道德伦理问题、贞操问题、男女社交问题、婚姻家庭问题、女子教育问题、儿童问题、人口问题、丧葬问题，讨论问题之广泛前所未有，这是一个社会转型的关键时刻。进步、觉悟、启蒙、解放、革命这些新鲜、劲悍的词汇充满了报章杂志。

---

① 参见方汉奇主编：《中国新闻事业通史》第 2 卷，北京：中国人民大学出版社，1996年，第 1 页。

《新青年》、《新国民》、《新潮》、《新社会》、《新生活》、《新村》、《新生命》、《新教育》、《新文化》、《新新小说》、《新妇女》、《新人》、《新学报》、《新空气》、《新学生》、《新共和》、《新自治》、《新湖南》、《新山东》、《新四川》、《新浙江》、《新江西》……以新字开头的刊物表达了一个共同的心声——去旧迎新，对新世界的憧憬，对新社会的渴望，对新文化的追求成为时代选择的主潮。傅斯年说："五四运动可以说是社会责任心的新发明，这几个月里黑沉沉的政治之下，却有些活泼的社会运动，全靠这社会责任心的新发明。""所以从五月四日以后，中国算有了'社会'了。""中国人从发明世界以后，这觉悟是一串的。第一层是国力的觉悟；第二层是政治的觉悟；现在是文化的觉悟；将来是社会的觉悟。"[①] 五四运动之前难道没有"社会"吗？当然不是。以"五四"为界，前后两个社会是有区别的，"五四"以前的传统社会是以家庭伦理、宗族伦理所支配的社会；"五四"以后的社会是一种新的社会，它处理的主要关系是个人与社会、国家与社会之间的关系，和过去的社会网络关系发生了新的重大变化。傅斯年此语还有一层意思，他在陈独秀所指陈的政治的觉悟、伦理的觉悟之后又加上"社会的觉悟"，这预示着社会的大解放，也就是社会主义运动的来临。正如时人所论，"社会的解放，就是确立社会的民主主义。欧战收局之后，军国主义已经破产了，资本主义也跟着动摇了。各国国内改造底声浪和解放底思潮，奔涌而至。而'五四运动'也应运而生。所以第一个目标就是社会的解放。大家对于以前的制度、组织以及习惯等

---

① 傅斯年：《时代曙光与危机》，收入欧阳哲生编：《傅斯年文集》第1卷，北京：中华书局，2017年，第417、411页。

等，根本的都发生怀疑。不但怀疑而已，并且都感觉非改造不可。而改造底前提，非先要求解放不可，所以社会的解放，尤其切迫紧要"。① 如果说辛亥革命时期的报刊，人们关注的主要是革命与宪政、共和与新政之间的对决这些政治问题，五四时期报刊主要讨论的是各种社会问题。寻找灵丹妙药解决社会问题，是吸引人们研究、传播社会主义及其他思想的基础。社会主义在中国的兴起，决非偶然，从某种意义上说就是适应解决社会问题的需要而来，是对社会解放的渴求。

五四运动是一个"主义"奔放的时代。在传统的儒教秩序崩解以后，主义作为替代物应运而生。主义作为泊来之物，日渐渗透到中国社会生活的各个领域。人们选择主义，政党追寻主义，社会尊崇主义，主义成为理想、信仰、高尚之物。傅斯年高唱"主义"的赞歌，"人总要有主义的"，"没主义的不是人，因为人总应有主义的"；"没主义的人不能做事"；"没主义的人，不配发议论"。他向大家发问，"（1）中国政治有主义吗？（2）中国一次一次的革命，是有主义的革命吗？（3）中国的政党是有主义的吗？（4）中国人有主义的有多少？（5）……中国人一切的新组织、新结合，有主义的有多少？……中国人所以这样没主义，仍然是心气薄弱的缘故。"② 傅斯年这一看法在五四时期具有典型意义。1919 年 6、7 月间，胡适与李大钊、蓝志先在《每周评论》上围绕"问题与主义"的争论，似乎更坚定了人们对主义的信念，从胡适初始提倡"多研究些问题"到其转向谋求解决空谈主义的"弊害"，可以看到这一趋向。陈独

---

① 渊泉：《五四运动底文化的使命》，《晨报》1920 年 5 月 4 日。
② 傅斯年：《心气薄弱之中国人》，载《新潮》第 1 卷第 2 期，1919 年 2 月 1 日。

秀把主义比做方向，"我们行船时，一须定方向，二须努力"。"主义制度好比行船底方向"，"改造社会和行船一样，定方向与努力，二者缺一不可"。① 从此，"主义"成为引导中国社会政治、思想文化向前发展的主潮。任何政党、任何团体、任何学人都离不开"主义"的选择。孙中山意识到有必要将原有的"三民主义"政纲理论化、系统化，并以之改组国民党；② 新兴的共产主义小组则从一开始就以其探求的理想主义建立政党，政党组织与主义的结合、主义的社会化成为中国社会政治向现代转型、升级的一大特征。

　　五四运动产生了新的社会政治动员模式。胡适、蒋梦麟总结五四运动的经验时强调："在变态的社会国家里面，政府太卑劣腐败了，国民又没有正式的纠正机关（如代表民意的国会之类），那时候干预政治的运动，一定是从青年的学生界发生的。汉末的太学生，宋代的太学生，明末的结社，戊戌变法以前的公车上书，辛亥

---

① 陈独秀：《主义与努力》，载《新青年》第8卷第4号，1920年12月1日。
② 孙中山的三民主义思想最初表述在《〈民报〉发刊词》："余维欧美之进化，凡以三大主义：曰民族，曰民权，曰民生。"参见孙文：《发刊词》，载1905年10月20日《民报》第一号。1912年8月25日孙中山《在国民党成立大会上的演说》称："我同盟会素所主张者，有三主义：一民族主义，二民权主义，三民生主义。今民族、民权已达目的，惟民生问题尚待解决。"参见《孙中山全集》第2卷，第408页。1912年9月4日孙中山《在北京共和党本部欢迎会的演说》称："兄弟前曾主张三民主义，民生主义亦即其一端，惟民生主义至今尚未达到。"参见《孙中山全集》第2卷，第441页。这可能是孙中山第一次使用"三民主义"一词。以后"三民主义"一词依稀出现在孙中山的言论中。"三民主义"一词的频繁使用是在"五四"以后，孙中山显然认识到"主义"对政党的重要性。国民党重新提振，其中表现之一就是注意到舆论的重要作用。国民党创办《星期评论》、《建设》，与五四运动有着直接的关系。孙中山晚年演讲"三民主义"，力图使之具有系统化的理论形态，以与其它新兴的各种主义抗衡、竞争。

以前的留学生革命党，俄国从前的革命党，德国革命前的学生运动，印度和朝鲜现在的独立运动，中国去年的'五四'运动与'六三'运动，都是同一个道理，都是有发生的理由。"① 五四运动是对现实国家危机做出的迅捷反应，它与传统的太学生干政传统有着某种历史继承性，但它更具新的现代性意义。首以"运动"标榜，显示出五四运动与戊戌变法、辛亥革命的区别所在。五四运动以前，北大已有颇具影响力的学生社团：新潮社、国民社。北京高师有同言社、健社、工学会。这些学生社团成为发动学生的骨干力量。五四运动爆发后，5月6日北京学生联合会成立，成为主持学生运动中坚枢纽。随后，上海、济南、开封、天津、武汉、长沙等地纷纷成立学生联合会，这些学生联合会起到了联络学生、组织集会、动员各界的作用。"当时政党的力量已经几乎没有，就是最悠久的国民党，它的组织和党员间的联络指挥，远不及这新成立的学生联合会"。五四运动所造就的学生联合会，不仅对推进运动进程发挥了主导作用，而且"对于五四以后的民族革命运动也是很有关系的"。② 直到辛亥革命为止的近代中国革命，主要采用的革命手段是集合志士、联络会党、运动军队、实行起义，而五四运动采取的斗争方法是罢课、罢工、罢市、街头演讲、群众示威、抵制日货。中国革命者的组织形式过去常常是以带着浓厚宗教意味的秘密结社为主，孙中山创建同盟会领导的辛亥革命与会党关系仍很密切；五四运动的组织形式主要是学生会、全国学生联合会、工会、商会。

---

① 胡适、蒋梦麟：《我们对于学生的希望》，《晨报》1920年5月4日。

② 陈端志：《五四运动之史的评价》，上海：生活书局，1936年二版，第237页。又参见李剑农《最近三十年中国政治史》第十一章《中国国民党的改组与北洋军阀的末路》，上海：太平洋书店，1930年，第541—642页。李著有类似的评判。

"这种斗争方法和组织形式，在五四以前亦曾经局部的出现过，但是使这些斗争方法和组织形式在全国规模的运动中，在千百万群众亲身的经历中来大规模的成功的使用，则自五四运动开始。因之，五四运动是中国人民革命的方法与组织形式的一个重大的转变。这对于中国革命运动以后的发展，有着重大影响和意义"[①]。五四运动更具现代意义的革命手段、组织形式、社会政治动员模式是其区别辛亥革命，并将中国革命推向新阶段的重要标志。

五四运动对现代中国青年学生影响深巨。"五四"以后发生的青年学生运动都是以继承"五四"相标榜，而并不以辛亥革命、或戊戌变法的继承者自居，说明中国青年运动的确发生了新的转向。五四运动精神及其时代意义从事件发生的当月就被人们开始解读。罗家伦诠释"五四运动"的精神"是学生牺牲的精神"、"是社会制裁的精神"、"是民族自决的精神"。[②] 沈仲九解析五四运动的特色是"学生的自觉"、"民众的运动"和"和社会的制裁"，据此他认定"五月四日以前的中国，没有这种运动"。[③] 陈独秀认为五四运动之区别于以往的爱国运动，在于它"特有的精神"，"这种精神就是（一）直接行动；（二）牺牲的精神。"[④] 罗、沈、陈三人的看法都有相互接近之处。蔡元培的认识向上提升了一步，他注意到，"从前的学生，大半是没有什么主义的，也没有什么运动"。"五四运动以来，全国学生界空气为之一变，许多新现象新觉悟，都于五四以后

---

① 博古：《五四运动——中国现代史研究之一》（下），载《新华日报》，1939 年 5 月 5 日。

② 毅（罗家伦）：《"五四运动"的精神》，《每周评论》第 23 号，1919 年 5 月 26 日。

③ 仲九：《五四运动的回顾》，《建设》第 1 卷第 3 号，1919 年 10 月 1 日。

④ 陈独秀：《五四运动的精神是什么?》，《时事新报》，1920 年 4 月 22 日。

发生"。他总结"五四"以后有四大变化："自己尊重自己"，"化孤独与共同"，"对自己学问能力的切实了解"，"有计划的运动"。[①] 这些最初对五四精神特殊性的解读，今天读来也许有些朴素，但它确是五四那一代人真情实意的表达，是激励以后学生运动的精神源泉。五四以后，学生运动表现的担当精神、先锋作用和合众能力，显现其是中国革命的重要组成部分，都是以继承五四精神相标榜。

"说不尽的五四"，五四的思想意义在不断叙说、论述、阐释、争议中翻腾变化，新意迭出，其意在弘扬五四的爱国、进步、民主、科学精神。五四的爱国精神不是传统的忠君爱国精神，它是现代意义的爱国精神，它伸张爱祖国、爱人民、爱民族文化的这一面，是对国家主权的维护，是和民族解放联系在一起。发扬五四精神，我们还要发掘五四精神的时代意义，提倡"五四"的文化自觉、思想解放的精神，提倡"五四"的民族自省、敢于创新、敢于批判的精神。以我们现今具有的学术条件和历史眼光，拓展"五四学"新天地的时机已经到来。

---

① 蔡元培：《对于学生的希望》（1921年2月25日），中国蔡元培研究会编：《蔡元培全集》第四卷，杭州：浙江教育出版社，1997年，第333—337页。

走出求法与传道的留学怪圈

——中国百年留学现象的反思

赵京华（北京第二外国语学院文化与传播学院）

引言：东西方文明汇通中的留学现象

一百年前，正是第一次世界大战结束而巴黎和会召开在即，全球面临"文明危机"和政治重组与文化汇通的激荡时刻。一个使20世纪得以铸型并影响至今的"大势"已然形成，这就是伴随着战争与革命而来的"文明"在世界各区域各层面深度的撞击和交汇，致使任何一个民族国家其政治经济文化的发展都无法局限于其内部，必须在文明的抗争与互鉴中推动自身的改变。其中，经过二百年工业革命而形成于19世纪欧洲的现代性遭遇到发展的"危机"以及同时出现的"资本"摆脱民族束缚向全球的强势扩展，无疑是构成这种政治重组和文化汇通的主要动因。正所谓"西力东渐"，其以"世界大势，浩浩荡荡，顺之者昌，逆之者亡"的态势激荡于全球。中国近代社会的转型及其五四新文化运动的发生，自然也是在这样的世界情势下胎动、形成和蜕变的。

需要指出，这场史无前例的"文化汇通"是在物质技术上的进步与落后、精神心态上的进攻与保守，其力量结构和态势极不平衡的状态下发生的。正如"西力东渐"一词所表征的那样，西欧文明的强势作用成为"文化汇通"的一个主要推动力量，而不同于往昔异质文化系统或地区间局部的由高到低的自然流动。由此，产生了种种不同寻常的现象和问题。中国百年留学大潮，其运动和制度的产生与建构乃至留学精神史的形成，就是这种结构不平衡之文明撞击和文化汇通的结果。人们常说，五四新文化运动是海外归国留学生一手推动的。那么，今天我们回顾和反思百年五四运动，这个留学现象就值得做整体综合的考察，或许它将从一个侧面揭示中国新文化乃至现代教育制度的内在问题和结构特征，并为今后的留学方式提供省思的路径。

综观 20 世纪中国的留学现象，我认为有三个相互作用而紧密关联的层面需要综合的考察，即留学运动的展开、留学制度的建设和留学精神史的形成。我们已知，容闳是近代第一个留学海外的中国学子，他到达美国入耶鲁大学是在 1847 年。1871 年清政府批准面向美国的中国教育计划和第一批 30 名幼童赴美，则可视为中国留学制度草创的起始。此后，经过 1881 年该计划的终止到甲午战争失利后 10 年间大批青年学生赴日留学，由此形成近代以来中国第一个留学大潮。这个潮流虽有起伏，例如一战期间日本提出二十一条导致留日运动迅速落潮，代之而起的是列强以庚子赔款在华办学并选拔留学生而逐渐兴起中国人留学欧美的新潮，还有新中国成立后于上世纪 50 年代大量派遣学生留苏再到改革开放全方位海外留学的再兴，且一直延续至今。而运动和制度的先后及因果关系则已难以仔细分辨，基本上是一个互为因果彼此推动和相互制约的复杂结构。但是，为了反思运动的过剩和制度的利弊，我们还是有必要区分这两层面。至于留学精神史的问题，则是文化差异和文明冲突在个人乃至群体心理层面的反映，足以深刻呈现近代中国自称"弟子国"，其留学生的自卑与自大心理以及在本土与外来、东方与西方之间作为"文化中介"而主体性缺失的尴尬位置。其背后，更有一个"师法日本""学习英美""以俄为师"乃至全面向外谋求现代化经验这样一个延绵不断的民族悲情和国家使命的过重负载，使得百年中国的留学运动异常起伏跌宕而始终未能摆脱"求法"于异域的模式。

这个"求法"模式，自然是近代中国积贫积弱而社会转型工程巨大，传统文明未能给现代建设提供直接有效的资源所导致。同时，也有西方强势文化诱导利用的所谓"传道"模式配合。即，有别于17世纪以来西方宗教团体和个人在世界各地的布道，西方国家与宗教组织直接来华兴办教育和留学预备校而间接推动了中国留学运动的潮起潮汐。新中国成立后教育主权得以回归人民，外国在华办学制度由此退出历史舞台。但是，中国人要"求法"异域他乡而西方发达国家则来"传道"，或者反向地东方人为了与西方强势文化抗辩而努力宣讲自身文明的价值，这样一种隐蔽的文化心态依然残留不去，成为影响中国留学潮流走向和教育制度建构的内在心理因素。难怪有人在21世纪初的中国大学改革中，依然要疾呼"大国崛起的根本标准就在于结束中国留学运动"。①

因此，在回顾百年中国留学现象之际，我愿提出以下主张：为

---

① 甘阳：《留学运动三十年后》，收《文明·国家·大学》，生活·读书·新知三联书店，2012年，第474页。

了建立文化自信基础之上的现代高等教育体制，也为实现真正互通有无彼此平等的文化汇通下的思想学术交流，中国人需要走出"求法与传道"的百年留学怪圈，在结束政治化和泛国民化的留学运动同时，也当切记不要重回"传道"的老路上去，无论是西方人欧洲中心主义文明传播论式的，还是东方人反向的申诉抗辩式的传道。因为，文明对抗的二元结构不仅难以实现真正的文化汇通，反而会导致过剩的文化民族主义，不利于虚心坦怀的文明对话与和平共生。而真正个人化主体性的不同文明体系间的思想文化交流，则应该建立在相互尊重文化差异、坚持文明多元的世界主义高迈理念以及个人兴趣爱好之上。这样，也才能终结一个世纪以来中国人留学精神史上的种种悲情和扭曲心态。

留学运动的潮汐潮涌与教育制度的本来目标

我们今天所谓的"留学"是 19 世纪以来民族国家在世界各地迅速兴起而现代教育制度出现后的产物，它成为不同国家民族间文化思想交往的一种重要模式。虽然广义上的留学或游学古已有之，比如中国历史上的玄奘取经印度、日本古代的"遣唐僧"求学中土，还有 14 世纪以来欧洲内部大学间人员的相互交往。如果将古代和现代联系起来观之，可以发现古往今来的游学或者留学其目的不外乎两种类型：求法与传道。当然，因时代和历史的差异，中古和现代所求之法与所传之道其内涵已大不相同。在世界普遍经历世俗化和西欧资本主义全球扩张之后，现代教育制度下的留学其宗教意义已经渐渐失去，更多的是资本主义及其殖民扩张造成世界不同地区的差距，从而产生"弱势地区"流向"发达地区"

以取经现代制度和学术技艺，或者西欧人士来到东方以实现所谓文明传播的使命，包括反向地东方人向西方申诉抗辩式的传道。这是一种新型的具有强烈时代特征和政治意涵的"求法与传道"留学模式。

而留学运动，首先是在世界"弱势地区"的民族国家出现的独特现象。所谓"运动"，指超出教育体系中留学制度所规范的边界，成为一时一地人们趋之若鹜竞相投入其中的一种社会趋势或现象，又因为时局和社会条件的变化而产生潮起潮落的波动。中国自19世纪末出现"留洋"现象到20世纪最后30年即改革开放时期留学大潮再兴，一百年来大致经历了四波运动的高潮。甲午战败后的1895年至废除科举的1904年前后，留学东洋日本一时出现大潮，其人数多达两万余人。这第一次潮流的兴起有种种社会历史的条件和动因，其中日本明治维新的成功和学习西方经验的有效，使变法维新中的国人对日本的改革刮目相看，废科举又促使人们涌向"洋学堂"乃至海外留学之路，而同属于东亚民族其"同文同种"的幻想则助长了赴日留学的社会心理之形成。然而，也正是这个"同文同种"的幻想，当遇到已然成为世界列强的日本以帝国主义态势威逼中国时，其幻灭和心理反弹也就更为激烈，从而导致留日运动在"五四"前夕迅速降温。

中国留学大潮的第二波没有第一波那么集中迅猛，但持续时间长且影响中国教育事业和学术文化巨大。1906年，美国伊利诺伊大学校长埃德蒙德·詹姆斯和传教士明恩溥建议罗斯福总统用多余的庚子赔款来教育中国学生，两年后美国签署行政命令准备在中国建立留学预备校。这促成了1909年第一批庚子赔款学生47人赴美和稍后清华学堂的建立（1911），由此开启了中国留学欧美的新潮①。到了抗日战争结束出现赴美人员人数剧增的现象，遂将持续三十余年的这股潮流推向高峰，并呈现出"运动"的态势。有学者指出："五四学生运动后的十年，思想界一个明显的趋势是留英美学生的优势日显，逐渐取代过去留日学生的地位，而在高等教育领域，留美学生更渐成主流。越来越多的思想资源直接来自西方，不再转手于日本。到中国成了西方思想的战场后，留学生的作用和影响进一步增强。"②

第三波热潮则出现于新中国成立之后的上世纪五六十年代。这时期，在国家苏联"一边倒"的意识形态主导下，有大批学生被派往苏联和东欧留学。从大的历史脉络上讲，这个热潮无疑是 20 世纪以来留日和留欧美两次潮流的一个延续，但并没有形成"运动"。因为，这始终处在新中国教育制度和国家对外交流的规范与控制之下，个人的自由选择有限而社会上也未形成趋之若鹜的现象。更由于东西方冷战和社会主义意识形态的影响，留学的制度导向十分清晰。如有些研究者指出的那样，此时的"留苏学人除认同苏联在科学教育方面的先进性之外，还认同苏联所代表的政治制度和社会生活的先进性"。其留学的学科方向也主要集中在科学技术和政治理论方面。据悉，当时有 8000 余名中国留学生在苏联的莫斯科、列宁格勒、基辅、明斯克等城市学习和生活，这"是中苏两国历史上最正式、最规范和持续性最长的文化交流行为"。③ 然而，我们也不

---

① ［美］史黛西·比勒：《中国留美学生史》，张艳译，生活·读书·新知三联书店，2010 年，第 49—53 页。

② 罗志田：《中国留美学生史》序言，生活·读书·新知三联书店，2010 年，第 10—11 页。

③ 张建华：《20 世纪五六十年代的留苏学人及其视野中的"苏联形象"》，载《华侨华人历史研究》，2018 年第 1 期。

得不指出，赴苏留学生虽然对新中国社会主义建设意义重大而且作为对外的唯一渠道发挥了文化交流的重要作用，但其明确的政治性和文化交流的单一性也反映出留学制度建设的弊端，需要加以反思。

1978年改革开放后重建高等教育体制并重启留学计划，包括公派、自费、公派自费等制度的灵活敞开，强有力地推动起第四波全方位海外留学热潮，一时间大有晚清留日和抗战后赴美大潮再兴之势，而明显呈现出"运动"的态势。据教育部统计，自1978年实行改革开放到2005年为止，中国大陆约有93万人通过国家公派、单位公派和自费留学三条渠道，前往108个国家或地区留学。几乎涵盖了全部现有学科专业，规模亦前所未有。目前学成回国的约有23万，在外继续深造的则约有70万人。这的确是一波波涛汹涌的留学大潮，在世界教育史乃至文化交流史上也属罕见。而联系百年中国留学的历史，我们不难发现这一波留学热潮其背后依然贯穿着那个"求法"域外的思想逻辑，即要全面学习和接收西方发达国家的现代化经验，至少在上世纪八九十年代出国的那一代留学生那里是如此，故能共鸣于鲁迅"我以我血荐轩辕"的家国情怀。①

始于五四运动前后的百年留学大潮，已经成为推动中国现代转型的重要因素，其贡献于社会改造和新文化建设乃至现代思想学术的确立，其历史功绩显而易见而无人能够否定。但是，留学成为"运动"而潮汐潮涌，影响到社会各个方面所产生的种种问题，也不可忽视。早在20世纪20年代，舒新城著第一部《近代中国留学史》就曾指出："现在的中国，留学问题几乎为一切教育问题或政

① 参见严安生：《灵台无计逃神矢——近代中国人留日精神史》中文版，陈言译，2018年，生活·读书·新知三联书店，第366页。

治问题的根本；从近来言论发表的意见，固然足以表示此问题之重要，从国内政治教育实业诸事业无不直接间接为留学生所主持、所影响的事实来看，更足见留学问题关系之重大"。① 历史上，我们曾经有过在教育和政治上过度依赖海外留学生以及外部思想资源的情况，今天这种情况似乎已有所改观。但是，留学运动所带来的社会心理乃至文化思维定势，其对主体性教育制度的建设和民族本位的文化自觉的形成恐怕依然有负面影响。中国是否应该继续以往那种"求法与传道"的留学模式？为了探讨这些问题，我们有必要回到百年留学大潮的当初，观察其运动生成之际就蕴含的种种问题。这里，胡适作于1914年的《非留学篇》无疑是一个重要的文献。

作为最早利用庚子赔款赴美留学的人员之一，胡适在到达大洋彼岸越四年而正当24岁风华正茂时所作《非留学篇》，的确是一篇感时忧国、痛切时弊而思虑深远的重要文章，难怪谈论中国百年留学史和教育问题的学者都要提及此文。1914年，正是中国近代第一波留日大潮将落而新一波赴英美学习潮流将兴之际，身为一个当事人处此新旧更替的当口，胡适的逻辑思考起点高远而针砭问题切中要害，令我们今天读来亦深受启发。所谓逻辑起点的高远，在于他将留学问题置于东西方文明撞击与汇通的大背景下，其立意指归在"为神州造一新旧混合之新文明"，这仿佛预示了不久将至的五四新文化运动一般。而所讨论的具体问题，就集中在留学运动之弊端和教育方针之确立这两方面。

胡适认为，曾经有"泱泱国风，为东洋诸国所表则"的我国，

---

① 舒新成：《近代中国留学史》，中华书局，1928年，第1页。

如今"一变而北面受学，称弟子国"，实乃奇耻大辱。但是，近代以来西方各国登峰造极"为世界造一新文明"，其浩荡之势席卷全球，中国旧文明已经无以阻挡这股西方现代文明大势。因此，派遣学子留学异邦而"作百年树人之计"，的确必要而势在必行。但是，晚清以来40年留学成为潮流和运动，国人忘记了"留学者，过渡之舟楫而非敲门之砖也"和"救急之计而非久远之图也"，结果人心趋之若鹜而政府推波助澜，其方针不注重本国的教育振兴而完全依赖于国外培养学生。更有甚者，民国成立之后，不仅没有改变前清的教育政策，反而"以官费留学为赏功之具"，更助长了以留学追求功名利禄的社会心理。留学生本身又多为此而求其速成且偏重实业轻视文科不讲究国术，致使现代教育的唯一方针——为吾国造一新文明——无以实现。为了改变国内高等教育机构几乎成为留学预备校，胡适还提出慎重选择留学生和增设大学的具体建议，其根本在于回归留学的本来目的和建设中国本位文化的长远目标。《非留学篇》结论曰：

> 吾国今日处新旧过渡、青黄不接之秋，第一急务，在于为中国造新文明。然徒恃留学，决不能达此目的也。必也一面亟兴国内之高等教育，俾固有之文明，得有所积聚而保存，而输入之文明，亦有所依归而同化，一面慎选留学生，痛革其速成浅尝之弊，期于造成高深之学者，致用之人才，与夫传播文明之教师。以国内教育为主，而以国外留学为振兴国内教育之预备，然后吾国文明乃可急起直追，有与世界各国并驾齐驱之一日，吾所谓"留学当以不

留学为目的"者是也。[①]

文章最后所谓"留学当以不留学为目的"的主张，在当时振聋发聩而于今天仍然意味深长。这当然不是要否定留学行为和制度本身，而是希望结束作为一种社会现象的竞相效仿、趋之若鹜的留学运动。我们不能不说，胡适当年所论留学根本目的在于"造一新文明"的高远理想至今仍未完全实现，因为我们的留学运动似乎还没有彻底终结。而他所提倡的高等教育独立自主，辅之以"留学为国内教育之预备"的建议，依然有其参考价值。同时，结束留学运动也是要终结百年留学精神史上的种种悲情和扭曲心态。

留学精神史的问题所在

罗志田在为美国学者史黛西·比勒的《中国留美学生史》中文版（2010）所作序言中，强调从晚清到新中国成立前的数次留学大潮均对社会产生重大影响。然而他也注意到，在此起彼伏的留学运动中留学生也是鱼目混杂，其中一些人未尽"沟通中西文化之使命"，常常只是"文化贩子"而招来国人的"不满"。留学生群体在中国社会始终是一个尴尬的阶层，"处于中西之间的边缘人"位置上。[②] 如果我们进一步用毛泽东的话来诠释这种现象，即"几十年来，很多留学生都犯过这种毛病。他们从欧美日本回来，只知生吞

---

① 胡适：《非留学篇》，原载 1914 年 1 月《留美学生年报》第三年本，现据《胡适文集》
  第 9 卷，北京大学出版社，2013 年第二版，第 653 页。

② ［美］史黛西·比勒：《中国留美学生史》中文版，张艳译，生活·读书·新知三联书
  店，2010 年，第 14 页。

活剥地谈外国。他们起了留声机的作用，忘记了自己认识新鲜事物和创造新鲜事物的责任。"[1] 换言之，在近代以来东西方文明激烈撞击的大历史中，身处边缘人位置和发挥留声机作用的留学人员其身份实在微妙。尤其在外强我弱而东西方力量结构极不平衡的状态下，受到来自外部的民族歧视及文化差异的冲击和本土内部的猜疑与不信，加之身上背负着过重的寻求真理救国救民的政治使命，由此形成了一部波澜跌宕的百年中国留学精神史。而这种内外交困矛盾重重的状态，在"读西洋书，受东洋罪"（郭沫若）的留日学生身上体现的最为突出。

我注意到，近些年来出现了多部研究留日精神史的著作。其中，尤以严安生的《灵台无计逃神矢——近代中国人留日精神史》（日文原版1991；中译本，2018）和李兆忠的《喧闹的骡子——留学与中国现代文化》（2010）最为丰富深刻。两位作者也都是改革开放后留学大潮中赴日学习的亲历者，他们带着个人的经验追溯上一代前辈的精神史，大有感同身受而着眼大处落笔细微的特色。前者主要叙述晚清第一波留日大潮的群体命运，后者借留学生文学创作重点分析五四以来奔赴东西两洋的留学历程而又以留日为主。其中，呈现出来的种种面向和问题，值得我们认真思考。

《灵台无计逃神矢》同时关注晚清留日群体的精英和大众两个层面，也包括亡命日本的革命党人在内，试图对其作出全景式描述。作者从中日近代历史脉络和生活细节出发，层层剥离身处异文化环境中留学生的种种精神心理面向。例如，前四章叙写"中体西

---

① 毛泽东：《改造我们的学习》（1941年作），《毛泽东选集》第3卷，人民出版社，1991年，第798页。

用"观念下青年学子到达日本的最初感受，特别是维新后的一派新气象所留给人们的鲜明印象；相比之下，中国人的男发与女足在体态上的缺憾一目了然，野蛮落后之病与耻的烙印在文明开化的镜子前立刻显形，造成如鲁迅那样一生执着于辫发之辩的复杂情结；当留学生遭遇到日俄战争之际，日本舆论界人种学术上的黄白之争影响到中国人对日心理的变化，而日本国民的民族主义和亚洲主义情绪感染于中国人，又促成了中日"连带与抗衡"的微妙心理。由此，该书渐渐进入到精神史的深层。

作者认为，中国赴日留学热潮的兴起正发生于两国不幸时代揭开序幕之际，因此精神史的考察也必须以此为基点，而贯穿这个基点的则是纵横两条轴线。纵线是甲午战败列强掀起瓜分中国的狂潮，国人开始产生救亡图存和变法维新的意识，而日本则乘机灌输"东洋对抗西洋"的东亚连带论。"这样一种19世纪末到20世纪初叶的中国以及东亚的时空条件，成了发挥正面作用的横的轴线。因此志士们大举到'同文同种'的邻国去寻求维新的范本。然而从留学生活的维度看，等待着他们的，还有一条经常发挥负面作用的轴线。这就是，汉唐以来的文化宗主国对附属国，鸦片战争后半殖民地化的老大帝国对因明治维新成长起来的新兴帝国，进而是甲午战争之后的被害国与加害国，在时间纵轴上的古今恩仇与位置关系的变迁"。而作者则"把这种横向、纵向的正负交错作用视为留日精神史的整个磁场"，① 从而剖析了留日大潮中国人种种复杂的精神史。

---

① 严安生：《灵台无计逃神矢——近代中国人留日精神史》中文版，陈言译，生活·读书·新知三联书店，2018年，第368—369页。

如果说，《灵台无计逃神矢》关注的主要是留学生在域外的生活体验和思想变动，那么《喧闹的骡子》则透过对留学生文学写作的考察，讲述的是一百年来中国学子从海外搬运"外来"文物制度、思想学问于中土，在这个过程中历经的文化心理振荡的故事。作者注意到，一部留洋史就是中国学子屈辱受难的历史，同时也是睁眼看世界而求得新知的过程，这决定了在"反帝"与"崇洋"之间有着一种复杂的互动关系，而其文学写作中常常呈现出的"弱国子民"心态，最是回肠荡气而感人至深。如前所述，现代世界的文明冲突与文化汇通始于西欧工业革命之后的全球扩张，而东西方文化的互动关系一开始是在力量结构不平衡状态下发生的。即，从现代性的起源地西欧中心地带向非西方国家和地区的人员移动是呈离心状态的向外扩散的运动，具有文化帝国主义的"传道"色彩；从后发展国家和地区向现代性中心地带的人员移动，则呈向心状态的"求法"取经态势。这是一个强弱有别主次分明的等级序列、征服与受动的霸权关系结构。我认为，上述"弱国子民"心态概源自这种不平衡的结构关系。

这个"弱国子民"心态，作为中国学子与西方相遇中所产生的具有精神外伤特征的文化心理，在归国后又容易转变为胡适所谓仿佛"外国传教士"的情结，即以国外的新思想新学说固执地宣讲于本国并促其内部改革的"一种批判的精神"。[①]"批判精神"固然是宝贵的思想态度，但"固执"已见到不可通融的程度就会演变成"教条主义"而与本土文化发生冲突。因此，也就有了现代中国两

---

① 胡适日记 1915 年 3 月 22 日，《胡适日记全编》第 2 册，安徽教育出版社，2001 年，第 104 页。

大圣人鲁迅与毛泽东对留学生身份的形象化否定性定位。即，《阿Q正传》中那个极具讽刺批判意味的"假洋鬼子"，成为有留学背景或与外国关联的一类中国人不光彩的代名词。而到了中国本土革命的领袖毛泽东于大获全胜之际所著《唯心历史观的破产》，则"假洋鬼子"作为西方资产阶级在东方造的代理，最终被定义为"买办"和"洋奴"。[①] 本来，中国人出国留学的目的大都在于输入新知而为中国"造一新文明"。然而，由于西方文化的强势存在造成了与本土文化的激烈撞击，于是一百年来在中国社会特别是思想文化领域上演了一场场"外来与本土"的冲突剧。而作为搬运"外来"文物制度于中土的留学生，也便处在一个尴尬的位置上。[②]

如果我们再来检点叙述留学欧美的历史书籍，如叶隽的《异文化博弈：中国现代留欧学人与西学东渐》（2009）、史黛西·比勒的《中国留美学生史》（2004，中文版 2010）和叶维丽的《为中国寻找现代之路：中国留学生在美国》（2010）等近期著作，虽然其中没有留日运动群体那样激烈曲折的精神冲突，但也一样反映出留学人员在东西方文明冲突和文化汇通中上下求索，乃至于外来和本土、现代与传统、理智与情感上的种种矛盾。我以为，这些冲突与矛盾归根结底就在于百年中国留学史是以"运动"的方式出现，受到过剩的政治化和泛国民化倾向的裹挟而始终没有走出"求法"的模式，结果正常的平心静气的文化交往和基于个人志趣的云游四方，这样一种留学态势却始终没有酝酿成型。而早期的国家积贫积弱和

---

① 毛泽东：《唯心史观的破产》（1949 年作），《毛泽东选集》第 4 卷，人民出版社，1991年，第 1513 页。
② 参见拙文《我观骡子文化》，载 2011 年《读书》第 7 期。

教育制度的不尽人意，为留学运动的形成起到推波助澜的作用。反过来，此起彼伏的运动又不断牵制着本土教育制度的主体性建设。

"弟子国"的反向传道及其问题

在回顾百年中国留学史的时候，与这种"求法"模式相反又和西方列强"文明使命"驱动下的"传道"形成对抗关系的另一个精神现象——"弟子国"反向传道的文化保守主义，也值得关注。有压迫自然就有反抗，西方强势文化的"西力东渐"特别是以殖民和侵略方式推行的文明传播，必然造成威逼与抗辩的二元结构，从而在被动一方产生极力维护东方传统文明且以此来对抗西方现代文化的群体。当然，这个群体的规模和势力无法与留学运动中的"求法"主流相比，但也形成了自身的谱系。比如，我们立刻会想到一战前后的辜鸿铭和1930年代的林语堂，乃至抗战时期的胡适等。作为中国留学运动的一个衍生现象，"求法与传道"构成了关联闭合而互为表里的结构模式。这里我们仅以辜鸿铭为例，看其背后的问题所在。

辜鸿铭（1857—1928），福建同安人，出生于马来西亚槟榔屿。早年曾留学欧洲达11年之久，并获得英国爱丁堡大学文学硕士学位，可谓中国人留学海外的先驱之一。第一次世界大战如火如荼之际，他出版《中国人的精神》（1915）一书，在批评德国军国主义的同时试图用中国的儒教拯救西方文明的毁灭。辜鸿铭认为，一战的根源"就在于大不列颠的群氓崇拜（worship of the mob）和德意志的强权崇拜（worship of the might）"，而要制止这样的倾向需要提倡义礼。中国的四书五经——孔子为拯救中华民族而设计的文明蓝图是义礼并重的"良民宗教"。他相信，"对于欧洲人民，特别是那些正处于战争灾难之中的欧洲人，那些不光要制止这场战争而且要挽救欧洲文明乃至世界文明的欧洲人来说，良民宗教将是一种使其受益无穷的宗教。不仅如此，他们还会发现这种新宗教就在中国——在中国的文明中。"[1]

辜鸿铭对西方的强权政治与霸道文化以及汉学家们妄自尊大的中国观察始终保持一种"抗辩"的态度，并不余遗力地向他们传道中国文明的精神大要。但是，他所用以"抗辩"的是近代以来已然走向衰退的儒家文化，特别是其中的道德礼仪和君臣思想，这与五四新文化的方向背道而驰，故显示出陈腐保守的倾向而不合时宜。更有甚者，这种文化保守倾向还促使晚年的辜鸿铭将中国文明的复兴寄托于异邦日本身上。例如，在讲学日本期间所做《中国文明的复兴与日本》（1924）就称："如果日本只是为了保持本国以及从中国继承的民族精神而采用西方现代文明的利器，那么，不仅不会使日本西化，而且也能够防止中国西化，并最终依靠日本的努力将明治以前日本保存着的纯正的中国古代文明带回给今日的中国。这是历史赋予日本的使命。"[2] 结果，被日后日本侵略亚洲而宣扬"大东亚文化建设"所利用。

学者黄兴涛认为，辜鸿铭"是一个通晓古今多种语言，能用欧洲语文熟练表达思想感情，真正具有跨民族的国际文化视野和思想资源、其思想也真正产生过国际影响的中国思想家"，同时也是

---

[1] 黄兴涛编中国近代思想家文库《辜鸿铭卷》，中国人民大学出版社，2015年，第233—234页。

[2] 黄兴涛编中国近代思想家文库《辜鸿铭卷》，中国人民大学出版社，2015年，第389页。

"一个热爱祖国，醉心儒家文化、勇于维护国家主权和民族文化尊严的思想家"。他面对西方传教士和汉学家的傲慢无礼而"奋起进行文野之辨，乃至鼓吹中国文化救西论"并主张东西方文明的汇通，其文化保守主义归根结底在于政治上的爱国主义动机。[①] 然而，我们在重估辜鸿铭之际也必须指出，这样一种抗辩式的反向传道依然是在文明与野蛮的二元对立结构中，与所抗辩的对方在逻辑上是一致的，最后都难逃民族文化自我中心论的藩篱。这种抗辩，在弱势一方自然具有反抗的正当性，但如果自己也变得强盛起来，其对抗逻辑和文化心态就可能走向反面的极端。

为了说明这种情况，我们不妨取同为东亚民族的日本为例，以观察反向传道的问题所在。自明治维新后，日本也曾出现一个由冈仓天心、内村鉴三、新渡户稻造等构成的以英文著作向西方宣讲东方文明的谱系。但是到了大正时代，特别是经过一战日本成为咄咄逼人的新兴帝国主义之后，如东京帝国大学教授盐谷温那样，其以东方王道对抗西方霸道的文明论就成了另一种维护帝国主义意识形态的宣传。盐谷温（1878—1962）出身日本汉学世家，东京帝国大学汉学科毕业后成为母校"支那文学讲座"的最早教师，为开创日本中国文学研究及教学事业贡献卓著。又因其代表作《中国文学概论讲话》的学术成就以及与鲁迅《中国小说史略》的关系，盐谷温的名字在中国学界略为人知。[②] 他早年也曾留学德国和辛亥革命前后的中国。然而九一八事变前后，他逐渐变成日本帝国忠君爱国之

---

① 黄兴涛：《辜鸿铭卷》导言，中国人民大学出版社，2015 年，第 6—8 页。

② 参见拙文《鲁迅与盐谷温——兼及国民文学时代的中国文学史编撰体制之创建》，载《鲁迅研究月刊》2014 年第 2 期。

儒教意识形态的信奉者和以孔孟"王道"思想实现亚洲统一与世界和平的鼓吹者。1932 年，盐谷温受日本政府派遣考察欧美半年，其后出版游记《王道始于东方》（1934）则典型地反映出这种反向地传道的问题所在。

《王道始于东方》由亚细亚卷、欧罗巴卷和亚美利加卷三部曲构成。正如"亚细亚卷"开篇所示，与 20 年前留学欧洲不同，如今自己已是日本"东洋学"卓有成就的教授，游历的目的不在于学习西方而是要传播东洋政教的精髓——王道思想，以贡献于世界和平。与近代日本早期留学西方多为"求法"之旅不同，这是一次向西方宣讲东洋道德的"传道"之行。于是，我们看到他每到欧洲的某地都要会见各国政要和外交官，以宣传日本国体精神和王道思想的要义。而来到西方物质文明的心脏——纽约，映入其眼帘的则是一片表面繁华背后衰败的景象。例如，豪华酒店已客人寥寥，横跨大陆的列车利用者稀少而市内充斥着失业人群。《王道始于东方》最后宣告："观从飞机上拍摄的照片，纽约市俨然已是一片废墟。"盐谷温认为，这种暗黑的景象乃是欧美推崇物质文明轻视精神文化的结果，个人主义利益至上则导致意大利和德国法西斯主义崇尚力量的霸道，至于俄国共产主义更是将传统道德伦理摧毁殆尽。如今，能够拯救这病态疲惫之世界的唯有东洋的"王道"。①

然而，这所谓以"王道"统一亚洲和世界的妄想，不也正是日本帝国主义殖民亚洲的拙劣意识形态说教吗？盐谷温以亚洲人的身份传道西方的言行，最终成为游学精神史上的负面例证。

---

① 「日」塩谷温：『王道は東より』，弘道館，1934 年。

结语：超越求法与传道模式而追求世界精神

在胡适提出"留学当以不留学为目的"近百年之后，学者甘阳又重提此议题。他认为："从兴趣和问学出发的留学永远都会有，而且会越来越多，即使将来中国的大学都达到了一流水平。但是留学运动应该结束了，即以洋科举的留学心态导致的蜂拥而上的运动。"① 甘阳是从当今中国高校改革的问题角度展开论述的，而我认为如果从百年留学精神史的方面进一步思考，则更有必要转变留学运动背后那个求法与传道的思维模式。因为依靠文明冲突论或者文化抗争式的二元思维，是无法真正构筑起世界各民族平等相处的"文化互通"目标的。

我注意到，实际上日本与中国这两个东亚曾经的留学生输出大国，近些年来在对待留学问题上也出现了新的迹象。日本人自上世纪 90 年代以来，青年学子留学海外的欲望逐渐下降，他们更愿意"宅"在国内。因为日本的社会稳定和经济发达以及对外交流的多样化，已经使得青年们不出家门也能纵观天下，"求法"西方式的留学渐渐失去吸引力。而本国的教育发达和学术精进，使东西方的不平衡状态趋于消失。另一方面，新世纪以来的中国学子留学外海的目的意识也在不断变化。当年"师法日本"、"学习英美"或"俄国为师"的宏大政治目标已不再是中国学生的主要留学目的，虽然逃避本国教育制度某种弊端的因素还存在，但更多是出于文化趣味和学术技艺的因素而选择留学。这是否意味着，我们即将走出百年

---

① 甘阳：《华人大学理念九十年》，载《读书》2003 年第 9 期。

"求法与传道"的留学运动模式，真正迎来中外文化平等交流的新时代？我相信，随着中国社会经济的发展和文化自信的稳步提高，超越"求法与传道"模式的新型留学方式，在不远的将来也一定会形成。

为此，我们要进一步改变以往过度政治化泛国民化的留学运动为稳健的留学制度安排。这个制度重在培养了解内外事物而能够从事文化汇通、具备文化主体创造能力的国际性人才。与此同时，将来有留学愿望的每个个体也应当思考：在出于个人兴趣和文化交流的具体留学目标之上，是否还应该寻求更为高远的理念。或者说，我们期待一种怎样的更为完善和理想的留学愿景。

在此，我想援引原香港中文大学校长金耀基在谈论大学理念时提到的"世界精神"，以做进一步思考。他认为，欧洲"中古大学最值得一提的是它的世界精神、超国界的性格。14世纪欧洲在学问上有其统一性，它有一共通的语言（拉丁），共同的宗教（基督教），教师和学生可以自由地云游四方，从勃隆那到巴黎，从巴黎到牛津……。中古大学的'世界精神'后来因拉丁语的死亡、宗教的分裂而解体，直到19世纪末才又渐渐得到复苏，至20世纪则蔚为风气。现代大学的'超国界'性格的基础则不在共同的语言或宗教，而在科学的思想，而在共认的知识性格。"金耀基强调，"天下一家的真正境界尚渺远难期，但大学之世界精神却是一座无远弗届的桥梁。通过这座桥梁，学术得以彼此沟通，文化得以相互欣赏，学人与学人之间更得以增进了解和互重。"①

---

① 金耀基：《大学之理念》，生活·读书·新知三联书店，2008年，第2页、第67—69页。

我想，这个理想大学的美好愿景，同时也可以作为未来留学更为高远的境界。我们留学所追求的不再是文明的对抗或过剩的外在使命，而是回归留学本身，基于共同的科学思想和知识欲求去探索未知的世界，在丰富自己的同时也将繁荣民族文化和世界文明。这样，一百年来中国人留学精神史上的种种矛盾心理和精神冲突也才得以终结。

对五四新文化的制衡与反思

——从《学衡》到《东南论衡》

沈卫威（南京大学文学院）

语境的内在关联

美国哥伦比亚大学哲学与教育两大学科，对民国大学的影响最大。大学校长、师范学院院长有三十多位出自哥大，这是其他任何一个外国大学都没法比的。《新青年》最有影响力的时候，是蔡元培任北京大学校长。《学衡》在东南大学有影响的三年，勇于挑战北京大学胡适及新文化派，此时南北两所国立大学校长分别是出身哥伦比亚大学的郭秉文、蒋梦麟。后来中央大学最稳定、最好的九年（1932—1941），是在有过哥伦比亚大学学习经历的罗家伦任上。这是思想自由、学术独立在民国大学及舆论空间的最好体现。

由"学衡社"及《学衡》衍生出的"学衡派"，属于相对松散的"文化保守主义"或"新传统主义"文人群体。其社员的言论有相对的同一性，即试图从文化发展的承继性和规范化上，在国粹与新知、保守与开创的实际生活中，追求继续性和平衡性的融合。在明晰、定义"学衡派"所体现的中国保守主义思潮时，我借鉴塞缪尔·亨廷顿《作为一种意识形态的保守主义》①定义保守主义的三个维度：贵族式、自主式、情境式。有意从文化上界定，是为了强调其非政治化、非贵族化，只能是既兼顾其自主式的重视秩序、规范、中庸、纪律、平衡等普遍观念，又关联其历史语境下情境式反抗的特殊性。这种最为显现的表现形式，即以制衡、拨乱反正的方式，来抗拒新文化运动的激进主义，以期对传统文化的保持、守护。同时，也明辨出"学衡派"所具有的吸纳性，即国粹派民族主义理念成为其内在文化支撑，白璧德新人文主义思想成为其外在精神资源。

作为一个文化保守主义的社团流派，它既不是当事人凭心想象出的乌托邦式的团体，也不是后来研究者想象出来的学术共同体，而是一个有文化伦理意图、有学术理性依据、有责任担当、有意识结社、有自己阵地、有基本作者队伍、有明确宗旨的群体。虽无政治党团的内在严密性、纪律性和进入即失去自我的反人性、被奴役性，却是卡尔·曼海姆在《保守主义》一书中所强调的"精神结构复合体"中有文化信念的一批人。即发起人梅光迪在《学衡》杂志社第一次会议上宣布的清高主张，谓《学衡》杂志应脱尽俗氛，不立社长、总编辑、撰述员等名目，以免有争夺职位之事。甚至社员亦不必确定：凡有文章登载于《学衡》杂志中者，其人即是社员；

① 塞缪尔·亨廷顿：《作为一种意识形态的保守主义》（王敏译、刘训练校），《政治思想史》2010 年第 1 期。

原是社员而久不作文者，则亦不复为社员矣。① 这是重点强调社员要在思想观念上，自觉认同《学衡》杂志的宗旨。

1915—1917年，留学生梅光迪与胡适在美国讨论文学改良，把胡适"逼上梁山"，回国发动"文学革命"。1918年8月，梅光迪与吴宓在美国相遇，因谈话投机，梅吴结盟，相约回国再战胡适。1921年，梅光迪纠集胡先骕、吴宓、刘伯明等一批留美归来学子，在郭秉文任校长的东南大学相聚，结为"学衡社"，《学衡》杂志应运而生。因是归国留学生群体公开反对新文化-新文学，所以在当时就特别引人注目。在常人看来，前清的遗老遗少或旧文人反对新文化，拒绝白话新文学是可以理解的，而沐浴欧风美雨，负载新思想、新文化归来的留学生，反对新文化-新文学，就匪夷所思，这正是"学衡社"社员及《学衡》杂志在当时的亮点。

进入民国后的许多思想交锋和文化论争，已经不是1840年以来中西、古今、新旧、传统现代等以本位文化为坐标看外来文化的思维模式，更多的是外国的政党政治、意识形态和思想方法，直接转移到中国的现实舞台上碰撞，对中国政治、社会或学术问题的解释，就是直接移植西学的思想方法，连话语本身都要全面接受。仅就学术而言，从王国维借用康德、尼采、叔本华基本理论批评中国文学，到胡适用进化论史观写哲学史、文学史，无不具有"拿来"的急功近利。"学衡社"社员从哈佛大学带回的新人文主义思想，就直接对撞胡适从哥伦比亚大学带回的实验主义。导师正是美国的白璧德、杜威。

上海中华书局负责《学衡》杂志的出版发行，这里有更复杂的

---

① 吴宓：《吴宓自编年谱》，生活·读书·新知三联书店，1995年，第229页。

内在关联。1912 年 1 月 1 日由陆费逵出资创办的中华书局，主要经营中小学教科书。他原本是 1897 年创办的商务印书馆的重要人物，与商务高层分裂后，出来单干。在新文化运动兴起后，商务印书馆迅速接纳了胡适的《中国哲学史大纲》卷上，以及大批新文学作家的著作，改革《小说月报》，同时将儿童刊物、中学生读物、妇女杂志、教育杂志等改用白话文，以适应新文化、新教育的需要。在编辑队伍中也聚集了一大批归国留学生和新文学作家。东南大学校长郭秉文与商务印书馆大股东鲍咸恩、鲍咸昌兄弟有姻亲关系（其夫人鲍懿为鲍氏兄弟的小妹），同时也是商务印书馆的股东。所以东南大学的《史地学报》《国学丛刊》等刊物，特别是许多教授的专著或教科书在商务印书馆出版。1921 年夏，商务印书馆高层有请胡适来出任编译所所长的举措，胡适考察后决定自己仍留在北大，特推荐王云五出任此职。胡适 7 月 20 日日记记载，在上海商务印书馆考察时，遇到了东南大学校长郭秉文。郭劝胡适留在商务印书馆当编译所所长，同时兼任东南大学教授。胡适当面拒绝。他说："东南大学是不容我的。我在北京，反对我的人是旧学者与古文家，这是很在意中的事；但在南京反对我的人都是留学生，未免使人失望。"[①]

中华书局与商务印书馆有对着干的矛盾，所以就接受了反对新文化、反胡适的《学衡》杂志。郭秉文出身哥大，与胡适为友，不是"学衡社"社员，也不为《学衡》写文章，唯一一篇署名"郭秉文述"的悼念文章是《刘伯明先生事略》。

---

① 胡适：《日记 1921 年》，季羡林主编《胡适全集》第 29 卷，安徽教育出版社，2003 年，第 373 页。

"学衡社"主要社员胡先骕、梅光迪，在文章中均公开表示出对校长郭秉文的不满。柳诒徵更是参与了 1925 年初倒郭的派系斗争。胡适日记中却记录了自己对杨杏佛策划倒郭的气愤："今天……杏佛在座，我把叔永来信给他看了。此次东南大学换校长的问题，由国民党人作主力，也是他们的包办大学教育的计划的一部分。叔永来信痛说此事的办理不当。"[①]

吴宓说《学衡》"与东南大学始终无丝毫关系"，是指"未尝借用东南大学一张纸一管笔一圆一角之经费"。这实际上是挑明校长郭秉文有能力支持《学衡》，却没有给予实际的支持。他和梅光迪只好把刊物交给商务印书馆的敌对一方出版。所以说，仅《学衡》的出版发行，即关联着中国两大出版机构背后复杂的人事关系和矛盾、冲突。

《东南论衡》与《学衡》的关系

1922 年 1 月《学衡》创刊时，"学衡社"的主要社员和编辑责任人依次是：柳诒徵（写作"弁言"）、梅光迪（发起人，"通论"）、马承堃（"述学"）、吴宓（"集稿员"、"书评"）、胡先骕（"文苑"）、邵祖平（"杂缀"）。此时东南大学的校办主任为刘伯明（实际职权相当于副校长），也是"学衡社"成员，更是《学衡》杂志强有力的精神支持者。他协助校长郭秉文工作，是东南大学在 1922—1924 年间，群贤纷至、学者济济的灵魂人物。可惜天公不假以时日，他在 1923 年 11 月 24 日就英年早逝。吴宓为刘伯明写

---

① 胡适：《日记 1925 年》，季羡林主编《胡适全集》第 30 卷，第 191 页。

有一特长的挽联：

> 以道德入政治，先目的后定方法。不违吾素，允称端人。几载绾学校中枢，苦矣当遗大投艰之任。开诚心，布公道，纳忠谏，务远图。处内外怨毒谤毁所集聚，致抱郁沉沉入骨之疾。世路多崎岖，何至厄才若是。固知成仁者必无憾，君获安乐，搔首叩天道茫茫。痛当前，只留得老母孤孀凄凉对泣。

> 合学问与事功，有理想并期实行。强为所难，斯真苦志。平居念天下安危，毅然效东林复社之规。辟瞽说，放淫辞，正民彝，固邦本。撷中西礼教学术之菁华，以立氓蚩蚩成德之基。大业初发轫，遽尔撒手独归。虽云后死者皆有责，我愧疏庸，忍泪对钟山兀兀。问今后，更何人高标硕望领袖群贤。①

这么工对的一副挽联，正是"学衡社"社员梅光迪在与胡适就是否使用白话文论争时所强调的："我仍旧相信小说、戏剧可用白话，作论文和庄严的传记（如历史和碑志等）不可用白话。"② 这也是"学衡社"社员所要保守的文学底线。

1924 年 9 月，"学衡社"在东南大学的主力胡先骕、梅光迪、吴宓相继离开。

---

① 吴宓：《吴宓自编年谱》，第 254 页。
② 梅铁山主编、梅杰执行主编《梅光迪文存》，华中师范大学出版社，2011 年，第 553 页。

1925 年 1 月 7 日，东南大学校长郭秉文被北洋政府教育部免职，随后柳诒徵陷入新校长任命过程中的派系之争，被迫辞职。作为"学衡社"在南京高师—东南大学的主力，他只好远走东北大学任教。"学衡社"社员在东南大学三年的群聚就此解散。所以，吴宓说《学衡》在东南大学的时间只有三年。

1925 年，吴宓任教清华后，把《学衡》编辑部设在清华学校。由于《学衡》是"学衡社"同人捐款办刊，东南大学并未提供任何经济资助。1934 年 5 月 7 日《清华周刊》41 卷第 7 期刊发有《学衡杂志编者吴宓先生来函》：

> 顷见《清华周刊》四十一卷六期《本刊二十周年纪念号导言》第三页，文中有"前东南大学的学衡"云云，实与事实不符。按查学衡杂志，乃私人团体之刊物，与东南大学始终无丝毫关系。此志乃民国九年冬梅光迪君在南京发起，旋因东南大学之教授欲加入者颇不少，梅君恐此纯粹自由之刊物，与学校公共团体牵混，而失其声光及意义，故迳主张停办。民国十六年冬，重行发起，社员咸属私人同志，散布全国。其中仅有三数人（在社员中为少数）任东南大学教职，然本志历来各期即已宣明"与所任事之学校及隶属之团体毫无关系"，盖学衡社同人始终不愿被人误认与东南大学或任何学校为有关系也。读者试阅学衡各期内容，则间弟［第］二十期以后，几无一篇之作者为东南大学教员。而民国十三年七月（本志第三十期）总编辑吴宓北上，所有社员分散，且无一人留居南京者。自是迄今，凡阅九载，学衡由三十期出至七十九期，总编

辑吴宓长居北平，诸撰稿人无一在南京，而经费二千数百圆悉由吴宓与三四社友暨社外人士（有名单久已公布）捐助，未尝借用东南大学一张纸一管笔一圆一角之经费。夫其实情如此，而社会人士每以学衡与东南大学连为一谈，实属未察，而乃学衡社友尤其总编辑吴宓所疾首痛心而亟欲自明者也。今敬求贵刊将此函登载，俾清华同学校友均可明悉此中真象［相］。又附学衡社启事一纸，亦望赐登，以便世人得知学衡现状，及负责为何人。

吴宓　五月初四日

民国以来，言论、结社与出版自由，在新文化运动高涨后尤为明显，南京高师-东南大学，先后有"科学社"、"新教育共进社"、"史地研究会"、"学衡社"、"文学研究会"、"哲学研究会"等。社团风起云涌，是大学内部思想、学术自由的象征。这种以言论自由为标志的无恐怖状态，在1928年国民党"党天下"时代到来，党政军一体化统治后，即发生根本性改变。

在1926年3月27日"东南论衡社"成立及《东南论衡》出版发行之前，东南大学创办的刊物，主要有《新教育》《史地学报》《学衡》《文哲学报》《国学丛刊》。《东南论衡》的名字就有延续《学衡》在东南大学之意。

"东南论衡社"主力仍是有留学经历的几位东南大学教授。《东南论衡》为周刊，每星期六出版。刊物自1926年3月27日—1927年1月15日共出版30期。第1卷第1期上刊出的《本刊启事一》说"本刊为纯粹公开讨论机关"。编辑部在南京东南大学。7月初放暑假，7月3日出版第15期后，暂时停刊。7、8、9月不出版。

第 16 期出版时间为 1926 年 10 月 2 日。

《本刊启事一》：

> 本刊为纯粹公开讨论机关如承社外人士不我遐弃　宠锡篇章无不竭诚欢迎尽优先选录来稿一经登载敬备薄贽（每篇千字以上一元至五元为率）已答
>
> 雅意不敢言酬聊供钞胥之费云尔其不愿受者听惟以不盖私人钤记为号

《本刊启事二》

> 本刊编辑计共九人凡自己署名所发表论文责任完全由各个人自负至外来稿件经本刊披露者其责任由投稿者及本社编辑共同负之

在《东南论衡》第 12、16 期的封二相继出现词句稍稍不同的《本刊编辑部启事》，其中第 16 期内容为：

> 本刊为全国学者公开讨论机关主旨在博採群议研求真理无门户之见无畛域之分秉不偏不党之精神收切磋观摩之效用凡有足供讨论增见识之文不论其作何种主张或持何种意见均所乐为披露惟词涉谩骂意存攻击者恕不登录

从这三份"启事"可见，《东南论衡》抗拒白话文及新式标点符号。

其"博採群议研求真理无门户之见无畛域之分秉不偏不党之精神"与《学衡》宗旨"论究学术，阐求真理，昌明国粹，融化新知。以中正之眼光，行批评之职事。无偏无党，不激不随"中"论究学术，阐求真理"、"无偏无党，不激不随"完全一致。

同时在刊物封二或封三，多次出现名为《学衡杂志》的广告，即介绍《学衡》。《学衡》侧重文化批评，《东南论衡》侧重时政批评。但在反对胡适及白话新文学这一点上，两个刊物保持一致性，即坚持刊登旧体诗词曲。

重要作者

《东南论衡》作者中，胡先骕、吴梅、张其昀是"学衡社"社员。其中胡先骕是政论、诗词的跨界作者。

有资格、有能力在《东南论衡》谈论时政，批评当下时局的几位作者，都是大学校长或日后的国民政府部长，并且多有在国外留学的经历。从政治、经济、军事、外交、教育，到学术研究、文学创作，他们都有相应的意见，体现出言论自由和参政议政的热情。如"中俄复交"、"学生运动与政治"、"美还庚款之分配"、"学阀问题"、"国民党问题"、"制宪运动"、"联省自治"、"北京血案"（三·一八）、"教育独立"、"日本侵略东三省"、"赤化"、"言论自由"、"党化教育"、"劳资问题"、"反基督运动"等等，都是他们讨论的话题。

先后成为大学校长、部长的几位《东南论衡》作者是：陈茹玄（1895—1955）、胡先骕（1894—1968）、吴倚沧（1886—1927）、范存忠（1903—1987，在此刊发诗文时署名范雪桥、雪樵）、陈庆瑜

（1899—1981）、李建勋（1884—1976）、张其昀（1900—1985，内文署名"张其时"，实为"张其昀"之误）、卢锡荣（1895—1958）、蒋维乔（1873—1958）。

"文苑"栏目的作者多是东南大学吴梅弟子、"潜社"成员。

吴梅（1884—1939），字瞿安，号霜厓，江苏苏州人，"南社"社员。吴梅在北京大学执教5年后，于1922年9月到东南大学任教。吴梅特立独行，他以个人努力，代表着文学传统在词曲上的坚守。因有北京大学任教的特殊背景，他虽是《学衡》作者，却不反对白话新文学，也不与新文学作家为敌，而是坚持向学生传授词曲理论，并以填词谱曲，特别是演唱词曲作为文学实践。因为在胡适的白话文学史观中，词曲本是白话演进的一个重要环节和过程，是格律诗进化演变，也是一代有一代之文学的进化标志。这一点，吴梅和胡适有相同的认识。他自1924年2月始，与学生组织"潜社"，每一月或两月一聚，在游玩饮酒中填词谱曲。"潜社"分前后两个时期。前期以词为主，"后约为南北曲"。"社有规条三：一、不标榜；二、不逃课；三、潜修为主。"① 1924年春至1926年的三年间，在东南大学词曲班上的学生有赵万里、陆维钊、孙雨庭、王起、王玉章、袁鸿寿、唐圭璋、张世禄、叶光球、龚慕兰、周惠专、濮舜卿等十多人，"潜社"习词活动，也由原来游玩饮酒中的填词谱曲，发展到印行刊物《潜社词刊》。作词容易度曲难，传统文人稍稍用力即可填词，但能度曲者很少。

在《东南论衡》发表文章的几个"潜社"成员是：

卢冀野（1905—1951），原名卢正绅，后改名为卢前，江苏南

---

① 吴梅：《吴梅全集·瞿安日记》，河北教育出版社，2002年，第28页。

京人，此时为东南大学学生，同时写作白话新诗、古体诗词曲。王玉章（1895—1969），江苏江阴人，1919年入南京高等师范学校文史地部，"史地学会"成员，1952年以后任南开大学中文系教授。周慧专又名周惠专，东南大学学生。徐景铨（？—1934），字管略，江苏常熟人，南京高师"史地学会"成员，后任教于无锡国专，为《国风》作者。1934年7月1日钱锺书在《国风》第5卷第1号上发表诗作《哭管略》。张世禄（1902—1991），字福崇，浙江浦江人，1926年毕业于东南大学，曾任教于中央大学，1952年以后任教于复旦大学中文系，著名语言学家。唐圭璋（1901—1990），字季特，江苏南京人，此时为东南大学学生，曾在中央大学、金陵大学任教，1949年以后任教于南京师范大学中文系，编著有《全宋词》《全金元词》等。

非"潜社"成员陈家庆（1903—1970），字秀元，号碧湘，湖南宁乡人，其兄长家鼎（汉元）、家鼐（寿元）、家杰（志元）与其姊家英（定元）皆为同盟会会员、南社社员。其兄家鼎为同盟会湖南分会的主要创立者，也因率弟妹四人一同加入南社而闻名。陈家庆曾就读于北京女子师范大学、东南大学，此时为东南大学学生。先后从刘毓盘、吴梅学习词曲。著有《碧湘阁词》，曾任教于安徽大学、重庆大学，1949年后任教于上海中医学院。其丈夫徐英为著名诗人、《学衡》作者，1949年后任复旦大学教授、石河子医专教授、上海文史馆馆员。

梁实秋（1903—1987）是《东南论衡》中最为特殊的一位作者，在刊物上连载《亚里斯多德以后之希腊文学批评》（第23、24期）《西塞罗的文学批评》（第28期）。他在清华学校读书时，专心研究新诗，1923年3月，到南京东南大学拜访吴宓，并听吴宓讲课数日。后留学美国哈佛大学，接受新人文主义，1926 年 9 月—1927 年 4 月在东南大学任教。他在新文学领导人胡适和"学衡派"反新文学重要人物吴宓之间，选择相对中立，不为《学衡》写文章，不加入"学衡社"，即不属于梅光迪所说的"学衡社"社员。他因毕业于哈佛大学，为白璧德门生缘故，1929 年，他作为新月书店总编辑时，编辑《白璧德与人文主义》一书由上海新月书店出版发行。内收文章包括胡先骕译《白璧德的中西人文教育谈》，徐震堮译《白璧德的人文主义》，马西尔著、吴宓译《白璧德之人文主义》，吴宓译《白璧德论民治与领袖》《论欧亚两洲文化》。而胡适正是新月书店和《新月》杂志的实际掌舵人。梁实秋身上兼具政治上的自由主义，与文化上的保守主义双重属性，所以他有游走两派之间的能力，并保持独立性。

胡先骕的坚持与转变

胡先骕为"南社"社员，宗法宋诗，推崇"同光体"。留学时，他和胡适、任鸿隽、陈衡哲、杨铨、唐钺、赵元任、张孝若等一起在《留美学生季报》上发表旧体诗词。当胡适等转向白话新诗后，他是极端的反对者。此时为东南大学生物系主任、教授。《学衡》在南京时，他主持"文苑"诗词栏目，把多位江西籍学人如汪国垣、王易兄弟、陈三立父子的诗词拉进《学衡》；此时又让《东南论衡》继续保持原《学衡》开设"文苑"诗词栏目，并刊发自己的多首诗词。

胡先骕在《学衡》创刊时就有批评胡适《尝试集》的长文。如今是二度留学归来任教东南大学。他在《东南论衡》上刊发两篇重要政论文章《东南大学与政党》（第 1 期）和《学阀之罪恶》（第 6 期）。创刊号上《东南大学与政党》一文，猛烈抨击北方新文化运动，点名批评胡适、陈独秀、吴稚晖、张东荪、李石曾及《新青年》《新潮》《晨报》《时事新报》。他特别强调说："东南大学与政党素不发生关系。言论思想至为自由。教职员中亦无党派地域之别。"东南大学"为不受政治影响专事研究学术之机关"。他指出自从易长风潮发生，"外间攻击郭秉文校长者，谓彼结纳军阀，又认郭为研究系，此乃最不平之事。郭氏为事业家，以成功为目的，对学术政治无一定之主张。此固其大缺点。然在军阀统治之下，欲求学校经济之发展，对于军阀政客与所谓之名人，势不得不与之周旋"。胡先骕以身处其中，又相对客观的言辞，说明东南大学无党派的自由情景："予为对于郭校长治校政策向表不满之人，即因其缺大学校长之度，无教育家之目光，但以成功为目的。然退一步论之，处今日人欲横流道德颓落之世，责人过苛，亦非所宜，统观今日之大学校长，自蔡子民以下能胜于郭氏者又有几人乎？然在郭氏任内，一方请梁任公演讲，一方学衡社同人即批评戊戌党人；一方请江亢虎演讲，一方杨杏佛即兴之笔战。大学言论自由，亦不过如此而已。"[①]

胡先骕在《学阀之罪恶》一文中，延续了他一贯的批胡立场。他说："吾国学阀之兴，始于胡适之新文化运动。胡氏以新闻式文学家之天才，秉犀利之笔，持偏颇之论，以逢迎青年喜新厌故之心理。风从草偃，一唱百和。有非议之者，则以倮薄尖刻之恶声报之。陈独秀之流，复以卑劣政客之手段，利诱黠桀之学生，为其徒

---

① 《东南论衡》第 1 卷第 1 期，1926 年 3 月 27 日。

党。于是笃学之士，不见重于学校，浮夸之辈名利兼收。"胡先骕还进一步列举了学阀、政客对教育抱有怀疑态度，以教育为武器，学生为爪牙，破坏固有文化，倡虚伪之教育，不顾国家命脉等多种罪状。"学阀"们"据学校为渊薮，引学生为爪牙"。"卑劣远胜于官僚"，"横暴倍蓰于武夫"。最后他表示要把"学阀""投诸豺虎，投诸有北"，使之"匿迹销声于光天化日之下"①。

《东南论衡》只生存了两个学期，但吴宓在清华大学仍艰难地支撑着《学衡》。时间和现实生活会改变人际关系，《东南论衡》停刊之后，胡先骕与胡适关系缓和，不再出谩骂之声，在一定程度上接受了新文化和"新式讲国学者"。同时胡先骕与吴宓的矛盾凸显。1927年11月14日胡先骕到北平与吴宓相聚会之后，吴宓在日记中记述了《学衡》社友如今已无法做到"志同道合"的实情，他说："始吾望胡之来，以为《学衡》社友，多年暌隔，今兹重叙，志同道合，必可于事业有裨。乃结果大失所望。盖胡先骕不惟谓（一）专心生物学，不能多作文。（二）胡适对我（胡）颇好，等等。且谓（三）《学衡》缺点太多，且成为抱残守缺，为新式讲国学者所不喜。业已玷污，无可补救。（四）今可改在南京出版，由柳〔沈按：柳诒徵〕、汤〔沈按：汤用彤〕、王易三人主编。（五）但须先将现有之《学衡》停办，完全另行改组。丝毫不用《学衡》旧名义，前后渺不相涉，以期焕然一新。而免新者为旧者所带坏云云。"② 在吴宓提出改良内容，仍用《学衡》名义办下去的建议时，胡先骕断然否定，认为"《学衡》名已玷污，断不可用。今之改组，决不可

---

① 《东南论衡》第1卷第6期（1926年5月1日）。

② 吴宓：《吴宓日记》第Ⅲ册，生活·读书·新知三联书店，1998年，第437页。

有仍旧贯之心，而宜完全另出一新杂志。至于原有之《学衡》，公（指宓）所经营者，即使可以续出，亦当设法停止云云。"① 胡先骕所期待的"完全另出一新杂志"，即 1932 年 9 月中央大学创办的《国风》。

卢冀野在此刊崭露头角

《学衡》杂志在东南大学创刊后的最初三年，卢冀野还是学生，没有资格在此刊发表诗文。但他是 14 岁（1919 年）即被新文学启蒙，并开始写作白话新诗的少年诗人。大学的几年，吴梅改变了他的文学人生和学术人生。

1926 年，中国政治正走向国共合作，欲颠覆北洋政府。在北京的国共政治势力，利用学生闹学潮，目的是要搞乱政府的阵脚。"三·一八"执政府屠杀学生的惨案，导致广大青年学子对政府的失望，并纷纷投身革命。他们以高昂的热情，迎接"大革命"的到来。政党势力利用学潮由此开始，所以傅斯年 1946 年 8 月 4 日在北平《经世日报》上发表的《漫谈办学》一文中强调五四学潮是纯粹的学生爱国运动："五四与今天的学潮大不同。五四全是自动的……我深知其中的内幕，那内幕便是无内幕。现在可就不然了，后来的学潮背后都有政党势力在背后操纵。"② 东南大学的校园更是混乱，自 1925 年 1 月郭秉文被免除校长一职后，这所学校在新校长任命上，陷入北洋政府与国民党势力、江苏地方势力和各派教授

① 吴宓：《吴宓日记》第Ⅲ册第 438 页。
②《傅斯年全集》第 7 册，台湾联经出版事业公司，1980 年，第 317—318 页。

之间争斗的泥潭。多位校长走马灯式上场，又被赶下或自动辞职，加上国民党执政带来的新变，这所学校有八年的动荡不安，直到1932年罗家伦出任校长，才稳住学校大局。

在南北政治势力纷争的1926年，被搅乱的大学校园，年轻学子能够静下心来写诗，的确是少数。这一年，南京校园文坛属于卢冀野。在北方新文化中心北京大学、清华学校、北京女子师范大学、燕京大学校园作家、诗人群星闪耀之后，东南大学在校学生卢冀野以白话新诗集和古典词曲并举之强势崛起。《东南论衡》及时充当了卢冀野展示才华的舞台。

卢冀野是吴梅最得意的弟子，1922年考入东南大学国文系。1926年他在南京印行新诗集《春雨》，1928年，他编辑新诗集《时代新声》，收录胡适、沈尹默、冰心、刘复、刘大白、俞平伯、朱自清、郭沫若、徐志摩等二十多位诗人的作品，由上海泰东书局出版。1930年，他在开明书店出版了第二本新诗集《绿帘》。

1926年，年仅21岁的卢冀野在老师吴梅的指导下，创作了五部戏曲：正目《琵琶赚蒋檀青落魄》《茱萸会万苍头流涕》《无为州蒋令甘棠》《仇宛娘碧海情深》《燕子僧天生成佛》。《东南论衡》上连续刊登四部，依次是《燕子僧生天成佛（鸠由韵）》（第5期）、《仇宛娘碧海恨深（齐微韵）》（第17期）、《琵琶赚（家麻韵）》（第23期）、《茱萸会（萧豪韵）》（第29期），这四种曲本发表时有三种都是署名"卢冀野原稿，吴瞿安删润"或"卢冀野原稿，吴瞿安润辞"。这四个曲本与《无为州蒋令甘棠》合印本为《饮虹五种曲》（《琵琶赚》《茱萸会》《无为州》《仇宛娘》《燕子僧》）。

1929年3月4日，他原东南大学同学，此时任教于清华大学的浦江清以"戮"为笔名，专门写了书评《卢冀野五种曲》，刊登在天津《大公报·文学副刊》第 60 期上。

卢冀野在《东南论衡》还刊有词《台城路》《金缕曲》等十多首，书评《读王次回〈疑雨集〉》，研究论文《泰州学派源流述略》《再论泰州学派》《清代女诗人一瞥》《所望于今之执笔者》。可以说吴梅在近一年三十期《东南论衡》上，集中推出他最得意的诗词曲传人卢冀野。

更为重要的是，卢冀野也因此从白话新诗转向古体词曲，《春雨琴声》（第 8 期）一文展露了他这一转变的心迹。

卢冀野 1926 年转向的时间，正是闻一多在《晨报·诗镌》发表《诗的格律》（5 月 13 日）之年。闻一多提出音乐美、绘画美、建筑美，是对白话自由诗发展十年的反思和反拨。闻一多在美国是学美术的，他懂得绘画，也有古诗格律的旧学基础，但相对于卢冀野这样真正懂得音律，并写作词曲的诗人，就显出弱势。卢冀野在《春雨琴声》一文中说：

> 自胡适倡诗体解放，举国风从；光怪陆离，日甚一日；牛鬼蛇神，登骚坛而为盟主。五年前，予亦尝与二三子埋首为之，尝促膝斗室，相与纵谈：使民国后，能别创格调，以适新乐；远承词曲之遗，近采欧西之萃；亦盛事也，既而颇以为苦，成稿弃置箧中，自此不复下笔；去年，有友自海上来，谓武昌盲音乐家昌烈卿先生，精乐理，愿为予逐首制谱，共三十有二章，五月而就；集为一卷，名曰《春雨》。①

---

① 《东南论衡》杂志第 1 卷第 8 期（1926 年 5 月 15 日）。

文章后面，卢冀野引出三首新诗，其一为《阳关曲》：

一行杨柳，
二分明月；
记得别离时，
恰是这般时节。

当日离情切切，
却不道重来告别！
是多少时光偷过了？
城南陌上花如雪。①

其三为《怀田汉》：

初逢在静安寺外，
握手相看一笑。
绿酒红灯都成梦了！

今夜风寒如许！
望望这明月江天，
照着几个飘零诗侣？②

---

① 《东南论衡》杂志第 1 卷第 8 期（1926 年 5 月 15 日）。
② 《东南论衡》杂志第 1 卷第 8 期（1926 年 5 月 15 日）。

象形表意汉字，形声合体，传统诗学的声韵格律，建立在这个基石之上。白话新诗革命倡导者胡适的理想，是要通过形式解决内容问题。形式易改，而汉语的诗意弱化了。特别是形声合一，音乐美感失去了。闻、卢反思白话诗革命，在为新诗寻求发展变革的新路径。卢冀野的新诗，将小令、词、曲的形式，赋以新思想、新生活、新意境的创造性转化，并且是自觉的。将新诗、词曲创作打通，并以坚实的学术研究作为依托，是卢冀野的文学路向，他在雅俗、古今、新旧、传统现代之间，寻求化解内在紧张的元素，成功消弭了其间的对立、疏离或人为设置的壁垒。

卢冀野的多位老师都是"学衡社"社员，他本人没有在《学衡》上发表文章，不属于梅光迪所说的，在《学衡》发文章即是认同《学衡》的主张，自然成为"学衡社"社员的一类，但他受师长辈影响，其文学主张、学术观念十分契合《学衡》宗旨中所说的"昌明国粹，融化新知"。传承吴梅曲学，卢冀野成就最大，"以纯熟的技巧择适宜的体裁，装进丰富的材料，造成活泼的意境"，卢冀野的新诗创作独树一帜。

1938 年 10 月 10 日、19 日、21 日下午 7 时，卢冀野在中央广播电台讲《民国以来我民族诗歌》，演讲收入《民族诗歌论集》，由重庆国民图书出版社 1940 年出版发行。他谈及"学衡派"，说"与新体白话诗相反对的主张，以'学衡派'为代表。胡步曾先生的《中国文学改良论》《文学之标准》《评〈尝试集〉》《评〈五十年来中国之文学〉》，这几篇论文皆抨击胡适而击中要害。……力持以新材料入旧格律的主张者是吴雨僧先生。"① 他最后明确提出："我们

---

① 卢前：《卢前文史论稿》，中华书局，2006 年，第 279—280 页。

现有的意识与材料和前人都不尽同。只要能以纯熟的技巧择适宜的体裁，装进丰富的材料，造成活泼的意境，自然成其为我们中华民国的诗歌。……把民族精神与时代精神反映到诗歌之中……所以先要舍弃以往诗人晦涩、居奇、鄙陋、享受诸旧习。发挥诗的力量，给他成为全民族的歌声！"① 这充分体现了卢冀野超越新旧、古今、雅俗之争，融合外来与本土，进而将材料、技巧、体裁、意境合理会通，行至于文字的诗学观。

---

① 卢前：《卢前文史论稿》，中华书局，2006 年版，第 281 页。

"认识性装置"的建构与运作：
以五四现代人道主义思潮运动为例

张先飞（河南大学文学院）

　　半个多世纪以来，欧美人文社科领域新理论迭出不穷，从根本上改变了传统历史研究的走向，比如在思想史研究领域，很多学者普遍将 20 世纪各时期关于各类社会运动与思想潮流的解说视为话语形态建构，进而将研究重点放在对各种话语形态建构等问题的解析之上。20 世纪 90 年代中期后中国学界深受影响，学术风向逐渐转移，以五四研究为例，成为新关注点的主要是五四运动、各类社会改造思潮运动、新文学运动、塑造"新人"、科学与民主观等在五四时期的话语建构，以及它们在此后百年中不断被建构成不同的话语形态的情况。论者在考察这些话语系统及认知机制建构等问题时，发现日本理论家柄谷行人所提出的"认识性装置"理论模式①

---

① 20 世纪 70 年代后期日本理论家柄谷行人写作『日本近代文学の起源』（《日本现代文学的起源》）一书，在讲谈社 1980 年版的第一章《风景之发现》中，以"风景"的建立/发现为例，解读近代日本新的认知模式/认知结构形成的有关现象。他从哲学认识论的角度透视了"风景"的建立/发现这一特殊的认知活动，将在此认知（转下页）

具有极强的解释能力，因此，论者借用并深度改造该理论模式，作为分析 20 世纪各类话语系统及认知机制建构的主要工具。论者认为，"认识性装置"是一种"意谛牢结"构造物，其建造者通常会设计出一整套系统理论，这是一种在新的观念与认知层面上的"世界构造"，他们试图以此建立起一种新的虚拟的未来世界图景，而在此世界图景中包括设计完整的思想机制和实践活动机制等。这些

（接上页）活动中被建构起来的近代人的新的认知结构或认知模式，称为一种「认识の布置」（第 17 页）、「认识的な布置」（第 21 页）、「布置」（第 26 页）、「认识的な布置」（第 33 页），1993 年 Duke University Press 英文版由 Brett de Bary 对应翻译为"perception"（第 19 页）、"epistemological constellation"（第 22 页）、"configuration"（第 27 页）、"epistemological configuration"（第 31 页），意思大致相同，2003 年生活·读书·新知三联书店中文版赵京华译为"认识性的装置"（第 12 页）、"认识装置"（第 9、17、22 页）。1993 年英文版中柄谷行人所做 "Karatani Kōjin's Afterword to the English Edition"（1991）（《英文版作者后记》）将"现代文学""作家""自己""表现"等视为一种近代的"Apparatus"，2003 年中文版译为"装置"。2004 年『定本　柄谷行人集〈1〉日本近代文学の起源』由岩波书店出版，柄谷行人对全书进行了大幅度修改，由「布置」改称「装置」，与原本版相比，柄谷行人对该术语的重视程度已降低。其中在日文的《英文版作者后记》中，他同样称"现代文学""作家""自己""表现"等为一种「装置」。不过，柄谷行人始终未对这一概念作出专门的界定。意大利哲学家吉奥乔·阿甘本曾分析过一个相近术语，即福柯的核心概念 "dispositif"（英文作 "Apparatus"），并追溯概念来源，他引用了福柯所做的定义："The apparatus is precisely this: a set of strategies of the relations of forces supporting, and supported by, certain types of knowlege."（Michel Foucault, *Power/ Knowledge: Selected Interviews and Other Writings*, 1972 - 1977, ed. C. Gordon, New York: Pantheon Books, 1980, pp. 194 - 196）。参见 Giorgio Agamben, "What Is an Apparatus?", in *WHAT IS APPARATUS? And Other Essays*, trans., David Kishik and Stefan Pedatella, Stanford, California: Stanford University Press, 2009, p. 2。应该说，这些理论家对于知识型及有关认知模式/认知结构等机制构建问题的思考，是"后学"（post-ism）理论的一个重要特色。

建造者的终极目标是依靠思想传播和实践活动的推动，首先以新的思想机制完全置换当前统御观念领域的"世界认知"，继而再凭此观念重新改造/构造世界，并以新的实践活动机制更换掉现实世界中正在运作的实践机制，以实现全社会根本性的整体改变。需要特别强调，为了更为清晰、准确地呈现各种话语建构的活动样态，论者使用的装置、组件、载体、搭建、安装、运作、变形、拆除、同构、零件等描述物质世界活动的语词，均可视为是在概念隐喻层面上使用的。①

我们如使用这一新的"认识性装置"理论模式考察不同历史时期有关五四的各类话语系统及认知机制建构等问题，便可清晰地看到，在不同历史时期出现的各类关于五四的话语形态实际上正是不同的"认识性装置"，而且在各类五四话语形态建构活动中，明显呈现出各类"认识性装置"及其组件、载体等的搭建、安装、运作、变形、拆除等活动。通观 20 世纪各时期关于各类社会运动与思想潮流的话语建构，"认识性装置"的搭建、安装与拆除等活动是普遍存在的现象。本文拟通过解剖一个极具典型性的"认识性装置"——周作人等现代人道主义者在五四社会改造热潮期②建构现代人道主义"认识性装置"的搭建、安装与拆除的具体流程，对这一普遍性现象进行深入考察。考察发现，周作人等现代人道主义者搭建出不同层级的"认识性装置"，基本可分为总体性、小型、单

① 牛宏宝：《哲学与隐喻：对哲学话语的思考》，《北京大学学报》（哲学与社会科学版）2017 年第 5 期。

② "人的文学"是中国现代文学发展的第一个阶段，以宣扬现代人道主义"真理"为中心进行文学活动，拥有独立完整的理论体系与创作形态，时间界限为 1918 年末到 1922 年，这一时期普遍称为五四前期，或者五四社会改造热潮期。参见张先飞：《"人的文学"："五四"现代人道主义与新文学的发生》，北京：人民出版社，2016 年。

体型三类，它们不仅同质、同构，而且相互交叉、汇融，共同服务于构建现代人道主义"世界认知"与根本改造社会的目标。本文将借此案例，分别对三个层级"认识性装置"的建构活动作出完整探究，具体解析"认识性装置"及其组件、载体的搭建、安装、运作、拆除等流程和机制，力求全面归纳、概括20世纪"认识性装置"建构及运作等的普遍性特质。

一、总体性"认识性装置"

自近代以来，国人在探索整体改造中国并开创新的中国道路的伟大历程中，多次尝试在观念领域创造出新的"世界体系"。截至五四已涌现出康有为、谭嗣同、严复、胡适、周作人等杰出代表，他们各自搭建了系统完整、自足、自为的"认识性装置"——承载全新"世界认知"的整体构造物，力图用它彻底置换传统中国固有的对世界的各类认知模式与指涉系统，以推动"世界认知"的根本转型，并与古典中国的"旧物"整体性地"断裂"，他们的最终目标是在实践层面建立包括中国在内的人类共同生存的理想体制与机制。这些思想家所创造的新的"世界体系"与搭建的自足、自为的"认识性装置"呈现出两种不同样貌，第一种类型以康有为、谭嗣同为代表，他们在近代西洋思想、制度、文化等初进中国之际，广泛吸纳各类零碎、分散、杂乱的信息，凭借想象力和创造力，杂糅各类中外知识，各自搭建起恢宏奇异的"宇宙体系"与理想化的"世界体系"，同时也建构起了完整的"认识性装置"。19世纪末的严复与五四时期的胡适、周作人等对"认识性装置"的搭建属于第二种类型，他们接受过深厚的现代思想熏陶和完备的科学训练，并对国外新知有着深刻的洞察与反思，同时各自服膺于某些国外系统观念，因此，他们与康有为、谭嗣同的搭建方式完全不同，是通过引介、阐释，乃至创造性转化、改变同时期国外盛行的某些系统观念而建构起新的"世界认知"的认知谱系与观念系统，同时搭建、安装成完整的"认识性装置"。20世纪60年代美国汉学家本杰明·史华慈对严复构建的新宇宙观念、"世界体系"做出过创造性分析，① 汪晖赞同史华慈的判断并在《现代中国思想的兴起》等论著中加以强调和引申，② 李泽厚在《论严复》中就此问题做出了不同阐释；③ 关于五四时期胡适对新的"世界认知"的建构也已产生大量研究成果。相形之下，学界对五四社会改造热潮期以周作人为中心的现代人道主义者的活动关注不多。

在五四社会改造热潮期，周作人等现代人道主义者掀起思想改造和社会变革运动，通过系统引介、阐释以及理论创造等方式，创构出现代人道主义的新的"世界认知"。我们如对这些活动进行总体考察，就会发现，周作人等是在有意识地进行着"认识性装置"的系统搭建活动。他们的活动不仅计划周详，而且内容全面。周作人等与严复、胡适在为创构新的"世界认知"而搭建、安装"认识性装置"的工作方式上十分相近：首先是要设计出"认识性装置"的基本组件，之后通过构造不同组件以完成对"世界认知"不同层面的搭建，而这些组件的构造与塑型必须依托于一些载体。论者将这类为创造总体性"世界认

---

① 本杰明·史华慈：《寻求富强：严复与西方》，叶凤美译，南京：江苏人民出版社，1996年，第82—101页。

② 汪晖：《现代中国思想的兴起》下卷第一部，北京：生活·读书·新知三联书店，2004年，第844—923页。

③ 李泽厚：《论严复》，《历史研究》1977年第2期。

知"而搭建的宏大"认识性装置"命名为"总体性'认识性装置'"。

就五四现代人道主义"认识性装置"搭建活动而论，第一类载体，是周作人撰写的《人的文学》①，正是由它构建起了现代人道主义"认识性装置"的意义框架。论者认为，《人的文学》是五四现代人道主义思潮、运动最重要的指导性文献，其发表作为五四社会改造热潮期标志性事件，具有重大理论价值与实践意义：一方面，《人的文学》成为五四现代人道主义观念与实践运动的总纲。周作人在文中对现代人道主义观念做出最凝练的表述，将现代人道主义核心理念全部纳入"人的文学"的中心观念内，提出了全面、综合的思想方案与实践设想。另一方面，《人的文学》成为五四现代人道主义思潮、运动的真正起点，为它们在观念和实践拓展方面划定范围、确定走向并提供强大推动力。同时，周作人在《人的文学》中对现代人道主义理论形态的完整构造不仅为五四人道主义共识观形成奠定了核心理论基础——建造理论框架与提供观念系统等，而且也为形成内容涵盖更丰富、观念范围更宽广的人道主义思想提供了巨大的理论发展空间。② 很明显，周作人通过《人的文学》不仅将搭建现代人道主义"认识性装置"的意义提升到人类整体文明进步发展的高度，而且阐明建构此"认识性装置"的重要意义与历史使命——创造新的"世界体系"和意义世界。

第二类载体，是周作人与皈依现代人道主义的知识分子群落所撰写的"系统性的系列文章"，包括阐说现代人道主义观念统系的

---

① 周作人：《人的文学》，《新青年》1918 年 12 月 15 日第 5 卷第 6 号，12 月 7 日作。
② 张先飞：《五四前期"新青年"派现代人道主义"公同信仰"形成考论》，《史学月刊》2017 年第 6 期。

各类议论说明性散文、思想杂论、文艺评论、时事评论、解说翻译作品的译者附记等，它们均依托于由新思想报刊《新青年》《新潮》《每周评论》《少年中国》《新生活》《人道》和新思想著作等形成的意义生成与话语交往、传播平台，周作人等关于五四现代人道主义的新的"意谛牢结"及其建构机制，即新的社会话语形态、知识形态、对于人类文明史的新历史叙事等，均是在此平台借助相关载体进行系统建构的。周作人等建构的新的社会话语形态包括：新理想主义的总体时代观、现代人道主义观念谱系、现代人道主义"人间观"等理想化社会政治学说、"人的文学"观等理想社会改造工具论、作为理想人性改造核心话语的科学"人学"观——"现代灵肉一元观"等。以上各类新的社会话语形态均存在着相应的新的知识形态，这缘于周作人的有意识的建构。他作为新理想主义时代的"新人"，深受实证科学观念影响，突出表现为，在五四社会改造热潮期他不论做出何种关于"主义"的论断，总会同时尝试提供具有科学实证依据的新的知识形态并架构起系统的范畴、概念体系，用以阐明"主义"的合理性并尽力凸显其科学性。而对于人类文明史的新历史叙事包括近代"人"的真理发现的三阶段说，以及周作人分析人类文艺"进化"时所详细阐发的人类文明进化史观等。论者对皈依现代人道主义的知识分子群落的写作活动和思想状况已有全面梳理与阐释。[1]

第三类载体，是"人的文学"。初期新文学活动，包括以根本改造为核心任务的文学工作者联合体的组织团体与舆论阵地的建

---

[1] 参见张先飞：《"人"的发现："五四"文学现代人道主义思潮源流》，北京：人民出版社，2009 年；张先飞：《"人的文学"："五四"现代人道主义与新文学的发生》，北京：人民出版社，2016 年。

立，"为主义的艺术观"的建构，服务于现代人道主义改造并创造全新表现主题、题材和"情感世界"/"感觉世界"的文艺创作，以有效地阐发"主义"为鹄的的论争等。据论者研究，"人的文学"活动与五四现代人道主义运动同源共生，并参与到现代人道主义"认识性装置"搭建、安装活动中，成为主要载体。周作人等借助这一载体完成了新世界与新生活叙事、日常生活形态塑造、"情感世界"/"感觉世界"整体转换等多项任务。因为在周作人等现代人道主义者看来，新的"世界认知"不仅包括新的人类社会总体框架、认知机制及相关宏大叙事，还包括"新人"关于"生活世界"和"情感世界"的全新认知方式、感受模式、情感机制等，而后者只有通过文艺活动才可能得以建构。[①]

第四类载体，是现代人道主义"世界认知"的实践形态——社会改造活动及其组织形态——新村式的社会改造小组等，借助于这些载体，现代人道主义"世界认知"在群体性的实践运动层面得到了完整呈现，并被有效落实到新的社会机制的建构工程中，推进了社会整体改造进程。总之，这四类核心载体在现代人道主义"认识性装置"建构活动中的作用最为突显。

二、小型"认识性装置"

周作人等在借助核心载体搭建总体性"认识性装置"的同时，也在搭建一些相对独立的小型"认识性装置"，其中以翻译性文本

---

① 参见张先飞：《"人的文学"："五四"现代人道主义与新文学的发生》，北京：人民出版社，2016 年。

作为主体支撑的小型"认识性装置"最为典型。纵观20世纪后发展国家历史，它们往往以引介国外学说为基础建构本土现代思想，而借助译介活动搭建"认识性装置"成为进行这种思想、文化建制的惯例。当然，总体性和小型现代人道主义"认识性装置"不仅具有同构、同质关系，并且在五四中国的社会话语活动中，两者之间非但没有明显的界限，还彼此交叉、汇融，共同服务于现代人道主义"世界认知"的构建和根本性的社会改造。

以翻译性文本作为主体支撑的现代人道主义"认识性装置"的搭建、安装活动与总体性"认识性装置"大致相近，主要依托于三类载体，分别对应搭建总体性"认识性装置"所依托的前三类载体。

以翻译性文本作为主体支撑的"认识性装置"的搭建所依托的第一类载体仍是周作人的《人的文学》，因为该文是站在整体历史的高度阐发世界文明历程并规划出人类未来的理想远景，因此，周作人等以之搭建起这一小型现代人道主义"认识性装置"的意义框架。

以翻译性文本作为主体支撑的"认识性装置"的搭建所依托的第二类载体，是对国外阐释现代人道主义的论说文本的系统性译介，对应总体性"认识性装置"的第二类载体——阐发现代人道主义的"系统性的系列文章"。第二类载体中首要的是对日本现代人道主义思想巨子武者小路实笃言论、著作的译介，周作人对武者小路实笃介绍新村运动的系列议论说明性散文、思想杂论、时事评论等做了一些摘译，① 其他突出的翻译成果还包括鲁迅所译话剧《一个青年的梦》，

---

① 《读武者小路君所作〈一个青年的梦〉》，《新青年》1918年5月15日第4卷第5号；《日本的新村》，《新青年》1919年3月15日第6卷第3号；《访日本新村记》，《新潮》1919年10月30日第2卷第1号，7月30日作；《游日本杂感》，《新青年》（转下页）

与李宗武、毛咏堂合译的论著《人的生活》。① 第二类载体中另一重要部分是五四现代人道主义者所译介的专题性论说文本，周作人1918 年译介了英国 W. B. Trites 的《陀思妥夫斯奇之小说》、日本与谢野晶子的《贞操论》（『人及女イシラ』中之一篇）、节译英国斯柏勤女士《英文学上的神秘主义》中关于布莱克的评论、节译霭理斯《新精神》中关于惠特曼的评论，1919 年译介了英国Angelo S. Rappoport 的《俄国革命之哲学的基础》等。② 而沈雁冰、郑振铎、耿济之、张崧年、张闻天、沈泽民等也译了一些专题性论说文本，其中最重要的翻译文本包括耿济之所译介的列夫·

（接上页）1919 年 11 月 1 日第 6 卷第 6 号，8 月 20 日作；《新村的精神》，《民国日报·觉悟》1919 年 11 月 23、24 日，11 月 8 日讲演；《新村运动的解说——对于胡适之先生的演说》，《晨报》1920 年 1 月 24 日，1 月 18 日作；《新村的理想与实际》，《晨报·副刊》1920 年 6 月 23—24，6 月 19 讲演；《新村的讨论（答黄绍谷的信）》，《批评》1920 年 12 月 26 日第 5 号（"新村号"），12 月 17 日作。

① 武者小路实笃：《一个青年的梦》，鲁迅译，上海：商务印书馆，1922 年。1919 年 8 月2 日—1920 年 1 月 18 日译毕，1919 年 8 月 3 日—10 月 25 日连载于北京《国民新报》，该报被禁后，鲁迅校订旧译并译完全书，1920 年 1 月至 4 月连载于《新青年》第 7 卷第 2—5 号，后收入文学研究会丛书。武者小路实笃：《人的生活》，李宗武、毛咏堂译，上海：中华书局，1922 年。1921 年 7 月 6 日周作人作序，此书是武者小路实笃 1920 年出版的著作。

② W. B. Trites：《陀思妥夫斯奇之小说》，周作人译，原载《北美评论》七一七号，《新青年》1918 年 1 月 15 日第 4 卷第 1 号；与谢野晶子：《贞操论》（『人及女イシラ』中之一篇），周作人译，《新青年》1918 年 5 月 15 日第 4 卷第 5 号。Caroline. F. E. Spurgeon, *Mysticism in English Literature*, Cambridge：Cambridge University Press, 1913. 关于布莱克的评论在第五章 Devotional and Religious Mystics，周作人节译一小部分，见第 135—137 页；周作人：《随感录三十四》，《新青年》1918 年 10 月 15 日第 5 卷第 4号；Angelo S. Rappoport：《俄国革命之哲学的基础》，起明（周作人）译，原载 *The Edinburlgh Review*，1917 年 7 月，《新青年》1919 年 4—5 月第 6 卷第 4—5 号。

托尔斯泰《艺术论》①、张崧年译介的《精神独立宣言》②，尤其需要强调 1921 年 9 月出版的《小说月报》第 12 卷号外《俄国文学研究》，其中刊载耿济之、陈望道、周建人、沈泽民、夏丏尊、胡根天、灵光译介的有关俄国文学思潮与作家研究的多篇论文。如前所述，以翻译性文本作为主体支撑的"认识性装置"与总体性"认识性装置"之间没有明显的界限，二者彼此交叉、汇融，因此，可以将总体性"认识性装置"的第二类载体——阐发现代人道主义的"系统性的系列文章"（如周作人 1918 年底—1920 年底撰写的介绍现代人道主义思想的论说性文本）视作小型"认识性装置"的第二类载体——对国外阐释现代人道主义的论说文本的系统性译介的延伸性文本。

以翻译性文本作为主体支撑的"认识性装置"的搭建所依托的第三类载体，是对现代人道主义世界文学文本的系列译介，对应总体性"认识性装置"第三类载体——初期新文学活动。周作人的译介成果在 1920 年 8 月结集为《点滴（近代名家短篇小说）》，部分收录在 1922 年 5 月版《现代小说译丛（第一集）》和 1923 年 6 月版《现代日本小说集》，鲁迅主要对俄、日等国泛人道主义世界文学文本与尼采《察拉图斯忒拉的序言》进行译介，部分收录在《现代小说译丛（第一集）》和《现代日本小说集》。③ 耿济之、郑振

---

① 列夫·托尔斯泰：《艺术论》，耿济之译，上海：商务印书馆，1921 年。

② 罗曼·罗兰等：《精神独立宣言》，张崧年译注，《新潮》1919 年 12 月底第 2 卷第 2 号"附录"栏。

③ 《点滴》，周作人辑译，北京：北京大学出版部，1920 年。《现代小说译丛（第一集）》，周作人、鲁迅、周建人译，上海：商务印书馆，1922 年；《现代日本小说集》，周作人、鲁迅、周建人译，上海：商务印书馆，1923 年。

铎、沈雁冰、瞿秋白、沈泽民、王统照、董秋芳、周建人、胡根天等在 1918—1923 年间也有对现代人道主义世界文学文本的系列译介，部分集中刊登于《小说月报》第 12 卷号外《俄国文学研究》。作为载体的现代人道主义世界文学文本的系列译介绝非单纯的文字翻译，这些译介文本具有重要功用并呈现出特异形态，它们由负责语言间转换的译文和负责意义阐释的文本两部分构成，在每篇译文之前或结尾处，有"译者案"或"译者附记"等阐释性文字，用以阐发该作品所蕴含的现代人道主义"真理"。事实上，这一时期大批译文是依靠这些阐释性文字生成意义的，因为那些被笃信现代人道主义的翻译者纳入人道主义文学文本系统的作品之所以能够成为标准现代人道主义文学文本，很大程度上依赖的是这些翻译者的解读。因此，这种翻译行为是典型的话语构造活动，其话语构造方式源自以严复、林纾为代表的晚清翻译活动。作为第三类载体的现代人道主义世界文学文本的系列译介也有延伸性文本，即五四现代人道主义者介绍国外现代人道主义文学的议论说明性散文，如周作人所撰数篇长文，① 以及

① 《日本近三十年小说之发达》，《北京大学日刊》1918 年 5 月 20 日—6 月 1 日第 141—152 号，4 月 17 日作；《人的文学》，《新青年》1918 年 12 月 15 日第 5 卷第 6 号，12 月 7 日作；《勃来克的诗》（后更名《英国诗人勃来克的思想》），《少年中国》1920 年 2 月 15 日第 1 卷第 8 期"诗学研究号"，1918 年作，后文署明写作时间为 1919 年 12 月 17 日；《新文学的要求》，《晨报·副刊》1920 年 1 月 8 日，1 月 6 日讲演；《〈点滴〉序言》，载《点滴》，周作人辑译，北京：北京大学出版社，1920 年 4 月 17 日作；《欧洲古代文学上的妇女观》，《妇女杂志》1920 年 10 月第 7 卷第 10 号，7 月 21 日作；《文学上的俄国与中国》，《晨报·副刊》1920 年 11 月 15—16 日，11 月 8 日讲演；《圣书与中国文学》，《小说月报》1921 年 1 月 10 日第 12 卷第 1 号，1920 年 11 月 30 日讲演，等等。

1917—1919 年编著的《欧洲文学史》和《近代欧洲文学史》教材。① 跟随周作人"人的文学"实践的前期文学研究会成员俞平伯、沈雁冰、郑振铎、叶绍钧等也撰写了介绍国外人道主义文学的议论说明性散文和文艺评论等。② 第二类、第三类载体也是依托于由新思想报刊、新思想著作等构成的意义生成与话语交往、传播平台，周作人等在此平台借助相关载体系统建构五四现代人道主义的新的"意谛牢结"和认知机制。

三、单体（monad）型"认识性装置"

在搭建总体性、小型现代人道主义"认识性装置"的同时，周作人等现代人道主义者为便于"主义"推广，特意搭建出一些更小的微型"认识性装置"。这种微型"认知性装置"与总体性、小型"认识性装置"同构、同质，虽体量很小，但仍具有完备的组件、载体和运作机制等，布鲁诺和莱布尼茨等的哲学概念"单体（monad）"最适于概括其存在样态，因此，微型"认识性装置"可命名为"单体（monad）型'认识性装置'"，周作人喜欢引述的布莱克神秘诗句"一粒沙里看出世界"可对其存在特质作出形象

① 周作人：《欧洲文学史》，上海：商务印书馆，1918 年；《近代欧洲文学史》，1917—1919 年编著，止庵等校注，北京：团结出版社，2007 年。

② 张先飞：《"进化的还原论"："五四"前期俞平伯"人的文学"观建构解析》，《现代中国文化与文学》2016 年第 2 期；《阐释与延展："五四"前期文学研究会"人的文学"文艺观综论》，《鲁迅研究月刊》2016 年第 9 期。拙文对前期文学研究会成员关于"人的文学"观念的思考做了翔实论述。

化说明。① 周作人与傅斯年、罗家伦等现代人道主义者所精心谋划与编辑出版的新翻译合集《点滴（近代名家短篇小说）》（1920 年 8 月）是一个极为典型的单体型"认识性装置"，其出版成为五四社会改造热潮期现代人道主义"意谛牢结"宣传和社会改造的标志性事件。② 不过，既然周作人等已开始建构总体性"认识性装置"，那么再搭建小型甚至单体型"认识性装置"又有何意义呢？就《点滴》而论，它虽只是缩微版"认识性装置"，但在某些方面有着明显优势：首先，作为"认识性装置"的《点滴》存在空间明晰，集结于一部书稿，不仅便于搭建，而且易于使用，而总体性和小型"认识性装置"更像虚拟的意义空间，并不容易捕捉与把握；其次，由于单体型"认识性装置"体量较小、空间明晰，因此，借助一部书稿便能对现代人道主义新的世界图景、"世界认知"作出集中与整体性的传达。

　　分析至此，论者需要以现代人道主义"认识性装置"建构活动为例，着重对三类"认识性装置"的关系予以界说，便于更清晰阐明小型、单体型"认识性装置"的构造特点与运作机制。在三类"认识性装置"中，总体性"认识性装置"可以看作一个独立、自

---

① 周作人：《勃来克的诗》（后更名《英国诗人勃来克的思想》），《少年中国》1920 年 2 月 15 日第 1 卷第 8 期，1918 年作，后文署明写作时间为 1919 年 12 月 17 日。此为周作人所译《无知的占卜》序诗的前两句。

② 关于傅斯年、罗家伦在五四社会改造热潮期对现代人道主义的接受情况，参见张先飞：《五四前期"新青年"派现代人道主义"公同信仰"形成考论》，《史学月刊》2017 年第 6 期。周作人在《〈点滴〉序言》说明此二人在编辑出版《点滴》时所起作用，1920 年 4 月 17 日作，参见周作人：《〈点滴〉序言》，载《点滴》，周作人辑译，北京：北京大学出版部，1920 年。

足、自为的意义世界，因为它是无所不包的，一切与现代人道主义"意谛牢结"宣传和社会改造活动有关的符码、文本、知识系统、认知机制、组织形态、实践活动等都被纳入其中，因此，这个意义世界中所有组构成分不仅能搭建起十分完整的思想机制与实践活动机制，而且所有组构成分均可以彼此支撑并相互诠释。相形之下，以翻译性文本作为主体支撑的小型"认识性装置"和以一册译著为主体的单体型"认识性装置"体量过小，所能容纳内容有限，因此，如果仅依靠此两类"认识性装置"中所包含的组构成分是无法正常运作的，更遑论置换"世界认知"并推进根本革新。事实上，现代人道主义者在设计小型、单体型"认识性装置"的构造与运作机制时，已有效地解决了这一难题。虽然相对于现实世界而言，小型、单体型"认识性装置"是独立、自足、自为的封闭的意义世界，但是它们对总体性"认识性装置"却始终完全敞开，而且需要依赖总体性"认识性装置"的支撑才能正常运转。如果我们从小型、单体型"认识性装置"具体运作活动方式的角度来审视，也可将三类"认识性装置"的关系描述为：总体性"认识性装置"的组构成分均是小型、单体型"认识性装置"的延伸性文本，而小型、单体型"认识性装置"的正常运作、进行意义生产和知识生产、向全社会展示现代人道主义世界图景与"世界认知"等，均需依赖自身所容纳文本和延伸性文本的合力支撑才可能完成，很明显，这是一种交融混同的运行机制。而且人们只有在由这两类文本构造出的现代人道主义互文性文本世界的大语境中，才有可能清晰辨识出小型和单体型这两类较小的"认识性装置"的存在，进而准确解读由它们建造的现代人道主义的意义世界。根本而言，三类"认识性装置"实为一体，由现代人道主义互文性文本世界共同支撑每一层级

"认识性装置"对意义世界的创构。

当然，以一部著作搭建起单体型"认识性装置"并非易事，而周作人对单体型"认识性装置"《点滴》的搭建独具匠心，设计精妙。首先，周作人在编集伊始依托于第一类载体——书名"点滴"和全书题记搭建起宏伟的意义框架，向全社会昭示小小《点滴》中所容纳的将会是一个宏大的意义世界，而此意义世界的建构完全是站在人类整体文明进步发展的高度。第一类载体的主要延伸性文本是鲁迅对尼采《察拉图斯忒拉的序言》的翻译与阐释。周氏兄弟在新文化运动中决心"复出"经过了复杂的思想历程，他们最初是在理论层面借助"尼采思路"做出"复出"决定，并采用一种特殊方式——通过对《察拉图斯忒拉的序言》的翻译与阐释活动，对自身思想抉择和未来新的身份、任务做出表述。当周作人搭建"认识性装置"《点滴》时仍采用此方式，他将鲁迅所译《察拉图斯忒拉的序言》第四节倒数第二段置于全书之前，作为题记，并将其中核心意象"点滴"用作书名，[①] 即"节取尼采的话，称为点滴"[②]。周作人正是借此直接阐明努力搭建单体型"认知性装置"的目的与意义，并宣告其将承担的任务：首先，"认识性装置"建造者以"真理"之光的宣示者和新的理想人类即将来临的通告者自居。其次，他们以"点滴"自喻，宣告自己将会携带承载着"真理"全息信息的"认知性装置"到全体社会人群中传播现代人道主义"真理"，

---

① 《点滴》，周作人辑译，北京：北京大学出版部，1920年。尼采：《察拉图斯忒拉的序言》，唐俟（鲁迅）译，《新潮》1920年9月1日第2卷第5号，其中译为"水滴"，周作人在《点滴》题记中使用的是"点滴"。

② 周作人：《〈点滴〉序言》，载《点滴》，周作人辑译，北京：北京大学出版部，1920年，1920年4月17日作。

以实现造就理想社会、理想人类的宏伟目标。[①] 换个角度说，周作人是以这种方式表明单体型"认识性装置"《点滴》的异常重要性，认定它与总体性"认识性装置"同样承载着创造新的"世界体系"、意义世界的历史使命。单体型"认识性装置"《点滴》依托的第一类载体对应总体性、小型"认识性装置"第一类载体。

在搭建意义框架后，周作人马上通过《〈点滴〉序言》阐明这一新的意义世界的具体内涵。《〈点滴〉序言》是五四社会改造热潮期现代人道主义和"人的文学"的重要宣言，周作人在其中不仅表明了对现代人道主义的忠实信仰，而且申明入选的译作都具有"共通的精神"——"人道主义的思想"。承担阐明意义世界内涵这一任务的还有此书《附录》，其中由傅斯年、罗家伦等人建议，收录了周作人的《人的文学》《平民的文学》《新文学的要求》3篇论文。它们作为宣传现代人道主义社会改革理想和"人的文学"全新文艺观的核心文献，很明显是为了彰明编辑出版《点滴》的真实目的。这4篇文章是单体型"认识性装置"《点滴》依托的第二类载体，对应总体性、小型"认识性装置"第二类载体。

在《〈点滴〉序言》后是周作人对现代人道主义世界文学文本的系列译介，包括他于1918年1月至1919年12月围绕人道主义宣传选择译介的21篇欧洲短篇小说。这些系列译介文本仍由负责语言间转换的译文和负责意义阐释的文本两部分构成，这是以周氏兄弟为代表的五四现代人道主义者进行新话语构造的典型方式，他

① 张先飞：《"下去"与"上去"："五四"时期鲁迅、周作人复出的发生学考察》，《山东师范大学学报》（人文社会科学版）2017年第1期。尼采：《察拉图斯忒拉的序言》，唐俟（鲁迅）译，《新潮》1920年9月1日第2卷第5号。

们关于现代人道主义思想本质和社会改造观的很多精义均以此方式展示。如《齿痛》译文与周作人在《译者附记》中对安特来夫观念历程的描述相结合，生成五四社会改造热潮期最重要的现代人道主义宣传文本；《沙漠间的三个梦》译文与其《译者附记》结合成为新理想主义宣传核心文本。① 这一部分是单体型"认识性装置"《点滴》所依托的第三类载体，对应总体性、小型"认识性装置"第三类载体。《点滴》依托的第三类载体的延伸性文本较多，包括五四社会改造热潮期所有对现代人道主义世界文学文本的系列译介和引介国外现代人道主义文学的议论说明性散文。

最后需要说明周作人等特意选择翻译文学文本搭建"认识性装置"的原因。依据《〈点滴〉序言》的表述，当时只有依靠由翻译文学文本搭建的"认识性装置"才可能即刻在实践层面上改造中国。这是因为在新文学初起之时，标准的"人的文学"只有一些翻译文学文本，因此，具有特殊功用的"人的文学"所要承担的核心任务只能依靠由翻译文学文本搭建的"认识性装置"来完成。一方面，在五四现代人道主义者看来，人类一切不幸都根源于相互间厚重的精神"隔膜"——"大家对于别人的心灵，生命，苦痛，习惯，意向，愿望，都很少理解，而且几于全无"，因此，"拭去一切的界限与距离"便成为解决世界难题的首选方案，而传达现代人道主义"真理"的"人的文学"正是完成这种社会改造"最高上的功业"的最佳工具。② 由于本土"人的文学"尚未真正出现，于是由

① 周作人：《〈齿痛〉译者附记》，《新青年》1919年12月1日第7卷第1号，10月30日作；周作人：《〈沙漠间的三个梦〉译者附记》，《新青年》1919年11月1日第6卷第6号，4月12日作。

② 周作人：《〈齿痛〉译者附记》，《新青年》1919年12月1日第7卷第1号，10月30日作。

翻译文学文本搭建的"认识性装置"就显得异常重要，五四现代人道主义者坚信可以通过介绍其他国度、地域或族群中人们的思想和情感来沟通人类精神，推动人类兄弟自觉泯除彼此间的"隔膜"，最终使人类社会跃入理想境界。另一方面，在五四现代人道主义者看来，实现现代人道主义理想的关键还在于所有人在感情上完全改变，因为只有如此才可能使理想观念真正化作个人信仰并落实为实际行动，而善于"传染人的感情"的"人的文学"就是实现现代人道主义"从思想转到事实"的枢纽所在，周作人称"这是我们对于文学的最大的期望与信托"。① 因此，在未出现本土"人的文学"的情况下，周作人将一批国外"人的文学"作品汇编成册，力图依靠此"认识性装置"启动社会改造机制并整体推进改造进程。不过，这些仅为五四现代人道主义者对以翻译文学文本为主体的"认识性装置"功能的判断，不一定适用于 20 世纪其他"认识性装置"建构者对此类"认识性装置"功能的认知。

四、"认识性装置"的拆除方式

在 20 世纪动荡不息的世界思想领域，观念变迁往往伴随着对"认识性装置"的拆除与重建，这使拆除"认识性装置"成为思想运动中的重要事项，这一活动要求通过拆除各类组件和载体等来完成。不过，拆除"认识性装置"不可能一蹴而就，因为无论何种思想的根本变化总要先经历渐变过程。周作人与现代人道主义的分离

---

① 周作人:《〈点滴〉序言》，载《点滴》，周作人辑译，北京:北京大学出版部，1920年，1920 年 4 月 17 日作。

作为一次典型的"认识性装置"拆除活动，自然循此路径。

1921 年后周作人开始淡出现代人道主义社会改造运动，并逐渐疏离现代人道主义信仰和社会改造立场，他在此后的思想摸索中频频回顾曾经的信仰时期，不停做出反省并陈说当下每一时段的思想渐变，但始终未能作出彻底的思想清理，仅在零打碎敲地清除着现代人道主义个别思想要素，即拆除作为信仰体系支撑物的现代人道主义"认识性装置"的个别零件。其拆除活动采取两种方式：第一种方式，是反复质疑现代人道主义某些观念及实践，持续不断地消解它们的"真理"性定位，指出它们仅是具有道德意味的"意谛牢结"表述。① 周作人不仅撰写《诗人席烈的百年忌》《〈谈虎集〉后记》② 等大量论说文，更以汇编旧作的方式较为完整地表明态度。1926 年他将五四社会改造热潮期的长篇论说文编集为《艺术与生活》，然后撰写《自序》集中评判，断言这些文本所承载的现代人道主义信仰只是乌托邦梦想。③ 第二种方式，是对现代人道主义"认识性装置"结构完整性的破坏。任何"认识性装置"首先必须具备内部的统一性，周作人在五四社会改造热潮期曾竭力将很多矛盾分歧较大的观念糅合为一体，以维系现代人道主义"认识性装置"内部的和谐完整。但当其信仰发生了动摇，他便迫不及待地宣称

① 张先飞：《从普遍的人道理想到个人的求胜意志：论 20 年代前期周作人"人学"观念的一个重要转变》，《鲁迅研究月刊》1999 年第 2 期。

② 仲密（周作人）：《诗人席烈的百年忌》，《晨报副镌》1922 年 7 月 18 日，7 月 12 日作。周作人：《〈谈虎集〉后记》，《北新》1928 年 1 月 16 日第 2 卷第 6 号，1927 年 11 月 25 日作。

③ 周作人：《〈艺术与生活〉自序一》，载《艺术与生活》，上海：群益书社，1931 年，1926 年 8 月 10 日作。

自己刚辛苦搭建起的现代人道主义"认识性装置"的内部结构出现了严重松动，已很难再将"托尔斯泰的无我爱与尼采的超人，共同生活主义与善种学，耶佛孔老的教训与科学的例证"等差异巨大的理念调和统一，这一"认识性装置"已变成各类思想凌乱堆积的"乡间的杂货一料店"。①

直至 1928 年思想遽变的周作人终于表现出决绝的态度，他不仅全面客观回顾与总结了自己短暂的信仰时期，而且坦承已与现代人道主义理想分道扬镳，并无藕断丝连，并随即开始完整拆除各种层级的现代人道主义"认识性装置"。在周作人的大规模拆除活动中，最具标志性的是对单体型"认识性装置"《点滴》的精细化拆除，这一拆除活动成为其宣告观念转变完成的标识。

1928 年周作人借《点滴》重版的时机，对此单体型"认识性装置"进行拆除，重点拆除它所依托的三类载体。首先，拆除第一类载体——书名"点滴"和全书题记，周作人本是以此为单体型"认识性装置"《点滴》搭建意义框架的。周作人的拆除方式是将书名"点滴"和解说"点滴"内涵的题记一并撤去，取集内首篇翻译小说《空大鼓》之名冠为书名。周作人在《〈空大鼓〉序》中解释自己是有意为之，因为他已不再服膺五四社会改造热潮期"一心念着安养乐邦以至得度"的"单纯的信仰（Simple Faith）"，而在《点滴》中寄寓这种"单纯的信仰"的正是"尼采的文句与题目"，他强调自己已"不喜欢那个意思"。② 其次，拆除第二类载体——宣

① 仲密（周作人），《山中杂信·一》，《晨报·副刊》1921 年 6 月 7 日，6 月 5 日作。
② 周作人：《〈空大鼓〉序》，载《空大鼓》，周作人辑译，上海：开明书店，1928 年，1928 年 8 月 22 日作。

传现代人道主义社会改革理想和"人的文学"全新文艺观的《〈点滴〉序言》和《附录》，此类载体的作用是彰明新的意义世界的具体内涵。周作人不仅将《附录》中五四现代人道主义三大社会改造宣言《人的文学》《平民的文学》《新文学的要求》剔除，而且还将有着截然相反思想态度的两篇宣言《〈空大鼓〉序》《〈点滴〉序言》（《空大鼓》标为《旧序》）并置一处刊印，向世人坦白自身立场的根本改变。最后，拆除第三类载体——周作人关于现代人道主义世界文学文本的系列译介。周作人的拆除活动集中于对篇目和译者附记的重大调整。此时周作人强调之所以重新出版这些翻译作品，只是因为"觉得它写得还不错"而已，其实他早已不再服膺其中"内含的意思"了，① 因此，他将可能展示现代人道主义信仰和社会改造热情的部分尽量删除。周作人先删去了日本江马修的《小小的一个人》与南非 Oliver Schreiner 的《沙漠间的三个梦》《欢乐的花园》，这绝非普通的修订，因为《小小的一个人》《沙漠间的三个梦》的翻译文本在现代人道主义宣传活动中的意义非比寻常。1918年12月15日《小小的一个人》与《人的文学》在《新青年》第5卷第6号同期发表，《人的文学》从理论层面阐释现代人道主义"真理"并介绍新的理想文学形态，而《小小的一个人》则是作为"人的文学"的范例展示于人，同时它所揭示的人类之间难以分割的联系正是现代人道主义社会改造方略的基点。译介于1919年4月的"比喻（Allegoria）体"② 小说《沙漠间的三个梦》更为重要，

① 周作人：《〈空大鼓〉序》，载《空大鼓》，周作人辑译，上海：开明书店，1928年，1928年8月22日作。
② 周作人：《〈沙漠间的三个梦〉译者附记》，《新青年》1919年11月1日第6卷第6号，4月12日作。

它解说了全人类从被奴役到将来完全自由解放、建成地上天国的艰难迈进的路线图，在某种程度上，周作人将它视作理想社会改造的行动宣言与实践指南。其后，周作人对译者附记作出重大调整，主要改订《〈齿痛〉译者附记》，被去除的近六成是五四宣传俄国现代人道主义观念最重要的文献，周作人在该部分细致阐述安特来夫反战题材小说《大时代的一个小人物的自白》，目的是为全面展示与诠释俄国现代人道主义核心观念：彻底解决人类问题并实现理想社会的方案，如"爱的哲学"等；关于现代人道主义者精神禀赋问题的思考，强调他们必须能对人类苦难产生出"感同身受"的生命体验与情感震荡；对理想社会最终实现的坚信。① 通过对第二类和第三类载体的拆除，周作人将单体型"认识性装置"《点滴》中的宏大意义世界彻底消解。

总之，周作人通过细致拆解单体型"认识性装置"《点滴》所依托的三类载体，将一个立体、能动的"认识性装置"改造成为一部单纯的文学翻译集，同时与自己的信仰时代彻底告别，这一成功的拆除实践为众多 20 世纪中国思想家、文艺家的观念转换活动提供了重要表达范式并奠定了一种特殊的思想传统。当然，这种拆除方式带有明显的周作人色彩，不可能适用于所有"认识性装置"的拆除活动，如严复在民初的拆除活动便具有鲜明个人特征。

---

① 张先飞：《"人"的发现："五四"文学现代人道主义思潮源流》，北京：人民出版社，2009 年，第 67—116 页。

结语

活跃于 20 世纪世界各历史时期的话语形态创构活动中普遍存在着建构"认识性装置"的现象。整个 20 世纪"主义"盛行，思想家、政治家们都热衷建造新的"意谛牢结"或进行体系性的学说创建，这使建构"认识性装置"成为最普遍的观念活动，继而发展出新的思想传统和惯例。建构"认识性装置"的现象在社会大动荡、思想大变换的转折时代最为突出，如"五四"现代人道主义"认识性装置"的建构便具有代表性。不仅如此，其在理论框架的搭建、机制的架构与运作等方面也具有普遍性特征，论者力求抽演出其普遍性的建构与运作模式：其一，概括出"认识性装置"建构方式，如同质、同构的三类"认识性装置"——总体性、小型、单体型"认识性装置"的层级划分，"认识性装置"及其组件、载体等的搭建、安装、运作、拆除等运作机制；其二，抽演出新的理论范畴、概念，如装置、组件、载体、搭建、安装、运作、变形、拆除、同构、零件等；其三，细致归纳"认识性装置"建构流程与程序的规律并抽演出理论模型。

"认识性装置"在一定意义上可以说是 20 世纪中国乃至世界的思想观念活动中一种固定的理论模型和固有的认知机制，可以作为考察 20 世纪中国与世界思想探索的新的历史解释的理论维度。更为重要的是，当前探究后发展国家思想生产规律急需有效的考察路径。虽然后发展国家思想生产严重依赖发达国家的思想资源，但是，后发展国家思想家们仍在竭尽全力探索进行独立思想创造的手段与路径，建构"认识性装置"就是他们尝试进行新的观念创建的最有效的方式之一，并发展成为了特殊的思想生产模式。当然，在理论归纳层面，"认识性装置"建构活动具有普遍性特质，但也应充分认识到不同的"认识性装置"建构活动所表现出的多元化形态与特点。所以，我们无论考察何种"认识性装置"建构活动，都必须立足于由不同国家地域的历史文化传统、国民精神特质、特定时代氛围等构成的思想生产场域，以期准确概括每种"认识性装置"建构活动的独有形态与特性。

五四白话诗杂谈

沈长庆（中国南社社员）

　　古今中外，概莫能外，诗言志，诗传情。沈尹默一生不曾写过日记，但是他每遇大事，有感而发，必书以诗词，明志抒情，五四时期亦如此。近代诗人康白情曾讲过五四时期第一首散文诗是沈尹默的《月夜》，这首诗具备新诗美德，且只可意会而不可言传。

　　《月夜》是沈尹默于1917年末创作的。这首诗表现了诗人，也就是五四前后那一代知识分子独立不倚的坚强性格，以及追求思想自由与个性解放的奋斗精神。《月夜》全诗仅四句，31字。"霜风呼呼地吹着，月光明明地照着。我和一株顶高的树并排立着，却没有靠着。"有人说这首诗意喻当时的中国正处在半殖民地半封建社会，其生存环境正如诗中所描述的冬天里的"月夜"一样严寒。显然，这种表述并无不适，只是过于空泛。实际情况是沈尹默创作此诗已任教北京大学五年，深痛老北大的阴沉暮气。是年（1917年）一月四日，蔡元培就任北大校长，采纳了沈尹默提出的北大改革的三点建议。当月，沈尹默在琉璃厂巧遇老友陈独秀，后经沈尹默

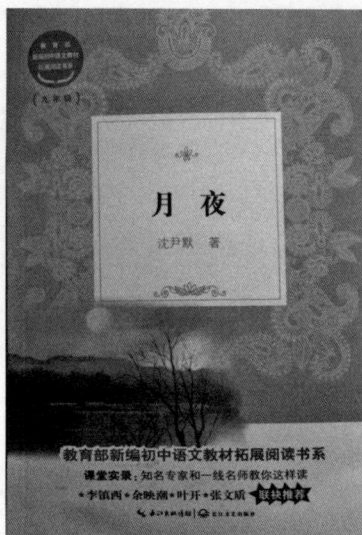

教育部编写的初中三年级语文拓展教材《月夜》

"三顾茅庐"的劝说，应蔡元培之邀，陈独秀于一月十三日被教育部任命为文科学长并把《新青年》带到了北京，北大出现了前所未有的新气象。

同年二月出版的《新青年》第二卷第六号，陈独秀发表了《文学革命论》，吹响了新文化革命的号角。七月，张勋复辟，蔡元培出走，由于北大评议会已经执掌实权，北大保持了独立稳定，出现了从未有过的独立自主"教授民主治校"的大好局面。

沈尹默时寓居北京东城什坊院，1918 年 1 月 15 日出版的四卷一期发表的三首新诗《鸽子》、《人力车夫》、《月夜》即是他当时实际生活的写照，也是他对社会的领悟和感受。沈尹默是年在北大预科教授唐诗，当时北大预科在东城北河沿译学馆，每天要经过南河沿、北河沿，这两条连贯的大街所谓称之为"河沿"，是因为那时

1917年蔡元培初到北大与教员合影。前左起六蔡元培七沈尹默

有一条北大河，沿河有一条矮矮的红墙，墙内即为南、北河沿。深秋夜的北京，虽然寒风袭人，月色冷峻，但是看到河边矗立着一棵棵高大的树木，挺拔而坚韧，沈尹默内心却十分欣慰，他联想到一年来的人事变迁，北大出现的大好形势，不由提笔写下了这首《月夜》。虽然外有军阀混战，内有校长外出，但是，一个独立自主的新北大已经诞生，就像诗中所写的那样："我和那一株顶高的树并排立着，却没有靠着"。

同期刊登的《鸽子》和《人力车夫》也正是沈尹默当时生活的缩影。沈尹默祖籍浙江吴兴竹墩，竹墩沈氏是当地望族，谱牒绵延七百多年，明清两朝出现过多位名宦乡贤，沈尹默为竹墩沈氏十八世。其祖父沈际清幼年居郡城（今湖州），1839年以优行禀生考取道光己亥科顺天乡试第一名（解元），会试后挑取誊录，任国史馆

民国初年的北大三院

誊录议叙知县，后任职陕西定远。据《定远厅志·职官志·官师》同知名录所载："沈际清，浙江归安人，己亥中顺天解元。贞诚朴实，有长者风。咸丰十年（1860年）任。"沈际清为定远厅第三十五任同知。任期两年至1862年，由于陕北是当时的主要战区，沈际清旋即被任命为绥德州知州，官署鄜州。1864年随左宗棠部入陕北，任绥德州知州，绥德失守后被贬，后1866年启用，题补宁陕，二次到任定远厅同知，衙署镇巴，次年1867年安家汉阴，后于任内病故。其父沈祖颐，光绪年间亦在陕南先后任砖坪厅通判、汉阴厅抚民通判、定远同知等职，官署在镇巴等外县，49岁时因积劳成疾客死任上。沈尹默出身于一个封建旧家庭，祖父和父亲两代游宦陕南，遵循"耕读传家，崇尚蒙养，渊德懿行，仁和谦让"祖训，为官两袖清风，刚正不阿事迹至今在当地仍广为人颂。父亲曾在门楣书欧体大字"平和""宽厚"教育子女，沈尹默从小就养成"不激不砺"的谦和性格，凡事退让一步。他有一首诗常用于自励"自写情怀自较量，不因酬答损篇章，平生语少江湖气，怕与时流竞短长。"年幼的优越生活和严格教育，为沈尹默打下良好基础，随着祖父、父亲的相继过世，家道中落。1906年沈尹默自日本京都归国后，回到长安，祖辈没有留下任何家产，全家也没有任何收入，当时有饭口十多人，每日仅以糠菜勉强度日，生活十分窘迫，长安住所是母亲娘家，无法继续暂住，只好又随同祖母沈陆夫人、母沈彭夫人等回到吴兴，住在远房沈谱琴承天寺巷一号宏志堂，闲居一年多，无所事事，心中无限苦闷，直到同乡蒋孟苹推荐才到杭州教书。沈尹默尝到了人间的冷暖，体会到社会底层劳动人民的疾苦。《鸽子》里描写的鸽子的命运："飞着的是受人家指使"，"关着的是替人家作生意"，"只有手巾里兜着的那两个……不知他今日是生还是死"，不正是自己家庭数年来生活无助、无着落的写照吗？人力车又称"洋车"，是从东洋日本传入，民国初年在北京的有上万辆之多，也是时任北大教授沈尹默每天上下班外出的主要交通工具，就像《骆驼祥子》里描写的那样，人力车夫靠力气吃饭，在当年也算一份不错的职业，经济好一点的家庭会有按月十块左右大洋包租车，而当时北大图书管理员也不过月薪八块大洋。那时我家的车夫老魏也十分辛苦，从东城什坊院跑到北大三院也差不多有十里路，尤其是冬季的北京，跑得满头大汗，让冷风一吹，其寒苦之状如《人力车夫》中所描述的"车夫单衣已破，他却汗珠儿颗颗往下坠"。

沈尹默以白话诗创作响应"新文学革命"的号召，并一发不可收拾，而后创作的《三弦》一首更是为中学教材《国文八百课》中选用，传咏一时，影响很大，评价很高。他在连续的四年里陆续创作一批新体白话诗，而同时期北大同仁李大钊、陈独秀、胡适、刘半农、周作人、沈兼士、鲁迅、钱玄同、俞平伯等也纷纷有白话诗在《新青年》陆续刊登，形成五四新诗创作的一波巨浪，由此带动了散文、小说的新文学作品大潮。

据祖父沈尹默讲，1921年二次到日本进修又作了一批新诗，抗战期间悉数遗失了，现仅存沈尹默五四时期白话诗十九首，解放后又创作了一些，总计大约有30首。由于数量太少，这些诗从未曾结集，只是混编在其他册子里，由于历次编辑不一，版本混乱，沈尹默五四新诗现按照在《新青年》发表顺序列表如下：

沈尹默五四新诗一览表

日期	卷号期号	诗名	创作时间	备注
1918.01.15	四卷一号	鸽子、人力车夫、月夜	民六秋冬	
1918.02.15	四卷二号	宰羊、落叶、大雪	民六冬民七春	
1918.03.15	四卷三号	除夕	民七春节	
1918.04.15	四卷四号	雪	民七春	
1918.07.15	五卷一号	月、公园里的二月蓝、耕牛	民七春	
1918.08.15	五卷二号	三弦	民七夏	
1918.12.15	五卷六号	刘三来言，子毅死矣！	民七冬	
1919.04.15	六卷四号	生机、赤裸裸	民八春	
1919.11.01	六卷六号	小妹	民八秋	
1920.01.01	七卷二号	白杨树、秋	民九春民八秋	
1920.07.04		热天	民九夏	胡适档案内存未刊

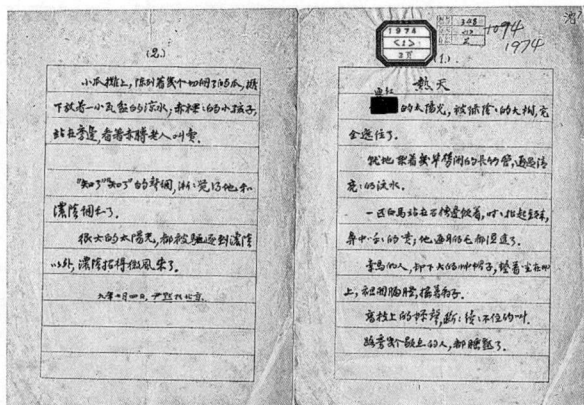

沈尹默未曾发表的五四新诗《热天》手稿

其中《热天》一首旧稿藏于北京社科院胡适卷宗内从未发表，现抄录如下：

热天

通红的太阳光，被绿阴阴的大树，完全遮住了。

就地架著几竿劈开的长竹管，通过清亮亮的流水。

一匹白马站在石槽边饮著，时时抬起头来，鼻中呼呼的喷，他遍身的毛都湿透了。

牵马的人，卸下大的草帽子，垫著坐在地上，袒开胸膛，摇著扇子。

高枝上的蝉声，断断续续不住的叫。

路旁几个歇息的人，都睡熟了。

小瓜摊上，陈列著几个切开了的瓜，摊下放著小瓦盆的凉水，赤裸裸的小孩子，站在旁边，看著赤膊老人叫卖。

　　"知了""知了"的声调，渐渐觉得他和浓阴调和了。

　　很大的太阳光，都被驱逐道浓阴以外，浓阴招得微风来了。

　　（九年七月四日）

　　在不到四年（1917 年秋—1920 年初）的时间里，《新青年》陆续发表了沈尹默的新诗十八首，从上表中不难看出自 1917 年秋到 1920 年夏是沈尹默一生当中发表白话诗最为多、最为集中的时期。如果细分析还可以发现，其中 1917 年秋到 1919 年 5 月是最为活跃的时期，1919 年 5 月到 1920 年 7 月为缓和期，之后转为平静期。也就是说新体白话诗与五四运动强相关，五四运动之后才逐渐消退。

　　白话诗古已有之，五四白话诗所以称为新诗，绝非体例，而是新在提倡"民主、自由、独立"之人格，在于其彻底的反帝反封建的革命精神。诗词不外励志、抒情。沈尹默这十九首白话诗按照内容可分为四类：一类不外是对社会底层劳动者的同情，比如人力车夫、三弦、赤裸裸、热天；一类是对亲人和朋友爱的抒发，比如小妹、除夕、刘三来言；一类是以景寄情，比如月夜、月、雪、大雪、耕牛、落叶、白杨树、秋、生机；还有一类是以拟人的手法表达对社会不公的反抗，比如鸽子、宰羊、公园里的二月蓝。

　　沈尹默创作的这些白话诗不仅有推动新文学革命的意义，更发挥了推动社会进步的积极作用，这方面当年就曾经有不少文章有过评论。现择其一二。

　　1917 年 11 月 20 日胡适曾致信钱玄同："今人作诗往往不讲音

节。沈尹默先生言作白话诗尤不可不讲音节，其言极是。"1918 年
《新青年》四卷六号张厚载致记者信写道："仆自读《新青年》后，
思想上获益甚多。""贵志第四卷第二号登沈尹默先生《宰羊》一
诗，纯属白话，固可一洗旧诗之陋习，而免窒碍性灵之虞。"1918
年 7 月 14 日胡适致朱经农信："老兄初次读我的《两个黄蝴蝶》的
时候，也说有些看不下去了，如今看惯了，故觉得我的白话诗是很
好的。老兄若多读别人的白话诗，自然也会看出他们的好处，就如
《新青年》四卷一号所登沈尹默先生的《霜风呼呼的吹着》一首，
几百年来哪有这种好诗！"1918 年 7 月 26 日胡适致任鸿儒信：
"……说我们的《自然》是没有研究的自然，那是弊于成见，不细
心体会的话。我的朋友沈尹默先生做一首《三弦》诗做了两个月，
才得做成，我们岂可说他没有研究？"此后，胡适多次讨论过沈尹
默白话诗的影响和作用，如 1919 年胡适写的《读沈尹默的旧诗
词》、《尝试集自序》等。

　　说到五四时期新诗的起源时，一般人往往只是知道胡适和郭沫
若，而对同时代的诗人沈尹默、刘半农了解甚少，这里固然是后两
位远不如前两位名气之大，其实不明就里的另外一个原因是脾气秉
性的差异，胡郭性格外向，快人快语，凡事抢先一步；沈刘内敛，
不事声张，凡事退让一步。由此不少人总以为五四时期白话新诗开
创者是胡适博士，甚至是郭沫若。的确，沈尹默和这位博士当时都
写白话诗，其实，早期写新诗的还有俞平伯、刘半农、陈独秀、沈
兼士等等，写作的时间大约都是 1917 年前后。所不同的是沈尹默
的白话诗不像这位博士的"诗"那么直白，白的像白开水。沈尹默
白话新诗有三个特点，一是好似沈尹默性格特征，含蓄内敛，诗的
意境深远，耐人寻味。二是沈尹默 1913 年进入北大即以讲授《唐

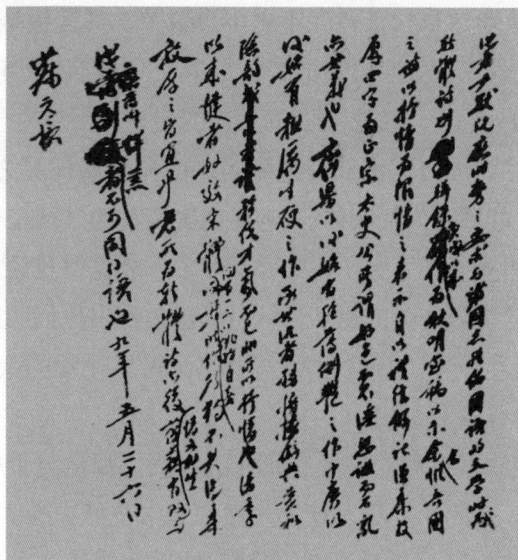

蔡元培对沈尹默新诗的评价手稿

民国九年（1920年）五月二十六日蔡元培先生作《秋明室诗词稿序》，序中对沈尹默的白话诗评价为"沈君尹默既应时势之要求，与诸同志提倡国语的文学，时为新体诗……宜乎君所为新体诗，亦复蕴有致，情文相生。"蔡先生当时认为沈诗"和嚣陵浅薄之流绝殊"，后此序文蔡先生所存底稿广为流传，最后一句几经修改落笔为"与浅薄叫嚣者不可同日而语也"。近来翻阅祖父旧稿，发现有一段文字记载了当时情况，沈尹默是这样记录的："序文写好后，沈尹默指着这一句对蔡先生开玩笑说不太敦厚，蔡先生摸了摸下颚，未发一言。"不久，沈尹默即出国到日本京都大学进修，直到1925年1月才将历年诗稿整理辑作两册，拟采用蔡先生这一序文，此时方想到此句中所指，后得鲁迅先生的点醒方才知道指的是胡适，沈尹默听了有些犹豫，觉得这样公开了对胡适不好，大家都是一个阵营的同志，总以团结最为重要。所以在交书局出版时，就自作主张撤下了蔡先生的序文，也没有选用五四白话诗，而是仍以旧体诗词为主。民国十八年（1929年）十二月北京书局印行沈尹默的《秋明集》上下两册出版时既无前序也无后记。后来，沈尹默保存的此序文的原稿在重庆轰炸时，因频繁搬家连同不少书籍资料一同遗失了。至于沈尹默"总以团结为最重要"的愿望终究也没有实现，这个"阵营"逐步分化，"五四运动以后，北大自蔡先生而下的知识分子，或左，或右，或独善其身，或趋炎附势，或依违两可、随世沉浮。"正如大浪淘沙，沈尹默最终走上共产党领导的现代知识分子的正确道路。而胡适、傅斯年等与沈尹默"势同水火"，终于堕落为蒋介石御用的反共文人。

诗》发端，其新诗词创作基础来自于多年对中国古诗词的研究，因而特别注重诗的韵律。三是沈尹默的新诗描写的全是当时社会现实的人、物、景，深刻反映和抨击现实的社会问题，表现当时觉醒了的新一代先进知识分子如何争取独立自由之人格。

研究诗词的行家们像康白情、废名认定五四时期真正称的上是诗的，称的上是第一首的白话文新诗应当是沈尹默写的《月夜》。而胡适博士的"诗"充其量不过是以西方诗的格律写的东方白话文而已。1929 年毕业于北京大学英国文学系的废名，对此深有体会，废名 1922 年考入北京大学预科，曾任北京大学中国文学系讲师。《谈新诗》是废名于二十世纪三十年代在北京大学中文系开设现代文艺课程时的讲义，废名说："《新青年》时代的新诗作家，尚有沈尹默与刘半农二氏我们应该提起。刘氏后来有《扬鞭集》出版，沈氏的新诗则散见于《新青年》杂志。新诗第一次出现，在《新青年》第四卷第一号上面，作者便是胡适、沈尹默、刘半农这三个名字，时候是民国七年一月。"

民国六年（1917 年）蔡元培入主北大后，请来一批有识之士，夏末新学期开学后，北大多了一批新面孔教员，其中有来自美国的胡适（适之）、来自上海的刘半农（复）等，刘半农到北大预科国文教授，11 月国学门研究所成立，主任沈尹默，指导教员有周作人、胡适、刘半农等，该研究所是北大最为活跃的研究所，在推动新文学革命中起到了很大作用。刘半农与沈尹默的诗缘也自此开始，其中有两件事值得一提。其一就是刘半农的新诗《扬鞭集》出版，由沈尹默题签。其二是沈尹默为刘半农编著的《香奁集》题签和作序。

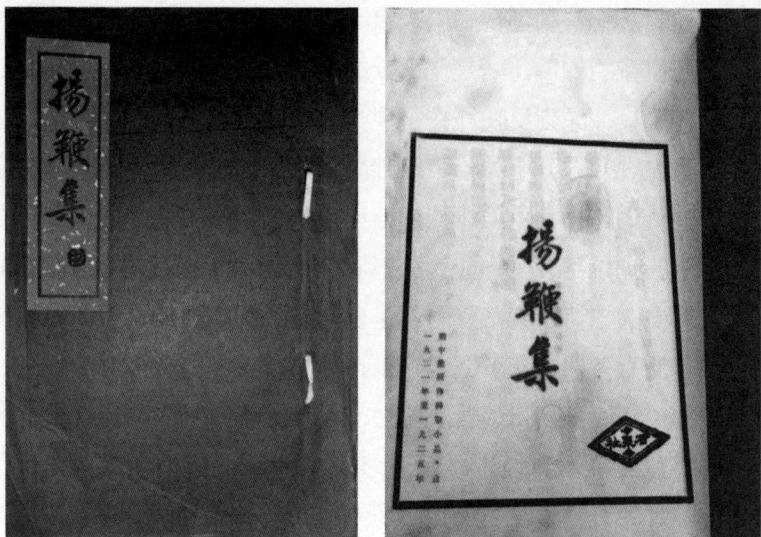

臧伟强先生旧藏沈尹默题签的诗集

周作人在 1926 年 5 月 30 日《扬鞭集》序文中写道："我与半农是《新青年》上做诗的老朋友，是的，我们也发谬论，说废话，但作诗的兴致却也的确不弱，《新青年》上总是三天两头的有诗，半农到欧洲去后也还时常寄诗来给我看。那时作新诗的人确实不少，但据我看来，容我不客气地说，只有两个人具有诗人的天分，一个是尹默，一个就是半农。尹默早就不做新诗了，把他的诗情移在别的形式上表现，一部《秋明集》里的诗词即是最好的证据。尹默觉得新兴的口语与散文格调，不很能亲密地与他的情调相合，于是转了方向去运用文言。但他是驾御得住文言的，所以文言还是听他的话，他的诗词还是现代的新诗，他的外表之所以与普通的新诗稍有不同者，我想实在只是由于内含的气分略有差异的缘故。半农则十年来只做新诗，进境很是明瞭，这因为半农驾御得住口语，所以有这样的成功，大家只须看《扬鞭集》便可以知道这个事实。天下多诗人，我不想来肆口抑扬，不过就我所熟知的《新青年》时代的新作家说来，上边所说的话我相信是大抵确实的了。"

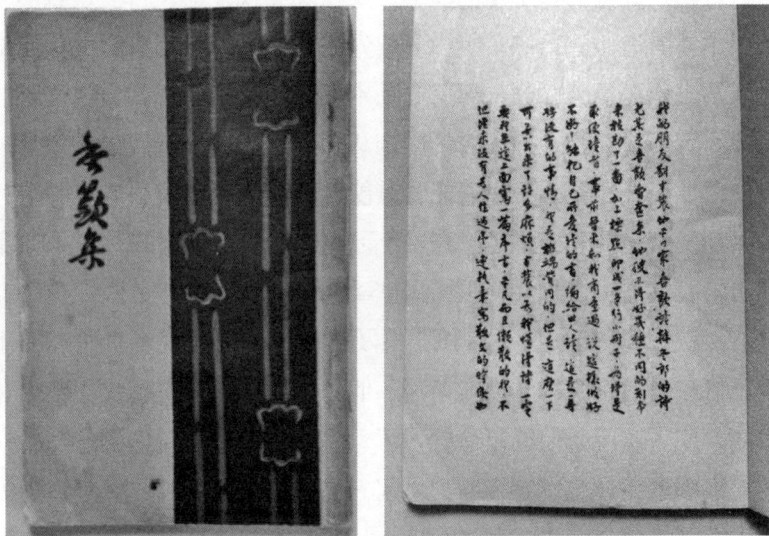

此《香奁集》沈尹默作《前序》

1924 年，从不为人作序的沈尹默，破例为刘半农《香奁集》作了 1200 多字的序，1926 年北新书局出版了一种袖珍本，迄今已经是绝版了，为此，我特地将此序文整理后发表在今年全国政协编辑的委员文库《秋明随笔》一书中。家中原有旧藏刊登《五四》新诗的《新青年》杂志毁于文革抄家后一把火。1932 年为纪念新诗问世十五周年，刘半农曾将自己所藏旧稿在北平星云堂影印，此版图书现在已经十分罕见。2010 年刘半农孙女刘健将原版交沈尹默孙女沈长乐由线装书局再版，百年后又得以重见，实属不幸中之万幸。该诗稿集共辑诗稿 26 首，计有李大钊 1 首、沈尹默 9 首、沈兼士 6 首、周作人 1 首、胡适 5 首、陈衡哲 1 首、陈独秀 1 首、鲁迅 2 首。唯独没有纳入刘半农自己的诗作。原因他是这样写的："有几位朋友劝我把自己的诗稿也放一两首进去，我却未能从命。第一，因为那时的稿子早已没有，现在既然找不出，自然也就不便倒填了年月造假。第二，听说有位先生翻印世界名画集，内分三部分，第一部是各国名画，第二部是本国名画，第三部就是他自己的名画。这真是一个绝妙古今的编制法。可惜我竟不能造起一个'初期白话名诗'之类的名目来，要是能够造成，我也就很有些胆量和勇气把我自己的名诗放进去。"然而，令人没有料到的是这本诗集的出版竟然引起胡适的不满。近查沈尹默旧稿，情况是这样的："半农编过一本初期白话诗稿，不及三十首诗罢，我有九首，兼士六首，胡适只有五首，排在第三，他见了很生气，说新文化革命运动如今成了章门子弟的革命史了。"

事隔多年，沈尹默在其《回忆〈五四〉》一文中讲："说起五四运动，我自己觉得有点惭愧，因为我当时不是队伍中的一个战士，不过是伙夫之流，说的好听点，也不过是一名卫士，或者是一个伙夫头儿罢了。""我尝把五四运动在北京一开始这个场面的配搭，比方作一间房屋的建筑，我既不是地基，又不是梁栋，也不是门窗板壁而已，只好算是房子中间的虚空。若是梁栋门窗都拆卸了，这虚空便起不了作用。"他又说："至于五四运动对我的影响，使我以前象古井似的心情，起了无限波澜，直到现在，虽没有汇成洪流，扬清涤秽，然已经不至于成为断港死水，这就是五四运动给我的不能忘却的好处。"

沈尹默晚年评价自己最初发表在《新青年》上的 18 首新诗，讲过"只是尝试而已，毫无成绩可言"。他曾作有多篇文章及诗词纪念五四运动，现将沈尹默纪念五四四十周年时候所作诗稿附上，权作对五四先辈的缅怀，对五四运动一百周年的纪念。

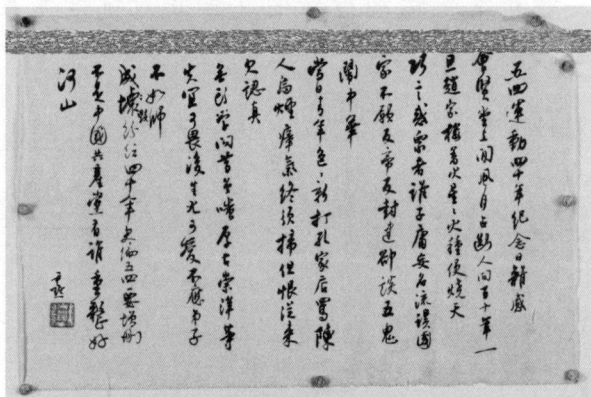

五四运动四十年纪念日杂感

会贤堂上闲风月，占断人间百十年，
一旦赵家楼着火，星星火种便烧天。
巧言惑众者谁子，庸安名流误国家，
不愿反帝反封建，却谈五鬼闹中华。
当日青年色色新，打孔家店骂陈人，
乌烟瘴气终须扫，但恨从来欠认真。
无头学问昔曾嗤，厚古崇洋等失宜，
可爱后生尤可爱，不应弟子不如师。
成毁纷纭四十年，史编五四要增删，
不是中国共产党，看谁重整好河山。

2018 年 10 月 30 日

旧垒新声：汪辟疆与中国新文学

——对新文化运动后新旧文学非对抗性关系的一例个案考察

邵宁宁（杭州师范大学人文学院）

汪辟疆是现代著名学者，也是民国旧文学的代表人物之一，近人对他的注意，多在其学术研究①，而较少涉及其文学创作；更罕有人知，作为南京保守主义文化阵营重要成员之一，其一生对新文学，不但不抱敌对态度，而且数度尝试白话文写作，其文风之清新、自然，就是置之新文学早期名家创作之列，亦足令人侧目。其新旧诗评论之持平、开放，也令人印象深刻。了解这一切，不但可以增进我们对民国旧派文人复杂性的了解，而且也可以使我们对新文化运动之后新旧文学之间一度存在的那种相互混杂、相互渗透的

---

① 近数十年谈及汪辟疆的文字，较早有其弟子程千帆、霍松林、马骙程、金启华等的回忆（见程千帆、汪超伯编《汪辟疆文集》附录，上海古籍出版社 1988 年版）；其后有张宏生、张亚权、王培军等人对其著作的编集、注解，如张宏生选编《汪辟疆说近代诗》，上海古籍出版社 2001 年版；张亚权编撰《汪辟疆诗学论集》，南京大学出版社 2011 年版；汪辟疆撰，王培军笺证《光宣诗坛点将录笺证》，中华书局 2008 年版等，但均未及其与新文学的关系。

非对抗关系，有更进一步的认识。

汪辟疆在现代旧体诗坛的地位

新文化运动之后的中国文坛，隐然分作两边。一边是以北京大学为中心的新文化阵营，一边是以南京东南大学-中央大学为代表的保守主义旧垒。表面看，一边声宏势大，高歌猛进，迅即成为主流；一边抱残守缺，高沟深垒，慢慢失却活力；实际的情况则远为复杂。汪辟疆，原名汪国垣，字辟疆，又字立云，号方湖，又号展庵。1887 年生于江西彭泽，1909 年入京师大学堂，1912 年毕业。1918 至 1927 年执教江西中学及心远大学，1927 年应聘任国立中央大学中文系教授；1939 年秋至 1945 年秋该校内迁重庆时，任中文系主任。此后一直到去世，皆为南京大学教授。1949 年之前，"黄季刚之语言文字、汪辟疆之诗、汪旭初之词、吴瞿安之曲、王伯沆之散文、胡小石之文学史"，同为该校中文系"每年必开讲之主课"。1949 年之后，与陈中凡、胡小石并列南京大学中文系"三老"之一。

关于汪辟疆的历史贡献，近人的注意多在其学术研究。其《光宣诗坛点将录》早在民国早期即被目为研究近现代诗歌名著，其《近代诗派与地域》、《唐人小说》、《目录学研究》等，也在不同学术领域产生过重要影响，堪称现代学术名作。对于他在旧诗创作中的贡献，虽然也有其弟子如程千帆、霍松林、马骕程等一再提起，但在一般的认识中，却远不及吴宓、吴芳吉、陈寅恪，以及其弟子沈祖棻那样影响广泛。今天的人们研究现代旧体诗，注意力除了投向鲁迅、郁达夫、郭沫若、闻一多、田汉、朱自清、老舍等这类兼做旧诗的新文学人物，较多论及的就是陈寅恪、吴宓、吴芳吉、沈祖棻诸人，而对这位民国旧诗坛的中坚人物，所知并不算很多。

汪辟疆生于江西彭泽一个士绅名家，自幼就受到良好的传统文化教育。自称幼年曾从近代诗坛最重要的人物之一陈宝琛（弢庵）"问诗法"，所受"文学影响最深"（张亚权《年表》据 1952 年档案"主要社会关系"）。1908 年 21 岁时应《国粹学报》创刊三周年征文，称："不知《小雅》之旨者，不可以读《国粹学报》；不知《离骚》者，不可以读《国粹学报》；不知《春秋》之大义者，更不可以读《国粹学报》"。[①] 1909 年被保送进入京师大学堂，与胡先骕、王易同学，又得校长严复看重，自谓"受其训勉备至"（同上）。1922 年《学衡》创刊，从第一期起就刊有他的旧诗，此后也一直是该刊主要诗歌作者。1925 年，名作《光宣诗坛点将录》刊载于《甲寅》杂志。1927 年任教中央大学后，又常与汪东、黄侃、吴梅、胡小石等名流交往密切，成为民国旧体文学代表人物之一。

汪辟疆的旧诗成就，在当时即颇得时誉。近代宋诗名家陈曾寿甚至誉其为"江西诗派殿军"。[②] 同学胡先骕到四十年代还说："吾乡汪国垣兄（辟疆），亦同学以诗鸣者也。……平生喜交游，名诗宗如陈散原、郑海藏、陈弢斋、陈仁先诸先生，皆与之为忘年交，以《作光宣诗坛点将录》有声于时，至今精力尚健，诗益入炉火纯

---

① 转引自张亚权：《汪辟疆学术简表》，《汪辟疆诗学论集》，南京大学出版社 2011 年版，第 667 页。

② 均见马鼷程：《汪辟疆先生传略》、《汪辟疆先生在四十年代的佚事》，《汪辟疆诗学论集》，南京大学出版社 2011 年版。

青之境矣。"① 其亲炙弟子中如王礼锡、沈祖棻、程千帆、霍松林、刘持生、马骥程等，也多不但以诗知名，而且始终念念不忘于受其所教。

不过，汪氏对中国现代诗歌的意义，还不止于其自身的创作活动，而更在于他通过诗歌批评和学生培养，对沟通中国诗歌的古代与近、现代的传统做出的贡献。如前举《光宣诗坛点将录》，1920年代在《甲寅》刊出后的反响，如 1929 年元旦，他和黄侃（季刚）、陈汉章（伯弢）、王瀣（伯沆）、胡俊（翔冬）、胡光炜（小石）、王易（晓湘）等人在南京鸡鸣寺雅集所做的豁蒙楼联句等，均已成现代旧诗坛最为人津津乐道的事件。而在今天看来，尤其值得注意的还有他通过对前述那些知名弟子的培养，对中国当代旧诗复兴运动的潜在影响。

今人谈及现代旧体诗，很少不提及沈祖棻，并连带想到她的老师汪东。然而，不该忘记的是，沈祖棻的词名虽由汪东激赏而起，但在其成长过程中的作用，汪辟疆对她的提携、爱护、指点，同样发挥了很大作用。譬如 1930 年代汪辟疆参与编辑《文艺月刊》，就常刊发沈祖棻的词作。1940 年，沈祖棻在四川雅安患病担心不治，写信给两位老师请托后事，也是并列汪方湖、汪寄庵，而从汪辟疆作答之文以及因之所做《后山集》集句二十绝，更可见其师生情谊之笃。这一点，同样体现在他对程千帆的厚爱和期盼中，也正因此，才有程千帆 1985 年特意辑成《汪辟疆先生论诗语录》（《学林漫录》第 11 辑，中华书局 1985 年），以及随后编辑《汪辟疆文集》

---

① 胡先骕：《京师大学堂师友记》，黄萍荪主编《四十年代之北京》第 2 辑，子曰社 1950年版。

的举动。而汪氏另一位弟子霍松林，同样是对当代旧体诗发展有重要意义的人物。从某种意义上说，正是在他担任中华诗词学会会长期间的一系列活动和言说，直接引动了现代文学界对现代旧体诗地位重新认真评价的学术冲动（所谓"超唐迈宋"），成为推动现代文学学科拓展、反思的重要动力。（见黄修己文）

不过，这都不是本文所最要关注的。本文所要关注的是：近年的现代文学研究，已渐渐消去对新文学创立后长期存在的对"旧文学"的那种敌视与戒备。不但开始承认旧体文学的现代意义，而且开始有意识地以一种更为积极的态度研究旧体诗，然而，在认识对象的具体选择上，仍然存在很大局限。另一面是，虽然已经有人论文承认并认识到新文人的旧体诗创作，但对旧文人对新文学的某种心仪和暗中尝试，却未有充分的注意。汪辟疆从晚清到民国，一直是旧体诗写作的实际践行者和积极推动者，对其创作的评价，对认识新文化运动后新旧两个文化阵营在文学认识中的非对抗一面，具有重要的意义。

汪辟疆为人温厚，思想有正统的一面，也有开放的一面。他对新文化、新文学的态度，其实并不像同时代其他人（如他的同学胡先骕）那样僵硬。早年读书，除上述古典外，课余也喜欢浏览时人小说，特别是林纾的译著，李伯元、吴趼人、刘鹗、曾朴的创作。据其自述，在京师大学堂时，课间与林纾也偶有往来。1919 年"五四"运动发生，他"初颇兴奋，然恐旧文化崩溃，不能接受。"①

---

① 张亚权：《汪辟疆学术简表》，从行文看，该语应属转录汪氏自书的 1952 年《南京大学思想改造学习总结登记表》(乙表)，见《汪辟疆诗学论集》，南京大学出版社 2011年版，第 671 页。

不过，一些迹象表明，与早年的吴芳吉一样，对当时正在兴起的新文学，一开始他也并不无太多抵触。前面说到，汪氏创作向以旧体诗著称，但很少有人知道，他其实也写过一些颇为不俗的白话文作品。① 对汪辟疆的这些新文学文字，无论新旧文坛，以往均无人注意，下面提到的几篇文字，也都未收入今人为他编的文选、文集。然而，现在看来，这里实在也有一些很值得注意的东西。

一个应该特别指出的事实是，新诗初起，在旧文坛中，也并非一概为人反对。就连学衡派诸子中做诗最为世人称道的吴芳吉，最初也曾致力新诗写作，但到后来，却还是回到了旧诗。之所以如此，据其自述，"是因受了两方面夹击的结果：一是其时康白情等新派诗人警告他，所做诗都不合于真正的白话文学，必要改良，某些人'诋骂尤烈'；二是吴宓诸人在美也来信批评诗作夹杂俚语，不讲格律，'而思想浪漫，更甚新派'。"②

比起吴宓、吴芳吉，汪辟疆在中国文学传统及现代文化中的地位更复杂。汪辟疆是江西人。至晚从宋代开始，江西在中国文学史上就占有非常突出的地位，所谓江西派从南宋时期由吕本中命名，并将其源头追溯向杜甫、黄庭坚等"一祖三宗"，此后一直流脉不断，直到清末民初仍然有巨大影响。著名的同光体三大派系中有一支即由江西人构成。1917年陈独秀作《文学革命论》，同时对当时

---

① 按：本文在提交2019年4月13日北京鲁迅博物馆和中国鲁迅研究会在北京东方饭店举办的"在文学与历史之间——纪念五四运动100周年学术研讨会"时，曾据张亚权《汪辟疆学术简表》，将1921年《学艺杂志》第3卷10号上一首署名"辟疆"的新诗《一个在美国租房子的中国人》，误作汪氏佚作。会后，经西北民族大学张向东先生查证告知，此"辟疆"当为吴虞长女吴辟疆。草草失察，不学之过。谨此向张向东先生致谢。

② 郑师渠：《在欧化与国粹之间》，北京师范大学出版社，第202—203页。

几个主要的文学流派开火，一开始瞄准的对象既有"桐城派"、"骈体文"，也有"西江派"。然而，接下去的战斗，让人们记住的却主要是"桐城谬种，选学妖孽"。这中间究竟发生了什么微妙的变化，也是一个颇堪回味的问题。不过，若就诗歌的发展来看，当时与胡适发生了最激烈的对抗的言论之一，却的确来自"学衡派"中的江西人胡先骕。《吴宓自编年谱》中提到胡先骕主持"文苑"一门，就对其"专登江西省人所作之江西诗派或名之曰同光体之诗，实际限于（1）胡先骕（2）邵祖平（小字夹注：字潭秋）（3）汪国垣（小字夹注：字辟疆，胡之外家，表兄弟）。（4）王易（小字夹注：字简斋），（5）王浩（小字夹注：字然父，二年后即殁，此与弟二人，乃胡在北就大学之同学五人而已）"深表不满。①

虽然吴宓说汪辟疆与胡先骕为表兄弟，似乎并不准确，但他们从京师大学起就相交不浅，汪辟疆任职心远中学、中央大学都和他的举荐有关，②《学衡》1922年创刊，也从第一期起就不断刊出汪辟疆的旧诗。这样的关系自然决定了他当时的文白之争中自然不会站到胡的对立面。

汪辟疆的徐志摩纪念：文风及人生姿态

可以说，不论是从家世、履历还是思想、学识，汪辟疆都与中

① 汪辟疆为胡先骕表兄弟一说，见吴宓著，吴学昭整理《吴宓自编年谱》，三联书店1995年版，第234页。按：据《胡先骕先生年谱长编》，胡父承弼初娶安徽郑氏，继娶安徽歙县陈氏，生先骕。又汪辟疆外家姓饶。汪胡为表兄弟之说，不详何据。
② 张亚权：《年表》，《汪辟疆诗学论集》下，第671、673页。又见上引《吴宓自编年谱》文。

国传统有着深厚的联系。从诗艺看，他所传承的江西诗派堪称宋以来中国最悠久、绵长的诗歌传统。从文化上说，他也始终与从晚清国粹派到民国东南-中央大学一系文化保守主义阵营关系密切。然而，与胡先骕不同的是，他对新文学始终并无恶感①，并且由于种种的机缘，在其后的日子里，他还不断与新文学创作发生一些这样那样的关系。

汪辟疆涉及新文学的文字，目前可见的还有作于 1931 年的《我所认识的徐志摩》、发表于 1933 年的《论诗短札》两则，以及《文艺建设与文学理论的检讨》（《文艺月刊》四月号）。这些作品，除一两篇外，目前尚未收入今人所编文集，亦不见录于张亚权编《汪辟疆学术简表》。

《我所认识的徐志摩》作于 1931 年 12 月 19 日，也就是诗人死难一月之际，刊载于《读书杂志》。汪辟疆和徐志摩初识于 1925 年，其时徐志摩正担任《晨报副镌》的编辑。而他也正在章士钊所办的《甲寅》杂志刊出他的《光宣诗坛点将录》。据汪氏回忆，他们的谈话涉及章士钊与徐志摩之间的一次笔墨冲突，但归结于"但志摩和孤桐终是好朋友。志摩的为人，是胸中绝无城府的，是坦白的，是和蔼的"。认为志摩的死，"是文学界的不幸，是文化上的大损失。但是他已出口的思想，已经尽量表现在他所写的诗歌和散文上；未曾出口的思想，我们从他的诗歌，散文，和他的容貌言谈上

---

① 据金启华回忆，到四十年代初担任中央大学中文系主任时，"他对新诗的态度是主张兼容并包的。譬如写朗诵诗的高兰，就是经常向他求教的。他并告诉我们：他在京师大学堂读书，是学外文系的。后来觉得中国诗太美了，转而治中国诗歌。他认为新诗是从西洋移植的，探本穷原，应该选些外国诗来读。"《忆汪辟疆先生二三事》，《汪辟疆诗学论集》下，南京大学出版社，第 632 页。

去推测得到。躯壳不过是这么回事，……我们认识的志摩，是绝对的永久的不会因骤然丧失却了躯壳，而使人感觉到一层隔膜。"

这里值得注意的，首先当然不在这评价的确当与否，而在它居然出自这样一个看上去属于守旧派文人的笔底。仅此，对我们认识现代文学史实际的复杂性，也已不无意义。不过，这里之所以提到它，更重要还在它本身所体现出的一种文学姿态。特别是作者通过对徐志摩文学风格的那一种体会和认可，所流露出的某种审美趣味上的东西，以及文章本身所表现出的那种徐志摩式的轻盈灵动。

文章开头即抄录了徐志摩在他《序五言飞鸟集》中引述过的泰戈尔《萤火集》中的几句诗，称当自己正"甜吟蜜咏"时，"总觉得有一种不可凑泊不可形容轻微的吹息"。"是泰戈尔的诗吗？是志摩的诗和散文吗？是我自己不出口的思想吗？风吹着树，树叶子摇；风吹着水，水面上发生涟漪；朝阳在东陲升起，鸟雀们感到欣快；萤火在荒野里自己放出灯光照着路；明月无声的将它的绿的光辉寄放在睡孩的咽喉间。这些都是自然的会合，自然的感应。志摩是早已告诉了我们：文学就是这么一回事。文学应用一种不完全的工具——文字——一到真实的境界，就使你不得不完全征服。的确的，这时候我确是被他完全征服了。"

对于徐志摩诗文的艺术表现，他盛赞其"另有一种热烈的情感和独辟的意境"，即使是写给朋友们几封信，无论"庄言和谐语，文言和白话"，都有他"特殊的性格和真实的境地"，使读了他的人"不知不觉的受到一种麻醉与兴奋"，并称《翡冷翠的一夜》是"一篇悱恻动人的创作"；《志摩的诗》是郭沫若的《女神》和陆志韦的《渡河》之后，"比较成功"的诗集。像这样肯定徐志摩的写作，在民国旧文人中，应该是比较突出的。

不过，在诗文之间，徐志摩让他更倾心的，还是他的散文。"有的人说：志摩的诗，究竟不及他所写的散文。诗的排列和构造，始终未脱落欧化诗的形式。散文虽有不少欧西文字上的语气，确是自具了一种清丽的色彩，……这话我起初也是如此说。但文学的成功，是要重神采，不是专重形式，从形式方面去看志摩，诗固然不能算成立，就是散文也要同受此条件去带着脚镣。"

不过说到底，徐志摩最打动他的还是人本身："……志摩那种超逸的神情，潇洒的态度，和他那一生爱好是天然的癖性，就是诗，就是散文。他只把他的身心交给大自然的神秘。他的心灵，也就如朝曦初出的园林的满园的花，在晓风里忻快的幽微的颤动着。……像是一颗（棵）孤芳皎洁的松树，他是托根在高山峻岭的土地，上面发出清脆可听的涛声，永远使路上的行人感觉到一种和谐而美妙的调子。"这样的描写，在当时众多的徐志摩纪念文字中，并不算特别突出，但考虑到其出自一位酷爱旧文学的文人之手，则也不无独到价值。

从很多方面看，汪辟疆的文字姿态，比他的学生一辈，不要说霍松林、马骙程，就是比当年的王礼锡也还更显轻捷灵动。仅此而言，在他的那些著名弟子中，唯一比较接近的，大概也只有写戴望舒诗评论的程千帆和兼写旧诗、新诗的沈祖棻。这和同期钱基博对新诗的那点儿冷淡、隔膜评论相较，真可谓大异其趣。

吴宓批评吴芳吉"思想浪漫，更甚新派"，温源宁却批评他立论"是人文主义者，雅典主义者；但是性癖上却是彻头彻尾底一个浪漫主义者"，联系到他那广为人知的单恋故事，再看这里汪辟疆所流露出的这样一种审美态度与文字风格，更可看出在现代浪潮冲击下，貌似古板、守旧的文人心底究竟隐藏、压抑着些什么。作为一种时代精神的新文化，其实早已超越了观点层面的对立，而渗透到了现代人生的许多潜意识的层面。

汪辟疆的新旧诗论衡：1930 年代新旧诗的一次对话

汪辟疆与新文学发生关系的重要机缘，也与其最钟爱的弟子王礼锡有关。王礼锡是汪氏在江西心远大学时的学生，自幼擅长旧诗写作，又曾在他的指导下研习宋诗。1929 年受陈铭枢之邀任神州国光社主编。1931 年 4 月在上海创办《读书杂志》，发起"中国社会史论战"，成为现代著名文人，抗战时期主持作家战地访问团，病死军中，影响巨大。1932 年王氏从自己的诗作中选出 79 首编为《市声草》，次年由神州国光社出版，同时写下《诗的生活》（即《市声草》自序）与其妻陆晶清（即小鹿）的《我与诗》一同发表于《读书杂志》。

尽管汪氏弟子不少，其中不乏学术、文艺均有成就者，但为汪氏一生所最钟爱者，无疑是王礼锡。这也可从 1952 年他所写的一份档案中的"主要社会关系"介绍中看出。这份自白，唯一提到的学生就是王礼锡，且先后出现两次[①]，这虽或与王氏死于抗战，陈铭枢又因反蒋而受新政权礼遇有关，但也与他对王氏诗才的看重有关。

《论诗短札》两则刊于《文艺月刊》1933 年第 4 卷第 2 期，其中一则是写给王礼锡、陆晶清的，从内容看，堪称三十年代新旧诗

---

① 张亚权：《汪辟疆学术年表》，《汪辟疆诗学论集》下，南京大学出版社 2011 年版，第692 页。

坛的一次重要对话。

这原是他在读了刊载于《读书杂志》1933 年第 1 期王礼锡的《诗的生活》与陆晶清的《我与诗》两文之后的随感。在信中，他称赞他们皆有"诗的天才，诗的性情，并且都能了解诗的功用，而且继续不断地去努力诗的解放与创造"。同时提出："要延长诗的新生命，无论是用新体来写，或用旧体来写，总要对于过去和现在的作家，具有一种真实的了解力和欣赏力。作家要确能自铸风格，在诗坛上站得住脚步，固然在平时能吸收古今人的所长，才能供他笔底下随意挥洒；批评家站在客观的地位，去衡量古今人的得失，尤其是要把古今人的真实本领，真切的看出，然后立论不致有轻断和隔膜的地方。"

要了解《论诗短札》（其一），首先就得了解王礼锡、陆晶清（小鹿）的文章说了些什么。按《诗的生活》，原是王礼锡自述自己文学经历的一篇序，其中除了说到自己自幼学旧诗及五四后"拼命地从事于新体诗的创作"的经历外，还说到当时自己对于诗体的"两个迷梦"："一方面觉得新的诗体就在形式上已经够供给许多天才加入以许多新的创作成分，因为它是正在被创造中的体裁。一方面觉得许多新的事物与思想窜入这时代，如果是一个天才定能给数千年建筑起来的诗体注入以惊人的奇观，好像前人所没有感到的资本主义社会的感伤，都市的描写，和伟大的史诗，都可以为注入旧体的新成分。"[1] 王氏这种从很早的时期就折衷于新旧诗之间，一方面充分肯定新诗，一方面又渴望注入旧诗新的时代生命的态度，在整个中国现代文学史上，都应该有一定的代表性。王礼锡的文章说

---

[1] 王礼锡：《诗的生活》《读书杂志》1933 年第 1 期。

还说："已经没有多少时间交付给诗了。将来也不愿再写这样的东西，要写，我想试试新体。回顾这许多年留下的一点生活上的痕迹，颇有弃之可惜之感，于是严加删削，集合起来印成一个小册。……就算这几十年的努力徒然是失败，也愿意暴露这失败于人前。前车之覆，后车之鉴，也可以节省许多人的有用的光阴而不去走旧路。"

不过，对汪辟疆说来，这篇文章最使他注意的，还在王氏钻研宋诗的一些心得。特别是对黄山谷、梅宛陵诗风的不满："那时最不满意的是宋诗的典型者黄山谷……觉得他技术诚然高明，但并无动人的感情，至多是一个诗匠而已。宋诗中我最倾慕的是后山，其次就是东坡。他们都是有真感情的人。辟疆先生却说我的诗像东野、宛陵。像东野我是承认的……说像一天写一首诗的宛陵我便不服。我不佩服宛陵如不佩服山谷一样，我觉得他们同是诗匠。"

也正因此，汪氏回信中论说的最主要内容，便是对几个唐宋人——包括孟东野、苏东坡、黄山谷，特别是梅尧臣诗风的看法，其中颇多隽永之论。譬如论山谷诗风的形成，说"山谷生在东坡的同一时间，东坡的才思横溢，语妙天下，山谷是自己料他不是东坡的对手方，而且东坡行辈略早，他既然走他一路，自己若是随人作计，无论望尘莫及，就是旗鼓相当，也不能自成一家的面目。山谷确是感觉到这一层，故他极力摆脱一切诗家的恒境，把常人习见的经史百家中的熟语，反正互用，又把一切通行俗语和公文例语，随手掇拾，去作他的词采，中间纬以深沉的思致，严峻的语调，显然与东坡异趣。故东坡以诗坛老宿，亦不能不佩服，而有'效庭坚体'这一类的诗。"

这可以说是一种深谙诗歌发展中的"影响的焦虑"论说，在整个旧诗论强调某某"出于"某某的以模仿继承为主要着眼点的旧诗论中，可谓颇为用心独到。但于王氏的批评，他也有某些认同的地方："我早年对于山谷诗，确是有相当的信仰，后来总觉得那一种体格，只可医庸俗，不能恃为安身立命的所在。除了看见满纸庸俗滥调自命诗家的人，劝他读山谷诗外，其他是始终绝不提及。"

但即便如此，对于诗歌的发展，他所看重的，还是传统的继承和汲取。而尤可注意的是，他对这一切思考，同时又同其对新诗的某种建议联系在一起。针对王礼锡视山谷宛陵为"诗匠"的看法，除了指出宛陵的不同寻常处，还特别强调："我以为过去的诗人中，最可与新体诗携手者，不在他人，却在宛陵。"这大概也算现代文学中，最早提出的有关新诗向旧诗学习的具体路径之一。

还可注意的是，汪辟疆虽是民国旧诗坛中人物，但他对当日旧诗坛的情形却同样深有不满。1936 年发表于《文艺月刊》第 1 期的《1935 年的中国文坛》也是一篇用白话写成的评论。这篇文章开首便问："最近一年间的中国文艺作品，哪一部是值得我们一读？诗歌吗？我在最近一年间，却也收到不少。这一大堆的诗集中，除了杨增荦的《昀谷先生诗集》和黄节的《蒹葭楼诗集》这两部以外，大多数是绝不读书，胸无所有；只靠着搬运类书上的陈熟字面，填写满纸。有些人厌弃旧诗，或都也不无所见。这些自著书自刻集的作品，简直可以覆瓿。"

但与此同时，他对新诗的西化作风，也不无疑虑。也正因此，这篇评论又说："中国最近文坛，确是显露出了一种病态。新进的创造家，眼见得旧文艺的作品，满纸都是陈词滥调，确是不满人意，不能趋向改革一面去努力。改革的方式，只好尽量吸收西洋的文学作风，去描写人生，描写社会。旧文坛的真正作家，又不肯和他们提携合作，并且尽量的排击它，仇恨它。各人走着极端，新文艺固然受了不少的打击，但是旧文艺，亦不见得有人拿出他们的主张，指出一条光明的大路。自'五四'到现在，仍然有人持着'文言和语体'的意气的争执。我以为这样新旧两派的敌视，始终不能合作提携，去共同努力建设，无疑的，显然是中国文坛上一种绝大的损失。"①

　　这段话最可注意的地方，就在他直接地将批评的矛头指向当时"旧文艺"对"新文艺"的"排击"、"仇恨"，以及"旧文艺"面对现状，不能"指出一条光明"的大路，而"自'五四'到现在，仍然有人持着'文言和语体'的意气的争执"，虽然批评的最后，同时表遗憾于"新旧两派"的不能"合作提携"、"共同努力"，并以之为"中国文坛上一种绝大的损失"，但从这段话看，批评的重心却是首先指向旧文坛的。这样一种出自旧文坛自身的反省之语，格外值得珍视。"文学要本身上站得住，不在意气上的新旧争执"，识见的通达，远超时流。而从传统诗坛一边，对新诗持积极的态度，想从调和新旧诗之争，为中国诗歌传统的绵延提供新的选择可能，这样一种积极的、建设的态度，也很可注意。

　　汪辟疆与新文学界再一次发生关系，缘于1935年他在南京经徐仲年介绍，加入中国文艺社，并于1935—1937年间代该社审查《文艺月刊》稿件的中国文学部分。除了旧诗，这一时期他自己发表在《文艺月刊》上的文章，还有两则《论诗短札》（第4卷第2号，1933年8月）、诗《江行望钟山》（第8卷第1期，1936年1月1日），《后湖集》（8卷2期，1936年2月，同期有绛燕诗《失

――――――――――――

① 汪辟疆：《1935年的中国文坛》，《文艺月刊》1936年第8卷第1期。

去了的诗情》）和《诗的游记——张廼香几年游栖霞寺诗》（汪辟疆改定，《文艺月刊》第10卷1号，1937年1月；同期诗歌栏有绛燕、千帆《赠答题五章》）。

1937年后，《文艺月刊》在重庆出"战时特刊"，他也有两篇文章发表，"乃由徐仲年在沙坪坝索去刊入者"[1]。一篇是论文《文艺建设与文艺理论的检讨》（第11年4月号，1941年4月16日出版），另一篇题历史小品《倭寇在明代》（第11年5月号，1941年5月16日）。其中《文艺建设与文学理论的检讨》（《文艺月刊》四月号）一文说："文学本来就没有新旧的天然界限，尤其在理论上，我们只要多看过几本不同时代的著作，就可以发现第一个时期所产生的文艺作家，没有一个作家不是朝着新的方面走，而且时时刻刻在努力着文学革命运动。为什么呢？因为文学是时代的反映，同时也是一个民族生命的精神表征。""就我个人的感觉，我以为前人文学理论，在今天抗建文艺的建设运动，仍然是我们必守的实训：就是：在原则方面，文学是前进的，是大众的。在写作方面，文学是要有用，是要有我。"

汪辟疆的现代美文

汪辟疆的《论诗短札》之可以注意的，除了文学思想，还有它的文字。

---

① 见1952年7月1日《南京大学思想改造学习总结登记表》，转引自《汪辟疆学术简表》。

雪花是整整斜斜地舞了一整天。今天早晨，远远的钟山，已被雪占了整个；虽然有阵阵的寒鸦随风宛转作它的盘旋舞，那静穆的山谷，仍然是罩上了一层白纱似的面幕。靠近覆舟山鸡笼山下的枯木寒枝，也被雪花装成了琼枝玉树；从前由鸡鸣埭口流入我屋角的一条小溪，现在是寂静地渺无声息，有时候或见一群小孩正在那河流的上面忽起忽立，水是早已凝成冰了！

我不绝地赞叹自然界神秘和伟大。我又凝想到"门外的饥寒，也许是诗人的幸福。"在这凝伫的时候，邮差送来了厚厚的一本书……①

整段文字的描写笔触，让人想到冰心、徐志摩的那些唯美散文。末后一句的优雅从容，也颇让人想到卞之琳的诗句"友人带来了雪意和五点钟"（《距离的组织》）。

《论诗短札》的第二件，受信人署"给淑恭夫人"。据笔者查考，当为他写给在南昌时的友人李中襄的夫人萧纶锦的②。这封信的值得注意，首在文章的表达口吻和说话态度。"我是从来没有单独的写过信给你，——尤其是白话信。"信中所及，除了感谢其对

---

① 汪辟疆：《论诗短札·给庶三、小鹿》，《文艺月刊》四卷二期。

② 李中襄（1896—1958），字立候，江西南昌人。1912 年，进入心远中学读书。唐山大学（交通大学前身）毕业，1922—1923 年创办心远大学。三十年代后历任委员长南昌行营党务处主任、少将秘书、国民党中央执行委员、江西省民政厅厅长等职，后至台湾，1952 年任立法院秘书长。其夫人疑为江西永新人萧纯锦之妹萧纶锦。纯锦，永新人，1912 年被选送美国留学，归国后历任东南大学、北京大学等校博教授、江西省经济建设委员会主任、东北大学教务长等职。笔者曾见孔夫子旧书网有《百龄岁月——李太夫人萧纶锦女士纪念集》，应即其人。

家人的照料，就是对自然和诗情的赞美：

> 后湖的风景，是更见好了！青绿的钟山，远远地俯瞰下面鳞鳞的湖水，和嫩绿色的草地；地面上满布了红白相间和其他杂色的小花，愈显出了湖山的美丽。眼前就是四月到了，湖上的樱桃，已经是红得像火齐珠子一般的可爱。我是经年不到后湖的，今天携了宝玉和越儿，在这种碧波槛中，度过了一整天，又想到富有诗情的你，远隔在二千里以来（外），不能同来此地欣赏这美丽的湖山，使我感觉到一层缺憾和失望。
>
> 我是许久不写诗了！诗也渐渐和我隔别了！但是我虽然不作诗，我相信我的诗情，是永远存在，而且毫不怀疑。我近来有一种痴性，以为诗和画是同样的不在迹象；只要富有诗情的人和一种天然的景物，落到我的面前，我只把我的心灵完全去交给它，人我和景物，打成一片；就是诗，也就是画。一到了伸低（纸）命笔，落了言诠和迹象，就是糟粕，就是笨人。立侯和你，我也不曾见到你们写诗，我总觉得你们都是充满了诗情的朋友。为什么呢？立侯那一种潇洒的精神，缜密的心灵，和超妙的谈论，已经是令人神往；加上你一种幽默的态度，聪明的天性，处处超出一切的一切；就是诗，就是唱和。再要去写诗，尽可不必。我的痴性是如此。我只盼望你们不要把这大好的光阴，轻轻地辜负；去尽量的甜咏它，欣赏它。①

---

① 汪辟疆：《论诗短札·给淑恭夫人》，《文艺月刊》四卷二期。

清丽畅达的文笔，温润通脱、浪漫旖旎的人生姿态，就是放在新文学名家集中，也不能算是泛泛之笔，谁能想到它会出自汪辟疆这样的"旧派"文人笔底？联想到前面说到的，他在提及泰戈尔诗时对那种"甜吟蜜咏"，和那"一种不可凑泊不可形容轻微的吹息"的醉心，其人生、艺术趣味之超出道学气有多远也就依稀可见。

　　更有意思的还有文章末段对收信人的忠告："News 究竟不是一种安身立命的消遣法。在这种'夏浅用春晚'的天气，最好是双双地驾言出游，觅一所人迹罕到，而且富有天然美丽的地方——确（却）不要找名胜，名胜是要受骗的——尽量温存。然后把你们的心灵，完全交给大自然的神秘，去猜一猜'人生之谜'。"信后自注："News"为他们"在南昌时戏呼打麻将之称；因此四字母为东南西北之首一字"。这样的清新、幽默，更有谁会想到竟会出自写过《光宣诗坛点将录》那种旧式诗评的"老先生"之手。

　　现代文人在新旧文学之间的矛盾心态，现在人们已多注意及新文学家们私下对旧体诗艺术的那一种依恋；而尚未注意，所谓旧文学家私底下对新文学创作，同样有这样一种喜爱与尝试。在这点上，公、私场合的不同，有着很大的意义。

　　在三十年代南京的保守派文人圈中，汪氏是对新文学表现出最积极态度的人之一。他对徐志摩的赞赏，对王礼锡、陆晶清的关心，都远超出了学衡派中许多人物的新旧门户之见，而他所主张的那一种融合新旧的追求，无疑也有为中国文学探寻创造和发展新路的积极意义。虽然这一切，当日就没引起多少人注意，后来更为现代文学研究忽略。但他鲜为人知的新文学写作尝试，以及由中表现出的新的人生态度，毕竟可为了解现代文学演进的复杂性，提供新的认识内容。

重述百年文学史进程中的
五四传统及左右两翼

李林荣（北京第二外国语学院文化与传播学院）

一

纵目回望，在趋新趋变的现代化道路上曲折前行的中国新文学，至今已历经百年风雨。它之所以为"新"的一个根本特质，就在于它不再可能以相对孤立自足的国别文学的形态，来维持旧的社会工具功能。被动或主动之间，中国政治、文化、社会、经济各领域的封闭疆域，伴随中国自身国体、政体的急剧变化，全面敞开。由此，整个中国汇入了世界格局，中国的政治、文化、社会、经济、军事，乃至文学、艺术，也迅速介入了世界范畴内的政治、社会、经济、军事和文艺的历史潮流。

就这个意义而言，近百年来的中国文学，较之古典的前近代或前现代中国文学，已成为了一种世界文学。或者换句话说，20世纪的中国新文学，是20世纪中国问题的世界化和国际化的衍生物。所谓20世纪中国新文学的"现代性"，实质上的内核，也就正集中于它积聚并表现了 20 世纪中国所遭遇的这一国际化、世界化难题。明清之际以前的中国文学，还没有感知这样的难题。清中叶以降，直至晚清 70 年（1840 年至辛亥革命），这一难题在中国文学世界里所占的位置和比重，似乎还只是一个变量，仿佛信则有、不信则无，尚可任人选择，无需视之为定数。

进入 20 世纪，感时忧国成了中国文学的宿命。这当然是"不济事"的洋务运动、"戏剧性"的戊戌政变，以及"跛脚"的辛亥革命相继落幕之后，柔弱无力的文学不可推拒地被时势征用，被一连串挫败和梦碎逼到墙角的精英分子无奈中恃弱为强、执稻草为干戈的一种窘态。但从文学本身的立场看，这未始不是一个进步。自春秋孔子以诗为教、战国荀子文以明道之说行世，二千五百年间，文章一业虽在名义上也偶有"经国""不朽"的盛大修辞夸饰，但实际上的价值最高只到用作科考取士的一门技术形式这样的程度。因而，当文学终于真正直接来承载国家政治、社会民生，甚至军事、经济这些重大议题，或者，环绕这类议题来取材、设喻、展示人性和生活的具体情态时，不能不说，这确实是文学功能层面上的一个难得的飞跃。功能既变，本体自然也要有质的转换。这一转换，贯穿了整个 20 世纪而未绝。

其中最突出的，是写实主义文学的壮大。清末叙事文学已从含蓄的写"世情"转向直露的表"谴责"。新文化运动兴起，白话文学革命高倡，五四政治激流鼓荡，抒情的诗文中也迸发出力陈"社会""写实"内容的"立诚"风气。待到《呐喊》引出新潮一派乡土小说，现代白话小说事实上已形成"写实"和"为人生"的"问题"意识彰著，而个人化、内倾的开掘不显的基本特色。创造社同仁负笈海外而自叙"沉沦"、讴歌"女神"的迷狂，单个地看，确实不无浪漫的光彩。但整合起来，恰如鲁迅 1926 年初形容《现代评论》时所用的比喻，七色板一经旋转，则一概汇成单一的灰白色①，以浪漫主义的姿态登上新文坛的创造社，最终贡献给文坛的，总体上仍是一个大写的、感时忧国的"个人"。实际上，这一"个人"的共性，仍说明他是一群而非一个人。相较于小说、诗、文，中国戏剧自古及今，向来缺乏"写心"的能力。喧腾、热闹，在冲突、曲折中摹尽世态人情的紧张和困局，才是戏剧创作和舞台表演的正道。于是，在从唱念做打、歌舞乐合一的戏曲向声光电影一齐烘托台词和角色的话剧缓慢而艰难过渡的近三十年里（1906 年春柳社兴办至 1933、1934 年《雷雨》问世于案头和舞台），中国戏剧的写实精神并没有也无需改变。

二

20 世纪 20 年代中后期，政治、文化上的新旧冲突、古今争战频仍不息、渐趋白热。随着集纳、代表了古与旧的各路元素的北洋集团的失势，新势力的统一战线（不仅是国共两党的统一战线，更包括政治、文化以至军事、经济等社会各领域、各层面的统一战线）也产生内部的裂痕与分化。政治利益和社会影响的殊死争夺、血腥倾轧，粉碎了现代中国革命同盟的绯红色理想。全面超胜近代的改良、维新，一举从精神思想的深度和社会革命的高度，将"中国问题"通盘彻底解决的政治、文化精英集团的自我期许，在轮回

---

① 参阅鲁迅：《杂论管闲事·做学问·灰色等》，《鲁迅著译编年全集》第 7 卷，人民出版社 2009 年版（下同），第 8 页。

式的现实权益纷争中，再次失落。

但以这场纷争中蒙受了牺牲与损害一方的政治信仰来反观，这场纷争本身更证实了在中国亟需展开一次彻底的社会革命，也就是通过阶级与阶级间的决战来重建全社会，不仅变得空前紧迫，而且势在必行。恰在这一点上，新文化运动滥觞之初，蕴含在方向和方案均尚不明朗、确切的"新文化运动"共识中的一种激进主义倾向，与20世纪20年代末30年代初掀起的左翼文化高潮，达成了内在理路上的关联接续。左翼文化阵营针对右翼——也即大小资产阶级（其中，至少小资产阶级，按当时左翼理论家普遍所持的评判尺度来衡量，明显也该把他们本身包括在内）阵营的严正剖析和无情批判，从左翼的意识形态立场上看，其实也就是针对整个中国社会的剖析和批判。这正像新文化运动时期，针对传统和守旧派势力的揭批、否定，在新文化运动健将们的思维模式中，也就等同于在为整个中国社会问诊施药一般。

相应地，打倒右翼才能救中国，同时也救自己，与打倒传统才能救中国、救自己，这两个目标，也就跨越十余年光阴，在20世纪30年代初的左翼与20世纪第二个十年中的新文化运动一代之间，呼应并且贯通起来。20世纪30年代的鲁迅对新文化运动的遥念和忠诚①，也因此而有了或许更趋合理的解释。新文化运动落潮之后，旗手、主将们一时风流云散，改弦更张，淡忘了初衷，另觅了新欢，独有以呐喊者和小卒自任的鲁迅，怀抱着新文化运动的思

---

① 典型一例，见于鲁迅1933年12月27日致台静农信中流露的一段感慨："北大堕落至此，殊可叹息，若将标语各增一字，作'五四失精神'，'时代在前面'，则较切矣。"见《鲁迅著译编年全集》第15卷，第544页。

想逻辑和文化伦理，坚守到了 20 世纪 30 年代。这使他在被创造社拉而复打之后，被太阳社凌厉攻击之后，仍然能够找到一种思想上而非情感上的理据，来接纳这两社诸君子的邀约、拥戴，哪怕这邀约和拥戴，都仅仅是形式上的。

左翼文学，作为左翼文化实践的主要方式或者说主流方式，由此也就显现出了它致命的症患。它只能在理论上呈现自己，而无法切实贯彻在创作之中。特别是在写实已独大为一尊的各体创作中，左翼文学的社会批判无力把枪口从自我瞄准的方向上挪移得太远。而这又不单是左翼的问题，更是中国的问题。蒋光慈的《革命浪漫谛克》、丁玲的《莎菲》《韦护》、茅盾的《蚀》《子夜》，以至二萧的《生死场》和《八月的乡村》，总的格调，并非战斗的宣言、进军的号角，更非英雄谱、豪杰传，相反，倒更像是病历或者症状实录。

这不是左翼文学在创作取材或创作技巧上偏颇或不足所致，而是中国"三十年代左翼"的这一代人或几代人自身所具的时代症候和历史背景的真实反映。左翼的主体本身，在 20 世纪 30 年代之际的中国，实际上是内在于他们意识形态斗争的对立面或者说敌人一边的。瞿秋白这一时期所描摹出的鲁迅杂感里的精神形象——"反戈一击"和"反自由主义"，正是在这个意义上，具有了不局限于鲁迅一人的时代概括力、群体批判性和社会观察或阶级分析的深刻性。之所以能如此，征之后出的《多余的话》，可以确知，正因为瞿秋白感觉到他本人也就恰属这一群体。

对中国左翼文学的这一与生俱来的问题，做了有效解决的，是两个人两种办法。一是鲁迅用他的杂文写作所展开的"文明战"，其主战场在都市媒体。一是毛泽东通过文艺界整风所推行的作家思想改造，其主战场在革命队伍内部。

就 20 世纪中国文学后五十年的实况而言，"鲁迅风"杂文的路越走越窄也越险，延安文艺座谈会的《讲话》不失时机地对它给予了矫正和阻止。鲁迅本人也由他晚年的杂文战受伤不浅。毛泽东的思想改造主张与他同时提出的"反映论"的文学观、"典型论"的创作观，以及"政治标准第一、艺术标准第二"的批评观，系统搭配，协同作用，以远比鲁迅杂文静水流深式的影响强烈、显著千百万倍的力度和广度，全方位地造就了 20 世纪下半叶的中国文学。其核心是以主观世界自爆的战争来消灭一个阶级。这个阶级偏巧又是以个体主观世界的自我特征化为实质的——既然其生成如此，除之灭之也合该循此逆取，才能最得力、最奏效。但随时代推移而显现的事实并不这么简单。在 20 世纪下半叶的中国文学中，一如鲁迅当年所见的那种"瞒"和"骗"的话语及其拙劣伎俩，层出不穷，泛滥成灾，除了苛之以道德，责之以良知，当然也应深加省察：这一切，与那个以阶级斗争为手段、以阶级消灭为目标、以一个阶级向另一个阶级表面上的臣服和精神上的投诚为辉煌胜利的政治神话，有多大程度的因果关联？

更进一步，20 世纪中国文学的成与败、得与失，又在多大程度上，只是在折射或者体现着这一政治神话的起落迁延？21 世纪的今天，要重述 20 世纪的中国文学，若不从思考这样的问题入手，那我们就如同还滞留在 20 世纪之内。

三

中国当代文学七十年行程，后四十年相较于前三十年，"主旋律"是反思、重审和再建构。今天，还没有跨出这个阶段。反思、重审、再认识、找新的起点搭新的格局，这一套动作，至少目下看来，还远无尽期。不过，层出不穷的"成果"，早已显出叠加和复沓的迹象，连绵持续的操作，也早已疲态外露，近乎机械化或惯性作用。整体上的中国当代文学，因此也越来越展示出后四十年专以反拨前三十年为务的特色。这背后自然有理念形态的文学价值观的对立、斗争关系，可寻作原由或者动因。但实际上，与其说这是理性认知驱动使然，倒不如说正相反，是现象支配并制造了它自己所需要的理论内涵和观念本质。因为，在后四十年的起点上，只有与前三十年决裂、义无反顾地走反其道而行的路，是唯一的共识。这样的共识既无方向感，又无理性色彩，充其量只抵达了直觉和意志层面。

而之所以如此，显然与众所周知的"新时期"体验根植于政治和文学的双重挫折这一事实直接相关。尽管这个是当时几乎在中国社会各阶层、各种身份的人群中都周知的事实，在它水落石出，无法通过将"运动"进行到底的方式予以遮掩、回避之际，即刻得到了政治语言和文化、文学语言联手铸就的胜利修辞、解放修辞的转喻和换喻包装，但同时，这种包装也就带上了一种临时效应和作为权宜之计的虚弱乏力的质地。其效果如何、效力多久，不是取决于它本身，而是延期兑付到了随后一步的胜利或解放的进程和实际收获之中。

用现在已经明确通行为常识的说法，这个兑付期始自"改革开放"发端。文学和政治在这一时期真正得到的，是更趋艰难、紧张的斗争，不过，它们这时的斗争，面对的是同一个对手，改革开放的阻碍势力。也正因此，这一时期的文学和政治还能形成琴瑟和鸣般的一种度蜜月式的亲切共生关系。类似的情形，在新文化运动兴起、文学革命发轫的 20 世纪初第二个十年的中后期，也曾有过。就百年中国新文学史而言，这可谓文学和政治、文学内部各种力量及各种成分，相互关系最和谐也最简单的状态和模式。与此匹配的，虽是一个历史后坐力余威甚烈、文化保守倾向强势犹存、厮杀斗伐的气息尚未消尽的社会场景，但战线毕竟分明、阵营毕竟清晰。最关键的，是两军对垒你死我活的存亡之道和此胜彼败的兴替进退目标，都朗若晨星，毫不含糊地悬在前方，谁都不易生二心、起歧意。

20 世纪 80 年代后半期的所谓当代文学的黄金年代，在很大程度上是一个将"新时期"文学与政治的美好双重奏所谱写的胜利和解放讯息，以及寄托了胜利和解放的落实、贯彻期待的"改革开放"规划，逐步消费和耗散殆尽的过程。这个过程的起点，与当年的新文化运动及其最有声有色的环节文学革命何其相似：两者都预设全民族、全社会为文化进步的主体，两者都把特定阶层、特定人群单独的变化排除在一场社会革命的宗旨和目标之外。但也恰在这一共同特质之上，它们所反对的旧文化、旧习惯、旧势力抓住了反噬的战机和余地。反过来讲，20 世纪 80 年代后半期的"五四"回潮和"五四"本身同样，都犯了性质相似的躁盲症：它们最初的目标设定里就包含了必待目标完全实现之后才能有的一个重要前提。更清楚地说，也即全民族、全社会的文化全称主体，本身正亟待一场文化运动或社会变革来重塑。在此之前，它根本无法去充任一场以它已经出现或业已存在为事实前提的文化运动或社会变革的执行者或标的物。遥隔七十年，两个"五四"，都把一个致力于解放虚拟或假想中的宏大主体的历史命运的重任担当了起来，也终于都在理论上本是包含于它们企图拯救的假想主体之内的对手面前，溃然告败。

20世纪90年代前半期，与20世纪20年代中后期，由此也就远远呼应着，成了在实质上可以汇成历史逻辑和文化周期中的同一环的等价同义的社会片断。它的背景里，有政经权势的强压和利诱，也有在这二者的夹峙下指向相反，但实际都属供文人遁逃闪避或者蜷缩委顿、苟且安生的物质窠臼。进到这样的窠臼，文人总要经历分化，生存和思想，或者说身与心两重生活形式上的分化，一为"左"，一为"右"。"左"的恋本土、崇传统以自炫，"右"的援外攘内以自雄。好在左右两边，都各有东西强国的实体可依恃。无论左派右派、左翼右翼，哪一方都不是真有理性批判的洞察力和预知力的纯粹学者或高纱哲人。一经到了这时，文学只能等而下之，沦落到帮闲之帮闲的低端坐席，感受位处边缘的冷清。有不甘者，则必图文学写作形式本身的变异，也就是暂借文学之名以行非关文学之实，一俟有所得，即展翅摇翎飞去。

但是，文学从不因人的变化而变化，它本来就是人性与世情的形式之学。在旧的躯壳裂解、风化之际，新的也就暗暗成形。仿佛轮回流转一般，腐殖质埋积到一定程度，否定它的新的生机又要聚集并且萌芽，破土壮大，掀开另一页的新文化运动。那又将是政治携文学同行，重构未来岁月里的历史传奇和社会悲喜剧的时刻。

本文系国家社会科学基金项目"鲁迅著译实践编年研究"（17BZW148）阶段性成果

再造文明与复古革命

——世界史上的五四

韩　琛（青岛大学文学院）

　　在五四时期，关于文明①复兴问题，中国知识者主要持有三种立场：陈独秀、胡适等《新青年》同人力主全盘西化，服膺欧洲中心主义的普遍文明论；梁启超、杜亚泉等人在"一战"后展开西方

---

① 文明概念主要有 4 种解释：1、古典中国之文教昌明、文德辉耀的意思，大体接近于相对于野蛮落后的现代进步文明观；2、西欧文论中相对于野蛮的进步文明之意，文明虽然包括物质与精神两个方面，但更为强调其作为文化实体的层面，这个文明观是一种普世文明观；3、德国思想家区分文明与文化，以为文明仅指实体性的物质、技术成就，而文化则显然包括价值、理想、思想、道德等方面的内容，强调文化特殊性的倾向实际上表征了一种文化民族主义的立场；4、文明指有组织性的生活状态，系一个社会之组织规范、伦理秩序、生产关系的总和，其表征了人与人之间的经济/历史/权力关系，被认为是维系一个社会稳定、发展的基础。虽然关于一个社会文明与否的判断，经常通过各种实体标准来加以衡量，例如城市化、法制化、识字率等等，但批判地看，文明是一个霸权观念，唯有在对不同社会形态进行优劣比较时才能显示出意义，文明往往是某个社群相对于他者的自我中心主义想象，并隐含征服他者、无限扩张的帝国主义意识。参见辜鸿铭：《中国人的精神》，《辜鸿铭文集》（下 （转下页）

文明批判，希望通过中西调和生成世界新文明；辜鸿铭、梁漱溟等传统主义者则决意"归宗儒家"①，主张中国文化、文明的世界化。一方面，三种立场之间构成强烈的对抗性，尽显五四文明论的多元面向；另一方面，通过文化运动复兴文明，又是不同知识者的共识。实际上，不能把五四知识者复兴中国文明的历史实践，仅仅置于中国这一区域文明背景中来理解，而是应该将之置于全球现代性——人类文明"第二轴心期"的世界史视野中进行考察。与人类文明在公元前500年左右的第一次崛起的轴心期一样，以14—17世纪欧洲文艺复兴为起点的现代文明，则构成人类历史上的第二轴心期。这个时代再一次将人类历史一分为二，结束数千年来相互隔绝的古代文明，建立了真正世界性的现代文明。仅就普遍化、全球化、一体化的程度来看，现代文明才真正堪称是一个轴心期文明。即便如此，按照雅斯贝斯的论述，这个被称为现代的"第二轴心期"，与人类历史上的其他

（接上页）卷），黄兴涛等译，海口：海南出版社，2000年，第1—2页；[日] 福泽谕吉：《文明论概略》，北京编译社译，北京：商务印书馆，1992年，第8页；[美] 塞缪尔·亨廷顿：《文明冲突与世界秩序的重建》，周琪等译，北京：新华出版社，1998年，第23—42页；[英] 雷蒙·威廉斯：《关键词：文化与社会的词汇》，刘建基译，北京：三联书店，2004年，第46—50页；[法] 布罗代尔：《论历史》，刘北成、周立红译，北京：北京大学出版社，2008年，第197—223页；[美] 白鲁恂：《文明、社会资本和公民社会：用以解释亚洲的三个有力概念》，毕文胜、汪艳艳译，《国外理论动态》，2013年第5期。

① "归宗儒家"系梁漱溟的说法。在1930年为《东西文化及其哲学》所写的"第八版自序"中，梁漱溟声称"这书的思想差不多是归宗儒家，所以其中关于儒家的说明自属重要；而后来别有新悟，自悔前差的，亦都是在此一方面为多。"梁漱溟：《东西文化及其哲学》，《梁漱溟全集》（第一卷），山东人民出版社1989年版，第324页。

飞越时代一样，不过是对于轴心期的革命性复归①。据此言之，中国现代转型不仅是一个参与建构第二轴心期的过程，同时也是一个批判性地复归轴心期的过程，不仅是一个回应西方文明冲击的现代性进程，也是一个中华文明复兴的反现代性进程。革命与复古、世界化与本土化、全盘西化与归宗儒家、评判的态度与永恒的复归，构成二十世纪中国文明复兴运动的复合面向，并特别体现于五四新文化运动。

一、文明的冲突与现代中国

自晚清到五四的中国现代转型，大体上是一由外及内、从器物到文化、从局部到总体的变革进程，五四新文化运动是这一历史进

---

① 轴心期、第二轴心期的假定性概念，系援引雅斯贝斯、康有为的论述。雅斯贝斯认为公元前 500 年前后，是人类社会的轴心时代。"正是在那里，我们同最深刻的历史分界线相遇，我们今天所了解的人开始出现。我们可以把它简称为'轴心期'（Axial Period）。"轴心时代令人类精神获得巨大的突破，文明/世界史自此才真正展开。"自轴心期起，世界历史获得了唯一的结构和至少持续到我们时代的统一。"康有为也声称天下自孔子以降为文明时代。"中国至周末始文盛，孔子与诸子争教尊。以天地分三等：一等为混沌洪濛之天下；一等为兵戈而礼乐初开之天下；一等为孔子至今，文明大开之天下。"轴心期构成世界史的原点，此后人类的一切文明进步，都是对轴心期的革命性复归。雅斯贝斯又认为，16 世纪以降的欧洲文明又一次绽放光芒，堪与轴心期平分秋色，因此可称为轴心期之后的"第二轴心期"。雅斯贝斯：《历（转下页）（接上页）史的起源与目标》，魏楚雄、俞新天译，北京：华夏出版社 1989 年版，第3—29、87—91 页；康有为：《万木草堂口说（1920 年前）》，《康有为全集（第二集）》，姜义华、张荣华编校，北京：中国人民大学出版社 2007 年版，第 146 页。张灏：《世界人文传统中的轴心时代》，《幽暗意识与民主传统》，北京：新星出版社 2006 年版，第 1—22 页。

程的高峰。以文化运动推动社会变革的五四现代性设计，其实是一个以思想文化为方法"再造文明"① 的总体性变革方案。文化革命之所以风靡一时并后续有继，是因为相对于客观具体的器物、制度，内涵含混、界限模糊的文化，似乎更具历史统合性、主观整体性及抽象涵盖性，故而以文化为方法的革命，被认为是能够带来由内及外、辐射全局的总体性革命。

在这一时期，无论是激进主义者陈独秀，还是传统主义者梁漱溟，都极为肯定新文化运动的重要意义。双方一致认为，唯有在伦理、思想、文化等方面进行改革，中国问题才能获得根本解决。在《吾人最后之觉悟》一文中，陈独秀历数自明朝中叶到民国初年的中国国民觉悟史，认为这是一个从器物到思想、从学术到伦理的觉悟进程："今兹之役，可谓新旧思潮之大激战，……吾曰此等政治根本解决问题，不得不待诸第七期吾人最后之觉悟。……吾敢断言曰：伦理的觉悟，为吾人最后觉悟之最后觉悟。"② 梁漱溟非常认同陈独秀的判断，极力称赞新文化运动的开创性意义，以为提倡思想文化改革，是开一代风气之举："陈先生在他所作的《吾人最后之觉悟》一文中以为种种改革通用不着，现在觉得最根本的在伦理思想。对此种根本所在不能改革，则所有改革皆无效用。到了这时才发现了西方化的根本的所在，中国不单是火炮、铁甲、声、光、化、电、政治制度不及西方，乃至道德都不对的！……陈先生很能认清其不同，并且见到西方化是整个的东西，不能枝枝节节零碎来看！这时候因为有此种觉悟，大家提倡此时最应做的莫过于思想之

① 胡适：《新思潮的意义》，《新青年》第七卷第一号，1919 年 12 月 1 日。
② 陈独秀：《吾人最后之觉悟》，《青年杂志》第一卷第六号，1916 年 2 月 15 日。

改革，——文化运动。经他们几位提倡了四五年，将风气开辟，于是大家都以为现在最要紧的是思想之改革，——文化运动——不是政治的问题。"梁漱溟进一步认为，中国现代转型到达伦理、思想、文化这个层面，已经涉及到不能回避的根本性问题："西方化对于东方化，是否要连根拔掉？""此时问到根本，正是要下解决的时候，非有此种解决，中国民族不会打出一条活路来！"①

面对这个根本问题，包括激进、保守两个方面的五四新文化运动，集中展示了中国现代转型的最新面向：在转向内在、文化革命的同时，又趋向实现全面、整体的革命，全盘西化论与归宗儒家论的出现，就是彼此对立的两个文化革命总体论策略。陈独秀建构起一个西方化、现代化在中国逐渐展开的历史叙事，最终指向西方文明在中国的全面实现，中国现代历史就是一个汇入西方文明的历史，世界史就是西方文明世界化的历史。梁漱溟则建立一个中国文化翻身的必然性论述，中国文化最终会完成对于西方文化的全面取代，现代中国历史将是一个中国文化普遍化、世界化的历史，世界史就是中国史。二者皆想象了一个没有"他者"的一元文明图景，而历史将在这个总体性世界中走向终结。

五四新文化运动的激进现代性设计，建立在两种假定的基础之上：一个是西方中心论，中国现代性是对于西方现代文明冲击的反应；另外一个是现代中心论，即在旧/新、古/今的线性逻辑中确立现代的合法性。陈独秀、胡适等《新青年》同人，在很大程度上就是经典现代性认识的代表。不过，这种非新即旧、非今即古的激进

---

① 梁漱溟：《东西文化及其哲学》，《梁漱溟全集》（第一卷），济南：山东人民出版社1989年版，第335页。

主义立场，是通过一种激烈抗辩的姿态来确立的，他们对于儒家中国的全面反动，恰恰显示出现代性不是建立在传统失落的基础上，而是形成于跟传统的对抗中。传统的衰落、消失，不是现代的胜利，而是现代的失败。陈独秀、胡适之西方中心、现代中心的全盘西化论，是建立在文明冲突基础上的一元现代性论述，预设一个现代与传统之间在时间脉络中的冲突状况，是确立现代性之历史合法性的基础。在有关现代文明的论述中，陈独秀建立起一个中国文明、印度文明、西方文明并存的世界状况，但是将中国文明、印度文明从与西方文明并存的空间结构，转换为古今发展的线性时间性结构，彼此共存、互相影响的东西方文明，变成西方文明风靡亚细亚的单向扩张。现代性就变成西方文明的冲击与东方世界的反应的过程，并消除了来自中国、印度对于现代性的文化抵抗①。实际上，全盘西化的激进态度，恰恰显示出全球现代性的内在矛盾，其合法性只能确立于东西古今新旧的冲突中，没有对来自东方、传统的挑战的回应，现代文明无从确立自身的合历史性。也就是说，为了确保自己之空前的"现代性"，现代不得不时刻发明出需要否定的传统，这个被否定的传统甚至也包括现代自身。对于辜鸿铭、梁漱溟等中国传统主义者而言，他们立足儒家文明对抗西方文明的主体性立场更为明确，然而他们并非以"归宗儒家"为目的，而是试图在与西方文明的对抗中确立儒家文明的普遍性与现代性。梁漱溟的中国文化翻身论，奠基于东西文化冲突之上，即要在西方文明奠定世界霸权的状况下，试图创造出一个东西文化对垒的局面，其根本问题指向不是东方文化废不废绝、保存不保存的问题，而是东方文化

① 陈独秀：《法兰西人与近世文明》，《青年杂志》，第一卷第一号，1915 年 9 月 5 日。

能不能历史复兴，并能够像西方文化一样普遍化、世界化的问题。

就围绕《新青年》所形成的五四文化空间而言，体与用、传统与现代、东方与西方一直处于不断对抗冲突的状况中，并延续为之后的东西文化论争、科玄论争等文化思想冲突。这些基于东西古今对立的文化思想冲突，实际上是世界范围内围绕现代性所展开的"文明的冲突"的区域表征。亨廷顿认为，"文明的冲突"是后冷战时代的世界政治主流。但从长时段历史进行考察，文明的冲突其实是人类社会自轴心时代以来的世界政治传统，世界史就是不同文明之间遭遇、冲突、协商的历史，兴起于欧洲的全球现代性进程，则前所未有地激化了文明的冲突。因此，中国的现代化既不是西方中心的冲击反应模式，也不是中国中心的自主现代化模式，而是在文明冲突的激荡状况中从传统转向现代，并创造出崭新的现代意识、身份认同与文明自觉。与此同时，西方也是在文明的冲突中完成世界化的，它需要通过不断地自我调整，来回应东西文明冲突带来的危机，西方现代文明的发展与成熟，不仅实现于对东方的征服，也成就于来自东方的挑战。世界范围的文明的冲突，构成中国现代化的宏观背景，中国现代化不是西方化，而是一个在与西方文明的对抗冲突中，将自己不断现代化、普遍化、世界化的进程。唐德刚认为，五四运动是中国现代化运动的一个阶段，这个不断向前推进的中国现代化进程，是为形成一个中国主体的"超西方的世界文明"：

　　　　近百年来由西方文明"挑战"（challenge）而引起的"中国现代化运动"的发展，是一个阶段，一个阶段，向前推进的，直到它能够向整个西方文明作"反挑战"（counter-challenge），而达到领导"超西方"（post-western era）阶段的世界文明为止。[1]

　　虽然文明的冲突是构成现代世界的宏观背景，但是在五四时代的东西方社会，人们大体上都认为现代社会是一个西方中心的世界体系。实际上，历史上的每一种文明都视自己为世界中心，基于缘起于欧洲的现代文明成功的全球扩张，西方文明的自我中心化想象尤甚以往。西方文明即现代普遍文明，这意味着整个世界的西方化，西方的核心价值、经济生活、政治体制、文化创造得到全球认同。毫无疑问，这是一个极端意识形态化的叙事，现代化并不等于西方化，更不意味着历史将终结于西方。"正如布罗代尔所说，持下述看法几乎'是幼稚的'：现代化或'单一'文明的胜利，将导致许多世纪以来体现在世界各伟大文明中的历史文化的多元性的终结。相反，现代化加强了那些文化，并减弱了西方的相对力量。世界正在从根本上变得更加现代化和更少西方化。"[2]　如果全球现代性的后果不是完全西方化，而是带来一个更加多元的世界，西方文明的跨界传播没有构成一个西方中心的同心圆世界，而是更进一步强化了不同文明世界的自我认同意识，那么五四新文化运动所凸现出来的不同文明论述、文化认同，诸如全盘西化论、中西调和论和归宗儒家论等等，可能正是这个多元现代性状况的中国镜像。

　　在《共产党宣言》中，马克思、恩格斯在批判一个资产阶级主导的世界出现的同时，也不无欢愉地描述了一个去中心化的现代性

---

① 唐德刚：《胡适口述自传》，《胡适全集》（第18卷），合肥：安徽教育出版社2003年版，第364页。

② 亨廷顿：《文明的冲突与世界秩序的重建》，周琪等译，北京：新华出版社1998年版，第71页。

状况的发生："生产的不断变革，一切社会状况不停的动荡，永远的不安定和变动，这就是资产阶级时代不同于过去一切时代的地方。一切固定的僵化的关系以及与之相适应的素被尊崇的观念和见解都被消除了，一切新形成的关系等不到固定下来就陈旧了。一切等级的和固定的东西都烟消云散了，一切神圣的东西都被亵渎了。人们终于不得不用冷静的眼光来看他们的生活地位、他们的相互关系。"① 从唯物史观来看，生产变革、经济发展、社会转型导致人的意识革命，一种理性的现代批判精神诞生在资本主义经济基础之上，并引发人类认识、再现世界之方式的全面改观。

二、评判的态度与启蒙时代

在1919年12月发表的《新思潮的意义》一文中，胡适认为"新思潮的精神是一种评判的态度"，"总表示对于旧有学术思想的一种不满意，和对于西方的精神文明的一种新觉悟。"② 对于胡适而言，"评判的态度"仅仅针对传统学术，并不包括对于西方文明的批判。不过，作为一种普遍的现代精神，评判的态度显然会指向现代世界的所有方面。就像马克思所指出的，在这个去中心化的时代，一切价值、关系都将被重估。其实，胡适本人在举例说明评判的态度是新思潮的公共精神时，已经涉及到对于一些现代性状况的评判，诸如有关政府与无政府、财产公有与私有的讨论，皆是对于

---

① 马克思、恩格斯：《共产党宣言》，中央编译局译，北京：人民出版社1997年版，第30—31页。

② 胡适：《新思潮的意义》，《新青年》第七卷第一号，1919年12月1日。

现代中国问题的评判与反思。

五四时代是一个评判的时代。这个时代的中国思想者相比前人，似乎更为迫切地试图对自己所处的时代做出反省，因为这个"过渡时代"汇集了前所未有的历史危机与未来渴望，人们试图通过文化评判与文明创造，敞开通向未来世界的更多可能性。因此，五四不仅是中国现代史的转折点，而且预示了现代中国未来发展的诸多可能，历史在此一阶段，呈现出可供选择的更多向度。此一时代的人们，终于获得了在至少两个以上的不同向度中进行选择的机会，例如可以在君主制或者共和制之间进行选择。这些可供自由选择的可能性之所以得以出现，完全是因为这个以评判的态度为共同精神的启蒙时代的到来。《新青年》同人的全面反传统运动，即体现出一种激进主义的否定精神，传统中国社会的各个方面都遭到质疑与批判，传统经由科学的方法的研究与评判，"各家都还他一个本来真面目，各家都还他一个真价值"①，从而可以在新旧中西之间做出根本性的抉择——全盘西化抑或"充分的现代化、世界化"②。

不过，对于此一时期的康有为来说，中华民国是他执意批评的对象，他不但认为共和国体、民主政治不适合中国，而且也不是可以为天下效仿的普遍政治体制③。康有为指出，欲救中国，"必先发明中国风俗教化之美，知孔教之宜于中国而光大之，知法欧美不宜于中国而妄法也，而后庶乎其有救也。"④ 至于梁启超、张君劢、杜

---

① 胡适：《新思潮的意义》，《新青年》第七卷第一号，1919 年 12 月 1 日。
② 胡适：《充分世界化与全盘西化》，《胡适全集》第 4 卷，第 585 页。
③ 康有为：《共和评议（1917 年 12 月）》，《康有为全集》（第十一集），第 13 页。
④ 康有为：《论效法欧美之道》，《康有为全集》（第十集），第 345 页。

亚泉等知识者，则在"一战"之后洞察现代性的危机，举凡物质主义、功利主义、科学主义、自由资本主义、社会达尔文主义等等各种西方思想，都受到不同程度的质疑与批判，西方现代文明中的物质与精神、理性与信仰、理想与现实的分离，被认为是其导致道德沦丧、人性危机与世界大战的思想根源。这些质疑西方文明论述的出现，一举引发五四后期东西文化问题、科学玄学问题的论战，这是批判现代性思想在二十世纪中国兴起的源头。实际上，在此一时期拥有较为全面评判态度的中国知识者，是现代新儒家的代表梁漱溟，他评判的对象不仅针对西方文化、印度文化，也针对中国文化本身。虽然相信中国文化注定翻身并完成世界化，但是梁漱溟同时也认为，在此之前要"全盘承受西方文化"，然后再"批评的把中国原来态度重新拿出来"。[①]"评判的态度"作为"新思潮的精神"，是五四时代各个立场的中国知识者的共同精神。

基于评判的态度，五四时代的既有认识，无论是传统的还是现代的，都需要在评判中被重估价值，评判的态度被赋予一种普遍性。至于极端激进者如陈独秀，认为要破坏一切偶像、权威，宗教信仰、民族国家亦不例外[②]。当然，评判的态度虽然主张重估一切价值，然而却具有强烈的功利性和目的性。胡适评判中国传统思想学术的目的，是要对西方精神文明产生新觉悟[③]，梁漱溟批评西方

---

① 梁漱溟：《东西文化及其哲学》，《梁漱溟全集》（第一卷），山东人民出版社，1989 年版，第 528 页。

② 陈独秀：《偶像破坏论》，《新青年》第五卷第二号，1918 年 8 月 15 日。

③ 胡适：《新思潮的意义》，《新青年》第七卷第一号，1919 年 12 月 1 日。

文明、印度文明的目的，是在于中国文化的翻身及世界化①，文明评判、价值重估之目标，最终指向所谓的永恒的真理、正义、价值。实际上，评判的态度不仅是手段，而且也是目的，其意义不在别处，而在于自身，评判的态度、反思的精神之确立，才是五四新文化运动的真正核心价值，因为评判的态度是现代启蒙的根本内涵，五四时代正因此而成为一个启蒙时代。康德指出，启蒙是指一个从"不成熟的状态"中释放出来的过程，这个释放的过程就是进行自我理性评判、反思的过程，那些统治了人们"需要运用理性的领域"的权威，在"重估一切价值"的评判中被荡涤殆尽，人由此进入一个自由运用理性的成熟的启蒙状态，成为一个独立自主的个人。福柯认为，"事实上，康德把启蒙描述为人类运用自己的理性而不臣属于任何权威的时刻；就在这个时刻，批判是必要的，因为它的作用是规定理性运用的合法性条件，目的是决定什么是可知的，什么是必须作的，什么是可期望的。……在某个意义上，批判是在启蒙运动中成长起来的理性的手册，反过来，启蒙运动是批判的时代。"② 这意味着启蒙不仅是传统的批判，也是现代的反思，其试图以"理性的自觉"的方式，重新定义我们与现代之间的关系：一个在所有方面都拥有公开的运用自己理性的能力的个体，将召唤起一种永恒批判精神的复归，这种批判不但针对外界，也针对自身，不但针对传统，也针对现代，其目的不在于建立某种普遍价

---

① 梁漱溟：《东西文化及其哲学》，《梁漱溟全集》（第一卷），山东人民出版社 1989 年版，第 338 页。

② 福柯：《什么是启蒙》，汪晖译，汪晖、陈燕谷主编《文化与公共性》，生活·读书·新知三联书店 1998 年版，第 428—429 页。

值，而在于形成一个向未来无限开放的现代社会。

因此，评判的态度就是现代的态度，其构成了现代性方案的核心："社会秩序、本体论秩序和政治秩序的前提和合法化不再被认为是理所当然得了；不仅围绕权威的社会、政治秩序基础，而且围绕基本的本体论前提产生了一种强烈的反思意识——甚至现代性方案最激进的批评者都具有这种反思意识，尽管他们原则上否定这种反思意识的合法性。"① 现代性作为对于一种无限自我反思的"现代状况"的描述，不过是人类的自主性、能动性、以及人类对于自身之主体性的确认，达到了一个新的历史阶段的表征，其前所未有的强化了这样一种现代意识：社会是可以通过自觉的人类活动积极地加以塑造的，其中也包括对于人类自身的塑造。总之，不是对科学、民主等具体的现代性内容的接受，而是对评判的态度作为一种现代意识的空前肯定，这才是五四得以成为中国现代性原点的根本原因。1920 年，陈独秀在《新文化运动是什么》一文中谈到，新文化运动是要在不满足中进行创造。"不满足"不仅针对"旧文化"，也针对"新文化"："我们不但对于旧文化不满足，对于新文化也要不满足才好；不但对于东方文化不满足，对于西洋文化也要不满足才好；不满足才有创造的余地。我们尽可以前无古人，却不可后无来者；我们固然希望我们胜过我们的父亲，我们更希望我们不如我们的儿子。"②

评判的态度、不满足的精神，带来了进行创造的动力，并召唤起一种事关未来的乌托邦想象。然而，这种创造力的生成并非凭空

---

① 艾森斯塔特：《反思现代性》旷新年、王爱松译，三联书店 2006 年版，第 8 页。
② 陈独秀：《新文化运动是什么》，《新青年》第七卷第五号，1920 年 4 月 1 日。

而来，而是对于轴心期思想的批判性复兴。在雅斯贝尔斯的人类文明轴心期假说中，轴心时代文明新特点——自我意识、世界意识、未来意识的出现，都是建立在批判、反思的基础之上。而且，在这种反思精神、评判意识的照耀下，轴心文明结束人类文明的古典时代，构成世界史的新原点。

> 这一切皆有反思产生。意识再次意识到自身，思想成为它自己的对象。……以前无意识接受的思想、习惯和环境，都遭到审查、探究和清理。一切皆被卷入漩涡。至于仍具有生命力和现实性的传统实体，其表现形式被澄清了，因此也就发生了质变。……从轴心期起，世界历史获得了唯一的结构和至少持续到我们时代的统一，……直至今日，人类一直靠轴心期所产生、思考和创造的一切而生存。每一次新的飞跃都回顾这一时期，并被它重燃火焰。自那以后，情况就是这样。轴心期潜力的苏醒和对轴心期潜力的回忆，或曰复兴，总是提供了精神动力。对这一开端的复归是中国、印度和西方不断发生的事情。[1]

雅斯贝斯超越不同文明之间的区隔，建构起一个世界文明的原点——轴心期，这个概念带来的启示是：包括西方、印度、中国在内的现代进程，不过是以一种飞跃的形式永恒地复归于轴心期——一个意识开始意识到自身，思想成为思想对象，一切皆被评判、重估的启蒙年代。

---

[1] 雅斯贝斯：《历史的起源与目标》，第8—15页。

三、永恒的复归与文明复兴

从人类文明轴心期的假定来看，致力于评判、反思、创造的现代启蒙运动，不仅体现了朝向未来无限发展、进步的意识，而且亦是反身对于人类文明原点的永恒复归。五四新文化运动也当如是观。"重估一切价值"与"永恒的复归"总是紧密联系在一起，而一切革命总是隐含着复古的幽灵，并往往需要通过反革命的复古，将革命诉求制度化。现代世界虽然无限趋新求变，但是需要建立于对轴心文明的永恒复归，追慕希腊文明的欧洲文艺复兴，因此被设定为西方现代文明的缘起。同样的，胡适认为五四新文化运动的目的是为"再造文明"，五四新文化运动就是中国文艺复兴。"再造"与"复兴"意味着在原有文明基础上的继承、转化与创造，而不是在历史空白中的无中生有。

在胡适看来，全盘西化与再造文明并行不悖，全盘西化是为输入学理、解决问题，评判的态度是为了了解、批判、改造和重建我国固有文明，进而产生一个新文明。另外，胡适在将五四新文化运动称为中国文艺复兴运动之外，又建构起一个自宋朝至五四、共分四期的宏大中国文艺复兴史[1]。不过，胡适的中国文艺复兴史论述存在着一个内在悖论：前三期——宋之程朱理学，明之阳明学、泰州学派，清初之清学，其实都是传统儒家思想的复兴，这显然与第四期——五四新文化运动的反儒家、反传统的立场彼此矛盾。从相

---

[1] 胡适：《胡适日记1923年（十二，四，三（T.)》，《胡适全集》（第30卷），第5—6页。

反角度解读，这个前后矛盾的中国文艺复兴史论述恰恰表明，在胡适的中国文艺复兴史想象中，始终隐藏着儒家文明的历史幽灵，五四新文化运动的激进反传统立场，则内在于中国思想传统的历史脉络中。一方面，胡适要在中国历史的内在视野上来谈论再造文明的问题，古今新旧中西形成了一个线性的进化论脉络，再造文明被转换为如何现代、西化的问题；另一方面，胡适又在总体性的世界文明视野中来认识中国文明，自宋代延续至五四的中国文艺复兴运动，作为与欧洲文艺复兴并行的文明再造运动，是世界文艺复兴运动的结构性组成部分，并与欧洲文艺复兴一道，共同缔造了现代文明。

欧洲文艺复兴以希腊文明为历史原点，中国文艺复兴不断复归的文明原点，则是被胡适称之为文化和宗教复兴意味甚浓的"新儒的运动"时代——以孔子为代表的一个伟大轴心文明时期。在《说儒》这篇论文中，胡适建构了一个孔子中兴儒家，使之成为天下法的叙事。胡适认为，早期的"儒"是指殷商民族的礼教士，他们在周代继续保持殷人的礼仪衣冠，以治丧、相礼、教学为业，并将殷礼渗入周的统治阶层。孔子作为殷遗民后人，"打破了殷、周文化的藩篱，打通了殷、周民族的畛域，把那含有部落性的'儒'抬高了，放大了，重新建立在六百年殷、周民族共同生活的新基础之上：他做了那中兴的'儒'的不祧的宗主"。孔子又通过对"周礼"的"择善"而从，放弃了传统保守的"儒"，提出"吾从周"的口号，这就扩大了旧"儒"的范围，把"殷儒"变成全国人的师儒。孔子所谓"吾从周"，"其实就是接受那个因袭夏、殷文化而演变出来的现代文化。"在此基础上，孔子又有新的创造，提出一个"仁"的思想，"仁"以整个人类为教化对象，要爱人，尽人道，做一个理想的人。孔子通过对"儒"的择善性创造，将一个柔弱的、特殊的、没落的、地方性的"殷儒"改造为刚健的、普遍的、中兴的、世界性的"天下儒"；"从一个亡国民族的教士阶级，变成调和三代文化的师儒；用'吾从周'的博大精深，担起了'仁以为己任'的绝大使命，——这是孔子的新儒教。"[1]

通观《说儒》一文，就会发现这是一个有关儒家思想的现代新解，民族主义、启蒙思想被赋予"新儒的运动"，并与五四新文化运动形成微妙的对应。在胡适看来，孔子"新儒的运动"开辟的儒家中兴时代，也是一个文艺复兴时代。作为殷商后裔的孔子，是中兴"殷儒"的民族主义者，但是这个"新儒"民族主义不是狭隘的民族主义，而是具有将民族性、特殊性的"殷儒"进行普遍性建构的民族主义，特殊性的"殷儒"因为融入普遍性的"新儒"而得以永恒存续。胡适在这里暗示了传统与现代、中国文明与西方文明的辩证关系。因为，从他论述孔子"新儒的运动"的"复古革命"逻辑出发，所谓"全盘西化"、"充分的现代化"，其实也不过是"吾从周"的现代变体，儒家文明将在充分现代化中成为现代中国文明的结构性内容。套用胡适对"孔子的新儒教"的定义，那么也可以说，主导五四新文化运动的陈独秀、胡适等人，则从一个亡国民族的"士"群体，变成调和中西古今的知识阶级；用"全盘西化"的博大精深，担起了"现代以为己任"的绝大使命，这就是五四新文化运动。实际上，《说儒》一文对"新儒的运动"的阐释，近乎完全参照胡适自己在《新思潮的意义》一文中对五四新文化运动的意义概括："评判的态度"与"再造文明"。"评判的态度"就是"择

① 胡适：《说儒》，《胡适全集》（第4卷），第56—63页。

善的态度"："孔子的'从周'不是绝对的，只是选择的，只是'择其善者而从之，其不善者而改之'。""再造文明"即"改造的新儒行"："他把那具有部落性的殷儒扩大到那'仁以为己任'的新儒；他把那亡国遗民的柔顺取容的殷儒抬高到那弘毅进取的新儒。"① 孔子的"择善从周"的"新儒的运动"，即是缔造中国文明轴心期的启蒙运动。依照胡适中国文艺复兴史的展开脉络，五四新文化运动不但指向西方现代文明，也永恒地复归于中国传统文明原点——孔子"新儒的运动"开启的中国文明轴心期。

相对而言，五四时期的中国文化保守主义者，更为重视文艺复兴、文明再造的"复古革命"逻辑。如果胡适是在全盘西化的再造文明设想中，暗示了一个复归"新儒的运动"的潜在线索，那么辜鸿铭、梁漱溟等人的中国文艺复兴想象，则明确要求实现中国文化、文明翻身，变成一个世界性的普遍文明。辜鸿铭认为孔子在他的时代虽然没有真正复兴中国文明，但是留下了《六经》这个"建设一个文明大厦的蓝图"。"因为有这《六经》，我们就可以按原来的式样，重建文明的家园。"比附欧洲文艺复兴运动，辜鸿铭也梳理出一个中国文明复兴史，认为"现代中国在五大国的统治结束后，我们的文艺复兴时代将会再度到来"。② 对于辜鸿铭而言，中国文艺复兴不是简单地复古尊儒，而是要通过恢复古典文明再造中国，"中国文化的目的、中国教育的精神就在于创造新的社会"。③ 在辜鸿铭看来，不断发展进步、自我更生，本来就是中国文明的精

① 胡适：《说儒》，《胡适全集》（第4卷），第53、73页。
② 辜鸿铭：《中国文明的历史发展》，《辜鸿铭文集》（下卷），黄兴涛等译，海南出版社2000年版，第297、300页。
③ 辜鸿铭：《中国古典的精髓》，《辜鸿铭文集》（下卷），第328页。

髓，而非西方文明的专利。与辜鸿铭一样，梁漱溟也特别钟情文艺复兴的永恒复归精神，他认为西方文艺复兴是重新走回西方的"第一条路向"，即意欲向前、发展进步的路向，于是产生了西方现代文明。梁漱溟特别指出应该注意这个"重"字的关键性，因为这意味着一种理性意识、评判态度的自觉，理性精神前所未有地主导了西方现代化的进程：

> 要注意重新提出这态度的"重"字。这态度原来从前曾经走过的，现在又重新拿出来，实在与从前大有不同了！头一次是无意中走上去的；而这时——从黑暗觉醒时——是有意选择取舍而走的。……本来希腊人——第一次走这条路的人的理性方面就非常发达，头脑明睿清晰，而此刻重新有意走这条路的人于所谓批评、选择更看出他心理方面理智的活动。①

现代文明之发生源于西方对于自身文明原点的理性复归，这个复归虽然以文艺方面的复兴为缘起，然而建立起来的却是一种科学理性精神。梁漱溟认为中国文化翻身的关键，也在于一个"重"字，不过重返的不是西方文明的原点，而是要以理性的精神"归宗儒家"。至于这个"重"、"复"的方法本身，梁漱溟也是在孔子的"回省"说中获得启示。梁漱溟认为，中国文化的路向与西方完全不同，因此无论怎样努力争取，也不可能走到西方达到的地点上去，只能在自己的路向上形成自己的现代。故此，梁漱溟特别强调

---

① 梁漱溟：《东西文化及其哲学》，《梁漱溟全集》（第一卷），第390页。

中国文明的独特价值及其命根方法，他的历史使命也在于钩沉这一独特的文明根源："我们又相信除非中国文明无一丝一毫之价值则已，苟犹能于西洋印度之外自成一派，多少有其价值，则为此一派文明之命根的方法必然是有的，只待有心人去弄出来罢了。"① 在梁漱溟看来，就是那些主张全盘西化的中国思想者，特别是陈独秀和他主编的《新青年》，几年之间也有一个很大的思想转向，即从笃信理性的权威转向考虑情感的作用，从西方的路向转到中国的路向，也就是"孔子之道"。他认为，无论是西洋人还是陈独秀，最终都要走上这条中国的路子、孔子的路子，未来世界是中国化的世界。"质而言之，世界未来文化就是中国文化的复兴，有似希腊文化在近世的复兴那样。"②

　　新文化运动并非刻板地反传统，而是基于传统思想的创造性文明重建。首先，就整个五四新文化运动而言，随着学衡派、张君劢、梁漱溟等新传统主义者的崛起，以及伴随而来的对于全盘西化思想的批判，新文化运动明显呈现出一个由激进趋于折中的趋势，五四后期东西文化问题、科玄问题论争的兴起，即是通过突出中西文化冲突来确立一种历史回转的倾向，新文化运动的"再造文明"，可以说是起于激烈反传统，而终于传统的创造性复兴。其次，无论是《新青年》同人的全盘西化论，还是传统主义者的归宗儒家论，二者都是在一个中西比较的视野中建构的，他们都承认中国文明相对于西方文明的独特性、自足性和连续性，就是主张全盘西化的胡适，也建立起一个连续的中国文艺复兴史，五四新文化运动是中国

---

① 梁漱溟：《东西文化及其哲学》，《梁漱溟全集》（第一卷），第444页。
② 梁漱溟：《东西文化及其哲学》，《梁漱溟全集》（第一卷），第525页。

文明传统的现代延续。另外，五四文明论延续了传统中国以儒家思想为中心的总体主义思维模式，中国现代转型依然受到传统文化结构的影响，即通过调整文化思想、道德伦理来应对现代冲击。最后，五四文明论是在一个全球视野中建构的，不同立论皆以中国文明复兴为方法，来想象一个普遍主义的世界文明。与梁启超一样，五四知识者其实都认为"中国人对世界文明负有大责任"："什么责任呢？是拿西洋的文明，来扩充我的文明，又拿我的文明去补助西洋的文明，叫他化合起来成一种新文明。"①

五四新文化运动是革命与复古、世界化与本土化、全盘西化与归宗儒家、评判的态度与永恒的复归的双重变奏。在过往研究中，人们太过强调五四新文化运动全面反传统的激进面向，突出评判传统的理性批判精神，刻意忽略复归儒家传统的保守意识，复归传统其实也是五四新文化运动的另一核心思想脉络。如果评判的态度试图建立一个无限开放的现代性图景，那么永恒的复归则将这个现代性设计落实到传统的基础之上，文明中国的现代复兴注定要建立于革命与复古的双向运动中。

四、革命与复古的变奏

不同知识集团之间共同的文明复兴诉求说明，五四新文化运动不但要求中国作为一个民族国家的权力，而且渴望实现中国作为一个文明主体的权力，在其内向化塑造我族认同的现代民族主义政治

---

① 梁启超：《旅欧心影录节录》，《饮冰室专集之二十三》，中华书局 1988 年版，第 35 页。

中，始终蕴含着进行自我普遍化建构的文明主义诉求。实际上，五四时代的不同文明论具有内在一致性，那就是都认同一元文明观，认为人类应该接受普遍的文化价值、信仰伦理和政经体制。全盘西化论以西方文明为普遍文明；中西调和论要在中西文明互补中重建世界新文明；归宗儒家论则要以儒家思想为世界宗教。三者都认为，应该由一个新文明来统摄现代世界，至于到底是采用西方文明、混合文明，还是中国文明，不同立场的知识者虽然各有取舍，但是关于文明的一元论认识，却是彼此共识。

与古典中国的天下主义文明论一样，五四时代的一元论文明观设计，只是关于世界文明体系的想象性建构，而人们实际面对的现代中国和世界，其实是一个多元混杂、众声喧哗的文明状况。无论主张全盘西化的陈独秀、胡适，还是主张归宗儒家论的梁漱溟，他们也许对人类世界的应然文明状况各有主张，但是都以中国文明、印度文明和西方文明的现实共存为立论前提，他们只能在多元文明的冲突、比较之中，设想一个普遍主义的世界新文明。其实，黑格尔在讨论世界历史走向现代化、即西方化必然趋向时，同样预设了一个从亚洲开始，到欧洲终结的世界史进程。不过，就算人类历史的确会如黑格尔所期待的那样最后终结于现代欧洲，但是如果没有预设一个作为历史起点的亚洲、西方之外的东方，以欧洲为中心的一元线性世界史实际上根本无从展开。总之，没有被刻意区隔的传统，现代的权威便无从建构成型，没有作为"想象的他者"的野蛮世界或区域文明，普遍文明观的设计也是无源之水，任何一元文明论的设计与实践，都是建立在人类文明宿命的多样性的基础上。那么，我们如何理解五四中国要求作为一个现代新文明进行自我普遍化建构的权力？为何不同立场的文明复兴论最终都指向"归宗儒家"？

事实上，现代性的全球化扩张几乎建立起一个单一的文明尺度，工业化、城市化、市场经济、人权民主、民族国家等等，则是主要衡量标准。欧洲殖民主义、帝国主义的发生，在其功利性诉求之外的价值驱动力，也来自这个普遍文明想象：基督教文明有责任将现代福音带到全世界。五四时代各种中国文明复兴论的发生，在相当程度上是对于西方现代文明冲击的抵抗，并在抵抗中将现代文明标准内在化。因此，即便是传统主义者梁漱溟，也承认"对于西方文化是全盘承受"，然后才能"批评的把中国的原来的态度拿出来"。在梁漱溟看来，要建构中国化的世界，西方化是不可避免的前提。现代对于自主性、批判性的强调，让人们产生可以通过自觉活动改造社会的信心，"有可能弥合超越秩序和世俗秩序之间的裂隙，有可能通过世俗秩序和社会生活中的有意识的人类活动，实现某种乌托邦与末世论的图景。其次，越来越接受多元个体和群体的目标与利益的合法性，以及有关公益的多元阐释的合法性"。[①] 现代性一方面造成世界空前的同质化、西方化，另一方面又激发出多元现代性实践的出现，不同社群都能够在现代状况之下主张各自的文明方案。文明的自觉不仅是对于西方文明冲击的反应，而且也是这个空前开放的现代世界的产物，因为以人权、自由、平等、自治为基本承诺的现代性方案，在构筑现代人类社会共同价值底限的同时，也建构起承受人类社会更趋多元化的政治基础：现代没有产生一个西方中心的一元文明体，反而强化了人类文明多元化的状况，

---

① 艾森斯塔特：《反思现代性》，旷新年、王爱松译，生活·读书·新知三联书店 2006年版，第10—11页。

在文学与历史之间：纪念五四运动 100 周年学术研讨会论文集

▬ 160 ▬

任何个人、社群、民族、文明，都拥有将自身价值进行"普遍的特殊性"建构的权利。实际上，各种一元论文明想象、设计与实践，往往会进一步确证人类社会之宿命的多样性，至于普遍文明观之形成，则需要建立于对多元文明的普遍承认。

现代中国文明的自我肯定，是在数重抵抗中实现的。首先是在对西方文明抵抗的失败中完成中国文明批判，然后在对不甘心失败的抵抗中实现对于现代理念的全盘接受，之后则通过抵抗实体化的现代而将现代精神内在化；最后是在重估一切价值的抵抗中永恒复归于自我，完成中国文明的现代复兴。胡适虽然认为新文化运动的目的是再造文明，但这个新文明并非完全是西方文明，而是他在早年著述《非留学篇》中所指出的，要制造一个可以与欧美诸国分庭抗礼的"新中国之新文明"①。"新文明"的普遍性意义，并不取决于它的西方化手段，而恰恰在于它的中国化目的。梁漱溟认为，恢复中国的态度的文艺复兴才是世界的态度："有人以五四而来的新文化运动为中国的文艺复兴，其实这新运动只是西洋化在中国的兴起，怎能算得中国的文艺复兴？若真中国的文艺复兴，应当是中国自己人生态度的复兴。"② 也许可以这样认为，正是这些最低限度的基本价值共识的存在，使得个人、社群之间的交流、对话、联合成为可能，并使不同社群之间可以彼此包容——终极目的截然不同的——各自的"合乎理性的完备性学说"③ 及其历史实践。无论是陈独秀、胡适的"全盘西化"，还是梁漱溟的"全盘承受西方文

① 胡适：《非留学篇》，《胡适全集》（第 20 卷）第 6—30 页。
② 梁漱溟：《东西文化及其哲学》，《梁漱溟全集》（第一卷），第 539 页。
③ 罗尔斯：《政治自由主义（增订版）》，万俊人译，译林出版社 2011 年版，第 54—55 页。

化",其实就是接受现代基本价值共识。在此基础之上,他们又根据不同立场形成各自的文明想象。五四时代出现的不同中国文明复兴论表明,现代性导致了多元文明模式的历史实践,这种多元性不仅是世界文明的整体状况,也是区域文明内部的状况。人类文明之现代再造,不是区隔他者群体的一元文明化想象,也不是殖民另类世界的一元帝国化建构,而是不同社群之间作为平等的主体,彼此承认相互差异化的物质文化实践。

至于为何不同立场的五四文明复兴论最终都指向"归宗儒家",这个问题可以从两个方面获得理论解释的可能。第一种解释是基体主义的"文化决定论"假定。主要观点是金观涛、刘青峰的"中国社会超稳定结构"和林毓生的"借思想、文化以解决问题的方法",二者都指出了文化思想、伦理道德在整合中国社会时的核心性功能。金观涛、刘青峰认为,"从秦汉建立帝国一直到今天,中国社会深层组织方式一直没有改变,这就是社会的整合建立在人们对某种统一意识形态的认同上,我们称之为意识形态与社会组织一体化。"① 从传统到现代,统合中国这个"一体化社会"的意识形态虽然发生变化,但是社会整合建立在人们对某种思想文化认同之上的方式没有发生变化,这种"意识形态与社会组织一体化"的模式,便起始于道德价值一元论的儒家思想成为实现一体化社会的意识形态。林毓生也认为,五四总体反传统、全盘西化"是受了先秦以后儒家强调'心的理知与道德功能'及思想力量与优先性的思想模式

---

① 金观涛、刘青峰:《开放中的变迁:再论中国社会超稳定结构》,法律出版社,2011年版,第3页。

的影响所致"。① 实际上，无论是激进主义的全盘西化论，还是传统主义的归宗儒家论，都属于"借思想、文化以解决问题的方法"的一元论思想模式，而不同立场的五四文明论最终都指向归宗儒家，当然也都是因为受到这个特殊的"中国模式"——"中国社会超稳定结构"或"借思想、文化以解决问题的方法"——的制约。毫无疑问，"文化决定社会"的基体论可以解释中国文明复兴运动的独特性与本土性，但是却忽视了中国文明复兴运动所体现出来的普遍性与世界性意义，因此就需要在承认基体主义的"文化决定论"之外，寻求别样普遍阐释的可能。

也许，第二种阐释方向是建构主义的"历史构成论"假定。其以五四时期的中国文明复兴论为方法，想象性地建立一个——结合革命与复古、全盘西化与归宗儒家、评判的态度与永恒的复归——普遍的复古革命论。就中国这个特殊的区域文明而言，在漫长的历史发展过程中，作为一种轴心文明的儒家文明，已经不仅是一种具体思想的普遍化，而且还形成一种复古革命式的文明延展模式：通过对儒家思想原点的革命性复归而不断创造性地重新敞开中国文明的崭新向度。从世界文明范畴来看，雅斯贝斯的人类文明轴心期的理论假定，同样建立在复古革命式的人类文明展开逻辑之上：人类文明在轴心期之后的每一个飞越时代，都是对于轴心期的革命性复归。对于中国、印度、欧洲等不同文明体而言，轴心文明的具体内容也许彼此不同，但是在文明延展的不同历史阶段，不断革命性地复归各自文明原点的历史本能却是普遍的。需要特别指出的是，在

① 林毓生：《中国传统的创造性转化》，生活·读书·新知三联书店 2011 年版，第 210 页。

此革命性的复归过程中，历史与现实都发生改变，就是作为文明原点的轴心期，也焕发出不同以往的当代性光芒。至于现代这个人类文明第二轴心期的历史创建，虽然以求新求变为根本动力，但是同样契合复古革命论逻辑，无限自我反思的"现代性传统"，依然是对轴心文明精神的革命性复归。依据复古革命论逻辑，五四运动以来的中国文明复兴运动，展示了这样一种"普遍的特殊性"经验：中国有权利将来自内外的结构性冲击，纳入到传统文明延展模式中加以回应，从而完成自身文明的再造与重启，历史与现实、传统与现代、中国与西方在这个过程中都发生了革命性、创造性的变化，东西方世界由此而整体性地跃入现代之中。故此，在中国文明的现代复兴运动中，现代革命是归宗儒家的前提，归宗儒家是达成革命目标的基础，中国文明非经创造性的革命转化，就无力参与缔结世界文明新秩序的协商。

革命指向未来，复古转回过去。复古革命结合二者，要通过批判性地再发明传统来无限打开未来世界。在复古革命中，曾经的被压抑者革命性地归来，挑战现实秩序，洞开乌托邦图景。故此，致力再造文明的五四新文化运动，是一次激进纠结保守的复古革命，而始于欧洲文艺复兴时代的全球现代性进程，则是对于人类文明轴心期的革命性复归。人类文明的每一次创造性复兴，总是无限生成于革命与复古的变奏中。

余论

在五四时期，无论是五四新文化人还是文化保守主义者，都会强调中国的轴心文明身份，文明比较通常以中国、印度和西方为对象。这也是欧洲经典作家进行文明比较研究的基本策略。欧洲在想象自身是现代文明中心的时候，比较的对象是中国和印度，其文明主体自觉主要体现在对"落后的空间"——西方之东方的评判，以及对"落后的时间"——欧洲之中世纪的否定上。文明中国的现代自觉，也是在与西方文明的比较中完成的，但与极端强调相对于"过去"之"现在此刻"的经典现代性观念不同，文明中国的现代自觉则注重相对于"现在"的"未来彼时"，并试图将儒家中国的大同愿景，透过复古革命投射于未来。其实，文明不仅是一个社会的物质文化实践的整体性综合，也体现为对于人类未来命运的创造性想象，其目的是敞开、而不是封闭人类社会发展的多元可能。康有为的"大同之治"、孙中山的"天下为公"、梁漱溟的"中国文化翻身"、胡适的"再造文明"、陈独秀的"二十世纪之新文明"，乃至五四后期兴起的中国共产主义运动，皆以中国为方法设想世界文明的未来图景，从而得与其他文明设计及其历史实践形成多元对话关系。概而言之，以中国为方法重构世界文明，这才是"五四"的真正价值所在。

尺牍之间的"文白之变"

——《新青年》同人应用文改革之实践

刘　静［北京鲁迅博物馆（北京新文化运动纪念馆）］

　　在进行名人信札整理研究之时，如能看到某两人或多人在同一时间段或就同一件事情往来言说的信札，并相互参照，往往可以获知比单独一通信札更多更全面的信息，但是常因信札保存者不同而难以周全，尤其信札内容本身的信息量又往往并不充分，这就给研究者带来了一定困难。但在释读对照此类名人信札的过程中，也时常不乏意外的发现。笔者在整理馆藏名人信札时就关注到了两封有意思的信札。

　　一为钱玄同于 1918 年 12 月 11 日致周树人的信札：

> 豫才仁兄大人阁下：套言不叙，久违
>
> 麈教，时切驰思，辰维
>
> 筹祺迪吉，
>
> 道履绥和。引企
>
> 道仪，良殷藻颂。前闻偶抱

清恙，想

吉人天相，实占勿药之爻矣。弟

滞迹京华，无善可陈，尚幸贱躯托

庇粗安，差堪告慰

锦注耳。专肃，敬请

吉安。伏惟

朗照，不宣。

令弟启明兄前叱名请安。

阖弟均此

同研弟　钱怡顿首

夏历一阳月上浣九日

附呈拙作三页，伏祈　郢改。

捣了半天鬼，费了三张纸，正经话一句也没有说，现在赶紧说罢。你那天同我谈的乌龟身上的字，有许多的新发明：如￤∤彡表动荡之类。祈将已经见到的，随便写出一点，给我看看。千万不要不写！因为我近来要编辑讲义，关于字形一部分，颇要换点新法儿也。兼士处，亦去函询。你如其不愿标榜，则不说明大名，亦可。但请"不吝赐教"为幸。

元期兄

玄同　七、十二、十一[①]

"钱怡"即钱玄同，他在日本留学时曾用名"钱怡"，"元期"

---

① 钱玄同致鲁迅函，《钱玄同文集》第6卷，中国人民大学出版社2000年版，第2页。

即鲁迅，与弟弟周作人和钱玄同曾同在日本东京聆听章太炎讲文字学，因此钱玄同自称"同研弟"。"夏历一阳月上浣九日"即农历十一月初九，也就是 1918 年 12 月 11 日。这封信札前半部分是古人书札常用的文言文套路，钱玄同自己也说是"捣了半天鬼，费了三张纸，正经话一句也没有说"，随信更是附上钱玄同自己写的八则笔记短文，后半部分才是正经要请教鲁迅关于甲骨文的事情，厚厚一沓的信札，确有钱玄同"话痨"之风。

另一通为周作人于 1918 年 12 月 14 日致钱玄同信札（见封三）：

浑然仁善的阿哥，合用砚瓦的大的人的高台的底下。长久离开了

鹿尾巴的教训，时时刻刻狠深的跑马般的想念。现在是

筹画的运气极吉祥，

道德的鞋子狠平和：伸著头望

灵芝的相貌，实在狠深蕴草的颂扬。现在说话了。有一个破的朋友想得两本《新鲜小伙子》里边的"算命先生号"，听说

尊贵的地方有这东西，可不可以请于磕头一到国子监来的时候丢下。侥幸极了，侥幸极了。

特地这样达出意见，恭恭敬敬的请问

文章的平安，爬在地上恳求

明晃晃的照著不曾说完。

呆而且小的兄弟　独应　一钱券。

阳历腊月中浣四号。①

周作人这封三天后的回信，在没有看到钱玄同的信札之前，读起来真是令人费解，但是与钱玄同的信一对照，就一目了然了，其中所说的《新鲜小伙子》和"算命先生号"，就是《新青年》第四卷六号"易卜生号"，这通写了三张信纸的信札其实也就是替旧友跟钱玄同要一本《新青年》杂志，内容与钱玄同11日的信札并没有关联。

查阅《鲁迅日记》《周作人日记》（《钱玄同日记》没有这一段时间的记载），1918年12月11日晚上，钱玄同和刘半农曾去拜访居于绍兴会馆的周氏兄弟，到后半夜1点才离开，周作人14日"寄玄同函"，鲁迅的日记则没有记载曾回复过钱玄同。

这两通往来的信札，时间上吻合，形式上言文互对，内容上不相干，可供研究的空间有限。

但是，在1918年12月15日出版的《新青年》五卷六号中不起眼的一页上，一首小诗的旁边有一篇用作"补白"的《言对文照的尺牍》，未署名作者，只是在标题下的括号内写着"莫笑"。且标题中"对""文"二字排错了，应为"言文对照的尺牍"，这篇似乎临时加上去的补白，连目录页都未标明的小文，文言用的词藻堆砌，引经据典，佶屈聱牙，只是借书一事就写了近百字的废话；与之相对照的白话文则是逐字释义，既不通顺也不符合文法地直译出来，让人摸不着头脑。其作者应为《新青年》同人中喜欢抬杠又好

---

① 1918年12月14日周作人致钱玄同函，北京鲁迅博物馆（北京新文化运动纪念馆）馆藏。

作打油诗的刘半农①，意图为"故意挖苦文言文不合理，把文言尺牍翻译成现代汉语多不成话"。② 兹录全文如下：

仁善的阿哥，合用砚瓦的大的人的脚底下。长久离开
仁　　兄　　同砚　　大人　　　　足下。久暌

了鹿尾巴的教训，时时刻刻很深的跑马般的想念。现在是
　麈　　教，　时　　切　　驰　　思。　辰维

筹划的福气长进而且吉祥，道德的鞋子平安而且和气。伸
筹　祺晋　　吉，　道　履绥　　　　和。引

着头望灵芝的相貌，实在很深的水草的颂扬。现在开的：
企　芝　仪，　实　深　藻　颂。　兹启者：

有一个破的朋友，要借《古来的文章看完了》一部，听见
有　敝友　欲假《古　文　观　止》一部，闻

彰德府的书架子上预备着这一部书。可不可以请求在来了
邺　架　备有　此书。　可否　请于来

又去的第一天，到□□梨树园里回头去看曲子的时
复　一，　至□□梨园　顾　　曲　时

候丢下，运气极了，运气极了。专门这样表白意见，恭恭
掷下，幸　甚，幸　甚。专此布　意，敬

敬敬的请问文章的平安，爬在地上恳求亮晃晃的
　请文　　安，伏　祈朗

照着，说不了。
照，　不宣。

这篇类似游戏之作的小文，显然得到了钱玄同与周作人的支持，《新青年》杂志自1918年起改为同人刊物后，鲁迅、周作人、钱玄同、刘半农均为同人，或撰写文章，或编辑刊物，来往密切，通信频繁。刘半农的《言文对照的尺牍》刊发的同时，钱玄同与周

---

① 据《刘半农著译年表》，见鲍晶编：《中国现代文学史资料汇编（乙种）·刘半农研究资料》，天津人民出版社1985年版。

② 曹述敬：《钱玄同年谱》，齐鲁书社1986年版，第40页。

氏兄弟私下往来通信就照猫画虎，"玩"得不亦乐乎，也许12月11日钱玄同和刘半农造访绍兴会馆时，正好谈到文言文书信的弊端，就有了这临时登载于《新青年》的《言文对照的尺牍》。

或者我们可以从其各自的主张中窥探到他们当时的一些想法，如刘半农就认为："至于信札，则不特前清幕府中所用四六滥调当废。即自命文士者所作小简派文学，亦大可不做。""不滥用文学，以侵害文字，斯为近理耳。"在《言文对照的尺牍》中正是例举了"辰维筹祺晋吉，道履绥和。引企芝仪，实深藻颂"这些传统信札中不着四六的陈词滥调，就是翻译成白话文也是让人摸不着头脑，因此刘半农主张："作文字如记账，只须应有尽有，将所记之事物，一一记完便了，不必矫揉造作、自为增损。"[1] 尤其是信札这种日常应用文，更应简洁明了。

素来愿意与刘半农抬杠的钱玄同在这方面也表明了赞同，他在文章中写道："言文应该一致；什么时代的人，便用什么时代的话"，"到了建安七子，连写封信都要装模作样，安上许多浮词。……现在我们认定白话是文学的正宗：正是要用质朴的文章，去铲除阶级制度里的野蛮款式；正是要用老实的文章，去表明文章是人人会做的，做文章是直写自己脑筋里的思想，或直叙外面的事物，并没有什么一定的格式。"[2]

周作人在后来给钱玄同的一封信札中十分认同清末有识之士的观点："文言之美非直美也"，"使以白话译之，外美既去，陋质悉

---

[1] 刘半农：《我之文学改良观》，《新青年》三卷三号，1917年5月1日，群益书社发行。

[2] 钱玄同：《尝试集序》，《钱玄同文集》第1卷，中国人民大学出版社1999年版，第89—90页。

呈，好古之士将骇而走耳。"① 因此，周作人给钱玄同的信札用直译的白话文写就，既有好友之间戏谑的成分，也是推动应用文的白话文改革的实践行动。

另一方面，从提倡白话文，开展文学革命的角度来说，自1917年1月胡适在《新青年》第2卷5号发表《文学改良刍议》，举起文学革命的大旗，已将近两年的时间，这样一篇简易对照，极易引人攻击的书信体小文仍在《新青年》上占有一席之地。

早在1917年7月，钱玄同在《新青年》3卷5号上就发表了《论应用文之亟宜改良》一文，其中有："书札之款或称谓，务求简明确当，删去无谓之浮文。（如'辰维''忭颂''贱躯托福''德门集庆'种种肉麻可笑之句，必当删除，固无论矣。即如'阁下''足下''左右''执事''台安''道安''钧安''福安''顿首''叩上''拜手''再拜'之类，其实亦可全行删除。若抬头〔双抬单抬，更不肖说〕、空格偏写之款式，'老伯''小侄''姻兄''世讲'之称谓亦当废止。弟个人之意见，以为除家族及姻亲中有称论者外，其余皆可以'先生''君''兄'三名词称之。大抵父执，师长，年高者，学富者，我所崇敬者，可称'先生'；年相若者，道相似者，不客气之朋友，泛交后辈，可称'君'或'兄'。）"

1917年至1918年，《新青年》杂志各种主张热火朝天，用刘半农的话说就是："文学改良的话，我们已锣鼓喧天的闹了一闹"②，

---

① 1924年7月18日周作人致钱玄同函，北京鲁迅博物馆（北京新文化运动纪念馆）藏。
② 1917年10月16日刘半农致钱玄同函，北京鲁迅博物馆（北京新文化运动纪念馆）藏。

鲁迅后来也回忆，"他们正办《新青年》，然而那时仿佛不特没有人来赞同，并且也还没有人来反对，我想，他们许是感到寂寞了"①。

1918年3月，不甘寂寞的《新青年》同人钱玄同和刘半农唱了一出"双簧戏"，希望引起"文学革命的反响"，但实际上，直至1919年2月，作为"双簧戏"主要攻击对象的林纾才在《新申报》上发表《荆生》《妖梦》予以回击，在此之前，《新青年》同人其实也纷纷加入到"双簧戏"的争论中，李大钊、陈独秀等人都有通信发表，只是迟迟没有"反响"。这"莫笑"的《言文对照的尺牍》就是在此背景下出炉，许是再立一个靶子，希望有人来挑刺。

反对派还没有什么动静，《新青年》同人中却产生了分歧，据沈尹默回忆："胡适对这篇文章很不满意；又因为刘半农没有正式的学历，当时没有出洋留学，胡适便看不起刘半农的学问，因而在一次《新青年》杂志的编辑会议上，胡适说：'刘半农不配编《新青年》'，并反对轮流编辑的办法。大家问他，不轮流编辑怎么办？他竟说，归他一个负责编辑，'不必半农预闻'。"②

这篇《言文对照的尺牍》是否加深了刘半农与胡适的矛盾不得而知，但是从1919年1月24日《钱玄同日记》中有记载：午后三时，半农来，说已与《新青年》脱离关系，其故因适之与他有意见，他又不久将往欧洲去，因此不复在《新青年》上撰稿。可见刘、胡的矛盾确与其在《新青年》上撰稿有一定的关系。

鲁迅在《忆刘半农君》中对其评价是：

---

① 鲁迅：《呐喊·自序》，《鲁迅全集》第1卷，人民文学出版社2005年版（下同），第441页。

② 曹述敬：《钱玄同年谱》，齐鲁书社1986年版，第40页。

他活泼，勇敢，很打了几次大仗。譬如罢，答王敬轩的双信，"她"字和"？"字的创造，就都是的。这两件，现在看起来，自然是琐屑得很，但那是十多年前，单是提倡新式标点，就会有一大群人"若丧考妣"，恨不得"食肉寝皮"的时候，所以的确是"大仗"。

（中略）

所谓亲近，不过是多谈闲天，一多谈，就露出了缺点。几乎有一年多，他没有消失掉从上海带来的才子必有"红袖添香夜读书"的艳福的思想，好容易才给我们骂掉了。但他好像到处都这么的乱说，使有些"学者"皱眉。有时候，连到《新青年》投稿都被排斥。他很勇于写稿，但试去看旧报去，很有几期是没有他的。那些人们批评他的为人，是：浅。[1]

刘半农、钱玄同及周氏兄弟所作这言文对照的尺牍，内容可以忽略，形式上更是直白，这种让胡适深感"胡闹"的把戏却与刘、钱、周三人的个性十分契合，刘半农爱做打油诗，钱玄同风格激进，貌似平和的周作人日常也是风趣得很，在受众更加广泛的日常信札及其他应用文的改革过程中，这三位《新青年》同人直面文言文的繁冗及不合常理，这样"闹了一闹"，令人发噱又引人深思，由浅及深，也不失为一种促进白话文改革的方式。在白话文逐渐占领小说、诗歌等纯文学领域之后，公文、信札等应用文的言文过

---

[1] 鲁迅：《且介亭杂文·忆刘半农君》，《鲁迅全集》第6卷，人民文学出版社，2005年，第73—74页。

渡，使我们得以摆脱文言文的佶屈聱牙，陈词滥调。应用文是用来说明事实，解决实际问题的，内容上应适度而得体，信息才能够全面而准确地传达，现在是众所周知的道理，但是新文化运动的先驱们在一百年前，却不得不事无巨细，事必躬亲，正面反面探索求证，以求为广大民众所认同，所接受，采用白话的语言，自由的文体，才能注入新内容，新思想，挣脱封建思想的禁锢，开启民智，改造国家和社会。

五四时期进步报刊微观研究

——以浙江省博物馆藏《赤城丛刊》① 为例

熊彤（浙江省博物馆）

五四时期报刊，主要是指五四运动爆发前后至中共创建这段时间内创办的刊物。五四期刊数量颇多。胡适在《五十年来中国之文学》一中提到，五四运动后各地学生团体忽然创办了大约 400 种白话报刊②。1921 年全国报刊已经到达 1104 种，其中周刊、旬刊、月刊杂志为 548 种。③ 目前相关研究专著如 1958—1959 年人民出版社出版的《五四时期期刊介绍》三集，共介绍了《新青年》《每周评论》《国民》《新潮》等 150 多种宣传新文化新思想的期刊。2018 年王玉春的《"五四"报刊通信栏与多重对话研究》主要以《新青年》《少年中国》《小说月报》《小说世界》的通信栏目为研究对象。

---

① 笔者目前发现《赤城丛刊》仅为浙江省博物馆所珍藏，它是由临海文化馆移交而来。在浙江图书馆和省档案馆等其他机构均未查到该刊。

② 王奇生：《新文化运是动何运动起来的——以《新青年》为视点》，《近代史研究》2007 年第 1 期。

③ 陈平原：《中国小说叙事模式的转变》，上海：上海人民出版社，1988 年，第 271 页。

相关论文主要有 2005 年赵晓兰的《论五四时期浙江报刊的特征》，2009 年曹小娟的《昙花一现："五四"时期知识分子的社会改造运动——以〈新社会〉旬刊为中心》，2013 年王晶的《简析五四报刊对中国学术现代化的影响——以〈新潮〉杂志为例》，2015 年王俊荣、杨颖的《五四时期的学生报刊研究——以〈天津学生联合会报〉与〈新湖南〉为例》、赵琼的《五四新文化时期安徽进步报刊述略》和莫志斌、郭晓敏合著的《近三十年来关于"五四前后报刊"研究综述》，2016 年马睿婷的《五四运动时期中国女性期刊研究述评》，2017 年朱美娜的《从五四报刊审视大众传媒与民族认同》，2018 年蒋含平等的《城市风格与报刊姿态：五四时期北京〈晨报副刊〉与上海〈觉悟〉副刊妇女解放运动呈现比较（1919—1920）》，等等。上述著述主要是对五四时期报刊作整体性或区域性的研究介绍，或聚焦于《新青年》《新潮》《星期评论》《晨报副刊》《觉悟》等较著名的全国性影响的报刊杂志个案研究，对于地方性五四期刊研究相对较少。

浙江省博物馆收藏了《新青年》《浙江新潮》《钱江评论》《赤城丛刊》等五四期刊十余种，其中《赤城丛刊》是五四时期台州地区的一份进步刊物。本文拟以馆藏《赤城丛刊》为中心，对它进行微观研究，以期进一步加深对五四时期刊物的了解，以及五四运动在中小城市的传播情况。

一、《赤城丛刊》基本情况介绍

《赤城丛刊》（图 1）是五四运动时期由台州救国协会创办的一份进步刊物，其前身为 1919 年 6 月创刊的《救国旬刊》，同年 8 月

图1　1920 年 4 月 26 日《赤城丛刊》第 19 号　浙江省博物馆藏

更名为《赤城丛刊》，次年夏改组为《赤城旬刊》，编辑孙一影。

当五四运动爆发的消息传到台州后，为声援北京学生运动，1919 年 5 月 28 日台州救国协会在临海召开成立大会，参加者主要为浙江省立第六中学（简称六中）和省立第六师范学校（简称六师）的学生，以及台州地区各界进步人士。会议通过章程，公推六中校长毛云鹄为会长。台州救国协会下设评议部、调查部、交际部、储金部、贩卖部、会计部六个机构。6 月救国协会创办机关刊物《救国旬刊》，临海县图书馆馆长项士元兼任主笔。毛云鹄不久辞职，项士元继任会长。8 月 15 日刊物改名《赤城丛刊》①，它提倡白话文，注重科学，宣扬爱国思想，抵制日货，主张社会革新。

---

① 赤城是台州别称，源于天台西北的赤城山。改名后刊物地域性一目了然。

1920 年夏，由于项士元领导的台州救国协会坚决抵制日货，遭临海海门奸商向浙江省政府写信诬告，项士元被勒令"停止教职，永不叙用"①，积极调查日货的六师学生蒋径三、许杰等 10 人被开除学籍，台州救国协会也被勒令解散。因不能再用"台州救国协会"名义出刊，办刊人员另组编辑部，将丛刊改名为《赤城旬刊》，继续宣传新思想和新文化。同年 10 月 30 日出至第 31 期时停刊。浙江省博物馆现藏有《赤城丛刊》第 9、11、12、13、14、15、18、19 号，以及《赤城旬刊》第 31 号，共 9 期。

1. 版式和栏目介绍

《赤城丛刊》属不定期周刊，版式为石印四开一张两版，文字竖排，外有黑框线，竖写刊名"赤城丛刊"四字，刊头内容开始有所变化，但从第 12 号起，刊头下面内容基本固定，分别为横排的期刊号、公历日期、星期、农历日期，以及竖排的"台州救国协会出版非卖品"。

该刊栏目包括论坛、消息、谈荟、调查、来件（通讯）、报余、启事等，每期除了"论坛"外，其他栏目不定，多则五六个栏目，少则三个，后期没有注明专栏。论坛主要是阐述刊物宗旨，关注时局动态及宣传革新思想等内容，处于头版头条位置，为核心文章，每期至少有一篇。第二版末尾有时刊载通告及征稿，如第 11 号刊载"救国协会焚毁日货广告，本会择定旧历正月初八日上午在天宁焚毁仇货，恳请各界贲临为荷"②。两版中缝为启事，包括救国协会

① 中共台州地委党史办、共青团台州地委编：《五四运动在台州》，内部刊物，1989 年，第 7 页。

② "救国协会焚毁日货广告"，《赤城丛刊》第 11 号，1920 年 2 月 14 日，第二版。

启事、编辑部启事、调查部启事、临海图书馆启事等事项通知。如第 12、13、15、18 号一再刊登"编辑部启事","近来诸同志寄来的稿是狠（很）多狠（很）多，多的实在限于篇幅勿能一同登出，只好按期编入，请原谅原谅"，可见刊物稿源丰富，说明它在受众中颇受欢迎。此外，救国协会出版《赤城丛刊》，是准期送阅，不取分文，属于非卖品。改名《赤城旬刊》后，发行单位改为赤城旬刊社，地址位于临海城内紫阳宫，"月出三期，逢十发行，如承索阅，请每期寄邮票一分"①。

2. 主要撰稿人介绍

《赤城丛刊》主要撰稿人包括石槎（项士元）、镜参（李敬骖）、宅桴（陈宅桴）、毕修爵、双匕（陆瀚文）、湘农、鸣皋、警尘、参花（孙一影）、木无、牟谟、项士襄、邵安定、王芝田等人，目前所留存的 9 期《赤城丛刊》共刊载 22 名作者的 32 篇文章，其中镜参 5 篇；石槎 3 篇；参花、宅桴、毕修爵、双匕、鸣皋各 2 篇；湘农、牟谟、项士襄等 13 人均为 1 篇。

项士元别号石槎，浙江临海人。他毕业于杭州府中学堂，热忱于振兴文化事业，先后与友人创办私立小学和赤城初级师范，他和陆瀚文都是回浦学校的创始人。项士元还捐资赠书创办临海图书馆，担任图书馆馆长，并兼任六中和回浦学校教师。孙一影，号参华，临海人，杭州赤城公学师范科毕业。1918 年夏，临海县立图书馆创设紫阳宫景藜楼，馆长项士元聘孙一影为馆员。孙一影担任《赤城丛刊》的编辑工作，他所在的紫阳宫为该刊发行地址，后来在项士元辞去临海图书馆馆长一职时，推荐孙一影担任馆长，继续发行《赤城旬刊》。

①《赤城旬刊》第 31 号，1920 年 10 月 30 日，第一版。

毕修爵也是临海人，1917 年回浦学校辍学，1920 年 1 月在上海印书馆做石印工。3 月辞去商务印书馆工作，4 月发表《告"真爱国者"》和《我的感愤》两文，5 月赴法勤工俭学，一同赴法的还有毕修爵的老师，即回浦学校教师陈宅桴，陈在 3 月发表了《旧除夕所见和所感》和《不平之鸣》两文。1926 年回国后，1927 年毕修爵和陈宅桴合译的《左拉小说集》出版，该书封面由丰子恺设计，是中国出版的第一部左拉小说集，引领了一股欧洲自然主义文学风。项士襄、李敬骖和牟谟三人是北京五四爱国运动的亲历者，项士襄是项士元弟弟，正是他用"快邮代电"将北京学生运动情况告诉兄长的，回家乡后积极参与抵制日货运动并宣传新思想。

3. 主要内容介绍

浙江省博物馆馆藏 9 期《赤城丛刊》刊载文章统计表

期刊号	时间	刊载主要文章	版面栏目
《赤城丛刊》第 9 号	1920 年 1 月 24 日	镜参：《改良乡里谈》，参花：《冷》	论坛、消息、谈荟、调查、来件、报余等
《赤城丛刊》第 11 号	1920 年 2 月 14 日	石槎：《直接交涉的意见》，湘农：《乡里应改良的"婚礼"》，镜参：《哭》，木无：《笑》	论坛、消息、说荟、专件、调查等
《赤城丛刊》第 12 号	1920 年 2 月 18 日	石槎：《改良新年风俗商榷书》，镜参：《过年》，何知：《解放妇女与教育》，冷厂：《男女平等的根本解决》	论坛
《赤城丛刊》第 13 号	1920 年 3 月 3 日	鸣皋：《我对于改造故乡旧婚姻制的商榷》，警尘：《女子应该解放的……缠足》，双比：《是哭还是笑》，参花：《外人要讲》	

期刊号	时间	刊载主要文章	版面栏目
《赤城丛刊》第 14 号	1920 年 3 月 29 日①	石槎：《根本革新的商榷》，宅桴：《旧除夕所见和所感》（未完）	通讯
《赤城丛刊》第 15 号	1920 年 3 月 31 日	宅桴：《不平之鸣》，鸣皋：《觉悟!》，邵安定：《劝女界革除坐席尊的恶习》	论坛；通讯
《赤城丛刊》第 18 号	1920 年 4 月 21 日	牟谟：《家庭革命》，毕修爵：《告"真爱国者"》，毕修爵：《我的感愤》	启事
《赤城丛刊》第 19 号	1920 年 4 月 26 日	双匕：《抢回日货的善后意见》，牟：《妇女念书比男子更要紧》，镜参：《组织中医研究会的商榷书》，董歪：《不是的》，王芝田：《为什么要反对呢》	
《赤城旬刊》第 31 号	1920 年 10 月 30 日	愤：《急起共图珲春》，镜参：《科学之定义范围性质及发达之阶段》，金垣焕：《从军不如去做工》，项士襄：《日韩考察记》，感：《我的不平》	
合计		共 32 篇文章	

　　从馆藏 9 期《赤城丛刊》所刊发的 32 篇文章内容来看，主要是宣传介绍当时青年比较关心的社会（家庭）革新、科学、爱国，以及时政热点等方面的问题。

　　第一，《赤城丛刊》刊发最多的是社会（家庭）革新类的文章，

---

① 第 14 号和 15 号上所写时间均为 1920 年 3 月 31 日，根据 14 号所写星期一，阴历二月初十，所以对应公历时间应为 3 月 29 日。

共计18篇。从这些内容可以看出《赤城丛刊》号召人们废除陋习，改良乡里，主要有《根本革新的商榷》一文，是对社会上士农工商四民革新的思考；另还有《改良乡里谈》《改良新年风俗商榷书》《过年》《哭》《笑》《是哭还是笑》《旧除夕所见和所感》和《外人要讲》8篇思考改良乡里旧习。《过年》里质问"为了过年，费了如此这样多的工夫与金钱，试问值得不值得呢？"①；《外人要讲》指出担心乡里"外人要讲"的危害，提出大胆废除恶习，不要惧怕外人要讲，而"畏首畏尾"②。同时，《赤城丛刊》还提倡家庭革命，主张妇女解放并追求男女平等、婚姻自由，《乡里应改良的"婚礼"》《家庭革命》《我对于改造故乡旧婚姻制的商榷》和《觉悟！》4篇文章倡导婚姻自由和家庭革命；《解放妇女与教育》《男女平等的根本解决》《劝女界革除坐席尊的恶习》和《妇女念书比男子更要紧》《女子应该解放的……缠足》5篇文章则提倡妇女解放和男女平等思想。它还专门刊登启事征求此类稿件，如第9号刊登"本社启事"："各界诸君如有关于改良社会各种言论见惠，尤为欢迎"③。

第二，《赤城丛刊》宣扬爱国思想、坚决抵制日货。很多文章含有这种内容，如宅桴的《不平之鸣》是"为救国运动的抱不平"，指责那种"旁观派"专拿口头禅"既有现在，何必当初"来"嘲骂爱国运动失意的学生"的现象，赞赏"学生干这许多事业，倘被历史家纪（记）载起来，当能于爱国史上别开一新面目。后人看见，

---

① 镜参：《过年》，《赤城丛刊》第12号，1920年2月18日，第一版。
② 参花："外人要讲"，《赤城丛刊》第13号，1920年3月3日，第二版。
③ "本社启事"，《赤城丛刊》第9号，1920年1月24日，第二版。

也当激动起爱国热忱咧"①。参花在《冷》中，借用北风中洗衣女的口吻，赞扬调查日货学生不怕苦的爱国行径，"那学堂里这'金枝玉叶'的学生，因为调查日货，每日也早早出去，在那江干受风，这是实在苦的呢。我因说道，他们调查，是爱国的，你这洗衣，是爱亲的，惟爱国的爱亲的，方才有热心有热血，可以饱受这大风，也不觉得冷了。"② 参花在《外人要讲》中指出不要惧怕"外人要讲"，"如'抵制劣货''化装演讲'"这种种行为，一般'奸商''顽固'又不是要讲么？倘使我们因这几辈狂吠，就把正当的事情搁起来不做，岂不是'舍正路而不行'，而放弃自己的天职吗？"③；石槎希望新年赛灯"字样当用'勿忘国耻''不用日货'等字"④。感在诗歌体《我的不平》中抨击了劣绅勾结欺负乡里、富豪拥资一毛不拔、公开烟赌不加处分、贩卖日货希图发财 11 种不平行为。毕修爵在《告"真爱国者"》一文驳斥赤诚丛刊与救国协会万无共生之理，反问实业家不能从事教育，教育家不能从事实业吗？他在《我的感愤》中呼吁救国协会使台州各界联合起来，抵制劣货，提倡国货为宗旨，奸商托教员让学生和救国协会脱离关系。董歪在《不是的》中揭露了在抵制日货运动中，"奸商"在调查中将日货谎称是"西洋货"或"中国货"的危害。王芝田在《为什么要反对呢》指出奸商走私的危害和救国会调查日货必要，摘录如下：

---

① 宅桴：《不平之鸣》，《赤城丛刊》第 15 号，1920 年 3 月 31 日，第一版。

② 参花：《冷》，《赤城丛刊》第 9 号，1920 年 1 月 24 日，第二版。

③ 参花：《"外人要讲"》，《赤城丛刊》第 13 号，1920 年 3 月 3 日，第二版。

④ 石槎：《改良新风俗商榷书》，《赤城丛刊》第 12 号，1920 年 2 月 18 日，第一版。

"老旧戏剧曲本，他们为什么要反对呢？因为是诲淫诲盗的缘故。

　　妇女袒胸短袖，他们为什么要反对呢？因为是有关风化的缘故。

　　鬼绅偷米出海，他们为什么要反对呢？因为是接济仇粮的缘故。

　　救国协会调查，他们为什么要反对呢？因为是不送人情的缘故。"①

　　此外，《赤城丛刊》辟有"消息""调查"专栏，刊载了大量抵制日货的内容，台州救国协会调查部，将检查出的日货类别和品牌一一列出在"调查"专栏公布。第9号所载消息《鬼绅偷米出海的黑幕》通报了奸商破坏抵制行为；双匕的《抢回日货的善后意见》内容为对王泰源抢回日货后的交涉和制裁一事。救国协会同时也积极提倡国货，刊登了台属女子师校学生打算购买大宗原料，并将"集股五百元设立国货贩卖所，以期实行抵制劣货云"②。报纸中缝还刊登"临海国货广告"③。

　　第三，《赤城丛刊》积极宣传"科学"精神。"科学"类文章有《组织中医研究会的商榷书》《科学之定义范围性质及发达之阶段》《日韩考察记》3篇。镜参在《科学之定义范围性质及发达之阶段》中介绍了科学的基本概念及范围和性质和方法，认为科学，"即以

---

① 王芝田：《为什么要反对呢》，《赤城丛刊》第19号，1920年4月26日，第二版。
② 《女子师校组织国货贩卖团》，《赤城丛刊》第9号，1920年1月24日，第二版。
③ 见《赤城丛刊》第9号和第11号中逢国货广告。

人类之知识研究现象之原因与结果而作有系统的解释，以之人生应付事物之工具也。反之，未经人类之知识研究，而非有系统解释，概不得为科学也"。科学之范围为宇宙现象的范围；科学之性质分为"假定的真理""进步的事物""现在应用的工具"三种；科学研究方法第一步搜集事实，第二步暂定假设，第三步实地试验，考察结果与预想是否吻合。最后指出"科学者，非绝对的真理也"，不过是证明假设，"故曰科学为假定之真理"[1]。项士襄的《日韩考察记》对日华侨的基本情况做了调查，指出东京大约有华侨 3000 人，大多数是绸缎业成衣者。

第四，《丛刊》关心国家政治，推出一些时政类文章。《直接交涉的意见》是针对日本索取青岛的问题，石槎认为"现在对付的方法，最好莫如赶快将日本直接交涉的通牒原封驳回，而根据约章，提交国际联盟公判，想英美法意各国，素来讲究公理，断断不致使我吃了日本小鬼的苦水，从此山东的主权，和一般中日不平等条约的，都可以据理力争回"[2]。《急起共图珲春》是对"珲春事件"[3]的看法，号召抵制日货。

最后，金垣焕的《从军不如去做工》谈自己对学生从军的看法，表达了对军阀的厌恶之情，崇尚劳工，属于新思想范畴。

---

① 镜参：《科学之定义范围性质及发达之阶段》，《赤城旬刊》第 31 号，1920 年 10 月 30 日，第一版。

② 石槎：《直接交涉的意见》，《赤城丛刊》第 11 号，1920 年 2 月 14 日，第一版。

③ 珲春事件是日本军国主义在中国制造的侵略事件。1920 年 10 月 2 日凌晨，100 多人突然袭击珲春县城，焚烧日本领事馆及日本人居住地，打死打伤日本人各 10 余人。日本借此派兵入境，驻扎珲春。后经中国政府多次交涉，日方 1921 年 4、5 月间撤兵完毕。

综上所述，《赤城丛刊》提倡白话文，采用百姓喜爱的通俗语言，运用生动形象的比喻，描述日常生活中发生的事，刊登了大量文章宣扬革新思想，革除乡里陋习，提倡妇女解放和男女平等新思想和新风气。同时该刊宣扬科学，注重调查，倡导爱国，大力提倡国货，坚决抵制日货。

二、从《赤城丛刊》出发的"微"观察

1. 结合时代背景的考察

五四运动的消息传播开后，迅速得到全国各地的声援，各地爱国进步人士和学生社团纷纷创办刊物宣传爱国主义和反帝运动。《赤城丛刊》就是处于这个时代背景之下，其中撰稿人项士襄、李敬骖和牟谟是北京五四爱国运动的亲历者。北京五四运动爆发当日，浙江台州籍学生陈荩民（即陈宏勋）、牟正非、孙德忠、周炳麟、王恭睦、牟谟、项士襄、沈敦伍、李敬骖等几十人，与北京数千名学生一块在天安门前集会游行，来到赵家楼后，陈荩民①与匡互生等人一块翻墙进入曹宅，打开大门，随后同行学生涌入，痛打章宗祥，火烧赵家楼。陈荩民、牟正非、孙德忠3人和其他籍贯的29名学生被捕后，被校长蔡元培保释出狱。

台州救国协会发起者项士元的弟弟项士襄当时也在北京五四游行队伍中，并被打伤。事后他用"快邮代电"将北京学生运动情况

---

① 陈荩民是第一个进入曹宅打开大门的人，据中共台州地委党史办、共青团台州地委编：《五四运动在台州》综述中载："在北京高师卖书的陈荩民，个子较高，他踩在同学匡互生的肩上，第一个爬过墙头，进入曹宅，打开大门"。

迅速告诉兄长，要求项士元在家乡予以声援。项士元 5 月 7 日收到电文后，立即在自己兼职教学的六中、回浦两校传达五月四日北京发生的情况。当天，两校各自一个班学生上街游行，声援北京学生。随后，全校师生出动，随后六师和台属女子师范学校（简称女子师校）等校学生也迅速行动起来。5 月 9 日，第六师范学校编印"毋忘国耻"五四传单（图 2）向社会各界发放。同时还用群众喜闻乐见的形式编印了"思戚少保"（图 3）、"迎客会"（图 4）等内容的传单。很快，临海县学生反帝爱国运动迅速蔓延至黄岩、海门、温岭、天台和仙居等邻县，各县学生组成演讲团上街向群众宣传，号召大家行动起来，反帝救国。在学生们的宣传下，台州各界人士纷纷加入这场反帝爱国运动中，并获得了浙江各地的支持。5 月 27 日，浙江省国民会议在台州举行，来自全省各界的千余人出席参加，通过了"抵制日货"、"召回留学生"、"南北宜速统一"三项决议。次日，台州救国协会在临海成立。随着《赤城丛刊》的创办，众多进步学生和爱国人士集结周围，成为台州五四新文化运动的宣传阵地。

2. 结合相关史料的拓展观察

五四运动过去一百年了，期间经历战争与浩劫，很多资料不全，发行范围小的地方报纸更易散佚，要想尽可能全面了解历史，就必须扩大史料来源，微观研究尤其需要尽可能多地占有材料，扩宽史料。这些史料和资料包括相关人物的日记、文集、传记和回忆录等，五四史研究成为显学后，颇多相关口述资料整理出版，所以地方文史资料成为重要的补充史料。因此，在研究五四报刊的影响力时，尤其必须结合其他史料，用长时段的观察，才能发现问题。

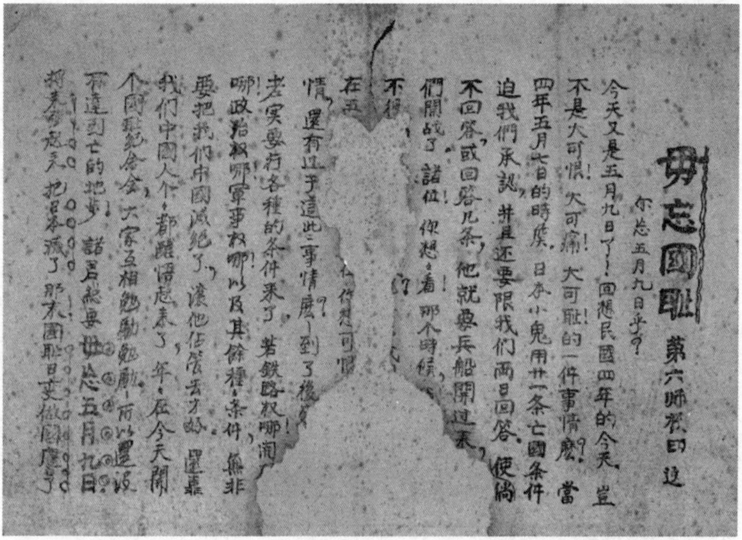

图 2　五四时期"毋忘国耻"传单　浙江省博物馆藏

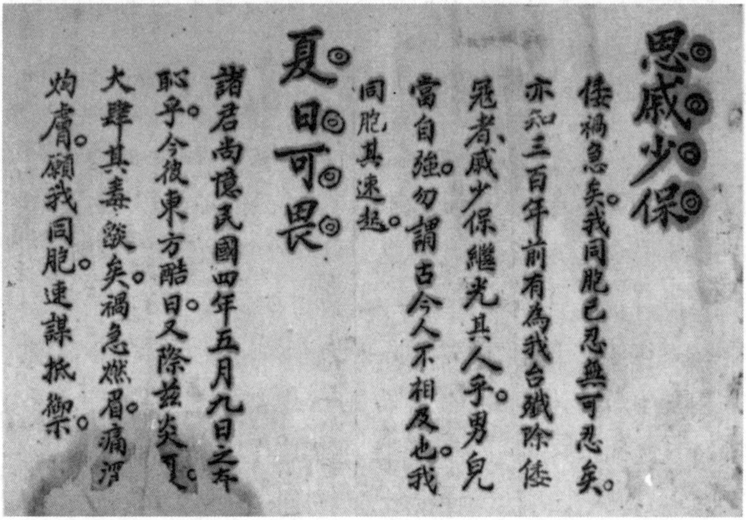

图 3　五四时期"思戚少保　夏日可畏"传单　浙江省博物馆藏

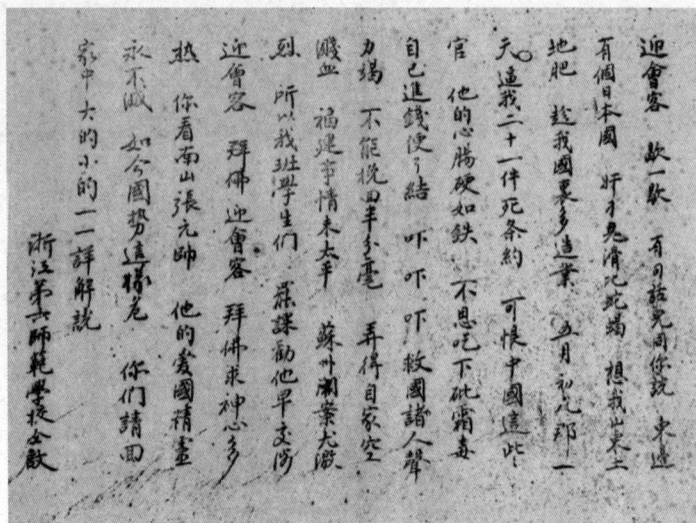

图 4　五四时期"迎客会"传单　浙江省博物馆藏

《赤城丛刊》尽管存在时间不长，仅发行了 31 期，但是却有着一定的影响力。《赤城丛刊》上刊发了大量文章倡导社会（家庭）革新、普及"科学"常识，这与 1915 年兴起的新文化运动主调基本上一致。可见，《赤城丛刊》使得新文化运动追求新思想新文化新道德的启蒙价值进一步深入浙江省城之外的地县，为台州地区的中小城市民众逐步接受现代工业文明价值奠定了思想基础。另外，该刊周围集结了一大批进步学生和爱国教师，他们在此得到了成长和锻炼，这体现在他们后来的职业上，比如项士元和毕修爵等人后来一直从事新闻编辑相关的工作。在台州救国协会解散后，项士元为临海青年团创办的《青年周刊》继续撰写文章，为苦难百姓鸣不平。离开台州后，项士元在杭州从事新闻事业十余年，任《之江日报》社社长兼主笔或总编辑。九一八事变后，项士元以笔为刃，在

《之江日报》上每日撰文，宣传抗日救国思想。他还于 1930 年撰写出版了《浙江新闻史》，成为中国最早的地方新闻史专著之一。《赤城丛刊》撰稿人毕修爵在巴黎留学期间，参与了无政府主义刊物《工余》杂志的编辑出版工作，回国后参与编辑《革命周报》和《民钟》杂志。他们后来从事新闻编辑工作可以说跟《赤城丛刊》有直接影响。另一撰稿人陈宅桴回国后，成为立达学会①创办的《一般》月刊杂志主要撰稿人。当时积极参加调查日货等活动的六师学生蒋径三和许杰，1920 年夏被开除后，两人都转读于绍兴省立第五师范。蒋径三毕业后任浙江省立民众教育馆演讲员，1930 年担任上海商务印书馆哲学、教育编辑，1932 年任教于安徽省立安徽大学教育系，1934 年任广东省立勷勤大学师范学院教育系教授，从事教育事业。许杰毕业后回台州教书，1928 年参与亭旁暴动，失败后远赴南洋，任《益群日报》主笔，回国后在广州中山大学、上海暨南大学任教。因此，对受众而言，《赤城丛刊》在某种程度上可以说具有启蒙作用；对于创办者和参与者来说，他们在此得到历练，为他们的人生经历积累了一笔宝贵的财富。

此外，参与五四运动的台州籍人陈宏勋、毕修爵和陈宅桴事后均改名。陈宏勋保释出狱后改名为荩民，取名忠诚于民之意。毕修爵的"修"是族中辈分，"爵"寓父母望子成龙之情，赴法勤工俭学后改名为毕修勺，"勺"在临海方言中与"爵"同音，以普通的小型汲邑器具"勺"来表明其平民志向②。与毕修爵同行留学的还

---

① 1925 年 3 月，叶圣陶、胡愈之、夏衍、夏丏尊、丰子恺等人在上海发起组织立达学会，创办《立达季刊》及《一般》月刊，倡导新型教育的改革试验。
② 吴念圣编：《毕修勺年谱》，陈思和、李存光主编：《讲真话：巴金研究集刊卷七》，上海：上海三联书店，2012 年，第 406 页。

有他的老师陈宅桴，也改名为陈泽桴。台州如此，其他地方或许也存在同样情况。这种现象说明了这段爱国经历奠定了他们为大众服务的志向。

3. 横向个案对比分析

除了纵向研究外，五四报刊微观研究还需要运用比较法，与具有比性的报刊进行横向对比研究。在此将《赤城丛刊》与《浙江新潮》（图 5）进行对比。浙江新潮于 1919 年 11 月 1 日创刊，由《双十》半月刊更名而来。为铅印四开周报，每逢星期六出版。成员主要为杭州学生夏衍、谢锦文、阮毅成、查猛济、施存统、周伯棣、傅彬然等人。该刊以浙江省立第一师范为大本营，宣扬布尔什维克主义，同时具有浓厚的无政府主义气息。仅出三期。

图 5　1919 年 11 月 1 日《浙江新潮》第 1 号　浙江省博物馆藏

这两份刊物具有很多共性，首先，所处时代背景相同，主体都是学生，《赤城丛刊》以台州地区的中学生为主体；《浙江新潮》以杭州市的中学生为主，主要是浙江省立第一师范、省立第一中学、省立甲种工业学校的学生。其次，两者均宣扬新文化和新思想。如前所述，《赤城丛刊》用大量篇幅宣扬男女平等、妇女解放等思想，主张革新旧礼俗。《浙江新潮》明确提出反对祭孔，"学生应该做的，就是遵守阳历和反对祭孔……以表示一种改革的精神，去恶务尽的毅力"①，认为"我们做人真要服从真理，打破偶像是时候，我们学生尤其不可崇拜偶像"，提出"圣诞革命"②，反对祭孔。再次，二者均提倡白话文，宣扬科学，注重调查，洋溢着青春活力。《赤城丛刊》刊登文章均为通俗易懂的白话文，在改名《赤城旬刊》后，公开声明"我同志如有以著述见惠者，不论文言白话，均极欢迎"③。刊登文章为信函、小说和诗歌等形式多样的文体。《浙江新潮》刊载文章多次使用外来词汇：如"布尔什维克""Bolsheviki""德莫克拉西（Demscracy）"以及"马克斯（Kail Marx）"等外语词汇；专辟"新文艺"栏刊载白话诗，比如查猛济在《潮》里借小孩之口表达了勇敢斗争的决心。

> "一片'鱼肚白'的潮头，从远地方泊泊泊的来了，
>
> 一只小小的船还停在半江里不动不摇；
>
> 船头上立着一个小小年纪的孩儿，用力的乱骂乱跳；

---

① 彬然：《学生今后的方针应该怎样》，《浙江新潮》第 1 号，1919 年 11 月 1 日，第三版。

② 锡康：《圣诞日感想》，《浙江新潮》第 1 号，1919 年 11 月 1 日，第四版。

③ 《赤城旬刊》第 31 号，1920 年 10 月 30 日，第一、二版间中逢。

他说道：——

我有着很大的橹；很硬的篙。

你不过趁今天的日子；到这里来胡闹。

由你那样的'汹涌'？那样的'猛烈'？我总不怕你这个潮"①

此外，两份刊物都经历过更名，存在时间也都不长，最后都是由于思想激进而被当局取缔。

但是，两份报刊也存在很大差异。首先，二者宣传内容的侧重点不同。《赤城丛刊》主张坚决抵制日货，设立调查部，始终坚持这项工作。《浙江新潮》的"旨趣"为"要本奋斗的精神，用调查、批评、指导的方法，促进劳动界的自觉和联合，去破坏束缚的竞争的掠夺的势力，建设自由互助劳动的社会，以谋求人类生活的幸福和进步。"② 它宣扬社会主义，介绍剩余价值学说，"至于无产阶级的工作力的价值，就是去做他们必需生活品的工作，而资产阶级贪心不足，必定强迫无产阶级的工作时间，超过无产阶级必需的工作时间。这个超过的工作时间的价值，马克斯（Kail Marx）称他谓'剩余价值'"③。同时也提倡无政府主义，强调改造社会，改造文化，废除婚姻。

其次，两份报刊宣传的家庭婚姻观也不同，如《赤城丛刊》刊载了牟谟的《家庭革命》一文，该文列举了家庭专制、男女不平

---

① 猛济：《潮》，《浙江新潮》第 1 号，1919 年 11 月 1 日，第四版。

② 《创刊词》，《浙江新潮》第 1 号，1919 年 11 月 1 日，第二版。

③ 保时：《为什么要凡对资本家》，《浙江新潮》第 3 号，1919 年 11 月 15 日，第一版。

等，婚姻不自由几大恶习，提出家庭革命。湘农在《乡里应改良的"婚礼"》一文中生动描述了媒婆的丑恶嘴脸，猛烈抨击所谓的周公之礼，主张废除旧礼教和买办婚姻。《浙江新潮》浓厚的无政府主义色彩导致宣扬的婚姻家庭观有所不同，这从所刊载的施存统的《婚姻问题》可以看出。施存统在该文中主张自由恋爱，废除婚姻，公开宣称"我是一个主张婚爱、反对结婚的人；婚姻虽然是一个很重大很紧的问题、但却已不成问题。我以为恋爱是公的，婚姻是私的，恋爱是纯洁的，高尚的，婚姻是龌龊的、卑鄙的，恋爱是人的事体，婚姻是夫妻的事体；我们人是要做的，夫妻却可以不做。诸君！要享婚爱的幸福，必须要打破婚姻的问题。婚姻！婚姻！我们必须要打破你！！！"① 这显然是无政府主义的婚姻家庭观。《浙江新潮》比《赤城丛刊》更加激进，这也使得前者因此在更短时间内被取缔，仅出三期。

此外，报刊杂志刊登了大量文学作品，因此在研究五四报刊时应将史学与文学研究结合起来，在时代背景下分析所刊载文学作品和作者的写作目的；同时还要运用计量统计方法，社会田野调查法等多种研究方法。

综上，通过对《赤城丛刊》的微考察可看出：第一，该刊延续了新文化运动，提倡新道德，主张家庭革命。第二，当时中小城市的知识阶层逐步接受了城市文明，主张乡里革新和废除陋习。第三，该刊秉承五四精神，弘扬爱国思想，追求进步，注重科学。第四，学生团体在五四运动后出现兴办刊物热潮，他们撰文公开表达自己对政治事件和社会问题的观点和看法，这是学生除了罢课请愿

---

① 存统：《婚姻问题》，《浙江新潮》第 3 号，1919 年 11 月 15 日，第二版。

方式外，凭借现代媒体的方式登上历史舞台，他们在此期间得到锻炼和成长，对他们后来的职业生涯和人生观影响都很大。当然，《赤城丛刊》也存在一定局限性，如"当兵是最不人道的生活"①，说法过于偏激。但考虑到当时军阀横行的状况，恰恰打上了鲜明的时代烙印。

三、结语

五四时期大批社团组织成立，他们创办刊物，宣传自己的思想和主张。一时全国各地的报刊杂志如雨后春笋，大量涌现。以学生报刊为例，除了学生联合会的机关报在一些重要城市中出现外，高等学校和中等学校一般也都有自己的报刊杂志，甚至有些地方小学也出现报刊。报刊的繁荣发展，体现了当时文化传播的兴盛。报刊中保存了大量的时政观点和地方史料，为思想史和地方经济史、社会史、文化史等研究提供了大量的原始数据和一手资料。比如《赤城丛刊》保存了当时台州地区的社会经济材料以及撰稿人早期的思想。因此五四进步报刊个案研究十分必要。但是微观研究侧重个体，尤其是面对不具有重大影响力的报纸，很容易出现碎片化现象。要想避免孤立、琐碎，必须将其置于更大的时代背景中，那样才能拓宽研究范围和研究视角，同时进行横向和纵向的联系。事物间具有直接或间接的因果关系，即便是琐碎的小事相联系，也能发现大问题。同时还要尽可能占有史料，扩大研究范围，运用多种研究方法。

---

① 金垣焕：《从军不如去做工》，《赤城旬刊》第31号，1920年10月30日，第二版。

总之，微观是相对于宏观而言，宏观研究侧重综合性的整体分析，微观研究偏重于具体的个体分析，它是宏观分析的基础和补充。在历史研究中，只有将微观研究与宏观研究相结合，才能更全面完整地认识历史现象和历史事件。

1922：新文化运动在香港

——以《香港策群》为视点

李明刚　张鸿声（广东海洋大学文学与新闻传播学院；中国传媒大学研究生院）

　　"五四在香港"的叙述史与香港本身一样，是一个复杂纷纭的话题。今天，某些"先见"与"定见"还影响着人们的认知。本着学术的立场，见证历史的真相，客观上需要我们借助于一手的史料重返发生的场域，以细密的考证和有距离感的审视予以有价值的重估。譬如："五四"的火种是如何传播到香港的？"五四"在香港的发生图景究竟如何？新文化、新文学与白话文运动在进入殖民地香港时到底经历了怎样的碰撞与异变？"地方性格"究竟如何演绎新文化运动？如何在以往整体叙述的机械套用和地方本位主义的"去历史化"的叙述之外，寻求一种"永远历史化"（詹姆逊语）？

一、想象的"五四"与被忽略的《香港策群》

　　回顾近年来关于"五四在香港"的研究，基本上可分为两类：

一类是"整体史观"统摄下的叙述①，一类是"本土主义"视野下的叙述②。前者在史料的选择上基本上是以作为当事人的陈谦的回忆性文章——《"五四"运动在香港的回忆》为据，且多数研究从内容和结论上大同小异；后者立足于本地文献，以另一种地方本位主义的视角打量"五四"。譬如，在陈谦的追忆中，"香港虽在英帝国主义统治下，未能如全国各大城市作出轰轰烈烈的行动，但我香港同胞义愤填膺，爱国心并不后人"。③ 之后的研究者基本延续了这种叙述。然而，近来香港部分学者却认为，"爱国史观"下的香港书写最大的问题是对"地方性格"的忽略。在论者看来，"五四运动在香港并没有产生重大冲击和回响，不论是政治层面的还是文化

① 如刘伟：《五四运动在香港》，鲁言等著，香港掌故（第六集），广角镜出版社，1983年07月第1版，第105—115页。刘蜀永：《五四运动在香港》，见《香港历史杂谈》，河北人民出版社，1987年08月第1版，第32—34页。沙东迅：《五四运动在广东》，中国经济出版社1989年版，第168—172页。金应熙主编《香港史话》，广东人民出版社1988年版，第175—178页。《"五四"运动在香港》，见叶世恒、长青、长春选编，香港小百科，海峡文艺出版社，1997年06月第1版，第28页。杨晓山：《五四运动在香港》，《党史文汇》，1996年第5期，第38—40页。张鹏飞：《五四运动中的香港》，载《人民政协报》2017-07-06，类似的文章还有很多，因内容相差无几，概不赘述。

② 黄康显：《五四运动在香港》，载《国文天地》，1991年5月，第6卷第12期，第64—68页。陈国球：《香港的五四与香港的中国》，见洪清田主编，《人文香港 香港发展经验的全新总结》，香港：中华书局（香港）有限公司，2012年版，第64—66页。陈学然：《五四在香港 殖民情境、民族主义及本土意识》，中华书局（香港）有限公司，2012年版，第64—66页。陈学然：《五四在香港 殖民情境、民族主义及本土意识》，中华书局（香港）有限公司，2014年版。

③ 载《广东文史资料》第24辑，或参阅广东青运史研究委员会办公室编，《广东青年运动回忆录》，广东人民出版社，1986年09月第1版，第19页。

1922：新文化运动在香港

层面的五四，对香港的影响都是不大的"①。

　　这种地方史观及其背后的因素是耐人寻味的。那么，历史的这一页，其图景究竟是怎样的呢？事实上史料缺失问题，以及因史观的分歧导致的对史料的改写、遮蔽和盲视在"五四在香港"的叙述史中由来已久。譬如，对于陈谦特别提到的"策群夜义学"，② 陈君葆也曾在文中回忆这一组织，强调其"曾名噪一时"，并指出"它可以说是那一次爱国运动在这里所产生的一个成果，但后来不晓得怎的却不能继续存在"。陈君葆还特别提到义学的校刊以及上面的一篇有名的文章"曾给许多读者以很深的印象，记得那刊物的编者还为了它被香港当局请去'问话'过"。③ 由此可见其影响。无独有偶，在本地学者的具有总结性的史著中，也略微提及了这一组织在香港的五四运动中的作用。然而遗憾的是，尽管"三陈"皆不约而同注意到了某些重要组织在香港五四运动中的历史作用，但对这一组织的具体活动（特别是"五四"在香港的在地化过程）大都语焉

---

① 陈学然：《五四在香港　殖民情境、民族主义及本土意识》，中华书局（香港）有限公司，2014 年版，第 24 页。

② 据晚年的陈谦追忆："五四运动风靡全国，既掀起民族解放运动，复掀起中国新文化运动，香港虽然在英帝国主义者统治下，但反帝反封建的潮流日益高涨。部分爱国青年高年级学生，日间在英政府设立的英文书院肄业，节衣缩食解囊捐款，夜间在西营盘及荷李摄道租赁地方，设立'策群夜义学'，呈报香港教育司立案，亲自担任教员，免费供给书籍纸笔，教授贫苦儿童，灌输知识，对宣传爱国促进文化起有一定的作用。"详见陈谦：《五四运动在香港》，载《广东文史资料》第 24 辑，或参阅广东青运史研究委员会办公室编，《广东青年运动回忆录》，《广东人民出版社》，1986 年 09 月第 1 版，第 19 页。

③ 参阅谢荣滚主编：《陈君葆文集》，第 383 - 384 页，三联书店（香港）有限公司 2008年版。

不详，对于彼时之香港围绕"五四"新文化运动所展开的论争及其反响也缺少深度的描绘。结合前人所批评的"五四在香港"的叙述者的史料选择的单一地方本位主义对"五四在香港"的选择性解读等问题，本文认为：当事者的个人回忆，官方档案和地方文献固然是重返历史的不同路径，但对包括新闻报刊在内的各种一手史料的重视，以及对各种史料的比照研究，或更有利于摒弃叙述上的偏狭与模糊。①。

下面，笔者结合新发掘的校刊《香港策群》和相关史料，力图还原这一历史真相。

1922年1月创办于香港本土的《香港策群》与1924年的《英华青年》一样，皆为本土刊物。这本校刊现存只有不足百页的创刊期，不同于后来者的是，《香港策群》无宗教色彩，也非专门一所学校的刊物，而是汇聚了香港多数著名学校的学生。如它的骨干成员孙寿康、陈庶枝来自圣士提反书院，潘仲柏、柯端誉来自香港大学，何监镠、张炳文来自皇仁书院，罗澧铭来自卓群学校，佘仲彝来自华仁学校、何仰山来自圣保罗、严文赵来自育才学校，这其中孙寿康和潘仲柏为主要负责人。而从它在广州设立代表以及很快遭到港府舆论压制等信息来看，《香港策群》的校园影响力和社会影响力或在《英华青年》等刊物之上。

---

① 譬如，以往研究者在大幅引用陈谦的回忆时，或许忽略了开篇作者的一段自谦之词："因事隔六十年，年老体弱，记忆力衰退，所见所闻，泰半遗忘，现仅就尚能记忆者写出一二，以供研究史料者参考，错误是所不免，希读者指正。"笔者研究中发现，各种细节上的错漏在这一时期的部分当事者的回忆录中是客观存在的。载《广东文史资料》第24辑，或参阅广东青运史研究委员会办公室编，《广东青年运动回忆录》，广东人民出版社，1986年09月第1版，第18页。

《香港策群》以发表学生言论及作品为主。扉页上印刷的"香港学生 公共言论"八个大字，颇有"言论自由"特征。而另一组八字标语"欢迎各界 诸君投稿"则表明杂志并非严格意义上的同人刊物，而取欢迎投稿并支付稿酬的开放灵活的姿态。杂志社还专门在作品之前登载"本社投稿简章"，以示对于外来文稿的极度欢迎。稿件内容也颇为丰富，基本涵盖哲学、文学、科学等。体裁包括诗歌、小说、剧本、传记、游记校闻、调查、通讯等。从 1922 年 1 月 1 日出版的创刊号目录来看，多关于教育和文学类作品，体裁上则以白话小说、随感录、游记和演讲稿为主。因目前只能看到创刊期，所以我们很难断言这种现象的背后是否因为刊物同人的创作实力和读者的投稿未能跟上预期的目标，或者后期在创作体裁和内容上有渐趋完善的可能。

从整个二三十年代的的香港文化语境来看，《香港策群》之鲜明特点首在"新"。"策群"，顾名思义，即为一种带有激进启蒙姿态的话语，而其"标新立异"的形式与内容都堪称殖民地香港的一枚"奇葩"。尽管依然是张扬"民族主义"，但无论是语言风格还是思想内涵上，《香港策群》所载文章都不同于以往流行的"新民体"，却与鲁迅所倡导的"立人"的主旨颇有几分相似，与陈独秀、胡适等人的《新青年》思想遥相呼应，凸显了本土文坛前所未有的新思想、新文学、新教育等主题。语言上看，作者已经较为纯熟的运用白话文写作，主题和写作手法上，皆展示出与国内五四新文学的血肉相连。它的严肃激进的风格使它很不同于 1924 年的《小说星期刊》的文白交杂和文言为主，也不同于《伴侣》的通俗娱乐取向。同人志在启蒙，故刊物的主题基本以批判国民性、批判教育、倡导白话文为宗旨。在《本杂志宣言》中，编辑从五个方面阐明了刊物主张，而首当其冲的是启蒙的目标和文化"搭桥"的使命："本报志在铖规香港学生，引起他们求学的趣味；待他们有了彻底的觉悟，急起来求根本的智识。那时他们自然有建设文化的要求。"在《捐助香港策群杂志维持费小启》中，编辑同人再次疾呼①：

> 同志先生们呵！今日因为我们见香港大多数的学生道德很堕落，思想很陈旧，眼光很浅窄，世界的新文化和新潮流一概都很隔膜，所以不惮愚陋，集合同志来办这杂志，名叫做香港策群，来担负革新思想，铖砭学生，指导学生到觉悟之路的一部分责任。

这种"救世"口吻与《新青年》的启蒙使命可谓一脉相承。从文章编排上，也可以看出编辑同人的"救世心切"。在"本杂志宣言"之后，《香港策群》首先推出的是一系列具有现实批判和启蒙色彩的文章，论者立足香港学生与教育文化现状，侧重于国民性批判和鼓动反帝爱国的"民族主义"，这些文章从标题和论调上都显示其为《新青年》之苗裔。在《白话文底讨论：白话文底两大功用》一文中，作者呼吁"把粤语的广东，变成国语的广东"的文化设想。类似的还有《我们应该怎样读书呢?》，作者痛心于现实黑暗腐败，主张积极进行改造建设。文章还认为白话诗的明白在于形式的浅近，而内在的深长的意味，还须要有思想。这些观点在旧派势力强大的殖民地香港无疑是"前卫"的。

如果说《白话文底讨论：白话文底两大功用》的态度还比较

---

① 见《劝捐香港策群杂志维持费小启》，载《香港策群》，1922 年第 1 期，第 79 页。

"中庸"，那么仲柏的《侨港学生应该怎样》一文就可谓锋芒毕露了。作者立足于香港现实语境，直斥香港学生的"奴隶性"，提出要"保全国民性"。作者认为：就狭义来说，我们既是大中华民国的大百姓，我们的志向当然是做一个健全的国民。"具有互助，牺牲，奋斗的精神，捐除自私自利的心，为人类谋福利，这就是我们的人生观"。文章以世界进步的眼光，批判复古主义，认为"复古不特是没有可能性，还且是不应当的。应该适应世界进步潮流，不做古人的应声虫"。同时，作者主张以研究批评的态度去对待孙中山的三民主义、劳乃宣的虚君共和制、孔门四书和耶稣圣经。谈完"根本的功夫"之后，作者又联系现实生活，批判本土百姓迷恋麻雀牌、狎邪游、好奢华，提出破除陋习，改造自我，进而改造社会。文章有破有立，在文化建设的层面，作者建议读者多阅读报章杂志和旅行国内。前者显然针对香港殖民地商业社会政治意识与觉悟淡漠，市民文化教育层次相对不高的实际，后者这是企望以此激发港人的国民性观念。同样向本土守旧派"开火"的，还有孙寿康《好虚名及不负责任的学生》、《思想竟差得这样远》等。

孙寿康的《香港学生：学"生"乎？学"死"乎？》也颇具代表性。作者认为，国内五四运动和六三运动以来，各省学生争相响应，唯独香港学生寂然不动。以至于社会舆论批评香港学生学死。"今日破天荒露头于香港，为中国储蓄人才，为贫民教育子弟，为平民教育之先锋队，非策群义学乎，非香港卅六校学生所办之策群义学乎？"作者将香港学生分为八派（查文中所列实为七派），即：刨书派、片面觉悟派、浑帐派、叹息派、骂新也骂旧派、不理事派、奴隶派，作者重点分析了"奴隶派"，最后痛斥"不知尚有所谓爱国，救国之事业，尽学生一份子之义务，此八派学生，徒有学生之名，毫无学生之实"①。在《今之学者为人》一文中，作者也批评学生闭门诵读为天职的死读书，主张学生要有贡献社会的效力、互助的精神，以开通民智、改良恶习，为谋社会进化。

因史料的限制，我们暂时很难了解这一系列锋芒毕露的批判性文章在彼时港岛社会所激起的反响，然而作为同时代人的陈君葆先生在若干年后的追忆中对这一历史事件曾有过生动的描绘：

> 有一所叫"策群义学"的学校，是当时由各校中学生自己办的。这个义学曾名噪一时，它可以说是那一次爱国运动在这里所产生的一个成果，但后来不晓得怎的却不能继续存在。当时还有一篇以"学生乎，学死乎"为题的文章，仿佛是在义学的校刊上刊登的。这篇文章曾给许多读者以很深的印象。记得那刊物的编者还为了它被香港当局请去"问话"过。
>
> 四十年过去了，很多往事都模糊了，可是这些印象还没有给时间磨灭。②

由此足见这本小小的刊物在弹丸之地的香港社会所产生的反响。张仲彝的《香港学生的观察》③ 同样表达了本土知识精英在内地新文化运动感召下的强烈的使命感。作者剖析香港青年学生界的

---

① 孙寿康：《香港学生：学"生"乎？学"死"乎？》，载《香港策群》，1922 年第 1 期，第 15—20 页。

② 参阅谢荣滚主编：《陈君葆文集》，第 383—384 页，三联书店（香港）有限公司 2008 年版。

③ 张仲彝：《香港学生的观察》，载《香港策群》，1922 年第 1 期，第 21—23 页。

精神状况，通过对比自己在广州读书时对香港的想象与现在的实际体验，文章表达了对香港教育的失望，作者希望揭露学生的弱点，以图革新与觉悟。刘文驹的《我们究竟为什么读英文》① 则将锋芒对准了"食洋饭"的市井平民心态。何鑑鐐的《对于教育的我观》② 痛斥整个广东教育养成了学生虚伪性和自欺欺人，导致学生出来社会难有独立之思想与完善的建设，这种观点与谭平山早年批评广东民性的浮夸颇为类似，显示出本土精英强烈的文化反省意识。

作为有着"寸铁杀人"（陈平原语）之批评功效的随感录显然是《香港策群》的一大特色。如：《扶得东来西又倒》（仲柏）、《我的感慨》（仲柏）、《学生呵，还是学死呢?》（记者）、《好虚名及不负责任的学生》（孙寿康）、《思想竟差得这样远?》（孙寿康）等。其中，《扶得东来西又倒》③ 一文，作者引用《新青年》第九卷三号关于陈独秀的"青年底误会"中的言论，指出青年的误会不全在青年的弱点，也在教者的立言不慎，过于极端。潘仲柏的《我的感慨》④ 批评香港学生的崇洋媚外，对于中西教员，轻此重彼的现象。阿张的《学生呵，还是学死呢?》⑤，作者有感于五四运动以后内地学生运动与新思潮的风起云涌，批评香港学生的麻木无知。

《香港策群》的"通讯"也颇有《新青年》和《新潮》的色彩。署名孙广苏的来稿《这样礼教尚有存在的价值吗?》⑥，作者明显受

① 刘文驹：《我们究竟为什么读英文》，载《香港策群》，1922 年第 1 期，第 24—27 页。

② 何鑑鐐：《对于教育的我观》，载《香港策群》，1922 年第 1 期，第 43—45 页。

③ 潘仲柏：《扶得东来西又倒》，载《香港策群》，1922 年第 1 期，第 66—67 页。

④ 仲柏：《我的感慨》，载《香港策群》，1922 年第 1 期，第 67 页。

⑤ 阿张：《学生呵，还是学死呢?》，载《香港策群》，1922 年第 1 期，第 67—68 页。

⑥ 孙广苏：《这样礼教尚有存在的价值吗?》，载《香港策群》，1922 年第 1 期，第 70—71 页。

国内尤其是广州妇女运动的影响，批评封建礼教对妇女的"吃人"本质，揭露封建卫道士对妇女的戕害与愚弄，呼吁女性觉悟起来，反抗不合理的礼教束缚，勇敢起来追求自身权利。

和本时期的许多刊物一样，《香港策群》的文学作品并非主流。就小说方面来看，《香港策群》首期刊登了潘仲柏、孙寿康的白话小说《教育家》①，这篇教育讽刺小说表达了作者对传统驯化教育的不满，文章通篇使用白话文形式，主要采用了语言描写和动作描写，展示了一定的白话文写作水平，而结尾的一句"咁恶死"的粤方言表达了对旧教育的控诉与不满。小说完全采用现代白话语言，运用了描写讽刺手法批判旧式教育之落后，小说结束处还附有两段作者本人与孙寿康的数百字的议论，但从编辑的安排来看，小说部分以客观的描写和叙述为主，而将议论与抒情另作一文附在其后，显然作者和编辑是有着一定的文体意识的。另一篇白话小说是高仲伟的游戏小说《朴斋》，作者同样采用的是描写讽刺手法，批判"冬烘先生"的落后的教育内容与教育方式。这两篇白话小说基本可归于教育小说和校园文学，但有着明显的启蒙意识与批判精神，这与大陆五四新文化思想显然是前呼后应的。文章的思想基因与稚嫩的写作手法和相对狭小的文学取材，都显示它是轰轰烈烈的五四文学革命及其刊物之余裔。

《香港策群》也刊载了沣铭的轶闻小说：《商女不知亡国恨》，作者沿袭了晚清已降华南地区颇为流行的传统"新民体"小说的特征，语言上则以白话与文言交杂，讲述高丽妓女丽娘为讨好日本殖民者治田三郎而出卖创办杂志的本国爱国人士韩生等人，并致其惨

---

① 仲柏、孙寿康：《教育家》，载《香港策群》，1922年第1期，第56—60页。

死，后自己也遭日本人枪决的故事。作品借古讽今，具有很强的现实批判性。毋庸讳言，几篇小说从选材上看，较为狭窄单一，艺术技巧上也还比较稚嫩，但这种问题是整个五四新文学发生期普遍存在的，它从一个侧面也说明无论是早期新文学还是旧文学，在国民性启蒙和反殖民的立场上，都有着内在的一致性与情感诉求，同时也反映出文言与白话渐趋合流的微妙姿态。

众所周知，文化刊物，本质上即为一种意识形态话语。尽管编辑同人在文化立场与措辞方面已相当谨慎①，但放在殖民地香港的语境之下，《香港策群》无疑是趋向激进的，而这或许也是它随即遭受打压陨落的重要原因。这本以标榜"香港学生　公共言论"的学生期刊，最后的结局却被港英当局以所谓"反动"的名义被迫停刊了②，这不能说不具有某种反讽的意味。《香港策群》的夭折，也说明这种即便是已经充分具有殖民地语境意识的偏左话语和精英化

① 编辑声称："本报由策群校员—即各校学生办理，作为香港策群义学校报，所以言论的范围和语气，都要有些斟酌，不能把我们的意思尽量发表。还望阅者和投稿诸君，代我们设身处地别要责望太奢。"

② 参阅莫伦白：《香港学生运动的过去现在与将来》，广州青年运动史研究委员会编，《广东学生运动史料选编（1923—1927）》，第 520 页。《香港策群》具体何时停刊，从目前的史料看还不明晰。笔者所见 1930 年《学海》杂志第 15 期第 2 页的"书报介绍"中载有关于《策群杂志》的推介，"编者"在分析了国内和香港的形势之后，于文末强调："现在有一个新消息令我们忭欣起舞的，就是'策群杂志'出版的呼声，它的立场，纯粹站在学术文艺界里头讲话的刊物；它又是留港中国学生的公共言论机关，它不独是应香港一般青年的要求，而是应中国一般青年的要求而发的，同时亦准备作一个中国文化复兴的运动——尤其是香港。可爱的青年，我们大家要具十二分热诚拥抱它。"由此可看出，至少 1930 年代香港还出现过一种同名刊物，且从背景与刊物色彩来看，皆有几分神似。然而，此《策群》与彼《策群》是否为同一刊物或二者具有某种关联，还需进一步的考证。

刊物，在二十年代的香港也是难以扎根的。作为目前发现的香港地区最早倡导新文化、新文学和白话文运动的刊物——《香港策群》，其语言主要为白话文，这不仅区别于以前和同时期本土刊物，也有别于整个二三十年代香港文坛和文言与白话夹杂的现象，体现出较明显的纯粹性。它的强烈的启蒙性与先锋性，在本土旧文化与旧文学土壤中无疑是一种独特的存在，在守旧、功利和通俗娱乐趣味占据普遍市场的香港堪为一枚奇葩，尽管和本土二三十年代的文艺刊物一样，最后难免昙花一现的命运，但其开创意义是值得重视的。

二、作为"火种"的《香港策群》及其启示

从"策群义学"的发起背景和组织者的文化立场来看，《香港策群》的诞生可视为革命策源地广州与殖民地香港的一种空间交往的产物。它是本土知识精英发动的一次政治上的"播火"与文化上的"架桥"实验。在此过程中，本地新式学生是重要力量，而空间的流动则扮演了类似于"催化剂"的关键角色。

在张仲彝的《香港学生的观察》一文中，作者对比自己在广州读书时对香港的想象与现在的实际体验，痛心于香港教育现状，作者希望揭露学生的弱点，以图革新与觉悟。而《参观广州学校记》和《参观广东教育会记略》更从知识精英的流动和交往上证明了这种空间交往及其影响的存在。《参观广州学校记》描绘的是 1922 年暑假由香港策群义学介绍的以私人名义赴广州旅行和教育考察之行。作者盛赞广州的女子教育，认为广州女子教育的将来"很有乐观的景象"，并倡导香港的女同志们，不要让广州女生"专美于前"。仲柏的《参观广东教育会记略》则记述了旅粤期间参观了广

东省教育会，并受到时任会长的汪精卫的专门接见。汪氏提醒到访香港青年勿听信报载关于陈独秀的仇孝公妻之言论。他表示很想与香港学生保持经常的交流，其中谈到人才交流，汪氏认为一方面广东教育需要香港青年的参与，另一方面，他肯定了"策群义学"的开办，并勉励学生"当有一种牺牲的精神"，"要有一种互助的精神，保全祖国的国民性"。我们从"策群义学"的平民教育活动和《香港策群》校刊的思想风格不难发现这次面谈和交流对于香港本地文化精英的重要作用。二十年代，粤港两地不同政治文化的碰撞对殖民地香港青年学生所产生的精神上的砥砺和冲击也由此可见一斑。我们在仲柏的《侨港学生应该怎样》一文中也看到，作者从保全国民性的角度倡导港人"旅行国内"，并指出："我们旅行国内，听听教育名家的演说，或谈话就是保全国民性的方法，也是求达人生目的的方法。"①

事实上，晚清以降，包括香港在内的整个华南地区在文化教育的输送传播上一直存在互助互补。这种人员的往来与互动，在20年代的教育系统与文化生活中都极为常见，其对于进步思潮传播之影响是不言而喻的。吴灞陵在《香港的文艺》中，曾从地域空间的角度分析了香港新文学发生期的作家身份与来源问题。他的印象是："香港的文艺是在一个新旧过度的混乱，冲突时期，而造成这个时期的环境，一方面就是上海和广州的新潮流入。香港的地域，彷佛处在前后夹攻的位置，青年的作者最受影响，这是造成新文艺的原因；就地域上的分别，就有广州，香港，上海三派。但是广州

---

① 潘仲柏：《侨港学生应该怎样》和《参观广州学校记》，载《香港策群》，1922年第1期，第8—14页。

和香港比较接近，发生了密切关系，故此有几个作者是香港的，同时又是广州的"。广州和香港，向来有许多关系，所以香港的作者，多数担任广州出版物的撰述，像恭第（本是香港的，但现在只任省方的撰述）、麟戬、阿修罗、沈忏生、平湖、健儿等，都是省方作者而作品比较多的人。[①]

此外，从民国华南的文化生态来看，整个华南地区都共享一个文化多元、话语多元的现实背景，旧派文人的复古思潮、市井平民的通俗娱乐趣味与实利主义混杂角逐，比较之下，香港还独具一种殖民文化教育，这使得新文化与新文学对原本可以作为新文学生产与接受生力军的青年学生群体力量大为削弱，这些客观上对新文化运动的"架桥"构成了很大的挑战，也注定了其发生不可能一帆风顺，不可能像京沪两地的风起云涌，甚至也不具备广州的政治激进主义对新文化和新文学的推波助澜，而只能是一种新旧交融，逐步渐进甚至反复曲折的过程。

那么，香港本地新青年所理解的是怎样的"民族主义"和怎样的"新文化运动"？从"策群义学"以及《香港策群》，我们不难发现其"标新立异"和"救世"心切。然而，各方面的细节也暗示着：与激进政治之下的广州不同，刊物主办者展示的是一种不同于《新青年》的柔韧求生的策略和"间性"立场。《香港策群》对于来稿并未拘于文言与白话之界限，也没有严格要求必须采用新式标点符号，而遵从作者自便原则。显然，编辑同人是有着明确的新文化启蒙与建设的理想的，但出于对香港社会情况和

---

① 详见卢玮銮编，《香港的忧郁：文人笔下的香港（1925—1941）》，华风书局，1983 年 12 月，第 25 页。

学生的理性判断和对自身力量的客观认知，故而表述上也很谦虚谨慎。如《本杂志宣言》中，编辑声称："况且我们仍在求学时期，现时的智识自然很幼稚。所以不敢担负建设文化的重责。换句话来说，就是我们对于香港学生，虽有些贡献；对于文化运动，暂时不能帮忙（虽有些批评文化运动的言论，也不过由个人负责任罢了）。"①《白话文底讨论：白话文底两大功用》一文中作者呼吁"把粤语的广东，变成国语的广东"的文化设想。但是最后又笔锋一转，认为白话文固然要提倡，但文言文也不必废除。作者结尾写道："我这篇文对于白话文没有积极的提倡，国内的同志自然不甚满意。但恐怕香港这里许多人还认为白话文是有危险，我这文自然不能解释他们底疑点。"作者的审慎态度显示出对新文化和新文学历史潮流的认同和对现实语境的充分理解，这种矛盾性决定了作者文化取向和行文表达上的微妙，它呈现出另一种"五四"和"民族主义"，也从一个侧面反映了 20 年代香港新文化运动的现实处境。

同样，尽管编辑有模仿《新青年》利用通讯作为一种争鸣的意图，但显然先行者所开创的"另类空间"在殖民地香港依然相当逼窄。署名孙广苏的来稿《这样礼教尚有存在的价值吗?》②，作者明显受国内尤其是广州妇女运动的影响，呼吁女性觉悟起来，反抗不合理的礼教束缚，勇敢起来追求自身权利。对此，编辑的态度耐人寻味，作为对孙广苏来稿的回应，编辑表示该文不能完全刊出，围

① 见《香港策群》1922 年第 1 期，第 1 页。
② 孙广苏：《这样礼教尚有存在的价值吗?》，载《香港策群》，1922 年第 1 期，第 70—71 页。

绕礼教贞操旧制度旧道德等问题，编辑一方面肯定了读者的勇气与对新潮的研究的态度，同时指出新文化批评流于太过偏激——先行者的矛盾由此可见一斑。而这种矛盾或者"间性"恰恰是一种交织着中外之间以及中华文化内部多元背景的"地方性格"的表征，它使得新文化"在地化"的力度减弱，进程变缓，甚至发生异变，最后呈现出"另一种新文化运动"。

众所周知，新文学在内地包括在广州，主要通过学校教育制度确立了自身话语权，并最终从校园延伸至社会。然而，我们在香港新文学发生中看到的是另一种情景：殖民化的教育制度使得新文学面对旧文学尤其是英语文化的无力、弱势和压抑。这种尴尬的语言地位最终无论从时间还是形态内容上都对新文化运动的展开造成了限制。与内地新文学对于旧势力的猛烈攻击和短兵相接相比，新文化运动在香港是以相对平和谨慎的姿态进行的，这显然是由殖民地的历史文化语境和新文学的势力单薄决定的。启蒙者最后变成了自己所抨击所反对的对象，① 甚至出现像鲁迅所描绘的魏连殳们"躬

---

① 正如作为当事人的莫伦白后来所反思的："领袖人物是一时冲动起来的，后来受了打击，消极下去，甚至到于堕落（当时领袖人物如孙受匡、罗礼铭、潘仲柏等现在变了洋行的文员，在香港反动报纸大唱其恋爱的论调，趋向反革命，堕落到没有希望）。"莫伦白：《香港学生运动的过去现在与将来》，广州青年运动史研究委员会编：《广东学生运动史料选编（1923—1927）》，第 520 页。另据署名"展育"的学生回忆："当时一般领袖亦稍尽责，并自出版过一期惹得香港政府要害怕的《策群》杂志。呜呼哀哉，他们努力不久便消沉下去，有些做了买办，有些做了教授，有些做了写字，更有些（原文将"些"写为"次"，估计为笔误）做了堕落底文学家了，什么学生运动都不在他们思想之列了。这一低沉的景象直至五卅惨案发生才止。"原载《香港学生》第十四期，一九二六年六月十八日出版，香港学生与香港学生联合会，广州青年运动史研究委员会编《广东学生运动史料选编（1923—1927）》，第 525 页。

行先前所憎恶、所反对的一切，拒斥光前所崇仰，所主张的一切"①——新文化理想的破灭，无疑有知识者自身的问题，但背后现实的强大阴影亦是无法忽略的存在。

和多数学生刊物一样，经费问题成为香港新文化刊物生存的重要挑战。《香港策群》首期即通过多种方式表达希望得到社会人士的切实帮助的愿望。在《本杂志宣言》中，编辑指导读者从直接援助经费到介绍告白和劝售刊物，以及鼓励读者多投文稿。为推动捐助，维持杂志费，刊物规定，捐助五毫以上者赠送杂志一册，依次递增。并将捐助者芳名刊于杂志内，以留纪念。并专门刊登了《义丐兴学》和《扬斯盛小传》两篇传记文章，欲以古人兴学义举唤起今人教育救国之热情。此外，与广州等地新文学发生期学生创作的勃兴不同，20年代前期的香港，新文学创作群体还未形成，以至于即便学生刊物也面临"稿荒"的尴尬局面。正如《香港策群》同人所阐述：其办刊之艰辛，除了经费短缺，还因为文稿太少，所以《香港策群》编辑感慨其"酬酢了有两个平头"，这种理想主义的尝试在旧文学和商业文化占据统治地位的殖民地香港无疑是举步维艰的。

对于本土新文化与新文学的阻力，以往学界往往把矛头指向旧势力，比如侣伦曾回顾道："新文化"是不受欢迎的。"五四"运动给予香港社会的影响，似乎只有"抵制日本货"的概念，"文学革命"这一面的意义，却没有能够在这个封建思想的坚强堡垒里面发生什么作用。那时候，头脑顽固的人不但反对白话文，简直也否定白话文是中国正统文字。这些人在教育上提倡"尊师重道"和攻读

---

① 鲁迅：《彷徨·孤独者》，《鲁迅全集》第2卷，人民文学出版社1981年版，第101页。

四书、五经以保存"国粹";看见有人用白话文写什么,便要摇头叹息"国粹沦亡",对于孔圣人简直是"大逆不道"。①,然而,抛开一些个人的主观的追忆和陈述,回到《香港策群》所揭示的历史场域,我们发现这种所谓的对立或许并不构成真正的威胁。新文化运动最大的阻力实为殖民地的洋化教育和市民的崇洋心理。1924年,署名"陈会文"的作者在《香港之教育》②一文中,深入揭露了港英政府的殖民教育下香港的国民性与教育情况,指出港政府教育至多不过养成一种英文人才,供港政府遣用而已,至于中文,则凡就学于港地者,几于百人中无一人能为一通顺之信札者。而侨民也特别重视英文,轻视中文。陈会文分析这种原因在于英文直接与就业工作相关,谋事较容易,而识中文则谋事艰难,报酬也低微。以至于中文课程成为一种附带,名存实亡。史料还显示,尽管香港学校不乏中文教育,但中英文的学校设置和课程设置是有明显差异的,相比英文的绝对优势,中文教育不仅接受者只有不到3万人,而且仅为副修课。更致命的是,通过就业,港府进一步强化了市井平民对于英文的功利性追求和对中文的歧视,最后导致中文教育甚至中文教师备受冷遇,新文学在校园的生根发芽便艰难重重了——殖民统治者有效利用了市井平民的功利、实利主义,通过奴化教育与就业诱导,逐步强化了民众对于英文和中文的重此轻彼。从这个意义上看,以往我们将香港新文化和新文学运动的阻力主要归结于以鼓吹国粹的旧派势力显然是隔靴搔痒,值得商榷的。

总之,对比《香港策群》所揭示的历史的特别的一页以及"五

---

① 侣伦:《向水屋笔语》,香港:三联书店香港分店1985年出版,第3页。

② 陈会文:《香港之教育》,载《教育与人生》,1924年第48期,第2—3页。

四"在香港的叙述史，我们看到：历史的呈现受述史者主观的压抑、遮蔽甚至扭曲的问题依然是一种客观的存在。严重的是，由此造成的分歧至今还影响甚至左右着人们的认知。今日之香港研究，需要以史为据弥补"宏大叙事"之缺疏，但也亟待以一种超越地方本位主义的视角去关照历史与现实。站在"五四"百年的节点回望香港，其"文化"变迁的背后，既有地方惯性的作用，更有政治幽灵的存在，很多历史的遭遇和命题在今天依然是摆在眼前的挑战。这正如乔治·奥威尔（George Orwell）在《1984》中所揭示："He who controls the past controls the future。"香港"五四"，实为殖民地社会经济状况，党派新旧势力关系，市民文化心理的一种综合投射，其发生伴随着多元政治势力和各阶层的角逐与博弈。

本文系 2019 广东海洋大学人文社科青年项目"文化地理学视阈下华南沿海地区新文学研究（1898—1949）"（C19084）；广东海洋大学引进人才科研启动资金项目"文人行旅与华南沿海地区现代文学的关系研究"（R19013）；以及广东省哲学社会科学规划学科共建项目"华南地区革命文学的发生机制研究（1898—1927）"（GD18XZW04）的阶段性成果。

对儒家文化的选择性继承与改造

——从 1922—1924 年《学衡》看"学衡派"的历史文化选择

汤昭璇（中山大学中国语言文学系）

1922 年，《学衡》创刊号发行，这是一本以"昌明国粹，融化新知"为宗旨的刊物。围绕《学衡》杂志产生了一个具有一定规模的文学团体——"学衡派"，他们主要以《学衡》杂志编辑和撰稿人的身份活跃在文坛，以梅光迪、吴宓、胡先骕等人为代表，他们的思想对整个五四思潮都具有一定影响，沈卫威曾这样描述"学衡派"：

> 在中国现代学术思想界的视野里，"学衡派"不是个单纯的某一特定时段与《学衡》相对应的社团、流派。时间与空间的延续和变化，成员的流动性出入，精神的内在联系，学术的师承相传，使得文化认同成为其群体内部维系的关键所在。[1]

---

[1] 沈卫威：《"学衡派"谱系——历史与叙事》，江西教育出版社，2005 年，第 27—29 页。

同时，他也借用了卡尔·曼海姆在《保守主义》中的界说，称"学衡派"这一文学群体实际属于以文化保守主义为文化认同倾向的"精神结构复合体"①。

在五四运动思潮之中，"学衡派"与文化激进主义者、自由主义者之间在文化取向层面构成激烈的矛盾冲突。他们以"文化保守主义者"的姿态登上新文化运动的舞台，维护儒家文化学说，弘扬西方古典学，对胡适等人极力引进的杜威实用主义思想进行批判，企图用"复古"的方式改良中国社会。他们的思想始终以"逆新文化运动主潮"的形式呈现，但依然是五四运动思想遗产的重要组成部分，丰富和补充了五四运动的思想资源。

1922—1924 年是《学衡》杂志依傍高校发展最为活跃的时期，也是"学衡派"主要成员聚集在南京高等师范学校-东南大学的时期。在 1920—1922 年，梅光迪、吴宓等人陆续来到南京高等师范学校-东南大学任教。1922 年，《学衡》杂志创刊号发行。在1922—1924 年这个时间段里，南京高等师范学校-东南大学为《学衡》杂志提供了一个平台，支持着站在文化保守主义立场的"学衡派"主要成员的创作活动。

本文将以 1922—1924 年《学衡》杂志中对儒家文化思想的选择性继承与改造，看到"学衡派"所代表的文化保守主义者在新文化运动中与文化激进主义者、文化自由主义者在对"儒家文化"方面的具体争议和冲突，从而分析总结"学衡派"成员早期对传统文化的态度，讨论"学衡派"文化保守主义者们的文化立场问题。

---

① 沈卫威：《"学衡派"谱系——历史与叙事》，江西教育出版社，2005 年，第 35 页。

一、对儒家文化的选择性继承与改造

"学衡派"所代表的是文化保守主义者的立场，在面对中国急需建立一个新的社会的现实问题之下，他们选择了与文化激进主义者、自由主义者不同的道路。在反思文化激进主义者和文化自由主义者的行为的过程中，他们选择转向内部，希望能够利用以儒家为内核的传统道德规则，对中国社会进行改良。

如果说《新青年》阵营具有明确的反对以儒家文化为核心的传统文化的文化立场，那么与之相争锋的《学衡》毫无疑问是站在一个尊孔的、维护儒家传统文化的文化立场之上的。与此同时，《学衡》的撰稿人们对待西方文化的态度显得更为暧昧。他们从未全盘否定西方学说，但在面对"西学"的时候，却保持着审慎而挑剔的目光。

在五四运动时期，《学衡》的撰稿者们在接受到丰富的西方思想的同时，他们也不得不对儒家文化本身做出批判与反思，正如同梅光迪多年之后反思"学衡派"非主流的"人文运动"中写道："恐怕没有人比《学衡》的编者们更愿意承认，中国的文化传统在经过了长期的'与世隔绝'以后，已陷入狭隘的自我满足、固步自封中，因此在比较和竞争中缺乏优势。所以它必须得到丰富、补充；在其退化的情况下，还必须得到修正。"[①] 同时，儒家道德体系本身也经历了极为漫长的发展时期，从孔孟之学到汉代董仲舒创造

---

① 梅光迪：《人文主义和现代中国》，梅铁山主编，梅杰执行主编：《梅光迪文存》，华中师范大学出版社，2011年，第194页。

性地将儒家与君主制度结合，从程朱理学到阳明心学，再到明清之际对传统儒家学说的反攻提出的"经世致用"之学，最后落脚到民国时期的"新儒家"，儒家学说面对不同的历史语境也做出了相应调整。在《学衡》的撰稿者们自主选择，以及儒家文化发展内在要求的前提下，《学衡》中见到的儒家思想文化实际上是经过撰稿者们反思之后，筛选继承并加以调整的结果。

首先，"学衡派"重视儒家传统道德体系，继承了儒家文化对"仁、义、礼"的道德价值观的坚持，对重新确立完整的以儒家思想为内核的道德伦理秩序有着强烈的期待，而这种期待主要是建立在与文化激进主义者、自由主义者对垒的基础之上。

在社会层面《学衡》的撰稿者们要求重建道德伦理秩序。在梅光迪的《评提倡新文化者》①、吴宓的《论新文化运动》②、柳诒徵的《论中国近世之病源》③ 等《学衡》发表的文章中，都无一不透露出文化保守主义者们对激进主义者、自由主义者们宣扬的"自由"、"民主"、"开放"等"欧化"思想观念可能带来的道德败坏、人伦失序问题的担忧，以及对于人们"至于立身，则无坚毅之道德观念"④ 的焦虑。面对当时陈独秀、胡适等人提出的将中国社会所有腐败都归于"孔教"的观点，柳诒徵在《论中国近世之病源》中提出了相反的观点，他认为胡适等人的观点是"抵死责备"的"嫁祸"，并强调中国社会混乱的根源实际上在于近世人们对孔教的背离，尤其是对儒家所建构的道德伦理秩序的背离，他主张有选择地

---

① 参看《学衡》第 1 期，中华书局，1922 年。
② 参看《学衡》第 4 期，中华书局，1922 年。
③ 参看《学衡》第 3 期，中华书局，1922 年。
④ 摘自胡先骕：《说今日教育之危机》，《学衡》第 4 期，中华书局，1922 年。

继承孔儒，恢复儒家文化所提倡的以仁义道德为核心的伦理秩序。柳治徵的观点并非个例，对道德伦理秩序重建的呼唤，一直贯彻在1922—1924年的《学衡》中。

延续儒家道德伦理体系中"仁"的理念，《学衡》主要从反功利主义的立场出发，强调顺应"人性"、"人情"的重要性，强调对"人"的关怀。在对"人性"、"人情"的声张背后，也包含了《学衡》的撰稿者们在面对"冷冰冰的"科技与物质主导社会风尚的现实处境时，一种借助儒家文化所寄托的人道主义的情怀。刘伯明在《再论学者之精神》[①]中就举过这样一个有趣的例子：某人访友，寒暄未毕，他的朋友就拿出钟表对他说"吾之时间甚贵重，每小时值洋五圆。君有事请速言之，勿作无谓之周旋也"。刘对此评价说："其毫无人性、人情不得称之为人也。"在《学衡》的撰稿人眼中，人性、人情是远高于物质的。所谓"人情"，侧重于儒家"仁义爱人"的层面对功利主义思想观念的批判。

在个体层面，与文化激进主义者、自由主义者们追捧的个人解放、张扬个体不同，保守立场上的《学衡》的撰稿者们排斥毫不遮掩且不加节制的个体欲望，他们对个人的道德标准提出了规范和要求，并且强调个体道德思想完善与社会价值实现相结合，将个人的思想道德体系建设纳入到社会改良的环节。《学衡》的撰稿者们希望能够从个体层面重塑道德伦理秩序，通过儒家"温、良、恭、俭、让"、"克己复礼"的思想观念实现对个体道德伦理的规范。其中，"克己"的思想被《学衡》的撰稿者们反复提倡。他们的"克己"，更多是强调对自我欲望的节制，"以理制欲者即为克己"，相

---

① 参看《学衡》第2期，中华书局，1922年。

信人自身的理性。而这种"克己"是建立在知道"人必有所不为而后可以为"的立场之上的，是重建个体乃至整个社会道德伦理思想体系的第一步，"克己"实现以后才能进一步的在自身确立起契合儒家所规范的道德标准，故而他们将"克己"视为"天下国家后世之公德之基础也"。在"克己"实现之后，他们所期待的就是"复礼"。①

"礼"在新文化阵营的阐释下成为"吃人"的礼教，成为惨无人道的《二十四孝图》，是钳制个体思想解放的枷锁，也是封建专制统治的产物。但是在《学衡》的文本中，"复礼"一方面蕴含着重建社会道德伦理秩序，实现救亡图存的期许；另一方面也意味着儒家思想价值体系中对于修身与事功结合的要求——"一已此时之身份地位而为其所当者是也"②，要求个体道德思想完善与社会价值实现相结合。《学衡》的撰稿者们延续儒家的思想价值体系，强调以"礼"修身和从修身到达事功的自我实现途径，侧重于强调"礼"对个人价值和社会价值统一的重要意义，认为比起事功的建立，修身为先，并将传统思想文化的资源进一步解释为"以个人主义为起点，以人道主义为归宿"，从"完成个人"到"完成人人"的过程③。《学衡》的撰稿者们并非认同从个体的功利目的层面出发的"个人主义"，而是坚信儒家道德体系的内在力量，相信以建立儒家道德体系标准的"以礼修身"为前提的"个人主义"，相信"儒家道德使人坚韧不厌世，不计功利，不染恶习"④，个体只有在

---

① 吴宓：《我之人生观》，《学衡》第 16 期，中华书局，1923 年。
② 吴宓：《我之人生观》，《学衡》第 16 期，中华书局，1923 年。
③ 缪凤清：《四书所启示之人生观》，《学衡》第 2 期，中华书局，1922 年。
④ 胡先骕：《说今日教育之危机》，《学衡》第 4 期，中华书局，1922 年。

实现儒家道德的内在建设的前提下，才可建立事功，不然就容易有
沽名钓誉的嫌疑。

但是，《学衡》仍然无法回避一个问题，儒家价值观念经过了
漫长的封建专制的历史环境，在中国一举跨入现代性大门的情况
下，它需要调整自身才能进一步适应时代语境，所以《学衡》的撰
稿者们不得不"改造"传统道德观念，强行为儒家的思想道德观念
增添新的内容。以针对"女性解放"的话题为例，传统道德观念影
响下对女性的规训，到了新的历史时期便难以被理解和接受。而文
化激进主义者和自由主义者针对《学衡》所维护的儒家思想，从女
性问题角度提出质疑，认为从文化保守主义的角度根本无法突破传
统道德思想对于女性的钳制和束缚，无法实现女性的解放。为了回
应对垒阵营的攻讦，如何对待女性便成为《学衡》的撰稿人不得不
回应的话题。在梅光迪的《女子与文化》①一文中，对女性进行了
本质化的归纳书写，并着眼于女性解放的浅层社会意义，主要重视
女性解放于社会解放、道德优化的作用意义。他支持女性解放，支
持女性走出家庭，进入社会。此外，《学衡》的撰稿人还将传统道
德规范中的"男女授受不亲"解释为对女性的高度尊重，将对女子
贞节观念的训导解释为对女性日后家庭和睦幸福的审慎思量②，这
些看法不仅在一定程度上曲解了传统道德的思想内涵，有强词夺理
的成分，而且暴露出传统道德价值念与现代性的历史语境之间难以
调和的现实矛盾。《学衡》的撰稿者在面对新的社会历史环境中宣
扬儒家道德体系的价值理念，实际上回应了历史语境的需求，从某

---

① 引自《妇女杂志》第 8 卷第 1 号，1922 年 1 月。
② 邵祖平：《论新旧道德与文艺》，《学衡》第 7 期，中华书局，1922 年。

种程度上来说也丰富了儒家文化思想。

其次，《学衡》也重视儒家思想在学术层面的价值确立，除了对儒家道德体系进行讨论和更新，还试图在整个中国传统文化思想脉络中重新确立儒家文化的价值，并回应新文化运动主潮"抑孔扬墨"的立场与观念。《老子旧说》① 考据古往今来老子的地位将其与孔子进行比对，在抬高孔子地位的同时，也将老子的思想往孔子所宣扬的"仁德"层面靠拢。为了回应当时新文化阵营"抑孔扬墨"的观点立场，《读墨微言》② 站在一个儒家的立场上，批判墨子的"兼爱"实际上是"拂天性而悖人情"，会带来"人尽可父何爱于己之父"的人伦失序的情况，甚至将孟子批判墨子"无父无兄禽兽也"的言论一并运用上。而墨子的"爱人"是以交易他人爱己的功利目的为前提的，带有极强的功利性。柳诒徵站在反对墨家思想的立场之上，维护以儒家思想为根基建立起的伦理秩序和道德观念，构成与新文化阵营的对抗和冲突，钱玄同就曾在其日记中批判柳诒徵此文："亦尚不配称微言，而况拾人唾余乎！"③ 但除了对抗和批判，包容的观点在《学衡》中可见一斑。《释墨经说辨义》④ 一文便不再是站在一个争锋的立场之上，而是运用训释的方式对儒墨之争进行阐释，在解读过程中让墨家思想靠近儒家，强调墨家学说与儒家学说的关联性，将儒墨对立的立场化解，维护儒家道德学说的地位。

再者，在政治建设层面，针对新文化阵营认为儒家思想文化阻碍社会发展、阻碍政治制度革新的理念观点，《学衡》的撰稿者们

① 参见《学衡》第 1 期，中华书局，1922 年。
② 参见《学衡》第 12 期，中华书局，1922 年。
③ 沈卫威：《"学衡派"编年文事》，南京大学出版社，2015 年，第 81—82 页。
④ 参见《学衡》第 12 期，中华书局，1922 年。

也试图为儒家思想正名，将儒家思想与现代化政治制度建设糅合，探讨儒家思想文化参与现代化社会建设层面的必要性和可行性，强调儒家思想文化对于中国实现救亡图存的现实价值。《中国乡治之尚德主义》[1] 从"以德治民"的理念出发，描摹出"尚德"和"尚法"相结合的制度模式，展示了儒家思想道德体系在政治制度建设层面的价值和意义，并且提出了"回心内向人治其身，自有法在然"的观点，认为治人境界应当体现在引导个体"向内求法"。《学衡》撰稿者内心对道德力量充满着强烈的信任，认为治民与民治的根源都在于对"民"的个体的道德建设。同时，《学衡》的撰稿者并不是站在一个完全否定"法"——中国古代法家思想和西方法律体系——的立场上，而是出于对西方政体建设的现象的批判和思考。

二、对话和互动中确立的历史文化选择

《学衡》的撰稿者们站在保守主义立场，维护儒家文化，实际上是他们在历史语境下作出的文化选择，他们儒家文化的选择性继承与改造也是对儒家文化的"再建构"，通过重新建构儒家文化体系，他们也在为中国的未来谋划一条出路。"学衡派"的文化选择实际上与他们对中国时局的认识有直接关联性。晚清到民国时期商品经济发展，君主专制封建意识形态逐步瓦解，以儒家文化为核心的科举制度一步步走向终结，"学衡派"成员们普遍认为当时的中国社会已经陷入了一个"物质至上，私欲纵横，人情冷漠，人伦失序"的境况之中，这一认知的形成主要来自于两个方面：一是"学

---

[1] 参见《学衡》第 17、21、36 期，中华书局，1922—1924 年。

衡派"与文化激进主义者和自由主义者的对话；二是"学衡派"在跨文化语境下与北美新人文主义实现的互动。

"学衡派"在与文化激进主义者、自由主义者的对话之中建构儒家思想体系，他们对于时局的认识也同样建立在文化激进主义者、自由主义者提出的思想观念的对立面。"学衡派"认为文化激进主义者和文化自由主义者提倡的个性解放、实用主义以及革命观念不仅不能实现民族解放、救亡图存的目标，而且不断加剧"私欲纵横，人伦失序"、"人人言科学、革命而不齿宗教、道德"的社会问题，推动浮躁、趋利的社会风气。

首先，"学衡派"成员将个性解放与"私欲纵横"的价值理念进行勾连。以启蒙者的姿态登上历史舞台的知识分子们强调个性解放，提倡自由、民主、科学。面对救亡图存的历史现实，启蒙者们试图将受过教育的青年群体唤醒，实现个性解放，将个人从原有的社会制度、思想结构中解放出来。陈独秀的《敬告青年》中就写道："盖自认为独立自主之人格以上，一切操行，一切权利，一切信仰，唯有听命各自固有之智能，断无盲从隶属他人之理……以其是非荣辱，听命他人，不以自身为本位，则个人独立平等之人格，消灭无存，其一切善恶，势不能诉之自身意志而课以功过……"①个性解放主要从个体的层面出发，在这里便产生了"公"与"私"的冲突。在封建专制统治下生成的儒家学说强调"'公'在道德上和政治上处于优先地位"②，但是文化激进主义者和自由主义者所强

---

① 陈独秀：《敬告青年》，载胡明编选《陈独秀选集》，天津人民出版社，第11—12页。

② 沟口雄三：《中国思想史——宋代至近代》，生活·读书·新知三联书店，2014年，第159页。

调的个性解放主要是从个体也就是所谓的"私"出发，在"学衡派"看来这种强调个体价值和个性解放的价值观念实际上会加重社会私欲纵横的状况。而 1921 年郁达夫的《沉沦》发表之后更是在中国文坛引起强烈的反响，对个体内心深处的情感欲望的直接宣泄虽然成为个性解放的标识，但同时也被"学衡派"批判为不知廉耻，不知节制的个人欲望膨胀的具体表现。

其次，在"学衡派"的眼中，国难当头，社会秩序混乱，正是亟需重建道德体系，确立民族自信力，维护本民族文化的重要时刻，但胡适等人引导的新文化运动对杜威、罗素等人的追捧，对实用主义的推崇，对社会进行全方位的推陈革新。让"学衡派"产生民族危亡的恐慌。在《学衡》尚未创刊之际，梅光迪就曾经给胡适写信表示过："我辈莫大责任在传播祖国学术于海外，能使白人直接读我之书，知我有如此伟大灿烂之学术，其轻我之心当一变而重我之心。"[①] 他们对于传统文化充满民族自豪感，并认为这样的思想资源有助于改善中国贫弱的现状，"学衡派"感受到实用主义价值理念对宗教、道德领域的侵袭，"而国内的领导人又引发了一系列的革命热潮和革命运动，所有的一切加在一起导致了人们对文化传统的置疑，民族自信心也大打折扣"[②]。

"学衡派"对于中国时局的认知有一部分来自于跨文化视野下北美新人文主义领军人物白璧德的思想理念，白璧德面对现代化进程已经进入一定阶段的北美资本主义提出了他的思考。"学衡派"吸收了白璧德的思想理念，他们将所接受的西方理论思想与在北美

① 摘自梅光迪《致胡适四十六通》，收录于《梅光迪文存》。
② 摘自梅光迪著、庄婷译：《人文主义和现代中国》，收录于《梅光迪文存》。

求学、生活的人生经历结合，跟随着白璧德的视野，看到了许多西方思想影响下的现代性过程中存在的现实问题。20 世纪初的美国利用一战优势确立了经济强势地位，经历了一个经济发展的黄金时期，而伴随着高速发展的经济，也出现了物欲膨胀的价值观念和私欲纵横的社会问题，白璧德的思想正是诞生于美国这样一个特殊的历史时期。面对美国迅速崛起所创造的辉煌成就，他却敏锐地捕捉到了当时处于现代化高度发展阶段的美国社会中存在的问题，所以带着一种悲观和批判的态度，对美国当时的经济政治社会进行反思。白璧德对美国社会问题进行了深刻的检讨批判，并选择回归到古典的学问中寻求解答，向古希腊、古代中国哲人的智慧中寻找自己学说的支撑，呼唤道德和宗教的回归，以求改变美国的社会困境。

面对文化，白璧德和"学衡派"都显示出包容的态度。针对胡适等人提倡新文化，激烈地批判和否定儒家学说，白璧德也曾发表过评论："人性好趋极端而矜偏颇，然人云所以学为人者，正以战胜此种天性。于人心中每种趋向，各以其反对之趋向调剂之，遂能合礼而有度焉"[1]，认为全盘否定儒家文化的极端思想并不可取，改变偏颇极端的心态，实现中国思想价值理念和西方思想价值理念的结合才是正确的方式，这与"学衡派"所提出的"无偏无党，不激不随"的创刊宗旨也有相通之处。《学衡》的撰稿者们并非对儒家传统文化中存在的弊端熟视无睹，但是比之对自身文化的抵死责备，他们"坚信目前更为紧迫的任务是对已取得的成就加以重新审

---

① 胡先骕：《白璧德中西人文教育谈》，《学衡》第 3 期，中华书局，1922 年。

视，为现代中国重塑平稳、镇定的心态"。①

值得注意的是，《学衡》与北美新人文主义之间并不是一个单向征用的关系，而是处在一个双向互动的关联。这一互动关系中，不仅有"学衡派"对新人文主义思想的借鉴与发挥，也有白璧德个人的意愿与期待，他希望借助孔子以及中国传统儒家学说，在世界范围宣扬新人文主义思想。②

"学衡派"站到了文化保守主义的立场，唯恐中国成为西方现代性发展之后的可怖模样：物欲横流，私欲纵横，失去本民族文化根基，成为西方思想的倾销地，"如果一个人总要否定他自己的过去而且对自己取得的成就毫无信心，那么未来的生活又能带给他怎样的意义和目标呢？"③ 面对不可逆的历史潮流，"学衡派"选择了回归到"过去"——也就是以儒家思想价值体系为核心的传统文化中确立自己的价值，以"民族"而非"革命"的方式来实现救亡图存的目的。"学衡派"预见性地看到了现代性可能带来的危机，选择了文化保守主义的历史道路，企图将中国拉出"自我诅咒的无边深海"，恢复民族自信，寻找到以"民族"为中心的价值意义。虽然梅光迪、吴宓、胡先骕等"学衡派"的代表人，一直企图希望那个通过儒家文化为核心的传统文化改变中国的境况，但他们最主要针对的却是中国已经摆脱国难，社会平稳发展，现代化进程发展到了一定阶段的社会处境，而并非他们身处的时代。

---

① 摘自梅光迪著，庄婷译：《人文主义和现代中国》，收录于《梅光迪文存》。
② 关于新人文主义在跨文化语境当中的互动实践相关话题的讨论，可参看李欢《"国际人文学主义"的双重跨文化构想与实践》，《文学评论》，2015 年第 1 期。
③ 摘自梅光迪著，庄婷译：《人文主义和现代中国》，收录于《梅光迪文存》。

在与白璧德的新人文主义以及文化激进主义者、自由主义者的对话过程中，"学衡派"确立了对时局的认识，同时也坚定了内心对于以儒家文化为核心的传统道德体系的坚持，并且选择了有助于社会道德重建的儒家文化思想作为寄托自己思想的对象，不断努力企图回复儒家文化的原有地位并且摒弃了一些并不符合时代的儒家思想，对儒家文化进行顺应时代的改造。"学衡派"在现代化历程的初期企图用古旧的传统道德体系去恢复和重建中国的秩序，但实际上"学衡派"所认为的"物欲横流，道德沦丧"的社会境况并不是时代所面对的主要问题。正面临着内忧外患艰难处境的中国，需要的也不是利用传统道德体系来重建人心，而是向西方汲取更先进的"器物"和"精神"，以实现民族解放。《学衡》对于传统道德体系的继承和改造，也正是由于过早的预见了"现代性"的弊端，错估了当时中国的现代化进程社会环境对于重建道德体系的需求。

三、历史语境中《学衡》的意义与价值

《学衡》所代表的文化保守主义的立场在五四思潮中虽然并不是主流，但是其基于文化立场提出的思想理念却构成了五四运动的重要组成部分，丰富和补充了五四运动的思想资源。

从1922—1924年的历史语境中来看，"学衡派"维护以儒家文化为代表的传统道德体系的举动不可避免地引起了文化激进主义者和自由主义者们的批判和置疑。对于"学衡派"所坚持的传统价值理念，鲁迅嘲讽为"几个假古董所放的假毫光"[①]，沈雁冰则将他们

---

① 摘自《估〈学衡〉》，1922年2月9日发表于《晨报》。

的行为直接归为"复古"并讽刺他们拿着文言作品的"假古董"招摇①。鲁迅、沈雁冰等人对《学衡》抱有一种轻蔑和怀疑的态度，他们甚至并不认同他们文章中寄托的是真正的传统儒家文化。沈雁冰在《文学界的反动运动》中指出《学衡》已经为时代潮流"所不容许"，胡适更是在《五十年来中国之文学》中直接断言："《学衡》的议论，大概是反对文学革命的尾声了。我可以大胆地说，文学革命已过了讨论的时期，反对党已经破产了。从此以后，完全是新文学的创造时期。"就文化激进主义者、自由主义者的立场而言，《学衡》的议论已经是脱时代潮流的了，不能改变新文化运动主流走向，也就仅仅激起一点涟漪罢了。甚至吴宓在日记中也曾评论道，他勉力支持《学衡》的行为，是一种"知其不可为而为之"的勇举。

但有趣的是，虽然认为早已没有指正和讨论的必要了，文化激进主义者和自由主义者却并不放任《学衡》的存在，而是将他们拎出来鞭笞一通。按沈雁冰的说法，《学衡》"虽然不能阻碍新文学之发展，却能阻碍一般群众的正确的文艺欣赏力之养成；在这一点上，他们所做的罪恶，实在不小"。② 这一点不仅能看出《学衡》宣传的思想并非毫无价值和市场，而是会影响群众的"文艺鉴赏力之养成"，被部分群众所认可并接受。

社会语境中存在多元的文化立场并非是不被允许的现象，但这样的现象似乎并不能被提倡文化革命的旗手们接受，在时代语境之中可以看出沈雁冰等人所代表的文化立场对《学衡》所代表的文化

---

① 摘自《文学界的反动运动》，1922 年 5 月 12 日发表于《文学周报》第 121 期。
② 摘自《文学界的反动运动》，1922 年 5 月 12 日发表于《文学周报》第 121 期。

保守主义立场话语的抢夺与市场的挤压。在这种话语权力博弈的背后，也是当时中国的知识分子在现代性转型时期对"如何认识时代"、"如何认识自身"的反思和焦虑。

"学衡派"对以儒家传统道德体系的选择性维护和宣扬背后，体现的是一个"精神复合结构体"在斟酌他们所处的时代环境，结合他们个人脉络之后，做出的坚持文化保守主义的历史选择。他们对传统道德体系采取的是一种相对温和的有选择性接受的态度。虽然，相比之下"学衡派"及其所代表的文化保守主义不论是在其所处的时代还是如今的研究界，仿佛都处于边缘地位。但是对《学衡》的讨论仍具有其价值和意义，《学衡》的思想为我们提供了更广阔的视野和更丰富的思想价值，让我们能够更好地看待"新"与"旧"的关系，也能让我们能够更好地理解中国传统文化，理解五四运动退去后的中国文坛，乃至当代中国社会。

如今的中国现代化发展已经到达了一个新的阶段，由于物质水平的提升，社会结构的改变，人们的价值观念在极大程度上被重塑，消费主义、市场经济所带来的"物欲横流，道德沦丧"成为当下中国所不得不面对的"命运"，儒家道德体系中的积极成分在当下中国越来越得到重视，"学衡派"对于传统思想文化的继承和改造也就显现出其独特的思想意义和价值。此外，随着中国不断实现国际化进程，如何在传统与现代，世界与本土的对话中确立文化立场，成为当下中国不得不面对的问题，"学衡派"对待传统文化和西方文化所采取的包容性姿态也日益得到认可。

"学衡派"的文化立场在当下语境中也呈现其独特的思想价值，而重估《学衡》的价值在现代化进程已经发展到一定阶段的当下中国语境之中也具有特别的历史意义，就像季进所言："学衡派对传统文化的尊重态度与中庸价值取向，恰恰是创造一个富有活力的现代社会所不可或缺的。在尊重现存历史连续性的前提下，提倡的在渐进地求得新机制在旧机制内生长，可能更是实现中国富强与现代化的重要途径。"①

---

① 季进：《重估〈学衡〉》，《五四@百年：文化·思想·历史》，联经出版社，2019 年 4 月。

对儒家文化的选择性继承与改造

胡适"科学"观念的现代性反思

沈庆利（北京师范大学文学院）

"科学"与"民主"观念的输入是五四新文化运动最重要的思想文化成果之一。新文化运动虽然引进了各种西方文化思潮，但陈独秀的"德先生"、"赛先生"之说最终以言简意赅又生动形象的语言形式，成为"新文化和新文学倡导的'理想类型'的理想表述"。① 在五四新文化运动影响下，"民主"、"科学"已然是现代社会不可或缺的"标签"，而"科学"一词更被赋予某种不可质疑的神圣意味。然而当"科学"被拟人化为"赛先生"之后，一方面它被树立为高高在上的理想"范型"，另一方面也使得人们自觉不自觉地"将各种正面的价值和肯定的理念都往科学概念上黏附"，从而造成"科学"这一概念的"蔓延"和变异，甚至与真正意义的科学精神悖离。② 这在作为五四新文化运动急先锋的胡适身上体现得尤

---

① 朱寿桐：《汉语新文学的科学因素》，《学术月刊》2013 年第 3 期。
② 朱寿桐：《汉语新文学的科学因素》，《学术月刊》2013 年第 3 期。

为明显。胡适的"科学"观以其终生践行并鼓吹的"科学方法（论）"为基础，并由此生发而成"科学的人生观"，对百年中国社会产生了巨大深远的影响。然而正因如此，也有进一步反思的必要。

一、"科学方法"论与"科学至上"论

"科学方法"论是胡适科学观念的核心内容。所谓"科学方法"，用胡适自己的话说就是一种与"客观的评判的态度"相辅相成的"大胆假设、小心求证"的实验主义方法。[①] 在胡适看来，这种方法应以"适当的智识学问为依据"，"他不容许偏见和个人的利益来影响他的判断，和左右他的观点"。[②] 而是以经验理性为指导，通过实验、实证的方式"重新评估一切价值"。胡适的这一主张和实践对当时的中国社会产生了振聋发聩的警醒作用，并引发了文化学术和社会层面的空前改革。胡适在中国现代哲学、史学和文学研究诸领域都作出了一系列开创性贡献，应当说与这种科学批判立场和科学"工匠"精神密不可分。"科学方法"既是胡适输入西方现代学理、实现"再造文明"的手段，也是他安身立命、为人处世的原则，乃至衡量一切自然和社会现象的尺度。

胡适的"科学方法"脱胎于他在美国留学时的导师杜威的实用（验）主义哲学理念，但他对杜威哲学理论的接受却存在一种简约化甚至"肢解化"倾向。余英时先生曾指出，胡适思想中有一种明

① 胡适：《介绍我自己的思想》，《胡适文选·自序》，见《胡适文选》，上海：上海亚东图书馆 1930 年版，第 1 页。

② 胡适：《知识的准备》，原文系胡适于 1941 年 6 月中旬在美国普渡大学毕业典礼上的讲演，见《胡适全集》第 20 卷，合肥：安徽教育出版社 2003 年版，第 198 页。

显的"化约论"（reductionism）倾向，他善于把一切学术思想乃至整个文化都化约为一种简单明了的"方法"，他所重视的主要是某家某派之学术和思想背后的方法、态度与精神，而非具体的实际内容。① 胡适将实用主义哲学抽象化（"简约化"）为一种具有普世性的"科学方法"。这一"方法"包含"历史的方法"和"实验的方法"两方面内容。前者侧重于从具体的历史背景出发对某一学说和人物、某一社会现象加以评判，并对其抱有"历史的同情的"态度；后者强调具体的实验和实践才是"真理的唯一试金石"。② 然而正像有论者指出，胡适本人既对杜威哲学的理论谱系缺乏追根溯源的兴趣，对其师的思想学说并未以"历史的方法"进行研讨；同时他又将"实验的方法"扩大至对一切社会问题的应用解决，"不曾区分中西不同的社会文化背景即把此种方法作为最新最完善的'科学方法'"，"本身即是对'实验精神'的违背"。③

胡适不仅把杜威的实验主义哲学方法视为整个人类文明发展最新潮、最先进的思想成果，还认定这一哲学理念不但适用于当时的美国社会，"而且也曾适用或将适用于其他一切社会"。④ 此种将西方学界"百家学说"中的一家之言不切实际地"扩展"为囊括宇宙人生一切真知灼见的"普遍真理"，与中国古代社会"罢黜百家、独尊一家"之一元论思维定势不无相似之处。而他所谓"客观的评

---

① 余英时：《中国近代思想史上的胡适——〈胡适之先生年谱长编初稿〉序》，见胡颂平编著：《胡适之先生年谱长编初稿》第1册，台北：台湾联经出版事业公司1984年版，第40—41页。

② 胡适：《杜威先生与中国》，《东方杂志》1921年7月10日第十八卷第13号。

③ 章清：《胡适评传》，南昌：百花洲文艺出版社2015年版，第63页。

④ 林毓生：《中国意识的危机》，南昌：百花洲文艺出版社2015年版，第144页。

判的态度"则常常简化为对"是与非、好与坏"的"重新评定",这种经验主义、形式逻辑的思维方式,显然不足以反映"历史运动自身的曲折性、复杂性"。在今天的一些学者看来,"胡适的这一弱点,也是他们这一代启蒙思想家或强或弱共有的弱点"。① 可见,无论是胡适的历史贡献还是其未能克服的"历史缺陷",都已在当今学术界凝聚为共识。而胡适等文化先驱在传统与现代、"西化"与"本土"之间的种种复杂纠结和奇妙"转换",及其背后折射出的复杂文化心理人格,却是更值得探讨的。

事实上,以程朱理学为代表的新儒学对胡适文化心理人格的形塑,要比他本人宣称的杜威、赫胥黎等人对其思想的影响更具决定意义。且不说代代相传的徽州文化和"徽州学派"对胡适潜移默化的熏陶,父亲胡传的英年早逝带给他的"损失认同"之心理情结,都无形之中为其思想意识提供了某种"范型";幼年时在传统私塾教育中接受的严格的训诂学、考据学训练,则为他后来的学术生涯打下了坚实基础,也确定了"方向"。学界近年来的研究表明,在尚未"归宗"杜威等人的实用主义哲学之前,胡适的学术观点和思想倾向就已十分接近于实用主义的思想方法了。② 胡适本人则坦言程颐等人的"学源于思,思起于疑"之主张,正是自己贯穿一生受益匪浅的治学原则。在他看来,清代文人的"朴学"已体现出"存疑求真"、"实事求是"之类现代科学精神。传统中国的考据学的确形成了一套可贵的实证性学术传统,"但这种实证性并非面向大自然和人类生活,并在此基础上发展出自然学和人文学意义上的实证

① 姜义华:《〈胡适评传〉序》,见章清:《胡适评传》,第4页。
② 参见章清:《胡适评传》,第60页。

主义"①，而是仅仅局限于文献学、语言学领域，而且很多传统文人恰恰是出于逃避现实的需要，才潜心于所谓经典校勘与"考据"之中的，他们的"穷首皓经"不仅徒然浪费了大量精力和心血，还对整个社会的故步自封起到推波助澜的作用。胡适之所以能开启现代学术之风，很大程度是因为"他抛弃了徽州学者固有传统中封闭、保守、落后的东西，思想意识、观念方法来了一个空前的超越"。②胡适对本土文化传统既有"颠覆"和"超越"，更有创造性的"现代转化"，其审时度势、调和中西的智慧策略和淡定平和的理性态度均令人叹服。甚至有学者不无刻薄地指出："有了赫胥黎、杜威为之正名，胡适的观点就成为'现代的'了，……没有杜威，中国的考据就与所谓'桐城谬种'没有多大区别，既算不上什么'学'，恐怕还属于被'打倒'的范畴；有了杜威，考据就成了'考据学'，而且其身份认同也由旧变新，一举飞上枝头变凤凰，进入五四新文化人最推崇的科学殿堂之中。"③ 很明显，从中折射出的恰是科学话语在当时的中国所具有的无上权威，以及对各种"正面价值"和肯定性理念的"粘附"。

汉语中的"科学"一词在中国古代虽就已出现，但它与现代意义的科学概念并无关系，乃是"科举之学"的简缩。现代意义的"科学"概念来自于对西方语言尤其是英语中 science 一词的翻译。英语中的 science 源于拉丁语的 scio 等词，最初意义与普通的"知

① 章清：《胡适评传》，第 110 页。
② 沈卫威：《胡适图传》，广州：广东教育出版社 2004 年版，第 4 页。
③ 罗志田：《再造文明的尝试：胡适传（1891—1929）》，北京：中华书局 2006 年版，第 177—178 页。

识"概念并无区别,后来才演变为不同于某一学科领域的系统性"知识"。science 在过去数百年中经过了复杂深刻的演变,但蕴含其中的"通过观察、测量和实验等手段获取的,关于自然或物理世界的知识体系"之基本内涵并未发生改变。① 西方人的分析思维将 science 牢牢限定在物理和物质世界范畴之内,科学虽然取得了与人文哲学、宗教并行的地位,但并未将其完全"吞并"和取代。西方文明始终有一种源远流长的二元理性主义哲学传统,从而为经验事实、逻辑关系、推导命题之外的信仰、意识、价值、理念等等"留下了地盘"。② 但传统中国的整体性、模糊性和一元论思维,却促使"科学"概念传入中国时发生了整体性的改造和变异。古代汉语与 science 勉强对应的词汇,应是出自《礼记·大学》中"致知在格物,物格而后知至"的"格致"一词。而将 science 翻译为"科学",则是由日本学界传入中国的。日本学人之所以把 science 译为"科学",是因为他们注意到西方实证主义科学首先是一种"分科之学"。他们所使用的"科学"一词乃"分科之学"的简称。与古代中国哲人强调"分格"致知近似,从"分门别类"、"分科而学"出发,的确能抓住现代西方科学的本质属性,只可惜并非所有民众都能意识到"科学"的这一基础性内涵,却更容易"联想"到"科学"之"学"背后的普遍性理论体系,乃至升华而成的普遍性"真理"观念。相对于"无分科则无科学"之"科学常识",国人心中的"科学"观念更容易扩展为一种独立存在的价值体系,并上升至无与伦比的权威地位。相较于"民主"、

---

① Longman new generation dictionary (School edition). London: Longman, 1982: 610.
② 刘大胜:《当科学主义笼罩一切》,《河北学刊》2019 年第 2 期。

"自由"等概念，"科学"还可与某种特定政治意识形态保持一定距离，因而在现代中国"有幸成为流传最为普遍、所受阻力最小的一种观念"。①

"科学至上"、"科学万能"观念一旦形成并固化为思维"原型"，就会进一步"蔓延"至社会人生的各个领域。五四新文化运动之后，传统文人士大夫"修身养性"的儒学理念逐渐被现代意义的"科学"精神取代，成为现代国人精神世界的主导力量。胡适甚至倡导"头脑受过训练"的大学生在离开学校、步入社会之后，要努力将其学到的"实验室研究的思考态度和技术"贯穿到"他日常思想、生活，和各种活动上去"②，可谓是将"科学"无限蔓延的典型例证：要知道社会人生与科学研究有本质不同，很难想象一个连情感生活都抱持"实验室研究"的思考态度和技术操练的人在现实生活中会怎样。但在当时，胡适倡导的"科学方法"和"科学哲学"却广为风行，连后来的马克思主义理论家艾思奇都坦言："五四文化运动是德先生和赛先生的得意时代。在哲学上，胡适所标榜的实验主义占了一时代的上风，……以'拿证据来'的实验主义被当时认作典型的科学精神。在五四文化运动中，科学方法之被人重视是谁也不能否认的。"③

二、"科学的人生观"与精英人才（教育）观

自欧洲工业革命以来，科学技术的突飞猛进极大改变了人们的

---

① 刘大胜：《当科学主义笼罩一切》，《河北学刊》2019年第2期。
② 胡适：《知识的准备》，《胡适全集》第20卷，安徽教育出版社，2003年。
③ 艾思奇：《二十二年来之中国哲学思潮》，《中华月报》第2卷第1期，1934年1月。

生活方式和价值理念，也促使人类社会发生了一系列革命性的深刻变革。人类在自然科学领域取得的非凡成就曾使西方社会对科学技术产生某种崇拜心理，科学主义（scientism）思潮也一度盛行。但二元理性主义文化传统并没有因为社会的现代化转型而中断或发生实质性改变，"几乎所有的科学家、哲学家在其内心世界和价值认同中都为人生观预留了空间"。① 西方的人文主义和宗教理论家则对科学崇拜进行过激烈批判，甚至攻击其为"偶像崇拜"。② 相对而言，scientism 在中国又被翻译为"唯科学主义"，虽然英文词源是同一个，具体内涵和价值取向却完全不同，正如有学者指出，如果说科学主义是人类理性主义的一种合理化表述，唯科学主义则已走向"理性的背叛"。把原本属于某一学科范畴内的"科学（知识）体系"界定为"具有唯一性、普适性、绝对性和不可更易性"的普遍性真理，已大大超出了科学主义的理性范畴。③ 但令人遗憾的是，以胡适为代表的五四文化先驱所认定的恰恰是"科学（方法）"的唯一性、普适性、绝对性和不可更易性，从而陷入唯科学主义的窠穴而不自知。

发生在五四运动高潮之后的"科玄"之争，以胡适等人的"科学的人生观"取得"全面胜利"，"玄学派"走向溃败而结束。但正像一些学者指出，思想的孰是孰非却常常不以一时的"胜负"而论

---

① 刘大胜：《当科学主义笼罩一切——五四新文化运动时期的科学观念再阐释》，《河北学刊》2019 年第 2 期。

② 郭颖颐：《中国现代思想中的唯科学主义（1900—1950）》，南京：江苏人民出版社1989 年版，第 16 页。

③ 刘大胜：《当科学主义笼罩一切——五四新文化运动时期的科学观念再阐释》，《河北学刊》2019 年第 2 期。

定，"玄学派"虽然在理论上较为幼稚，"但他们的问题却不失为深刻"，时至今日，科学与人生的关系"依然如幽灵般纠缠着我们"①。胡适等人的"科学的人生观"在当时及此后的现代中国社会畅行无阻，甚至发展为人皆共知且不容置疑的唯一"正确人生观"。这对于科学常识、科学方法在现代中国的推广普及虽然发挥了积极影响，但也加剧了整个社会走向实用主义和过于功利主义的倾向。而我们在今天重温那篇胡适为《科学与人生观》一书撰写的著名序言，不难发现他对"科学的人生观"所界定的十条具体内容，既包括近代西方科学的浅见常识，也不乏一知半解的偏颇和谬见。最明显的是第五条："根据于生物学、生理学、心理学的知识，叫人知道人不过是动物的一种，他和别种动物只有程度的差异，并无种类的区别。"② 事实上人类固然是动物的"一种"，但如果说人类与其他低级动物之间只有"程度的差异"、没有"种类的区别"，岂不既违背了自然科学的基本常识，也不符合文艺复兴以来的欧洲人文主义主流传统？

笔者完全同意这样的观点："评价一个思想家的观点在片言只语上纠缠没有多少意思，重要的是必须弄清楚他的基本主张。"③ 但由于胡适的某些"片言只语"自"五四"以来流传甚广，对广大读者尤其是青年学子影响甚大，一些不谙世事或心智未完全成熟的青

---

① 高端泉：《〈科学与人生观〉出版说明》，张君劢等著：《科学与人生观》，合肥：黄山书社 2008 年版，第 6 页。
② 胡适：《科学与人生观序》，张君劢等著：《科学与人生观》，合肥：黄山书社 2008 年版，第 22 页。
③ 袁伟时：《胡适与所谓"中国意识的危机"》，见谢泳编：《胡适还是鲁迅》，北京：中国工人出版社 2003 年版，第 93 页。

少年读到这些文字，难免会将其视为不容置疑的"至理名言"，甚至将其作为自己的人生"座右铭"，那么其"不良影响"也就不容低估。胡适宣称"要根据更坚固的证据和更健全的推理为基础"，重新建立起一种能够使人"确切相信"的信仰体系。① 这一信仰体系的理论基础乃是赫胥黎等人的社会进化论，而赫胥黎的社会进化论又是根据达尔文的生物进化论推广至人类历史和社会文化领域的一种学说。胡适深信达尔文的进化论和西方的机械科技已穷尽"自然界的秘密"，人类已有足够的能力"抵抗自然的残酷"，因而古人怀有的对于大自然的"畏惧之心"已无存在之必要。在《我们对于西洋近代文明的态度》一文中，胡适还引用一位西方现代诗人的诗句无比豪迈地畅想道："我们现在不妄想什么天堂天国了，我们要在这个世界上建造'人的乐国'。"② 然而胡适先生显然太过乐观了，这种试图以现代"科学"斩断与传统文化观念、乃至传统宗教文明之联系的想法，未免操之过急且不无简单化。在 1928 年所作的一篇演讲中，胡适甚至鼓吹一种现代社会的"新宗教趋势"："天国不在天上，也不在人心里，是在人间世"，他号召大家一起努力，"要使天国在人世实现"。③ 站在二十一世纪的历史制高点重新反观这些观点，可以发现它们绝对未经得起"历史的检验"：二十世纪的"人间世"曾出现多个打造人间"乐国"抑或"天国"的实验，无不以失败而告终，有的甚至异化为臭名昭著的人间地狱。至于从对"科技万能"的迷信引发的各种狂热思潮，更与人类狭隘的自我中

---

① 胡适：《知识的准备》。

② 胡适：《我们对于西洋近代文明的态度》，1926 年 7 月 10 日《现代评论》第四卷第 83 期。

③ 胡适：《祝贺女青年会》，《胡适全集》第 3 卷安徽教育出版社，2003 年第 837 页。

心、自大自恋扭结在一起，造成了大量无视科学常规的"逆天行事"，酿成一系列惨痛的历史悲剧。

胡适所说的"根据于生物的科学的知识，叫人知道生物界的生存竞争的浪费与惨酷——因此，叫人更可以明白那'有好生之德'的主宰的假设是不能成立的"① 也未免失之武断。要知道"上天有好生之德"乃是中国古代哲人上察"天人之际"，下瞰世间万物后得出的深刻"假设"，不仅应成为我们继承和发扬的优秀文化遗产，也是全人类共同珍视的价值观之一，岂是胡适先生一句轻描淡写的"不能成立"就能完全否定得了的？在五四运动已过去百年的今天，人们不仅早已熟知爱因斯坦的相对论对于牛顿等人建构的经典物理学的挑战，更了解伽达默尔的认知论对于所谓唯一正确"科学方法"的质疑和批判；近年来"平行宇宙"等学说的兴起，也对人们的传统思维造成了强烈冲击。如果我们还对当年胡适等人的"科学万能论"坚持一种抱残守缺的态度，难免会陷入古人刻舟求剑式故步自封的愚蠢境地。

胡适依照自己"科学的人生观"向青年们发出号召：与其终日苦想人生的意义几何，不如发奋图强积极行动起来创造自己生命的意义，这当然很有道理。但胡适以近乎斩钉截铁的语气认定"生命本没有意义，你要能给他什么意义，他就有什么意义。"② 却难掩其从根本上否定人类生命之终极意义的偏狭倾向。他甚至提出从"生物学的事实"出发，质疑"生一个人与一只猫，一只狗，

---

① 胡适：《科学与人生观序》，张君劢等著：《科学与人生观》，合肥：黄山书社 2008 年版，第 22 页。

② 胡适：《人生有何意义》，1928 年 8 月 5 日《生活周刊》第三卷第 38 期。

有什么分别?"① 与前文引述的胡适所认为的人类与普通动物之间没有"种类的区别"一脉相承,这种混淆或抹杀人类与畜类、禽类、猿类等高级动物之种类界限的观点,笔者认为隐含的危险倾向不容小觑。——它很可能使得原本身为"目的"的人类（个体）,被（群体性地）物化或异化为所谓"主人"们的单纯"工具"。如果人之为人的"种类"意识和"人类异于（一般）动物"的观念不能牢牢确立,那么人类社会向往的自由、平等等价值理念,就极易发生偏差甚至走向其反面。证之以中外历史,此种事例绝不在少数:试问古代官宦人家畜养的"家奴",就其"功能性"、"实用性"、"可用性"而言,与所谓"家畜"又有什么本质区别呢?

除了使人类本质趋向于物化和异化的危险之外,胡适的"科学的人生观"在社会实践中还极易滑向狭隘功利主义的境地。这种"科学至上"、"唯科学论"的世界观与传统中国文人士大夫的"唯智论"交织在一起,"唯才论"、"唯成功论"式精英主义教育观的形成就在所难免了。作为"青年导师"和"成功人士"的胡适多次引用易卜生的话,向年轻学子灌输这样的信念:"你的最大责任是把你这块材料铸造成器"②;"你们的母校眼睁睁地要看你们十年之后成什么器。"③ 如此谆谆教诲即使在今天看来依然非常"励志",但真正达到"材"或"器"标准的在任何社会毕竟只是少数。——

---

① 胡适:《人生有何意义》,1928年8月5日《生活周刊》第三卷第38期。

② 胡适:《中国公学十八年级毕业赠言》,原载1929年7月《中国公学毕业纪念册》,见《胡适全集》第3卷第826页。

③ 胡适:《中国公学十八年级毕业赠言》。

若不能从普通芸芸众生中脱颖而出并"出类拔萃",岂敢妄称"精英"?而在胡适眼中,若一个人成不了"材"或"器",甚至连为国"牺牲"的资格都没有了:"自己还不能成器,那里能够改造社会,即使牺牲,也不能够救国"①,胡适主张青年人不要任凭"爱国"热情的泛滥而盲目牺牲,应该说极其可贵,但他立论的基础却是强调"成器"与"成材",从中难免折射出精英主义理念的傲慢和狭隘。如果人生的意义仅仅限定在"成材"和"成功"一条路上,不仅会造成"千军万马争过独木桥"的畸形社会现象,而且经过努力之后最终没有成材,没有成为大众仰慕的"成功人士"的"失败者"们就会被鄙视为"废柴"乃至社会的累赘(事实上这在中国社会已屡见不鲜)。当整个社会的价值导向都集中于所谓"成材"和"成功"者的身上时,很难不造成价值观的扭曲和社会多元创新元素的丧失。而如果人生的一切都可以被"科学"地谋划抑或"规划",那么古今中外不知有多少伟大天才和英雄人物都将不复存在。百年来中国教育愈演愈烈的功利化倾向,很难说与这种"精英人才"(教育)理念,及胡适等人鼓吹的"科学的人生观"没有关系。

三、结论或余论:"科学"观念与中国现代性建构

作为文化先驱的胡适对于新文化运动和现代学术事业的巨大贡献早已有目共睹,笔者无意当然也不可能予以任何形式的否定。尤其是胡适对自由主义的认知既全面又深刻,晚年的他更在西方思想

① 胡适:《我们所应走的路》,见沈卫威编选:《胡适论人生》,合肥:安徽教育出版社 2006 年版,第 71 页。

家的影响下，宣扬和传播"容忍比自由更重要"的文化哲学理念，一度走在中国思想史的前列，着实令人感佩。本文集中探讨胡适对西方"科学"观念的认知、引进和传播，通过这一"科学"观念在现代中国社会产生的巨大影响，进而反思五四新文化运动以来百年中国现代性建构中的得失和偏颇。

现代性可以解释为"现代"的本质特性。"现代"是一个众所纷纭的复杂概念，现代性建构更是一个漫长的系统工程。一般认为西方的"现代"及"现代性"观念产生于中世纪的基督教经院神学。英语中的"现代"（modern）一词来自于拉丁语的"Modernus"等词汇，而这一词语的出现和广泛使用，最早可追溯至东罗马帝国将基督教国教化的公元5世纪。此词乃基督徒所谓"新纪元"（new age）而"优位于异教徒的古代世界"，其核心要义乃是"面向耶稣许诺的未来千禧年天国前进的时间程序与历史感"，[①] 后来经过欧洲工业革命、文艺复兴尤其是马丁·路德的宗教改革，"新教伦理"促使新兴资本主义的崛起和全球扩张，"现代"这一观念遂与资本主义工业化生产方式、启蒙理性，以及人们对尘世幸福生活的自由追求构成不可分割的整体。以这一"现代性"视角重新观照欧洲历史，则被划分为古典、中世纪和资本主义兴起之后的"现代"三个截然不同的历史"时代"。现代社会的基本特征被界定为生产方式的工业化、机器化，以及意识形态领域里的崇尚理性、反对迷信等等。这一"现代"观念的前提是人类对于驾驭科学技术，利用科技手段不断造福于自身的坚定信念和信心。不过现代科技不仅能造福人类，也可能危害乃至毁灭人类；机器工业在赋予人类更多自由的同

---

① 尤西林：《"母亲时间"与"父亲时间"》，《上海文化》2019年第2期。

时，也在另一方面强化了对人类自由的限制，甚至使人沦为机器生产的工具和"现代"社会的奴隶。正因如此，一种以批判工业和社会现代性为己任，带有"论战"性质的"审美现代性"便应运而生。美国学者马泰·卡林内斯库将"现代主义"、"先锋派"、"颓废"、"媚俗艺术"和后现代主义称为（审美）现代性的"五副面孔"，并一一作了考察。在他看来，这两种现代性之间既发生了"无法弥合的分裂"，又相互影响和依存，共同造就了异彩纷呈的西方现代社会。①

依照不同的标准，现代性可划分为种种不同类型："社会（国家）现代性"、"制度现代性"、"文化现代性"、"生活（日常）现代性"等等。从"现代性的起源和历史进程"角度，会有"先发现代性"与"后发现代性"，"西方现代性"和向非西方国家输出的"殖民现代性"的区分；从人类文化整体角度则少不了"物质现代性"和"精神现代性"之分。当代学者杨春时先生将"精神现代性"概括为"一种推动现代化的精神力量"，它具有三个层面，"感性层面、理性层面和反思—超越层面，这与人类一般精神的三个层面是一致的"。② 在杨春时看来，十九世纪中期以降中国对西方现代性的引进，在"新民救国"的召唤下特别重视的是"理性现代性"，而"感性现代性"始终没有得到充分发展，也就是说国人的"现代性"日常体验明显不足：人们对"现代"理念的理解更多停留在"应该如此"的理性召唤层面，缺乏具体的感知和明确的把握；至于中国

---

① ［美］马泰·卡林内斯库著，顾爱彬、李瑞华译：《现代性的五副面孔》，北京：商务印书馆 2004 年版，第 48 页。

② 杨春时：《现代性与中国》，见杨春时主编：《中国现代文学思潮史》（上），南京：南京大学出版社 2011 年版，第 2 页。

现代性的"超越"层面更是非常薄弱。五四新文化运动消解了传统文化的"圣化光圈",却不幸也连带取消了中国文化的超越功能,同时对西方文化的引进也是不全面的,仅限于"科学"和"民主"等形而下层面,从而导致了中国现代性的片面性。[①]"五四"之后更一度兴起"以经验反对超验、以知识反对信仰"的思想运动,进一步使得国人的信仰发生断层和"意识形态的信仰化"。[②] 这一论断为我们重新审视胡适所践行和倡导的"科学"观念,以及五四新文化运动以来的启蒙"得失",提供了一个可贵的理论视角。

胡适代表了现代国人尤其是先进知识分子在现代性追求中最基础、最基本的层面,即对于"科学现代性"的建构,它主要集中现代性建构中的经验理性层面。这并非是指胡适对西方现代性完全缺乏感性体验,只是他的感性体验和认知主要集中在对西方科学技术不加反思和批判的"乐观主义"态度,对杜威实验主义"科学方法"的完全信服和"信仰"上;也不是断定胡适的实验主义理念缺乏反思意识,而是认为他的反省与反思精神仅仅停留在尘世经验的此岸世界。事实上没有"超验"之前提,所谓"经验"往往会限定在狭隘的牢笼之中难以"翻新"。以胡适一再借用赫胥黎所宣称的"拿证据来"这一"科学方法"而言,虽然看似极有道理,但在具体实践中并非都能行得通。对于那些根本不相信"科学方法"的人,即使你利用显微镜让他们看到生活之中无所不在的细菌等微生物,即使面对这些活生生的"证据",他们也未必完全相信,反而可能认定其为"妖术"或魔术。"人类只相信他们愿意相信的",西

① 杨春时:《现代性与中国》,见杨春时主编:《中国现代文学思潮史》(上),第8页。
② 杨春时:《现代性与中国》,见杨春时主编:《中国现代文学思潮史》(上),第8页。

方这一俗语隐含着对人性自我局限的深刻反省和自嘲；同样的，如果人类在终极超验层面丧失了反思——超越精神，那么某些具体"问题"的发现和解决，也常常会身不由己地陷入一种循环往复、无休无止的"重复"之中，与真正意义的科学创新渐行渐远。

二十一世纪的未来中国社会究竟需要什么样的"科学观"？这既是一个基础性的"学术问题"，也是一个重大而迫切的现实问题。如果走不出急功近利的狭隘功利主义和唯科学主义观念的束缚，那么打着"科学"旗帜行违反科学精神之实的个人言行和社会狂热运动就不会绝迹。科学首先是"分科之学"，无论是某一学科的知识体系还是抽象化的科学方法、科学理性，都有其具体的适用范围和"认识装置"；而人类理性发展到一定程度又必然"自觉"并反省理性自身的先天局限，从而对"支撑"宇宙人生之自然规律乃至大自然本身产生深深的敬畏之情，走出狭隘的自我中心和盲目的自负自大。

此外，如何从"中国现代性"建构这一现实维度出发，融合古今中外一切文化传统中的优秀因素并加以"现代性改造"和创造性转化，对于当今中国学界同样是一个重大的时代命题。一个悲哀的事实是：作为现代性资源的"科学精神"和"人文精神"在西方从来就是难以切割的文化整体，但输入到中国后却常常被生硬地割裂开来。而无论是来自西方的"科学精神"还是"人文精神"，都与百年中国的民族主义文化思潮并非"先天"性地具有同一性。在中华民族"亡国灭种"的时代危机中，西方的"科学"、"民主"观念曾被当作挽救民族危亡的"灵丹妙药"；但民族屈辱感的刺激又使得来自西方的人文精神和人文主义传统遭到排斥。另一方面，五四文化先驱要向本国民众"启蒙"现代观念，必然会走向本土"传统"的反面，站到"反传统"的立场上；但民族危亡和由此激发的民族主义情绪又会促使他们对来自西方的现代性产生抵触，并产生"回归传统"的心理诉求。李泽厚等学者多年前就提出"救亡压倒启蒙"之论，并在学界产生了极大影响，笔者认为时至今日若仍纠缠于"救亡"是否"压倒启蒙"一类论争并无太大意义，需要反省的是我们对文化启蒙所采取的过于实用主义的立场和态度。作为拯救民族救亡之手段的现代性，在实践中常常被迫发生游离，"只要能救亡，不管是现代性还是反现代性，都可以用"。[1] 五四运动以后中国社会发生的诸多变革、动荡乃至反复，都与人们对"现代性"的这种极端实用主义态度不无关系。如果在二十一世纪依然采取类似的实用主义态度，对其随意加以取舍和"阉割"，那么难免不重蹈过去的历史教训。

当今中国社会正积极倡导并努力进行"人类命运共同体"的建构。而"人类命运共同体"的建构既离不开对包括中国传统优秀文化在内的一切人类文明成果的继承和弘扬，同时又需"与时俱进"地借鉴和吸收人类历史进程中的各种成就，包括自然、社会和人文各领域的最新探索。正如古人所说的"兼听则明，偏听则暗"，那么摈弃对某一科学流派和科学知识体系的单一教条化理念，无疑是十分必要的。同样，从"人类命运共同体"的建构这一宏阔视域出发，对于超越民族国家观念的人类意识和"人类"眼光的呼唤，笔者认为也是非常必要的。

---

[1] 参见杨春时：《现代性与中国》，见杨春时主编：《中国现代文学思潮史》（上），第12—13页。

五四时期"问题与主义"之争中的胡适形象

林建刚（重庆文理学院文化与传媒学院）

    1919 年，胡适与李大钊就"问题与主义"展开过一次论争。这次论争很大程度上影响了胡适形象。尤其在上世纪五六十年代，这场论争被认作是"胡适与马克思主义者冲突的第一回合"。[①]

    不仅如此，胡适认为这也是他被中共批判的导火索。在口述自传中，他说：

> 马克思主义者和共产党却认为我这篇文章十分乖谬，而对我难忘旧恨。三十多年过去了，中国共产党也在大陆当权了，乃重翻旧案，发动了大规模运动来清算我的思想。[②]

    实际上，现在学界大都已经认定，胡适与李大钊关于"问题与

---

① 唐德刚译注：《胡适口述自传》，上海：华东师范大学出版社，1993 年，第 190 页。

② 唐德刚译注：《胡适口述自传》，上海：华东师范大学出版社，1993 年，第 194 页。

主义"的论争，属于朋友之间"茶杯里的风暴"。这场论争之后，两人往来不断，依旧是好朋友。当胡适起草《争自由的宣言》征求知识界签名的时候，李大钊也是一个签名支持者。不过，如果考察一下"问题与主义"之争时知识分子对"主义"的态度，一定程度上可以看出当时人们心目中的胡适形象，至少可以看出当时胡适的支持率有多高。

一、五四思想领袖在"问题与主义之争"中的态度

1919 年 7 月 20 日，《每周评论》第 31 号刊发胡适的《多研究些问题，少谈些主义》。此文引起了很多人的讨论。此后，李大钊也发表了争论文章。五四新文化运动内部，在"问题与主义"上出现了分歧。

其实，早在 1919 年年初，《新青年》编辑部同仁就"主义"问题就产生了分歧。1919 年 1 月 27 日，钱玄同日记中写道：

> 《新青年》为社会主义的问题，已经内部有了赞成和反对两派的意见，现在《每周评论》上也发生了这个争端了。①

日记中，关于"社会主义"，钱玄同提到了编辑部内部的分歧，却没有说出到底是谁与谁的分歧。很多学者想当然地认为是胡适与

---

① 杨天石主编：《钱玄同日记（整理本）》上，北京：北京大学出版社，2014 年 8 月，第 344 页。

陈独秀的分歧，其实并非如此。这应该是李大钊与编辑部其他成员之间的分歧。因为此时以及之后的很长时期内，其他的《新青年》同仁，对"社会主义"这一议题是有疑虑的。

胡适的态度不用多说，他之后写的《多研究些问题，少谈些主义》所针对的，主要就是无政府主义与社会主义。这一点，晚年胡适并不讳言，在提到这篇文章时，他曾说：

> 我的意思是想针对那种有被盲目接受危险的教条主义，如无政府主义、社会主义和布尔什维克主义等等，来稍加批评。①

胡适之外，当时的陈独秀也反对"社会主义"。晚年胡适曾回忆说：

> 事实上，陈独秀在 1919 年还没有相信马克思主义。在他的早期的著作里，他曾坦白地反对社会主义。在他写给《新青年》杂志的编者的几封信里面，我想他甚至说过他对社会主义和马克思主义并没想得太多。李大钊在 1918 和 1919 年间，已经开始写文章称颂俄国的布尔什维克的革命了，所以陈独秀比起李大钊来，以信仰社会主义方面却是一位后进。②

---

① 唐德刚译注：《胡适口述自传》，上海：华东师范大学出版社，1993 年，第 190—191 页。

② 唐德刚译注：《胡适口述自传》，上海：华东师范大学出版社，1993 年，第 195 页。

与胡适这一回忆相印证，1919 年，针对胡适的《多谈些问题，少谈些主义》，李大钊在《再论问题与主义》中予以反驳。其中就写道：

> 《新青年》和《每周评论》的同人，谈俄国布尔扎维克主义的议论很少，仲甫先生和先生（指胡适）等的思想运动、文学运动，据日本《日日新闻》的批评，且说是支那民主主义的正统思想。一方要与旧式的顽迷思想奋战，一方要防遏俄国布尔扎维克主义的潮流。我可以自白：我是喜欢谈谈布尔扎维克主义的。①

"仲甫"即陈独秀的字。在"问题与主义"之争的时候，陈独秀在一定程度上是站在胡适一边的。陈独秀的这种态度，到了 1920 年也还没有改变。1920 年 9 月 1 日，他在《随感录·比较上更实际的效果》中写道："与其高谈无政府主义，社会主义，不如去做劳动者教育和解放底实际运动；与其空谈女子解放，不如切切实实谋女子底教育和职业。"②

由此可见，当"问题与主义"之争发生时，陈独秀是站在胡适一边的。

陈独秀之外，当时的鲁迅也对布尔什维克主义抱着疑虑的态度。1934 年，在《答国际文学社问》中，针对"苏联的存在与成

---

① 耿云志主编：《胡适论争集》中卷，北京：中国社会科学出版社，1998 年 9 月，第 982 页

② 陈独秀：《随感录·比较上更实际的效果》，《陈独秀著作选编》第 2 卷，任建树编，上海：上海人民出版社，2009 年 1 月，第 261 页。

功，对于你的思想的路径和创作的性质有什么改变"的问题，鲁迅答道：

> 先前，旧社会的腐败，我是觉到了的，我希望着新的社会的起来，但不知道这"新的"该是什么；而且也不知道"新的"起来以后，是否一定就好。待到十月革命后，我才知道这"新的"社会的创造者是无产阶级，但因为资本主义各国的反宣传，对于十月革命还有些冷淡，并且怀疑。[①]

由此可以看出，此时的鲁迅，对布尔什维克主义也抱着疑虑的态度。与鲁迅相比，钱玄同对布尔什维克主义的态度略显暧昧。

1920年9月25日，在给周作人的信中，钱玄同说："无论谈什么'主义'和'问题'，都有流弊。如何是好！"[②]

也就是说，钱玄同认为这两者都有弊端。1920年12月17日，在给周作人的信中，钱玄同写道："我近来觉得我摩诃至那底小民，实在不配讲什么安那其主义和布尔什维克主义，不是说彼等不好，实在伱们底程度太不够。"[③]

通观此信，可以看出，钱玄同并不是要否定安那其主义与布尔什维克主义，而是从国民性角度出发，认为国民性太劣，不配谈这

---

① 鲁迅：《答国际文学社问》，《鲁迅全集》第6卷，北京：人民文学出版社，2005年，第19页。

②《中国现代文艺资料丛刊》第5辑，上海：上海文艺出版社，1980年12月，第323页。

③ 沈永宝：《钱玄同五四时期言论集》，上海：东方出版社1998年，10月，第213页。

些主义。1921 年 1 月 11 日，在致鲁迅、周作人的信中，对于胡适反对谈布尔什维克主义，钱玄同也表示不以为然，他说：

> 但适之反对谈"宝雪维几"（按：即 Bolshevic 的音译，布尔什维克。），这层我不敢以为然。……马克思啊，"宝雪维几"啊，"安那其"啊，"德谟克拉西"啊，中国人一概都讲不上。好好地坐在书房里，请几位洋教来教教他们"做人之道"是正经。等到略略有些"人"气了，再来开始推翻政府，才是正办。①

1921 年 6 月 12 日，钱玄同在致周作人的信中再次表示：

> 我近来觉得布尔什维克主义颇不适用于中国。何也？因为社会压迫个人太甚之故。中国人无论贤不肖，以众暴寡的思想，是很发达的。易卜生国民之敌中之老医生，放在中国，即贤者亦必杀之矣。②

钱玄同在布尔什维克主义上态度的暧昧，显示了他思想的矛盾与摇摆。从"问题与主义"论争的角度出发，钱玄同可算是一个中立派。

由此，我们可以看出，当时，在"问题与主义"的问题上，在

---

① 《中国现代文艺资料丛刊》第 5 辑，上海：上海文艺出版社，1980 年 12 月，第 330 页。
② 《中国现代文艺资料丛刊》第 5 辑，上海：上海文艺出版社，1980 年 12 月，第 332 页。

五四思想领袖中，支持胡适的占据了大多数。李大钊所支持的"主义"，明显处于少数。与这一情形相类似，当时，五四学生们也大多支持胡适的主张。

二、五四学生们在"问题与主义"之争中的态度

除了五四先生们大多支持胡适之外，五四的学生一辈也有很多人站在胡适这一边，至少在思想倾向上是同情胡适的。当时周恩来在《天津学生联合会日刊》的《发行旨趣》中写道："现在世界的最新思潮是讲'实验主义'。"[①] 由此可以看出，当时胡适的《多谈些问题，少谈些主义》对青年学生周恩来是有一定影响的。

与周恩来类似，当时青年学生曾琦也对胡适的《多谈些问题，少谈些主义》表示了支持。1919 年 7 月 26 日，曾琦在致胡适的信中说：

> 《每周评论》卅一号所登的大作，对于现在空发议论而不切实的议论家，痛下砭鞭，我是万分佩服。我常说："提倡社会主义，不如研究社会问题，较为有益"，也和先生的意思左不多。[②]

1920 年 6 月 26 日，金毓黻在日记中也曾评论道："胡适之谓多研究问题，少提倡主义，所言实有至理，余拟恪遵而力行之。"[③]

---

① 《南开日刊》35 号，1919 年 7 月 12 日。

② 中国社会科学院近代史研究所中华民国史组编：《胡适来往书信选》上，北京：中华书局，1979 年 5 月，第 66 页。

③ 金毓黻：《静晤室日记》第一册，沈阳：辽沈书社 1993 年 10 月，第 60 页。

尤其需要指出的是，在"问题与主义"之争中，青年毛泽东站在了胡适这一边。胡适的《多谈些问题，少谈些主义》的文章发表于 1919 年 7 月，到了 1919 年 9 月，毛泽东就发表了《问题研究会章程》，呼吁组织问题研究会，共同研究当时需要解决的许多问题。如果将毛泽东的《问题研究会》与胡适的《多谈些问题，少谈些主义》仔细比较，我们可以发现，毛泽东的这篇文章，其思想灵感恰恰就来源于胡适。胡适在《多谈些问题，少谈些主义》中写道：

　　　　现在中国应该赶紧解决的问题，真多得很。从人力车夫的生计问题，到大总统的权限问题；从卖淫问题到卖官卖国问题；从解散安福部问题到加入国际联盟问题；从女子解放问题到男子解放问题……哪一个不是火烧眉毛紧急问题？①

　　这段话中胡适所提到的问题，都被毛泽东收录在了《问题研究会》所列举的 71 个问题当中。②
　　不仅如此，同样在这篇文章中，胡适还写道："学理是我们研究问题的一种工具。"③ 与这句话相类似，毛泽东在《问题研究会》中也写道："问题之研究，须以学理为依据。"④

---

① 胡适：《多谈些问题，少谈些主义》，《胡适全集》第一卷，合肥：安徽教育出版社，2003 年 9 月，第 327 页。
② 中共中央文献研究室、中共湖南省委《毛泽东早期文稿》编辑组编：《毛泽东早期文稿（1912. 6—1920. 11）》，长沙：湖南出版社，1990 年 7 月，第 396—403 页。
③ 胡适：《多谈些问题，少谈些主义》，《胡适全集》第一卷，合肥：安徽教育出版社，2003 年 9 月，第 328 页。
④ 中共中央文献研究室、中共湖南省委《毛泽东早期文稿》编辑组编：《毛泽东早期文稿（1912. 6—1920. 11）》，长沙：湖南出版社，1990 年 7 月，第 401 页。

需要特别指出的是，毛泽东这篇《问题研究会》的文章，还特地在当时的《北京大学日刊》发表了。1919 年 10 月 23 日，《北京大学日刊》第 467 号刊登了这篇文章。刊登时，在这篇文章的前面，北京大学学生联合会邓康（即邓中夏）还介绍道：

> 我的朋友毛君泽东，从长沙寄来问题研究会章程十余张，在北京的朋友看了，都说狠好，有研究的必要，各向我要了一份去。现在我只剩下一份，要的人还不少，我就借本校日刊登出，以答关心现代问题解决的诸君的雅意。①

由此可以看出，毛泽东的呼吁，引起了当时青年的广泛关注，众多青年对"问题研究"非常有兴趣。这不能不说是受到了胡适的影响。

毛泽东在当时为何积极响应胡适的号召呢？在接受斯诺采访时，毛泽东曾说：

> 《新青年》是有名的新文化运动杂志，由陈独秀主编。我在师范学校学习的时候，就开始读这个杂志。我非常钦佩胡适、陈独秀的文章。他们代替了已经被我抛弃的梁启超和康有为，一时成了我的模范楷模。②

由此可见，五四时期的毛泽东是对胡适非常推崇的。更饶有趣

---

① 中共中央文献研究室、中共湖南省委《毛泽东早期文稿》编辑组编：《毛泽东早期文稿（1912. 6—1920. 11）》，长沙：湖南出版社，1990 年 7 月，第 402—403 页。

② ［美］埃德加·斯诺著，董乐山译：《西行漫记》，北京：解放军文艺出版社，2002 年 6 月，第 110 页。

味的是，在"问题与主义"之争后不久，胡适还曾写文章夸奖过毛泽东。当时，毛泽东正主持《湘江评论》，他曾将这期杂志邮寄给胡适。1919 年 8 月 24 日，胡适在《每周评论》上评价说：

> 《湘江评论》的长处是在议论的一方面。《湘江评论》第二、三、四期的《民众的大联合》一篇大文章，眼光很远大，议论也很痛快，确是现今的重要文字。还有湘江大事述评一栏，记载湖南的新运动，使我们发生无限的乐观。武人统治之下，能产生我们这样的一个好兄弟，真是我们意外的欢喜。①

胡适在这里表扬的《民众的大联合》，恰恰就是毛泽东的文章。述评中的文字也有不少是出自毛泽东的手笔。因为毛泽东所在的《湘江评论》编辑部还代售《每周评论》，② 毛泽东可以很快看到了这最新一期的《每周评论》。

看到自己的文章得到偶像胡适的高度评价，毛泽东的心情可想而知。恰在此时，胡适正提倡"多研究问题"，投桃报李，毛泽东积极响应，倡导并起草《问题研究会章程》也就不足为怪了。

当然，当时也并非所有的青年学生都支持胡适。王光祈在《总解决与零碎解决》中就批评胡适的零碎解决方案，认为胡适这种渐进改良方案源于对当时政局的无奈与示弱。③

---

① 胡适：《介绍新出版物》，《每周评论》第 36 号，1919 年 8 月 24 日。
② 注：据《毛泽东早期文稿（1912.6—1920.11）》，第 336 页，注释 2：当时《湘江评论》启事中曾有"本报代售北京《每周评论》"的报告。
③ 王光祈：《总解决与零碎结局》，《晨报副刊》1919 年 9 月 30 日。

罗家伦则将"主义"与"问题"同等看待，他认为"没有主义，对于问题便没有基本的主见，但是谈主义，而不能应用他到社会问题上去，则这种主义终归于贩卖的，舶来的，定浮而无所依附的，对于社会有什么益处呢?"①

由此可见，当时，青年人对胡适的主张虽也有不同意见，但绝大多数青年人还是非常赞同胡适的主张的。他的这一呼吁，并没有损害他在青年人心目中的形象，在这场论争中，就当时而言，胡适依旧保持了非常正面的形象。

其实，"问题与主义"之争中胡适形象的受损，源于后来新启蒙运动中的艾思奇与何干之等人。为了争夺对"五四"的话语权与解释权，1942 年 5 月 4 日，艾思奇在《延安日报》发表了《介绍五四新文化运动中的一个重要争论》的文章，这篇文章刻意扩大了李大钊与胡适的分歧，拔高李大钊在"五四"时的地位，贬低胡适的贡献，开始有意识地将这场论争定性为新文化运动中不同意识形态的斗争。

1949 年 5 月 4 日，何干之在《人民日报》中发表《五四的两个基本口号》的文章，进一步将李大钊与胡适对立并割裂开来，并将两人的论争定性为唯物主义与唯心主义的斗争，这种论调，随着政治形势的变化，慢慢演变成为了 1950 年代的主流意识形态。

（该文系重庆文理学院校级人才引进项目《胡适人际交往研究》的阶段性成果，项目编号 R2016WC18）

---

① 罗家伦:《胡适:〈我的歧路〉》,《努力周报》,第 7 号, 1922 年 6 月 18 日。

安徽博物院藏胡适手书十言联考证

——兼谈胡适与歙县许承尧家的交往

闫启鑫（安徽博物院）

安徽博物院藏有一副胡适手书十言联，联文为胡适一生治学方法与为人之道的浓缩与总结。本文试对此联背后的名人交往及流传过程加以考证。

一、对联内容及受赠友人的考证

胡适手书十言联，纸本。纵 194 厘米，横 46.5 厘米。上联"大胆的假设小心的求证"，下联"认真地作事严肃地做人"。上款"伯龙先生正"，下款"胡适"。下联落款处钤白文、朱文印各一，白文"胡适"二字，朱文"适之"二字。

据梁实秋回忆，此联是胡适最爱写的一副对联。[①] 早在胡适出任中国公学校长期间，就经常为学生题写。其中上联出自胡适1921

---

① 梁实秋：《胡适先生二三事》，《雅舍小品》，长江文艺出版社 2016 年版，第 51 页。

年11月3日写定的《清代学者的治学方法》。[1] 在这篇文章里，胡适在详论清代学者的治学方法后概括出"大胆的假设，小心的求证"十个字，这成为他后来大力宣扬并贯彻一生的治学方法。直到晚年，胡适在台湾大学作《治学方法》的讲座时，还说"这十个字是我二三十年来见之于文字，常常在嘴里向青年朋友们说的"。[2]

下联是教人做人之语，梁实秋对此联推崇备至，曾说：

> 我常惋惜，大家都注意上联，而不注意下联。这一联有如双翼，上联教人求学，下联教人做人，我不知道胡先生这一联发生了多少效果。这一联教训的意味很浓，胡先生自己亦不讳言他喜欢用教训的口吻。[3]

在谈到胡适的道德时，梁实秋又曾写道：

> 胡先生的学术思想方面的地位太高了，一般人不易认识他在道德方面之可敬可爱。胡先生数十年来所提倡的"大胆的假设，小心的求证"，固已尽人皆知，但这只是一副对联的上联，下联是"认真的做事，严肃的做人"。凡是曾列胡先生门墙或曾同窗共事者，多多少少都能举出若干具体事实证明胡先生为人处世确实做到"视思明，听思聪，色思温，貌思恭，言思忠，事思敬，疑思问，忿思

① 耿云志：《胡适年谱》（修订版），福建教育出版社 2012 年版，第 84—85 页。
② 胡适：《容忍与自由》，作家出版社 2016 年版，第 57 页。
③ 梁实秋：《胡适先生二三事》，《雅舍小品》，长江文艺出版社 2016 年版，第 51 页。

难，见得思义"的地步。①

可见，此联既是胡适日常教人治学、做人的方法，也是自己一生信奉并践行的座右铭。

此联上款书"伯龙先生正"，可知是送给伯龙的。民国时期，与胡适有交集，且名叫伯龙的至少有二人。其一是沈启无，曾字伯龙，他于1925年转学燕京大学，师从周作人。因周氏与胡适交往甚密，沈启无与胡适有交集自应不难。但伯龙是沈启无的曾用名，据其1968年撰写的《自述》记载，"原名沈锡，字伯龙，到大学时改名沈扬，字启无。"② 沈启无于1923年入金陵大学，读了两年预科，1925年转学燕京大学。据此，沈启无改名应在1923年，至迟不应晚于1925年，而其与胡适存在交集恰在1925年转学北平之后。故胡适应只知有沈启无，而不知有沈伯龙。退一步说，即使胡适知道沈氏有"伯龙"之名，也不可能在题字时用对方的曾用名。

胡适在文章中也有数次提到沈氏，皆作"沈启无"，而无"沈伯龙"之称。如胡适在《中国新文学大系·建设理论集》导言中讲到"中国文人也曾有很明白的主张文学随时代变迁的"，提及晚明公安袁氏三兄弟的文章，说"诸篇均见沈启无编的《近代散文抄》"。③ 又1939年3月4日，胡适在《日记》中引用昆明《益世

① 梁实秋：《但恨不见替人》，《梁实秋散文集》第6卷，时代文艺出版社2015年版，第76页。

② 北京鲁迅博物馆编：《苦雨斋文丛·沈启无卷》，辽宁人民出版社2009年版，第224—225页。

③ 胡适：《胡诗全集》第12卷，安徽教育出版社2003年版（下同），第279页。

报》，记"今年元旦周岂明在平被刺未死，客人沈启无伤重而死"。①

此外，沈启无为周作人弟子，胡适与周氏为平辈之交，沈氏应为胡适后学晚辈。胡适若称沈启无为"伯龙先生"，显然并不恰当。另"正"字有指正之意，与"先生"连用显得胡适太过谦逊了。综合来看，此联应非胡适赠与沈启无的。

再从院藏信息来看，此联是 1951 年皖南人民文物馆（安徽博物院前身之一）从歙县人民政府接收的许承尧家旧藏。许承尧长子许家栻，字伯龙，号樗翁，民国时期许氏父子与胡适都曾有过交往，故此联应是胡适赠与许家栻的。上溯此联的来由，还需从胡适与歙县许承尧家族的交往说起。

二、胡适与许承尧的交往

许承尧（1874—1946），字际唐，号疑庵，晚号苊叟，歙县唐模人。21 岁中举后，与黄宾虹同从汪宗沂治学。光绪三十年（1904）中进士，钦点翰林院庶吉士。次年返歙，创办新安中学堂、紫阳师范学堂。又在唐模佐祖父创办敬宗小学、端则女学，开徽州歙县新式教育之先河。并与同盟会志士陈去病及汪律本、黄宾虹等一起组织"黄社"，以研究学问为名，开展反清活动。民国二年（1913），受陕甘筹边使张广建之聘，先后任甘肃省秘书长、补甘凉道尹，代理兰州道尹，调署省政务厅长。在陇期间，收购敦煌写经二百余卷，为民国时期敦煌经卷最重要的私人收藏者之一。晚年回

---

① 胡适著、曹伯言整理：《胡适日记全编 7 1938—1949》，安徽教育出版社 2001 年版，第 199 页。

归故里，在唐模修葺"檀干园"，修复西干渐江墓，以著述终老。

胡适与许承尧为徽州乡党，交往颇深，但随着时间的推移，能够证明二人交往的材料已不多见。据现有材料来看，二人往来至少可以追溯到 20 世纪 20 年代。《胡适遗稿及秘藏书信》第三十册收有胡晋接致胡适信五封，另附 1925 年胡晋接致许承尧、吴承仕（检斋）、周希武（子扬）信各一封，其中提及"胡秉虔遗稿"事。胡秉虔（1770—1840），字伯敏，号春乔，绩溪人，是胡晋接的曾伯父。以"礼学"著称，曾任清甘肃西宁府丹噶尔同知，后卒于任上。民国初年，周子扬在甘肃发现胡秉虔遗稿十大原册。适逢许承尧在甘肃为官，周氏便"交与许君际唐，嘱转交适之"。① 后遗稿"辗转万里，先后经许承尧、胡适、汪孟邹交胡晋接带回故里"，② 此事透露许承尧、胡适二人早年便有联系。1932 年，大批皖籍学人开始编印《安徽丛书》，许承尧、胡适皆参与其事，同为《安徽丛书》编委会名誉会员。1941 年 2 月 25 日，汪孟邹致胡适信中，曾代许伯龙向胡适询问宋、元、明书画在美销路如何，其中提到"伯龙因际唐先生与兄（指胡适）极熟，故敢相烦"，③ 亦可见许承尧与胡适关系匪浅。

胡适对许承尧的学问也十分膺服，在其著作中多次征引许氏对戴震之考据。笔者检索《胡适全集》，从中录得以下数条：

（一）1944 年 1 月 19 日，胡适作《再记东原对江慎修的敬礼》一文，记"《安徽丛书》第六集的《戴东原全集》有歙县许承尧先

① 耿云志主编：《胡适遗稿与秘藏书信》第 30 册，黄山书社 1994 年版，第 454 页。

② 绩溪县地方志编纂委员会编：《绩溪县志》，黄山书社 1998 年版，第 874 页。

③ 中国社会科学院近代史研究所中华民国史研究室编：《胡适来往书信选》（中），社会科学文献出版社 2013 年版，第 770 页。

生的一篇长序，其文大致驳王国维先生的《聚珍版戴校水经注跋》，前半论《水经注》问题，后半论东原对江慎修的态度"，并在文中摘抄许承尧记江、戴关系的一节，文末称"许君所考，说东原对慎修'其尊之者至矣'，是完全不错的"。①

（二）1944 年 3 月 31 日，胡适《致王重民》信中，提及"前抄许承尧一序，其所用洪榜所作《东原行状》，与段氏所作《年谱》参校，多有异同"。②

（三）1944 年 6 月 30 日，胡适在《跋江安傅氏藏的宋本〈水经注〉卷十八第二页影本》一文中说"我疑心戴氏在扬州曾见马氏旧藏的孙潜校本，或柳金抄宋本"，引许承尧《安徽丛书》第六集序"柳大中本、孙潜夫本，全祖望见于扬州马氏者，先生（指戴震）尝客游扬州，马氏为同郡人，先生未必不之见，据以勘校，宜其与全、赵二家大同"③，作为佐证。

（四）胡适在《总论一百年来许多学者审判〈水经注〉疑案的方法的大错误》一文中，记戴震从江永问学的时间，称"据近人许承尧先生的考据，则东原始见江慎修在乾隆十五年，东原二十八岁"。④

从前录文字来看，胡适论及许氏的地方多与《水经注》有关。胡适出任美国大使期间，开始热衷《水经注》的研究，戴震及《戴校水经注》是其无法回避的问题。而许氏为清末翰林，旧学根基深厚，并且许氏喜好藏书，江永、戴震的手稿多在其手中。许氏曾写

---

① 胡适：《胡适全集》第 14 卷，第 67—69 页。
② 胡适：《胡适全集》第 25 卷，第 65 页。
③ 胡适：《胡适全集》第 14 卷，第 214 页。
④ 胡适：《胡适全集》第 17 卷，第 326 页。

信给黄宾虹说："近弟得汪双池、江慎修手校书，汪双池及江（永）、戴（震）、金（榜）、程（瑶田）四家遗墨俱收全矣，告公一慰。"① 许氏掌握第一手材料，故对江永、戴震每有新奇之论，引来胡适征引也就不足为奇了。

1946 年 5 月 31 日，胡适即将由美归国，在当天的日记中，他记下"在上海时应办的事"共八件，其中第四件是"访问许承尧先生一谈"。② 胡适归国迫切要见许承尧，原因可能有二：一是叙旧。胡适自抗战爆发后前往美国，到此时留美已有八年多，与许承尧未见则已超过十年。胡适与许承尧既是同乡，又是故人，归国后前往访问许承尧，畅叙思念之情当属自然。二是寻书问学，并且这方面的因素应当更大。从胡适所列归国八事看，多与《水经注》有关，其中第三件是"买全《安徽丛书》，esp。［尤其是］程瑶田和戴东原两集"。③《安徽丛书》第三期所出程瑶田《通艺录》及第六期所出戴震《戴东原全集》，其原稿多为许承尧收藏，访问许承尧一方面可以寻程、戴诸人原稿，另一方面也可向许氏请教研究徽派朴学的心得。

胡适于 1946 年 6 月 5 日离开美国弗吉尼亚，7 月 5 日到达上海。6 日，许承尧病逝于家乡歙县唐模。胡、许二人终未能再次晤面，十分可惜。

三、胡适与许家槭的交往及对联书写的时间

许家槭（1892—1956），字伯龙，号樗翁，承尧长子。"新安中

---

① 吴之兴编著：《钟灵毓秀徽州区·徽州人物》，安徽人民出版社 2010 年版，第 180 页。
② 胡适：《胡适全集》第 33 卷，第 589 页。
③ 胡适：《胡适全集》第 33 卷，第 589 页。

学堂甲班学生，宣统二年（1910）毕业，次年经省试合格，授予优贡。"① 1914 年毕业于北京高等法律学堂，历任成都高等法院审判厅、安庆地方法院、上海会审厅推事，兰州、宜昌地方法院院长，武山县知事，上海特区地方法院刑庭庭长兼上海持志大学和东吴大学法学院教授等职。1934 年，任福建省高等法院第一分院院长，厦门大学法商学院兼职教授。同年因追随胡汉民，同情蔡廷锴在福建成立的人民政府，被国民党所忌而去职。1936 年后，在沪任律师，出任歙县旅沪同乡会会长，关心乡梓福利事业。

许家栻与胡适相识的时间较晚，从现有材料来看，应在抗战胜利之后。前文提到 1941 年 2 月 25 日，汪孟邹致胡适信，信中写道：

> 歙县许际唐先生之子伯龙兄，向任法官，近做律师，已住上海多日，日前来谈，他有子克宏，二十六岁，近在上海震旦大学法科毕业，拟留学美国，学习法律求深造，苦于费重，尚在游移。伯龙历年购有宋、元、明洋庄画，约计三十幅左右，拟带美求售，以补费用，则目的可达。不知此种古画近年在美销路如何？价目好否？嘱我代为请教，以便决定可否留美。兄遇机可代为查问，或转托熟于此业友人代查示知。伯龙因际唐先生与兄极熟，故敢相烦。我以种种友谊，兼以求学之故，未便推辞，故为代达耳。②

---

① 胡蔚生：《一张黄宾虹在上海的照片》，《墨海烟云黄宾虹研究论文集》，安徽美术出版社 1989 年版，第 206 页。

② 中国社会科学院近代史研究所中华民国史研究室编：《胡适来往书信选》（中），社会科学文献出版社 2013 年版，第 769—770 页。

该信主要是许家楒托汪孟邹向胡适询问中国古画在美销路如何，价格可好，以便决定其子许克宏是否前往美国留学。从这封信来看，许家楒与胡适此前并没有什么交往，所以他不是直接写信向胡适询问，而是转托汪孟邹。而汪孟邹介绍许家楒时，也是先介绍其父许承尧，再介绍许家楒及其儿子的情况。请托的理由也只是"伯龙因际唐先生与兄极熟"，而非自己与胡适有什么交谊。

许家楒第一次与胡适有直接交往的机会是 1946 年胡适归国准备前往访问许承尧，但许承尧恰在胡适归国后第二天便在家乡去世了。此时，许家楒在歙县办理许承尧后事。而胡适抵达上海后，也因旅途劳顿，身体抱恙，谢绝了一切的应酬。因此，许家楒便错失了这次与胡适见面的机会。

抗战胜利后，许家楒与胡适存在交往的一个重要场所是徽宁旅沪同乡会。徽宁旅沪同乡会成立于 1923 年，由原徽州、宁国二府所辖十二县旅沪同乡共同发起，目的在整合徽、宁二府旅沪同乡的力量，以便发挥更大的社会功能。据上海市档案馆收藏的 1947 年《徽宁旅沪同乡会第十五届理监事名单》来看，当时共选出理、监事 40 人，其中胡适获 105 票，当选监事，许伯龙获 40 票，为候补理事。[1] 二人同为徽宁旅沪同乡会成员，又皆热心桑梓事业，在同乡会产生交集是很正常的。

许家楒与胡适可能存在交集的另一个地方是合众图书馆。合众图书馆是 1939 年上海沦陷时期，由叶景葵、张元济等人发起成立

---

[1]《徽宁旅沪同乡会第十五届理监事名单》，1947 年，徽宁旅沪同乡会档案 Q6－5－964－57，上海市档案馆藏。转引自唐力行：《延续与断裂徽州乡村的超稳定结构与社会变迁》，商务印书馆 2015 年版，第 167 页。

的私人图书馆，地址在上海长乐路746号，近富民路口。许家杙则"家住长乐路长乐新村24号（764弄24号）"①，两处相距不过200米。胡适1946年归国后，为研究《水经注》曾多次前往合众图书馆查阅相关资料。特别是1949年离开大陆前，胡适往返合众图书馆极为频繁，并曾寄居图书馆十余天，在此期间他走访了大量亲友故旧，许家杙与胡适完全有相见的可能。

从上面的分析来看，许家杙与胡适相识不会早于1941年2月25日，即汪孟邹代许伯龙致信胡适之时。二人真正交往的时间不会早于1946年7月胡适由美归国，也不会晚于1949年4月胡适离开大陆。这副对联虽然没有时间落款，但结合许家杙与胡适可能产生交集的时间来看，对联的题写时间应在1946年7月至1949年4月间。

四、后记

1946年，许承尧去世前，以平生收藏的名人字画、旧版书万余件，设立"檀干书藏"，由其长子许家杙综理，遗命子孙集体保管，不得分散。1951年，以许家杙为首的许氏后人将家藏捐献歙县人民政府，并由当时的皖南人民文物馆接收。1953年，安徽省人民政府将皖南人民文物馆、芜湖科学馆、皖北文管会、合肥科学馆四馆合并，成立安徽省博物馆筹备处，许氏旧藏就是此时进入安徽省博物馆的。

需要指出的是，以往人们认为这批藏品皆是许承尧旧藏，而忽

---

① 宋路霞:《上海滩名门闺秀3》，上海科学技术文献出版社2016年版，第134页。

略了许家杶的收藏。但从最早接收许氏旧藏的歙县方面的记载来看，许家杶亦"收集不少书画精品，一部分并入其父檀干书藏，建国后悉归国有"①，安徽博物院收藏的许家杶旧藏胡适手书十言联即可与此相印证。

---

① 歙县地方志编纂委员会编:《歙县志》，中华书局1995年版，第698页。

罗家伦与1941年陪都重庆沙磁文化区的五四纪念

凌孟华（重庆师范大学文学院）

1941年5月5日，《新华日报》头版发表消息《各地纪念五四各省市均有集会》，有"中央社讯"三条。第一条称"今日为'五四'青年节，成都贵阳昆明桂林耒阳长沙吉安金华恩施洛阳西安兰州等地，均举行盛大纪念会，韶关各界于大会后并举行盛大游行，香港各学校团体，因格于环境，已取消联合开会之集会纪念"，可见当年举国纪念"五四"活动盛况之一斑。第二条为"陪都各界'五四'纪念大会，昨分在实验剧院与沙坪坝举行，实验剧院纪念会，通过分电林主席蒋委员长致敬，及电慰前方将士。沙磁区纪念分会，于晨九时假重大礼堂举行，由中大罗家伦校长主席致词，继由三民主义青年团张书记长致中，谭干事平山，国民党中宣部潘副部长公展等相继演讲"，可知是年陪都"五四"纪念活动之大略。消息中"张书记长致中"之"致"当系误排，应为"治"。此前，1941年5月4日当天，《新华日报》的版面内容也展示了中国共产党及其南方局对"五四"纪念活动的高度重视。除了在头版左上角专门刊出"本报启事",点明"今日为'五四'青年节,特出版一大张,以资纪念,报价仍旧,希读者注意"外,每版都有相关的重要内容。头版有社论《发扬"五四"革命精神》,二版有消息《今日五四青年节——陪都分区纪念并举行游艺延安青年亦决定纪念办法》及郭沫若名作《青年哟,人类的春天!》,三版有《纪念第三届中国青年节》(署名:刘光)和《邓颖超同志漫话"五四"当年》(署名:瑶记),四版有《从多方面来完成五四运动的事业》(署名:梓年)、《五四谈青年》(署名:鲁明)以及《五四纪念歌》简谱(冯文彬词、吕骥曲)与董必武题词"发扬五四的精神把日寇驱逐到鸭绿江边去把三民主义的新中国建立起来"。内容丰富,形式多样,极富冲击力。

另一方面,国民党对1941年的"五四"纪念也可谓用足了功夫。《中央日报》(重庆版)5月4日第三版刊出新闻《陪都纪念五四》,副题《今晨分两处开会并举行演说竞赛》,第一句话就是"陪都各界为纪念'五四'运动,定于四日上午七时及九时,分别在川东师范及沙磁区两处举行纪念大会"。同日第四版整版为"陪都纪念五四筹备委员会编辑"的"五四纪念特刊",刊出吴铁城的《"五四"的精神》、易赓甫《记"五四"运动》和钱用和的《"五四"运动回忆录》。次日第三版系列总题《纪念五四》的消息中有《沙磁区演说竞赛取录优胜者七名》,报道"陪都'五四'纪念筹备会沙磁区分会,于'五四'上午九时假重大礼堂举行纪念大会,除沙磁区各校教职员学生外,计到三民主义青年团张书记长治中、谭干事平山、何处长浩若、及中宣部潘副部长公展等约共四百人,由中大罗家伦校长主席致词,继由张书记长谭干事潘副部长等相继讲述五四精神,以及今后青年之途径,十二时散会"。版面形式之多样性虽然不及《新华日报》，但作者阵容与影响力也不可小视。《大公报》《申报》等大报对此次纪念也有相关新闻刊出。

我们梳理 1941 年 5 月陪都重庆的共产党《新华日报》与国民党《中央日报》关于"五四"运动的报道和纪念文章，其目的有二。一是回到七十八年前的抗战文史现场，去感受当年在日军轰炸下的陪都重庆，各界是如何纪念五四活动的，以史为鉴，思考今天我们怎样更好地纪念"五四"，纪念"五四"运动一百周年。二是因为其中涉及"五四宣言"起草者和"五四"运动重要领导人物罗家伦先生的一次重要的被研究界遗忘的纪念"五四"演讲活动，由此可以关联同时出席的张治中、潘公展、谭平山的纪念"五四"演讲，以及发表这些演讲稿的与罗家伦先生密切相关的值得重视的非文学期刊《沙磁文化》月刊。钩沉这些纪念五四的史料，发掘此种印行"五四纪念特刊"的期刊，补充罗家伦先生与五四运动的具体行实，或许可以视作为推进罗家伦先生研究与五四运动研究所做的力所能及的工作。谨以此文纪念"五四"运动一百周年。

一、被遗忘的罗家伦先生纪念"五四"演讲

不管是在"五四新文化运动研究"领域，或是在"五四新文化人物研究"领域，"罗家伦与五四运动"都是重要的炙手可热的甚至是绕不开的话题。甚至直接以《罗家伦与五四运动》为题发表成果的研究者就有习五一、罗久芳、冯夏根、赵映林等人，对罗家伦

在五四运动中"思想轨迹的变迁",① 罗家伦关于五四运动的口述与诗文,② 罗家伦与五四运动的关系及在"事前的筹划、事中的参与、事后的思考和总结"中扮演的角色,③ 罗家伦作为"五四运动的领袖之一"的史实与"检讨五四运动"的行为④进行过阐述。此外,杨早、谢泳、李向群、史云波等学者也贡献了值得注意的学术成果。⑤

关于罗家伦先生谈五四运动的文字,所见是罗家伦爱女罗久芳于前引《罗家伦与五四运动》中最早提及"在'五四'周年时一共作过将近二十篇谈话、演说和专文"。赵映林也称"罗家伦陆续发表了近 20 篇专文、讲话和演说,谈五四运动",但所谓"这一时期"之起迄时间,语焉不详。史云波则明确表示"从 1919 年发表《'五四运动'的精神》,到去世前两年所写的《对五四运动的一些感想》(1967 年)。他关于五四运动约存二十篇左右的谈话、演说和专文。从注释看,史君十年前"梳理并评估罗家伦的'五四'观及其历史演变"时是查阅过多卷本《罗家伦先生文存》的。但这些成果都没有提及罗家伦 1941 年 5 月 4 日在重庆大学礼堂的纪念

① 习五一:《罗家伦与五四运动》,《北京历史与现实研究学术研讨会论文集》1989 年版,第 28 页。

② 罗久芳:《罗家伦与五四运动》,《百年潮》1999 年第 5 期。

③ 冯夏根:《罗家伦与五四运动》,《阜阳师范学院学报》2006 年第 3 期。

④ 赵映林:《罗家伦与"五四运动"》,《文史天地》2011 年第 1 期。

⑤ 杨早:《罗家伦:一笔写出五四潮》,见陈平原、夏晓虹主编:《触摸历史 五四人物与现代中国》,广州出版社 1999 年版;谢泳:《写〈五四运动宣言〉的罗家伦》,见谢泳:《靠不住的历史》,广西师范大学出版社 2009 年版;李向群:《罗家伦——阐述五四运动目的及精神第一人》,《北京档案》2009 年第 4 期;史云波:《罗家伦的"五四"观及其历史演变》,《天津社会科学》2009 年第 4 期。

"五四"演讲。笔者在友人帮助下得以翻检《罗家伦先生文存》《罗家伦先生文存附编》及《罗家伦先生文存补遗》，发现文存第六册"演讲"所收第十三篇演讲为《青年的觉醒》，系"民国三十年五月四日在文化运动委员会第三次文化讲座讲"，未见收入此次在重大的演讲记录稿。

刘维开编著的《罗家伦先生年谱》是目前最为完备的罗家伦年谱，作者在《后记》中曾坦言"《罗家伦先生文存》十二册，几乎完整的汇集了罗先生一生的著述文字，为年谱内容提供了充分的参考资料"并致谢罗久芳、刘世景在资料及审阅等方面的帮助。[①] 查《罗家伦先生年谱》，3月24日—4月2日出席中国国民党第五届中央执行委员第八次全体会议之后，就是6月16日撰《炸弹下长大的中央大学——从迁校到发展》，[②] 没有任何关于1941年5月行实的谱文，连收入"文存"的5月4日《青年的觉醒》演讲都未能入谱，遑论这次"文存"未收"五四"演讲。事实上，《中央日报》（重庆版）1941年5月5日第三版"山城语丝"刊发消息称："……四日中央文化运动委员会特假实验剧院举行第三次文化讲座，请罗家伦、章益讲'青年的觉醒'，及'五四前后'"，可以和"文存"所收1941年5月4日《青年的觉醒》演讲形成印证和补充。牛力著《罗家伦与国立中央大学》是专门研究罗家伦与中央大学的学术成果，是近年大陆学者研究罗家伦的新收获，然而也没有提及罗家伦作为中央大学校长主持1941年纪念五四活动并演讲的行实。作者在该书第四章"选择了三份刊物——《国风》、《时代公论》和

---

① 刘维开：《罗家伦先生年谱》，台北：国民党党史会1996年版，第345页。
② 刘维开：《罗家伦先生年谱》，台北：国民党党史会1996年版，第166—167页。

《新民族》——作为考察中大教授群体的窗口"，①也忽略了《沙磁文化》月刊。

综上，罗家伦 1941 年 5 月 4 日在重庆大学礼堂的纪念"五四"演讲，确乎被海峡两岸的罗家伦资料整理者和研究者遗忘了。笔者既有幸展读，就不揣浅陋，辑校如次并略加讨论：

罗家伦先生讲
成文高笔录

（上略）

二十三年前的今天，北平学生发动了这伟大的五四运动，到现在已是二十二周年。这件事，不只是北平天津一地方的学生运动，后来中心移到上海，更波动全国，振奋了全国的青年。关于这件事的起因，不必细说，但其主因可说是国家民族意识的觉醒，而直接对日本的计划。当时山东问题在华府交涉的失败，和日本的要求建筑胶顺路，是此抗日运动的直接起因。因为直接原因在抗日，所以反对与日本勾结的军阀。五四宣言中有两句话，深直②吾人回忆，就是："外争主权，内除国贼"。因为"外争主权"，所以对任何有损主权者均予以奋斗，这就是以"打倒帝国主义"一口号的源起；"内除国贼"，以后也成为"打倒军阀"，"铲除卖国贼"等口号。这些话，一直支配着中国政治的演变。此外，宣言中还有两句话："中华民国之土地，

---

① 牛力：《罗家伦与国立中央大学》，南京大学出版社 2015 年版，第 156 页。
② 原文如此，通常作"值"。

可以强占而不能断送；中国人民可以杀戮而不可投降"。这种五四精神，在今日的民族解放战争中，更表现得充分，四年来，我们自然失去不少领土，但每一寸土地我们都曾以血肉捍卫，换得敌人的相当代价；我们是"一寸血肉，一寸山河"，以血肉来保卫领土。我们是可以杀戮而不可投降。在这圣战中，我们阵亡的将士达数百万，民众慷慨成仁的也不知有多少，就南京而论，死伤就在五万以上，但是，只有无耻的汉奸才会屈膝，才能殄灭天良，在同胞的血迹上与敌人握手。不过，这是民族的败类，民族的渣滓，根本不配称中国人。五四运动是后来国民革命的先驱。五四运动在发生以前，是受了新文化运动的刺激，但新文化运动却更因它而广播而普遍。五四运动的发生，固由国家民族意识的觉醒，但也因为青年人生观的改变。当时，在几百年来以功名利禄相号召的首都，青年对于求学志趣不坚定，人生观不确立，社会上充满混乱与污浊的积习，教育是为个人的安富尊荣，是为个人的升官发财。我记得在蔡元培先生主持北大之前，北平最浪漫地区八大胡同的游客，差不多全是两院一堂（参众两院和京师大学堂）的人物。但自蔡先生掌校以后，却风气一变。他昭示青年以高尚的理想，要学生养成高尚的风格。这对于当时青年人生观之矫正，对于中国教育与民族复兴，实具大功。当时不但北大受他的影响，其他学校亦莫不闻风欣向。新文学运动固然是思想革命的前奏号，但此亦为这运动之一主因。关于五四运动，我不想多说，我只有一句话：当时国家民族意识和新文化意识固然非常发扬，但却有一大缺陷，缺少共同的政治意识，共同的主义与行动。当时，三民主义的演讲尚未写成，建国方略亦仅在建设杂志上陆续略有发表，心理建设也刚脱稿；而马克斯学说亦刚从日本稍有传入，尚无共产党；社会上流行着无政府主义，马克斯主义，民治主义，修正马克斯主义……五花八门，使青年彷徨歧路，不知所从。所以，五四时代，文化意识的蓬勃，虽可比法国十八世纪人权思想时代，但政治上却缺少共同信仰与行动。青年们都想救国，都想复兴民族，但却各走各的路，思想纷歧，行动四驰，这不知枉费了多少青年的力量，也使国家不知牺牲了多少青年，流了多少血！（中略）我们纪念五四，要发扬它的精神，但也要弥补它的缺点。造一座房子并不是许多工程师和许多图样所能成功，而只要一个工程师，一张图样，再加上多数工人的努力。希望今后的青年，要在一个工程师，一张图样之下，共同努力，才能达到驱除倭寇的目的，建设新中国的大厦！我们不能再蹈覆辙，重演过去的悲剧。

对读这则"成文高笔录"的这则没有标明题目的演讲记录与《罗家伦先生文存》所收 1941 年 5 月 4 日《青年的觉醒》演讲，可以发现二者既有明显的一致性，又有重要的差异性。一致性方面，二者都是同一个演讲者罗家伦在同一天发表的关于青年与"五四"的演讲，都讲到"五四"宣言中的"外争主权，内除国贼"与"中华民国之土地，可以强占而不能断送；中国人民可以杀戮而不可投降"（《青年的觉醒》的表述是"中华民国之土地可以强占，而不可

二、可参考的同台诸君纪念"五四"演讲

正如前述《新华日报》《中央日报》消息所云，罗家伦先生演讲致辞之后，就是张治中、谭平山、潘公展相继演讲。他们的演讲内容，分别由成文高、朱汇森和涂廷凯笔记，也紧接着罗家伦的演讲记录刊发在同期"五四纪念特刊"上，可供进一步解读罗家伦演讲及研究当年的五四纪念活动参考。其时朱汇森系中央大学教育系二年级学生，1949 后曾任台湾地区"教育部部长"、"国史馆馆长"等重要职务，是有影响的教育家和知名学者。涂廷凯其时也是中央大学学生，年级不详，后任四川射洪中学校长、1948 年第一届"国民大会"四川省代表。

三位先生演讲之主要内容及现场反应，又有同期刊发的《风雨中纪念五四：沙磁区五四运动纪念大会特写》留下了珍贵的记录。为了节省篇幅，截取四段相关内容抄录在这里，然后略作补充和讨论：

> 热烈的掌声结束了他（整理者按：指罗家伦）的话，接着讲演的是张部长。
>
> 张部长的仪表和态度很动人，他的话也一句句打入了青年的心坎。他说："……五四运动充分表现了青年的精神和力量，并将北洋军阀之种种弱点暴露，奠定了后来北伐成功的基础。……展开了合乎时代精神需要的新文化运动……这般过去的青年，在青年运动史上，在革命史上，是一片灿烂的荣光。……但在抗战第五年代来纪念五四，

每个人至少应有几点清楚的认识：（一）五四精神是反帝的，纪念五四，我们要加强抗战工作；（二）五四精神是提倡科学的，我们纪念五四，要提倡国防科学运动；（三）五四是新文化运动的发轫，发扬五四精神，要建设三民主义的新文化。……"

又是一片热烈的掌声。两个钟头的长坐，反给人们脸上涂上了一层兴奋的颜色。

之后是谭平山先生和潘公展先生的讲演，他们对于五四运动的意义，都有很深刻的阐发，对于今日的青年，更是训勉有加。谭先生指出了五四运动和今日青年抗战的不同，潘先生给大家一个五四运动的再认识。潘先生说：五四精神最主要的有三方面，一是国家至上，民族至上，因为国家至上，民族至上，所以是反帝国主义的，反封建的，所以口号是"外争主权，内除国贼"。第二是提倡新文化运动，就是科学化和新文学运动。第三是民主思潮。这三点在今天更应予以清楚的认识。……

这段文字的可贵之处在于记录了现场的掌声、顺序、进度、感受、反应等历史信息。比如报以罗家伦演讲的热烈掌声；比如张治中动人的仪表、态度与话语"一句句打入了青年的心坎"的效果；比如罗家伦和张治中讲完就已经过了两个钟头，而青年们反而更加兴奋；比如评价谭平山、潘公展讲演让青年觉得是"训勉有加"，等等。

关于张治中的"特写"与成文高的记录比较吻合，值得补充的是其内容表现出明确的现实针对性，比如针对有人因"最近的苏日协定成立"发生动摇，提出抗战要自力更生；针对有人认为通货膨胀是"抗战大危机",指出这就是抗战信念发生动摇,并与法国、德国人民战时的遭遇相比,强调"看在抗战上,我们也应该尽量忍受"。而谭平山讲述的内容在"特写"中一笔带过,可以补充的是其不同在于三个方面,一是政治环境,二是当时政府颟顸无能而"今日有贤明的政府领导抗日战争",三是五四缺少有组织、有计划的中心领导,而"此次之抗日战争有中国国民党之领导"。最让人意外的是,关于潘公展之"特写"与涂廷凯的笔记有较大的不同,想必是因为整理者各自就记录下来的内容进行了条理化处理。比如虽然"国家至上,民族至上"都是重要内容,但涂廷凯笔记并未提及"所以口号是'外争主权,内除国贼'",虽然都强调"科学",但特写中的"民主"在笔记中是"民治"。以笔记的逻辑看,演讲者是从"始终相信青年是最爱国的,最纯洁的,毫无渣质的"讲起,认为"现在不是五四精神的发扬问题,而是要引导这种精神",强调"只有国家、民族才是世界上最真实的东西",分析苏联的国家至上;然后指出我们能同日本作战完全靠着两大力量,第一是靠地大物博人口众多,第二是靠抗战精神来补足我们的国防力量,"以三民主义为寄托,把全国一盘散沙的国民变成土敏土一般的团结";继而回到五四主题,讲到"当时五四运动的主要思潮,一是Democracy,一是Science",最后以"归纳起来,'科学''民治'都是五四运动时遗下来的,我们要努力研究科学,完成国防建设,拥护政府抗战,达到真正民治,这才是对五四精神的再认识"结束演讲。

综合起来看,张治中、谭平山、潘公展的演讲和罗家伦的致辞都有一个共同的倾向,就是既纪念五四,高度评价五四的意义与影响,同时又反思五四,讨论五四的缺陷与不足,试图将青年引导到信奉三民主义与拥护国民党政府抗战上来。这只是他们在当时的历史条件下立足自己的个人身份与政治立场的公开表态，我们在今天纪念五四时对这些内容也应有清醒的认识。包括他们对共产党之于五四运动及抗战的态度与表达，也有程度及分寸上的差别。谭平山的演讲记录最短，约800字，其中没有出现共产党或马克思主义；罗家伦有多处略去的演讲记录约1400字，其中专门讲到五四运动时"马克斯学说亦刚从日本稍有传入，尚无共产党"；张治中的演讲记录约1700字，有"三民主义的伟大，更无待言，早已深入四万万的心，连共产党也宣传信仰，青年除此而外，更向何处去"之表达，专门以"共产党也宣传信仰"为有力证据，在反问修辞中引导青年去向；潘公展的演讲记录最长，约2200字，多次有针对共产党领导下的"陕北""延安"的言论，比如说青年"找不到救国的门径，因而急不暇择，误信人言，抱着救国的热忱，不惜千山万水跑到'延安'，使他们走入错误的道路"，反问"他们享了现成福，到陪都来参政还要闹架子，中央日报不能寄到陕北，延安见不到国旗，像这样才算是民治吗？"，就非常直露和尖锐了。从中已经可以看出此后国民党对"五四"纪念的态度发生转折之端倪。1942年5月6日，《解放日报》头版就刊发消息《重庆西安等地禁止举行"五四"纪念》。郭沫若1948年纪念"五四"文章也追溯"有几年光景，'五四'成了个禁日，只好偷偷的被纪念。谁要纪念'五四'，谁就是'异党份子'，有资格进集中营或劳动营的"。[①] 事实上，1941年"五四"纪念时的中国，是国共合作共同抗日的中国，

---

① 郭沫若：《庆祝"五四"光复》，原载《华商报》（香港）1948年5月4日，《郭沫若全集》失收，见杨琥编：《历史记忆与历史解释：民国时期名人谈五四》，福建教育出版社2011年版，第567页。

也是"皖南事变"半年后的中国，国共两党书写记忆、影响青年、引导舆论、争夺话语权、建构合法性的政治斗争一直在或明或暗地进行着。前述《新华日报》1941年5月4日社论《发扬"五四"革命精神》中，也不乏"智识青年只有思想上与先进政党相结合，行动上和劳苦大众取一致，才能发挥智识青年的先锋桥梁特殊历史作用""在大后方的智识青年，在今日现实环境中，应该发扬与先进思想结合的宝贵精神，扩展思想上求知和批判的精神和作风"这样巧妙的表达与"我们，共产党人，以赤心热血，爱护我们的祖国——中华民国"[①] 这样公开的亮相。关于记忆、话语权与合法性，莫里斯·哈布瓦赫、米歇尔·福柯、保罗·康纳顿、让·马克·夸克等西方学者以及王海洲、张艳等本土学人都有过精彩讨论，此不赘述。

《风雨中纪念五四：沙磁区五四运动纪念大会特写》还有不少值得注意的内容。比如开篇的"许是上帝也想涤荡地面上殷黑的血迹吧，紧接着敌人今年第一次大轰炸，天，在三日夜半，滴淋淋下起雨来了。这雨，灌溉了山川田畴，也润湿了千万颗焦灼的心，这不是雨，是雪白的米啊"，以诗一般的语言交代了残酷的大轰炸背景，与好雨从天而降的喜悦，为纪念大会及演讲造势。"礼堂中已经黑压压的挤满了人……礼堂的布置很简单，但两壁的标语却非常整洁悦目。大家都很遵守时刻，正九点钟时，一声立正，张治中部长、潘公展副部长、谭平山先生、罗家伦先生……鱼贯的进入了会场，一个庄严而热烈的仪式便开始了"，是演讲开始前的简要介绍，可知会场听众、布置、氛围等细节，那"一声立正"，也有别于普

---

① 《发扬"五四"革命精神》(社论)，《新华日报》1941年5月4日第1版。

通演讲。"主席是五四运动中的健将，二十三年来的青年领导者罗家伦先生。在开会辞中，他说：'……今天我们的大会本预备在重大操场举行，沙磁区各校也都准备全体整队参加的，但因为雨，只能改在这礼堂中，场地有限，各校也只能代表参加，这是很可惋惜的一件事……'"则又补充了一段记录稿省略了的罗家伦先生的演讲内容，透露了纪念会原本规模更大的更为隆重的安排与令人惋惜的遗憾。"时间悄悄地溜过去，时间已过十二点了，最后一个程序是呼口号。'发扬五四精神''服从蒋委员长'！声音是那么雄壮而整齐。掠过窗棂，飘向烟雨濛濛的空间。这声音飘进日本鬼子的耳壳，是会使他们发抖的"，点明演讲结束时间并特写呼口号，其间的雄风、自信与乐观，令人感怀。作者在正文署"玄鹰"，在目录页作"立鹰"，应为笔名，不知哪个准确。查阅相关资料及笔名工具书，也没有发现有效信息。希望读者诸君有以教我。

三、印行"五四纪念特刊"的《沙磁文化》

印行"五四纪念特刊"的是《沙磁文化》第一卷第5期，1941年5月15日出版。同期"特刊"刊发的还有魏元光的《光大五四精神与发展工业教育》、楚崧秋的《检讨"五四"与今日青年应有的认识》。魏元光先生时任国立中央工业职业学校校长，楚崧秋则是中央大学政治系二年级学生，毕业后任过蒋介石秘书，1949年到台湾后曾任《中央日报》社长。甚至此期一开篇"月谈"栏目的第一篇言论，就是《纪念五四》，署名"文"，面对"每一个纪念日来临了，照例举行纪念仪式，贴标语，写文章，讲演，呼口号"的现状，指出"这些，我们不能说是白费，但是更有意义的纪念，应该不是形式，而是行动"，强调"纸上谈兵，依然于事无补，'坐言何如起行'，青年朋友们，千万请记住，行动才是最有意义的纪念"。这不能不说是难能可贵的理性的清醒的声音，对我们今天的五四纪念，仍然不无参考价值。这"文"，很可能是成文高的笔名，录以待考。

《沙磁文化》创刊于1940年12月5日，创刊号刊名即由中央大学校长罗家伦先生书写，系月刊，16开本，版权页之编辑者署"沙磁文化社"，社址在"重庆沙坪坝中央大学内"，发行者也署"沙磁文化社"，社址在"重庆瓷器街四十七号"，总经售署"中国文化服务社"，代售处为"全国各大书局"，售价零售一册二角，订购半年一元一角，订购一年二元。创刊号印刷者署"扫荡报社"，第二期至第五期起改署"国立四川造纸印刷职业学校"。

《沙磁文化》月刊的宗旨与取向可以从创刊号上成文高撰写之《发刊词》明确的三大中心目标中得到体现。三大目标为："我们要藉着纸和笔的威力，打破时空的限制，粗描淡画，把这里（笔者按：指沙磁文化区）的形形色色告诉关心我们的人们，使他们知道我们是在怎样生活着。这是本刊第一个中心目标……今后本刊第二个中心目标是：联系青年朋友之感情，增进青年朋友的了解，砥砺青年朋友的学术，和团结青年朋友的意志……再其次……我们忝为知识分子，自也该站在文化的岗位上，举起文化的武器来，英勇向敌人搏斗。这是每一本抗战读物的刊行缘起，也就是本刊今后努力的第三个目标。"从《发刊词》中"这一颗嫩弱的文化幼芽，虽由我们沙磁区的五个专科以上学校（国立中央大学、四川省立重庆大学、四川省立教育学院、国立药学专门学校、国立中央工业职业学校）下种"，可知沙磁文化社的组织单位构成。该刊常设栏目有月谈、论著、学术研究、沙磁生活、文艺、沙磁点滴等。成文高应为前期《沙磁文化》月刊编辑部的重要人物，生卒年不详，资料显示1948 年 2 月到 1949 年 1 月曾任邻水中学校长，1952 年在《西南文艺》发表杂文《靠天吃饭》，1955 年在《语文学习》发表短论《了解得对才写得对》。其他情形，暂时还不得而知。

此刊虽标明是月刊，但囿于当时的条件，很难按时出版。第二期到五期的刊期还相对稳定，分别于 1941 年 1 月 15 日、2 月 15 日、4 月 1 日和 5 月 15 日出版。但第六期"夏令营生活特刊"的出版时间已是半年多后的 12 月 15 日。此期《编辑室》披露："本刊自暑期因轰炸过烈停刊以来，迄今四月有余，曾承各方公私文化团体，相率缄询，复蒙各地读者，热心关顾，同人等于感激之余，良深歉悚，现至十一月份起，决定复刊。"第二卷则不但刊期不定，还经常合刊，一二期合刊 1942 年 3 月出版，三期 4 月出版，六七期合刊 11 月出版，第八期 1943 年 3 月出版，所见最晚的一期是第二卷第九期，1943 年 4 月出版。第二卷第 4 期和第 5 期还无缘寓目，不知是否合刊，也无从查考其出版时间与主要内容。

罗家伦卸任中央大学校长的时间是 1941 年 7 月，《罗家伦先生年谱》记载"7 月 15 日行政院第五二三次院会，通过先生请辞中央大学校长案……二十一日命令公布"。同年"八一三纪念日警报声中"，罗家伦"根据对全体教授和全体学生两次惜别会中演讲的大意而写成"的《中央大学之回顾与前瞻》长文脱稿。此文庚即与另外三篇演讲稿《中央大学之使命》《炸弹下长大的中央大学》《七七与中大青年》合并编入《中央大学之回顾与前瞻》一书，由中央大学印行，未见该书版权页，不知是不是《民国时期总书目》著录的

"1941年8月"①出版。此文后刊《沙磁文化》第二卷第三期（未完），其时罗家伦已离开中央大学半年有余了，可见编辑部同人对罗家伦先生及其著述的持续关注，人虽走，茶不凉。《沙磁文化》月刊对主要缔造者之一罗家伦的情谊，还可以从其诸期封面之变化中得到体现。一卷二期封面手书刊名落款"叶元龙"，时任重庆大学校长；第二卷一、二期合刊封面手书刊名落款"光炜"，当为时任中央大学教授的胡小石先生；二卷三期封面手书刊名落款"颜歆"，时任四川省立教育学院院长。此外，所见封面色调虽有差异，但刊名字迹，都是援用创刊号上的罗家伦手书。至2卷9期刊出之时，离罗家伦卸任已近两年。

"五四纪念特刊"之外，《沙磁文化》月刊还有几期特辑尤其值得注意。比如第一卷第6期的"夏令营生活特刊"，载蒋委员长《现代青年成功立业之要道》，系其在北温泉夏令营对全体受训员生的训话，另有《三段式的生活》《新食谱》《缙云之行》《日记一页》等18篇文稿。正如编辑者所说，"诸作者以快俏的文笔，把这次生活的内容和环境，写得淋漓尽致"，是第一手的宝贵史料。第二卷1—2期合刊有"诗词特辑"，刊发胡小石、汪辟疆（畺）、唐圭璋、金毓黻等先生的诗词创作，还有李长之的诗歌翻译等。此期"沙磁学术讲座"栏刊发讲座记录稿两篇，一为考古学家卫聚贤先生讲座《巴蜀文化》，一为文艺名家老舍的演讲《文艺的创造》。《文艺的创造》不见于《老舍全集》《老舍年谱》及相关传记资料，当是老舍的一次集外演讲记录。在2015年10月由中国老舍研究会和西南大

---

① 北京图书馆：《民国时期总书目（1911—1949）教育·体育》，书目文献出版社1995年版，第492页。

学主办，西南大学文学院、北碚区文化委员会承办的"老舍与纪念世界反法西斯战争胜利 70 周年暨第七届老舍国际学术研讨会"上，笔者曾予以辑录并就其中关于"平凡""风格""表现""批评"等内容与现有老舍文字的勾连与互文，以及幽默、针对性强、有世界眼光等特点进行讨论。第二卷第 8 期为"沙磁团务专号"，有中央大学、四川教育学院、重庆大学、中央工校、南开中学各分团的团务动态，《编后》直言"这一期完全是沙磁区青年运动的总报告""刊中各文均系各团部负责人所写成的"，可供青年运动研究参考。

十余册《沙磁文化》月刊虽然学界关注度不高，也缺乏系统的整理和丰富的研究内容，但潜心翻阅之后，就会认同前人关于该刊"是研究我国抗战文化不可多得的刊物"① 之判断。我们想进一步强调的，是罗家伦参与创办并在中央大学校内编辑的《沙磁文化》月刊之于罗家伦研究与中央大学研究的重要作用，是其"五四纪念特刊"与 1941 年陪都重庆沙磁文化区的五四纪念的密切联系，是其作为非文学期刊登载的文学内容之于抗战文学研究的拓展空间。

此外，《沙磁文化》月刊之"五四纪念特刊"刊载的被遗忘的罗家伦先生纪念"五四"演讲还提醒我们，五四健将、五四新文化人物的杰出代表、现代中国的风云人物罗家伦先生还有不少演讲值得发掘和研究。随手就可以举出几个《罗家伦先生文存》与《罗家伦先生年谱》都没有提及的例子：比如 1941 年 10 月 25 日贵州《革命日报》报道清华同学会贵阳分会昨欢宴罗家伦等，由罗家伦报告清华改为国立大学之情形，希望在大后方建设一个伟大的清华；

---

① 重庆市沙坪坝区地方志办公室编：《抗战时期的陪都沙磁文化区》，科学技术文献出版社重庆分社 1989 年版，第 105 页。

1943 年 7 月 5 日陕西《西京日报》报道昨日上午十时，罗家伦莅临陕西青年团支团部，对本市高中以上团员讲话，讲题为《国际局势与中国之出路》，历三小时始毕；1944 年 12 月 23 日《新疆日报》报道次日上午十时，新疆检查使罗家伦先生将在省党部大礼堂主讲《向前看!》等等。罗家伦研究，有待后来人。

本文为国家社会科学基金项目"抗战时期作家佚作与版本研究"（编号 14BZW113）阶段性成果。

新文化运动的"主义"对话

——以青年张闻天的文学、思想为中心

熊　权（河北大学文学院）

　　张闻天是中共革命史、党史上的著名人物。在成为职业党人之前，张闻天因参加"五四"学生运动而登上新文坛，曾是一名热情浪漫、笔耕不辍的文学青年。他身为著名社团少年中国学会、文学研究会的活跃分子，编辑过《少年世界》、《南鸿》等新文化刊物，译介过托尔斯泰、泰戈尔、王尔德、柯罗连科等名家作品及理论。张闻天尝试创作小说、戏剧、散文、诗歌各种文体，所写长篇小说《旅途》比茅盾的成名作《幻灭》还早三年问世，且体制上更为宏大……学界对张闻天早期的文学活动已有不少研究，往往从中寻找倾向马克思主义的种种迹象、论证其人成为中共党人的必然性，虽然在资料收集、理论阐释、文本分析等各个方面成果颇丰，却基本未能越出"文学张闻天"补充"政治

张闻天"的格局①。

实际上，"文学张闻天"不仅时间上先在于"政治张闻天"，更是一个思想文化意义上的独立主体。在政党政治尚未分明的"五四"语境中，他体现为一段共产党人的"前传"，更蕴涵了新文化知识分子多路向的思考与实践。文学具有复杂多义的特性，能为阅读、研究者提供一个广阔的想象及阐释空间。本文聚焦"文学张闻天"进而考察众多"五四"知识分子所实践的工读运动、所接受的无政府思潮影响，意在揭示新文化运动内部的弹性和张力。在政治决定论视野下，马克思主义在中国的发生发展体现为一部与落后思潮的斗争史。相对这一既定"斗争史"模式，本文借文学、文化的兼容视角探索另一种轨迹：马克思主义通过与"他者"主义共存对话，落地化为中国革命的血肉与精神。

一、一个文学青年的"爱"与"主义"

综观张闻天的文学创作，堪称典型的"五四"青春文学。他的主要作品诉说爱的向往、爱而不得的苦闷，颇有自传色彩。比较典型的如书信体小说《飘零的黄叶——长虹给他母亲的一封信》。"长虹"即张闻天的笔名之一，作者离家数年后写下这篇小说，青年长

---

① 学界探讨张闻天早年文学生涯，基本延续、细化程中原先生的专门研究。程中原的《张闻天早年的文学生活》（《新文学史料》1980年第3期）、《张闻天早年文学作品选》（人民文学出版社，1983年）、《张闻天与新文学运动》（江苏人民出版社，1987年）等，主要论证早年张闻天以文学投入反帝反封建的斗争，充实他作为"战士"、"无产阶级革命家"的形象。而近年一些研究细读张闻天文本以强调其文学价值，也难以突破"文学张闻天"的附属位置。

虹"始终为了生活与恋爱两大问题奋斗着",同样经历过长期漂泊。长虹向母亲诉说离别的苦衷、回忆如何走上叛逆之路,既是张闻天的自我写照,也喊出了一代青年的反抗之声:

> 一点点个人的自觉,一点点时代的新思潮,使我觉得妈妈对于我的婚姻大事这样去做,是蔑视我个人的人格,是不承认我是一个有意志有情感的"人"。这种感觉在我的心中产生了一种不能控制的反叛行动,更因为妈妈对于它的不了解,终究把我从你的怀抱中拉开去了。当时我真像一个战士,不顾一切,冲到人生的战场上,把一柄利剑舞得像瑞雪一般,大有当我者死,顺我者生之慨。[1]

1918 年,十八岁的张闻天还在南京河海工程学校读书,就由母亲安排与邻村女子卫月莲结婚。他抗婚不成,留下心理创伤。长虹不满包办婚姻"冲到人生的战场上",张闻天结婚次年放弃南京学业、投考上海的赴法勤工俭学预备学校,也不乏摆脱旧家庭的冲动。

张闻天最著名的作品《旅途》(小说)、《青春的梦》(戏剧)都是批判封建礼教主题,主人公追求自由恋爱的激情分明可见作者自我情感的投射。《旅途》以张闻天亲历的美国留学生活为基础,讲述了赴美工程师王钧凯的爱情悲剧。钧凯与留在国内的蕴青原是一对恋人,然而蕴青被迫出嫁。钧凯闻讯大病欲死,幸得美国朋友克

---

[1] 张闻天:《飘零的黄叶——长虹给他母亲的一封信》,《张闻天早年文学作品选》,人民文学出版社,1983 年,第 160 页。

拉先生一家照抚。后来，他陷入与克拉先生之女安娜、加利福尼亚大学学生玛格莱的三角恋。安娜因得不到钧凯的爱痛苦自杀，玛格莱一心追随钧凯归国却途中病死。爱断情殇的钧凯回国投身革命，最后壮烈牺牲。相比钧凯、蕴青咽下旧式婚姻之苦，许明心、徐兰芳在《青春的梦》里勇敢地为自由恋爱而战。许明心因家庭包办早有婚姻，抛家弃女必然遭遇阻碍；徐兰芳顾及寡母的哀求、阻扰，迟迟下不了反叛决心。二人终于宣告爱情的一幕将戏剧推向高潮，一边是守旧的家人步步紧逼，一边是两个爱人顽强抵抗。双方对峙当中，明心猛然掏出手枪吓退亲友。在听闻妻子投水惨死的一刻，他头也不回地携手兰芳冲出家门，上演了一出与封建家庭、旧礼教决裂的好戏。一如许明心的"无情无义"、彻底抛开现实羁绊，将是多么自由畅快，又是多么不近情理。戏剧名为"青春的梦"足见张闻天自己何尝不明了，唯有在文学的"白日梦"里才能获得一时的满足与飞升。

出于个人挫折和内心苦闷，青年张闻天在文学里反复书写"爱"，思想上也形成一套"爱的哲学"。他视"爱"为天国，提倡反暴力的"无抵抗主义"，从而与谙习马克思学说的沈雁冰、陈望道发生论争。值得重视的是，张闻天虽然当时不认同唯物史观，却申明不同"主义"应当并存。1921 年 7 月 3 日，张闻天在《民国日报·觉悟》发表《无抵抗主义底我见》，引来沈雁冰、陈望道的驳论。文章开篇颂扬"爱"的意义：

> 我们确信世界上人与人间一天没有爱底存在，就一天得不到和平和幸福，这就是说世界上一天没有真爱底存在，人类的理想就不会达到，人类的伟大使命总不会完

成，人生底真意义也总不会了解。所以我们要创造的少年中国，简单说一句就是爱底天国。这爱是我们底宗教，是我们底上帝，是我们底一切！

以追求"爱"的理想国为目标，张闻天认为"无抵抗主义"是具体的、唯一的途径：

所以无抵抗主义是什么；简单一句话：就是实现这种爱底最大的道路。并且我们很明了地看到只有这种主义才够达到这种爱，其他一切挑拨起对于敌对的怨憎心，仇视心，妒忌心等的一切主义都不能达到爱，并且还违反于爱呢！①

在张闻天心目中，托尔斯泰、耶稣、释迦牟尼、泰戈尔等都是主张"无抵抗主义"的代表人物，他们以爱的宽容、精神的感化来改变世界，堪称伟大革命。为了具体说明，张闻天还引用《圣经》："有人打你这边的面，连那边的面也由他打。有人夺你底外衣，连里衣也由他拿去"②，正是关于"无抵抗主义"一种极端的、也广为人知的表述。

沈雁冰、陈望道却对这样"无抵抗主义"不以为然。沈雁冰在张闻天发文的当年加入中国共产党，而陈望道一年之前已翻译出首版《共产党宣言》，他们都主张暴力反抗、武装革命。陈望道认为

---

① 张闻天：《无抵抗主义底我见》，《民国日报·觉悟》1921 年 7 月 3 日。
② 张闻天：《无抵抗主义底我见》，《民国日报·觉悟》1921 年 7 月 3 日。

"无抵抗主义"存在逻辑问题："在这世界而主张弱者不抵抗，也便是别一方面的残忍者"，他进而指出"对于压迫阶级，抵抗便是爱"。① 沈雁冰则例举托尔斯泰遭遇的现实困境，说托氏的"无抵抗主义"、"泛劳动主义"连身边的妻子都不能理解，可见只是过于理想化的宗教。他指出一条可行的"人间道"："就现在人类所能做到的事而言，这一条'路'，已有那些被人称为'俄罗斯人'的'人们'造下来了。"② 在这里，推崇苏俄革命、主张马克思主义的意思已经说得很明显了。

面对沈、陈批判，张闻天一方面坚持己见，强调不同"主义"各司其职；另一方面却说明自己并不偏执某一特定"主义"。他认为马克思学说也有局限：

> 我相信改造社会是两方面的：是内的精神的和外的环境的。单单改造了精神而不改造环境当然不行，但是单单改造了环境，也不中用！我相信：唯物史观能说明一部分现象，但不是全部的。其实，世界上无论哪一种完满的学说都有一部分的价值，决不是全部的。③

既然马克思主义改造外部社会，那么"无抵抗主义"致力于改造人的精神。张闻天申明自己志在"精神运动"，因为"世界上一切东西都进化了，而没有道德为其基础，这种进化是不充实的，是

---

① 晓风：《论爱——答闻天先生》，《民国日报·觉悟》1921 年 7 月 17 日。
② 冰：《无抵抗主义与"爱"》，《民国日报·觉悟》1921 年 7 月 5 日。
③ 闻天：《人格底重要——答雁冰和晓风两先生》，《民国日报·觉悟》1921 年 7 月 17 日。

要倾倒的"。① 尽管坚持己见，张闻天最后有所说明："如其有更能实现爱或更容易实现爱的方法，我自然会抛弃现在的主张追随诸先生之后。"② 这样的"不确定"，与后来"砍头不要紧，只要主义真"③的"坚持"不可同日而语。彼时彼境，张闻天把"主义"当做追求"爱的理想国"的一种具体方法，随时都有调整、修改的意愿。

在 1921 年，张闻天主张"无抵抗主义"却并非定见，那他更早之前就运用"唯物史观"、"社会主义"等词汇，未必是选择马克思主义的证据。④ 一个年仅十九岁的少年，刚刚得知北京发生"五四"运动就怀着热情参加学生运动，对马列理论难有什么深入了解。可以确知的是，随着新文化运动扩张，马克思主义等多种思潮蜂拥而至，青年弄潮儿的眼界被打开，乐于学习各种新名词、新理论。在新文化运动"主义"对话的历史语境中，张闻天将遭遇历险和成长。

二、工读梦：实践无政府乌托邦

在沈雁冰和陈望道看来，"无抵抗主义"的最大问题在于不切

① 闻天：《人格底重要——答雁冰和晓风两先生》，《民国日报·觉悟》1921 年 7 月 17 日。
② 闻天：《人格底重要——答雁冰和晓风两先生》，《民国日报·觉悟》1921 年 7 月 17 日。
③ 夏明翰 1928 年作《就义诗》："砍头不要紧，只要主义真。杀了夏明翰，自有后来人。"
④ 例如程中原、张培森等张闻天研究专家，特别强调张闻天在 1925 年正式入党之前写作的《社会问题》、《中国底乱源及解决》两文。他们认为，前者采用"唯物史观"、"社会主义"等词汇，比李大钊介绍"十月革命"更早；后者则提出了解决中国的混乱局面需要有健全严整的政党组织，是对共产党的召唤。

实际，"五四"前后却绝非张闻天作此主张。张闻天信仰"爱的哲学"，除了个人苦闷更有深广的社会思想原因。当时知识界普遍推崇"爱"而反暴力、主张精神改造而拒绝政治革命，由此召唤出轰轰烈烈的工读运动，构成了中国现代史上实践无政府乌托邦的一页。张闻天很早就加入了发起"工读互助团"的少年中国学会，又考取过留法勤工俭学预备班（后来赴美勤工俭学），正是"工读"运动的身体力行者，理解他早年的文学、思想不能脱离这场乌托邦运动。

1919 年张闻天发表短文《梦》，文体介于小说与散文之间，后世少有关注。短文开头是一段内心独白："吾正烦恼得没有奈何的时候，突然又想起'小组织'、'新村落'来；拿它羡慕了一回。唉！'小组织'、'新村落'吾几时把你来实行哦！"① 接着，大段讲述"我"的梦游，来到一个桃源梦境：

> 一眼望出去那地上的泥真细；那田分得一条一条的。啊！这是青菜；那是嘉禾；这是棉花；……青的，碧绿的，淡黄色的……；只见许多人各持锄头，分道工作，面上现出快乐的形境。……村落四周都是树木，荷花池里荷花正开得好看，这碧绿色树木里，二道草房，每道都有很多间数。②

---

① 张闻天：《梦》，《时事新报》1919 年 8 月 27 日，收入《张闻天早期文集》，2010 年，第 25 页。

② 张闻天：《梦》，《时事新报》1919 年 8 月 27 日。

更有意思的是，这里除了所见环境优美、快乐劳作，生活其中的人们都依照钟声集体而动。他们或劳动、或歌舞、或读书谈心、或洗面刷齿……显得井然有序。短文结尾，一阵吵嚷的人声惊醒了美梦——邻居家的女人正抱怨自家婆婆凶恶，"我"重新跌入"烦恼得没有奈何"的现实。

　　一篇"梦游"读来令人费解，但其中提及的"小组织"之说正是解梦的钥匙。张闻天之梦指涉着"五四"前后吸引了众多知识分子的工读运动。"小组织"源自少年中国学会（简称"少中"）的主要成员之一左舜生，他撰写《小组织的提倡》一文，呼吁建立"由少数同志组织的一种学术事业生活的共同集合体"。[①] 左舜生发声时，由王光祈、曾琦、李大钊等发起的"少中"刚成立，参加者绝大部分是谋求社会改造的知识青年。左舜生的提议在这个新生团体内部激发热烈的"小组织问题讨论"[②]，并快速落实为"工读互助团"组织，发展至全国。

　　在推动"小组织"付诸实施上，"少中"的灵魂人物王光祈着力尤多。他积极回应左舜生，先是建议尝试一种"菜园子"生活：

　　　　我们现在乡下租个菜园，这个菜园距离城市不要太远，亦不要太近，大约四五里路为最宜。这个菜园不要太大，亦不要太小，只要够我们十余人种植罢了。菜园中间建筑十余间房，用中国式的建筑法，分楼上楼下两层，楼上做我们的书房、阅报室、办公室、会客室、藏书室、游

① 左舜生：《小组织的提倡》，《时事新报》1919 年 7 月 2 日。
② "讨论小组织问题"，《少年中国》1919 年第 2 期。

戏室等等。楼下做我们的卧室饭厅等等。园子西南角上建筑一个厨房，东北角上建筑一个厕所，房子后身砌上一个球场，园子周围挖下一条小溪，溪边遍植下柳树，柳树旁边就是竹篱，竹篱里头就是我们的菜园了。

王光祈还具体设想，生活在菜园子里的人集体行动，每天种菜两小时，读书三小时，翻译书籍三小时，其余做游戏、阅读时间。这几乎就是张闻天梦境的复现及细化了。然而，鉴于"菜园子"式乡村生活"需要土地，而且现在我们的生活根据又在城市"，施行起来有难度，王光祈等转而设计"城市中的新生活"，命名为"工读互助团"。① 根据《工读互助团简章》所言，这是一个青年们自由组合的团体，"本互助精神，实行半工半读"。大家每天除阅读、学习的精神修养，必须从事洗衣、食堂、装订书报、贩卖商品等具体工作。团体的劳动所得共有，衣食住统一供给，有关事务共同商议决定。② 1919 年底，王光祈及"少中"会员争取蔡元培、陈独秀、胡适、周作人等新文化名人支持，共同发起《工读互助团募款启事》③。在获得一定资金支持的基础上，工读互助团首先在北京问世，陆续成立了四个小组。此后，天津、广州、武汉、南京、上海、长沙……各地类似组织纷纷涌现，可以说遍地开花。

值得注意的是，"少中"发起的工读互助团并非王光祈等拍脑

---

① 王光祈：《城市中的新生活》，《晨报》1919 年 12 月 4 日。
② 《工读互助团简章》，《新生活》1919 年 12 月 21 日。
③ 《工读互助团募款启事》，《新青年》1920 年 1 月 1 日第 7 卷第 2 号。联合发起人共 17 人，分别是李大钊、陈独秀、蔡元培、胡适、周作人、顾兆熊、陈溥贤、王星拱、高一涵、张崧年、程演生、陶履恭、李辛白、孟寿春、徐彦之、罗家伦、王光祈。

袋无中生有，实有相当的理论与实践基础。中国近现代史上的"工读"可追溯到更早的留法勤工俭学，虽然"少中"会员发起工读运动已经到了"五四"前后，但二者人事交错尤其共享无政府主义"互助论"这一思想源头，可视为一体。留法勤工俭学运动始于1912年，经历了俭学会、勤工俭学会、华法教育会三个发展阶段[①]。李石曾、吴稚晖、蔡元培等旅欧学生最初发起俭学会，只是在志同道合的友人之中践行苦学："节俭费用，推广留学，尚劳动朴素，养成勤劳洁之性质"，[②] 这种"同人圈"非常近似"少中"会员发起的工读互助团。俭学会后来面向社会，扩大为勤工俭学会，一方面在法国华工中宣传提倡"勤于工作，俭以求学"；另一方面招募国内经济贫困、愿意做工求学者。随着蔡元培担任会长的华法教育会成立，进一步扩大介绍中国学生留法和在法华工教育，"工读"模式也获得了广泛关注。到1917年，华法教育会争取民国政府支持、在全国范围创办留法预备学校，勤工俭学运动进入全盛期。据统计，从1919年3月派出第一批学生到1920年12月派出最末一批，共派出学生20批次、近2000人次。

工读互助运动与留法勤工俭学人事交错。据当事人左舜生、倪平欧回忆，王光祈先亲自访问勤工俭学的方法，然后发起工读互助团。[③] 而北京工读互助团的第四组，就由十多名留法预备班的学生组成。王光祈、曾琦、李璜、赵世炎、张闻天等推动工读互助运动

---

① 关于赴法勤工俭学运动发生发展三阶段，参考陆静：《当理想遭遇现实：赴法勤工俭学运动的初衷与困境（1912—1921）》，2010年华东师范大学硕士论文。

②《留法俭学会会约》，陈三井：《勤工俭学运动》，台北中正书局，1981年，第8—9页。

③ 倪平欧：《光祈北平生活之一段》，在舜生等撰：《王光祈先生纪念册》，文海出版社，1936年第30页。

的"少中"会员，在勤工俭学运动的感召影响下，纷纷出国求学。蔡元培既是勤工俭学运动的主要领导人，又亲身参加筹建工读互助团的具体工作，他明确指出二者实为一体：

> 到法国后，可以半工半学，难道在国内不能这样办么？少年中国学会的王光祈君又想了一个"工读互助团"的办法。自发起这个组织以后，可以到国外去的，就用勤工俭学会方法；不能到国外去的，就用工读互助团办法。劳工神圣，教育普及，真是"取之左右逢源"了。①

工读互助团与留法勤工俭学的一体性，更关键体现在思想同源，二者都崇信无政府主义"互助论"，对强调竞争的"天演论"心存警惕。在"欧战"爆发之后，国内知识界把反思资本主义国家的霸权与修正充满侵略、倾轧性的"天演"法则结合在一起，形成了"五四"前后普遍推崇爱的哲学、拒斥政治斗争的社会心理。这也是工读运动在这一阶段进入全盛的关键原因。所以，张闻天大谈"无抵抗主义"、憧憬"爱的天国"并非一味"缥缈"，自有现实语境。

"互助论"由著名的无政府主义者克鲁泡特金提出，克氏通过考察动物界、原始人群、中世纪以及现代的人类生活，实证"互助是一种生物的本能，互助法则是一切生物包括人类在内的进化法则"。这种建立在生物科学基础上的进化学说，修改了震动清末民

---

① 蔡元培：《国外勤工俭学会与国内工学互助》，《蔡元培全集》（第四卷），浙江教育出版社，1997年。

初社会的"天演论"。严复译著《天演论》呼喊"弱肉强食，优胜劣汰"，敲响了亡国灭种的警钟。从这个方面来看，"天演论"无疑具有积极作用；但另一方面，社会达尔文式的"物竞天择"也引发伦理反思："人虽是个动物，一定要说与虎豹豺狼同类，只知道生存，不知道善恶是非，这句话如何叫人承认得下去？"相比较之下，"互助论"强调生物进化有赖互助合作关系，显然更符合人道主义以及弱小民族的受众心理。

李石曾、吴稚晖作为留法勤工俭学的主要发起人，也是中国最早的一批无政府主义者，他们深受"互助论"吸引。李石曾先后两次翻译克鲁泡特金的《互助论》，1908 年的翻译版更是《互助论》中译首版。[①] 他明确批判"天演论"："现在的世界之所以为残杀世界，就是因为竞争时多，而互助少"。[②] 吴稚晖则特别提醒国人理解"进化论"存在不顾"互助"的偏颇：

> 然汉译所谓竞争，尤未足以尽西文之原义。西文 Concurrence（竞争）之原义，实即"共同发脚"之谓；……至于万物共同于世界，各向优点，此各行其是，更无竞争之可言。……依同人之意，必当译做'共同'，则胜败之恶名词，亦当弃去。

---

① 1908 年李石曾翻译《互助论》前 3 章，陆续刊载于《新世纪》1908 年 1 月 25 日—6 月 13 日。1919 年李石曾重译《互助论》前 4 章，连载于《东方杂志》1919 年 5—10 号。其中 1908 年译文为《互助论》第一个中文节译本。

② 张楠、王忍之编：《辛亥革命前十年间时论选集》（第三卷），生活·读书·新知三联书店，1960 年，第 152 页。

应该说，留法勤工俭学取工读方法、帮助贫困却有志于学者获得出国机会，大大区别于清末官费留学或凭各种既有资本的出洋考察，正是基于以"互助合作"而求"大同"的无政府思想。

吴、李等大力提倡的"互助论"，直到"五四"前后才迎来被接受的时机。"一战"期间的军事争夺重创国内对欧美文明的热情，等到巴黎和会爆出"分赃"丑闻，则进一步导致失望幻灭。在这种情势下，知识分子看"物竞天择"增加了帝国主义扩张、强权竞争的视角，产生普遍的警惕甚至厌恶心理。正如《五十年来中国之哲学》强调"互助"对"天演"的修正意义：

> 《天演论》出版后，"物竞"、"争存"等语，喧传一时，很引起一种"有强权无公理"的主张。同时有一种根据进化论，而纠正强权论的学说，从法国方面输进来，这是高阳李煜瀛（即李石曾）发起的……互助论。[1]

新文化界由此出现一种明显的思想趋势，那就是拒斥暴力争夺，信奉以"互助主义"消除"阶级"、"国界"、"人我界"，从而实现大同社会。"少中"作为其中代表，与觉悟社、人道社、曙光社、青年互助团等联合成一个"改造联合"社团，旨在通过修养个人、从"小组织"到"大联合"地渐进改造社会。而当时最大的文

---

[1] 蔡元培：《五十年来中国之哲学》，《蔡元培全集》（第五卷），浙江教育出版社，1997年。

学社团文学研究会主张"爱"与"美"的文学，冰心、叶圣陶笔下营造充满爱的童话世界颇受关注，造成一种大大区别于《新青年》批判国民劣根性的风格。而且，新文化运动的代表人物周作人也热衷致力"新村"运动。"新村"援引自日本无政府主义者，正与工读运动形成呼应。①

王光祈等最终把"小组织"命名为"工读互助团"，对"工读"模式、对"互助论"的确信表露无遗。在他们看来，半工半读的"新生活"不仅能培养个人能力，而且能合力互助对抗恶势力。无数"小组织"逐步"大联合"，终将过渡到一个经济、文化独立的"新社会"②。正如王光祈对工读互助团的展望和期待：

> 现在团体对于团员所供给的各种费用，尚略有限制。将来办理久了，已养成互助习惯，便可由团员自由取用，以施行"各取所需"的原则。这样，我们以后的生活便是：日出而作，日入而息，凿井而饮，耕田而食，帝力——政府——于我何有哉！③
>
> 工读互助团是新社会的胎儿，是实行我们理想的第一步。……若是工读互助团果然成功，渐次推广，我们"各尽所能，各取所需"的理想渐渐实现，那么'工读互助团'的运动便可叫做和平的经济革命。④

① 参考潘正文：《"改造联合"与文学研究会的文学倾向》，《中国现代文学研究丛刊》2007年第3期。
② 宗之櫆（宗白华）：《我的创造少年中国的办法》，《少年中国》1919年第2期。
③ 王光祈：《工读互助团》，《少年中国》1920年1月15日第1卷第7期。
④ 王光祈：《工读互助团》，《少年中国》1920年1月15日第1卷第7期。

可以看到，王光祈的眼光不止同人团体，更有把这种自由结合、人人平等的"小组织"扩展为理想国家的抱负。这种"理想国"以相信爱、善为基本前提，依靠人的互助、自律本能而建构发展，既避免了暴力争夺又去除了政府（或帝力）的限制，完全是一副无政府乌托邦图景。正如德里克考察新文化运动中的各种工读社团所言："虽然这些工读团不是完全相同的人，但他们都有着某种共同的无政府主义特征，它们运动的基础都是互助和劳动。"①

张闻天把自己对"小组织"的向往写入梦游，可见是自觉于它的理想化特征。令人振奋的是，梦想在"五四"语境居然获得生根发芽的土壤。在赴法勤工俭学、工读互助团的具体实践中，"缥缈的天国"植入了现实。如有的研究者所言，"少中"倡导的工读互助式自食其力、共同生活，为打破家庭走上社会的青年人提供了一种极富革命性的"新生活实践"②。从更宏观的意义上，工读运动体现了"五四"知识分子对无政府乌托邦的强烈向往和现实追求。

三、反对唯一之"主义"

返回工读运动的历史语境，可见青年张闻天的文学、思想呈现鲜明的无政府色彩。而考察"少中"的分化局势，则发现张闻天当时并不赞同提倡唯一的马克思主义。他对政治运动有所保留，当工读运动全面没落，仍然坚持勤工俭学之路。在一个"主义时代"来

① 德里克著：《中国革命中的无政府主义》，孙宜学译，广西师范大学出版社，2006 年，第 181 页。

② 李培艳：《"新青年"的"新生活"实践——以工读互助团为中心的考察》，《文艺理论与批评》，2018 年第 5 期。

临、政党政治日益高涨之际，张闻天对养成个人人格以组合无政府乌托邦的"和平革命"持续地抱有希望和热情。

前文已分析张闻天发表《无政府主义底我见》既推崇"爱的哲学"，又声明自己并不固守"无抵抗主义"，认为应当多种"主义"共存。第一个"工读互助团"1919 年底首先在北京出现，很快蔓延至全国许多城市。各类名目的大小互助团组织旋起旋灭，到 1921 年初基本上销声匿迹。而勤工俭学运动从全盛到 1920 年底最后一次派遣学生，兴衰时间与之基本一致。"工读互助团"的消亡成为"少中"分裂的催化剂，在 1921 年召开的南京年会上，出现了倡导马克思主义一派与反对者的矛盾冲突。"少中"召开第二次年会，是否采取"主义"以及是否从事政治活动的问题成了会员们热议的焦点。① 以邓中夏、黄日葵、高君宇等为代表的一派，提出有必要以唯一"主义"来统领学会。而会中主持事务的左舜生、已赴德留学的王光祈以及赴法的曾琦、李璜等都在反对者之列。

邓中夏在会上发言，认为明确一种"主义"相当于明确统一目标，实在大有好处：

> 全会应有共同的目的以为标准，故必采取或创作一种主义，以为学会的主义……学会以往的对社会无甚效力，都因无共同主义之故。必须规定了主义，大家求学做事才不误入歧途；才便于分工互助；向外活动才旗帜鲜明，易结同志团体。

---

① "此两案关系重大，发言者亦最多。"参见《南京大会纪略》，《少年中国》第 3 卷第 2 期，第 49 页。

他虽然没有明言"一种主义"具体为何，但不言而喻是马克思主义。李大钊受十月革命震动，带领一些青年学生研读马克思学说，邓中夏、黄日葵、高君宇等正是其中的积极分子。身为"少中"会员的他们，将马克思主义在学会中宣传、推行的愿望日趋急迫："本会同人已经两载之切实研究，对内对外似均应有标明主义之必要"[①]。当"少中"遭遇工读互助团的挫折，让会员们普遍萌生"对社会无甚效力"的感想，正是邓中夏等在年会上提倡马克思主义的极佳时机。

然而，当时主持"少中"事务的左舜生、已经赴德的王光祈以及赴法的曾琦、李璜等都表示反对。"少中"在成立之初是一个学术研究团体，强调以"学"为主旨，提倡"本科学的精神，为社会的活动"。[②] 因为对军阀政治失望，"少中"寄希望于"立人"的思想、精神改造："政治之不良，系无良好社会，良好社会之所以不能养成，又由于无良好人民之故，所以我们应该先'造人'先'造社会'，为'一种社会活动'。"[③] 面对提倡马克思主义者，王光祈强调学会还处在为确立"主义"做"预备工夫"的阶段，"究竟采取何种主义，则非有长时期之讨论与预备不可"。在他看来，确定主义需要首先研究世界上所有主义之理论历史及派别，调查各国实施主义之种种组织及实况，调查中国全国之生活状况及组织，研究中国人的国民性……完全一副学理研究的态度。对于会员从事政治活

---

① 《少年中国学会消息》1920 年 8 月 19 日来今雨轩座谈，《少年中国》第 2 卷第 3 期。
② 王光祈：《少年中国之创造》，《少年中国运动》，中华书局 1924 年，第 51 页。
③ 王光祈：《少年中国运动序言》，《少年中国运动》。

动，王光祈就反对得非常直接了："本会主张社会活动，反对政治活动，为本会精神之所在……倘若有违背此项精神者，即作为违背学会宗旨，请出其会。"远在法国的李璜、曾琦等，与王光祈的学理研究态度不同，主要是对中国接受苏俄式马克思主义充满质疑。他们以为苏联援助中国充满阴谋，苏联作为红色帝国主义与英法等白色帝国主义并无区别。

在"少中"分化的风口浪尖，张闻天与王光祈的学术研究、旨在"立人"的思路最为接近。在南京大会会场，他没有表态发言，但后来通过撰写《少年中国学会问题》书面意见，表明了反对立场："没有人格的人们，不配谈什么运动，主张什么主义；就使配谈，配主张，也休想对于他人有什么影响和效力。"[1] 张闻天虽然不至于像王光祈断然拒绝政治，但他认为政治活动排在人格道德修养的后面，如果不能做到人格、道德的高尚，就不要盲目从事政治活动，以免被声色名誉所诱惑。张闻天所劝的，还是请会员们多关注内部的精神世界："我希望我们本会的会员，不要专门向外界注意，那一部分精神的光明，去光照内心，去发现隐藏于黑暗中的恶魔而去之！我们记着，和人家陷于同一弊端的，我们是不配笑骂人家的！"

在实际行动上，张闻天也坚持走提升个人修养之路。1922年8月，张闻天通过"少中"会友康白情介绍，前往美国旧金山《大同报》编辑部工作。在访美的一年多期间，他践行的正是"工读"模式，白天在加利福尼亚的伯克利大学旁听课程加图书馆自修，晚上则赶到报社上班，负责从各种英文报纸编译新闻。后来辞去报馆工

---

① 《少年中国》1921年第2期。

作，他还一度到饭馆打工维持生活，但一边阅读一边翻译国外文艺论著从未停止。勤工俭学期间，张闻天遭遇了精神和物质上的双重困境。他多次在写给友朋的信中诉说精神孤寂以至于虚无颓废："我又走到人生的末路了"，"我相信人生根本是无聊的，就是什么文学艺术也都是无聊的表现……自杀实是消灭一切烦恼的最好办法！"[①] 因为对报馆如机器一般枯燥的生活不满，张闻天后来辞去工作到饭馆打工度日，甚至向美国获得官费留学的同乡寻求帮助，一度靠同乡每月三十美元的救济生活。后来终于不堪重压回国，张闻天执意而行的勤工俭学之路与"五四"工读运动一样未能摆脱挫折危机。

结语

"五四"时期的张闻天深受无政府思潮影响，长期坚持塑造完善个人再自由联合成社会的"和平革命"之路。至于他转向共产革命之路，最根本还是发现"组织"的力量。留美勤工俭学的挫折，中止了他的"工读梦"。归国后，张闻天为谋生而辗转，前往四川任教。在当地倡导自由恋爱的新文化理想，刺激了学校的保守势力以及军阀政府，最后被驱逐出川。在这个经历镇压-反抗的过程中，张闻天发现了政党组织的力量。"左转"的时机也终于到来：

> 在重庆时期，我同共产党人萧楚女、杨闇公、廖划平等熟悉，他们到处动员青年团员支持我的斗争，同我结成

[①] 张闻天致郁达夫信（1922 年 11 月 11 日），1923 年 2 月《创造季刊》第 1 卷第 4 期，收入《张闻天早期文集》（修订版），中共党史出版社，2010 年。

了反对学校、当局的统一战线。他们间的关系是很密切的。这斗争给了我很深的印象，使我思想上又起了新的变化。我深深觉得战胜这个社会，必须有联合的力量，单靠个人的文艺活动，是做不到的。①

从推崇精神改造、"爱的哲学"到实践工读运动，张闻天早年经历了一个深受无政府思潮影响的时期。由于新民主主义政治斗争史上，无政府主义是落后的甚至反动的"敌人"，已有研究往往对这一时期有意无意地忽略简化，或者完全的"政治正确"的思维框架中将之处理为"附属品"。在远去刀光剑影的当下，从政治斗争思维转换为文学、文化的兼容思维，则可以看到"文学张闻天"包含新文化知识分子多种路向的思考，揭示了富有张力的新文化图景。而且，无政府主义很大程度上促进了马克思主义的理解和传播。在张闻天这里，他与众多工读运动的实践者类似，基于对爱、对爱的哲学的信仰而对暴力革命、阶级斗争抱疏离和抵触心理态度；但又正是历经对无政府乌托邦的追求，从而深刻理解"组织"、"现代政党"的重要意义。他从文学青年转变为职业共产党人、从深受无政府思潮影响到信仰马克思主义，生动体现了不同"主义"的互动对话。

本文为国家社会科学基金项目"左翼文学内部的多重革命话语研究"［编号 16BZW131］的阶段成果。

---

① 张闻天：《1943 年延安整风笔记》，转引自程中原：《张闻天传》，当代中国出版社，1993 年，第 114 页。

《儿童文学之管见》的修改

乔世华（辽宁师范大学文学院）

作为中国现代儿童文学理论的重要文献，郭沫若《儿童文学之管见》最先明确提出"儿童本位"，最早对"儿童文学"做出了界说，还阐述了儿童文学本质及建设路径。该文最初发表在 1921 年 1 月 15 日上海《民铎杂志》第二卷第四号上，后又收录在郭沫若第一部文艺批评论著《文艺论集》中。《文艺论集》在不同时期出版单行本以及收入《沫若文集》时，郭沫若均对书中具体篇目和文章内容做过程度不同的增删修改，因此该书先后有过多个版本，如上海光华书局 1925 年初版本、上海光华书局 1929 年订正本、人民文学出版社 1959 年版《沫若文集》第十卷等。以《儿童文学之管见》而言，虽然不过四五千字，但因修改而在实际上先后形成了《民铎杂志》版、光华初版本、光华订正本和《沫若文集》本这样四个文字表述不尽相同的版本。该文在文字上的调整变动而形成的诸种"异文"，恰能反映出三十多年间郭沫若对人事尤其是文艺诸种问题认识上所发生的显著变化。

一、对偶像的态度

《儿童文学之管见》在《民铎杂志》最初发表时，文章开篇有这样一句话："国内对于儿童文学，最近有周作人先生讲演录一篇出现，这要算是个绝好的消息了！"显见此文的写作算是对周作人1920年10月26日在北平孔德学校的演讲《儿童的文学》的一种积极回应。但在1925年光华初版本以及此后的各版本中，这一句话都被删掉。1925年前后正是郭沫若思想发生巨变时期，正如其在1925年《〈文艺论集〉序》中所表示的那样："我的思想，我的生活，我的作风，在最近一两年之内可以说是完全变了"，"这部小小的论文集，严格地说时，可以说是我的坟墓罢。"[①] 1924年，郭沫若翻译日本早期马克思主义经济学家河上肇《社会组织与社会革命》一书，"这书的译出在我一生中形成一个转换的时期，把我从半眠状态里唤醒了的是它，把我从歧路的彷徨里引出了的是它，把我从死的暗影里救出了的是它，我对于作者是非常感谢，我对于马克思列宁是非常感谢。"郭沫若由是"成了个彻底的马克思主义的信徒了"，并认为"马克思主义在我们所处的这个时代是唯一的宝筏"[②]。获得思想新生的郭沫若不愿意再在自己文章中提到周作人这样的思想落伍者，也是理所当然的事情。

另有两件事情也可以侧面证明郭沫若对周作人的态度。其一是《时事新报·学灯》1920年10月10日在刊发周作人译作《世界的

---

① 郭沫若：《文艺论集》，上海光华书局1929年第4版，第1页。
② 郭沫若：《孤鸿》，《创造月刊》1926年1卷2期。

霉》、鲁迅小说《头发的故事》、郭沫若历史剧《棠棣之花》、郑振铎译作《神人》等几篇作品时是依照周作人、鲁迅、郭沫若、郑振铎的顺序的，这引起了郭沫若的不平，遂在致编者李石岑的信件中有"我觉得国内人士只注重媒婆，而不注重处子；只注重翻译，而不注重产生"①的感慨。其二是1934年当郭沫若获知即将刊发自己稿件《离沪之前》的《现代》杂志在目录上把自己的名字排在周作人之后而要求撤稿，并在事情过后有如是解释："所争非纸面上之地位，仆虽庸鲁，尚不致陋劣至此。我志在破坏偶像，无端得与偶像并列，亦非所安耳"②，郭沫若此种在编者施蛰存眼中的"争座位帖"之举确乎包含着"破坏偶像"的意图，这与《儿童文学之管见》中不再提及周作人以斩断其思想与自己精神联系的行为相一致。类似情形在郭沫若对《论国内的评坛及我对于创作上的态度》一文的修改中亦有体现，该文最初在1922年8月4日《时事新报·学灯》发表时，篇末曾有一段长文字介绍了写作缘起，特别点明此文与沈雁冰之间的精神联系并对沈雁冰表示出相当敬意："我这篇文字的动机，是读了沈雁冰君《论文学的介绍的目的》一文而感发的。雁冰君答复我的这篇评论的态度是很严肃的，我很钦佩"，"雁冰君的答辩，本来再想从事设论，不过我在短促的暑假期内，还想做些创作出来，我就暂且认定我们的意见的相违，不再事枝叶的争执了。我们彼此在尊重他人的人格的范围以内，各守各的自由。"但在《文艺论集》1925年光华初版本和后来的各版本中，这段说明文字也同样被删掉。联系后来倡导革命文学的创造社、太阳

---

①《民铎杂志》1921年第2卷第5号。
② 施蛰存：《现代杂忆（二）》，《新文学史料》1981年第3期。

社对被他们视为落伍的鲁迅、周作人兄弟以及沈雁冰等人的批评和攻击这一事实来看，郭沫若自从初步接受马克思主义思想之后，就已经不屑再在文中和周作人、沈雁冰等落伍的新文学权威出现思想互动了。

不过，作为周作人三大文学演讲之一的《儿童的文学》一经问世，其影响之深远是毋庸置疑的。郭沫若《儿童文学之管见》实际上还是与其发生着密切的精神联系。比如，周作人《儿童的文学》中有如是表述："以前的人对于儿童多不能正当理解，不是将他当作缩小的成人，拿圣经贤传尽量地灌下去，便将他看作不完全的小人，说小孩懂得什么，一笔抹杀，不去理他"，"误认儿童为缩小的成人"，"我们承认儿童有独立的生活，就是说他们内面的生活与大人不同"。郭沫若在文中也有类似说法："儿童与成人，在生理上与心理上的状态，相差甚远。儿童身体决不是成人的缩影，成人心理也决不是儿童之放大。"再者，周作人在《儿童的文学》中实际上为中国儿童文学建设开出了创作、收集和翻译这三种方法，当然，他更看好收集和翻译这两种方法，并用大量篇幅论及此；郭沫若在《儿童文学之管见》中也同样提到了这三种方法，不同处在于其更倾向于收集和创造这两条路径。

二、对外国作家的再评价

《儿童文学之管见》中提到了华兹华斯、泰戈尔、梅特林克、霍普特曼等一些外国作家或者他们的作品，如举说华兹华斯《童年回忆中不朽性之暗示》、泰戈尔《婴儿的世界》等以说明"儿童文学不是些鬼画桃符的妖怪文学"，强调儿童文学的神秘色彩等。《沫若文集》本全部删去原来所引的华兹华斯的诗歌和泰戈尔诗歌的外文部分而只保留中文译文（译文略有字句上的调整），这应该是考虑到方便读者阅读的因素。总体来说，在涉及到上述外国作家作品的"评价"时，《沫若文集》本做出的些许改动，正意味着郭沫若在 1949 年之后对华兹华斯、梅特林克、霍普特曼等外国作家有了新的认识。

比如在谈到收集童话童谣的必要性的同时，郭沫若提到了两首令自己印象深刻的谣曲：

> 　　大家必吟诵起这两首谣曲起来，那时底幸福，真是天国了！如今呢，回忆起来，不容不与瓦池渥斯起同样的哀感！（《民铎杂志》版）
> 　　有时会顺口唱出这些儿歌来，那时候的快乐，真是天国了！（《沫若文集》本）

郭沫若早期对华兹华斯是甚为欣赏的，譬如其在《三叶集》中对诗歌有这样的看法："我自己对于诗的直感，总觉得以'自然流露'的为上乘，若是出以'矫揉造作'，只不过是些园艺盆栽，只好供诸富贵人赏玩了"①。这正吻合华兹华斯在《抒情歌谣集》序言中的认知："诗是强烈感情的自发流露，它源于在平静中回忆起来的情感：诗人在这种情感中沉思。"删掉与华兹华斯有相同感受的文字，保持和他的情感距离，这应该与华兹华斯等诗人在社会主义

---

① 郭沫若：《郭沫若致宗白华》，《郭沫若全集·文学编》15 卷，人民文学出版社 1990 年第 1 版，第 47 页。

国家被贴上"消极浪漫派"的标签有关。高尔基《我怎样学习写作》中有了消极浪漫主义和积极浪漫主义的区分："在浪漫主义里面，我们必须分别清楚两个极端不同的倾向：一个是消极的浪漫主义，——它或者粉饰现实，想使人和现实相妥协；或者就使人逃避现实，堕入到自己内心世界的无益的深渊中去，堕入到'人生的命运之谜'，爱与死等思想中去，堕入到不能用'思辩'，直观的方法来解决，而只能由科学来解决的谜之中去。积极的浪漫主义，则企图加强人的生活的意志，唤起他心中对于现实、对于现实的一切压迫的反抗心。"① 1949 年以后，国内学界也都紧紧跟随这种说法，卞之琳《开讲英国诗想到的一些体验》（《文艺报》1949 年 1 卷 4 期）、晴空《我们需要浪漫主义》（《诗刊》1958 年 6 期）、朱光潜《浪漫主义和现实主义》（《吉林大学学报》1963 年 3 期）等，都认为作为消极浪漫派的华兹华斯站在与历史相抗衡的立场上迷恋过去生活，发出悲哀叹息，"厌恶革命"是他的标签。在革命浪漫主义被肯定的 1958 年，敢于坦白承认自己是浪漫主义者的郭沫若在《儿童文学之管见》中提及华兹华斯时不愿意再和其保持声气相通。②

同样的，作为象征派戏剧的梅特林克的《青鸟》、霍普特曼的《沉钟》等在 1949 年之后声名不佳，郭沫若也要避免和他们发生关系。在《民铎杂志》版、光华初版本、光华订正本等 20 年代几个版本的《儿童文学之管见》中，郭沫若还对他们有这样不加掩饰的

① 高尔基：《我怎样学习写作》，戈宝权译，读书出版社 1946 年 2 月 2 版，第 7—8 页。
② 郭沫若在《浪漫主义和现实主义》（《红旗》1958 年第 3 期）中表示："比如我自己，在目前就敢于坦白地承认：我是一个浪漫主义者了。"

赞赏："梅特林底《青鸟》、浩普特曼的《沉钟》最称杰作"，其1920年与宗白华、田汉三人之间通信集成的《三叶集》中就多次提及梅特林克《青鸟》、霍普特曼的《沉钟》，都表现出称赏的态度，如郭沫若致田汉信件中："你若果能把我们做个 Model，写出部《沉钟》一样的戏剧来，那你是替我减省了莫大的负担的呀!"①而在《沫若文集》本中，将带有明显主观喜好的评价换成不动声色的客观事实的描述了："我看过梅特林克的《青鸟》、浩普特曼的《沉钟》"②，以此与这些作家及作品保持着谨慎的距离。

三、对民间文艺的看法

在谈到儿童文学的效用时，《民铎杂志》版、光华初版本、光华订正本都如是说：

> 文学于人性之熏陶，本有非常宏伟之效力，而儿童文学尤能于不识不知之间，导引儿童入于醇美的地域；更能启发其良知良能——此借罗素语表示时，即所谓"创造的冲动"，——达于自由创造，自由表现之境。是故儿童文学底提倡对于我国彻底腐败的社会，无创造能力的国民，最是起死回春的特效药。

---

① 郭沫若：《郭沫若致田汉》，《郭沫若全集·文学编》15卷，人民文学出版社1990年第1版，第66页。
② 郭沫若：《儿童文学之管见》，《沫若文集》第10卷，人民文学出版社1959年第1版，第154页。

《沫若文集》本则将原先对社会和国民显示着强烈绝望和批判色彩的词语如"彻底腐败的"、"无创造能力的"等尽数删除：

> 文学于人性之熏陶，本有宏伟的效力，而儿童文学尤能于不识不知之间，导引儿童向上，启发其良知良能——借罗素的话表示时，即所谓"创造的冲动"，敢于自由创造，自由表现。是故儿童文学的提倡对于我国社会和国民，最是起死回春的特效药。

虽说这种改动可能会令后面的"起死回春"显得突兀和失去依据，但整体表达在语气上和缓了许多，不再带有强烈的批判色彩，这更容易为读者所接受，也许还意味着郭沫若在解放后文化精英立场的某种退隐。与此相关联的是，其也一改早期对民间文艺的轻视态度。

《民铎杂志》版在谈到儿童文学的"创造"这一路径时，对在民间流传的童话、童谣等民间文艺是抱持怀疑态度的："此种作品有待于今后新文学家之创造自无待言，如童话、童谣等体裁，我国旧有的究竟有多少艺术上的价值，尚是疑问，采集的人更要具有犀利的批评眼才行。将来的成果如何，究竟不能预料；那么还是有待于新人底创造了！不过创造的人总不要轻于尝试，总要出诸郑重，至少儿童心理学是所当研究的。"光华初版本和订正本的有关表述除了个别文字有变动外，也都和《民铎杂志》版相同。因此会对时人收集整理的效果并不那么乐观，而更期待新人创造。在提到自己印象深刻的两首谣曲时会在肯定其价值的同时还对其他谣曲做出负面评价："我所能记忆的谣曲，有价值的只上两首，此外虽还记得些，但都鄙陋无可言。"《沫若文集》本则删除掉先前对民间文艺信

心不足的表态:

> 此种作品有待于今后新文学家的创造。童话、童谣，除旧有的须迅速采集而严加选择外，还是有待于新人的创造。创造的人希望出诸郑重，至少儿童心理学是所当研究的。(《沫若文集》本)
>
> 我所能记忆的儿歌，比较有价值、留在记忆里的只这两首。(《沫若文集》本)

对旧作做修改的 1958 年，正值"全面搜集民歌及其他民间文学艺术，是一件必须全党、全民动手的工作，同时必须动员和吸引全体文艺工作者来参加这个工作"，"我们的诗人一定要深入工农群众，和群众一同劳动，一同创作，向民歌学习，向优良传统学习"[①]。更何况，郭沫若对民间文艺的态度早在这之前就有变化：1950 年，其在中国民间文艺研究会成立大会上的讲话中就如是说："说实话，我过去是看不起民间文艺的，认为民间文艺是低级的、庸俗的。直到 1943 年读了毛主席在延安文艺座谈会上的讲话，这才启了蒙，了解到对群众文学、群众艺术采取轻视的态度是错误的。"意识到了"中国文学遗产中最基本、最生动、最丰富的就是民间文艺或是经过加工的民间文艺的作品。"[②] 所以，郭沫若在重新

---

① 周扬：《新民歌开拓了诗歌的新道路》，文艺报编辑部编《论革命的现实主义和革命的浪漫主义相结合》，作家出版社 1958 年第 1 版，第 13 页。
② 郭沫若：《我们研究民间文艺的目的——在中国民间文艺研究会成立大会上的讲话》，苑利主编：《二十世纪中国民俗学经典民俗理论卷》，社会科学文献出版社 2002 年第 1 版，第 41 页。

观照民间文艺时，就更愿意客观陈述事实，而不愿意再把自己早年太多的个人感情色彩带出来。

四、对文艺功用的认知

在正式进入对儿童文学的论述之前，《民铎杂志》版首先谈到了对文艺上功利主义和唯美主义之争的看法：

> 文学上近来虽有功利主义与唯美主义——即"社会的艺术"与"艺术的艺术"——之论争，然此要不过立脚点之差异而已。文学自身本具有功利的性质，即彼非社会的Antisocial 或厌人的 Misanthropic 作品，其于社会改革上，人性提高上有非常深宏的效果；就此效果而言，不能谓为不是"社会的艺术"。他方面，创作家于其创作时，苟兢兢焉为功利之见所拘，其所成之作品必浅薄肤陋而不能深刻动人，艺术且不成，不能更进其为是否"社会"的或"非社会的"了。要之就创作方面主张时，当持唯美主义；就鉴赏方面言时，当持功利主义：此为最持平而合理的主张。

光华初版本和光华订正本也都对此没有做什么大的改动。在上世纪二三十年代甚至其后更长一段时间里，郭沫若都声明"我更是不承认艺术中会划分出甚么人生派与艺术派的人"①。在他看来，文

---

① 郭沫若：《论国内的评坛及我对于创作上的态度》，《文艺论集》，上海光华书局1929年第4版，第267页。

学本身是兼有功利性与唯美性的，即使是包括"非社会的"和"厌人的"作品等在内的那些唯美主义作品，也都会因为有益于社会改革或人性提高而具有功利性。他有要调和融通这两种看似水火不容的文艺观念的意图：因此，主张就作者一面而言，创作时要以唯美为追求，这样才能创作出"深刻动人"的作品；主张就读者一面而言，鉴赏时要持功利主义态度，如是方能受益。

《沫若文集》本中，郭沫若对此段文字做了较大程度的修订，将"社会的艺术"与"艺术的艺术"之争置换为了更为明确的"人生的艺术"与"艺术的艺术"之争：

> 文学上近来虽有"人生的艺术"与"艺术的艺术"之争，这是强加分别的，究竟谁是人生派，谁是艺术派？文艺是人生的表现，它本身具有功利的性质，即是超现实的或带些神秘意味的作品，对于社会改革和人生的提高上，有时也有很大的效果。创作家于其创作时，苟兢兢焉为个人的名利之见所围，其作品必浅薄肤陋而不能深刻动人。艺术且不成，不能更进论其为是否"人生"的或"艺术的"了。要之，创作无一不表现人生，问题是在它是不是艺术，是不是于人生有益。

显见，郭沫若修正了自己早先关于艺术和人生关系的认知，他更愿意强调文学的"人生"性，强调艺术之于人生的意义，而不愿意再像早年那样做一个调和派。

五、表述的缜密性

比较而言，光华初版本、光华订正本、光华改版本对《民铎杂志》原刊文章的修改都不太大，这可能同《文艺论集》出书时间与文章发表时间相去不是太远、郭沫若思想上变化还不是很大有一定关系；而在经过了时间的沉淀、世事的变化之后，已是花甲之年的郭沫若在修订编辑《沫若文集》时对于文学艺术的认知和表达更加沉稳。更何况，1950年代以后的郭沫若是身兼数职的重要领导人，担任中华全国文学艺术界联合会主席、中央人民政府委员、政务院副总理兼文化教育委员会主任、全国政协副主席等重要职务。身份的变化，使得其在对文学艺术的言说上必须要更加慎重，不可能太随心所欲了，因此《沫若文集》本在措辞上有不少变化，都是为了表达的更圆满稳妥。

比如，早先《儿童文学之管见》成文时确实有不够缜密的地方，如对宗教画中耶稣肖像的描述：

> 欧洲古代画家未解解剖学之重要，宗教画中之耶稣肖像大抵皆为成人之缩形，吾希望我国将来的儿童文学家，勿更蹈此覆辙。（《民铎杂志》版，光华初版本）
> 欧洲古代画家未解解剖学之重要，宗教画中之幼年耶稣肖像大抵皆为成人之缩形，吾希望我国将来的儿童文学家，勿更蹈此覆辙。（光华订正本）
> 欧洲古代画家未解解剖学之重要，宗教画中的婴儿耶稣大抵是成人之缩影，我国画家和雕塑家也有这样的毛

病。(《沫若文集》本)

而且，郭沫若早先并未有对我国画家雕塑家的批评，在《沫若文集》本中指出中国画家和雕塑家也都存在的这种艺术上的通病，可能意味着此时郭沫若对本土绘画和雕塑有了更多的了解，才会下此断言。

又如《民铎杂志》版认为"儿童文学中采取剧曲形式底表示者，在欧洲亦为最近的创举，我国固素所无有也"，《沫若文集》本则改为"儿童文学采取剧曲形式，恐怕是近代欧洲的创举"，至于我国是否有剧曲，不在这里做任何评价，以避免过多延伸带来表达上的纰漏。再如在谈到人的改造要从儿童的感情教育、美的教育做起时，《民铎杂志》上最初是这样申说的："所以改造事业底基础，总当建设于文艺艺术之上。这决不是故意夸张，借以欺人弄世之语。"光华初版本、光华订正本也都没有变化，《沫若文集》本则直接将这段话改作："因而改造事业的组成部分，应当重视文艺艺术。"去除了可能的冗赘文字。《民铎杂志》版中，郭沫若对儿童文学翻译这条路径显得不是特别看好，因而说"译品之于儿童，能否生出良好的结果，未经实验，总难断言"，在《沫若文集》本中则改为"尚难断言"，虽只是"总"到"尚"的一字之易，但在表达上更无懈可击，至少其对翻译并不是毫无信心的。

透过郭沫若在不同时期对《儿童文学之管见》的修改，确乎能感受到"五四"时期的一部分文艺工作者在世事沧桑中的思想演变的痕迹，那绝不是郭沫若一个人的思想，而是有代表性地反映着一部分中国知识分子在左突右进中的心灵挣扎。值得提及的是，尽管郭沫若对纷繁世事的认知有了那么多变化，但其对儿童文学概念的界定几乎没有发生变化（几个版本只是在文字表述上略有差异，核心意思没有变化）："儿童文学无论其采用何种形式（童话、童谣、剧曲），是用儿童本位的文字，由儿童底感官可以直溯于其精神堂奥者，以表示准依儿童心理所生之创造的想像与感情之艺术。"（《民铎杂志》版）也许赤子之心的诗人唯有在面对至为质朴本真的儿童文学时，才心无挂碍、没有那么浓重的人间烟火气，而本位的儿童文学观遂成为郭沫若对中国儿童文学理论的莫大贡献，影响以迄于今。

　　本文为 2018 年国家社科基金一般项目"晚清以来中国儿童文学理论资料的收集整理与研究"（项目编号：18BZW143）阶段性研究成果

也谈五四时期欧阳予倩离开南通的时间及佚信

——对吴修申《关于欧阳予倩的两则札记》的补正

景李斌（汕头大学文学院）

作为戏剧史上的大家，欧阳予倩近些年受到不少研究者的关注，有力的促进了欧阳予倩研究。吴修申的文章《关于欧阳予倩的两则札记》一是对于欧阳予倩离开南通的时间进行了辨析，二是辑录了欧阳予倩致《顺天时报》编辑听花的信。但是这篇文章有诸多讹误：不仅对欧阳予倩离开南通的具体时间未辨析清楚，而且所辑录的欧阳予倩致听花的信，存在漏收的情况，在发表时间认定方面出错，且辑录时存在衍文、脱文、误文、倒文、断句等大量错误。吴修申的文章虽然发表于《戏剧（中央戏剧学院学报）》2004 年第 4 期，至今十年有余，但是未见有学者予以勘误，故而有值得一说的必要。

一、欧阳予倩到底何时离开南通的

1919 年夏，张謇邀请欧阳予倩到南通主持伶工学社，欧阳予倩遂辞去新舞台的演出，赴日本考察戏剧，为办学做准备。在日本期间，欧阳予倩拜访了石井柏亭、小山内熏，参观帝国剧场，观看大阪傀儡戏。因病住院一个多月，出院后返回上海。9月，举家迁往南通。9月6日，南通伶工学社招生开学，张謇任董事长，梅兰芳任名誉社长，张孝若任社长，欧阳予倩任主任兼主教务。9月7日的《申报》有南通新闻：秋后凉爽，西公园剧场阴历闰七月十五日正式开幕。班底由黄玉斌在沪订定，新剧家有欧阳予倩、查天影、徐半梅、沈冰血、吴我尊等诸人，旧剧家有刘天红、张月亭等诸人，日内均已到通。欧阳予倩开始了他在南通的戏剧教学与改革实践。

然而，欧阳予倩在南通工作了三年，并未实现理想就离开了南通。那么，欧阳予倩到底何时离开南通的？欧阳予倩在《自我演戏以来》的回忆中并未给出具体时间，而个别回忆性文章或几种欧阳予倩年表在这一点上也模糊、不一致，这种情况就如吴修申所看到和指出的。

吴修申用了3页的篇幅来指出和考证这一问题，他通过欧阳予倩写给听花的信和顾曼庄、徐海萍等回忆文章，得出这样的结论："欧阳予倩离开南通的时间是在1922年12月下旬和1923年1月上旬的某一天。至于是哪一天，还需要进一步挖掘史料和寻找直接的证据。"

可是，吴修申并未进一步挖掘史料和寻找直接的证据。吴修申也清楚，欧阳予倩离开南通即去了上海和亦舞台搭班，显然，应该从上海的报刊上来寻找线索。

1923年1月16日的《申报》上有《亦舞台之剧讯》，透露欧阳予倩日内将由通来沪："该台新聘之欧阳予倩，原拟阴历新年开演，兹因余（即余叔岩）等急于北上，而合同满期与封箱相距尚有多日，故即先约定予倩，惟正式合同尚未签定，大约须二三日后，由通来沪时签订。此次与予倩同来者有潘海秋、王青云等数人……开演日期，当俟予倩来沪再定云。"（着重号为笔者所加）1月17日、

18 日、19 日，欧阳予倩在《申报》刊登启事："予倩离沪三年，沪上知交久疏音候，此次来沪，行装甫卸被促登台，未及遍为走谒，忽略之罪千乞鉴原，现在舍馆未定，通信处暂由亦舞台沈君少安代转。"1 月 17 日的《申报》就有欧阳予倩受聘亦舞台后首次演出的广告，夜戏，张月亭、欧阳予倩、高秋颦合演《人面桃花》，欧阳予倩饰杜宜春。显然，欧阳予倩是 1923 年 1 月 17 日离开南通到达上海的，并且当晚就参加了舞台演出。

二、吴修申辑录欧阳予倩书信的错误

上文提到欧阳予倩致听花的信，均发表于《顺天时报》，繁体竖排，无标点。吴修申进行了辑录，然而不仅有遗漏，而且时间、文字、断句等方面存在诸多错误。

（一）南通州欧阳予倩之来札（1921 年 7 月 9 日）

原文是：

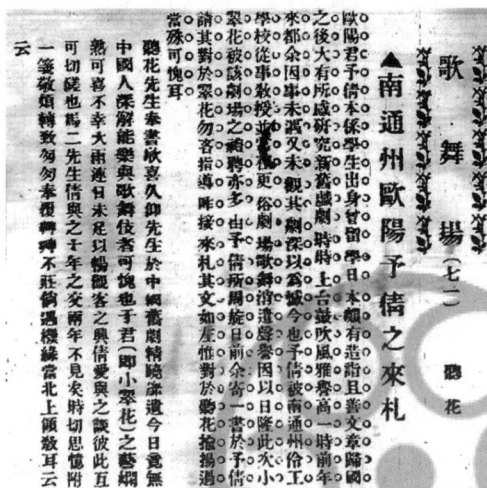

吴修申的辑录如下：

（编者按）欧阳本系学生出身，曾留学日本，颇有造诣，且善文章，归国之后，有志于研究新旧戏剧，时时上台，鼓吹风雅，誉高一时。前年来都，余因事未遇，又未观其剧，深憾。今予倩被南通伶工学校从事教授，更在更俗剧场歌舞。此次小翠华在通州礼遇颇多，由予倩接待。日前，余寄一书于予倩，请其对于小翠花多指点。昨接来札如左。

听花先生奉书欢喜。久仰先生于中国剧精晓无遗，今日竟无中国人深得能乐和歌舞伎者，可愧也。于君之艺娴熟可嘉，不幸大雨连日，未足以畅观客之艺。倩爱与之谈，彼此可切磋也。马二先生倩与之十年之交，两年不见矣，时切思忆，附一笺，敬烦转致。匆匆奉覆，神神不庄，倘遇机缘，当北上请教而云云。

无论是听花之语（即吴文所谓编者案）还是书信正文，吴文都存在衍文、脱文、倒文、误字等诸多错误，如"并常在更俗剧场歌舞消遣，声誉因以日隆"，竟被误为"更在更俗剧场歌舞"。甚至随意改变原文，杂糅自己的话，如原文"此次小翠花被该剧场之礼聘，亦多由予倩所周旋"，吴文竟改为"此次小翠华在通州礼遇颇多，由予倩接待"；原文"请其对于翠花勿吝指导"竟改为"请其对于小翠花多指点"。"草草不庄"被误为"神神不庄"，其他如"欣喜"误为"欢喜"，"深解"误为"深得"，"可喜"误为"可嘉"，"领教耳"误为"请教而"。

由于吴修申辑录的这封信讹误太多，不便一一举例说明，故笔者将原文整理如下：

> 欧阳*君予倩*本系学生出身，曾留学日本，颇有造诣，且善文章。归国之后，*大有所感*，研究新旧戏剧，时时上台，鼓吹风雅，誉高一时。前年来都，余因事未遇，又未观其剧，*深以为憾*。今也，予倩被南通州伶工学校从事教授，*并常在更俗剧场歌舞消遣*，声誉因以日隆。此次小翠花*被该剧场之礼聘*，亦多由予倩所周旋。日前，余寄一书于予倩，请其对于翠花勿吝指导。昨接来札，其文如左，惟对于听花揄扬过当，殊可愧耳。
>
> 听花先生奉书欣喜：久仰先生于中国旧剧精晓*靡遗*，今日竟无中国人深解能乐与歌舞伎者，可愧也。于君（即小翠花）之艺娴熟可喜，不幸大雨连日，未足以畅观客之兴。倩爱与之谈，彼此互可切磋也。马二先生，倩与之十年之交，两年不见矣，时切思忆，附一笺，敬烦转致。匆匆奉复，草草不庄，倘遇机缘，当北上领教耳云云。

以下为减少文章发表的篇幅，不再附录信件原图和吴修申之文，仅附将笔者整理后的文章——为便于读者核实，对吴文出现过的错误之处，笔者在正确的原文中以着重号标示出来。

（二）南通*州*欧阳予倩之来札（1922 年 3 月 16 日、17 日）

> 余近关于南通州伶工学社剧团东渡之事，曾作一文揭之报端（本栏二六六号）。昨获欧阳予倩之复函，原文如

左：

听花先生左右：

前奉贺年片未及作报，足见其疏于社交，歉何如也。日前村田君及扬州盐务稽核所之高州太助君均有信来约往东京演剧。倩曾读坪内博士序伊原之文，谓歌舞伎具无比类游戏的精神。鄙意中国剧足当同等之评判，故颇注意此姊妹艺术之携手。两者已同入蜕分之期，必有新产物起而代之。然旧者未必不能为新者一部分之基础，如有健者腐朽足神奇之化，况数百年积累嬗递递来，譬如骨董之花纹蝌蚪，今之美术家或假以为图案之一助，故倩乐为比较而研究之也。二黄秦腔戏无意义、无思想，且不近人情，而人之好之者，亦正以此。倩习旧剧七八年，舍机械之动作、语言外，一无所得。其所以不至绝对无兴味者，游戏而已。倩每着意变更其结构，思所以利用背景求其适合。尤欲就音乐加以改良，锣鼓胡琴，不足以表情也。惜乎俗务冗杂，莫由专攻，期诸十年后矣。至于新剧，西洋译本不适于实演，盖各有其地方色，不能引起普遍之同情。必有学力充实、能代表国民性之作家，然后有发挥光大之望。国人对于艺术兴味薄弱，艺人以生计之余闲从事于艺，所得亦鲜矣。

南通更俗剧场亦如上海舞台，以过渡戏自存。惟较整齐，从而一城不易罗致名角，勉强敷衍，俾不致亏累而已。伶工学社有生徒五十余人，大半高小毕业，共善昆乱文武戏四五十出，有管弦乐一队，只以经费不充，不能满意进行，持之以渐，且看如何。东渡之行，或可成为事实，内部组织颇费周折，时期亦暂不能定。鄙意不在报酬，而在艺术之商榷，故于选择剧本，颇示慎重，同行之人亦须加以训练。至于国际关系，非倩所计及。吾固不知艺术与学问有所谓国界，吾尝谓今世一切封锁政策为聚全球聪敏人作笨事，先生谓然乎？小照容选一二枚，殊无佳者，非写真师之过也。河合梅幸虽犹受极端之欢迎，倩则倦于登台，拟专从事于剧界矣。拉杂满纸，不觉言之过长，幸恕云。

据该函所述，少年剧团东渡之事，大约可望实现。余不禁欣快，屈指待之。又函中关于戏剧，所述者与众不同，极为佩服。余日前已裁一书，略述鄙见所及，付之邮局，用乞教正。又欧阳君所约之照片，俟接到后，制成铜板，揭之报端，以饷阅者云云。

文章标题系"南通州欧阳予倩之来札"，吴文丢字"州"，连载于 1922 年 3 月 16 日、17 日，而吴文仅注明 1922 年 3 月 16 日。

"于"误为"与"。"稽核所"误为"稽查所"。"剧"误为"戏"，"剧"与"戏"的繁体字分别是"劇""戲"，不细辨认易出错。"同等之评判"吴文改为"同等之精神（评判）"，"评判"是指坪内博士对歌舞伎的评价——"具无比类游戏的精神"，欧阳予倩认为中国旧剧足当同等的评价，所以欧阳予倩的原文无措，故不必将"评判"改为"精神"。"然"误为"然而"。丢字"为"。原文"况数百年积累嬗递递来"，吴文改为"况数百年积累嬗递来"后未加说明改动缘由——欧阳予倩原文改为"况数百年积累嬗递"或许更为合适。"骨董之花纹蝌蚪"误为"古董花纹蝌蚪"。"今之"误为"今日"。丢字"之"。"亦"误为"也"。丢字"其"。"兴味"误为"意味"。"着意"丢字"意"。"背景"误为"北京"。"欲"误为"须"。"冗杂"误为"冗集",杂的繁体字"襍",并非"集"。"莫由"误为"末自"。"期诸十年后矣"误为"期数十年后矣",如此错误,导致时间有数十年的差别,与欧阳予倩的戏剧改良想法不吻合了。"光大"误为"广大"。

"更俗剧场"误为"更俗学社",更俗剧场和伶工学社是不同的,吴文把两者混淆、杂糅了。"俾不致亏累"误为"俾不至云累"。"五十"被改为50。丢字"队"。脱文"不充",如此以来,"不能满意进行"失去了依据。"亦"误为"矣"。丢字"计"。"固"误为"故",

丢字"聪",这句话吴文断句也存在问题,原文:"吾固不知艺术与学问有所谓国界,吾尝谓今世一切封锁政策为聚全球聪敏人作笨事,先生谓然乎?"吴文断句为:"吾尝谓今世一切封锁政策为聚全球。敏人作笨事先生,谓然乎。""先生"是指收信人听花,吴文之断句令人不知所云。标点也是需要慎重的:"与古典文献整理当代化过程中加标点符号一样,现代作家的少数文献也在校勘时重新加入标点符号,结果也会导致文义歧解。"① 吴修申的几处标点或者产生歧义,或者使读者不知所云。

丢字"从"。"拉杂满纸",误为"拉某满纸"。

文中的"持之以渐",报纸原文误排为"持之以惭",吴文在此处校勘是正确的,应予肯定。

---

① 金宏宇:《中国现代文学校勘实践与理论建构》,《中国现代文学研究丛刊》2017 年 3 期。

信后听花的一段话，吴文以注释的方式予以抄录，然而还是有问题，如"大约可望实现"丢词后变为"大约可望"，"关于戏剧所述者"增字"之"——变成"关于戏剧之所述者"，"已裁一书"误为"已载一书"。

（三）南通州欧阳予倩之来札（1922年4月15日）

　　余前对于南通州伶工学社之欧阳予倩君，请求邮寄该君玉照及暨伶生相片数张，以慰渴想而资研究，并恳求代请张謇翁挥毫惠赐。顷接欧阳君来信，原函如左：

　　听花先生：

　　承赐佳什笔墨，精妙无量！感谢剧谈（前次关于余复书之事），容缓商榷。小照添印未就，伶生已令摄化妆小影一二枚，一周内当寄上也。季老（即张謇翁）书尚未就，率复云云。

　　越数日，又获一札，原文如左：

　　听花先生：

　　连奉手书，高谊殊可感！日来因贱事忙迫，未及一一作报，歉甚！昨由友人寄来北海主人评谈一则（前载本报），不无过誉予倩之处。倩拟作一较为精密之文，在《戏剧杂志》发表，并先于复执事书中述其大意，竟不得寸暇。倬能执笔，若不及早辞去剧场职务，则于艺术修养上诚有大碍。相片明日方能印出，后日可寄。此间写真师殊不佳，伶生所影两三片均走光，不便制铜板。倩所摄略佳，究未能如意耳。今晨见季老横条，当可就。天渐暖，无笔冻之虞也。书家每惯迟缓，兴不来则书亦不佳。如季老者，一身肩家国之大计，遣余暇于笔墨之中，尤可贵焉云云。

余一阅之下，欢悦非常，手舞足蹈。而季直翁之书，不料由欧阳君之介绍，已经允诺，不久寄来，至为荣幸，且感且喜。迨日前接到邮件。批而览之，则内有照片九张，六张系欧阳君所摄，三张系伶生所照，玲珑活泼，颇有光彩。且欧阳君于伶生片上略加评语，以备阅者，用意周到，极为佩服。余拟于日内制成铜板，揭之报端，以示阅者，并谢欧阳君之隆意云。

吴文漏掉了信前和信后听花的语段。

第一封信中"佳什"误为"家什"。听花常在信中以括号文字来解释、说明某些问题，这些括号文字可在说明后予以删除或保留，但是采取一种方式比较好，吴文保留了前一处（前次关于余复书之事），却又删除了后一处（即张謇翁），做法欠妥。

第二封信，丢字"一"。"先于复"倒文成为"先复于"。"职务"误为"事务"，如此一来，意义差别很大——欧阳予倩要辞去的是职务，然而他始终对戏曲改革有自己的主张和实践，并未推脱剧场的演戏等事务。"制"误为"印"。"书家每惯迟缓，兴不来则书亦不佳"，误为"书家每惯迟缓与不来，则书亦不佳"，误字加上断句错误，令人不知所云。丢字"之"。

（四）南通州欧阳予倩之近状

昨接南通伶工学社欧阳君予倩之来札，始悉予倩近日作三楚之游，负誉而归，无任快慰，兹将原函转录于左。

听花先生：

前者因战事乍起，南北隔绝，彼此音问顿疏。而倩复游湘，留长沙九日，演剧得赈款十万。六日归途，为汉口人士强留演五日，售座八千圆，颇足偿其一年来汉大舞台之亏累。所演各剧则殊不满足，时正在病中，复无配角，而汉人士每加以谬赞，甚愧。归通奉手示，并收到大著，已转呈季老。京中各友每于贵报得予倩消息，投书相问讯，而倩于先生无一面之雅，则人或未知耳。畹华将于季老诞日，偕凤卿小楼来通演剧，必极一时之盛。都城闻颇安谧，居民观剧之兴味如何？爱美的新剧社日渐发达，亦可以为新文学之一助，惟剧本终乏作家而已。百忙不及畅叙云云。

（载于《顺天时报》1922 年 6 月 24 日）

文章标题为"南通州欧阳予倩之近状"，吴文改为"南通州欧阳予倩来札"。遗漏了信前听花的语段。"十万"改为了"10 万"。"六日归途"误为"六月一日途"。丢字"时"。丢字"于"。"极"误为"及"。"安谧"误为"安宁"。"终"误为"径"。

（五）欧阳予倩之来札及诗

欧阳君予倩，现偕南通伶工学社学生全体，滞在汉口。予倩入大舞台，从事歌舞，深受欢迎。顷接其来函，函中所述，识见卓绝，颇有可观。而近作之诗，亦琅琅可颂。兹将原函暨其诗数首，列载于左，以饷阅者。

听花先生：

奉书忙中不及即报为歉，马连良来又奉介绍一函，连良之艺甚可爱，再过一二年，嗓音必复，则名角矣。伶工学社全体学生均在汉口，以学生之力虽不能单独维持现状，牵罗补茅屋，亦复勉自支撑，但求积累铢寸，无复雄视万里之心，可笑人也。歉岁安问收获，耕耘无彻已耳。倩有批评易俗社一文，载此间《江声报》，裁下原稿拟以奉寄，兹竟遍觅不得，想为仆人捻以覆瓿矣。刘箴俗相片一枚，敬以相赠，誉之者称之为伶圣，毁之者（《时事新报》）詈之为淫丑，皆失其当。倩以为其天才可为名优，扮相、嗓音、身段、表情均有可观，才难如今日，应有以维护之，无所用其吹求也。

易俗社尚有旦角一人，亦刘姓，名迪民，善演慷慨激烈之角色。惟过刚之处，每似男子，不似箴俗之温婉。原来以男子饰女子本失自然，日本中国之旧剧，则习惯如此，视听已驯，如梅幸河合兰芳辈，竟无女优足以企及。而梅幸河合老矣，国人爱重仍勿衰，盖以艺论也。然演旦角而善者，必女性之男子无疑耳。易俗社尚有生角一人、丑角二人，甚佳。近来随处以旦角为代表，其他脚色每多忽略，求一声带雄浑、体格强健、头脑明晰、能饰较有价值之人物者，何可得哉！易俗社之剧本完全照梆子整本戏编制，注意在旧道德，故无一不有议论或训诲之词，如演《温峤下玉镜台》，必加入青衣行酒、红拂私奔等不甚相干之片段，以为议论之地步。《殷桃娘》一剧则以韩信之功、项王之败，附会于一女子之报父仇（殷桃为会稽太守殷通之女，通为羽所杀，桃娘奔韩信，坚促其困垓下杀项羽），而刘季起义亦对军士作长篇之演说，此与从前任天知、刘艺舟、顾无为之新剧极相类也云云。

皎皎长安子

皎皎长安子，骏马垂金鞭。飘风黯城郭，迅电夸回旋。炼土作丹汞，服食求神仙。华年不可驻，涂抹争媸妍。大人好广眉，虎变示威严。君子学盲聋，静虑见□端。调朱兼大口，似乎便语言。利爪磨长牙，垂手削双肩。怪异惬时尚，媚巧急锋先。嗤彼洛中神，窈窕秒风前。临波蹈大海，回眄如有怜。孔孟在当日，何若苏张贤。

夜经古墓

微风动织素，薄雾笼轻凉。徘徊远衢路，蹈草追萤光。行经古墓前，松柏何苍苍。足登断碣倒，目注浮云长。省识暗中趣，可与□朝阳。

答易俗李约之社长原韵

中岁曾经万劫来，相逢能不泪盈杯。疮痍满目空余死，忧患当前始见才。岂有胭脂填恨海，忍抛罗绮葬歌台。秋残渐觉青阳近，待向花时笑几回。

友人招饮即席

莫愁半世浮沉去，一行精严破万才。我自有身能饲虎[①]，不妨相对且衔杯。

---

① 此诗标题或为听花所加，原文模糊，标题"即席"后或许还有"作诗"等词汇。又据1925年4月19日听花的《欧阳予倩来谈》一文，欧阳予倩此诗第三句为"我自存身能饲虎"。

立愿

立愿□不拔，宅□宁暂□。孤行不求信，无妨天下疑。□风□微□，悠然草木滋。化生靡二致，静燥堪平持。灿灿花开日，同是花谢时。天行简以□，参差一揭齐。君子应万变，恒以掺其机。

吴文两次提到欧阳予倩这封信的发表时间：1922 年 11 月 5 日、1921 年 10 月 5 日，准确说，信与诗连载于《顺天时报》1922 年 11 月 5 日、9 日、12 日。标题是《欧阳予倩之来札及诗》，吴修申文不仅去掉了听花的语段，把标题中的"及诗"也删掉了，改为"欧阳予倩之来札"，由此也有意忽视了 12 日所载的欧阳予倩的五首诗歌——大约是因为欧阳予倩的诗歌印刷模糊，很多字难以辨识。

吴文错误如下："均"误为"都"。"无彻已耳"误为"无辙也"。"甄"误为字典查不出、电脑也打不出的"甎"字。"裁"误为"载"。"相片"误为"像片"，两者虽然都是照片，无意义之差别，但原文是"相片"。"詈之为淫丑"误为"诘为淫丑矣"。"吹求也"误为"欣求"。丢"以"字。"兰芳"虽指梅兰芳，但是原文没有"梅"，吴文增字"梅"。"无疑耳"误为"无疑也"。"易俗社尚有生角一人、丑角二人，甚佳"，吴文误标点为"易俗社尚有生角一人，丑角二人甚佳"，如此其意改变，欧阳予倩特别提到生角一人、丑角二人，显然认为易俗社除旦角刘箴俗、刘迪民外，还有值得称道的生角和丑角，他们都"甚佳"，不只是"丑角二人"甚佳。"强健"误为"健壮"。"明晰"误为"清晰"。"人物者"丢字"者"。"完全照梆子整本戏编制"倒讹为"王权照梆子戏整本编剧"。《温峤下玉镜台》误为"温乔下已镜台"。《殷桃娘》作为剧本应该加书名号，吴文在作品名称和报纸名称上都未加书名号，如此也勉强说得过去，但是他在"殷桃娘"上却加了括号即——（殷桃娘），易使读者误为是听花所加，因为听花常在欧阳予倩的信中以括号文字的形式加以说明。"女子之报父仇"丢字"之"。"相类也"丢字"也"。

欧阳予倩的五首诗原文过于漫漶，笔者虽多次尽力辨认，查找不同馆藏的该报纸，并请教他人，但仍有无法识别处，只好以□替代。

（六）上海欧阳予倩之最近手札

友人欧阳予倩，现在上海新舞台，从事歌舞，鼓吹风雅。此次日灾，予倩纠合同志，已于日前，演义务戏，以助赈灾，收至大之效果，中外各报莫不赞扬。其人物如何，可以知矣。昨接该伶来信，函中述及日灾助赈暨日友等之事，情趣可掬。惟关于余前所需之手笔及像片，则未免太客气耳。原函如左：

听花先生：

两奉惠书，因迫贱事，稽迟作答，罪甚，罪甚！此次义务演剧，全系伶界联合会暨各界领袖热心组织，成绩尚好，倩不过略任介绍之责而已。承命书短幅，字太劣，不敢献丑。像片亦无佳者，容取最近拍出者奉赠一枚。高洲太助先生前日到沪，明日可相见。水野梅晓先生昨日解缆东旋，吾深望其此行有益于中日交谊也。率复敬候箸安！

欧阳予倩顿首十一月九日

这封信载于 1923 年 11 月 20 日，并非吴文所言"24 日"。此外，"纠合"误为"约"。丢字"之"。"赞扬"误为"褒扬"。脱文："其人物如何，可以知矣"。"述及"误为"言及"。"情趣可掬"误为"情趣可闻"。"惟""唯"虽同，但是原文是"惟"。"演剧"误为"演戏"。"承命"前误增"已"，前句有"而已"，吴文误看作两个"已"字。"高洲太助"遗漏"高洲"。"前日"误为"日前"，"前日"是确切时间，"日前"一般指几天前，两者所指的时间并不一致。"解缆"误为"解滥"。丢字"此"。"复"误为"夏"。落款的时间"十一月九日"，吴文改为"11 月 9 日"也是不妥的。

三、吴修申忽略的欧阳予倩书信

吴修申在资料查找方面尚不够细心，忽略了《顺天时报》所载的其他几封欧阳予倩书信。鉴于《欧阳予倩全集》未收录欧阳予倩的书信，几种欧阳予倩年表也未能述及，其内容值得一读，故照录如下：

(一) 汉口欧阳予倩之来札

日前，余因要事，致函南通州伶工学社欧阳君予倩。昨获欧阳君复书，披阅之下，始知该氏，现在汉口，于大舞台，从事歌舞。原函如左。

（前略）予倩已在汉口矣。奉由南通转来大札，知贵报有组织理想政府之举，此事颇饶兴趣。（中略）倩在汉口，曾观陕西易俗社秦腔剧，甚好，当作一短文，为之介绍于先生。该社之办法及宗旨均与倩意不甚相同，然忠实缜密之处自是可爱。脚色中亦颇有可观，如刘箴俗者，演闺阁名媛，诚天才也！吾甚盼其社之发达光大。而社长李君约之坚忍能任，堪信其不负众望也。倩与汉大舞台有数月之约，伶社生均幼小不能维持现状，此亦过渡期内不得已之举耳云云。

披读前函，欧阳君对于易俗社脚色之月旦，不久寄来。文佳识高，必有可观。惟至欧阳君监督之南通伶工学社，因故不能维持现状，可惜可叹。遂听之余，不禁有九仞功亏一篑之憾也。

（载于《顺天时报》1922年9月14日）

欧阳予倩的这封信，听花发表时是节录的，"略"去了很多信息。不过，剩余部分还是能够披露不少欧阳予倩的有关信息，比如对陕西易俗社的称赞，为维持伶工学社而在汉口演出——从中可看出欧阳予倩为了自己的戏剧理想而艰难前行。

（二）欧阳予倩最近之来函

欧阳予倩，现在奉天，大约阳历四月二三号，可以到京云云。日前披露，阅者知之。惟据日昨该伶来函所述，现尚办事，非二星期以后，不能来京。兹将原函全文，转志于左：

听花先生鉴：

予倩竟为大连剧场之经理强至奉天，此行毫无意义，惟沈阳青年颇表同情，留吾于此，商榷新艺术之设施。自

今两礼拜后方能到京，不料愆愿如是，有劳锦注，极歉然也。即此敬颂

箸安

欧阳予倩顿首　三月廿四日

曲绿罗君已得见并告

向日接到罗铁臣臣君信札，（罗君在奉天）略称日昨偶出访友，得值予倩欧阳兄，盖殊出意料者也。是夕阳畅话锁宵，间及先生在京盼念之意，彼亦感然，拟以书奉慰，彼因本处教育界恳留，约夏历三月下浣，偕弟同归春明云云。果尔则欧阳氏惠然莅都，握手一堂，正在屈指之中矣。

欧阳予倩这封信写于 1925 年 3 月 24 日，载于 3 月 29 日《顺天时报》。在这封信中，欧阳予倩直言奉天（沈阳）之行毫无意义，但是他很支持奉天青年对于新艺术的追求，并告诉听花两周后到北京。听花还披露，罗铁臣在奉天偶出访友时遇到欧阳予倩，两人谈得很投机，并打算在农历三月下旬，一起到京城。

（三）欧阳予倩函讯

欧阳予倩，大约夏历三月下浣自奉来都，日前已行披露。日昨又接该伶来函，云四月十四号，必能抵都。果尔则余与予倩相见，正在十日之中矣。今将原函，转录于左，以供一般欢迎欧阳者之一粲云。

听花先生道席：

顷奉手示，知日前一书尚未得达左右，何其迟也！倩

在奉天为此间青年计划新剧社，一月以来，颇有成效。兹
定于四月十一二两日公演，演毕即到北京，大约至迟四月
十四号必能抵都，即寓唐林君处，一切容面白也。此间留
我演剧，幸行头早已送回上海，不然又须说多少费话。住
此一月，译成剧本三幕，演讲七次，编成社会教育实施计
划书一通，排成四幕剧一出，独幕剧一出，不能谓毫无成
绩。至于市剧场恐非今日事，吾不过先下种子而已。匆匆
奉复，即请箸安！并转示唐林君为荷。

欧阳予倩叩

四月一日

这封信写于 1925 年 4 月 1 日，载于 1925 年 4 月 6 日《顺天时
报》，信中欧阳予倩告诉听花，他在奉天一月以来的活动和成绩，
并预计在公演结束后启程赴北京，4 月 14 日到达。

（四）欧阳予倩来函有小住都门之意

欧阳予倩，前经大连奉天，惠然来京，勾留数日，未
遑畅谈。匆匆南去行将匝月，极属憾事。闻予倩现入上海
丹桂第一台，从事歌舞，深受欢迎，并编排新戏，颇极
忙碌。

日昨午后，独坐萧斋，寂然无聊，忽接欧阳来信，欣
然批阅，悉其近状，并念及梨园新馆，暨拙著《中国剧订
正本》之事，又谓今秋或来春，拟携卷北上小住都门云
云。此事若果实现，则北京剧界及文学界方面，极力欢
迎，不卜可知，余将拭目待之云。兹将欧阳原函全文，转

录于左，以饷阅者。

听花先生赐鉴：

握别后因忙碌过度，遂以启示嘱之舍亲，匆匆一言或遂忘之矣。到沪除演戏外，复须赶排新戏，恒至夜深归家，有时或竟至天明。故日间只能僵卧，不作一事。奉手教稽迟作报，想必怪讶！今晚二本汉刘邦登场，从此两月之中或可无须排戏矣。都中近设梨园新馆，是何性质？颇愿知之。开幕之日，先生想必参观，此种组合有别于从前之正乐育化会乎？大著《中国戏订正本》几时出版？定价几何？乞便中赐示，俾得快读。沪居虽惯，不若都中之有兴味，此间约满，拟携眷北上小住，其期不在今秋，当在来春。先生南游之意如何？甚盼念之，匆肃敬叩箸安！

欧阳予倩顿首

该信载于 1925 年 5 月 31 日《顺天时报》。从信前听花之语来判断，欧阳予倩在京数日即匆匆南去，"行将匝月"。那么，欧阳予倩到底是何时离开北京的呢？4 月 26 日、27 日，丹桂第一台曾在《申报》刊登广告："礼聘名重海内外文学渊邃艺术优美新旧剧家青衣花旦欧阳予倩，现蒙来电，即日抵申。"4 月 28 日，丹桂第一台在《申报》刊登广告："欧阳予倩现已到申，择吉登台。"据此，可推测欧阳予倩离京约在 4 月 26 日。

这封信没有注明具体写信时间，那么写于何时呢？从欧阳予倩信中言"赶排新戏"、"今晚二本汉刘邦登场"，并查《申报》演出广告，5 月 22 日夜戏，丹桂第一台演出新排的二本《汉刘邦统一灭秦楚》，所以，欧阳予倩这封信应该写于 1925 年 5 月 22 日。欧阳予倩在信中述及回沪后赶排新戏的忙碌情形，并表达了拟携眷北上小住的打算。

（五）欧阳予倩来函

欧阳予倩此次来都，勾留仅仅十余日。先在蜗庐，茗谈良久，后设筵厚德福，晚餐一次，谈论风发，颇觉有趣。未几出都，途经津门，海陆返沪，屈指则行将匝月矣。

昨夜十钟，由外归寓，几上有一邮札，把而观之，则欧阳君之沪函也，函文如左。

听花先生：

都中聚首诸承照拂，感荷之至！回忆车中握别，古道照人，不能忘也。兹已安抵上海，一切尚称顺适。民新公司影片已开摄，片成之后，倩或再行北上，届时或已平靖矣。翠兰相片已书时，少卿速寄。海上剧场，惟尚马特别叫座，今年市面亦逊于往年耳。

专肃敬叩道安　欧阳予倩顿首　三月廿七日

余披览之下，欢悦异常，望南一笑，且以为予倩云，或再行北上，果尔则重逢匪远，快不可言，余将欣然企足待之。而函中所云翠兰者，系此次偕小杨月楼赴日献艺之坤角；所谓少卿者，即杨伶班底许少卿也。

欧阳予倩这次北上是在 1926 年 2 月 22 日，"明星公司欲直接推销其出品于北方，遂嘱洪深、予倩携《空谷兰》新片至京津为之宣传"①。这封信写于 1926 年 3 月 27 日，是欧阳予倩返沪后所写，主要是报平安；发表于 1926 年 4 月 17 日《顺天时报》。

上述四封信是欧阳予倩写给听花的，每封信均有听花对该信内容的简述或感怀。此外，欧阳予倩还有一信，是写给许觉园的：

（六）欧阳予倩致许觉园书

觉园先生道席：

久疏问候，怀念无已。倩由奉至京，匆匆五六日，游兴未畅，沪京催归，只得整装言旋。临行之前一日，始与朱陶公先生见面，并奉手札，隆情厚谊，感何可忘？惟鄙意深不愿与人竞一日之短长，尤在求吾理想之实现。目下虽受此间丹桂第一台之聘，殊不得已——一家之生活，今乃惟此是赖。而与我认定之途径，愈趋愈远，是为者，有所觉悟，将来种族战争，势必不免。此次实与中日亲善，以极好之机会，是乃可喜。吾深盼早见实行，为中国幸，为日本幸，更为东亚额手也。欧洲战争协约国，全力以抗德奥；今则中日两国，全力以抗英美之时期至矣。我公素以大亚洲主义，号召中外，当乘机急起奋斗。西人每称黄祸，今则白祸蔓延，将使黄人尽沦为奴隶，而以英人司其沦，安能不有以抗之？即言世界大同，亦非从绝对抵抗入手不可，吾深信为不移之论。

英在今日，已成尾大不掉之势，奈何畏之哉？然英国固有其可畏者，在舜其表，而跖其里而已。外交政策云乎

---

① 欧阳予倩：《北行琐记》，《明星特刊》第 11 期（1926 年 5 月 10 日出版）。

哉？目下沪案交涉已停顿，而罢工则无限制扩大，闻广州已与英人宣战，九龙炮台粤①军占之。若交涉果延长，则恐长江两岸，必致继起流血。国民多已觉悟，知此次不争，则国脉将殆，故必以死继之；英人犹以横暴相加，非至破裂不止。故吾深不愿日人之故步自封，在吾人从各方面促其警觉耳。公居族顺，必常看沪报，如《新闻》、《申报》两家，顾忌甚多；其他纪载英人之横暴，每过含浑，然已足以定英人之罪案矣。由是推之，则身受切肤之痛者，尚有畏死不前者乎？公若于此间事，有所询问，倩当尽力报告，或为我热心豪杰宣传之一助也。拉杂奉白，敬叩道安。

弟予倩顿首

这封信连载于 1925 年 7 月 14 日、15 日《顺天时报》。信中述及英国人横暴，"沪案交涉已停顿"、"闻广州已与英人宣战，九龙炮台粤军占之"，从这些信息推断，是对"五卅惨案"、"沙基惨案"相关事件的叙述，由此可判定这封信写于沙基惨案之后，大概是 1925 年 6 月底至 7 月初。

信中所言"倩由奉至京"，即前述欧阳予倩在大连、奉天演出，后经北京回上海一事。1925 年 2 月，欧阳予倩在大连演出时，曾去旅顺逛了两天，就住在东北大学汉文教授许觉园家中，"备承他优渥的招待"②。

---

① 原文漫漶，疑为"粤"。
② 予倩：《自我演戏以来》，1930 年第 2 卷第 2 期，第 166 页。

欧阳予倩在信中表达了对"种族战争"、中日亲善"全力以抗英美"的见解，其看法是不当的——没有看到日本的侵略本质，在中国积贫积弱的情况下，是不可能有"中日亲善"的。而欧阳予倩存此中日亲善的幻想，大概与英国人制造的系列惨案有关。尽管欧阳予倩对"中日亲善"抱有不当幻想，但是从信中我们可以看出欧阳予倩的拳拳报国之心。

初看到吴修申的《关于欧阳予倩的两则札记》时，我对该文作者颇有好感，一则因为我也研究欧阳予倩，引吴修申为同道中人，毕竟当时关于欧阳予倩研究者并不多。二则我和很多人一样，先入为主地以为，写史料文章的人能够坐冷板凳，吃得苦中苦，治学态度严谨。然而，仔细阅读这篇文章后，我就认为该文章在资料查找与整理方面存在问题——辑录的信多处读不通，不知所云。后来，我在国家图书馆翻阅《顺天时报》的缩微胶卷，并且也在数据库看图片进行比对，发现了吴文所存在的诸多讹误。早在几年前我在给研究生上现代文学史料学的课时，就以此为例，告诫学生要引以为戒。

我想，真正热爱学术者，真正有志于史料研究者，一定能够客观看待问题，能够进行冷静的反思，所谓有则改之无则加勉，这于个人、于整体的学术风气自然都是有益的。

（景李斌，本名李斌，任教于仙头大学文学院，文章系汕头大学科研启动基金"民国报刊话剧史料研究"STF18016 项目成果）

中国传统白话小说之争与五四文学革命

——以钱玄同、胡适为例

王小惠（西南大学文学院）

贺麟讲，"从旧的里面去发现新的，这就叫作推陈出新。必定要旧中之新，有历史有渊源的新，才是真正的新。"① "五四"知识分子关于中国传统白话小说的论争，便是在传统中发现新精神的尝试。本文以钱玄同、胡适为例进入此话题，呈现"五四"知识分子与传统的复杂关联。

一、《红楼梦》《水浒传》等如何转化成 "五四"白话文学的典范

在新文化运动时期，《新青年》同人多将"文学革命"简化为"文学工具的革命"②，视"五四"白话文学为"活文学"，讽刺传统

---

① 贺麟：《近代唯心论简释》，上海人民出版社 2009 年版，第 274 页。
② 胡适：《中国新文学运动小史》，《胡适文集》第 1 卷，北京大学出版社 2013 年版，第 133 页。

文学是"死文学"。这虽以强硬的姿态从理念上确立了"五四"白话文的"独尊"地位，却无法构成实质性的对抗。近代翻译家林纾提出"不能为古文，亦并不能为白话"[1]。从美国哈佛大学留学归来的胡先骕、梅光迪、吴宓指责钱玄同、胡适等"务为诡激，专图破坏。然粗浅谬误"[2]。在学界与官场皆具盛名的章士钊以"二桃杀三士"为例，论证"文言"优于"白话"。从反对者的身份来看，不论擅长古文的传统知识分子，还是精通西学的留学归国者，一致地批判一尊"白话文"的文学理念，由此可想象《新青年》同人面对的压力。

面对质疑，鲁迅等新文学家凭借自己的文学创作，从审美上展示了"五四"白话文的活力。钱玄同与胡适则发挥了理论家的优势，最早调整新文学的发展策略，一改"五四"与"传统"的绝对对立。据胡适回忆：

> 究竟什么是活的语言，什么是死的语言，什么是活的文学，什么是死的文学，这更是偶然加上偶然的事体。他们大家都反对我的主张，我便要找证据来反驳。（中略）于是我就找历史的证据，如《水浒传》《红楼梦》都是大家公认的白话小说。[3]

此回忆呈现了胡、钱二人的高明之处。为论证自我的合法性，

---

① 林纾：《致蔡鹤卿太史书》，胡适编选：《中国新文学大系·建设理论集》，上海文艺出版社 2003 年版，第 173 页。
② 吴宓：《论新文化运动》，《学衡》1922 年 12 月第 12 期。
③ 胡适：《提倡白话文的起因》，《胡适文集》第 12 卷，第 36 页。

他们转向中国传统小说资源，从《水浒传》《红楼梦》等中寻求"活文学"，既可通过这些小说的审美力量让人从感性上接受"以白话为文学正宗"的观念，又能表明传统文学中存有一道与文言文相对立的白话文学传统，替"五四"白话文学找寻到颇具说服力的历史范本。

从具体行动上看，钱玄同首先依据"五四"新文学理念整理出中国白话文学渐臻完善的轨迹，即：中国的白话文学从《三百篇》以来绵延至今，并未中断；宋以前的白话诗词或白话散文，因不是有意之作，所以"没有多大的势力"；"元朝产生了北曲、南曲这许多伟大的白话戏剧，明清以来的昆剧、京剧等等跟着继起"；直到明清时施耐庵《水浒》、曹雪芹《红楼梦》、吴敬梓《儒林外史》等有价值的白话小说出现，中国白话文学开始走向成熟，显示了白话文不可抵挡的生命力。[①] 胡适也循此理路，认为：宋代白话文学还在幼稚时代；元代还不曾脱离幼稚的时期；到了明朝，白话文学方才到了成人时期，《水浒传》《金瓶梅》《西游记》都出在这个时代。自此，白话文学在中国拥有了很大的势力。[②]

钱、胡的概括自然生发出以《水浒传》《红楼梦》《儒林外史》等为标志的白话文学脉络，表明"白话"拥有不可消灭之趋势，而"五四"白话文并非偶然之现象，只是历史规律发展必然之结果。并且"从文学史的趋势上承认白话文学为'正宗'。这就是正式否

---

① 钱玄同：《〈世界语名著选〉序》，《钱玄同文集》第 2 卷，中国人民大学出版社 1999 年版（下同），第 71 页。

② 此处的归类，参照的是胡适《国语文法概论》与《五十年来中国文学》二文。（胡适：《国语文法概论》，《胡适文集》第 2 卷，第 302 页；《五十年来中国文学》，《胡适文集》第 3 卷，第 226 页。）

认骈文古文律诗古诗是'正宗'。这是推翻向来的正统，重新建立中国文学史上的正统"。① 曹聚仁评价这种文学史的概括方式使人明白"白话文学乃是古文的进化"，称赞"这在当时也是有力量的新观念"。② 但通过整理白话文学史，钱玄同、胡适发现，白话文在历史中的生命力只是潜在的，根本未被重视，要使这股白话文力量成为时代的主流，必须要进行有意的"革命"。譬如胡适解释道：

> 我常问自己道："自从施耐庵以来，很有了些极风行的白话文学，何以中国至今还不曾有一种标准的国语呢？"我想来想去，只有一个答案。这一千年来，中国固然有了一些有价值的白话文学，但是没有一个人出来明目张胆的主张用白话为中国的"文学的国语"。③

在胡适看来，中国传统的白话诗、白话词、白话信、白话札记、白话小说都是文人一时兴起的产物，属于"不知不觉的自然出产品"，并非"有意的主张"，但"因为没有'有意的主张'，所以做白话的只管做白话，做古文的只管做古文，做八股的只管做八股。因为没有'有意的主张'，所以白话文学从不曾和那些'死文学'争那'文学正宗'的位置。白话文学不成为文学正宗，故白话不曾称为标准国语。"④ 这表明，白话文单靠自然演化，无法彻底打

---

① 胡适：《中国新文学运动小史》，《胡适文集》第 1 卷，北京大学出版社 2013 年版（下同），第 114 页。

② 曹聚仁：《文坛五十年》，生活·读书·新知三联书店 2011 年版，第 128 页。

③ 胡适：《建设的文学革命论》，《胡适文集》第 2 卷，第 46 页。

④ 胡适：《建设的文学革命论》，《胡适文集》第 2 卷，第 46 页。

倒"文言文"，故需要"五四"新文学对此有意提倡。为此，胡适大胆提出：

> 曹雪芹、施耐庵的《红楼梦》《水浒传》比较归有光、姚姬传的古文要高明的多。①

这将"白话"的地位提高到空前重要的位置，否定了文言高雅、白话低俗的传统价值标准。胡适宣扬，中国这一千多年的文学"凡是有真正文学价值的，没有一种不带有白话的性质，没有一种不靠这个'白话性质'的帮助"，如果施耐庵、吴承恩、吴敬梓、曹雪芹皆用文言做书，"他们的小说一定不会有这样生命，一定不会有这样价值"。②钱玄同也认为《水浒传》《红楼梦》等"因多用白话之故"，才可成为近代文学之正宗，指出从明代以来的六百年里"文学学士"或"引车卖浆之徒"都爱读《水浒传》《红楼梦》等白话小说，只因它们是用白话写作的作品，富有文学的价值，便能"歆动人们对于它们的爱好心"。③

同时钱、胡等用《水浒传》《红楼梦》等论证"白话"比"文言"更有历史的生命力：从艺术上看，"白话小说能曲折达意，某也贤，某也不贤，俱可描摹其口吻神情，故读白话小说，恍如与书中人面语"④；从观念上看，施耐庵、曹雪芹等的小说可表明"骈文

---

① 胡适：《陈独秀与文学革命》，《胡适文集》第 12 卷，第 22 页。

② 胡适：《建设的文学革命论》，《胡适文集》第 2 卷，第 42—43 页。

③ 钱玄同：《〈世界语名著选〉序》，《钱玄同文集》第 2 卷，中国人民大学出版社 1999 年版（下同），第 71 页。

④ 钱玄同：《反对用典及其他》，《钱玄同文集》第 1 卷，第 9—10 页。

律诗乃真小道耳"①，更不容辩地证明"盖白话之可为小说之利器"②；从出版数量看，每年销售的《水浒传》《三国演义》等有一百万部以上，表明从明至今的五百年中"流行最广，势力最大，影响最深的书"并不是《四书五经》，而是那几部"言之无文行之最远"的《水浒传》《红楼梦》等③；从历史发展上看，在科举制度的重压下，"功名利禄的引诱居然买不动施耐庵、曹雪芹、吴敬梓"，"政府的权威"竟然也压不住《水浒传》《西游记》《红楼梦》的产生与流传④；从字的数量上看，"白话的字数比文言多的多"，比如"《红楼梦》用的字和一部《正续古文辞类纂》用的字相比较，便可知道文言里的字实在不够用"。⑤

钱玄同、胡适的论证，传达出"文言"绝无法产出"活文学"的一元价值观念，让"白话""文言"之间绝无两存之余地。一些学人虽支持"新文学"，但试图调解独尊《红楼梦》《水浒传》等白话文学的现象。譬如朱经农认为左丘明《春秋传》、司马迁《史记》与曹雪芹《红楼梦》、施耐庵《水浒传》一样具有"生命力"，希望新文学"须吸收文字之精华，弃却白话的糟粕，另成一种'雅俗共赏'的'活文学'"。⑥ 这种调和愿望，违背了胡适、钱玄同的设计。胡适强调，"只有白话的文学是'雅俗共赏'的，文言的文学

---

① 胡适：《文学改良刍议》，《胡适文集》第 2 卷，第 13 页。

② 胡适：《寄陈独秀》，《胡适文集》第 2 卷，第 23 页。

③ 胡适：《五十年来中国文学》，《胡适文集》第 3 卷，第 226 页。

④ 胡适：《五十年来中国文学》，《胡适文集》第 3 卷，第 226 页。

⑤ 胡适：《国语文法概论》，《胡适文集》第 2 卷，第 312 页。

⑥ 朱经农：《致朱经农》，《新青年》1918 年 11 月第 5 卷第 2 号。

只可供'雅人'的赏玩"①，故而建设新文学要"发誓不用文言作文"，而需多读《水浒传》《儒林外史》《红楼梦》等"模范的白话文学"②。钱玄同讽刺调和"文言""白话"的折衷派为"蝙蝠派的文人"③，认为：要使"五四"白话文学的"新基础"稳固，必须极端驱除那些"腐臭的'旧文学'"④，故而需采用《水浒传》《儒林外史》等中的白话，并旁搜博取"今日的白话"等，以造成"有价值有势力"的形势。⑤

综上，不论从历史溯源，还是具体论证，钱玄同、胡适对《红楼梦》《水浒传》的塑造，展示了非常值得玩味的现象：在反抗传统文学的时候最先求助的却是传统中的非正统源头，以呼应"五四"文学革命中的白话文运动。但这种做法有些功利，时被质疑。周作人认为，硬把文言文里边的好文章说成是"白话"，会把白话文学的界限弄得"有点糊涂"，让人莫名其妙。⑥他不建议将《水浒传》等明清小说视为白话文学的榜样，因为它们"毕竟只是我们所需要的国语的资料，不能作为标准"⑦。1922年胡适介绍周作人到燕京大学教国语文学史时，周作人明确拒绝了胡适建构的中国白话文学史传统，说道："我知道应当怎样教法，要单讲现时白话文，

---

① 胡适：《致朱经》，《新青年》1918年11月第5卷第2号。

② 胡适：《建设的文学革命论》，《胡适文集》第2卷，第47页。

③ 钱玄同：《寸铁十二则·八》，《钱玄同文集》第2卷，第38页。

④ 钱玄同：《〈尝试集〉序》，《钱玄同文集》第1卷，第90页。

⑤ 钱玄同：《新文体》，《钱玄同文集》第1卷，第299页。

⑥ 周作人：《国语文学谈》，《周作人自编集·艺术与生活》，北京十月文艺出版社2011年版（下同），第68页。

⑦ 周作人：《国语改造的意见》，《周作人自编集·艺术与生活》，第60页。

随后拉过去与《儒林外史》《红楼梦》《水浒传》相连，虽是容易，却没有多大意思，或者不如再追上去，到古文里去看也好。"①

二、中国白话文学成熟的标准：
关于"结构"与"语言"之争

在建构了一道与文言文相对立的白话文学传统后，"选定古人所做可以作为模范的文学书"成了建设新文学"很要紧"的事情。②为挑选出示人以"规矩准绳"的最成熟的古代白话作品，钱玄同、胡适竟生起龃龉来，矛盾集中在《儒林外史》《水浒传》上。钱玄同在1917年3月1日《新青年》第3卷第1号致信陈独秀，写道：

> 小说之有价值者，不过施耐庵之《水浒》、曹雪芹之
> 《红楼梦》、吴敬梓之《儒林外史》三书耳。今世小说，惟
> 李伯元之《官场现形记》、吴趼人之《二十年目睹之怪现
> 状》、曾孟朴之《孽海花》三书为有价值。③

但胡适指出钱玄同忽略了作品的"结构"问题，他在1917年6月1日《新青年》第3卷第4号发表《再寄陈独秀答钱玄同》说道：

---

① 周作人：《关于近代散文》，《周作人自编集·知堂乙酉文编》，第63页。
② 潘公展：《致记者》，载《新青年》1919年11月1日《新青年》第6卷第6号。
③ 钱玄同：《反对用典及其他》，《钱玄同文集》第1卷，第8页。

钱先生谓《水浒》《红楼梦》《儒林外史》《官场现形记》《孽海花》《二十年目睹之怪现状》六书为小说之有价值者，此盖就内容立论耳。（中略）适以为《官场现形记》《文明小史》《老残游记》《孽海花》《二十年目睹之怪现状》诸书，皆为《儒林外史》之产儿。其体裁皆为不连属的种种实事勉强牵合而成。①

胡适一直不满于中国传统白话小说文体的单调，坚持"论文学者固当注重内容，然亦不当忽略其文学的结构。结构不能离内容而存在。然内容得美好的结构乃益可贵"②，强调不知文体布局会导致"许多又长又臭的文字"③。其后他在《论短篇小说》《建设的文学革命论》《五十年来中国之文学》等文梳理了《儒林外史》在结构上的"不成熟"：①名为长篇的"章回小说"，其实是"许多短篇凑拢来"的长篇小说，阻碍了白话短篇小说的发达④；②这种"没有结构，没有布局"的懒病，产生"体裁结构太不紧严"的"坏处"，例如"娄府一群人自成一段；杜府两公子自成一段；马二先生又成一段；虞博士又成一段；萧云仙，郭孝子，又各自成一段"⑤；③其结构最容易学，所以"这种一段一段没有总结构的小说体就成了近代讽刺小说的普通法式"⑥，使"一千年的小说里，差不多都是没有

---

① 胡适：《再寄陈独秀答钱玄同》，《胡适文集》第 2 卷，第 29 页。
② 胡适：《历史的文学观念论》，《胡适文集》第 2 卷，第 28—30 页。
③ 胡适：《建设的文学革命论》，《胡适文集》第 2 卷，第 48—49 页。
④ 胡适：《论短篇小说》，《胡适文集》第 2 卷，第 103 页。
⑤ 胡适：《建设的文学革命论》，《胡适文集》第 2 卷，第 48 页。
⑥ 胡适：《五十年来中国文学》，《胡适文集》第 3 卷，第 218 页。

布局的"①。

胡适对《儒林外史》的批评，投射出他关于传统白话小说成熟起点的思考。他用文体结构上的弊病否定了《儒林外史》作为最佳白话文学的可能性。胡适选中的是《水浒传》，赞赏它故事完整、情节集中，符合"五四"新文学的文体理论。在他看来，宋元时戏剧家虽采用民间盛行的"梁山泊故事"，但他们只发挥了"水浒的一方面"，或创造一种人物，甚至"有时几个文人各自发挥一个好汉的一片面"，故而"这些都是一个故事的自然演化，又都是散漫的，片面的，没有计划的，没有组织的发展"。直到施耐庵用"四百年来逐渐成熟的文学技术"把"那些僵硬无生气的水浒人物一齐毁去"，继而"重兴水浒，再造梁山，画出十来个永不会磨灭的英雄人物，造成一部永不会磨灭的奇书"。② 为此，胡适赞赏：

> 《水浒传》不但是集四百年水浒传故事的大成，并且是中国白话文学成立的一个大纪元。③

胡适从文体结构上肯定了《水浒传》在中国传统白话文学转型中的功绩，尊其为白话文学成熟的起点。钱玄同不同意胡适，认为《水浒传》还有"小小地方不尽适宜"，而《儒林外史》惟独有《水浒传》之长而无其短④，说道：

---

① 胡适：《五十年来中国文学》，《胡适文集》第3卷，第222页。
② 胡适：《〈水浒传〉考证》，《胡适文集》第2卷，第343—367页。
③ 胡适：《〈水浒传〉考证》，《胡适文集》第2卷，第367页。
④ 钱玄同：《〈儒林外史〉新叙》，《钱玄同文集》第1卷，第388页。

适之先生的《〈水浒传〉考证》中说："这部七十四的《水浒传》是中国白话文学完全成立的一个大纪元。"我以为这话说的很对。但是白话文学之中，有"方言的文学"和"国语的文学"之区别。《水浒》还是方言的文学，《儒林外史》却是国语的文学了。《水浒》和《儒林外史》之间，并没有国语的文学之大著作，所以《儒林外史》出世之日，可以说他是中国国语的文学完全成立的一个大纪元。①

　　在"五四"学人看来，"国语的文学"是"白话"的集大成者，它吸收了白话文字的精华，而弃绝其糟粕。钱玄同视《儒林外史》为"国语的文学完全成立的一个大纪元"，这直接确立其无法辩驳的地位，表明它是中国传统白话文学的集大成者，从而区分了它与《水浒传》的高下。换言之，《水浒传》只是"方言的文学"，与"现在的话不相近"②，不能成为白话文学完全成熟的起点，而《儒林外史》是"国语的文学"之开端，为白话文学完全成立的标志。

　　为表明《水浒传》只是"方言的文学"的代表，钱玄同梳理了中国白话方言文学的发展脉络：①"中国白话文学的动机起于中唐以后"，如白居易等的白话诗；②到了宋朝柳永、辛弃疾、程颢、朱熹等多用白话，可他们只是"有时候觉得古语不很适用，就用当时的白话来凑补"，故这些"不但去国语的文学尚远，就连方言的文学也还够不上说"；③元代的关汉卿、马致远、白仁甫等使用当

---

① 钱玄同：《〈儒林外史〉新叙》，《钱玄同文集》第 1 卷，第 391 页。
② 钱玄同：《关于新文学的三件要事》，《钱玄同文集》第 1 卷，第 355 页。

时的北方语言做新体文学，在其中夹杂古书中的成语，是"以当时的白话为主而以古语补其不足"，故"元曲可以说是方言的文章"，但"曲文是要歌唱的，虽用白话来做，究竟不能很合语言之自然"；④"很自然的方言的文学完全成立，总要从《水浒》算起"，因《水浒传》描写的是"强盗社会"的口吻，"若用当时的普通话来描写，未免有不能真切的地方"；⑤明代的《金瓶梅》是"写一种下流无耻、龌龊不堪的恶社会，自然更不能用普通话了"；⑥直到《儒林外史》才采用了从元至明清演化了五百年的普通话。①

钱玄同的归纳，突显了"方言的文学"向"国语的文学"演化的历史线索。接着，钱玄同从语言的成熟度，解释了《儒林外史》在国语文学史中的价值与意义：

> 自从宋朝南渡以后，到了元朝，蒙古人在中国的北方做了中国的皇帝，就用当时北方的方言作为一种"官话"。因为政治上的关系，这种方言很占势力。明清以来，经过几次的淘汰，去掉许多很特别的话，加入其他各处较通行的方言，就渐渐成为近四五百年中的普通话。这种普通话，就是俗称为"官话"的，我们因为他有通行全国的能力，所以称他为"国语"。《儒林外史》就是用这种普通话来做成的一部极有价值的文学书，所以我说他是国语的文学完全成立的一个大纪元。②

---

① 钱玄同：《〈儒林外史〉新叙》，《钱玄同文集》第1卷，第392—393页。
② 钱玄同：《〈儒林外史〉新叙》，《钱玄同文集》第1卷，第393页。

《儒林外史》突破白话方言的束缚，采用"元明以来的北方方言为主而加入其他各处较通行的方言"所成的国语，也即是最适用最普通的长江流域的官话。这些国语是白话成熟的标志，那么《儒林外史》也是中国国语文学成立的标志。按照钱玄同的想法，要使"国语的文学"成为大的趋势，就需要多读国语的文学书，才能"做出好的国语文，讲出好的国语"，而"这部《儒林外史》虽然是一百七八十年前的人做的，但是他的文学手段很高，他的国语又做得很好，这中间的国语到了如今还没有甚么变更，那么，现在的青年学生大可把他当做国语读本之一种看了"。①

钱、胡二人对《儒林外史》《水浒传》的论争，投射出他们关于新文学的设计思路之不同。胡适以西方文体理论为参照，认为："白话"是文学表达的工具，但单有"工具"，没有结构方法，也"还不能造新文学"②。钱玄同作为语言学家，坚持文学是"学一种语言文字之惟一的好工具"③，强调新文学应着眼于"语言"，认为判断新文学优劣的标准在于它对"白话"应用的熟练程度。这种差异也体现于二人关于《尝试集》的评价上。胡适常自诩《尝试集》在诗体变革中的价值。但钱玄同从"语言"的角度认为，《尝试集》并非纯粹的白话诗，只是洗刷过的旧诗，并在日记里抱怨道："适之之《尝试集》寄到。适之此集是他白话诗的成绩，而我看了觉得还不甚满意，总嫌他太文点，其中有几首简直没有白话的影子。我

① 钱玄同：《〈儒林外史〉新叙》，《钱玄同文集》第1卷，第393页。

② 胡适：《建设的文学革命论》，《胡适文集》第2卷，第48页。

③ 钱玄同：《〈世界语名著选〉序》，《钱玄同文集》第2卷，中国人民大学出版社1999年版（下同），第71页。

曾劝他既有革新文艺的弘愿，便该尽量用白话去做才是，此时初做，宁失之俗，毋失之文。"①

由于对新文学的不同设计，钱、胡二人心中最成熟古代白话作品的标准也不完全一致。胡适以"文体结构"的成熟度，肯定《水浒传》是中国白话文学完全成立的纪元。而钱玄同以"文学语言"的成熟度，赞赏《儒林外史》为中国白话文学成熟的标志。这也预示了他们在新文学建设中所走的两条不同道路。胡适在"五四"及之后竭力进行中国小说的文体变革，比如写作《论短篇小说》等文，将西方的文体规范注入中国传统的白话文学形式之中，以探索"五四"白话文学在文体结构上的突破。而钱玄同则走上了"语言革命"之路，掀起了"简体字运动""国语罗马字运动""汉字革命"等，希望用"语言革命"推动"文学革命"的发展。

三、关于"无价值的白话文学"的
分歧与新文学的道德观

在彻底否定文言文的前提下，钱玄同、胡适面临着对白话文学内部进行清理的问题。胡适指出，对"文言"的否定并不意味着"凡是用白话做的书都是有价值有生命的"，因为"白话能产出有价值的文学，也能产出没有价值的文学"，譬如"可以产出《儒林外史》，也可以产出《肉蒲团》"。② 钱玄同也认为传统白话小说存有很多弊病：不是"诲淫诲盗之作"，即是"神怪不经之谈"，或者是

---

① 杨天石主编：《钱玄同日记》，北京大学出版社2014年版（下同），第324页。
② 胡适：《建设的文学革命论》，《胡适文集》第2卷，第43页。

"造前代之野史"，最下者"所谓'小姐后花园赠衣物''落难公子中状元'之类，千篇一律，不胜缕指"。① 这表明，中国传统白话小说参差不齐，需进行分辨。

为此，钱玄同、胡适一方面视《红楼梦》《水浒传》《儒林外史》为白话产出的"有价值的文学"，另一方面反思了白话产出的"无价值的文学"。但他们心中的"无价值的文学"却是不一致的，特别是关于《金瓶梅》与《三国演义》的分歧最大。钱玄同在1917年8月1日《新青年》第3卷第6号《致胡适》认为：

> 《金瓶梅》一书，断不可与一切专谈淫猥之书同日而语。此书为一种骄奢淫？不知礼义廉耻之腐败社会写照。观其书中所叙之人，无论官绅男女，面子上都是老爷太太小姐，而一开口，一动作，无一非极下作极无耻之语言之行事，正是今之积蓄不义钱财，而专事"打扑克""逛窑子""讨小老婆"者之真相。语其作意，实与《红楼梦》相同。②

钱玄同提醒不可因描写淫态而否定《金瓶梅》，具体指出：一、从文学效果上讲，描写男女情爱的笔墨"若用写实派文学之眼光去做，自有最高之价值。若出于一己之偏薄思想，以秽亵之文笔，表示其肉麻之风流，则无丝毫价值之可言"。以此为标准，《西厢记》《长生殿》《燕子笺》多是"秽亵之文笔"，而《金瓶梅》具

① 钱玄同：《反对用典及其他》，《钱玄同文集》第1卷，第8页。
② 钱玄同：《论白话小说》，《钱玄同文集》第1卷，第45—46页。

有"写实派文学"的价值,对沉溺于权力、食色等原始欲望的"病态社会"做了不加粉饰的描写;二、从文学眼光上看,"喜描淫亵"是中国古人的通病,远之如《左传》"详述上烝、下报、旁淫,悖礼逆伦,极人世野蛮之奇观",近之如唐诗宋词中的淫话处也不少,元曲《西厢》《牡丹亭》等则有"直叙肉欲之事"者矣,明清的《水浒传》《红楼梦》等"何尝无描写此类语言,特不如《金瓶梅》之甚耳"。故"若抛弃一切世俗见解,专用文学的眼光去观察,则《金瓶梅》之位置固亦在第一流也";三、从文学进化上讲,"社会进化,是有一定的路线,固不可不前进,亦不能跳过许多级数,平地升天",不可"以为今之写实体小说不作淫亵语为是,而前之描摩淫亵为非",那么"《金瓶梅》自是十六世纪中叶有价值之文学",而 21 世纪时代之人诋《金瓶梅》、《品花宝鉴》为淫书,是文学进化之体现。[1]

钱玄同的辩解,可用日本学者盐谷温 1919 年所说的话语进行概括,即:《金瓶梅》"是一种极端写实的小说,在认识社会之半面上,诚为一倔强的史料"。[2] 在写实的参照系下,钱玄同发现了《金瓶梅》的独特价值。但胡适在 1918 年 1 月 15 日《新青年》第 4 卷第 1 号《答钱玄同书》反驳道:

> 今日中国人所谓男女情爱,尚全是兽性的肉欲。今日一面正宜力排《金瓶梅》一类之书,一面积极译著高尚的言情之作,五十年后,或稍有转移风气之希望。此种书即

---

[1] 钱玄同:《论白话小说》,《钱玄同文集》第 1 卷,第 46 页。

[2] [日] 盐谷温:《中国文学概论讲话》,开明书店 1931 年版,第 245 页。

以文学的眼光观之，亦殊无价值。何则？文学之一要素，
在于"美感"。请问先生读《金瓶梅》，作何美感？①

在胡适看来，赤裸裸的情欲描写，并非高尚的言情方式，也无
任何价值，故而《金瓶梅》"固是社会小说，然写淫太过，本旨转
晦"②，即小说的批判、讽刺功能因"写淫太过"而变得模糊不清，
反导致"遗害青年"的恶果。但钱玄同依据现实主义文学理念，表
彰《金瓶梅》写活了各色人物，可作为当时社会百态的借鉴，展示
了一流的文学手法，是写实艺术的成就，而后的《红楼梦》便在其
基础上延伸而成。这种差异也使他们对其他白话小说家的评价也存
有分歧。比如钱玄同称苏曼殊"思想高洁，所为小说，描写人生真
处，足为新文学之始基乎"，并认为他的《碎簪记》等并非"描写
淫亵"，而是"写人生之真"③。胡适却"实不能知其好处"，讽刺苏
曼殊创作的《绛纱记》等"全是兽性的肉欲"。④

钱、胡对"什么样的白话文学是没有价值的"问题之思考，引
发了《金瓶梅》之争。胡适视《金瓶梅》为轻薄浮艳之作，钱玄同
却称赞它的写实价值，反将胡适欣赏的《三国演义》纳入"无价值
的白话"，讽刺《三国演义》是《说岳》之类，"以迂谬之见解，造
前代之野史"。⑤ 胡适认为将《三国演义》《说岳》并举是"未尽平

---

① 胡适：《答钱玄同书》，《胡适文集》第 2 卷，第 32 页。
② 曹伯言整理，胡适：《胡适日记全编 1（1910—1914）》，安徽教育出版社 2001 年版，
　第 45 页。
③ 杨天石主编：《钱玄同日记》，北京大学出版社 2014 年版（下同），第 306 页。
④ 胡适：《答钱玄同书》，《胡适文集》第 2 卷，第 32 页。
⑤ 钱玄同：《反对用典及其他》，《钱玄同文集》第 1 卷，第 8 页。

允"，说道：

> 《三国演义》在世界"历史小说"上为有数的名著。
> （中略）三国一时代之史事最繁复，而此书能从容记之，
> 使妇孺皆晓，亦是一种天才；岂非《说岳》及《薛仁贵》
> 《狄青》诸书所能及哉？①

胡适将《三国演义》拔高至"历史小说"，肯定其在文学、历史上的双重意义。钱玄同却反讽《三国演义》"谓其有文学上之价值乎，则思想太迁谬。谓其为通俗之历史乎，则如'诸葛亮气死周瑜'之类，全篇捏造"，并具体指出：一、从文学上讲，所塑造的人物形象过于单一，例如"写刘备，成了一个庸懦无用的人。写诸葛亮，成了一个阴险诈伪的人。写鲁肃，简直成了一个没有脑筋的人。故谓其思想既迁谬，文才亦笨拙"；二、从历史上讲，所写严重失实，比如"盖曹操固然是坏人，然刘备亦何尝是好人。论学，论才，论识，刘备远不及曹操。论居心之不良，刘备、曹操正是半斤八两。'帝蜀寇魏'之论，原极可笑"；三、从社会影响上讲，《三国演义》既出，朱熹借"帝蜀寇魏"以正东晋、南宋，而"一班愚夫愚妇，无端替刘备落了许多眼泪，大骂曹贼该千刀万剐"，导致"关公""关帝""关老爷""关夫子"在社会上"闹个不休"。②

胡适认为钱玄同对《三国演义》有所误会，并一一反驳：一、从文学上看，"写刘备成一庸懦无用的人，写诸葛亮成一阴险诈伪

① 胡适：《历史的文学观念论》，《胡适文集》第 2 卷，第 28—30 页。
② 钱玄同：《论白话小说》，《钱玄同文集》第 1 卷，第 45—46 页。

的人"的原因并非作者"文才笨拙",乃是"其所处时代之影响",因为"彼所处之时代,固以庸懦无能为贤,以阴险诈伪为能,故其写刘备、诸葛亮,亦只如此";二、从历史上看,"褒刘而贬曹"不过是"朱熹的议论",并非独抒己见,而"此书于曹孟德,亦非一味丑诋。如白门楼杀吕布一段,写曹操人品实高于刘备百倍。此外写曹操用人之明,御将之能,皆远过于刘备、诸葛亮";三、从社会影响上看,"中国人早中了朱熹一流人的毒,所以一味痛骂曹操",譬如"戏台上所演《三国演义》的戏,不是《逼宫》,便是《战宛城》,凡是曹操的好处,一概不编成戏"。①

关于《三国演义》与《金瓶梅》的论争,钱玄同在 1918 年 1月 15 日《新青年》的《答胡适书》总结道:

> 我个人的意见:以为《三国演义》所以具这样的大魔力者并不在乎文笔之优,实缘社会心理迂谬所致。因为社会上有这种"忠孝节义""正统""闰统"的谬见,所以这种书才能迎合社会,乘机而入。我因为要祛除国人的迂谬心理,所以排斥《三国演义》,这正和先生的排斥《金瓶梅》同一个意思。②

这总结了钱、胡二人殊途同归之处。他们都对新文学的道德观进行了思考,认为小说如果承载了迂谬心理,便丧失了文学应坚守的底线,沦为"无价值的白话文学"。唯一不同的是,胡适否定

---

① 胡适:《答钱玄同书》,《胡适文集》第 2 卷,第 31 页。
② 钱玄同:《论小说及白话韵文》,《钱玄同文集》第 1 卷,第 52 页。

《金瓶梅》，反对的是淫秽纵欲的狎邪心理。钱玄同批判《三国演义》，讽刺的是鼓吹"忠孝节义"的假道学心理。对于钱氏的总结，胡适未有回应，他后来对中国传统白话小说大多都进行了考证研究，一直研究到《醒世姻缘》，却未涉及《金瓶梅》。并且他给中学生开的国语文教材中甚至提到了《镜花缘》《侠隐记》等，但不建议中学生读《金瓶梅》。但胡适后来对《三国演义》的态度有所变化，将其从"历史小说"贬为"历史演义"，认为它缺乏小说上的意义。在胡、钱的论争里，鲁迅明显地站在钱玄同的阵营里。鲁迅赞赏《金瓶梅》"著此一家，即骂尽诸色"[1]，讽刺中国盛行《三国演义》的原因在于"社会还有三国气"[2]。当时的一些文学史也支持钱玄同。比如王丰园的《中国新文学运动述评》称赞钱玄同对传统小说的判断，认同"《金瓶梅》是下流社会的写实文学"而"《三国演义》思想太迂腐"的见解。[3] 此外，郑振铎的《插图本中国文学史》、谭正璧的《中国小说发达史》、施慎之的《中国文学史讲话》都类似于钱玄同的思路，称赞《金瓶梅》是描写日常生活人情世故的伟大的写实小说。

结语

钱玄同、胡适在"五四"时关于中国传统白话小说的借用与论争，与"文学革命"息息相关：一方面，他们用"五四"白话观附丽

---

① 鲁迅：《中国小说史略·明之人情小说（上）》，《鲁迅全集》第9卷，人民文学出版社1981年版（下同），第180页。
② 鲁迅：《且介亭杂文二集·叶紫作〈丰收〉序》，《鲁迅全集》第6卷，第220页。
③ 王丰园：《中国新文学运动述评》，新新学社1935年版，第64—65页。

于《儒林外史》《红楼梦》等，为"文学革命"寻求历史的合法性。并且由于钱玄同是国学大师章太炎的嫡传弟子，所以他对"五四"白话小说的历史溯源，很有影响力。王丰园在《中国新文学运动述评》中就强调"钱玄同是国学大师章太炎的学生"，故而"自他参加了文学革命以来，文学革命的声势，突然大起来了"①；另一方面，在具体挪用传统白话资源时，他们所产生的分歧，投射出他们在新文学的"文体观""语言观""道德观"等问题上的差异。这呈现了"五四"文学革命的参差多态，展示出钱玄同、胡适对新文学的不同设计与贡献。

本文系教育部人文社会科学研究青年基金项目（19YJC751046）阶段性成果

---

① 王丰园：《中国新文学运动述评》，新新学社 1935 年版，第 66 页。

痴狂叙事与现代中国小说的源起

——以《狂人日记》《沉沦》等为例

裴　争（枣庄学院文学院）

一、现代中国小说独特的叙述人——痴狂者

20世纪的中国文学中，不同的艺术形式文学作品取得的成就高下或许难以做精确地衡量比较，但说到何种文学类型受到最多关注，那么无疑是小说这一文学类型。小说被关注的原因当然是多方面的，比如文体自由随意、篇幅可长可短、内容驳杂多样……但其中不容忽视的一个重要原因是小说能够非常便捷地讲述各种故事，也即叙事。叙事是人类的生存方式之一，自有人类以来就以各种方式在叙事，可以说，人类的历史就是一部叙事的历史。但不同的社会历史时期有不同叙事方式，不同的叙事方式产生了不同的叙事文本，包括古典神话、民间传说、哲理寓言、民族史诗、英雄传奇、话本拟话本、现代小说等等，林林总总，不胜枚举。但上古时代岩洞篝火旁长者讲述的神话传说不同于中古时期市井间说唱艺人讲述的话本演义；科举制度催生的落魄文

人笔下形态各异的传奇故事也不同于近现代社会中身份背景迥异的作家苦心营构的小说专著……因此，某种程度上可以说社会历史的变迁影响着叙述人的文化心理，也决定着叙事方式的变迁。

现代中国小说作为一种偏重叙事的文类，作者面对的最大麻烦是如何处理文本内的叙述人，他既不能像神话传说一样完全模糊叙述人的面目，又不能像古典小说那样总是停留在说书人的角色上，选择像川剧变脸一样不断变换面具，以不同的叙述人身份来叙事是现代小说的叙事策略之一。他时而是风花雪月的才子佳人，时而是愚昧而贫穷的农民，时而是孤独彷徨的知识分子，时而是挣扎于城市边缘的小市民，时而是投身社会革命洪流的参与者，时而又是远离世俗尘嚣的旁观者……面具后作者的心态是矛盾的，他一方面尽量伪装成身份不同的各色人等，以期不让读者识破他现代文人的真面目，另一方面他又刻意留下些蛛丝马迹，期望有人能够理解他叙事背后的真实心态和意图。在现代小说作者所伪装的各类角色中，有一类最为独特，也最令人费解，这类叙述人游离于正常人群之外，有着常人没有的行为和思维方式，他们或者疯狂，却有着常人不具备的洞察力；或者痴傻，却有着超常的感受力；或者患有轻重不等的各类精神疾病，终日囿于心灵围筑起来的小宇宙中不能自拔；或者被不自觉地置于一个时空错乱的狂欢空间，扮演着另外一个世界里的自己……总之，他们是一群"非常人"，故事也以一种"非常态"的状态来进行讲述，我把现代文学中的这类书写称为痴狂叙事。

借鉴结构主义理论把叙事分为故事（story）和话语（discourse）两个基本部分，痴狂叙事可以从这两个层面来理解，一是从故事层面来设置情节的痴狂叙事，即一个正常的叙述人讲述的痴狂者的故事，杰拉德·普林斯认为，任何叙事中都至少有一个叙述者，即便这个叙述者不以"我"的形式出现，那"他"也总是存在的。如果小说文本不直接出现这个叙述者，说明"他"被作者成功地隐形了，对痴狂者故事的讲述通常发生在事后，因此，故事层面的痴狂叙事一般是过去时态；二是话语层面的痴狂叙事，这种痴狂叙事通常是现在进行时，实时模拟一个疯癫者或者痴傻者处于非理性状态的样子。当叙述人是痴狂者，而且这个痴狂者以一种非理性或非正常的状态来叙事，文本的话语层面都会呈现出一种混乱无序的非理性状态，不论这个叙述者以第一人称或者第三人称来叙述，也不论他是真的痴狂或者佯装的痴狂，都是一种痴狂叙事。事实上，大部分痴狂叙事的文本设置了不止一个叙述人，这就导致故事层面的痴狂叙事和话语层面的痴狂叙事难以截然分开，《狂人日记》和《沉沦》都属于此类。《狂人日记》中有两个叙述人，一个是"余"讲述的自己的同窗曾经疯癫的故事；一个是"我"以日记的形式和狂人的口吻现场模拟狂人的心路历程。《沉沦》的情形有所不同，尽管《沉沦》始终是以"他"的视角在叙事，但仔细阅读能够发现这个"他"其实也是两个叙述人，一个是沉溺于性幻想不能自拔的"他"，这是一个放纵自我、肉体沉沦的青年忧郁病患者；另一个是面对自我的沉沦不断自责反省的"他"，这是一个面对故国贫弱痛心疾首的正常而理性的爱国青年，因此，"他"其实是个精神分裂症患者。

另外，还可以从空间层面设置情节，形成空间性痴狂叙事。这种形式的痴狂叙事作者会在小说文本中设置一个独特空间的存在，这是一个"非常态"的空间，一个被颠覆了时空的混乱空间。在这个空间里，小说中的主要人物或者几乎所有的人物都处于一种不正常的状态，他们呈现出一种荒谬、怪诞、夸张的狂乱状态，这种状态对人物本身是不自觉的，这是一种空间背景的痴狂叙事。用巴赫金的狂欢化理论来解释这种痴狂叙事最为恰当，它打破了逻各斯中心主义，颠覆了理性化的思维结构，反对永恒不变的绝对精神，主张价值观的相对性和可变性，把人们的思想从现实的压抑中解放出来，以狂欢的思维重新审视世界。现代文学中空间痴狂叙事最早也是最典型代表是鲁迅的《故事新编》。《故事新编》常被看作鲁迅小说甚至现代中国小说的一个异数，原因就在于它用痴狂叙事营构了一个痴狂化的空间，从而颠覆了我们已经形成的诸多正统观念，包括某些文学观念。但对于《故事新编》所代表的空间性痴狂叙事笔者将另著文探讨，在此不做赘述。

综上所述，如果要给痴狂叙事下一个简单的定义，应该是这样的，所谓痴狂叙事就是小说文本或者通过讲述痴狂者的故事，或者以话语模拟痴狂者的状态，或者设置一个痴狂化的世界，以此来展现一种非理性、非常态、超常规的人生或世界状态，痴狂叙事是对以理性见长的常规式写作方式的冲击和颠覆，其深层的叙事预期是以叙事方式的变革达到反理性、反传统、反常规的目的。

二、痴狂叙事——中国小说现代化的标志之一

在界定了痴狂叙事后，再来重新观照 20 世纪的中国小说，就会发现现代中国小说是伴随着痴狂叙事源起的，也是伴随着痴狂叙事而发展成熟的，痴狂叙事是中国小说现代化的标志之一。小说的现代化表现在内容和形式两方面的现代化。"五四"时期周作人曾

经指出："新小说与旧小说的区别，思想固然重要，形式也甚重要。"① 尽管小说的研究可以从不同视角着手，但就小说这种偏重叙事的艺术类型来说，从叙事学的视角把内容和形式结合起来的研究方法是最恰当的，小说的叙事其实质既是一种"有意味的形式"，也是一种"形式化了的内容"。陈平原曾在"中国小说的现代化"这一大课题下来考察中国小说叙事模式的转变，以期寻找中国小说现代化的"拐点"。他用抽样分析的方法详细考察了从1902—1927年的中国小说，通过具体详实的文本分析得出结论："1922至1927年的小说创作中有大约百分之七十九的作品突破了传统小说叙事模式，这无疑是中国小说已经基本完成叙事模式转变的最明显标志。"② 陈平原的这个结论给中国小说叙事领域的研究预留下一个潜在的深入研究空间。如果续接他的研究课题，仍然在"中国小说的现代化"这一大课题下考察中国小说叙事艺术，很容易产生一个疑问：既然1927年中国小说已经基本完成了叙事模式的转变，那么什么样的叙事方式可以称为现代中国小说成熟的叙事模式呢？当然，对这个问题无法做出面面俱到的回答，不同的研究者只能选择某一种叙事方式来论证现代中国小说叙事模式的成熟性。我认为痴狂叙事就是这样一种标志着中国小说走向现代化的成熟的叙事模式。

对叙事行为的关注，目的在于揭示故事得以讲述的意义，"叙事远非仅仅是可以塞入不同内容（无论这种内容是实在的还是虚构的）的话语形式，实际上，内容在言谈中被现实化之前，叙事已经

① 周作人：《日本近三十年小说之发达》，《新青年》第5卷第1号，1918年。
② 陈平原：《中国小说叙事模式的转变》，北京大学出版社，2003年版，第13页。

具有了某种内容。"① 因此，有必要追问一下现代中国文人为什么会选择痴狂叙事作为小说叙事模式之一种。一种叙事模式的选择需要具备两个方面的条件：一、它必须能够折射出当时社会的某种状态。二、它必须符合叙述者（这里的叙述者指作者而非文本内的叙述人）进行叙事行为的某种心态。用这两个条件来衡量，痴狂叙事的选择既基于二十世纪波谲动荡的中国现实，又在某种程度上折射出了现代中国文人的某种精神素质，是致力于中国文学现代化的作家们基于小说的内容表现和形式变革做出的策略性选择，这种选择背后既有着深厚的文化背景和现实处境，又夹杂着现代中国文人的某种怀疑与坚信、释然与无奈、希望与绝望等相互矛盾又相互统一的复杂心态。

三、痴狂叙事产生的根源与背景

痴狂叙事不是凭空产生，它的出现既有人性的本源又有现实的背景；虽不乏中国传统文化的内在基因，但更多却是西方现代哲学的外在影响。

帕斯卡说："人类必然会疯癫到这种地步，即不疯癫也只是另一种形式的疯癫。"如果不疯癫真的可以理解为另一种形式的疯癫，那么我们似乎可以合乎逻辑地推导出人类的历史即是一部人类的疯癫史，历史上诸多疯狂事件和行为的发生似乎也验证了这句话的真理性。但自从"疯癫"一词成为病理学上的一个疾病的名称以来，

① ［美］海登·怀特：《形式的内容：叙事话语与历史再现》，董力河译，文津出版社，2005年版，第3页。

自负的人类并不愿意承认自己的历史跟疯癫有关，而更习惯称之以"文明史"，但文明和疯癫并不完全矛盾，福柯的《疯癫与文明》冠之以副标题"理性时代的疯癫史"，他说："自中世纪以来，欧洲人与他们不加区分地称之为疯癫、痴呆或精神错乱的东西有某种关系。也许，正是由于这种模糊不清的存在，西方的理性才达到了一定的深度。正如'张狂'的威胁在某种程度上促成了苏格拉底式理性者的'明智'。总之，理性—疯癫关系构成了西方文化的一个独特向度。"① 因此，"理性时代"的到来并不意味着疯癫的终结，理性与痴狂始终是相伴相随的，理性的极致会埋下痴狂的种子，对理性而言痴狂是附骨之疽，即使在高度理性的躯体内也隐含着某种非理性的痴狂因素。人性中的痴愚和疯狂并不因社会文明的发展而消失，只是变幻成多种不同的表现形式，人民群众的单纯狂热、知识分子的深思多疑、政治领袖的自负豪迈都有可能是不同形式的愚蠢和疯狂，而且这种痴狂和文明之间的差异甚微，有时候只是一念之差。记录这微妙的难以把握的一念之差，记录人性中瞬息万变的复杂性是文学的责任，也是痴狂叙事在文学上得以实现的基础。

痴狂叙事的经典作品《狂人日记》成为文学史上第一篇具有现代意义的白话小说或许有偶然的成分，但中国作家选择痴狂叙事却有着必然的原因。如果把现代中国历史看作一部小说，那么这部小说的叙述人即是现代中国文人，必须承认这个叙述人面对的是一个混乱的世界。首先这是一个时空错乱的时期，二十世纪的中国经历了波澜壮阔的大变动，而从文学的视角看中国的历史更是波谲变

---

① ［法］米歇尔·福柯：《疯癫与文明》（修订译本），刘北成、杨远婴译，生活·读书·新知三联书店，1999 年版，第 3 页。

幻、翻云覆雨，用癫狂、痴迷、狂乱等看似极端的词语来形容这一时空，似乎并不为过，在某种意义上甚至可以说是恰当的。二十世纪初，中国作家面临的世界已经是一个人类必须重新认识自己的时代，哥白尼的日心说和达尔文的进化论不仅让人类认识到地球不是宇宙的中心，而且也认识到人类不是万物的灵长只是动物进化的结果；弗洛伊德对人潜意识层面的分析更是让人清醒地意识到人不是一种纯粹理性的动物，人的非理性一面要远大于理性的一面。另一方面，进入二十世纪以来，中国现代文人越来越意识到中华民族现实的衰颓和落后以及民众思想普遍的僵化顽固，他们自觉地以一个清醒的智者的身份参与到中国社会变革的巨大洪流中去，期望能以自己的方式实现文学的现代化。这样中国作家所面临的任务和西方科学、哲学发展的程度形成错位，曾经稳固的传统伦理思想业已解体，知识分子惯常的位置也已失去，在这种情形下，痴狂叙事的选择既具有以文学为途径实现中国走向世界的战略意义，又具有以文学干预社会变革的现实意义。

除了人性和现实的原因，文化哲学上的大背景也是不容忽视的。尽管中国传统文化中亦有不可知论和宗教的神秘主义等非理性思想，但二十世纪的现代中国文人选择痴狂叙事来进行文学的描述，更为直接的原因却是西方文化中的非理性哲学和新兴的语言学。兴起于二十世纪初的西方非理性哲学，包括叔本华的唯意志论，尼采的超人哲学，弗洛伊德、荣格的潜意识、无意识精神分析学，克罗齐、伯格森的直觉主义等等。这些理论尽管视角不同、领域各异，但都从不同侧面对传统理性主义提出了挑战，都是对人的本质力量中非理性精神的发现与张扬。二十世纪后半期，语言学、叙事学理论的兴起使得西方哲学由认识论转到语言论，表现在文艺理论中兴起了俄国形式主义、布拉格学派、结构主义、解构主义，由此催生了福柯的"疯癫史"研究、巴赫金的叙事理论和"狂欢节文化"研究等。痴狂叙事的发现正是利用了西方的文艺理论研究成果来反观世纪初中国文学革命的结果，换句话说，这也是中国文学在走向世界文学的过程中移植了西方的非理性文化之树栽培到二十世纪中国文学园地结出的一颗奇异之果，而在此过程中，中国传统文化中神秘主义的土壤又为其成长成熟提供了丰富的"有机肥"，使得现代中国文学中的痴狂叙事得以在二十世纪的不同时期都有所发展，成为中国文学世界化的一部分，也是"中国文学走向并汇入世界文学总体格局的进程"① 的一个阶段性成果，是二十世纪中国小说艺术发展和成熟的重要表征。

四、痴狂叙事的精神特征

作为一种文学表现方式，痴狂叙事具有三种基本精神素质：理性与非理性的统一，现实主义精神与现代主义精神的统一，个人化写作与社会化写作的统一。

1. 理性与非理性的统一

痴狂叙事中理性与非理性的统一是基于现代中国文学对"人"的全面理解而产生的。"人的文学"是现代中国文学的理论先导，现代文学中的"人"并不是一个抽象的概念，而是一个集兽性与理性于一身的复杂的"人"。周作人是最早提出现代文学中"人"的复杂性的理论家，他指出："我们要说人的文学，须得先将这个

---

① 黄子平、陈平原、钱理群：《论"二十世纪中国文学"》，《文学评论》1985 年第 5 期。

'人'字，略加说明。我们所说的人，不是世间所谓'天地之性最贵'，或'圆颅方趾'的人。乃是说，'从动物进化的人类'。其中有两个要点，（一）'从动物'进化的，（二）从动物'进化'的。……这两个要点，换一句话说，便是人的灵肉二重的生活。"①周作人既认识到人作为动物有生物本能的一面，又强调人是经过进化的动物，有"灵"的一面。也就是说，文学中的人应该是一个完整的人，既有理性的一面，又有非理性的一面。这样，对文学中人的复杂多面性的认识表现在作品中就是一个现代文学的叙事悖论，一方面是对人的理性精神的追求，另一方面是对人的非理性状态的描述。周作人的这一理论倡导在鲁迅的小说创作中得以实践。《狂人日记》本身就包含着这个叙事的悖论，它一方面借助一个疯子之口来批判封建宗法礼教，但由于叙述人"狂人"的身份，使得他的话语具有可疑性，而把文本的主要叙述人设定为狂人，也从另一个侧面暗示了作者对启蒙的怀疑。另一方面，狂人的故事又是一个接受了现代文明的启蒙者讲述的关于"狂人"的故事，狂人的日记是经过清醒的叙述人"余"整理和编辑的，启蒙的意识又被加强了。因此，关于狂人的故事并不在于狂人是个怎样的形象，而在于作者用狂人完成这一叙事主题。《狂人日记》开启了痴狂叙事这一独特的叙事方式，而痴狂叙事相对于《狂人日记》也具有了更独特的意义：启蒙的同时反启蒙，追求理性的同时反理性，建构启蒙大厦的同时也在拆解启蒙大厦，或者说拆解理性的同时也在建构另一种理性——一种非理性的理性。无论是《狂人日记》中的狂人、《长明灯》中的疯子富中风，还是《白光》中的精神失常的陈士成，鲁迅

---

① 周作人：《人的文学》，《新青年》第5卷第6号，1918年。

的小说给我们展示了人性深处无处不在的疯癫和痴狂；但另一方面，鲁迅又始终在标榜他创作的目的是启蒙主义："说到为什么做小说吧，我仍抱着十多年前的'启蒙主义'，以为必须是'为人生'，而且要改良这人生。"① 现代文学中的痴狂叙事一方面记录着人性中的非理性的一面，另一方面又经常以理性为标尺来衡量其文学价值，痴狂叙事就是以这种非理性的方式实现对现代文学的理性阐释。

2. 现实主义与现代主义的统一

痴狂叙事无疑具有现实主义的基础，二十世纪中国社会的混乱和传统价值观的崩塌无疑给痴狂叙事提供了充足的现实基础。《狂人日记》中的狂人是有原型的，除了现实生活中鲁迅曾一度陪伴过自己患有精神病的一个表兄，狂人甚至还有精神原型，具体地说是鲁迅的老师章太炎，章太炎不仅经常被人称为"疯子"，而且他还自称为"疯子"。事实上，不仅章太炎，当时很多接受过西学的人都被称为"疯子"，因此，"疯子""狂人"成为那个时代引领新思潮的一部分知识者的代称。郁达夫的小说《沉沦》就是一部有着充足的现实基础的自叙传小说的代表作。小说中"他"身上有作者的真实生活轨迹和心灵历程。因此，无论是《狂人日记》还是《沉沦》，都是基于社会和个人的现实基础创作出来的，揭露中国现实环境的黑暗和社会制度腐朽无疑是其创作原动力，但是如果仅仅用"现实主义"来禁锢它们，无疑是没有真正理解这些作品的真谛。《狂人日记》"对整个社会生活、人生意义的合理性都提出了质疑，

---

① 鲁迅：《南腔北调集·我怎么做起小说来》，《鲁迅全集》第 4 卷，人民文学出版社，2005 年版，第 526 页。

这种彻底性正是西方现代主义小说的先锋性的重要特征之一"。① 作品中所表现的绝望、颓废的悲观思想和世纪末情调无疑具有浓厚的现代主义的色彩。现代主义是盛行于上世纪之初的西方文艺思潮，无论是鲁迅还是郁达夫都提到自己走上文学道路跟大量阅读外国文学的关系，鲁迅曾经说自己走上文学创作道路全靠此前阅读的几百篇外国文学作品，郁达夫也曾提及自己大量阅读西方文学的事实："在高等学校里住了四年，共计所读的俄德英日法的小说，总共一千部内外，后来进了东京的帝大，这读小说之癖，也终于改不过来。"② 尽管他们所接触的西方文学并非都是现代主义的文学，但西方正在流行的现代主义文艺思潮必定对睁眼看世界的第一代现代中国作家产生较大影响，虽然二者产生的根源并不一样，世纪末思潮和对上帝的怀疑是导致西方现代主义产生的主要精神原因，而对于二十世纪的中国作家来说，这种精神幻灭更多是基于具体社会现状。中国自十九世纪中期以来被西方列强瓜分的屈辱感和中华帝国中心论观念破灭后所产生的幻灭感是导致中国现代知识分子精神危机的直接原因，也是中国文学借鉴西方现代主义的深层原因，不论是狂人的精神绝望还是《沉沦》中"他"的颓废沉沦都离不开这种影响，事实上，这种精神状态普遍存在于当时几乎所有有识之士身上，因此，对痴狂叙事的选择是揭示真实现状的现实主义和借鉴西方正在流行的现代主义的统一。

---

① 陈思和：《中国现代文学名篇十五讲》，北京大学出版社，2003 年版，第 64 页。

② 郁达夫：《五六年来创作生活的回顾——〈过去集〉代序》，王自立、陈子善编《郁达夫研究资料》，知识产权出版社，2010 年版，166 页。

3. 个人化叙事与社会化叙事的统一

痴狂叙事是中国现代文人的个人化叙事与社会化叙事的统一。现代小说的第一代作家基本都是学贯中西的学者,他们既有深厚的传统学养,又深谙现代的西学精神,对他们来说,想要表现个体内心意念的兴趣与长期学统形成的"学而优则仕"社会责任感是统一的。因此,二十世纪初的现代中国小说急需寻找一种全新的叙事方式,这一叙事方式必须能够把中国的社会现实以一种不同以往的方式讲述出来,它不以道德教化为目的,而更热衷于叙述人的个体感受,痴狂叙事即是这一寻找的结果。对痴狂叙事的选择是基于这样两方面的逻辑:一是叙述者的叙事目的不是为了讲故事给别人听,而是基于诉说自己内心的需求和欲望而讲述,因此,看似疯狂的无所顾忌地叙述是最符合这一目的的艺术形式,从这个角度看,痴狂叙事是最具个人化的叙事;第二个逻辑是无论是疯癫者还是痴傻者皆源于社会文明的压迫,即表现为来自外界的各种形式的规矩、制度、限制、束缚、迫害……等等一切有违人性中对自由天性追求的东西。因此,痴狂叙事的选择离不开社会话语大环境,仍然是一种社会化叙事。

中国古代小说基本是一种全知全能的群体叙事,甚至现代小说也并非完全都是个人化叙事,群体叙事在现代小说史中也时有出现,但真正具有现代意义的现代小说必定是纯粹个人化的叙事。"五四"以来的中国文学,尤其是小说,存在一个明显的断层,传统的史传化叙事被现代的片断化叙事所取代,叙述人也由面目模糊的说书人变成了个性鲜明的个体,群体叙事变成了个体叙事。痴狂叙事是最具个人气质的叙述方式,它并不仅仅是一种叙事手法或艺术技巧,而更多是一种话语,一种语言,一种看世界的新角度，更重要的，它是一种人类现状的书写，是人类普遍存在的一种生活方式，痴狂是现代人的精神符号。痴狂叙事意味着对个体生存状态的关注，是最具个人化的叙事，它关注的是具有独特性的真实而隐秘的个体内心状态，是欲望化的个体。文学是从个体来看社会，这个个体愈独特，则文学性愈强。痴狂叙事不以讲故事为主，不以情节叙事见长，因此，相对于"讲什么"，痴狂叙事更关心"谁在讲"，而比"谁在讲"更深层的问题是"以什么样的状态"在讲，对叙述人和叙述状态的关注是痴狂叙事小说的突出特色。

但痴狂叙事的叙述者又是现代中国小说的一个独特的叙述人，是中国现代知识分子的代表，在进行个人化叙事的同时又离不开社会化叙事。《狂人日记》中的"我"和《沉沦》中的"他"代表了现代知识分子的两个方向，狂人的疯狂是基于他对社会某种不合理现状的发现，在他看来这是一个"吃人"的社会，而当他发现每个人，包括他自己在内都参与了"吃人"时，则对整个社会制度产生了质疑；而《沉沦》中的"他"首先感受到的是自己性格中非理性的一面，"他近来觉得孤冷得可怜。他的早熟的性情，竟把他挤到与世人绝不相容的境地去，世人与他的中间介在的那一道屏障，愈筑愈高了。"① 他的孤僻与孤独以及对外界所有人的敌视态度，原因就在于他更关注自己的内心，由此表明"他"是一个自恋狂。"自恋是疯癫的第一个症状。其原因在于，人依恋自身，以致以谬误为

---

① 郁达夫：《沉沦》，《郁达夫小说全集》，哈尔滨出版社，2013 年版，第 14 页。

真理，以谎言为真实，以暴力和丑陋为正义和美。"① 当他以自我为中心来衡量这个社会的时候，他发现正是社会的非理性造成了自己内心的非理性，于是他也把批判的矛头指向不合理的社会。因此，无论从哪个方向出发，痴狂叙事最终的落脚点都是对社会、制度、文化、风习等文明的批判，因此，痴狂叙事既是最具个人化的叙事又是最具社会化的叙事。

现代中国小说和痴狂叙事相伴而生，相随发展。痴狂叙事既是现代中国小说内容上的变革也是形式上的变革，并且，随着上世纪后半叶叙事学的发展，痴狂叙事在形式层面革新的意义越来越大于内容层面。作为一种叙事艺术，痴狂叙事是现代文人面对二十世纪的中国社会现实和知识分子不断被权力意识边缘化后的被动选择，也是面对世界文学的中国文人期望以艺术创新实现自我价值的主动选择，折射出现代中国知识分子既有渴望独立的现代意识，但又囿于传统观念缺乏自信的复杂心态。

---

① ［法］米歇尔·福柯：《疯癫与文明》（修订译本），刘北成　杨远婴译，生活·读书·新知三联书店，1999 年版，第 27 页。

在文学与历史之间

纪念五四运动100周年
学术研讨会论文集 下

北京鲁迅博物馆
（北京新文化运动纪念馆）编

上海三联书店

目录

下编：鲁迅与新文化运动研究

393　幼者本位：从伦理到美学

　　——鲁迅思想与文学再认识（董炳月）

421　从"但除了印度"到"除了泰戈尔"

　　——略论鲁迅对印度的想象和认知（黄乔生）

440　鲁迅之于五四新文化运动的抵抗性（姜异新）

465　鲁迅的"直译"和译文欧化（顾音海）

474　"脚的把戏"及其隐喻

　　——以杨二嫂、爱姑为标本（乔丽华）

497　鲁迅与拉丁化新文字（施晓燕）

513　鲁迅五四何以成立？

　　——兼论鲁迅五四的文学史意义（姬学友）

536　鲁迅"走异路，逃异地"考述（刘润涛）

573 鲁迅新文化运动时期与托尔斯泰主义的对话

　　——以《工人绥惠略夫》的翻译为媒介（范国富）

595 后五四分裂：鲁迅与现代评论派之争（邱焕星）

626 再造新文学与后五四时期的鲁迅（李玮）

648 鲁迅故乡情感之历时考察（何巧云）

663 鲁迅、刘亮程、刘慈欣在"故乡"层面的异时空

　　对话（张永辉）

682 《狂人日记》百年祭（张业松）

711 沉入语言中的"冷峻"与"温情"

　　——《孔乙己》语言特色分析（于小植）

731 《伤逝》：五四新人与民族国家想象（张娟）

755 《腊叶》写作与"延宕的伦理革命"（李哲）

786 空白的序文与暧昧的题辞

　　——鲁迅的"《彷徨》叙事"（邢程）

805 言说与失语：浅论鲁迅儿童形象的建构（李俊尧）

816 在文学与历史之间

　　——纪念五四运动 100 周年学术研讨会会议综述

（范国富）

834 编后记（姜异新）

下编　鲁迅与新文化运动研究

幼者本位：从伦理到美学

——鲁迅思想与文学再认识

董炳月（中国社会科学院文学研究所）

1918 年 5 月，鲁迅发表白话短篇小说《狂人日记》，登上中国新文坛，而《狂人日记》是以"救救孩子……"一语结尾的。这个结尾，表明了"孩子"对于"狂人"的重要性，意味着《狂人日记》的终极主题并非"狂"，而是"救救孩子"。换言之，鲁迅是带着"孩子"问题登上中国新文坛的。对于鲁迅来说这并非偶然。限于其小说创作而言，六年前的文言小说《怀旧》（1912）即呈现儿童世界与成人世界的差异与冲突，强调儿童的主体性。就是说，鲁迅的小说创作——无论是文言小说还是白话小说，都是以儿童问题为起点的。于是，创作《狂人日记》的第二年即 1919 年，鲁迅在《我们现在怎样做父亲》一文中阐述了"幼者本位"的观念。对于鲁迅来说，"幼者本位"是根本性、原理性、结构性的观念，与"立人""中间物""进化论""革命"等重要命题直接相关，深刻地影响着其各类话语活动。本文基于相关文本与鲁迅身处的文化环境，从内涵、与进化论的关系、文学呈现等三个方面，阐述鲁迅的

"幼者本位"。

一　"幼者本位"的内涵与成因

　　鲁迅提出"幼者本位"的观念是在 1919 年 10 月所作《我们现在怎样做父亲》一文中，因此，完整地理解"幼者本位"，须将其置于文章的整体脉络之中。鲁迅撰写此文，是参加当时《新青年》的家庭改革讨论。他对中国传统的父权制家庭持鲜明的批判立场，文章开宗明义，曰："我作这一篇文的本意，其实是想研究怎样改革家庭；又因为中国亲权重，父权更重，所以尤想对于从来认为神圣不可侵犯的父子问题，发表一点意见。总而言之：只是革命要革到老子身上罢了。"① 这样将"老子"（父亲）作为革命对象之后，鲁迅对"伦常""旧思想"展开批判，曰："中国的'圣人之徒'，最恨人动摇他的两样东西。一样不必说，也与我辈绝不相干；一样便是他的伦常，我辈却不免偶然发几句议论，所以株连牵扯，很得了许多'铲伦常''禽兽行'之类的恶名。他们以为父对于子，有绝对的权力和威严；若是老子说话，当然无所不可，儿子有话，却在未说之前早已错了。"② "论到解放子女，本是极平常的事，当然不必有什么讨论。但中国的老年，中了旧习惯旧思想的毒太深了，决定悟不过来。"③ 等等。在此基础上，他提出了"幼者本位"的主

---

① 鲁迅：《我们现在怎样做父亲》，《鲁迅全集》第 1 卷第 134 页。人民文学出版社 2005 年版。着重号为引用者所加。本文使用的《鲁迅全集》皆为人民文学出版社 2005 年版，下文的注释只注卷次、页码。
② 鲁迅：《我们现在怎样做父亲》，《鲁迅全集》第 1 卷第 134 页。
③ 鲁迅：《我们现在怎样做父亲》，《鲁迅全集》第 1 卷第 135 页。

张，曰：

> 此后觉醒的人，应该先洗净了东方古传的谬误思想，对于子女，义务思想须加多，而权利思想却大可切实核减，以准备改作幼者本位的道德。①

可见，鲁迅的"幼者本位"是一种新的伦理观（道德观）。这种伦理观被作为"东方古传的谬误思想"的对立物而提出，具有鲜明的针对性与批判性。

那么，"幼者本位的道德"具体内容为何？鲁迅说那就是"爱"——特指长者对幼者的"爱"，这种"爱"通过与传统的"恩"相对立而获得意义。鲁迅阐述道："自然界的安排，虽不免也有缺点，但结合长幼的方法，却并无错误。他并不用'恩'，却给与生物以一种天性，我们称他为'爱'。""这离绝了交换关系利害关系的爱，便是人伦的索子，便是所谓'纲'。倘如旧说，抹煞了'爱'，一味说'恩'，又因此责望报偿，那便不但败坏了父子间的道德，而且也大反于做父母的实际的真情，播下乖剌的种子。"进而，他主张："所以觉醒的人，此后应将这天性的爱，更加扩张，更加醇化；用无我的爱，自己牺牲于后起新人。"那么，如何"扩张""醇化"这种"天性的爱"？鲁迅提供了三个途径——理解、指导、解放。"恩"向"爱"的这种转换，是长幼之间伦理关系的方向性转换——由长者对幼者的"恩"转换为长者对幼者的"爱"。在孝道传统悠久的中国，这种"下对上"（报恩）向"上对下"（给

---

① 鲁迅：《我们现在怎样做父亲》，《鲁迅全集》第 1 卷第 137 页。着重号为引用者所加。

与爱而非施恩）的转换具有革命性和颠覆性。这样，通过提出"爱"的范畴并将其与"恩"对立，鲁迅的"幼者本位"伦理观与"东方古传的谬误思想"的对立获得了具体内容。

"幼者本位"尽管是以"幼者"为"本位"，但鲁迅是将这种观念置于生命延续的动态过程之中论述的，因此，"幼者"与"长者"两种身份同时被相对化。鲁迅使用了"经手人"的概念，曰："所生的子女，固然是受领新生命的人，但他也不永久占领，将来还要交付子女，像他们的父母一般。只是前前后后，都做一个过付的经手人罢了。""况且幼者受了权利，也并非永久占有，将来还要对于他们的幼者，仍尽义务。只是前前后后，都做一切过付的经手人罢了。"① 同一语句的重复强调的是生命的循环，这种循环赋予"长者"和"幼者"以相同的"经手人"身份。在鲁迅的话语体系中，这里所谓的"经手人"本质上也是一种"历史中间物"。

在《我们现在怎样做父亲》一文中，"幼者"另有一个相关性概念，即"弱者"。文中的"弱者"包括"幼者"，但主要指女性。文章曰："人类也不外此，欧美家庭，大抵以幼者弱者为本位"，又曰："便是'孝''烈'这类道德，也都是旁人毫不负责，一味收拾幼者弱者的方法。"② 这都是将"幼者弱者"作为一个词来使用。从与"孝""烈"的对应关系来看，这里的"弱者"即女性。

鲁迅的"幼者本位"作为伦理观、道德观是社会性的，但鲁迅的阐述是以其自然观为依据的，因此"幼者本位"具有伦理观与自

---

① 鲁迅：《我们现在怎样做父亲》，《鲁迅全集》第 1 卷第 136、137 页。着重号为引用者所加。

② 鲁迅：《我们现在怎样做父亲》，《鲁迅全集》第 1 卷第 138 页，142—143 页。着重号为引用者所加。

然观的二重性。关于"幼者本位"的自然依据，鲁迅在《我们现在怎样做父亲》中说："我现在心以为然的道理，极其简单。便是依据生物界的现象，一，要保存这生命；二，要延续这生命；三，要发展这生命（就是进化）。"[①] 他是说自己生命观的"依据"是"生物界的现象"。在前面的引文中，与"恩"相对的"爱"也被他表述为"自然界的安排""天性"。对于某些父母担心子女解放之后自己"一无所有，无聊之极了"，鲁迅甚至说："这种空虚的恐怖和无聊的感想，也即从谬误的旧思想发生；倘明白了生物学的真理，自然便会消灭。"[②] 这里，"生物学的真理"已经被他看作克服"谬误的旧思想"的有效工具。从伦理观与自然观的二重性来看，鲁迅的"幼者本位"观念是自然的伦理化，也是伦理的自然化。1944 年，周作人在长文《我的杂学》中曾提出"伦理之自然化"，曰："近来我曾说，中国现今紧要的事有两件，一是伦理之自然化，二是道义之事功化。前者是根据现代人类的知识调整中国固有的思想，后者是实践自己所有的理想适应中国现在的需要，都是必要的事。"[③] 从其"伦理之自然化"，可见周氏兄弟的伦理道德观念均有"自然"基础，二人在追求自然与伦理的统一方面具有一致性。

从 1918 年 4 月创作《狂人日记》到 1919 年 10 月撰写《我们现在怎样做父亲》，时间间隔为一年半，这一年半就是"救救孩子"的呼声升华为"幼者本位"观念的过程。在此过程中，鲁迅撰写了多篇讨论家庭伦理、主张儿童解放的杂文。他在《我们现在怎样做

① 鲁迅：《我们现在怎样做父亲》，《鲁迅全集》第 1 卷第 135 页。
② 鲁迅：《我们现在怎样做父亲》，《鲁迅全集》第 1 卷第 141 页。
③ 周作人：《苦口甘口》，河北教育出版社，2003 年，第 97 页。

父亲》中明言："对于家庭问题，我在《新青年》的《随感录》（二五，四十，四九）中，曾经略略说及，总括大意，便只是从我们起，解放了后来的人。"这里提及的三篇《随感录》先后发表于1918 年 9 月、1919 年 1 月、1919 年 2 月。

本质上，鲁迅的"幼者本位"观念是社会转型期伦理革命的产物，即与中国传统的"长者本位"对抗的产物。《我们现在怎样做父亲》确实使用了"长者本位"一词，曰："'父子间没有什么恩'这一个断语，实是招致'圣人之徒'面红耳赤的一大原因。他们的误点，便在长者本位与利己思想，权利思想很重，义务思想和责任心却很轻。"从对"长者本位"的反动来说，鲁迅的"幼者本位"观念是内发性的，即发生于中国内部伦理革命的过程之中。但另一方面，鲁迅"幼者本位"观念的形成也直接受到了外来影响。这种影响明确体现在文章的相关表述中。如："人类也不例外，欧美家庭，大抵以幼者弱者为本位，便是最合于这生物学的真理的办法。"又曰："所以一切设施，都应该以孩子为本位，日本近来，觉悟的也很不少；对于儿童的设施，研究儿童的事业，都非常兴盛了。"等等。前者言及欧美，后者言及日本。结合鲁迅的思想发展过程来看，其"幼者本位"更多受到了日本的影响，这种影响至迟在 1915 年初翻译日本学者高岛平三郎的文章《儿童观念界之研究》时已经发生。[1] 限于《我们现在怎样做父亲》一文而言，直接的影响是来自白桦派作家有岛武郎（1878—1923）的散文《与幼小者》。

《我们现在怎样做父亲》发表于 1919 年 11 月《新青年》月刊

---

[1] 发表于 1915 年 3 月《全国儿童艺术展览会纪要》，收入《鲁迅译文全集》第八卷，福建教育出版社，2008 年。

第 6 卷第 6 号,同一期《新青年》的"随感录"专栏还发表了鲁迅的六篇杂文,六篇中即包括《六十三 "与幼者"》。①此文文题中的"与幼者"即有岛武郎的散文《与幼小者》,鲁迅称之为"小说"。1916 年 8 月有岛妻子病逝,1918 年 1 月有岛在《新潮》杂志上发表此文,在文中对三个孩子讲述母爱,鼓励他们自立,表达了彻底的"幼者本位"思想。杂文《六十三 "与幼者"》的主体部分是摘译《与幼小者》中的话,鲁迅摘译之后发议论,褒扬"觉醒""解放""爱"等等,表达对于未来社会中"爱"(并且是"对于一切幼者的爱")的信念。其"觉醒""解放""爱"等关键词是从有岛散文《与幼小者》中借用或归纳出来的,而且这些关键词同属于《我们现在怎样做父亲》一文。鲁迅阐述"幼者本位"的时候使用的概念是"幼者",而非《狂人日记》中的"孩子",亦非当时通用的"儿童",这个"幼者"无疑是来自有岛散文《与幼小者》。有岛散文日文原题为"小さき者へ",②直译当为"写给幼小者"或"致幼小者",鲁迅在《六十三 "与幼者"》中译为"与幼者",1922 年编译《现代日本小说集》的时候改译为"与幼小者"。主题的相同与关键词的共有,证明着有岛散文《与幼小者》对鲁迅《我们现在怎样做父亲》一文的直接影响。《我们现在怎样做父亲》与《六十三 "与幼者"》二文发表在同一期《新青年》杂志上并非偶然。

问题是,鲁迅在《六十三 "与幼者"》开头说"做了《我们

---

① 发表时文题写法为"(六三)与幼者",与现在《鲁迅全集》中的写法不同。同时发表的另外五篇是《(六一)不满》《(六二)恨恨而死》《(六四)有无相通》《(六五)暴君的臣民》《(六六)生命的路》。

②《小さき者へ》,发表于大正七年(1918)一月《新潮》杂志。

现在怎样做父亲》的后两日，在有岛武郎《著作集》里看到《与幼者》这一篇小说，觉得很有许多好的话"。他是说写《我们现在怎样做父亲》在先，读《与幼小者》在后。根据此语，上述《与幼小者》与《我们现在怎样做父亲》的影响关系即不成立。但是，相信此语，二文主题的一致与关键词的共有即无法解释。事实上，《我们现在怎样做父亲》文后注明的写作时间为"一九一九年十月"，但鲁迅 1919 年 10 月的日记中没有相关文章的阅读、写作记录，因此无法确认上面这种表述的真实性。而结合周作人与有岛武郎的关系来看，会发现，鲁迅在撰写《我们现在怎样做父亲》之前应当已经读过《与幼者》。周作人 1919 年 3 月 4 日日记中有"阅有岛武郎著作集"① 的记录，当年日记后面所附"八年书目"的"三月"部分，列有有岛的两本书——《生レ出ル悩ミ》和《小サキ者へ》。② 前者为有岛著作集第六集，1918 年 9 月出版，后者为第七集，1918 年 11 月出版，出版社为丛文阁。后者即鲁迅在《六十三 "与幼者"》中提到的"有岛武郎《著作集》"。周作人 "阅有岛武郎著作集"的时间距离鲁迅写《我们现在怎样做父亲》有半年之久，当时鲁迅与周作人同住绍兴会馆，一起生活，一起读书写作，并且因周作人热心新村运动而阅读武者小路实笃的著作（当年 8 月 2 日开始翻译实笃反战剧本《一个青年的梦》），而有岛武郎和武者小路同为白桦派的主要作家。所以，鲁迅应当早就读过《与幼小者》并受到感动。所谓"……后两日……看到《与幼者》这一篇小说"，表达的并非事实，而是写作者的矜持。或者，此语中的"看到"应

---

① 周作人：《周作人日记（中）》，大象出版社 1996 年出版，第 14 页。
② 周作人：《周作人日记（中）》，大象出版社 1996 年出版，第 78 页。

当作为"重读""细读"来理解。从文章写作和发表情况看,"……后两日……看到《与幼者》这一篇小说"的事实也难成立。《我们现在怎样做父亲》长达五千余字,不会在一天之内写成。与《六十三 "与幼者"》等六篇杂文发表在同一期《新青年》上,证明七篇文章是同时交稿的。

有岛武郎《与幼小者》对鲁迅的影响不限于 1919 年 10 月写《我们现在怎样做父亲》《六十三 "与幼者"》的时候,而是至少持续到三年之后的 1922 年。1922 年鲁迅与周作人编译《现代日本小说集》,选译了有岛的《与幼小者》和《阿末的死》两篇作品。就体裁而言,《与幼小者》乃散文而非小说,鲁迅作为小说家不会不清楚这一点,但他仍选译此文。这体现的是他对"幼者"而非对"小说"的重视。《阿末的死》写迫于困苦生活而自杀的底层少女(幼者)阿末的故事,同样表达了"幼者本位"的思想。

有岛散文《与幼小者》对鲁迅的影响,呈现了鲁迅与日本文化、与白桦派的另一种关系。有岛武郎在《与幼小者》中宣扬的那种"爱",一方面与其所受基督教影响一致,另一方面也与日本固有的"幼者本位"伦理观有关。中日两国伦理观的重大差异之一,即"长者本位"与"幼者本位"的差异。五四时期鲁迅翻译武者小路实笃的《一个青年的梦》,认同的是其反战思想与人道主义精神。而阅读、翻译有岛武郎的《与幼小者》,认同的则是其"幼者本位"观念。他与白桦派文学的精神联系是多层面的。

鲁迅的"幼者本位",就是这样一种具有"社会"与"自然"的二重性,以与"恩"相对的"爱"为核心,接受了外来影响的革命性伦理观。

二　进化论与"幼者本位"

《我们现在怎样做父亲》在阐述"幼者本位"的时候多次使用"进化"一词。"幼者本位"与"进化"的融合，使鲁迅与进化论的关系变得更为复杂。

舶来的进化论曾经对清末民初的中国知识界产生巨大影响，但是，这种影响的发生取决于中国自身面临的问题，中国知识人对进化论的接受是功利性、阐释性的，因而是重构性的。鲁迅亦然。他在不同语境中对进化论的表述不尽相同。

关于清末中国知识界对进化论的多样化、主动性理解，这里看看两个经典性的阐释文本。一个是吴汝纶（1840—1903）为严译《天演论》写的序（即《天演论》的《吴序》），一个是《新尔雅》。

《天演论·吴序》写于1898年夏（光绪戊戌孟夏），序中有言曰：

> 天演者、西国格物家言也。其学以天择物竞二义，综万汇之本原。考动植之蕃耗。言治者取焉。因物变递嬗。深研乎质量力聚散之义。推极乎古今万国盛衰兴坏之由。而大归以任天为治。赫胥黎氏起而尽变故说。以为天不可独任。要贵以人持天。以人持天。必究极乎天赋之能。使人治日即乎新。而后其国永存。而种族赖以不坠。是之谓与天争胜。①

---

① 赫胥黎原著，严复译述：《天演论》商务印书馆1930年十二月初版，第1页。

这里，吴汝纶指出了"天演"包含的"天择"与"物竞"两种基本含义，阐述了"天演"学说由自然科学向社会科学的转化，进而强调了"人"对于"天"的主动性。这种解释是其身处时代的历史需要决定的，"天"这一中国传统文化中的固有概念被纳入进去。

《新尔雅》为留日生汪荣宝、叶澜合编，上海明权社光绪二十九年（1903）六月发行，是理解清末新名词、新观念、新思想的名著。同年《浙江潮》所载该书广告曰："凡一种科学，必有专门名词，即所谓术语是也。近来译书叠出，取用名词，率仍和译之旧。读者望文生义，易致误解。留东同人，有鉴于此，特就所学分科担任，广蒐术语，确定界说。"① 该书的《释群》部分列有"人群之进化"的条目。所谓"群"即当时英文"society"的中文译词，在现代汉语中，这个词被日语借词"社会"取代。《释群》的《第一篇总释》开头曰："二人以上之协同生活体。谓之群。亦谓之社会群学。研究人群理法之学问。谓之群学。亦谓之社会学。"② 这里已经将"群"与"社会"二词并用。《释群》部分的"人群之进化"条目为：

> 人群之递嬗推迁。变更不已。谓之人郡之进化。有增进之进化。有减退之进化。增进之进化三。加速度。遗传。及度制三理法是。减退之进化。出乎淘汰。天择物竞。优胜劣败者。谓之自然淘汰。用意识选择而淘汰者。

① 《浙江潮》第七期书后所载《国学社出版书目广告》。癸卯七月二十一日（公元 1903 年 9 月 11 日）出版发行。引用者标点。
② 《新尔雅》第 63 页。标点符号依照原文。

谓之意识淘汰。生殖上之意识淘汰。谓之雌雄淘汰。本理
想而行淘汰者。谓之理想淘汰。人之所以为人者。谓之人
格。人类最高之道德。次第进于实现之范围。谓之人道之
发达。人类活动机械之渐次发达。谓之自由之开展。

右释自由之进化。[①]

该条目将"进化"置于"人群"的范畴内进行解释，分为"增
进"与"减退"两种方向相反的"进化"，而且将"增进之进化"
分为加速度、遗传、度制三种。进而，"天择物竞、优胜劣败"这
一进化论的基本界说被从"淘汰"的角度解释，而"淘汰"又被分
为"自然淘汰"与"意识淘汰"。这样，"进化"一词便包含了十分
复杂的内容。

上述二例表明，清末中国知识人在进化论的影响下建构着自己
的进化观。进化观的这种复杂性也体现在汉字表记的变化上。严复
用"天演"这两个汉字翻译英文的"evolution"一词，但"天演"
后来被日本人翻译"evolution"一词时使用的"進化"（しんか）
一词取代，于是"天演论"变为"进化论"。刘东认为：严复在中
文世界里从一开始就是把 evolution 翻译成"天演"，亦即"自然的
演化"（natural evolution），这比后来通行的"进化"二字更准确，
也不易产生误解。[②]

青年鲁迅身处清末进化论话语的这种复杂状况之中。《天演论》

---

① 《新尔雅》第70—71页。标点符号依照原文。"巳"当为"已"之误。原书为竖排本，
故曰"右释"。

② 刘东：《进化与革命——现代中国的思想变迁》，载《读书》2016 年 12 月号。

他在南京求学时已经熟读，《新尔雅》为留日生所编，他熟悉的《浙江潮》杂志上也有文章将"进化"与"历史"并而论之——这就是署名"大陆之民"的文章《最近三世纪大势变迁史》。文章第一节为"十八世纪"，开头即云："进化者，自然之大势。历史者，进步之潮流也。观夫川流，犹是水也，而昨日与今日异。观夫生物，同是种也，而此性与彼性异。水滞而不流则腐败，种执而不变则僵萎。吾故曰：过去者，现在之母，将来者，将来之产儿也。"①在这种表述中，"进化"与"历史"、"自然"与"进步"获得了同一性。

　　鲁迅最初阐述有关进化论的问题，是 1907 年在东京撰写的《人之历史——德国黑格尔氏种族发生学之一元研究诠解》中。文章第一节有言："中国迩日，进化之语，几成常言，喜新者凭以丽其辞，而笃故者则病侪人类于猕猴，辄沮遏以全力。"②他指出了进化论的流行及其引起的观念冲突，进而论述了进化论学说的形成过程，将进化论作为人类史问题来讨论。"人类进化之说，实未尝渎灵长也，自卑而高，日进无既，斯益见人类之能，超乎群动，系统何妨，宁足耻乎？黑氏著书至多，辄明斯旨，且立种族发生学（Phylogenie），使与个体发生学（Ontogenie）并，远稽人类由来，及其曼衍之迹，群疑冰泮，大閟犁然，为近日生物学之峰极。"③鲁迅在南京时期已经熟读《天演论》，但此文论述的却是德国生物学家、自然主义哲学家海克尔（1834—1919，鲁迅写作"黑格尔"）

---

① 《浙江潮》第三期第 73 页，癸卯三月三十日（公元 1903 年 4 月 17 日）。引用者标点。

② 原载 1907 年 12 月《河南》月刊第 1 号，收入《坟》，引自《鲁迅全集》第 1 卷第 8 页。

③ 见《鲁迅全集》第 1 卷第 8 页。

的生物进化论学说。可见鲁迅洞察了进化论自身的复杂性。翌年即1908年，他在论文《破恶声论》中批评主张"国民"或"世界人"者滥用"科学""进化""文明"等词而不求甚解，曰：

> 至所持为坚盾以自卫者，则有科学，有适用之事，有进化，有文明，其言尚矣，若不可以易。特于科学何物，适用何事，进化之状奈何，文明之谊何解，乃独函胡而不与之明言，甚或操利矛以自陷。

"科学""适用""文明"等暂且不论，"进化之状奈何"一语表明了青年鲁迅对于"进化之状"的持续思考。同样是在此文中，鲁迅在尼采那里看到了进化论与个人主义的关联，曰："至尼佉氏，则刺取达尔文进化之说，掊击景教，别说超人。"当时鲁迅是主张个人主义的，但他明确反对社会达尔文主义，说："盖兽性爱国之士，必生于强大之邦，势力盛强，威足以凌天下，则孤尊自国，蔑视异方，执进化留良之言，攻小弱以逞欲，非混一寰宇，异种悉为其臣仆不慊也。"① 这里所谓的"进化留良之言"，显然是指社会达尔文主义的主张。《人之历史——德国黑格尔氏种族发生学之一元研究诠解》《破恶声论》二文的相关论述，表明鲁迅的进化论话语从一开始就呈现出具有时代特色的复杂性。

留日期间的1907、1908年是鲁迅集中思考进化论的时期，十年过后的1919年则是鲁迅集中思考进化论的另一时期。无独有偶，

---

① 原载1908年12月《河南》月刊第8号，收入《集外集拾遗补编》。引自《鲁迅全集》第8卷第28页、31页、34—35页。

这一时期新文化倡导者们同样热衷于谈论"进化",清末"进化之语,几成常言"的状况再次出现,或者说一直在延续。以发表《我们现在怎样做父亲》一文的1919年11月《新青年》第6卷第6号为例,该期所载胡适《我对于葬礼的改革》、厨川白村《文艺的进化》等文,均涉及"进化",甚至以"进化"为理论根据。胡适文章的"结论"部分说:"人类社会的进化,大概分两条路子:一边是由简单的变为复杂的,如文字的增添之类;一边是由繁复的变为简易的,如礼仪的变简之类。"这里谈的是原理性的"进化"——即"进化"已经变为普遍性的原理。厨川白村的论文为朱希祖所译,文题已经表明了著者与译者的"文艺进化观"。

那么,鲁迅《我们现在怎样做父亲》一文中的"进化"所指为何?且看文中写及"进化"的三段话:

　　我现在心以为然的道理,极其简单。便是依据生物界的现象,一,要保存这生命;二,要延续这生命;三,要发展这生命(就是进化)。

　　生命何以必需继续呢?就是因为要发展,要进化。个体既然免不了死亡,进化又毫无止境,所以只能延续着,在这进化的路上走。

　　有了子女,即天然相爱,愿他生存;更进一步的,便还要愿他比自己更好，就是进化。①

第一段所谓的"进化"即生命的延续与发展，是鲁迅对"进化"的一般性理解，可称之为"生存发展进化观"，其中包含着强韧的生命意志。第二段话是讲个体生命的消灭与"进化的路"的延续，于是自然引出第三段中的子女问题，在家庭伦理关系之中表述"进化"，即所谓愿子女"比自己更好"。无论哪一种进化，都是以"幼者"为前提和主体的，因此，鲁迅的这种进化观可定义为"幼者本位进化观"。即通过"幼者本位"的伦理革命与家庭变革，获得新的、圆满的生命形态，从而完成进化持续进化。在"幼者本位进化观"中，"幼者本位"具有手段和目的的二重性。

可见，《我们现在怎样做父亲》是阐述"幼者本位"伦理观的文本，也是阐述"进化观"的文本。撰写此文的 1919 年，鲁迅在其他杂文中也多次阐述其进化观。例如，他在年初发表的《随感录四十九》中说："我想种族的延长，——便是生命的连续，——的确是生物界事业里的一大部分。何以要延长呢？不消说是想进化了。但进化的途中总须新陈代谢。所以新的应该欢天喜地的向前走去，这便是壮，旧的也应该欢天喜地的向前走去，这便是死；各各如此走去，便是进化的路。"② 与《我们现在怎样做父亲》发表在同一期《新青年》上杂文《（六六）生命的路》，依然深受海克尔的影

① 鲁迅：《我们现在怎样做父亲》，《鲁迅全集》第 1 卷第 135 页，第 136—137 页，第 138 页。着重号为引用者所加。

② 发表于 1919 年 2 月 15 日《新青年》第 6 卷第 2 号。引自鲁迅：《随感录四十九》，《鲁迅全集》第 1 卷 354—355 页，着重号为引用者所加。

响，将"生命的路"作为"人类进化乃至宇宙进化总过程的喻说"。①

接受进化论的影响且将其伦理化，强调生命意志、生存权力，纳入"爱"（对幼者、弱者的爱）的精神——1919年的鲁迅就这样建构起自己的"幼者本位进化观"。这种进化观是"幼者"与"进化"两种观念相融合的产物，对于鲁迅来说这种融合由来已久。在本文开头提及的《怀旧》与《狂人日记》这两篇创作时间相隔六年的小说中，"儿童"与"进化"已经是并存的主题。小说中"儿童"的重要位置已如前所述，这里看看其中的"进化"问题。《怀旧》中有这样一段——"我"（九岁幼童）讲述秃先生（仰圣先生）的家族史，曰：

> 人谓遍搜芜市，当以我秃先生为第一智者，语良不诬。先生能处任何时世，而使己身无几微之痏，故虽自盘古开辟天地后，代有战争杀伐治乱兴衰，而仰圣先生一家，独不殉难而亡，亦未从贼而死，绵绵至今，犹巍然拥皋比为予顽弟子讲七十而从心所欲不逾矩。若由今日天演家言之，或曰由宗祖之遗传；顾自我言之，则非从读书得来，必不有是。非然，则我与王翁李媪，岂独不受遗传，而思虑之密，不如此也。②

---

① 参阅张丽华在《鲁迅生命观中的"进化论"——从〈新青年〉的随感录（六六）谈起》中的论述，《汉语言文学研究》（开封）2015年第2期。
② 鲁迅：《怀旧》，《鲁迅全集》第7卷第228页。

这里对于家族史延续的讲述，与七年后《我们现在怎样做父亲》一文对于"发展生命"的讨论具有逻辑的同一性，而且直接借用"天演家"的语言来讲述。实质上这是一段生命进化论。《狂人日记》中的进化论投影在小说第十节显然呈现，狂人告诫大哥时所说的"有的不吃人了，一味要好，便变了人，变了真的人"，谈的就是进化论问题。《怀旧》与《狂人日记》中并存的"儿童"与"进化"，到《我们现在怎样做父亲》中融合为"幼者本位进化观"。

对于鲁迅来说，植根于进化论的"幼者本位进化观"是生命哲学也是历史哲学，他终生信奉。撰写《我们现在怎样做父亲》十多年之后，1930 年 7 月，周建人辑译的生物科学文集《进化和退化》出版，鲁迅在为该书写的"小引"中依然重视进化论，称之为"自然大法"，并将其与中国人的命运并而论之。[①] 1934 年 9 月，鲁迅在《中国语文的新生》一文中批判反对大众语和拉丁化的保守分子，依然将进化论作为理论根据之一，为了"生存"不惜废除汉字。他说：

> 反对，当然大大的要有的，特殊人物的成规，动他不得。格理莱倡地动说，达尔文说进化论，摇动了宗教，道德的基础，被攻击原是毫不足怪的；但哈飞发见了血液在人身中环流，这和一切社会制度有什么关系呢，却也被攻击了一世。然而结果怎样？结果是：血液在人身中环流！
>
> 中国人要在这世界上生存，那些识得《十三经》的名目的学者，"灯红"会对"酒绿"的文人，并无用处，却

---

① 鲁迅:《鲁迅全集》第 4 卷第 255 页。

全靠大家的切实的智力，是明明白白的。那么，倘要生存，首先就必须除去阻碍传布智力的结核：非语文和方块字。如果不想大家来给旧文字做牺牲，就得牺牲掉旧文字。①

　　这里谈及的进化论对于宗教与道德之基础的"摇动"，不是曾经发生在《我们现在怎样做父亲》一文中吗？在《我们现在怎样做父亲》中，"进化"的观念动摇了儒教伦理，动摇了"恩"与"孝"的道德。这段引文中"倘要生存"的"生存"，即《我们现在怎样做父亲》中的"生存"。

　　既然如此，1932年鲁迅本人关于进化论的言论，1933年瞿秋白所谓"鲁迅从进化论进到阶级论"的概括，均须重新认识。1932年4月，鲁迅在《三闲集·序言》中说："我一向是相信进化论的，总以为将来必胜于过去，青年必胜于老人，对于青年，我敬重之不暇，往往给我十刀，我只还他一箭。""我有一件事要感谢创造社的，是他们'挤'我看了几种科学底文艺论，明白了先前的文学史家们说了一大堆，还是纠缠不清的疑问。并且因此译了一本蒲力汗诺夫的《艺术论》，以救正我——还因我而及于别人——的只信进化论的偏颇。"② 这里所谓的"进化论"乃"将来必胜于过去，青年必胜于老人"的观念，不同于《我们现在这样做父亲》一文阐述的"幼者本位进化观"（"生存发展进化观"）。这段话与其说表明了鲁迅的进化论被"救正"，不如说表现了鲁迅进化观的复杂性。如前

---

① 鲁迅：《鲁迅全集》第6卷第119页。

② 鲁迅：《鲁迅全集》第4卷第5、6页。

人指出的："鲁迅曾说，马克思主义著作救正了他'只信进化论的偏颇'，但没有说他完全否定了进化论。"① 1933 年瞿秋白所谓的"鲁迅从进化论进到阶级论，从绅士阶级的逆子贰臣进到无产阶级和劳动群众的真正的友人，以至于战士"，② 是基于瞿秋白本人政治身份的表述，而且该表述本身有逻辑问题。前人已经指出："'进化论'和'阶级论'也不完全是同一范畴的概念。'进化论'是从社会发展的纵向过程上讲的，'阶级论'是在社会结构的横断面上说。"③

实际上，早在 1937 年，胡风在讨论"鲁迅精神"的时候就强调鲁迅在面对进化论时的主体性，说：

> 但如果他只是进化论和阶级论底介绍者或宣传者，也就不怎样为奇，但他同时是最了解中国社会，最懂得旧势力底五花八门的战术的人，他从来没有打过进化论者或阶级论者的大旗，只是把这些智慧吸收到他的神经纤维里面，一步也不肯放松地和旧势力作你一枪我一刀的白刃血战。④

胡风是说：鲁迅只是将进化论或阶级论的智慧"吸收到他的神经纤维里面"，而未曾简单地打进化论或阶级论的旗号。《我们现在

① 王富仁：《中国鲁迅研究的历史与现状（连载二）》，《鲁迅研究月刊》1994 年第 2 期。
② 《鲁迅杂感选集》第 20 页。上海青光书局 1933 年 7 月出版，上海文艺出版社 1981 年 4 月重印。
③ 王富仁：《中国鲁迅研究的历史与现状（连载二）》，《鲁迅研究月刊》1994 年第 2 期。
④ 胡风：《关于鲁迅精神的二三基点》。《六十年来鲁迅研究论文选》（上）第 217 页，中国社会科学出版社 1982 年。

怎样做父亲》中的"幼者本位进化观",可以作为胡风的论据。鲁迅永远不可能否定或抛弃这种进化观。因为否定或抛弃,即意味着背离幼者本位、阻碍生存发展、终结生命进程。

三 "幼者"的叙事与美学

"幼者本位"是鲁迅的"哲学",因此普遍存在于鲁迅各种类型的话语活动之中。其杂文多涉儿童问题,其译著中多有外国儿童文学作品(如《小约翰》《爱罗先珂童话集》),其文学作品中多有儿童登场。杂文已如上文所述,译著姑且不论,本节以鲁迅的文学作品(小说、散文、散文诗)为对象,讨论儿童("幼者")作为一种角色发挥的功能及其对作品美学面貌的影响。

鲁迅文学作品中的儿童,据其存在方式可以分为两类。一类兼有叙述者与小说人物两种身份——《怀旧》(1912)、《孔乙己》(1919)中的"我"是代表,另一类是单纯的小说人物即叙述对象——如《故乡》中的少年闰土、《祝福》中的阿毛、《白光》中的学童、《过客》中的女孩。两类儿童均与鲁迅的"幼者本位"观念保持着深层的关联,只是关联的方式不同。就前者而言,儿童的叙事角度同时也是一种价值层面的立场,就后者而言,儿童的命运决定着相关作品的意义结构和美学面貌。

《怀旧》(1912)与《孔乙己》(1919)是鲁迅从儿童视角叙事的代表性作品。前者采用私塾九岁幼童的视角,后者采用咸亨酒店少年伙计的视角。从功能、技巧的角度说,这种视角能够更合逻辑、更自然地叙述故事。但是,另一方面,成年人作家鲁迅在用这种视角叙事的时候,是往来于现实的成年世界与虚拟的少年世界之间，模仿儿童、将自我儿童化，叙事过程中他认可了儿童的价值判断。在价值观层面上，《怀旧》中的九岁幼童与《孔乙己》中的少年伙计就是鲁迅本人。这种包含着价值判断层面认同性立场的叙述方式，可以称为"认同性叙事"。

在《怀旧》中，"我"一方面批判僵化的教育方式对儿童天性的压抑，另一方面通过私塾教师仰圣先生与财主金耀宗的关系来讽刺传统的伦理观。小说开头写道：

> 吾家门外有青桐一株，高可三十尺，每岁实如繁星，儿童掷石落桐子，往往飞入书窗中，时或正击吾案，一石入，吾师秃先生辄走出斥之。桐叶径大盈尺，受夏日微瘁，得夜气而苏，如人舒其掌。家之阍人王叟，时汲水沃地去暑热，或掇破几椅，持烟筒，与李妪谈故事，每月落参横，仅见烟斗中一星火，而谈犹弗止。①

这里描绘的环境弥漫着自然气息，"我"身处其中，希望听老人讲故事，秃先生却"以戒尺击吾首"，逼迫"我"去读《论语》。"我"因此希望秃先生或病或死。"弗病弗死，吾明日又上学读《论语》矣。""我"戏称老师"秃先生"，对老师读《论语》的状态做了充满童趣的讽刺性描写："先生又近视，故唇几触书，作欲啮状。人常咎吾顽，谓读不半卷，篇页便大零落；不知此咻咻然之鼻息，日吹拂是，纸能弗破烂，字能弗漫漶耶。""但见《论语》之上，载先生秃头，烂然有光，可照我面目；特颇模糊臃肿，远不如后圃古

① 鲁迅：《鲁迅全集》第 7 卷第 225 页。

池之明晰耳。"这里，私塾先生的迂腐与"顽童"的活泼顽皮形成对照与对立。小说中仰圣先生与金耀宗的友好关系，是建立在对于"不孝有三，无后为大"这种传统的伦理观上。二人的名字本身即包含着反讽意味。对于他们来说，生儿育女仅仅是为了传宗接代，儿童的天性并不被他们理解。九岁幼童"我"的这种价值观、伦理观、批判立场，完全属于鲁迅本人。仅就"幼者本位"的文化立场与价值观来看，《怀旧》十分"现代"。如果它不是用文言而是用《狂人日记》的那种白话写作，它就会当之无愧地成为中国现代小说的起点。

在《孔乙己》中，"我"不仅讲述孔乙己的故事，而且对孔乙己怀着悲悯与同情。"我"与孔乙己之外，这篇小说中的人物可以分为两类。一类是雇用孔乙己抄书的"何家"与丁举人，属于鲁镇的上层社会，另一类是出现在咸亨酒店的人，即掌柜的、顾客（包括"长衫主顾"与"短衣主顾"）。两类人分属不同的阶级，但均与孔乙己保持着对立、分离的关系——前者雇用、殴打孔乙己，后者取笑孔乙己。相形之下，唯有"我"对孔乙己怀着同情。孔乙己最后一次到咸亨酒店，是因腿被打断、坐在蒲包上用两只手"走"着去的。掌柜的向他讨欠款，围观的人取笑他，而"我温了酒，端出去，放在门槛上"。"我"这样做，是因为孔乙己与"我"同属"弱势群体"，曾经带给"我"少有的快乐。小说写道："我从此便整天的站在柜台里，专管我的职务。虽然没有什么失职，但总觉有些单调，有些无聊。掌柜是一副凶脸孔，主顾也没有好声气，教人活泼不得；只有孔乙己到店，才可以笑几声，所以至今还记得。"《孔乙己》回忆性的结构方式与笔调，同样体现了孔乙己在"我"心中的位置——二十多年之后依然没有忘却。小说的最后一段只有一句话："我到现在终于没有见——大约孔乙己的确死了。"这句话中的"现在"是小说的叙事时间，即鲁迅写这篇小说的 1918 年冬天。在《孔乙己》中，儿童对于孔乙己的价值不仅在于少年伙计"我"的同情与尊重，还在于围着孔乙己吃茴香豆的"邻舍孩子"。孔乙己对那些孩子有爱心，才会分茴香豆给他们吃，而且用戏剧化的言行让孩子们"在笑声里走散"。鲁迅写《孔乙己》是怀旧，是展示并思考旧知识分子的命运。在此过程中，无意中突显了"幼者"的价值。

作为叙述对象正面出现在鲁迅文学作品中的儿童，往往从根本上决定着作品的性质、意义结构或美学面貌。且看鲁迅的三个短篇名作——《药》（1919 年）、《明天》（1919 年）、《祝福》（1924年）。《药》讲述的是两个死亡故事——华小栓吃人血馒头治肺病未果而亡，夏瑜因宣传革命被杀、成为做人血馒头的材料。《明天》与《祝福》分别呈现农村妇女单四嫂子和祥林嫂的悲惨人生。三篇小说叙述的都是悲剧故事，而悲剧之所以成其为悲剧，关键在于"幼者"（儿童或青少年）之死。在《药》中是华小栓和夏瑜的死（"华夏"之死）。在《明天》中是宝儿的死，宝儿病死使单四嫂子失去了最后的希望。在《祝福》中是阿毛的死，儿子阿毛死于狼口，彻底改变了祥林嫂的生活，使她一步步走向绝路。如同在《我们现在怎样做父亲》中幼者与女性具有"弱者"的同一性，在《明天》和《祝福》中，幼者（儿童）和弱者（女性）均为悲剧人物。与《药》《明天》《祝福》这种悲剧作品相反，在具有正剧、喜剧色彩的作品中，儿童这种角色则是希望与美好的符号。《故乡》（1921年）中的少年闰土健康、快乐，给同为少年的"我"带来美好的幻想，而在二十余年过去、闰土变成"木偶人"并与我"隔了一层可悲的厚障壁"之后，承担着"将来"这种希望的，依然是儿童——"我"八岁的侄儿宏儿和闰土的儿子水生。在散文《社戏》中，纯真、健康、快乐的乡村儿童给生活涂上了亮丽的玫瑰色。

在散文诗集《野草》中，儿童这种角色的重要意义同样存在，而且更深刻、更具本质性。作品中儿童的命运、位置、功能各不相同，作品因此具有不同的性质与色调。《秋夜》中打枣的孩子、《雪》中堆雪人的孩子很快乐，《求乞者》中在风沙扑面的街头行乞的孩子很不幸。《风筝》《过客》《颓败线的颤动》诸篇中的儿童，则与鲁迅的幼者本位、生命意识保持着深刻关联。《风筝》写的是二十年前的旧事，同样是"怀旧"，而且同样是强调儿童天性的尊贵。二十年前，"我"将病弱的小兄弟即将完工的风筝踏坏，而人到中年之后，"我不幸偶尔看了一本外国的讲论儿童的书，才知道游戏是儿童最正当的行为，玩具是儿童的天使。于是二十年来毫不忆及的幼小时候对于精神的虐杀的这一幕，忽地在眼前展开，而我的心也仿佛同时变了铅块，很重很重的堕下去了"。此文写于1925年1月24日，具自传性，延续了六年前所作《我们现在怎样做父亲》的主题。鲁迅确实曾在1915年3月《全国儿童艺术展览会纪要》发表其所译日本高岛平三郎所作《儿童观念界之研究》。[1] 由此可见其"幼者本位"观念形成的脉络。《过客》中有三个人物：老翁、女孩、过客。西行的过客问"你可知道前面是怎么一个所在么？"老翁的回答是"坟"，女孩的回答则是"那里有许多许多野百合，野蔷薇。"同样的"前面"，在老翁与少女那里涵义相反。《过客》中的三个人物可以理解为人生的三个阶段——少年、中年、老

---

① 收入《鲁迅译文全集》第八卷，福建教育出版社，2008年出版。

年，而过客西行的路也正与日出日落同一方向，是"生命的路"。在《过客》中，鲁迅将美、爱、希望寄托在了"女孩"身上。在《颓败线的颤动》中，儿童扮演的是另外一种角色。牺牲自己、养育女儿的老妇人，年老之后为女婿、女儿所厌弃，但给她致命一击的是女儿最小的孩子——那孩子将干芦叶钢刀一样挥向空中，喊了一声"杀"，于是老妇人陷入彻底的绝望，绝望到无言、平静，走出家门，走向深夜的荒野……在此意义上，这个小孩子是《狂人日记》中"吃过人的孩子"，有待于"拯救"。总体看来，《野草》中潜藏着鲁迅的"幼者本位"哲学。

在鲁迅杂文中被正面探讨的"幼者本位"观念，就是这样形象地、符号化地潜存于其小说、散文、散文诗中，决定着作品的性质与意义结构，转化、升华为美学问题。

结语　"救救孩子……"的余音

鲁迅的《狂人日记》用"救救孩子……"一语结尾，而这个结尾的结尾是"……"。怎样理解这个"……"，因人而异、言人人殊。是呐喊的余音？是无力的乞求？是欲言又止？是"救救孩子"的复杂性？怎样理解，与国语建设初期标点符号的用法有关，并且与鲁迅的话语体系有关。结合鲁迅同一时期的话语系统来看，可以认为这个"……"是有待建构的空间。鲁迅在这个空间中展开了多种话语活动，于是"幼者本位"出现了。基于"幼者本位"的立场，鲁迅终生关心儿童问题。1933 年 8 月 12 日他写了杂文《上海的儿童》，指出："顽劣，钝滞，都足以使人没落，灭亡。童年的情形，便是将来的命运。"进而批判"为儿孙作马牛"与"任儿孙作马牛"的错误观念。[①] 1936 年 3 月 11 日，鲁迅在病中给杨晋豪写信，谈少年读物与儿童文学问题，说："关于少年读物，诚然是一个大问题；偶然看到一点印出来的东西，内容和文章，都没有生气，受了这样的教育，少年的前途可想。"[②] 这些，均为对"救救孩子……"的回答，亦即"幼者本位进化观"的潜流。给杨晋豪写这封信的时候，鲁迅距自己生命的终点仅半年。

把目光投向青年时代的鲁迅，能够看到，"幼者本位"的主张存在于鲁迅的"立人"思想体系之中。1907 年，留学日本的鲁迅在《文化偏至论》中提出"立人"主张，曰："是故将生存两间，角逐列国是务，其首在立人，人立而后凡事举；若其道术，乃必尊个性而张精神。"[③] 而"幼者本位"，则是在伦理体系之内"立人"。1919 年初，鲁迅在杂文《随感录四十》中说："可是东方发白，人类向各民族所要的是'人'，——自然也是'人之子'——我们所有的是单是人之子，是儿媳妇与儿媳之夫，不能献出于人类之前。""旧账如何勾消？我说，'完全解放了我们的孩子！'"[④] 此文写于《文化偏至论》十二年之后，《我们怎样做父亲》十个月之前，同时包含着"立人"与"幼者本位"两种主张。前一段话强调的是"人"，后一段话是对《狂人日记》结尾那句"救救孩子……"的重复，即"幼者本位"的间接表达。

必须看到，鲁迅一方面呼唤"救救孩子……"、主张"幼者本

---

① 鲁迅：《鲁迅全集》第 4 卷第 581 页。

② 鲁迅：《鲁迅全集》第 14 卷第 43—44 页。

③ 鲁迅：《文化偏至论》，《鲁迅全集》，第 1 卷第 58 页。

④ 此文发表于 1919 年 1 月 15 日《新青年》第 6 卷第 1 号，引自鲁迅：《随感录·四十》，《鲁迅全集》第 1 卷第 338、339 页。

位"，但另一方面，对于"救救孩子"这一历史任务的艰巨性，对于确立"幼者本位"的困难程度，他同样有清醒的认识。他甚至看到了幼者的"恶"。《颓败线的颤动》中，那个把干芦叶钢刀一样挥向天空、大声喊"杀"的小孩子的出现并非偶然。《狂人日记》（1918年4月）中已经存在着"恶狠狠的看"狂人的孩子、吃过人的孩子，《长明灯》（1925年3月）中的"赤膊孩子"将苇子瞄准"疯人"、嘴里发出一声"吧!"《孤独者》（1925年10月）中也有小孩子"拿了一片苇叶指着"魏连殳喊"杀"。《颓败线的颤动》写于1925年6月29日，即写于《长明灯》和《孤独者》之间，三篇作品中出现的同样有"杀意"、同样以苇叶（苇子）为"凶器"的小孩子，体现了鲁迅对同样问题的持续思考。鲁迅在《狂人日记》中将这类儿童的出现解释为"娘老子教的"，在《孤独者》中解释为"环境教坏的"。在此意义上，鲁迅的一切批判话语，都是在发挥"救救孩子……"、实现"幼者本位"的功能。

从"但除了印度"到"除了泰戈尔"

——略论鲁迅对印度的想象和认知

黄乔生［北京鲁迅博物馆（北京新文化运动纪念馆）］

一

1925 年，《京报副刊》向文化教育界人士征求青年必读书书目，很多人认认真真、勤勤恳恳地列出了书单。鲁迅却做了非常奇特的回答："从来没有留心过，所以现在说不出。"后面还附了一段话："但我要趁这机会，略说自己的经验，以供若干读者的参考——我看中国书时，总觉得就沉静下去，与实人生离开；读外国书——但除了印度——时，往往就与人生接触，想做点事。中国书虽有劝人入世的话，也多是僵尸的乐观；外国书即使是颓唐和厌世的，但却是活人的颓唐和厌世。"①

这段话引起轩然大波，直至今日仍涟漪不断。不过有一点应该

---

① 原载《京报》副刊 1925 年 2 月 21 日。见《鲁迅全集》（北京：人民文学出版社，2005 年版。下文所引《鲁迅全集》内容均指此版本）第 1 卷第 12 页。

指出，人们只顾就鲁迅是否持有"虚无主义"的文化主张争论不休，却忽略了这样一个细节：他在中国书和外国书之间设立了一个"例外"——"但除了印度"。

近代中国人经常议论、研究的国家很多，例如英法美德日，但对有些国家则不多关注，"世界观"的不平衡显而易见。同样是近邻，日本和朝鲜就大相径庭。曾有韩国的鲁迅研究专家指出，鲁迅一生文字少有提及朝鲜问题，对朝鲜的命运缺少关注。一个大文豪，一个有着丰富的世界知识的人，一个对弱小国家抱有同情的人，却对与中国文化同源、关系一直密切的邻国不甚注意，令人困惑。①

这现象的确存在，但问题却不易回答。朝鲜的文字经过改革，已为中国人所难以掌握，因此资讯的传入有了障碍。韩国当时被日本殖民统治，没有了独立性；韩国人民一直在反抗殖民统治，但其反抗声音难以被外界感知。这些辩解的理由可能显得苍白。情况要复杂得多。

从民族观"不平衡"来看，印度和朝鲜一样是殖民地。印度人在中国充当殖民统治者的打手，给中国人留下的印象不佳，朝鲜人在中国也有同样的不良形象。另外，印度和朝鲜都是没有主权的国家，不像日本，为了侵略扩张，主动宣传，有目的地经营国家形象。

这些原因当然不足以回答鲁迅为什么不大关注朝鲜的问题，但可以为理解这个问题提供一些可供参考的视角。同样，鲁迅对印度

---

① 李泳禧：《试论一个问题——对鲁迅著作中没有提及朝鲜（韩国）之意义的考察》，《当代韩国》2006 年第 1 期，第 52—55 页。

形成不良印象，原因也是复杂的。不良的国家形象让鲁迅一代中国人对于印度无法建立好感，因而在构建外国书阅读体系时，唯独将印度排除在外。

印度是大国，也是所谓"文明古国"，是当时中国理应惺惺相惜的对象。为什么鲁迅单单把印度排除在外，是它与其他"外国"不一样？为什么中国读者从不深究这一点，即印度为何在鲁迅"读外国书"提倡中被弃。印度和中国一样吗？鲁迅说自己读中国书时总是"沉静"下去，读外国书就与人生接触，想做点事。那么，从鲁迅的动机上来探究，能不能得出这样的结论：印度书与中国书一样，让人沉静，与"实人生离开"，是僵尸的乐观？从情感态度来考察，鲁迅这"除了印度"也许可以有正反两个方面的逻辑：一方面，在那么多国家中，鲁迅独独挑选印度来说，说明他重视印度，对印度分外关心——他为什么没有想到同是文明古国的埃及？另一方面，这样的排除是对印度的一种轻视——为什么不排除埃及和希腊呢？

本文简略梳理鲁迅对印度的有关论述，从鲁迅对待印度文化特别是对印度社会文化名人评价的前后变化，描述特定阶段鲁迅的和中国人的"印度观"。

二

鲁迅做出印度书不可读的判断，经验是从哪里来的呢？鲁迅究竟读了哪些印度书？他早期阅读过的书籍，虽然难以追踪出一份完全的书单，但结合他的相关论述，能大致找到他获得资讯的线索。

鲁迅早期对于印度的印象，是以同情为底色的。他曾说印度是"影国"，这是鲁迅青年时代中国知识界对殖民地的一种形象的称呼，这称呼包含着对本民族的自省。

二十世纪初，中国人提起印度，笼统地称赞其地大物博、人口众多，颇与"称赞"中国相同。学习矿产学的鲁迅在文章中就谈到"原料硝石""曩悉来自印度"。[①]

印度沦为殖民地，是弱肉强食的丛林世界里的失败者。鲁迅应该关心印度的命运，因为中国也面临同样的命运，已经是半个"影国"了。当时颇有中国人认为中国落后是因为武力不强，因此要学习西洋诸国，发展坚船利炮。如若不然，就会像印度等国那样，沦为奴隶之邦。鲁迅在《文化偏至论》中驳斥这种观点道：

> 有新国林起于西，以其殊异之方术来向，一施吹拂，块然踣僵，人心始自危，而轾才小慧之徒，于是竞言武事。后有学于殊域者，近不知中国之情，远复不察欧美之实，以所拾尘芥，罗列人前，谓钩爪锯牙，为国家首事，又引文明之语，用以自文，征印度波兰，作之前鉴。[②]

鲁迅说这话的目的，主要是警告国人，不要被表面的现象所迷惑，而探索适合中国的自新自强之路。鲁迅对当时一些中国人贬低和蔑视印度的态度不以为然：

---

① 鲁迅：《科学史教篇》，《鲁迅全集》第 1 卷第 34 页。
② 鲁迅：《文化偏至论》，《鲁迅全集》第 1 卷第 45 页。

今试履中国之大衢，当有见军人蹀躞而过市者，张口作军歌，痛斥印度波阑之奴性；有漫为国歌者亦然。盖中国今日，亦颇思历举前有之耿光，特未能言，则姑曰左邻已奴，右邻且死，择亡国而较量之，冀自显其佳胜。夫二国与震旦究孰劣，今姑弗言；若云颂美之什，国民之声，则天下之咏者虽多，固未见有此作法矣。诗人绝迹，事若甚微，而萧条之感，辄以来袭。①

鲁迅后来回忆自己青年时代搜求各国文籍的情形时进一步论述这种观念：

近日看到几篇某国志士做的说被异族虐待的文章，突然记起了自己从前的事情。那时候不知道因为境遇和时势或年龄的关系呢，还是别的原因，总最愿听世上爱国者的声音，以及探究他们国里的情状。波兰印度，文籍较多；中国人说起他的也最多；我也留心最早，却很替他们抱着希望。其时中国才征新军，在路上时常遇着几个军士，一面走，一面唱道："印度波兰马牛奴隶性，……"我便觉得脸上和耳轮同时发热，背上渗出了许多汗。②

鲁迅说自己看了与印度波兰的相关材料后，"很替他们抱着希望"，说明他对这些国家的印象和情感并不坏。他把印度列入与中

① 鲁迅：《摩罗诗力说》，《鲁迅全集》第 1 卷第 67 页。
② 鲁迅：《随感录》，《鲁迅全集》第 8 卷第 94 页。

从"但除了印度"到"除了泰戈尔"

国处于相同境地的国家。

印度与中国紧邻，古代有达摩、法显、玄奘等中印文化使者，近代却缺少交流。鲁迅的老师章太炎曾经想到印度求学，一度曾邀请鲁迅一起学习梵文。[①] 章太炎想用佛教救人心，无疑是一条迂远的道路。人们热衷于做实际的而且能很快见效的事情。章太炎没能去印度学习，他想做现代玄奘的心愿注定难以实现。[②]

鲁迅在日本留学后期日语读写已经较为顺畅，此前在南京矿路学堂学习过德文，因此其阅读范围局限于日文和德文翻译过来的东欧俄国的作品：

> 因为所求的作品是叫喊和反抗，势必至于倾向了东欧，因此所看的俄国，波兰以及巴尔干诸小国作家的东西就特别多。也曾热心的搜求印度，埃及的作品，但是得不到。记得当时最爱看的作者，是俄国的果戈理（N. Gogol）和波兰的显克微支（H. Sienkiewitz）。日本的，是夏目漱石和森鸥外。[③]

鲁迅在日本时期倾心于西方浪漫主义诗人："新声之别，不可究详；至力足以振人，且语之较有深趣者，实莫如摩罗诗派。"虽然"摩罗"这两个字或能找到梵文语源，但当时鲁迅倾心的是西方

---

① 参见周作人：《知堂回想录·（八三）邹波尼沙陀》，《周作人散文全集》（桂林：广西师范大学出版社，2009 年版）第 13 卷第 388 页。相关书信参见《章太炎书信集》（石家庄：河北人民出版社，2003 年版）第 260 页。

② 鲁迅：《关于太炎先生二三事》，《鲁迅全集》第 6 卷第 566 页。

③ 鲁迅：《我怎么做起小说来》，《鲁迅全集》第 4 卷第 525 页。

的拜伦、雪莱、裴多菲、普希金等。他并没有看到印度的"力足以振人"的文学。

因此可以说，鲁迅早期对印度的认知，主要来自于章太炎的影响，这影响是微弱的有限的。主要由于翻译的原因，鲁迅实际上并没有直接阅读过更重要的材料。鲁迅后来关于印度的负面印象，多来自书本知识和道听途说。直到二十世纪三十年代，传说、书籍和电影中的印度，与非洲所差无几，还是正在被殖民统治者教化的蛮荒之地：

> 总之，大约不外乎一个英国人，为着祖国，征服了印度的残酷的酋长，或者一个美国人，到亚非利加去，发了大财，和绝世的美人结婚之类罢。①

但这段评论显示，鲁迅到了晚年，已经不大相信欧美这些"宣传片"了，因为他对印度的认识在增多加深。

三

鲁迅曾说："人类最好是彼此不隔膜，相关心。然而最平正的道路，却只有用文艺来沟通，可惜走这条道路的人又少得很。"②，遗憾的是，他最初获得的关于印度著名文学家泰戈尔的信息，却没能加深他对印度的正面印象，相反，还使他对印度产生了恶感。可

① 鲁迅：《我要骗人》，《鲁迅全集》第 6 卷第 505 页。
② 鲁迅：《〈呐喊〉捷克译本序言》，《鲁迅全集》第 6 卷第 544 页。

以说，把印度排除在外，要中国青年不读印度书这样绝对的论断，与他对泰戈尔的误解有很大关系。

泰戈尔 1913 年获得诺贝尔文学奖。1924 年 4 月，泰戈尔访问中国，逗留约 50 天，在上海、北京等城市参加很多活动，发表谈话和演讲，引起轰动。他的演讲除了回顾和颂扬中印两国人民间源远流长的文化交流外，主要表达了两个意思：第一，西方的文明是物质文明，东方则是精神文明，精神文明远远高于物质文明；第二，科学的无限发展，抑制了人类的精神，而人类精神被抑制的世界是一个抽象的没有人性力量的世界。至于东西方文明如何相处和交流，他认为，西方要采纳东方的精神文明，东方要学习西方发达物质文明的手段，以改变东方物质文明过于落后的状态。

这观点在二十世纪二十年代的中国，肯定得不到新文化运动熏陶下成长的思想激进的文人和青年的首肯。鲁迅当然不是唯一的传统文化偶像破坏者和思想激进者。陈独秀在其主编的《中国青年》周刊上推出一个"泰戈尔特号"①，并发表《泰戈尔与东方文化》一文，指出："泰戈尔不是张之洞、梁启超一流中西文化调和论者，乃是一个极端排斥西方文化极端崇拜东方文化的人。"鲁迅没有正面指斥泰戈尔发表这样鼓吹东方文明的言论，但在写于 1925 年的《青年必读书》中的意见可以算作是对泰戈尔言论的回应。

自然，当时中国知识界也不乏泰戈尔"东方文明"论的追捧者。鲁迅曾亲历过此类追捧场面。

---

① 《中国青年》1924 年 4 月 18 日，第 27 期。

鲁迅见过泰戈尔，自述曾参加过为泰戈尔祝寿的演出。[①] 但那热烈场面并没有给他留下什么好印象。相反，他对一班中国文人包围和吹捧泰戈尔很反感。他事后追加讽刺道："印度有一个泰戈尔。这泰戈尔到过震旦来，改名竺震旦。因为这竺震旦做过一本《新月集》，所以这震旦就有了一个新月社……"[②]，"人近而事古的，我记起了泰戈尔。他到中国来了，开坛讲演，人给他摆出一张琴，烧上一炉香，左有林长民，右有徐志摩，各各头戴印度帽。徐诗人开始绍介了：'！叽哩咕噜，白云清风，银磬……当！'说得他好像活神仙一样，于是我们的地上的青年们失望，离开了。神仙和凡人，怎能不离开呢？"[③]

　　此外，关于"撒提"的问题，也造成了鲁迅对泰戈尔的不满。鲁迅得到的资讯来自两位同他比较亲近的人。一个是他的弟弟周作人，一个是苏联诗人爱罗先珂。周作人在他那堪称新文学理论纲领的《人的文学》一文中，严厉批判包括中国和印度在内的东方国家束缚人性的"非人"文学，其中有泰戈尔的作品：

　　　　印度诗人泰戈尔（Tagore）做的小说，时时颂扬东方

　　思想。有一篇记一寡妇的生活，描写她的"心的撒提

----

① 鲁迅在《华盖集·"公理"的把戏》一文中说，他"与陈源虽尝在给泰戈尔祝寿的戏台前一握手"。参见《鲁迅全集》第 3 卷第 179 页。鲁迅提及泰戈尔的文字有十几处：《论照相之类》《伤逝》《"公理"的把戏》《马上日记之二》《"辞"大义》《现今的新文学概观》《无声的中国》《〈萧伯纳在上海〉序》《骂杀与捧杀》《集外集·杂语》《通讯〈复张逢汉〉》《〈狭的笼〉译者附记》等。
② 鲁迅：《辞"大义"》，《鲁迅全集》第 3 卷第 481 页。
③ 鲁迅：《骂杀与捧杀》，《鲁迅全集》第 5 卷第 616 页。

(Suttee）"（撒提是印度古话，指寡妇与他丈夫的尸体一同焚化的习俗），又一篇说一男人弃了他的妻子，在英国别娶，他的妻子，还典卖了金珠宝玉，永远的接济他。一个人如有身心的自由，以自由选择，与人结了爱，遇着生死的别离，发生自己牺牲的行为，这原是可以称道的事。但须全然出于自由意志，与被专制的因袭礼法逼成的动作，不能并为一谈。印度人身的撒提，世间都知道是一种非人道的习俗，近来已被英国禁止。至于人心的撒提，便只是一种变相。一是死刑，一是终身监禁。照中国说，一是殉节，一是守节，原来撒提这字，据说在梵文，便正是节妇的意思。印度女子被"撒提"了几千年，便养成了这一种畸形的贞顺之德。讲东方化的，以为是国粹，其实只是不自然的制度习惯的恶果。①

　　鲁迅曾写过《我之节烈观》②，对中国封建礼教戕害妇女的罪行做了深刻的揭露和批判，与周作人的观点异曲同工。

　　爱罗先珂在北京大学教授世界语期间，借住在鲁迅和周作人家中，两兄弟多次陪同他外出演讲，鲁迅还翻译了他的几本著作。爱罗先珂在日本曾与泰戈尔见面，两人在有些问题上意见不和。鲁迅也许是从爱罗先珂那里得到泰戈尔赞成"撒提"的印象，也许是受了周作人文章的影响，在一本爱罗先珂作品中译本的序言中批评

---

① 周作人：《人的文学》。原载《新青年》第 5 卷第 6 号（1918 年 12 月 15 日）。参见《周作人散文全集》第 2 卷第 90 页。
② 鲁迅：《我之节烈观》，《鲁迅全集》第 1 卷，第 121—133 页。

道："单就印度而言，他们并不戚戚于自己不努力于人的生活，却愤愤于被人禁了'撒提'，所以即使并无敌人，也仍然是笼中的'下流的奴隶'。广大哉诗人的眼泪，我爱这攻击别国的'撒提'之幼稚的俄国盲人埃罗先珂，实在远过于赞美本国的'撒提'受过诺贝尔奖金的印度诗圣泰戈尔；我诅咒美而有毒的曼陀罗华。"① 虽然只有这一处误解，但影响巨大，因为涉及人道问题。鲁迅在文章里，诅咒的不只是"印度诗圣泰戈尔"，而且用"他们"泛指印度人，一律贬为"下流的奴隶"。

爱罗先珂在八道湾十一号周家宅院借住期间，与鲁迅关系融洽，两人有时长谈至夜半。鲁迅受爱罗先珂影响显而易见，他所写与爱罗先珂有关的文字达 20 多篇，或为他的著作的译本写序，或为他的观点辩护。

泰戈尔是否真的像鲁迅或爱罗先珂指斥的那样"赞美"过"本国的撒提"？"撒提"系梵语"Sati"的音译，意为"有德的"、"贞洁的"或"好的"，得名于对印度教大神湿婆之妻萨蒂的信仰，后引申为表示忠诚专一并在丈夫火葬时一同殉身的节妇。实际情况是，对于"撒提"这种戕害妇女的非人道酷行，泰戈尔进行过无情揭露和深刻的鞭挞，他的著作中很难找到赞美"撒提"的内容。

泰戈尔的作品中涉及"撒提"制度的还有三篇：短篇小说《摩诃摩耶》、叙事诗《丈夫的重获》和《婚礼》，从中很难得出泰戈尔在现实生活中是主张和维护撒提制度的。

据统计，1921 年 8 月份之前的泰戈尔著作中文译文，除少量讲

---

① 鲁迅：《〈狭的笼〉译者附记》，1921 年 8 月 18 日作，发表在当月《新青年》上。《鲁迅全集》第 10 卷第 218 页。

演词、介绍性文字外，多为诗歌、短篇小说，其中《哑女》《盲女》《河阶》《卖果者言》等篇与童婚、种姓制度有所关联，其余均不涉及"撒提"问题，从中得不出鲁迅能够通过中文译本解读和指认泰戈尔赞美"撒提"的结论。[①]

鲁迅有关"撒提"的判断可能来自他本人不无褊狭的印度想象，自然也有受爱罗先珂影响的成分，还有这样一种貌似合乎逻辑的推论：既然泰戈尔赞美东方文化，那么也就可能赞扬印度文化中包括撒提在内的传统习俗。以此推演，如果泰戈尔这样的世界级文豪还持这样落后反动的观念，那么全盘否定印度就是正当的了。

在写下"但除了印度"这五个字的时候，鲁迅脑海中应该有泰戈尔的影子。

鲁迅对印度的印象，还来自一些间接的转述，有些无疑是道听途说。例如，"我的一个朋友从印度回来，说，那地方真古怪，每当自己走过恒河边，就觉得还要防被捉去杀掉而祭天。"[②] 直到现在，我们从新闻媒体上仍能看到印度犯罪率高、旅行者应注意安全的报道和提示。

背景不同，环境不同，使命不同，如果把他们放在当时各自的文化背景中看，就比较好理解鲁迅对泰戈尔的态度：一个是要向西方学习，一个则在殖民统治下竭力保护固有文化，一个对孔子致敬，一个在打孔家店；一个是反暴力，一个是赞赏苏联，倾向

---

① 参见王燕：《泰戈尔访华：回顾与辨误》，《南亚研究》2011 年第 1 期，第 123—136 页。

② 鲁迅：《忽然想到》，《鲁迅全集》第 3 卷第 67 页。

革命。

鲁迅对泰戈尔表现出反感、冷淡和嘲讽，有没有迁怒的成分？接待泰戈尔访华的文化界人士，少有与鲁迅融洽者。泰戈尔与梅兰芳的交往，为鲁迅所不喜。鲁迅在讽刺梅兰芳"男扮女装"的艺术时，顺带捎上泰戈尔一笔：

> 印度的诗圣泰戈尔先生光临中国之际，像一大瓶好香水似地很熏上了几位先生们以文气和玄气，然而够到陪坐祝寿的程度的却只有一位梅兰芳君：两国的艺术家的握手。待到这位老诗人改姓换名，化为"竺震旦"，离开了近于他的理想境的这震旦之后，震旦诗贤头上的印度帽也不大看见了，报章上也很少记他的消息，而装饰这近于理想境的震旦者，也仍旧只有那巍然地挂在照相馆玻璃窗里的一张"天女散花图"或"黛玉葬花图"。①

泰戈尔与现代评论派的徐志摩等的交往，也成为鲁迅的讽刺对象。鲁迅在《现今的新文学的概观》一文中说，"梁实秋有一个白璧德，徐志摩有一个泰戈尔，胡适之有一个杜威——是的，徐志摩还有一个曼殊斐儿，他到她坟上去哭过"。② 同样有"迁怒"的成分。再如，同新月派论争时，牵扯到写过名为《新月》诗集的泰戈尔：

---

① 鲁迅：《论照相之类》，《鲁迅全集》第 1 卷第 195 页。
② 鲁迅：《现今的新的文学概观》，《鲁迅全集》第 4 卷第 137 页。

印度有一个泰戈尔。这泰戈尔到过震旦来，改名竺震旦。因为这竺震旦做过一本《新月集》，所以这震旦就有了一个新月社，——中间我不大明白了——现在又有一个叫作新月书店的。这新月书店要出版的有一本《闲话》，这本《闲话》的广告里有下面这几句话："……"。①

广告里的几句话是攻击鲁迅的。

四

印度在鲁迅笔下出现得并不少。鲁迅的学术研究离不开印度。他青年时代就读过印度书。他曾将世界几个古文明并列，如埃及、印度、希腊等等。如希腊的史诗，印度的寓言，亚剌伯的《天方夜谈》。② 早年，他针对当时中国一些论者非难神话的观点提出批评道：

举其大略，首有嘲神话者，总希腊埃及印度，咸以诽笑，谓足作解颐之具。夫神话之作，本于古民，睹天物之奇觚，则逞神思而施以人化，想出古异，诚诡可观，虽信之失当，而嘲之则大惑也。太古之民，神思如是，为后人者，当若何惊异瑰大之；矧欧西艺文，多蒙其泽，思想文

---

① 鲁迅：《辞"大义"》，《鲁迅全集》第 3 卷第 481 页。
② 鲁迅：《题未定草·三》，《鲁迅全集》第 6 卷第 368 页。

术，赖是而庄严美妙者，不知几何。①

　　鲁迅日常获得有关印度的信息，偏重于文化方面。例如，他提到印度石窟的绘画，经过英国人发掘，被世人所知："最有关系的是英美帝国主义者，他们一面也翻译了陀思妥夫斯基，都介涅夫，托尔斯泰，契诃夫的选集了，一面也用那做给印度人读的读本来教我们的青年以拉玛和吉利瑟那（Rama and Krishna）的对话，然而因此也携带了阅读那些选集的可能。"② 鲁迅曾出资刻印过《百喻经》，后来还为该书的白话译本写了序言，高度称赞这些寓言故事。有一次演讲，鲁迅就举出其中"老人和孩子抬着驴子走"的故事说明看书要"自己思索，自己做主"的道理。③

　　在艺术方面，鲁迅特别提到中国受印度影响的史实。他在给李桦的信中说：

　　　　至于怎样的是中国精神，我实在不知道。就绘画而论，六朝以来，就大受印度美术的影响，无所谓国画了；元人的水墨山水，或者可以说是国粹，但这是不必复兴，而且即使复兴起来，也不会发展的。所以我的意思，是以为倘参酌汉代的石刻画像，明清的书籍插画，并且留心民间所赏玩的所谓"年画"，和欧洲的新法融合起来，许能

① 鲁迅：《破恶声论》，《鲁迅全集》第8卷第32页。
② 鲁迅：《祝中俄文字之交》，《鲁迅全集》第4卷第473页。
③ 鲁迅：《读书杂谈》，《鲁迅全集》第3卷第461—462页。

够创出一种更好的版画。①

《中国小说史略》讲到六朝文学时，有这样的论断：

> 还有一种助六朝人志怪思想发达的，便是印度思想之
> 输入。因为晋，宋，齐，梁四朝，佛教大行，当时所译的
> 佛经很多，而同时鬼神奇异之谈也杂出，所以当时合中，
> 印两国底鬼怪到小说里，使它更加发达起来，如阳羡鹅笼
> 的故事，……此种思想，不是中国所故有的，乃完全受了
> 印度思想的影响。就此也可知六朝的志怪小说，和印度怎
> 样相关的大概了。但须知六朝人之志怪，却大抵一如今日
> 之记新闻，在当时并非有意做小说。②

即便是对曾厌恶过的泰戈尔，鲁迅的评价也有所变化。1927
年，他在香港发表《无声的中国》演讲，肯定泰戈尔代表印度"发
出了自己的声音"：

> 青年们先可以将中国变成一个有声的中国。大胆地说
> 话，勇敢地进行，忘掉了一切利害，推开了古人，将自己
> 的真心的话发表出来。……我们试想现在没有声音的民族
> 是那几种民族。我们可听到埃及人的声音？可听到安南，

---

① 鲁迅：《鲁迅全集》第 13 卷，第 372—373 页。
② 鲁迅：《中国小说史略·附录：中国小说的历史的变迁·第二讲：六朝时之志怪与志
人》。《鲁迅全集》第 9 卷第 318 页。

朝鲜的声音？印度除了泰戈尔，别的声音可还有？①

泰戈尔究竟发出了怎样一种声音，中国人能否借鉴，鲁迅在演讲中没有详细说明。但他后来引用泰戈尔的一句话显示，他赞赏的是泰戈尔的反抗精神：

> 但我今年看见他论苏联的文章，自己声明道："我是一个英国治下的印度人。"他自己知道得明明白白。大约他到中国来的时候，决不至于还胡涂，如果我们的诗人诸公不将他制成一个活神仙，青年们对于他是不至于如此隔膜的。现在可是老大的晦气。②

鲁迅在给予泰戈尔正面评价的同时，也为自己以前讽刺和批判泰戈尔做了缓解——那些过分吹捧泰戈尔的中国文人损害了他的形象。

五

鲁迅视印度为"影国"，因此连带认为一个奴隶之邦不能产生伟大的作品，再加上泰戈尔提倡东方的沉静文化，故对泰戈尔产生误解。泰戈尔在印度盛行非人道思想和行为的情况下，赞美东方文明，即便他是反对撒提的，也无法让鲁迅产生亲近感。

----

① 鲁迅：《无声的中国》，《鲁迅全集》第 4 卷第 15 页。
② 鲁迅：《骂杀与捧杀》，《鲁迅全集》第 5 卷第 616 页。

不过，鲁迅对印度的认识还在加深，而印度还有更伟大的人物甘地在。鲁迅在给友人的一封信中盛赞甘地，并批评当时中国的言行不一的知识分子："自己一面点电灯，坐火车，吃西餐，一面却骂科学，讲国粹，确是所谓'士大夫'的坏处。印度的甘地，是反英的，他不但不用英国货，连生起病来，也不用英国药，这才是'言行一致'。但中国的读书人，却往往只讲空话，以自示其不凡了。"① "甘地一回一回的不肯吃饭，而主人所办的报章上，已有说应该给他鞭子的了。"②

鲁迅晚年倾向革命，信仰斗争哲学，怀疑非暴力反抗的作用，所以对甘地的思想是有所隔膜的。但这不影响他对这位伟人的敬佩之情：

> 这两年中，就我所听到的而言，有名的文学家来到中国的有四个。第一个自然是那最有名的泰戈尔即"竺震旦"，可惜被戴印度帽子的震旦人弄得一榻胡涂，终于莫名其妙而去；后来病倒在意大利，还电召震旦"诗哲"前往，然而也不知道"后事如何"。现在听说又有人要将甘地扛到中国来了，这坚苦卓绝的伟人，只在印度能生，在英国治下的印度能活的伟人，又要在震旦印下他伟大的足迹。但当他精光的脚还未踏着华土时，恐怕乌云已在出岫了。③

---

① 鲁迅致阮善先信，《鲁迅全集》第 14 卷第 27 页。

② 鲁迅：《"论语一年"——借此又谈萧伯纳》，《鲁迅全集》第 4 卷第 585 页。

③ 鲁迅：《马上日记之二》，《鲁迅全集》第 3 卷第 360 页。

鲁迅担心的是，甘地到中国来，也会被一班浅薄无聊之人包围和曲解。但鲁迅毕竟用了与此前"除了印度"截然相反、比"除了泰戈尔"更进一步的论断，称甘地"这坚苦卓绝的伟人，只在印度能生，在英国治下的印度能活的伟人"。句式的变化表明，他已经感到印度具有的巨大潜力。

鲁迅时代，中国对印度研究不够。鲁迅的藏书中很少有关印度的书籍，《印度问题》是他藏书中不多见的专著。就是获得了诺贝尔文学奖的泰戈尔的作品翻译成中文的也不多——《泰戈尔全集》的出版是最近几年的事。

鲁迅文字中，印度总体上是作为一个可怜的、而且是与中国同病相怜的病友存在的，是一个模糊的影像，一个象征的符号。事实上，19世纪，印度加尔各答等地兴起的宗教改革运动、文学革命运动和民族主义运动风起云涌，波及整个印度，为印度赢得民族独立做了思想和人才准备。这些，鲁迅有生之年并不十分了解。

总之，在对印度的想象和认知过程中，鲁迅走过了从偏差到客观，从单一到复杂，从误读到试图理解的道路，在同时代人较有代表性。

随着资讯的发达，中印之间交流的增多，中国文化人笔下的印度形象已经开始变得清晰和全面了。

鲁迅之于五四新文化运动的抵抗性

姜异新［北京鲁迅博物馆（北京新文化运动纪念馆）］

在主流意识形态话语中，鲁迅是新文化运动的旗手与主将，即便是回归鲁迅自身，将个体生命从集体话语中剥离出来的学者，也肯定鲁迅以自己的方式对五四新文化运动的别样介入。鲁迅的确以白话小说《狂人日记》的创作实绩率先支持了五四文学革命，那么，何来鲁迅对于新文化运动的抵抗？本文将百年前以学生示威游行为标志的爱国反帝之五四事件蕴含于五四新文化启蒙潮流之中来展开论述，分析鲁迅如何以其文学性呈现独有的五四遗产。基于诗学本质的讨论核心，在此统摄下的抵抗性意指三个层面的内涵：对于五四事件的无记载、零叙述是对主流新文化叙述逐渐敷演出渲染性与转喻性的抵抗；反讽叙述模态对蕴含着线性进化观的新文化思维的有力抵抗；对于整个五四新文化运动以杂文诗性对抗时评式局限性表达之启蒙反思，而其抵抗的精神支点立基于自决的主体。

一、无记载、零叙述

1919 年 5 月 4 日这一天，鲁迅在干什么呢？显然这是一个历史话题，而不是一个诗学问题。探寻者的目光习惯逡巡流连于历史现象界之最表层，在每年的五四纪念活动中有规律地回望时，定格为高瞻远瞩、目光如炬的庄严姿势。

怀着历史敬畏感的叙述行如下模式：校长蔡元培未曾离开过红楼，心系学生们的安危，不食不眠；图书馆主任李大钊指挥"学联""教职联"有组织的工作；陈独秀则为《每周评论》奋笔撰稿，将群众对卖国贼的痛恨情绪引向北洋军阀政府……力图呈现历史个别性细节的叙述此处必须转折——作为北洋政府教育部社会教育司的佥事周树人却是奔丧去了。查看当天日记，和所有日记一样，只有寥寥几字，"昙。星期休息。徐吉轩为父设奠，上午赴吊并赙三元。下午孙福源君来。刘半农来，交与书籍二册，是丸善寄来者。"[①] 秉承历史多义性信念的叙述，则迫不及待地开始递进——不仅如此，从 5 月 4 日直到 6 月，鲁迅的日记中没有任何关于五四运动的言词，生活与心情都是平淡无奇……而擅作惊人之论者，更为其开掘出"民族魂"之人间性欣喜不已，直接抛出的观点难掩激动：鲁迅的 1919，最大的事情是为全家在北京买房！

对于走进鲁迅精神深处而言，上述探寻者用不着等到最终，很快就会徒劳而返。显然，1919 年 5 月 4 日这一天，并不是鲁迅五四

---

① 鲁迅：《己未日记［一九一九年］》，《鲁迅全集》第 15 卷，人民文学出版社 2005 年版，第 367 页。

精神的关键坐标点，更不是打开鲁迅文学的最佳切入口。就鲁迅的职业而论，1919 年的他是一名政府部员。要想让一名教育部部员参与学运还要等到他见到更多的血而忍无可忍的那一刻。换言之，用实证的方法来讨论鲁迅的"五四"，探究其文学性抵抗，是说不过去的。实际上，对于"五四"而言，鲁迅不在场的不只是游行示威这一天，五四新文化运动两大阵营——《新青年》编辑部之不在场①，北京大学之不在场（1920 年才被聘为讲师），无不显示出鲁迅的独特价值恰恰体现在历史的不在场与文学的在场之间。

上述汗漫之谈并非无关宏旨，无记载、零叙述②本身便是一种抵抗态度。对于很多研究来说，放大历史某个局部细节，无可厚非，值得警惕的是对历史事实做切分处理，难免带着粗浅和臆测，而这些都无关乎作为文学家的鲁迅。实际上，鲁迅与"五四"始终拉开着美学与历史的距离。相对于纸上得来的五四叙事而言，远离运动漩涡中心，同时也意味着远离了叙述话语之铺张扬厉。这对于鲁迅文学未来走向的纯粹性，意义重大。

不知道在日常谈论中有否深度关切，据参加了示威游行的孙伏园的回忆，鲁迅当天即向他详细询问了天安门大会场和游行时大街上的情形，但并没有详述鲁迅的言辞和态度，而是代之以时代模板式的泛泛点评："他对于青年们的一举一动是无时无刻不关怀着

---

① 1918—1919 年鲁迅日记中没有参与《新青年》编辑的记录。鲁迅对《新青年》的支持方式一直都体现在参与某个话题的策划，为编辑策略提供建议，特别是作为撰稿人而出现。

② 鲁迅在《〈热风〉题记》曾言称"五四运动之后，我没有写什么文字，现在已经说不清是不做，还是散失消灭的了。"《鲁迅全集》第 1 卷，第 307 页。

的。"① 五四天安门集会亲历者何思源，对于 1927 年"四一五"清
党事件的回忆叙述中，隐现出五四运动时期的鲁迅面影，"4 月 15
日广州国民党反动当局抓走了好几百中山大学学生。鲁迅在当天下
午召开了紧急会议，朱家骅知道后也参加了，校长戴季陶没有参
加。（中略）鲁迅坐在主席座位上，朱家骅坐在鲁迅的正对面。鲁
迅说：'学生被抓走了，学校有责任，校长不出来，现在我来召开
会，请大家来说话，我们应当是学生的家长，要对学生负责，希望
学校出面担保他们出来。'朱家骅说：'关于学生被捕，这是政府的
事，我们不要对立。'鲁迅驳斥说：'五四运动时，学生被抓走，我
们营救学生，甚至不惜发动全国工商罢工罢市。那时朱家骅、傅斯
年、何思源都参加过，我们都是五四运动时候的人，现在成百成千
个学生被抓走，我们又为什么不营救他们呢？'"② 作为"五四"当
天三千学子的"同仇敌忾"者，乃至 1922 年留美学生代表团再次
请愿代表，"五四"在何思源心中占据着特殊的位置，其回忆录中
鲁迅的言辞有着时代语境下的主将色彩，但正像鲁迅对于中山大学
学生的积极营救是有目共睹的一样，五四事件中鲁迅对于学生们的
关切焦灼也是毋庸置疑的。

　　鲁迅本人对于五四事件的书面评价出现在一周年之际，其写给
学生的一封信中——"于中国实无何种影响，仅是一时之现象而
已"。守旧派将其视为一切乱象的根源，将学生称为祸萌，是冤枉

① 孙伏园：《五四运动中的鲁迅先生》，《中国青年》1953 年第 9 期。
② 何思源：《五四运动回忆》，《五四运动亲历记》，中国文史出版社，1999 年版，第 95
　　页。

的；而革新者将学生誉为志士，赞扬甚至，又太过份了，① 致使"运动的大营"的北京大学负了盛名，但同时也遭了艰险②。众所周知，五四事件并不是孤立的中国时刻，此前刚刚爆发了朝鲜反对日本殖民，寻求独立的"三一运动"。当民族自决之声浪播于全球之际，作为改革后的官立大学，北京大学没有代表官僚体制与来自民间的思想博弈，而成为进步思想的鼓吹者。然而，在给学生的信中，鲁迅显示出没有受任何思潮冲击的独醒状态，他给学生的建言是"熬苦求学"，因为"一无根柢学问，爱国之类，俱是空谈"③。对自己，他又何尝不是如此？

在《"死地"》一文中，鲁迅谈及言论界之纸笔喉舌，"有一些比刀枪更可以惊心动魄者在"④。同为一名写作者，鲁迅非常明了这一操言语行事之业的双刃效应，在记录真相、传播正义的同时，用语还会如何铺张堂皇，乃至如何凭巧智做文字游戏，意图如何失之过度。况乎，中国文人积习，向喜穿凿附会，立异矜奇，与现代传媒结合后，更加绘声绘影，以逞一时之快。鲁迅的"五四"零度，在某些人一定也颇有微词，否则便不会有"管他娘的，写下去——不动笔是为要保持自己的身分，我近来才知道；可是动笔的九成九是为自己来辩护，则早就知道的了，至少，我自己就这样。"⑤ 历史不在场这一表象背后实在大有深意，一通狂喊的文学家，一同大叫

① 鲁迅：《书信·200504 致宋崇义》，《鲁迅全集》第 11 卷，第 382 页。
② 鲁迅：《且介亭杂文二集·〈中国新文学大系〉小说二集序》，《鲁迅全集》第 6 卷，第 249 页。
③ 鲁迅：《书信·200504 致宋崇义》，《鲁迅全集》第 11 卷，第 383 页。
④ 鲁迅：《华盖集续编·"死地"》，《鲁迅全集》第 3 卷，第 282 页。
⑤ 鲁迅：《华盖集·忽然想到九》，《鲁迅全集》第 3 卷，第 66 页。

的文学家，已经太多了，沉默虽然是苦痛的，"然而新的生命就会在这苦痛的沉默里萌芽"。① 1919 年的无记载、零叙述，恰是对五四历史叙事渲染和转喻性的抵抗，是鲁迅不需要隐瞒的真实态度。

鲁迅对于"五四"的文学在场于 1925 年达到一个峰值。《〈热风〉题记》的开篇，他第一次明确提到"中华民国八年，即西历一九一九年，五月四日北京学生对于山东问题的示威运动"，有童子军散发传单的景象，可谓其在文本世界里首次掀开五四事件历史幕布之一角。不过，鲁迅是用来比附反复的守旧派"拟态的制服"下投机家的本质，因为这些穷苦的流浪儿被投机家关注后，社会上便随之出现了童子军式的卖报孩子，而且更其衣履破碎。② 对于这一仿佛不值得被功成名就后的"五四"重构之回忆录所关注的极微末现象，"幼者本位"的鲁迅却有着与"同胞"不一样的视线。而这一视线不期然与美国社会学家西德尼·甘博（Sidney D. Gamble）的纪实摄影作品《北京北海公园的乞丐，1917—1919》③ 暗合。这幅摄影作品里的孩童眼神呆滞，面部表情麻木好奇，略显惊恐，令观者动容。想在这张照片里了解五四运动前后的中国人是如何穿戴的，几乎不可能。与其说被拍摄的人物破衣烂衫，倒不如说他们将一些布条缠在了身上。将鲁迅的上述文字与这张照片放在一起，仿佛产生了一种换喻式的联系，十分有力地构成了对于时代社会的有效批评。

鲁迅高度评价"五四运动的策动"是"北京学界"的"光荣"，

---

① 鲁迅：《华盖集·忽然想到十一》，《鲁迅全集》第 3 卷，第 101 页。

② 鲁迅：《热风·题记》，《鲁迅全集》第 1 卷，第 307—308 页。

③ 南无哀：《东方照相记：近代以来重要西方摄影家在中国》，生活·读书·新知三联书店，2016 年版，第 85 页。

以为是对"新文化运动的发扬",是"埽荡废物,以造成一个使新生命得能诞生的机运"的开端。① 他肯定学生们抗议行动的正当性,认为他们"是有志于改革的青年",这一群体的崛起,犹如命运一般不可逃避。他严厉谴责政府对于学生的暴力行为,和那些以笔杀人的论客。特别是"三一八惨案"发生前后,文字中常常与五四运动贯通起来评论,并将五四事件称为"第一次五四"。在就"女师大风潮"第一次发声的《忽然想到七》中,便如此写到,"我还记得第一次五四以后,军警们很客气地只用枪托,乱打那手无寸铁的教员和学生,威武到很像一队铁骑在苗田上驰骋;学生们则惊叫奔避,正如遇见虎狼的羊群。"② 此处描写指向的应是"六三"前后,北洋政府取缔学生的一切爱国行动,军警大量逮捕演讲和游行学生的场景。"五四"成为学生游行请愿的代名词,其意义在之后的一系列请愿、游行乃至运动,如五卅运动,特别是"三一八惨案"前后所写下的一系列杂文中实际上被共时阐释。

> 夫学生的游行和请愿,由来久矣。他们都是"郁郁乎文哉",不但绝无炸弹和手枪,并且连九节钢鞭,三尖两刃刀也没有,更何况丈八蛇矛和青龙掩月刀乎? 至多,"怀中一纸书"而已,所以向来就没有闹过乱子的历史。现在可是已经架起机关枪来了,而且有两架!③

---

① 鲁迅:《译文序跋集·〈出了象牙之塔〉后记》,《鲁迅全集》第 10 卷,第 270 页。
② 鲁迅:《华盖集·忽然想到七》,《鲁迅全集》第 3 卷,第 63 页。
③ 鲁迅:《华盖集·忽然想到九》,《鲁迅全集》第 3 卷,第 67 页。

鲁迅在杂文批评中惯用讽喻，所谓"论时事不留面子，砭锢弊常取类型"。[①] 而"五四运动"在其杂文中，也是经常作为被转喻的修辞——"五四式"来批评。比如在《论"赴难"和"逃难"》一文中，他反驳那些打着"五四运动时代式锋芒之销尽"的旗号，谴责学生们"即使不能赴难，最低最低的限度也应不逃难"的论调，实际上是在鼓动青年学生们去充当炮灰。[②]《"死地"》中痛斥论客直陈"徒手请愿"的学生们"自蹈死地，前去送死"的机心。鲁迅愤然指出，虽然青年们知道先烈死尸的沉重，所以总是"请愿"，"殊不知别有不觉得死尸的沉重的人们在，而且一并屠杀了'知道死尸的沉重'的心"。青年学生为此而轻易献出宝贵的生命，令鲁迅无比痛惜。[③]

　　在文学层面上，鲁迅当然更少就五四事件论"五四"，他的发声是在"五四"辐射的更其深远的语域，在几乎听不到同声高呼的深幽地带，惊雷乍现，振聋发聩。尤其是在对国民禀赋之自省精神的强调中播散开来。众所周知，"五四"风潮之浓重一笔，即为热血青年，愤外交之软弱，遂集矢于"亲日派"而演变成暴力事件。鲁迅没有对"火烧赵家楼"发表具体看法，但他对于"热血"的讽喻，可谓经典。"人的皮肤之厚，大概不到半分，鲜红的热血，就循着那后面，在比密密层层地爬在墙壁上的槐蚕更其密的血管里奔流，散出温热。于是各以这温热互相蛊惑，煽动，牵引。"[④] 鲁迅对于血脉贲张之原始冲动，对于群情激奋之无谓民气，自留日期间就有一种深刻的感受力。

────────────

① 鲁迅：《伪自由书·前记》，《鲁迅全集》第5卷，第4页。

② 鲁迅：《南腔北调集·论"赴难"和"逃难"》，《鲁迅全集》第4卷，第486页。

③ 鲁迅：《华盖集续编·"死地"》，《鲁迅全集》第3卷，第283页。

④ 鲁迅：《野草·复仇》，《鲁迅全集》第2卷，第176页。

又是砍下指头，又是当场晕倒。

断指是极小部分的自杀，晕倒是极暂时中的死亡。我
希望这样的教育不普及；从此以后，不再有这样的现象。①

一个"又"字贯穿了整个时代表征，洞射了整个民族心理，使
人深思，什么样的持久力量在支撑着这种精神结构？如此精粹的警
句，对仗工整，节奏有力，使人强烈感受到主体既在愤怒情绪之
中，又在愤怒情绪之外；使人深刻领悟到，鲁迅杂文的诗性，绝不
在写作方式和艺术处理的浅显层面，而在于其生气灌注的统一整
体。当社会运动发生时，瞬间即灭的时评文章如浪花般层层涌现，
而鲁迅独以巡视内在和外在世界的自由眼光去临高俯视，纷纭万
象，纳入本我，摆脱了热点现象作为杂文主题仅停留于社会实践层
面的约束力，最终指向的始终是艺术自由的最高目的。这样的例子
在鲁迅的杂文中俯拾即是——"当我写出上面这些无聊的文字的时
候，正是许多青年受弹饮刃的时候。"② "这不是一件事的结束，是
一件事的开头。墨写的谎说，决掩不住血写的事实。血债必须用同

---

① 鲁迅：《华盖集·忽然想到十一》，《鲁迅全集》第 3 卷，第 99 页。如五四运动期间天
津谌志笃断指写血书"十九日下午二时，联合会会长谌志笃君召集天津各学校全体学
生在南开学校礼堂开全体大会，讨论进行事宜，并劝勉诸同学以坚忍不拔之志对付时
局，俾救国家之危亡。正谈论间，不防谌君忽出佩刀，将左手中三指剁去一段，当写
血书数十字，亦即晕倒在地。（中略）而当场之学生见此情景复有三人晕倒，至五时
尚未苏云。"（天津《益世报》1919 年 6 月 20 日）另据《鲁迅全集》该文注释 17：
"1925 年 6 月 10 日，北京民众为五卅惨案在天安门集会，据当时报载：参加者因过于
激愤，曾有人演说时以利刃断指书写血字，又有人当场晕倒。"（第 105 页）。
② 鲁迅：《华盖集续编·无花的蔷薇之二》，《鲁迅全集》第 3 卷，第 278 页。

物偿还。"① "他们因为所信的主义，牺牲了别的一切，用骨肉碰钝了锋刃，血液浇灭了烟焰。在刀光火色衰微中，看出一种薄明的天色，便是新世纪的曙光。"②

社会运动就像大海的惊涛，更多的人喜欢屹立潮头，乃至乘风驭浪，然而，"它不过是海洋深处我们一无所知的湍流的表象"③。静水深流者却能与大海融为一体，在浩瀚中自我净化，置换能量。对于五四学生运动而言，鲁迅"在金鼓喧阗中沉默"，却"在万籁无声时大呼"④ 的抵抗姿态折射出其对于民族命运更其强烈和深度的关切。

二、抵抗之叙述模态

假如一间铁屋子，是绝无窗户而万难破毁的，里面有许多熟睡的人们，不久都要闷死了，然而是从昏睡入死灭，并不感到就死的悲哀。现在你大嚷起来，惊起了较为清醒的几个人，使这不幸的少数者来受无可挽救的临终的苦楚，你倒以为对得起他们么？

然而几个人既然起来，你不能说决没有毁坏这铁屋的希望。⑤

---

① 鲁迅：《华盖集续编·无花的蔷薇之二》，《鲁迅全集》第3卷，第279页。
② 鲁迅：《热风·随感录五十九"圣武"》，《鲁迅全集》第1卷，第373页。
③ ［法］古斯塔夫·勒庞：《乌合之众：大众心理研究》，冯克利译，中央编译出版社2005年版，作者前言，第3页。
④ 鲁迅：《华盖集·忽然想到十一》，《鲁迅全集》第3卷，第100页。
⑤ 鲁迅：《呐喊·自序》，《鲁迅全集》第1卷，第441页。

中国新文学史上对于新文化思维最经典有力的文学性抵抗来自于鲁迅的《〈呐喊〉自序》。著名的"铁屋子"隐喻将其对新文化有效阐释的自我质疑范式，深嵌于抵抗性叙述模态中。

作者的自序文作为创作意图的一种表述性呈现，就像舞台上的演员换上真实表情开始谢幕的时刻，理应意味着虚构的结束。然而，这并不表明它就不再是文学叙事，就像谢幕的演员仍然是着戏服向观众致意一样。既然是文学叙事，就应该归之于象征体系来论，并且，这个象征决不限于压缩功能和简单映射的表现手法。

就个人创作历程的回顾而言，鲁迅的历史感性表现在，其善于根据那些因未曾加工而意义无从彰显的生活质料去编织看似真实的故事的能力，特别是在叙事中对其进行取向性描述和反讽经验的建构。少年出入于质铺与药店之间，父亲病故，小康之家坠入困顿，走异路、学洋务，幻灯片事件，弃医从文，《新生》失败，S会馆钞古碑，《新青年》约稿，这一系列事件在叙事组构的切当匹配下，在字序、描写与议论的协调展开中，意义饱满，层层渐出。这些当然是鲁迅生平中的真实经历，而鲁迅又显然不仅仅是在裁剪事件、罗列因果，巧妙的建构被移置于叙事内部，以"那时是如此"的反讽定位得以再现。这提醒我们注意，鲁迅在提炼与编排素材时就想到了可能被读者视为某种意义的类情节期待。

1922年写下的《〈呐喊〉自序》，显然不是一个关乎新文化精神界战士如何诞生的文本，却有着貌似如此的可能性面相。作为支撑了五四文学革命创作实绩的白话短篇小说集，《呐喊》的出版无疑是新文化运动最丰厚的成果之一。鲁迅以远非怀旧的回忆笔调，将持疑以对的抵抗姿态，纳入一个过去与未来的时空框架，再现人生经历，特别是16年前的弃医从文，与5年前《狂人日记》诞生这一新文化重要事件。该时空框架显然同样占据着新文化空间的深层结构，却有着独属于鲁迅的反讽距离。正如所见，曾经、后来、那时、先前、其时、有一回、那一回、其后、自此以后、许多年、有一夜、最初的、当初、从此以后……这些回忆口吻中常见的时间状语不时出现，有的甚至不止一次。它们本身或者在自序的语境内并不明显是反讽的，甚至是忠实于再现事实的，然而，如果从整部《呐喊》14个故事的角度内去阅读的话，会发现这些频繁出现的符号之上，浮现出叙述主体的两个自我——把握过去的经验式自我与把握自身话语的反讽式自我，二者在不能妥协的相互分离的存在中，传递出当下之叙述者骨子里的反讽性。凭藉这样的抵抗性姿态，鲁迅将其叙事中描写的文化启蒙的努力，在表层呈现为不断失败的孤独个体终于融入新文化阵营的故事，却又借助反讽的语言策略，向读者暗示其寓于五四新文化场域中的独立主体性。实际上，自序始终是按照一个统一的自我的角度来书写的，并没有不相衔接的地方。这样一个智慧主体统摄下的语言运动形态与《呐喊》14个虚构故事中的叙事策略之间存在着游离迁移的亲和性，属于鲁迅同一个话语宇宙内部不同风格的变体。

抵抗的重量还落在了另外一些似乎是同样无足轻重的副词上面。"我"说到家乡名医开方之奇特，不容易办到的药引自然还是办到了，然而"我的父亲终于日重一日的亡故了"；到外地求学，没有直接说"走异路，逃异地"，却在前面加上"仿佛是想"；赴仙台学医的动机，则是"因为这些幼稚的知识"；至于从事文艺运动失败后的空虚，"我当初是不知其所以然的"；寂寞了，不直抒胸臆"寂寞啊"，却是加上长长的限定修饰辞"我于是以我所感到者为寂寞"；对《新青年》最初之反响，简评语段为"然而那时仿佛不特没有人来赞同，并且也还没有人来反对"。《狂人日记》的诞生是因为"我终于答应他也做文章了"；而对于《呐喊》其他经典作品，则谓"小说模样的文章"，其创造乃出于"敷衍朋友们的嘱托"。如果去掉以上加着重号的词语，特别是"终于""仿佛"和限定修饰词，事件的发展逻辑依然是清晰的，甚至丝毫不影响叙述者追怀的基调，而那样做的结果便是，《〈呐喊〉自序》不复如今的超然与轻逸，终于成为了新文化精神界战士负荷着过去与未来命运重担而生的一维文本。不应忽略的是，自序末尾对其小说距离艺术之远的自谦，更不能忽略其将原因归结为"听将令"，意谓进入虚构艺术世界的同时需识别新文化话语的主导模式，一种即将濡染整个中国新文学的未来光明论主调。

唯物主义论者常谓"我之必无"乃鲁迅之消极悲观态度使然，先锋派则顺其荒诞色彩捋出西方存在主义一脉，似乎无人能步入"非时间小径"① 去体味个体鲁迅之当下感。叙说暗暗消去的生命在习见思维里，是对光阴耗费的惋惜——"暗暗"这一叠字在想当然的思维中承载了如此这般的意义。然而，华兹华斯的一句"看来，对于世上的年月相侵，她像一件东西没有感觉"②，乃至《金刚经》"如梦幻泡影，如露亦如电"，彰显的却是另一维度的宇宙观，乃至

---

① ［美］汉娜·阿伦特：《过去与未来之间》，王寅丽、张立立译，译林出版社 2011 年版，第 10 页。

② ［英］威廉·华兹华斯（William Wordswoth）：《露茜组诗》之 "A Slumber Did My Spirit Seal" A Slumber Did My Spirit Seal；/I had no human fears；/She seemed a thing that could not feel，/The touch of earthly years. /No motion has she now, no forces；She neither hears nor sees；/Rolled round in earth's diurnal course，/With rocks, and stones, and trees. 从夏杲忻译文。

是值得修为的作为人之生存状态——"这也就是我惟一的愿望。"——从过去那种前进式的梦想追逐的幻觉中清醒过来，进入无所谓过去与将来的内省状态，领受当下与存在合一的宁静——夏日夜晚，清风拂面，"从密叶缝里看那一点一点的青天，晚出的槐蚕又每每冰冷的落在头颈上。"——"铁屋子"里怎会有如此风景？然而，文本叙述表象以历时性推进的却是，来自《新青年》的金心异的闯入，惊醒了寓居会馆钞古碑的"我"，惊醒了"铁屋子"里熟睡的人们……于是，"我"由无意义之境转向与新文化人携手共同编织新的意义；于是，与此流同行的我们有了毁坏和重建的希望。过去与将来，功用、意义、希望之有和无，梦想与现实，昏睡与清醒，寂寞与呐喊，勇猛或是悲哀，可憎或是可笑……一组组二元性反义语像系统，截然关系的对比符码，随着"铁屋子"这一黑暗封闭空间的假设而衍生，随着线性时间模式的铺展而指归救赎。其间，启蒙、文艺、进化、存在、荒诞等等精神命题的诸种关联，伴随着深沉的美学反思亦由是逐渐显豁。"我"即刻清醒的当下质问，给予新文化为"希望"而清醒者以有力的抵抗，从而将"悬揣人间暂时还有"，意谓因发现了反讽而治愈错觉的读者们，代入语言艺术与生命的本质深处，代入鲁迅的诗性自我。

三、战斗的诗：作为杂文的新文化反思

鲁迅共有五篇杂文明确提到"新文化运动"这一名词①，却有

---

① 分别为《写在〈坟〉后面》《〈热风〉题记》《智识即罪恶》《"一是之学说"》《多难之月》。

数不清的杂文在反思新文化，很多时候用的是"五四运动"，所论其实仍然泛指那场启蒙运动，甚至仅指文学革命。对于什么是新文化？何为运动？详述其词源，检视语意学领域，旁及各种语言里的有关概念，乃至被译介的旅程，是很多学者们正埋头孜孜以求的工作，然而，在鲁迅这里倒不必如此麻烦，注释纷纭、圈点不断而外，自有其真意与精髓在。当然，鲁迅很早就反思质疑"新文化运动"这一名称，言称它的诞生就出自在先讥笑、嘲骂《新青年》的人们，后来又将其"反套在《新青年》身上，而又加以嘲骂讥笑的"。① 正如笑骂白话文的人，往往自称最得风气之先，早经主张过白话文一样。他提醒改革者要时刻警惕不得不陷入所谓新文化的思维模式当中去。文字是危险的，清醒的改革者不能受语言的驱使，执着于一些冠冕堂皇的名目。

通观这一时期的杂文，鲁迅涉及新文化的话语特色及逻辑呈如下面貌展开。五四新文化运动这一次"表面上却颇有些成功"的"革新运动"②，是循着由文学革新到思想革新再到社会革新，于是成为运动，引发反动，酿成战斗，这样一个脉络向前发展的。1927年在去香港演讲《无声的中国》时，鲁迅对之做了生动明晰而又简要精当的概括，伴随着对中国没有现代声音之文化历史根由的回溯。

中国长期以来用"难懂的古文"讲着"陈旧的古意思"，要让

---

① 鲁迅：《热风·题记》，《鲁迅全集》第1卷，第308页。有学者认为鲁迅所指的反对者包括张东荪及"研究系"同人，因之此前与《新青年》同人有过不愉快的文字交锋，随后又反复提倡"文化运动"甚至祭起"新文化运动"旗子有关。参见周月峰：《五四后"新文化运动"一词的流行与早期含义演变》，《近代史研究》，2017年第1期。

② 鲁迅：《热风·题记》，《鲁迅全集》第1卷，第307—308页。

哑然沉默的中国人发出自己的声音，不啻为让死人活过来，这是一项非常艰难的工作，艰难到类似于宗教上的"奇迹"。① 而"首先来尝试这工作的是'五四运动'前一年，胡适之先生所提倡的'文学革命'"。此处，可见对于新文化主将的认同与佩服。"文字上的革新"，提倡白话文，实际就是倡导民众不必再去费尽心机，学说古代的死人的话，而去说现代的活人的话；不必将文章看作古董，而要学做容易懂得的白话的文章。这里的"死"与"活"是相对于语言所承载的社会生活内容及思维方式而言，文言与白话只不过是其外壳。如此简单的道理，明确的意图，被以"革命"的口号提出后，却使很多人一听到便如遭逢洪水猛兽般恐慌，各方面剧烈的攻击反对之声纷纷而起，"文白之争"中新旧势力很是恶斗了一场。提倡白话者貌似势如破竹，很是打了几处漂亮仗，如钱玄同刘半农化名王敬轩，在《新青年》上演的"双簧戏"，实际情况却是，有比这更激烈的主张出现了，那就是废止汉字，用罗马字母来替代。比较之下，提倡白话反倒显得平和了，于是反对派便放过文学革命，全力以赴来围剿这一观点，攻击白话文的敌人反而随之减少了，白话文竟仿佛没有阻碍似的流行起来。待到倡导白话文见了成效，势不可遏，形形色色的人物又开始上演各种把戏——冷笑家收起嘲讽，开始拍手赞成；投机者"一转而引为自己之功"，美其名曰"新文化运动"；两面派则主张白话不妨作通俗之用，并二次转舵，又反过来嘲骂"新文化"；调和派却说白话要做得好，仍须看古书，希图多留几天僵尸。② 这些推行白话的实践斗争中泛涌而上

---

① 鲁迅：《三闲集·无声的中国》，《鲁迅全集》第 4 卷，第 12—13 页。
② 鲁迅：《坟·写在〈坟〉后面》，《鲁迅全集》第 1 卷，第 301 页。

的文化浮沫，映现和证明了语言的斗争正是思维方式的斗争。对于真正持改革精神的新文化人来说，表面成功的背后，需防止以新的面相陷入旧思维的泥淖中去。

与白话文的普及同时进行的是新文学家们通过现代传媒营造的新文坛，北大学子傅斯年、罗家伦等创办了《新潮》杂志，出现了一批以文学为"有所为"，把作品视为"改革社会的器械"① 的作家群，而"为艺术而艺术派"也以艺术的自主性向"文以载道"说进攻；新文学比照西洋文学，将中国传统视为酒余茶后消闲品的小说提高到主流地位，于是新的智识者取代勇将策士，侠盗赃官，妖怪神仙，佳人才子，及至后来的妓女嫖客，无赖奴才之流，成为故事主角，略带些残余的英雄和才子气，算是较为清新地登场了。从此，小说家侵入新文坛，白话小说在不断的战斗中生存。"含着挣扎和战斗"② 的散文小品，取得了空前成功，胜于其他所有文学样式，而当此时"戏曲尚未萌芽，诗歌却已奄奄一息了，即有几个人偶然呻吟，也如冬花在严风中颤抖"。③ 启蒙大旗下的新文学步履蹒跚地一路走来，各文学样式在不平衡的发展中此消彼长。

当然，"单是文学革新是不够的，因为腐败思想，能用古文做，也能用白话做"。④ 在文以载道有悠久历史的中国，对于荒谬思想之文学表达的冲击力，决不能只集中于使用器具的更替上面。文学革命中所蕴含的思想革命动因远超于明白晓畅的美学旨趣。然而，思

---

① 鲁迅：《且介亭杂文二集·〈中国新文学大系〉小说二集序》，《鲁迅全集》第 6 卷，第 247 页。

② 鲁迅：《南腔北调集·小品文的危机》，《鲁迅全集》第 4 卷，第 592 页。

③ 鲁迅：《集外集拾遗·诗歌之敌》，《鲁迅全集》第 7 卷，第 248 页。

④ 鲁迅：《三闲集·无声的中国》，《鲁迅全集》第 4 卷，第 13 页。

想革新却不是像提倡者想象得那么容易。1920 年，鲁迅便预料到，"中国一切旧物，无论如何，定必崩溃；倘能采用新说，助其变迁，则改革较有秩序，其祸必不如天然崩溃之烈。"然而，"中国人无感染性，他国思潮，甚难移殖；将来之乱，亦仍是中国式之乱，非他国式之乱也。"而其转变"既非官吏所希望之现状，亦非新学家所鼓吹之新式：但有一塌胡涂而已"。① 书信中的坦言，不需要修辞术，却更本真地流露出深邃的思想底色。

作为革新的五四新文化运动，其成功却流于表面化，社会固然太守旧，而主张革新的虽蓬蓬勃勃，却是急于事功，竟没有译出什么有价值的书籍来，又行不顾言，一盘散沙，无法粘连，队伍纷乱芜杂，反反复复，"嘲骂改革，后来又赞成改革，后来又嘲骂改革者"，穿着"拟态的制服"，最终破碎，"显出自身的本相来"，造成无可收拾的局面。② 后来摧折新文化的又很不少。本国人的批评不冷不热，或者胡乱地说一通，外国人最初是肯定其意义的，攻击者则以为革新不顾及国民性和历史，所以无价值。在鲁迅看来，这些观点提出者自身都不是改革者，怎能站得住脚。③

于是，鲁迅杂文里呈现了"五四"之后诸多迩来新到的文化流弊———些投机家借它来牟取名利，出版界出现了"文丐"和"文氓"④，明版小说价钱飞涨⑤；文化界发生了迎合西式思维的新习气——倘有外国的名人或阔人新到，就喜欢打听他对于中国的印

① 鲁迅：《书信·200504 致宋崇义》，《鲁迅全集》第 11 卷，第 382—383 页。
② 鲁迅：《热风·题记》，《鲁迅全集》第 1 卷，第 308 页。
③ 鲁迅：《译文序跋集·〈出了象牙之塔〉后记》，《鲁迅全集》第 10 卷，第 270 页。
④ 游光（鲁迅）：《准风月谈·文床秋梦》，《鲁迅全集》第 5 卷，第 307 页。
⑤ 鲁迅：《且介亭杂文·买〈小学大全〉记》，《鲁迅全集》第 6 卷，第 55 页。

象。罗素到中国讲学，急进的青年们开会欢宴，款款拜倒，"恰如求签问卜"，暴露出缺乏自信和心存"狐疑"。① 西方以"君临东方"② 的姿态，"很希望中国永是一个大古董以供他们的赏鉴"，中国便"率领了少年，赤子，共成一个大古董以供他们的赏鉴者"③；北京大学整饬校风，学生公议以袍子马褂作为制服，这样的"恢复古制""实在有些稀奇"；④ 有的作家大肆滥用输入的洋货——省略号，以故弄玄虚来代替艰苦的创作；⑤ 扶乩等封建迷信仍然猖獗；妇女地位有所提高，但还未摆脱"被养"的地位；为人生的文学衰歇了；不问俗事的"为艺术而艺术派"不但丧失了反抗性，而且压制新文学的发生，对社会不敢批评，沦为"帮闲文学"；"五四时代'文学革命'的战士"刘半农用"玩笑"的方式来"嘲笑欧化式的白话"⑥，

---

① 桃椎：《准风月谈·打听印象》，《鲁迅全集》第5卷，第326页。
② 语出［美］爱德华·W·萨义德（Edward W. Said）《东方学》，生活·读书·新知三联书店，1999年。指帝国主义为主宰并统治东方而形成的姿态和行为方式，为控制和重建东方而形成的理论体系之关键词，亦即西方意识形态工具的文学修辞。比之完整接受西式教育，借助于西方理论来明确自己东方身份的萨义德而言，出生早了半个世纪之久的中国鲁迅，以更其自省的批评，更其锐利的目光，早已穿透此类文化现象，明辨此类文化意识，不仅如此，他还更其深刻地看到了东方国人的"帮同保古"，实际上是放弃了自我表述的权利，主动提供契合西方认知前提的东方文化场景，帮同西方营构和丰富了其东方想像视野。如果鲁迅能够套用萨义德的话语方式告语萨义德，那便是，东方并不是完全无辜被动地被强行"他者"化的，而有一种体现为迎合的共同建构在。这是躺在僵硬的传统里不肯变革的衰朽者的姿态，这样的不革新，保古终难实现。这是非常值得致敬的、独属于鲁迅能够驾驭理论的批评意识。
③ 鲁迅：《华盖集·忽然想到六》，《鲁迅全集》第3卷，第46页。
④ 韦士繇：《花边文学·洋服的没落》，《鲁迅全集》第5卷，第479页。
⑤ 曼雪：《花边文学·"……""□□□□"论补》，《鲁迅全集》第5卷，第511页。
⑥ 康伯度：《花边文学·玩笑只当它玩笑（上）》，《鲁迅全集》第5卷，第548页。

从学生试卷中"拿出古字来嘲笑后进的青年"①；而"新式青年的躯壳里，大可以埋伏下'桐城谬种'或'选学妖孽'的喽罗"②；学运胜利后的学子们也并不就如自己所呼吁得那般"新道德"，当之成了大群，袭击他们的敌人时，"遇见孩子也要推他摔几个觔斗"，在学校里"唾骂敌人的儿子，使他非逃回家去不可"，这和"古代暴君的灭族的意见"实在并没有什么区分。③

在很多人看来，鲁迅用讽刺和挖苦式的评论来对付新文化人的浮夸作派也许是过于凌厉了，然而，这不仅仅是为了读起来痛快。他的杂文经受住了时间的考验，也标明了风涌时代的众多观点、争论和信念，对于构成五四新文化运动的阐释权和建构史有着多么大的影响。言及鲁迅对于新文化运动的抵抗性，不能只看到表面的讽刺与批评，更要看到其如何以文本有意味的形式呈现出来。正像"学子们""新式青年"不是具体的指代，"投机家""冷笑家""两面派""调和派"等亦属于讽刺文学的类型，最提防被演化为政治派别的划分。鲁迅漫画式的讽刺所突出强调的诸种现象，旨在使人对其实质有更深刻的了解，各种手法应视为运用于文学整体的动力因素，类似于丑在美学上的救赎一般，而决非什么丑化或是尖酸刻薄，后者显然不是出自健康的情感，而鲁迅压根儿不需要如此追求效果。他使批评在手中成为了一种高级的、富有意义的艺术力量。这必然出自极为严肃、用心纯正的写作者之伟大内在洞见。换言之，鲁迅表达对于新文化观点的杂文，不仅是言论的载体，更在于

---

① 丰之余：《准风月谈·"感旧"以后（下）》，《鲁迅全集》第5卷，第352页。
② 丰之余：《准风月谈·重三感旧》，《鲁迅全集》第5卷，第343页。
③ 鲁迅：《华盖集·忽然想到七》，《鲁迅全集》第3卷，第63页。

其如何成为文学，成为战斗的诗的那一刻。正如黑格尔所言："自由的艺术美对这种基于知解力的不自由的情况是要抗拒的。"① 鲁迅每一篇杂文的写作都有其文学语境与诗学意图，这使之与其他就事论事的时评区分开来，而与其小说一样成为一体的、有连续性的生命存在。这种生命力最活跃地体现在每个时期的杂文都显示出其他时期杂文某种品质的时候。微妙敏锐，出奇而精辟，以智思见事物关系于常人肉眼所不见，是唯独文学才具有的特征，这样的对于五四新文化运动的文学性反思，显示了鲁迅的独特性。

四、抵抗之精神支点

那么，鲁迅对于新文化运动抵抗的精神支点何在？那就是独立思考的自决主体。对此，要先了解鲁迅理想中的新文化运动应该是一场怎样的革新。实际上，并不是如评论者所认为的那样，鲁迅只擅长破坏旧文化，很多建设性的意见散在于杂文、书信中，甚至是"五四"落潮后的诸多文章片段，当然，其中的很多看法并不为当时的弄潮儿们所喜见乐闻。

鲁迅首先明确，新文化运动的诞生决非突然从天而降，而是成长在对于旧支配者及其文化的反抗对立中，因而对于旧文化是有所承传和择取的。爱国的基础是学问，要想强国，只有熬苦求学。提倡者自身思想要彻底，要言行一致，不畏艰难，愈艰难，就愈要做。改革，是向来没有一帆风顺的。要有责任感，对于新生事物的缺点要持"有情的讽刺"，而不是"无情的冷嘲"。要清醒地意识

---

① ［德］黑格尔：《美学》（第三卷下册），朱光潜译，商务印书馆1981年版，第34页。

到，那些在外国早已是很普遍的道理，一入中国而为新思潮，即被视为洪水猛兽般吓人，在过激的亢奋排斥下，是会发生流弊的，不应被看成是新思潮本身的问题。文化建设者要明确目下的当务之急——"一要生存，二要温饱，三要发展"。生存不是苟活，温饱不是奢侈，发展不是放纵。改革是必须要进行到底的，否则难以生存，何谈发展。①

在策略上，手法不妨激烈一点。因为"中国人的性情是总喜欢调和，折中的。譬如你说，这屋子太暗，须在这里开一个窗，大家一定不允许的。但如果你主张拆掉屋顶，他们就会来调和，愿意开窗了。没有更激烈的主张，他们总连平和的改革也不肯行"。② 苟有阻碍生存温饱发展的前途者，"无论是古是今，是人是鬼，是《三坟》《五典》，百宋千元，天球河图，金人玉佛，祖传丸散，秘制膏丹，全都踏倒他"。③ 在行动上，是抱着古文而死掉，还是舍掉古文而生存，这是必须首先要做出的选择。青年们不要再说大家不明白、不听见的古代的话，这已经弄得像一盘散沙，痛痒不相关了。即使古书里真有好东西，也可以用白话来译出，用不着那么心惊胆战。外国翻译中国书，也并不就代表那书一定是好的，外国人难道就不会别有用意吗？至于"思想革新紧要，文字改革倒在其次，不如用浅显的文言来作新思想的文章，可以少招一重反对"，这种观点貌似有理，然而，"连长指甲都不肯剪去的人"，你能指望他肯剪去辫子吗？④ 青年们还是放弃犹疑态度，勇敢地进行，忘掉一切利

① 鲁迅：《华盖集·北京通信》，《鲁迅全集》第3卷，第54—55页。
② 鲁迅：《三闲集·无声的中国》，《鲁迅全集》第4卷，第14页。
③ 鲁迅：《华盖集·忽然想到六》，《鲁迅全集》第3卷，第47页。
④ 鲁迅：《三闲集·无声的中国》，《鲁迅全集》第4卷，第14页。

害，推开古人，大胆地说现代的、自己的话；在世界上发出自己的声音，用活着的白话，将自己的思想、感情直白地说出来。用真的声音，感动中国的人和世界的人，这样才能和世界的人同在世界上生活。

新文化建设的基础是什么？那就是坚守个人与灵明的"立人"理想，捍卫个人与精神的价值。革新者应该永不放弃自我的独立性，永不回避挑战本身，对文化周遭要时时做出新的回应，履行对新的文化建设的有力支持。要"放开度量，大胆地，无畏地，将新文化尽量地吸收"①。要"对手如凶兽时就如凶兽，对手如羊时就如羊！"这样才能使中国得救。②

对此，鲁迅自己是如何践行的？虽然鲁迅直陈自己做的工作只是一小部分，留下了些许文字，也都是"应时的浅薄的"，"应该置之不顾，一任消灭的"。③ 然而，在后世史家看来，作为五四新文化运动率先取得创作实绩的新文学家，鲁迅却是通过创作做出了独特的诠释。《狂人日记》成为中国新文学史上第一篇成功的白话小说，中国文学由此真正跨入现代。他借狂人之口忧愤深广地说出中国历史全是"吃人"的真相，完全颠覆了传统价值。此后八年，他连续作成小说 25 篇，几乎一篇一个新样式，捧出一批病态社会的不幸的人们，在内容与形式两方面均为中国现代小说发展奠定了坚实的基础，直令陈独秀主编"五体投地的佩服"④。他在《新青年》"随

---

① 鲁迅：《坟·看镜有感》，《鲁迅全集》第 1 卷，第 211 页。
② 鲁迅：《华盖集·忽然想到七》，《鲁迅全集》第 3 卷，第 64 页。
③ 鲁迅：《热风·题记》，《鲁迅全集》第 1 卷，第 308 页。
④ 陈独秀：《19200822 致周启明》，水如编：《陈独秀书信集》，新华出版社 1987 年版，第 258 页。

感录"专栏配合"反抗传统，破坏偶像"的编辑方针，发表一系列热忱健朗、深沉激越、现实关怀的文明批评，使杂文成一独立文体，如匕首投枪，不断刺向"无物之阵"①。不仅如此，1918—1921年他共翻译外国作品 30 篇，特别是 1921 年几乎每隔两天便有一篇译成。

由上观之，鲁迅虽然对五四事件没有什么即时反应，却更多时过境迁后至今恩泽后世的深刻思考。他以文学的方式丰富了五四新文化运动，却不止于文学领域。魏建功说他是"革新的破坏者"，实际指他是持有自主质疑式的革命性思维的坚定的革新者，开创了一种清醒独立的批判性知识分子传统。也就是说，鲁迅之于新文化运动抵抗的精神支点在于独立思考的自由，为自己心中的正义而战的自由，对既定秩序说"不"的自由，独自去发现的自由，大胆质疑的自由。在陈独秀眼中，鲁迅就不附和《新青年》，而有自己独立的思想，这是特别有价值的。他与新文化主流保持步调一致，并以理性态度在一致中质疑；他"背着因袭的重担，肩住了黑暗的闸门"②；他"要使中国向着好的，往上的道路走"。③ 他的行动是自由催生的，而不是观念催生的；他能够看清自己背负的是什么样的重负，非常深刻真诚地探索自己的内心，力争不受社会结构和心理定式的影响，不被承受了几百年的传统与模式催眠。他也并不打算与读者一起分享什么来自另一世界的现成答案，更不要引导大家走一条康庄大道，他是要将自己的探索发现，以一颗"白心"呈现出

---

① 鲁迅：《野草·这样的战士》，《鲁迅全集》第 2 卷，第 219 页。
② 鲁迅：《坟·我们现在怎样做父亲》，《鲁迅全集》第 1 卷，第 135 页。
③ 鲁迅：《华盖集·我观北大》，《鲁迅全集》第 3 卷，第 168 页。

来，与大众一同感知当下，探讨未知，这个过程是对给予与接受模式的摒弃，是不知道何为追随者与领导者、教导者和被教导者的所谓逻辑关系的，是由自己直接去发现，这就使他的笔下诞生了摧毁一切虚假的深广有力的美。

事实证明，相较于众多的"五四"成果，只有鲁迅文学的抵抗性有能力贯穿历史与现实存在的所有层面，也成为"五四"遗产最根本的力量。有了鲁迅的标记，五四新文化开启的中国新文学终于实至名归。

本文为国家社科基金一般项目"鲁迅的新文学收藏研究"（17BZW145）阶段性成果

鲁迅的"直译"和译文欧化

顾音海（上海鲁迅纪念馆）

鲁迅主张"直译"，并以此规范翻译内涵，倡导准确传达原著本意的翻译理念；更重要的，是将翻译作为改进古文、白话文欧化、推动汉字拉丁化的手段之一，并与精确表达、促进思维方式发展联系起来。

"直译"的提法，由于种种原因，当事者、研究者曾有过"硬译""对译""意译"等不同表达，就其本意，都应该归入直译范围。

综合鲁迅的多处见解，直译的最先要求是对原文文本的完整传递和精准表达，简言之，就是要翻译"足本"并达到"信"的首要目的。这主要针对当时国内知识界、文学界在外文翻译方面的实情有感而发。特别是林纾与他人合译的外国文学作品，确切地说应该属于译述或编译，需要正名与规范。钱锺书有《林纾的翻译》，认为林译的吸引力，有时就在其讹译之处。如迭更司《滑稽外史》第十七章，写时装店女领班那格女士听见有顾客说她是"老妪"，气得大吵大嚷，始笑而终哭，顿左足又顿右足，曰："嗟夫天！十五年中未被人轻贱。竟有骚狐奔我前，辱我令我肝肠颤！"但钱锺书与原书核对后却大为失望，原来这段精彩表演全出自林氏生花妙笔。不独文学作品如此，自然科学及社会科学类著作的"西学东译"，几乎都有一个译述、串讲的历程。理工农医类，注重定理、概要、操作步骤；社会类，重在阐述要义；文艺小说类，重在情节梗概，而均不注重原文的完整性，至于原著版本情况，在编译中更是阙如。在中国对世界知识的启蒙接受阶段，知识转型、积累阶段，普及科学文化，了解国外风土民情，需要串讲，需要符合受众理解的许多"译介"。但如果译述者受了传统的影响，如每周作人所言，有的"以诸子之文写夷人之语"，"他们的弊病，就在'有自己无别人'，抱定老本领、旧思想，丝毫不肯融通；所以把外国异教的著作，都变成斑马文章，孔孟道德。"一旦随着社会转型的深入，译意不译词已不能满足要求，必须真正地、完整地接触原著"真经"。读原著、译原著且要逐字逐句翻译"足本"，成为翻译的基本要求。或者说，能够当得起"翻译"二字的译作，文本的完整是先决条件。鲁迅 1932 年 11 月 6 日致增田涉信中回忆翻译《域外小说集》情形时说："《域外小说集》发行于 1907 年或 1908 年，我与周作人在日本东京时。当时中国流行林琴南用古文翻译的外国小说，文章确实很好，但错误很多。我们对此感到不满，想加以纠正，才干起来的，但大为失败。……至于内容，都是短篇……译文很艰涩。"① 历史证明，林译虽然盛名一时，终究成译史故纸；除非

---

① 鲁迅:《书信·致增田涉》,《鲁迅全集》第十四卷, 人民文学出版社 2005 年版,, 第 196 页。

研究历史，今人少有兴致再读他的《巴黎茶花女遗事》。而即便是"译文很艰涩"的名著，康德、黑格尔、乔伊斯、普鲁斯特……只要是完帙足本，终归拥有永恒的读者。

在文本完整的基础上，精准是翻译的首要标准，即"信"第一，"达"、"雅"次之。文字先要准确，然后才是鲜明、生动，其手段，无非要符合语法、逻辑、修辞。此译事信、达、雅三标准由严复在《天演论》的《译例言》中作为翻译的"三难"提出，后来被广为沿用，成为翻译的终极目标，虽然严氏译文不幸成为其"三难"说的验证而非信、达、雅的范文，《天演论》如此，《法意》《穆勒名学》也如此。严译本身文字风格颇多桐城派古文气息，拿来翻译赫胥黎也未尝不可，问题出在译文夹叙夹议，甚至与原文有很大出入，他认为是"达恉"，终与林译如出一辙，成为自我理解的"意译"。鲁迅主张信而又达，在两者不可兼顾时宁可要守"信"。这个观点也为周作人所奉行，且有更多的实践。[1] 鲁迅对林译，由早年的欣赏甚至模仿，到疏离，再到匡正，体现了他顺应时代需要的高远目光。

直译所涉及的问题，不妨统归为译文风格。简言之，译文要体现不同文体、不同时代、不同作者的风格。这其实是鲁迅的原意，由于梁实秋等的异化解释，结果有了多方面误解，虽然有的超出翻译技巧甚至学术之外的因素已经撇清，但就字面上讲，直译、硬译一称确实比较吃亏。周作人《古诗今译》是《新青年》中最早用白话文翻译的外国诗歌，他秉承直译说，在前言中解释了用白话口语译诗的标准，即既"不及原本"又"不像汉文"，就是全新的、又

① 顾农：《鲁迅的"硬译"与周作人的"真翻译"》，《鲁迅研究月刊》2008 年第 2 期。

有原作意味的诗歌。所谓"不及"，是不可译性，任何一种语言都不可能完全用另一种语言来翻译，译得好不好，一半看外文功夫，另一半更看译者母语功夫，译文肯定要有母语的适配感。而同时，"不像"又强调译文须带有原作者的面貌。这个特征，就是鲁迅所说的"洋气"："动笔之前，就得先解决一个问题：竭力使它归化，还是尽量保存洋气呢？……如果还是翻译，那么，首先的目的，就在博览外国的作品，不但移情，也要益智，至少是知道何时何地，有这等事，和旅行外国，是很相像的：它必须有异国情调，就是所谓洋气。"① 这种体现了"何时何地"的洋气译文，才是真正的翻译，或者说，没有洋气就不成翻译。直译就最能保证体现洋气，虽然读者可能一时不懂，但"想一想也许能懂"。当然，读者懂与不懂，非但有语言上的因素，还涉及原作内容，康德、黑格尔、爱因斯坦、乔伊斯，其本身并非通俗读物，无论哪家译文，翻译过来无不难懂。

文体，笼统说即韵文或散文，原文押不押韵，译文当照实移译。实际翻译中难度很大。方重译《坎特伯雷故事》，周作人、罗念生译古希腊戏剧，杨宪益译《奥德修纪》，王维克译《神曲》，多用散文体。这些史诗难以用诗体翻译的原因，主要出于无法制胜的外语和汉语文字上的差异和原作的博大精深。目前为止最著名的两大莎剧译本——朱生豪和梁实秋译本，用的都是散文体；但有孙大雨以莎剧"音组"翻译，译出八部，是有益的尝试。

时代语言特征是指各种语言在不同时代的语法、逻辑、修辞等

---

① 鲁迅：《"题未定"草》，《鲁迅全集》第六卷，人民文学出版社 2005 年版，第 364 页。

方面的特征。语言是不断变化着的活的交流工具，中国主要面对的英、法、德、俄、日等外国语，在一、二百年前的表达方式和习惯与今日显然有所不同，倘若古代的外语更是与今不同；同理，汉语也在不断变化发展当中，因此，现代用汉语去直译，译文显然已经不是"现代的汉语"，而是带有外国观念，带有外文语法、逻辑、修辞特征的，体现原文风格的一种新的汉语。译文须顺了原文走，原文的时代特点也就包含在译文中，译文应以汉语的多样性来尽力体现原文的时代语言特征。而汉语本身历史悠久，变化也非常复杂。先秦为上古汉语，魏晋至五代为中古汉语，北宋起至五四新文化运动前的文言归为近古汉语，而北宋起至五四新文化运动前的白话归为近代汉语，新文化运动后属于现代汉语。因此，以早期现代英语对应近古汉语相对比较合适，如王佐良用带有几分文言的笔调译培根，犹如展示英国的唐宋八大家风格，古色古香，雅而不俗，成为公认的佳译。郭沫若《英诗译稿》中甚至有类似"戴月荷锄归"的仿古句子，这也是旨在捕捉英诗和中国古诗意境相合的翻译尝试。直译法的精髓是严格体现原文原意，而并非死译。译文如何做到与"时代风格相近"是个见仁见智的问题。今人真正要学古人腔，用中国古文译外国古文，实无法做到，正如周作人所说，除非让哪位古代的外国作者学了中文，自己用古汉语直接翻译出来，一如现代的双语（甚至多语种）作家那样。林译实际已不是真正的古文，至多是保留了若干古文特点的文字。严译的文字古味浓郁，"连字的平仄也都留心"，读起来铿锵有力，"竟感动了桐城派老头子吴汝纶"来作序，"说是'足与周秦诸子相上下'了"，严复本人倒自谦"达恉"，他后来的译本，"看得'信'比'达雅'都重一些"。① 作为译者，力求直译即可，不必考虑其他的"达恉""归化"翻译手段，因为"其实世界上也不会有完全归化的译文，倘有，就是貌合神离，从严辨别起来，它算不得翻译"。②

作家个人语言风格，或恣意汪洋，或朴实淡雅；不同体裁，诗歌、戏剧、散文、演讲、论证、小说等又有不同特征；不同内容，文史、科技等亦有许多差异，体现在语言上必然多姿多彩。斯威夫特的质朴，兰姆姐弟、艾迪生的典雅，莎士比亚的深邃而睿智，译文读来亦应千人千面。然而，林纾在讲述不同国别、不同语种、不同时期、不同题材和体裁的文学作品时，全用他一人口吻，以"林译风格"代替各个作者的风格，故不足取。然而要突出作家个人风格，在翻译中也不容易做到，李霁野是做得比较好的一位。作为追随鲁迅的晚辈，他接受直译的翻译观，在实践中加以运用，以字对字来翻译，较多地保留了原文的句子结构，时间状语多置于句子末尾，译文较多地有着"洋气"，保留了原文的风格面貌。以他翻译的《简爱》第一个全文译本和其他译本对照即知。

直译势必带来语言文字上的欧化。

语言文字只是形式工具，改进的目标主要在于如何使所表现的内容符合时代精神，反映当代实情；语言文字不断发展变化，古今语言渐渐不同，古文与现代白话差距日益扩大，所思所言和手头所写不能协调统一，用古文写当代事物越发困难，几乎等于不能（用笔）说话，"这不能说话的毛病"愈演愈烈，到最后便是："已经哑

① 鲁迅：《关于翻译的通信》，《鲁迅全集》第四卷，人民文学出版社 2005 年版，第 390 页。
② 鲁迅：《关于翻译的通信》，《鲁迅全集》第四卷，人民文学出版社 2005 年版，第 390 页。

了"。虽然"腐败思想，能用古文做，也能用白话做"，鼓吹革命的思想，能用白话写，也能用古文写，犹如章太炎写《訄书》，犀利而古奥；但文章毕竟不是古董，作为交流的工具，形式和内容相协调显然更有利于新信息、新思想的传播。鲁迅于 1927 年 2 月 18 日在香港青年会专门作了《无声的中国》演讲，认为："我们此后实在只有两条路：一是抱着古文死掉，一是舍掉古文而生存"。①

然而古文的应该"舍掉"，其表面的让人"不能说话"的深层原因，是汉语作为汉藏语系的语言特点，在表达方式上，和印欧语系相比有天然的粗疏。即使古文不被舍掉，也要大作改良。而取白话作为书面语去尝试推广，更加需要不断改进。鲁迅多次谈到要吸收印欧语言的严谨精密，吸收欧化文法到中国白话里，以避免汉语语法的稀松疏简，使白话文结构缜密、内容丰富。他说："中国的文或话，法子实在太不精密了，……这语法的不精密，就在证明思路的不精密，换一句话，就是脑筋有些糊涂。……要医这病，我以为只好陆续吃一点苦，装进异样的句法去，古的、外省外府的、外国的，后来便可以据为己有。"②

鲁迅自己的译作中，直译带来的欧化很明显，学者已有研究。
鲁迅典型的欧化译法，可见下例：

> 带着年轻的丈夫的三位女儿，和爱慕全世界一切女性
> 的诗人的他的儿子，都恭敬他，并且悲哀他，跟在他灵柩

---

① 鲁迅：《无声的中国》，《鲁迅全集》第四卷，人民文学出版社 2005 年版，第 12—15 页。
② 鲁迅：《关于翻译的通信》，《鲁迅全集》第四卷，人民文学出版社 2005 年版，第 391 页。

后面走。(鲁迅译高尔基《俄罗斯的童话·一》)

这是鲁迅根据高桥晚成日译本转译的，王健夫依俄文原文翻译的句子则是这样：

> 跟在他灵柩后面送葬的，有他的三个女儿和他们年轻的丈夫，还有他的儿子——一位钟情于世界上一切美貌女子的诗人。他们恭恭敬敬，面色阴郁地走着。[1]

经查俄文版，这句句子主语很长，鲁迅的译序是对的，符合原文语序，推测日语也是忠实原作的；倒是新译本根据中文读者的习惯作了次序上的调整，调整后确实便于理解，但和原文即有所区别。

从直译效果看，鲁迅的译作还可以举《死魂灵》为例。果戈里的作品对鲁迅影响较大。《死魂灵》别具一格，讽刺与幽默、抒情与写实结合，与鲁迅的"嬉笑怒骂皆成文章"颇为投合。虽然鲁迅是从德文本转译，除了个别字句的差别外，鲁迅译本忠实地保留了原作的口吻、风格。

二十世纪初，正是我国现代翻译事业初兴、翻译理论初探之时；鲁迅的直译主张，不啻是对翻译的现代化规范。后来者大多理解、实践着鲁迅的主张。当然，这并不是说鲁迅自己的译文就一定全是典范。鲁迅时代，新文化运动以来，现代汉语尚在变化中，直译的经典也是逐步形成、公认的。同时，翻译也是门艺术，在总的直译原则下，译作理应百花齐放，各领风骚，同一种名著有多种翻

---

① 王健夫译：《高尔基文集》第 14 卷，人民文学出版社 1985 年版，第 198、199 页。

译，千人千面，也是符合时代要求的，而不是以什么标准"统死"。至于当代译作中，有些译文故弄玄虚，翻译腔很重，这就不是"洋气"的问题，而是汉语母语功底不足、表达不善，或者是故作高深、态度欠妥的问题。甚至，受此影响，个别作者在中文原创撰写中也追求表面的欧化，这显然是不必要的，这与直译、与鲁迅无关。

"脚的把戏"及其隐喻

——以杨二嫂、爱姑为标本

乔丽华（上海鲁迅纪念馆）

　　《呐喊》《彷徨》两部小说集中出现的女性人物，除子君等少数女性外，绝大部分是旧式妇女，显然她们是小脚女人，至少也是裹过脚的女人。因为这是不言而喻的事实，一般来说鲁迅不会特意提及她们的小脚。但其中有几个人物，鲁迅会特意提到一笔，貌似闲笔，却很耐人寻味。如《风波》中六斤的脚，仅在小说结尾写道："伊虽然新近裹脚，却还能帮同七斤嫂做事，捧着十八个铜钉的饭碗，在土场上一瘸一拐的往来。"这个形象有点滑稽，细品却使人有说不出的沉痛。而鲁迅笔下小脚女人当中最有个性光彩的，无疑是《故乡》中的杨二嫂和《离婚》中的爱姑，特别是杨二嫂的形象，许多研究者及语文教师从语言、思想等角度做了大量的挖掘，但她们最根本的身体特征——缠足，这一身体特征与她们性格命运之间的联系，应该说还没有被充分地考察和认识。

一、为什么把杨二嫂比作"圆规"？

《故乡》中，杨二嫂通常被视为闰土的对立面，如果说后者从一个天真活泼的少年变成了麻木畏缩的中年人，那么前者从曾经有口皆碑的美人变成了一个面目可憎的中年妇女。小说中杨二嫂的出场也就一回，却绘声绘色、活灵活现，正如《红楼梦》中凤姐出场，未见其人先闻其声：

> "哈！这模样了！胡子这么长了！"一种尖利的怪声突然大叫起来。
>
> 我吃了一吓，赶忙抬起头，却见一个凸颧骨，薄嘴唇，五十岁上下的女人站在我面前，两手搭在髀间，没有系裙，张着两脚，正像一个画图仪器里细脚伶仃的圆规。

叶公超曾指出，鲁迅小说里的一些人物"似乎是旧戏里的角色，丑角的色彩尤其浓厚"，有"杂耍的成分"。杨二嫂的出场，就像是戏台上的一个丑角。"我"起初愕然，经母亲提醒说"这是斜对门的杨二嫂……开豆腐店的。"于是记起了当年的那个美人：

> 我孩子时候，在斜对门的豆腐店里确乎终日坐着一个杨二嫂，人都叫伊"豆腐西施"。但是擦着白粉，颧骨没有这么高，嘴唇也没有这么薄，而且终日坐着，我也从没有见过这圆规式的姿势。那时人说：因为伊，这豆腐店的买卖非常好。但这大约因为年龄的关系，我却并未蒙着一

毫感化，所以竟完全忘却了。

因为这"圆规式的姿势"，接下来"圆规"就被直接用来指代杨二嫂了：

> ……然而圆规很不平，显出鄙夷的神色，仿佛嗤笑法国人不知道拿破仑，美国人不知道华盛顿似的，冷笑说：
> "忘了？这真是贵人眼高……"
> "那有这事……我……"我惶恐着，站起来说。
> "那么，我对你说。迅哥儿，你阔了，搬动又笨重，你还要什么这些破烂木器，让我拿去罢。我们小户人家，用得着。"
> "我并没有阔哩。我须卖了这些，再去……"
> "阿呀呀，你放了道台了，还说不阔？你现在有三房姨太太；出门便是八抬的大轿，还说不阔？吓，什么都瞒不过我。"
> 我知道无话可说了，便闭了口，默默的站着。
> "阿呀阿呀，真是愈有钱，便愈是一毫不肯放松，愈是一毫不肯放松，便愈有钱……"圆规一面愤愤的回转身，一面絮絮的说，慢慢向外走，顺便将我母亲的一副手套塞在裤腰里，出去了。

鲁迅对杨二嫂这个人物的描写，用的是典型的白描手法，即用最省俭的笔墨刻画人物，揭示人物的精神世界。"豆腐西施"和"圆规"这两个绰号可谓栩栩如生，呼之欲出，给读者留下了无比鲜明的印象。这无疑显示了作家鲁迅的匠心和创造力。那么，鲁迅是如何想到用这两个词来形容杨二嫂的呢？关于"豆腐西施"的由来，周作人曾做过一番解释：

> 豆腐西施的名称原是事出有因，杨二嫂这人当然只是小说化的人物。乡下人听故事看戏文，记住了貂蝉的名字，以为她一定是很"刁"的女人，所以用作骂人的名称，又不知从哪里听说古时有个西施（绍兴戏里不记得出现过她），便拿来形容美人，其实是爱美的人，因为这里边很有些讽刺的分子。近处豆腐店里大概出过这么一个搔首弄姿的人，在鲁迅的记忆上留下这个名号，至于实在的人物已经不详，杨二嫂只是平常的街坊的女人，叫她顶替着这诨名而已。她的言行大抵是写实的，不过并非出于某一个人，也含有衍太太的成分在内。[①]

日本学者今村与志雄则发现了"豆腐西施"的另外一个来历：

> 虽然鲁迅 1926 年说他两三年前在《申报馆书目续集》上才知有《何典》这部"别致"之作，1926 年通过刘复的标点本才得见其面目，但可以推定，民间说话传承的"豆腐西施"的事情，他恐怕在此之前就知道了。人们把杨二嫂叫"豆腐西施"，恐怕不单因为她是可以与古代越

---

① 周作人：《〈呐喊〉衍义（三四）》，1952 年 3 月作，署名周遐寿，收入《鲁迅小说里的人物》，河北教育出版社 2002 年版，第 71—72 页。

国美女西施媲美的美人，而是把她看作幽鬼世界的"豆腐西施"，这里面有辛辣的嘲弄的微妙意味。《故乡》作者鲁迅在这一'雅号'上加了引号，一定是包含了那种微妙意味。①

《何典》是一部运用苏南方言俗谚写成的带有讽刺而流于油滑的章回体小说，共十回，清光绪四年（1878）上海申报馆出版。里面的豆腐西施是东村里一个标致细娘，她的命运很悲惨，被极鬼抢走作为礼物献给了色鬼，色鬼之妻又将她一棒打死了。鲁迅给年轻时的杨二嫂起绰号"豆腐西施"，灵感是否来自《何典》，不能简单下定论，但他对《何典》的称赞——"用新典一如古典"，也正是鲁迅自己的特长。在《〈何典〉题记》里他写道：

> 成语和死古典又不同，多是现世相的神髓，随手拈掇，自然使文字分外精神；又即从成语中，另外抽出思绪：既然从世相的种子出，开的也一定是世相的花。于是作者便在死的鬼画符和鬼打墙中，展示了活的人间相，或者也可以说是将活的人间相，都看作了死的鬼画符和鬼打墙。便是信口开河的地方，也常能令人仿佛有会于心，禁不住不很为难的苦笑。②

---

① 今村与志雄:《"豆腐西施"》(《〈鲁迅全集〉月报》十八，学习研究社，1986年)，转引自丸尾常喜《人与鬼的纠葛——鲁迅小说论析》，人民文学出版社1995年版，第162页。

② 鲁迅:《〈何典〉题记》《鲁迅全集》第7卷，人民文学出版社1981年版，第296页。

所以，"豆腐西施"这个绰号，虽然是鲁迅随手拈掇创造出的"新典"，但还是有所本的：它与历史上西施的传说有关，此外可能来自鲁迅早年在故乡的记忆，也可能受到《何典》的启发。相比之下，"圆规"这一戏称的来历，周作人没有提及，也找不到其典故来历。虽然大家都指出借"圆规"来形容杨二嫂的形体特征极为精彩，但为什么是"圆规"？虽然有不少解释，但目前的一些解释总有些隔靴搔痒，就是忽略了最根本的一点：杨二嫂的小脚。

杨二嫂是缠足的，《故乡》里"母亲"就曾这么说过杨二嫂："亏伊装着这么高底的小脚，竟跑得这样快。"鲁迅的老友许寿裳曾列举鲁迅作品中写到小脚的例子：

（1）见了绣花的弓鞋就摇头。（《朝花夕拾·范爱农》）

（2）"至于缠足，更要算在土人的装饰法中，第一等的新发明了。……可是他们还能走路，还能做事；他们终是未达一间，想不到缠足这好法子。……世上有如此不知肉体上的痛苦的女人，以及如此以残酷为乐，丑恶为美的男子，真是奇事怪事。"（《热风·随感录四十二》）

（3）小姑娘六斤新近裹脚，"在土场上一瘸一拐的往来。"（《呐喊·风波》）

（4）讨厌的"豆腐西施"，"两手搭在髀间，没有系裙，张着两脚，正象一个画图仪器里细脚伶仃的圆规"。（《呐喊·故乡》）

（5）爱姑的"两只钩刀样的脚"。（《彷徨·离婚》）

（6）"……女人的脚尤其是一个铁证，不小则已，小则必求其三寸，宁可走不成路，摇摇摆摆。"（《南腔北调集·由中国女人的脚，推定中国人之非中庸，又由此推定孔夫子有胃病》）①

许寿裳虽没有明白地解释"圆规"与小脚之间的关系，但已经给后人做了提示。此后有部分研究者在文章中也都指出过这二者的形似关系，如余凤高在《鲁迅著作中的科学史知识（一）》一文中就明确提到："纵观鲁迅笔下的妇女，写到她们的小脚时，不论是六斤新近裹的'在土场上一瘸一拐的往来的小脚'（《呐喊·风波》），还是豆腐西施的象圆规的'细脚'似的'两脚'（《呐喊·故乡》），或是爱姑的'两只钩刀样的脚'（《彷徨·离婚》），以至'虽在现在，其实是缠着小脚，跑起路来一摇一摆的女人'（《二心集·以脚报国》）无不都是带着眼泪的。"②

也有相当认真细心的语文老师启发学生从多方面来理解"圆规"这一比喻的深切用意，除了杨二嫂的瘦骨嶙峋、双手叉腰、刻薄尖锐，他们也注意到这个比喻跟杨二嫂的小脚有关联："还有她的脚，根据第83段'亏伊装着这么高底的小脚'及相关注释可得知，她的脚应该是裹了脚的！这个和圆规尖尖的脚是一致的！"③

以上都注意到杨二嫂是缠足妇女这一事实，她的脚是尖尖的，细细的。然而，为什么会让鲁迅联想到非常尖利的"圆规"？上述

① 鲁迅博物馆等编：《鲁迅回忆录》（专著上），北京出版社1999年出版，第456—457页。
② 余凤高《鲁迅著作中的科学史知识（一）》，载鲁迅研究室编：《鲁迅研究资料》第4辑，天津人民出版社1980年版，第280页。
③ 周成：《为什么要把杨二嫂比作圆规？——〈故乡〉教学切片》，载《语文教学通讯》2011年29期。

解释无疑还不够明白、充分。其实，如果稍加深思就难免会产生一个疑问：作为画图仪器，圆规的脚是笔直的，但人的脚一般来说并不是，哪怕缠足的妇女，脚又尖又细，但也很难想象生活中她们会像芭蕾舞演员那样脚尖直立，使腿和脚成一直线。像"圆规"一样的脚是什么样的脚？是否鲁迅用了夸张的手法？

对于小脚女人，鲁迅、许寿裳这一辈人是熟悉的，因为他们的祖母、母亲、妻子或姐妹也很可能缠足，所以只需提到一句两句就能领会。但对今天的人来说就很隔膜了。杨二嫂的小脚是什么样的？今天的我们很难想象旧式妇女的缠足，只能借助资料了解一二。下面这篇是 1925 年一位署名"爱莲室主"者所写，文中所附图颇能帮助我们较为直观地了解小脚的外观形态。从图中可以看出，脚越小就越尖，越与地面垂直成一线。根据作者的介绍，可知广东脚最小，"甚有小至三寸以内者，但直挺挺无前趾"；宁波脚"小者甚多，三寸左右，数数见之，虽小而有前趾"；扬州脚"虽瘦小而极尖长，均在四寸左右"；苏州脚较大，北京脚"足面甚直"，不像南方脚背隆起……1925 年已是举国上下大力倡导废除缠足的时代，作者这里的描述恐怕还是根据清末民初的缠足样式，是一种记忆的再现。由这篇简单的小文，同时根据常识，我们可以得知，脚越小越呈现出尖细的效果，而南方的小脚由于脚背隆起，在视觉上又更给人纤纤直立的错觉。

从"豆腐西施"的绰号可知，年轻时的杨二嫂是颇有几分姿色的，自然她的脚也是缠过的，很可能是三寸金莲，纤纤细足，大概就类似于上图的宁波脚。不过，杨二嫂毕竟是个卖豆腐的劳动妇女，并不是大户人家小姐，不可能时时有人服侍搀扶，所以还是要靠这一双小脚来行走劳作的。三寸金莲不利于行走和劳作，而老年

爱莲室主《小脚之研究》（附图），《紫葡萄》1925 年第 4 期

的杨二嫂还能提着狗气杀健步如飞，则说明她的小脚还没有小到弱不禁风的地步。所以，杨二嫂的脚看起来极为尖细纤小，多半还因为她穿的鞋能辅助制造出这样一种视觉效果。

就像有些读者早已注意到的，小说中通过"母亲"之口，让我们知道杨二嫂的鞋是装着高底的，也就是说，杨二嫂穿的是高底的弓鞋。弓鞋是古代缠足妇女所穿的弯底鞋，因鞋底弯曲，形如弓月而得名。在《范爱农》一文里就提到过，当时鲁迅等一干留学生去横滨接新来的留学同乡，上岸后日本官吏在新来同乡的衣箱中翻来翻去，"忽然翻出一双绣花的弓鞋来，便放下公事，拿着仔细地看。"当时鲁迅看了很不满，"心里想，这些鸟男人，怎么带这东西来呢……"后来才从范爱农口中得知这是跟秋瑾共同起义的徐锡麟烈士带来的，是他夫人的绣花鞋。这个细节说明，鲁迅、范爱农这一代男性对小脚女人穿的这种绣花鞋是不陌生的，甚至还能区分出不同的式样来。

　　但今天我们只能依靠二手资料来了解杨二嫂脚上穿的鞋。大体而言，宋代缠足风俗刚兴起之时，弓鞋只是比普通鞋履更窄更细，这时的"弯弓"表现在弓鞋沿袭鞋履旧制时所保留的鞋翘之上，鞋底大多为平底，且鞋底的材质常为布质或毡质。缠足风俗进入明清"三寸金莲"时期以后，缠足方法的变更使得真正意义上的弯曲鞋底得以出现，从而逐渐演变成近代弓鞋的形制。这种弯弓区别于前面所提到的鞋翘之弯，主要体现在鞋底内凹之上，即从鞋底侧面可看到明显的弓月形，这种形状给人以更加娇小的视觉。清代以后弓鞋式样繁多，可分为"平底或高底、有鞋翘或无鞋翘、高帮或低帮"等多种。一般认为高底鞋式兴起于16世纪，主要是为了追求视觉上的"纤小"：

　　　　足服加上高底之后，带来一种新的视觉乐趣，如同清初学者刘廷玑（1653年生）所说明的："鞋之后跟，铲木圆小垫高，名曰高底。另足尖自高而下着地，愈显弓小。"……明末清初的赏玩家李渔也发出类似的评论：高底鞋很明显的在视觉上占了便宜，结果，真正拥有纤小双足的妇女，反而宁可穿着平底鞋，免得遭人冤枉为作假。①

　　由于高底有助于产生一种"纤小感"的视觉幻觉，"窄小者，可以示美；丰跌者，可以掩拙"。② 到十七世纪这种鞋式跨越社会阶

---

① 高彦颐：《缠足——"金莲崇拜"盛极而衰的演变》，江苏人民出版社2009年版，第243页。

② 叶梦珠：《阅世编》卷八，转引自高彦颐《缠足——"金莲崇拜"盛极而衰的演变》，江苏人民出版社2009年版，第245页。

级，成为主流，成为时尚服饰的必需品。清代是高底弓鞋的鼎盛时期，弓鞋的"弓""高"（即鞋底）主要靠木底制成。[①] 根据姚灵犀《采菲录》等著作及相关研究考证，典型的高跟品类，跟高大于或等于4厘米，底高在4厘米至4.6厘米左右；相对底高较小的，则在3到4厘米之间。[②] 由此我们可以大致推断杨二嫂的高底鞋款式：江南流行的清咸丰、道光年间的式样，木底，弯弓程度大，底高在4厘米左右。

表2　近代弓鞋木底的发展变化

形制	年代
	19世纪30年代（清道光年间）的式样
	19世纪六七十年代（清咸丰、同治年间）的式样
	19世纪八九十年代（清光绪早中期）的式样
	19世纪五六十年代（清咸丰年间）江南式样

---

① 张竞琼、李洵、张蕾：《从缠足风俗解析弓鞋装饰设计的形制流变》，载《艺术百家》2013年第6期。

② 王志成、崔荣荣：《民间弓鞋底的造型及功能考析》，载《艺术设计研究》2017年第3期。

杨二嫂是个爱美爱时尚的人物，五十多岁还穿着高底弓鞋。上表列出了清代高底弓鞋的几种样式，杨二嫂穿的高底弓鞋应该就是其中一种。[1] 杨二嫂的形象，大概就像上图那样，细细尖尖的两只脚点地，而绝不可能像有些插图中画的那样双脚稳稳着地。[2] 年轻时的杨二嫂或因为需要照管生意，或因为三寸金莲不宜行走，所以"终日坐着"，成为一个静止的广告招牌。隔了二三十年后，杨二嫂已不复当年的风姿，不再是当年故乡的一道风景，而完全蜕变成一个泼辣的乡下市侩妇女，她的形象不仅没有什么美感，而且让"我"这样一个斯文的知识分子吓了一跳。对杨二嫂来说时髦的高底鞋，在"我"眼里显得滑稽可笑，招人反感，不由得联想到了

---

① 图表引自张竞琼等：《从缠足风俗解析弓鞋装饰设计的形制流变》一文。

② 振吾：《放足吧!》［画图］，载《社会》1929 年第 1 期。有些插图把杨二嫂的脚画成稳稳着地的两只大脚，这显然不符合小说中的描述。

"圆规"。"圆规"这个绰号显然不是出自旧典，而是鲁迅的独家创造。鲁迅曾说："批评一个人，得到结论，加以简括的名称，虽只寥寥数字，却很要明确的判断力和表现的才能的。必须切帖，这才和被批判者不相离，这才会跟了他跑到天涯海角。"[1] "圆规"一词用在杨二嫂身上确实贴切、精彩，这个绰号可以跟她"跑到天涯海角"。

　　"圆规"这个比喻的形象性、生动性是不言而喻的，然而也毋庸讳言这个比喻背后透露着知识分子的优越感，甚至透着点刻薄。无论是作者还是小说中的"我"，都是接受过新式教育的知识分子，上过洋学堂，读过洋书，在自然科学课堂上使用过圆规等西方引进的仪器，所以会很自然地产生这样的联想。而对杨二嫂来说，圆规无疑是陌生的事物，她万万想不到自以为美的身体被形容成这样一件冰冷尖利的器具。时间退回二三十年，她的一双小脚是被大家赞赏和羡慕的。可惜时代已经改变，缠足不再是风尚，甚至被认为是顽固落伍，杨二嫂的小脚已经被时代否定，就连同样裹脚的"母亲"也用戏谑的口气讽刺她穿着高底鞋还跑得那么快。赏识杨二嫂们的小脚的时代已经过去，就像在"我"眼中闰土完全改变了模样，杨二嫂也变老变丑变泼辣。然而她迈着一双小脚跌跌撞撞特意奔过来只是为了贪点小便宜——向"我"讨要一堆旧木器，这当中却又让人咂摸出一丝辛酸滋味。在此意义上，无论是称"我"为老爷的闰土，还是以为"我"放了道台的杨二嫂，他们都站在原地没有改变，在风起云涌的大时代，他们的生活、他们的思想、他们的

---

[1] 鲁迅：《且介亭杂文二集·五论"文人相轻"——明术》，收入《鲁迅全集》第6卷，第383页。

语言都是静止的，没有一丝一毫的改变，这才是真正令人悲哀和感慨万分的。所以，如果说"我"（或作者）最初见到杨二嫂是有些鄙薄的，那么，当"我"离开故乡时，定然是对封闭落后的故乡以及故乡无知狭隘的人们充满了悲悯。背负着沉重窒息的过去，鲁迅惟有寄希望于未来，希望能为下一代开辟出新的道路，让孩子们过上新的生活，不再重复闰土或杨二嫂的一生。

二、"钩刀样的脚"是什么样的脚？

小说《离婚》里，爱姑的脚出现了两次：

> 庄木三和他的女儿——爱姑——刚从木莲桥头跨下航船去，船里面就有许多声音一齐嗡地叫了起来，其中还有几个人捏着拳头打拱；同时，船旁的坐板也空出四人的坐位来了。庄木三一面招呼，一面就坐，将长烟管倚在船边；爱姑便坐在他左边，将两只钩刀样的脚正对着八三摆成一个"八"字。
>
> 船便在新的静寂中继续前进；水声又很听得出了，潺潺的。八三开始打磕睡了，渐渐地向对面的钩刀式的脚张开了嘴。前舱中的两个老女人也低声哼起佛号来，她们擷着念珠，又都看爱姑，而且互视，努嘴，点头。

关于爱姑的脚，黄子平先生在一篇论文中曾引用吴组缃先生的说法：

吴先生说，几个细节就体现庄木三在当地的地位不凡，如给两个人让出四人的空位，又如吸的"长烟管"（一般人吸短的竹烟管），但我们不管这些，单看爱姑的脚。为什么是"钩刀样的脚"？吴先生说，这是缠过又放了的小脚，又叫解放脚或文明脚。这就把小说所处的时代特点、地方色彩一起带出来了，这是清末或民初，东南"得风气之先"的沿海地区。不光这双脚不符合宋明以来的审美，爱姑的坐姿也不雅。问题是老先生八三不以为意，且打瞌睡对着这双脚张开了嘴。当然对爱姑不满的人也有，但她们显然敢怒而不敢言："她们撷着念珠，又都看爱姑，而且互视，努嘴，点头。"《离婚》的故事就发生在这样一个过渡的时代，暧昧的时代，将生未死的时代，到处都是多重性、暧昧性和过渡性，就集中体现在爱姑这个人物身上。①

吴组缃先生出生于 1908 年，代表作有小说《一千八百担》《天下太平》《樊家铺》等，以鲜明的写实主义风格享誉文坛。作为那个时代的过来人，而且是注重观察和描写农村风俗的现代作家，他的解释肯定是有依据的。但"钩刀样的脚"是否一定就是放过的脚，即解放脚？这一点恐怕还可以商榷。

鲁迅文中形容爱姑的脚是"钩刀样的脚"。钩刀，一般指形制为弯月形刀具，类似于镰刀，顶端弯而尖。而缠足女人的小脚鞋也有同样的特点。旧式妇女缠足以小、弓、尖为主要审美标准，缠足

---

① 黄子平：《由爱姑的"钩刀样的脚"论定〈离婚〉的主旨并非"反封建"，又由此论及鲁迅的"身体记忆"》，载《上海文化》2018 年第 9 期。

妇女的弓鞋在外观上取决于鞋底上翘、鞋底侧形和鞋底底形三大要素，尽管弓鞋款式多种多样，随时代地域的不同也有各种区别变化，其造型组合则有"微翘、平底、前尖后尖"、"微翘、无底、前尖后尖"和"无鞋翘、平底、前圆后圆"等多种形式，但总体而言呈现"翘"和"尖"的特征。小脚鞋给人的视觉感觉就是翘而尖，故文人们除了用"金莲"比拟形容，又有"莲钩""香钩"之别称，均指旧时妇女所缠的小足。鲁迅所说"钩刀样的脚"虽然听起来不雅，但顾名思义也是"翘"而"尖"的，应该属于弓鞋的式样。

那么，爱姑这样的脚有没有可能是解放脚或文明脚？这就需要知道缠足的妇女放脚后一般会穿什么样的鞋。有研究者考证，缠足妇女对于放脚后穿什么样的鞋也深感困惑，做出的选择也是各种各样的，并没有普遍接受的新样式。所以，如果缠足妇女的脚放大后仍采取弓鞋翘而尖的样式，尖底尖口，则在视觉上的确能形成钩刀般的印象。不过，一般来说放足后妇女穿的鞋是趋向于跟男鞋一致的，即采用平底，鞋底变宽，从视觉上来说鞋尖不再那么锐利。当时一些提倡不缠足者更是提出放足后的女鞋当"与男装同式"：

> 履□（原字不清）还没有一定的式样，单穿著洋履也不好看。现在斟酌适宜的样子，断断勿用尖头，须用圆头的式样。尖头则足趾促狭，妨害运动；圆头则足趾开展，行走自然便利。否则用靴也甚好，举动更加轻便些。
>
> 不缠足之女，其衣饰仍可用时制，惟著鞋袜，与男装同式。（湖南不缠足会在其嫁娶章程中规定）
>
> 女子既不缠足，其鞋袜等件，自当照男子一式。衣服改良，现在尚无一定样式，俟诸同人酌定后，会中人自当

一体遵照。(奉化不缠足会简章)

河南抚院为破除缠足之害，必须当道者躬行表率，嗣后无论绅宦妇女，一律改作圆头薄底靴，俾民间得资楷模。(《时事新报图画新闻》)[1]

所以，爱姑的脚究竟是否解放脚，仅凭小说中的描述不能断定，例如许寿裳就是把爱姑的脚作为小脚来列举的。即便爱姑作为东南沿海一带妇女"得风气之先"把脚略略放大了，但她穿的翘而尖的鞋也还是保留着弓鞋的样式。

虽然爱姑的脚只是小说中的一个细节，但并非无关紧要。自清末维新以来，缠足被视为国族解放和妇女解放道路上的大障碍，被新式知识分子视为野蛮民族的风俗，是现代世界区分野蛮和文明的标志。具体来说，严守缠足风习已作为女性奴性意识的表征，放脚则作为女性能否接受新事物、是否具有新思想的一个标志。例如周作人撰写的《先母事略》中就特意提到她的放脚：

先母性和易，但有时也很强毅。虽然家里也很窘迫，但到底要比别房略为好些，以是有些为难的本家时常走来乞借，总肯予以通融周济，可是遇见不讲道理的人，却也要坚强的反抗。清末天足运动兴起，她就放了脚，本家中有不第文童，绰号"金鱼"的顽固党扬言曰，"某人放了大脚，要去嫁给外国鬼子了。"她听到了这话，并不生气

---

① 所引 4 条关于放足的资料均引自杨兴梅：《被忽视的历史：近代缠足女性对于放足的服饰困惑与选择》，载《社会科学研究》2005 年第 2 期。

去找金鱼评理，却只冷冷的说道："可不是么，那倒真是很难说的呀。"她晚年在北京常把这话告诉家里人听，所以有些人知道，我这事写在《鲁迅的故家》的一节里，我的族叔冠五君见了加以补充道：

鲁老太太的放脚是和我的女人谢蕉荫商量好一同放的。金鱼在说了放脚是要嫁洋鬼子的话以外，还把她们称为妖怪，金鱼的老子也给她们两人加了"南池大扫帚"的称号，并责备藕琴公家教不严，藕琴公却冷冷的说了一句，"我难道要管媳妇的脚么？"这位老顽固碰了一鼻子的灰，就一声不响的走了。[1]

周作人称颂自己的母亲"强毅"，有反抗性，举的恰恰就是放脚的例子。而那位反对女人放脚的族人，则被认为是老顽固。女性放脚成为接受了新思想启蒙的一个标志，反之则是保守的表征，这是五四新文学中的一个基本逻辑。那么，离婚中的爱姑是否具有新思想？在她身上是否有新女性的特征？无疑爱姑是有反抗性的，然而她是否已经开风气之先放了脚，仅从小说中"钩刀样的脚""钩刀式的脚"这样的描写是无法判断的。至于爱姑是否接受了一些新思想，根据小说中她的言行是无论如何得不出这个结论的。她虽然具有倔强、泼辣的个性，但这种反抗性主要发自本能，从头至尾她是为了赌一口气，要求一个公道，她坚信自己是明媒正娶，理在她这一边："我是三茶六礼定来的，花轿抬来的呵！那么容易吗？……我一定要给他们一个颜色看，就是打官司也不要紧。县里

① 周作人：《知堂回想录》，河北教育出版社 2002 年出版，第 664 页。

不行，还有府里呢……。""自从我嫁过去，真是低头进，低头出，一礼不缺。他们就是专和我作对，一个个都像个'气杀钟馗'。"她的思想和语言都是符合传统礼数的，这是她的心理支撑，她的精神支柱，也是她最终心理崩溃低头屈服的心理根源。所以，这样的爱姑，拥有一双小脚是合情合理的，跟她的思想人格是吻合的。而如果作者赋予她一双解放脚，那也必定是为了达到讽刺的效果。但笔者认为，爱姑的脚多半不会是解放脚、文明脚，而是尺寸比较大的小脚，虽然没有三寸金莲这么雅致，但也是缠过的小脚，这才符合小说中人物的身份及其思想个性。

值得注意的是，在小说《示众》里也出现了"钩刀般的脚"，这是看客中一个老妈子的脚：

挟洋伞的长子也已经生气，斜下了一边的肩膊，皱眉疾视着肩后的死鲈鱼。大约从这么大的大嘴里呼出来的热气，原也不易招架的，而况又在盛夏。秃头正仰视那电杆上钉着的红牌上的四个白字，仿佛很觉得有趣。胖大汉和巡警都斜了眼研究着老妈子的钩刀般的鞋尖。

小说中对老妈子有这样一段描写：

抱着小孩的老妈子因为在骚扰时四顾，没有留意，头上梳着的喜鹊尾巴似的"苏州俏"便碰了站在旁边的车夫的鼻梁。车夫一推，却正推在孩子上；孩子就扭转身去，向着圈外，嚷着要回去了。老妈子先也略略一踉跄，但便即站定，旋转孩子来使他正对白背心，一手指点着，说道：

"阿，阿，看呀！多么好看哪！……"

从这段描述可知老妈子大概是个苏州娘姨，苏州娘姨虽然缠足，但脚比较大。她的脚引起了胖大汉和巡警"研究"的兴趣，一则因为跟一般人的脚不同，二则也可能出于男人们对于小脚的赏玩心理。而从《示众》里老妈子的脚，也能推及爱姑的脚，那是一种尺寸较大的小脚，穿着传统的弓鞋，不复有三寸金莲的娇俏，而是有着长、尖、翘的视觉特征。

这里有必要追究一下鲁迅何以要用"钩刀"来形容这种不够雅观的小脚。跟"圆规"一样，"钩刀"这个比喻显然也是鲁迅的发明创造，其中蕴含着鲁迅与传统文人相对峙的价值评判。对女人的小脚，明清以来文人们抱着赏玩迷恋的心理，源源不断地创造出许多对小脚的赞美之辞，如金莲、莲钩、金钩、香钩、红菱等等，《再生缘》第十六回："搀扶着，中宫国母款香钩。"清珠泉居士《雪鸿小记》云："翠蛾敛黛，湘裙微蹴莲钩。"类似这样的咏莲诗句，明清以来不胜枚举。鲁迅却用"钩刀"这一不雅乃至丑化意味的词语来形容妇女的缠足，这其中的反讽意义是非常明显的，也给人留下了触目惊心的视觉效果。有恋足癖的传统文人用种种词句美化小脚，鲁迅则站在新文学的立场上反其道而行之，从"香钩"到"钩刀"，不仅让小脚失去了审美价值，更揭示出缠足在文化上的野蛮丑陋本质。①

---

① 鲁迅翻译的爱罗先珂的一篇童话《两个小小的死》中有六次用银钩刀来比拟死亡，且爱罗先珂对中国女性的缠足也很感兴趣。所以笔者推测《彷徨》中两篇小说都用了"钩刀"来形容女人的缠足，也可能受到爱罗先珂的一些影响。

三、结语：缠足与高跟鞋及其他

自晚清以来的国族革命及国民革命思潮中，国人的身体也是革新和解放的对象。辛亥革命推翻了满清政府，也割掉了男人头上象征异族统治奴役的辫子。与此对应的是女性的缠足，无论是维新派、辛亥革命志士还是五四一代知识分子，均将之视为传统文化对女性身体的压迫和规训，由此而对千百年来的国粹文化加以深刻反省。鲁迅去世后，他的好友许寿裳在演讲和文章中都谈到鲁迅对缠足的态度，他说，鲁迅去仙台学医的动机之一就是"救济中国女子的小脚，要想解放那些所谓'三寸金'"，使恢复到天足模样"。不过鲁迅的这个心愿并未实现："后来，实地经过了人体解剖，悟到已断的筋骨没有法子可想。这样由热望而苦心研究，终至于断念绝望，使他对于缠足女子的同情，比普通人特别来得大，更由绝望而愤怒，痛恨赵宋以后历代摧残女子者的无心肝，所以他的著作里写到小脚都是字中含泪的。"许寿裳还指出，中国女人的小脚使留学时代的鲁迅深受刺激，并归之于国民的劣根性："他的感触多端，从此着重在国民性劣点的研究了。可见《呐喊》序文所载，在微生物学讲义的影片里，忽然看到咱们中国人的将被斩，就要退学，决意提倡文艺运动，这影片不过是一种刺激，并不是惟一的刺激。"①

诚如许寿裳所言，鲁迅的文学重在剖析国民性，揭示和批判民族的劣根性，因此他作品中的人物几乎无一例外都有着精神上的缺陷，在他们身上反映着千百年来中国人的积习。他笔下的女性人物

---

① 鲁迅博物馆等编：《鲁迅回忆录》（专著上）北京出版社，1999年，第456—457页。

亦不例外，尽管他对被传统礼教戕害的女性抱有同情和怜悯，但同样揭示她们的"病态"，她们畸形残缺的身体与思想，从而"引起疗救的注意"。作为辛亥革命的亲历者，鲁迅对于推翻了满清政府后男子再也不用留辫感到由衷的欣喜，他笔下经常会出现"剪辫"的曲折故事。但他并没有忘记女性身体所遭受的压迫和束缚，杨二嫂、爱姑、七斤的脚表明，革命还远未成功，女性身体/思想解放之路漫长而曲折。作为新文化运动的主将，鲁迅曾就妇女问题发表过不少振聋发聩的言论，最著名的是《我之节烈观》和《娜拉走后怎样》。在《我之节烈观》这篇批判中国男权社会的文章末尾，他呼吁"要除去于人生毫无意义的苦痛。要除去制造并赏玩别人苦痛的昏迷和强暴"。这句话中既有鲁迅对妇女的深切同情，更有用心良苦的忠告。在他看来，"娜拉"出走后能走多远，跟女性身体解放的程度是密切相关的。过去千百年来女性被男权文化哄骗和愚弄，今后的女性不应再上男性的当，不要被动或主动地成为男性赏玩的对象。因此，无论是鲁迅、周作人还是当时的五四知识分子，都认为新女性穿高跟鞋形同于缠足，意味着女性再次沦为赏玩的对象。在《由中国女人的脚，推定中国人之非中庸，又由此推定孔夫子有胃病》这篇"考古文"中，鲁迅写道：

> 而女人的脚尤其是一个铁证，不小则已，小则必求其三寸，宁可走不成路，摆摆摇摇。慨自辫子肃清以后，缠足本已一同解放的了，老新党的母亲们，鉴于自己在皮鞋里塞棉花之麻烦，一时也确给她的女儿留了天足。然而我们中华民族是究竟有些"极端"的，不多久，老病复发，有些女士们已在别想花样，用一枝细黑柱子将脚跟支起，

叫它离开地球。她到底非要她的脚变把戏不可。由过去以测将来，则四朝（假如仍旧有朝代的话）之后，全国女人的脚趾都和小腿成一直线，是可以有八九成把握的。

由此可见，小说《伤逝》中鲁迅关于子君身体的描述是别有意味的：

> 在久待的焦躁中，一听到皮鞋的高底尖触着砖路的清响，是怎样地使我骤然生动起来呵！于是就看见带着笑涡的苍白的圆脸，苍白的瘦的臂膊，布的有条纹的衫子，玄色的裙。

无论是连环画还是电影中的子君都是短发，但小说中鲁迅并没有提到她的头发，却特意写到她的高跟皮鞋，似乎也暗示着新女性子君与旧女性杨二嫂、爱姑之间微妙的联系。

鲁迅与拉丁化新文字

施晓燕（上海鲁迅纪念馆）

新文字是一种用拉丁字母写中国话的拼音文字，所以又叫做拉丁化中国字。[1] 它是中国近代文字改革的重要部分，现代语言学者叶籁士认为，中国文字改革 90 多年里可以分为四个时期，分别是清末的切音字运动、辛亥革命以后的国语运动、30 年代初至 50 年代中的拉丁化新文字运动，以及 1949 年后的文字改革运动。[2] 可见新文字在近现代文字历史上的地位。1930 年代，由于进步人士的积极推动，拉丁化新文字运动席卷了全中国，在工人、农民、军队等地掀起了扫盲的热潮，这个新文字实践一直持续到 50 年代初，它对于建国后的文字改革运动起到了实验和促进作用。在这个过程中，鲁迅、陈望道、胡愈之等名人都进行了热情的支持，鲁迅的振

---

[1]《废除汉字》，载《新文字半月刊》（1935 年）。

[2] 叶籁士：《序言》，倪海曙：《拉丁化新文字运动的始末和编年纪事》，知识出版社 1987 年版。

臂高呼和积极提倡，在新文字发展中起了积极的作用。在学术研究方面，有关新文字的研究有很多，描述鲁迅与新文字相关的学术文章则数量一般，有湛晓白的《二十世纪三十年代汉字拉丁化运动勃兴考述》，考察了拉丁化从苏联转到本土的过程；张秋郁的硕士论文《鲁迅的文学观与语言文字观》，在一个小节中论述了文字拉丁化；黄芷敏《狂人变为疯子：Igo fungz di rhgi、新文字和大众语》，以《狂人日记》的拉丁化版本来分析拉丁化新文字如何争取话语分配权。由此可见，相关研究或者是注重于新文字本身的考察，或者是将其简化为鲁迅整个文字观的一部分，或者是从文本角度切入考察新文字作品。本文拟对新文字的发展过程和鲁迅在其传播中所发挥的功能做一个大致的梳理，以便抛砖引玉，期待学界对这方面进行更多更精深的研究。

拉丁化新文字的简称"新文字"、"拉丁化"或"北拉"（北方话拉丁化新文字），也称"中国话写法拉丁化"、"中文拉丁化"、"拉丁化中国字"、"拉丁化汉字"。[①] 它产生自苏联十月革命后的扫盲运动，苏联文盲比例很高，苏联政府推行了用国际通用的拉丁字母为文盲创造或改革文字的运动，它在苏联从 1922 年一直进行到 1937 年，称为文字拉丁化运动。当时苏联远东地区有十万不识字的中国侨苏工人，成为扫盲运动的对象，1929 年 10 月，当时在苏联的中国共产党员瞿秋白写了一本《中国拉丁化的字母》，帮助中国工人扫盲。在瞿秋白回国后，在苏联的吴玉章、林伯渠在瞿氏方案上制定了中国北方话拉丁化新文字方案，1931 年 9 月，方案在海

---

① 倪海曙：《拉丁化新文字运动的始末和编年纪事》，知识出版社 1987 年版，第 3 页。

参崴召开的"中国文字拉丁化第一次代表大会"通过。[①] 此后，中国左联常驻莫斯科国际革命作家联盟代表萧三成为极力推动拉丁化新文字的骨干人物，他出席了"中国文字拉丁化第一次代表大会"，该大会选出的"远东边区新字母委员会"，他也是其中之一，并参与制定了拉丁化新文字的种种标准。1932年，拉丁化新文字的书籍开始大量出版，萧三主编的《Latin xua Zhungguo Wenz PinJin xo Siefa di Cankaoshu》（拉丁化中国文字拼音和写法的参考书），就是用新文字、汉字、俄文三种文字对照排印，鲁迅收到的萧三赠书中，《几首诗》的封面就是由三种文字对照的作品。这一时期，"远东新字母委员会"成为苏联中国工人扫盲运动的主力军，它编辑课本、工具书，举办各种学习班，组织中国工人学习，从1931年到1934年，编辑出版了47种课本、教材等书籍，印数达十多万册，很多人通过学习新文字脱盲。[②]

拉丁化新文字是怎样的运作原理？在方案中，它包括字母表、声母表、韵母、变音、音节、介音、写法等等，这些都是语言学的范畴，比较专业，从《中国北方话拉丁化新文字方案》的文例来看，即可一目了然：

Banjin xo Baliang	半斤与八两
Zhang San neng xiang bu xui zo,	张三能想不会做，
Li Si neng zo bu xui xiang,	李四能做不会想，

---

① 倪海曙：《拉丁化新文字运动的始末和编年纪事》，知识出版社1987年版，第3—5页。

② 倪海曙：《拉丁化新文字运动的始末和编年纪事》，知识出版社1987年版，第3—5页。

Wo ba tamn bijibl,	我把他们比一比,
Igo sh banjin,	一个是半斤,
Igo sh baliang。	一个是八两。

可以看出这个方案与现代的汉语拼音字母有相似之处。[①] 学习者只要学会了限定的几十个拉丁字母的读音和用法,将它们拼读出来,即可了解文字的意思,非常容易上手。所以在苏联,按照新字母委员会颁布的新文字扫盲办法来教中国工人读写只要三个月,但如果学习汉字方块字,就得花好几年工夫。[②]

文字改革从清末即已经有人提出,尤其是在旅日人士之中,比如黄遵宪的"我手写我口",主张汉字进行改革,达到言文一致。他的观念是因观察日本文字改革运动而来,鲁迅在留日期间,不可避免地同样关注到了日本的文字改革,当时日本学者提出日本应该像西洋各国一样用音符字进行教育,全国盛行文字与国家强盛有关的讨论,相关杂志也随之兴起,而鲁迅明显对此有非常的兴趣并加以一定的阅读和研究。这从钱玄同的日记中就可以看出,1917 年 9 月 28 日,钱玄同记到:"得豫才信,知日本有鼓吹用罗马字拼音之杂志曰"Romaji"。用罗马拼音致新文字撰著之书,豫才所知者有二:《海之物理学》寺田寅彦 1.00 圆,《实验遗传学》池野诚一郎 1.50 圆,此二科学书想来未必易看,因托豫才转购"Romaji"杂志,以资改良中国文字之参考。"[③] 从晚清变为民国之后,政府中的有识之士提出了文字改革:"教育部里有几个人们,深感于这样的

---

① 《北方话拉丁化新文字方案》,倪海曙:《拉丁化新文字运动的始末和编年纪事》,知识出版社 1987 年版,第 39—43 页。

② 倪海曙:《拉丁化新文字运动的始末和编年纪事》,知识出版社 1987 年版,第 85 页。

③ 杨天石主编:《钱玄同日记》,北京大学出版社,2014 年版,第 319 页。

民智实在太赶不上这样的国体了。于是想凭借最高行政机关的权力，在教育上谋几项重要的改革。想来想去，大家觉得最紧迫而又最普通的根本问题还是文字问题，便相约各人做文章，来极力鼓吹文字底改革，主张'言文一致'和'国语统一'；……"① 五四时期，除了白话文运动，文字改革也成为新文化诸将的共识，而这两项运动，显然都有一个共同的目的，打破旧精英对知识的垄断，摧毁禁锢思想的藩篱。白话文运动在废除文言文，取得书面语与口语的一致取得了成功，但知识仍旧只为少部分人所掌握，能使用白话文写作的人起码要认识文字，而中国的方块字繁难复杂导致教育落后，普罗大众无法快速掌握文字，于是相当一部分新文化人士都认同用西方拼音字来替代汉字，用表音文字代替表意的汉字，言文一致的工作便容易进行，在这个方向下，出现了汉字拉丁化的两条道路，即"国语罗马字"和"拉丁新文字"。

1928 年，国民政府大学院颁布了国语拉丁字母拼音方案"国语罗马字"，以北京语音为标准音，以字母变化来标四声。但这个方案自身体系过于繁琐，只局限在精英知识分子的圈子里，对于大众来说，比汉字还更难学，所以这个方案成为一个失败的尝试。鲁迅曾指出国语罗马字的症结："先前也曾有过学者，想出拼音字来，要大家容易学，也就是更容易教训，并且延长他们服役的生命，但那些字都还很繁琐，因为学者总忘不了官话，四声，以及这是学者创造出来的字，必需有学者的气息。"② 拉丁新文字刊物之一《言语科学》的编辑部在回答大众问题时，更加不客气地揭露国语罗马字

---

① 黎锦熙：《国语运动史纲》，商务印书馆第 2011 年版，第 133 页。
② 《鲁迅全集》（第六卷），人民文学出版社 2005 年版，第 165 页。

的弊端："我们觉得国语罗马字的最大缺点，就是妄想以北平话来统一全国。这点根本就是非大众的。要北平以外的各地大众来学会这副'京腔'，是没有半点可能性的。除了国语专家以外，即知识分子中能有几个会得说'标准国语'而没有错？而没有这个'京腔'底子的人，怎么叫他来写国语罗马字呢？除此之外，因区别四声而四声异常烦难，结果和汉字一样拒绝大众的接受，而成为'变相的方块字'。"①

国语罗马字难以推行，导致大众仍然无法提高教育水平，平民不识字，大规模的启蒙便无法展开，直到 1930 年鲁迅还在为大众的识字率苦恼，1930 年 3 月，《大众文艺》上讨论文艺大众化问题，鲁迅认为这是一个伪命题："倘若此刻就要全部大众化，只是空谈。大多数人不识字；目下通行的白话文，也非大家能懂的文章；言语又不统一，若用方言，许多字是写不出的，即使用别字代出，也只为一处地方人所懂，阅读的范围反而收小了。"② 1931 年，在《黑暗中国的文艺界的现状》，鲁迅又提到："所可惜的，是左翼作家之中，还没有农工出身的作家。一者，因为农工历来只被迫压，榨取，没有略受教育的机会；二者，因为中国的象形——现在是早已变得连形也不像了——的方块字，使农工虽是读书十年，也还不能任意写出自己的意见。"③ 农工读书十年都未必能写出自己意见，现存文字是大众掌握知识的障碍，鲁迅敏锐地指出大众的识字率是新时代启蒙的关键，却苦于缺乏解决的手段。

---

① 《言语科学》1934 年 8 月第 11 号，转引自倪海曙编著《拉丁化新文字运动的始末和编年纪事》，知识出版社，1987 年，第 93 页。

② 《鲁迅全集》（第七卷），人民文学出版社 2005 年版，第 367—368 页。

③ 《鲁迅全集》（第四卷），人民文学出版社 2005 年版，第 295 页。

同样是汉字拉丁化，拉丁化新文字摒弃了国语罗马字的缺点，它简单易学、不标四声、坚持新文字的方言性，这些都是从大众的角度来考虑，比如坚持方言性，就可以使当地居民快速上手，比国语罗马字的坚持北京话要容易的多。虽然如此，汉字拉丁化却缺乏进入中国的契机，知道拉丁新文字的人寥寥无几，为此，拉丁化新文字的支持者开始在媒体造势，希望引起知识界的注意。

1932 年 6 月，瞿秋白在左联机关报《文学月报》上以宋阳的笔名写作文章《大众文艺的问题》，对五四以来的白话文进行了抨击，他认为白话文仍用汉字书写，它的繁难阻碍大众学习："'五四'的新文化运动对于民众仿佛是白费了似的！五四式的新文言（所谓白话）的文学，以及纯粹从这种文学的基础上产生出来的初期革命文学和普洛文学，只是替欧化的绅士换了胃口的鱼翅酒席，劳动民众是没有福气吃的。为什么？因为中国的封建残余——等级制度的统治，特别在文化生活上表现得格外明显。以前，绅士用文言，绅士有书面的文字；平民用白话，平民简直没有文字，只能够用绅士文字的渣滓。现在，绅士之中有一部分欧化了，他们创造了一种欧化的新文言；而平民，仍旧只能够用绅士文字的渣滓。现在，平民群众不能够了解所谓新文艺的作品，和以前平民不能够了解诗词古文一样。"[1] 他希望用拼音字母拼写口语的方法来加以改进："中国现代普通话已经是多音节的语言，这种语言需要一种新的文字——用拼音方法写的文字，而且它本身已经是可以用拼音方法写的语言。"瞿秋白的文章引起了茅盾的不同意见，他们在《文学月报》上对中国话需要用何种文字进行了争论，这引起了世界语者焦风（方善

---

[1] 宋阳（瞿秋白）：《大众文艺的问题》，《文学月报》创刊号。

镜）的注意，他对瞿秋白提出的用罗马字母拼音的主张很感兴趣，他将世界语刊物《新阶段》上的萧三的《中国语书法之拉丁化》译成中文，1933 年 8 月 12 日发表在孙师毅主编的综合性日刊《国际每日文选》上。拉丁新文字的推介也慢慢开始了，10 月，"上海世界语协会"机关刊物《世界》附刊《言语科学》创刊，主要介绍世界语的语言理论和研究中国拉丁化新文字。这个刊物还刊登启事希望苏联提供中国拉丁化新文字材料，马上得到响应并收到了很多材料。《文学月报》虽然只存在了半年，但它是 30 年代初最有影响的文学杂志，但即使如此，关于拉丁新文字的讨论还是只存在于限定的小圈子内，对它感兴趣的主要还是左翼的一些世界语者，并未引起主流媒体的关注。

拉丁新文字正式进入主流视野，是要到 1934 年的大众语运动，而之所以能在社会上造成影响，则功劳大部分在于鲁迅。1934 年 5—6 月，汪懋祖、许梦因等在《时代公论》《中央日报》等报刊上提倡"文言复兴运动"。为了反击"文言复兴运动"，胡愈之、陈望道等发动反击，提倡"大众说得出、听得懂、看得明白、写得顺手"的"大众语"，大众语运动开始兴起。6 月 24 日，张庚在《中华日报》副刊《动向》上发表文章，提出了大众语可以使用拉丁化新文字："苏俄创新一种中国话拉丁化，推行也很广，而且出版了很多书报，这我们可以拿来研究的。"① 其后《动向》、《言语科学》都纷纷刊载介绍拉丁化新文字的文章，在知识阶层中逐渐掀起讨论。吴玉章等拟定的《中国北方话拉丁化新文字方案》，7 月被寄给鲁迅，7 月 25 日，鲁迅"上午以新字草案稿寄罗西"，将方案稿

---

① 倪海曙：《拉丁化新文字运动的始末和编年纪事》，知识出版社 1987 年版，第 89 页。

转寄给欧阳山（罗西），以便在新文字运动委员会中讨论。

1934年9月，生活书店出版了大众语运动的旗帜性刊物《太白》，主编为陈望道，这个刊物的名字，据陈望道说原因之一就是："太白的'太'字可作'至'讲，白就是白话。所以，太白就是至白、极白，比白话还要白。那就是用'大众语运动'来反击反动派的复古运动。"在这创刊号里，叶籁士发表了《大众语运动和拉丁化》，他认为，"方块字是全国统一的，然而方块字虽然是'统一'语而不是'大众'语。三万二千万文盲大众是和方块字绝缘的。所以用方块字来建设大众语，充其量只能得到白话文同样的成功，却也不能避免白话文同样的失败——依然是知识分子的专利。"① 为了让文字彻底深入民间，需要用文字拉丁化。叶籁士这篇文章，除了他本人强烈坚持汉字拉丁化的正确性，还可以看出当时支持新文字运动的人，特别强调方言的重要性，所以后来新文字运动仅方案就有《北方话拉丁化新文字方案》《江南话拉丁化新文字方案》《广州话拉丁化新文字方案》等等，拼写字母的规则都是按当地地区方言的发音来做的，这也保证了当地土著学习拉丁新文字的快速性，连鲁迅都对此高度赞赏："现在的中国，本来还不是一种语言所能统一，所以必须另照各地方的言语来拼，待将来再图沟通。"②

拉丁化新文字看似已经在中国逐步传播，但主要还是局限在部分早就对它有所了解的左翼知识分子和大众语者中，要跳出这个圈子，还需要一个影响力、辐射力可以扩散到整个知识界的人。鲁迅

---

① 叶籁士：《大众语运动和拉丁化》，《太白》半月刊1934年9月第一期。
② 鲁迅：《关于新文字》，《鲁迅全集》（第六卷），人民文学出版社2005年版，第166页。

就是那个适逢其会承担重任的传播者，他在这一段时间，密集发表多篇关于文字的重要文章，公开表明他支持拉丁化新文字的鲜明立场。1934 年 8 月 3 日，鲁迅在《社会日报》发表《答曹聚仁先生信》，表明了他对大众语的看法，坚定支持用新文字："要推行大众语文，必须用罗马字拼音（即拉丁化，现在有人分为两件事，我不懂是怎么一回事），而且要分为多少区，每区又分为小区（譬如绍兴一个地方，至少也得分为四小区），写作之初，纯用其地的方言，但是，人们是要前进的，那时原有方言一定不够，就只好采用白话，欧字，甚而至于语法。但，在交通繁盛，言语混杂的地方，又有一种语文，是比较普通的东西，它已经采用着新字汇，我想，这就是'大众语'的雏形，它的字汇和语法，即可以输进穷乡僻壤去。"①

8 月 12 日，鲁迅写好了他对自己文字观脉络剖析的一篇重磅文章《门外文谈》，从 24 日起逐步在《申报·自由谈》刊登，他梳理了自己对文字的认识，文字在人民间萌芽，后来却被特权者把持，大众如果要话语权，就必须"将文字交给一切人"，也就是文字要大众化，怎样将文字交给大众？知识分子们运用过很多手段，从清末的白话报，到民国初年的注音字母，再到赵元任的国语罗马字，在鲁迅看来，这些方法都是失败的，鲁迅所认同并持之希望是介绍的最后一项——拉丁新文字："这里我们可以研究一下新的'拉丁化'法，《每日国际文选》里有一小本《中国语书法之拉丁化》，《世界》第二年第六七号合刊附录的一份《言语科学》，就都是绍介这东西的。价钱便宜，有心的人可以买来看。它只有二十八个字母，拼法也容易学。'人'就是 Rhen，'房子'就是 Fangz，'我吃

---

① 《鲁迅全集》（第六卷），人民文学出版社 2005 年版，第 119 页。

果子'是 Wo ch goz，'他是工人'是 Ta sh gungrhen。现在在华侨里实验，见了成绩的，还只是北方话。但我想，中国究竟还是讲北方话——不是北京话——的人们多，将来如果真有一种到处通行的大众语，那主力也恐怕还是北方话罢。为今之计，只要酌量增减一点，使它合于各该地方所特有的音，也就可以用到无论什么穷乡僻壤去了。

那么，只要认识二十八个字母，学一点拼法和写法，除懒虫和低能外，就谁都能够写得出，看得懂了。况且它还有一个好处，是写得快。"①

在一一分析之后，鲁迅认为，在中国这样一个"一向受着难文字、难文章的封锁，和现代思潮隔绝"的地域，如果要中国的文化一同向上，"必须提倡大众语，大众文，而且书法更必须拉丁化"。②

8月25日，鲁迅在《中华日报·动向》发表《汉字和拉丁化》，用"一部《海上花列传》，却教我'足不出户'的懂了苏白"来说明用音节就可以记叙一篇文章，所以他呼吁大家利用工具，也就是文字拉丁化，"从读书人首先试验起，先绍介过字母，拼法，然后写文章"。③

10月13日，生活书店的杂志《新生》周刊1卷36期发表了鲁迅的文章《中国语文的新生》，他认为："和提倡文言文的开倒车相反，是目前的大众语文的提倡，但也还没有碰到根本的问题：中国等于并没有文字。待到拉丁化的提议出现，这才抓住了解决问题的紧要关键。"④ 在拉丁化具体的观点上，他推荐了自己的《门外文

---

①《鲁迅全集》（第六卷），人民文学出版社 2005 年版，第 98—99 页。

②《鲁迅全集》（第六卷），人民文学出版社 2005 年版，第 103 页。

③《鲁迅全集》（第五卷），人民文学出版社 2005 年版，第 584—585 页。

④《鲁迅全集》（第六卷），人民文学出版社 2005 年版，第 119 页。

谈》，后者详细介绍了拉丁化字母怎样拼出中国话，也介绍了《中国语书法之拉丁化》以及《言语科学》。

12月9日，鲁迅写《关于新文字》，发表在苏联远东出版的《yngxu sin wenz 六日报》上[1]，1935年9月10日又刊入山东济南《青年文化》第二卷第五期，他比较了国语罗马字与拉丁新文字的优劣，认为新文字是"劳苦大众自己的东西"。[2]

我们可以看到，从《中国北方话拉丁化新文字方案》被寄给鲁迅起，在四个月的时间里，鲁迅密集地、频繁地发表有关文字改革的文章，或者跟人论战，或者解答疑难，发表在《申报》、《中华日报》、《新生》、《yngxu sin wenz 六日报》等不同的刊物，这些刊物既有上海发行量最大的市民综合报纸，也有政府的官办报纸，还有面向进步人士的左翼刊物，或者是专门的新文字刊物，读者的受众面非常广泛，这些文章，核心内容直指支持拉丁化新文字，在文字改革运动时起到了摇旗呐喊的作用。鲁迅虽然不是专业的拉丁新文字从事者，但由于他的个人影响力感召力实在太大，左翼文学盟主的地位让他的文章往往一发表就被广泛转载，尤其是他这种态度鲜明立场坚定的论述文章，在青年们的选择上起着一锤定音的效果。大量青年从此被引领着开始进行拉丁新文字的学习和宣传。这种公认的青年导师效应从拉丁化新文字的课本就可以看出，如拉丁化新文字运动在国内推行初期印数最多、影响最大的一本书《中国话写法拉丁化——理论·原则·方案》，1935年4月初版1000册，到1938年7月，在上海共再版6次，印了9000册，在北平翻印几千

---

① 倪海曙：《拉丁化新文字运动的始末和编年纪事》，知识出版社1987年版，第95页。
② 《鲁迅全集》（第六卷），人民文学出版社2005年版，第165页。

册，广西甚至翻印了上万册。① 这本书包括了《中文拉丁化概说》、《中文拉丁化的原则》、《北方话拉丁化的方案》、《拉丁化和知识分子的使命》、附录《拉丁化汉文对译读物》等几个部分，除了专业的拉丁化语法内容，还有两篇补白，就是鲁迅的《门外文谈》和《中国语文的新生》，可见在拉丁新文字推广的过程中鲁迅指路明灯一般的地位。此后鲁迅并未停止文章支持新文字，1935 年 11 月，天马书店出版鲁迅作品《门外文谈》，包括了几篇鲁迅写的关于拉丁新文字的文章，这本书被认为是"新文字实行的理论的根据"。1936 年 1 月 11 日《时事新报·每周文学》发表鲁迅的《论新文字》，再次强调拉丁新文字与普罗大众的紧密联系："拉丁化却没有这空谈的弊病，说得出，就写得来，它和民众是有联系的，不是研究室或书斋里的清玩，是街头巷尾的东西；它和旧文字的关系轻，但和人民的联系密，倘要大家能够发表自己的意见，收获切要的知识，除它以外，确没有更简易的文字了。"②

报纸刊登、广泛转载、结集出版，这种密集轰炸的方式，使得拉丁新文字的推广迅速而见效，茅盾回忆汉字拉丁化的情况："当时关于汉字拉丁化的书籍，像叶籁士编写的《拉丁化概论》、《拉丁化课本》等很受欢迎，读者主要是学生和青年工人。"③

在写文章鼓吹之外，鲁迅还切实地通过多种形式支持新文字运动，比如给新文字运动团体捐款，为新文字推广的意见书签名。

---

① 倪海曙：《拉丁化新文字运动的始末和编年纪事》，知识出版社 1987 年版，第 97 页。
②《鲁迅全集》（第六卷），人民文学出版社 2005 年版，第 458 页。
③ 茅盾：《文艺大众化的讨论及其它》，《我走过的道路（上）》，人民文学出版社 1997 年版。

1935 年 7 月 30 日，鲁迅"上午捐中文拉丁化研究会泉卅"，这是中文拉丁化研究会为筹备出版书刊进行基金募捐，募捐从 1935 年 3 月开始，到 9 月一共募了 300 多元，鲁迅一人即捐了全部款项的十分之一，给新文字书籍出版以极大的财力支持。1935 年 12 月，"中国新文字研究会"在上海成立，发起《我们对于推行新文字的意见》签名运动，至次年 5 月，有鲁迅、胡愈之、邹韬奋、陈望道等文教界人士六百六十八人签名。这个签名书影响很大，毛泽东看到后，特地为此给蔡元培写信。

拉丁新文字运动范围越来越大，还出现了专门的新文字出版机构。1936 年 5 月，王弦（王益）、许中、陈梅等在上海成立"上海新文字书店"，6 月出版了鲁迅的《狂人日记》。这个版本需要进行汉字到拉丁化新文字的转译，由陈梅完成，题目为"Igo fungz di rhgi"，用新文字的方法拼出来，即"一个疯子的日记"。值得一提的是，全文都翻成口头语译出，包括文言文的小引，可以说是一种再创作。这本书列入了新文字书店的"新文字丛书"中，该丛书计划出版六种书籍，除了《狂人日记》，还有王弦翻译《阿 Q 正传》的《Agui di gush》。

1936 年，鲁迅好几个月都处于病中，但他仍然与《救亡情报》访员会面，这次访谈，主要谈了学生救亡、联合战线、文学问题和新文字，在最后这个话题中，他说："新文字运动应当和当前的民族解放运动，配合起来同时进行，而进行新文字，也该是每一个前进文化人应当肩负起来的任务。"[①] 这是鲁迅生前最后关于新文字的

---

① 《1913—1983 鲁迅研究学术论著资料汇编 2（1913—1936）》，中国文联出版公司 1986 年版，第 577 页。

内容。

　　鲁迅如此积极支持拉丁新文字，无怪乎他被视为汉字拉丁化的代言人，1936 年 10 月 19 日，鲁迅逝世，多名新文字工作者参加丧仪并敬献用拉丁化新文字写成的挽词，其他文化名人则将新文字列为鲁迅伟大功绩之一，如郭沫若的挽词是"旷世名著推阿 Q，毕生杰作尤拉化"，这也可见鲁迅在推广拉丁新文字时的投入与贡献。

　　有很多研究认为拉丁新文字运动不仅仅是文字改革，更多是夹杂着政治诉求。比如湛晓白认为拉丁化运动试图以代表大众的"普通话"来替代"资产阶级的国语"，让各种方言都平等地构成"普通话"的语言资源，是阶级政治框架制约下的历史产物。黄芷敏认为拉丁化运动以大众启蒙之名，发动文字符号的斗争以改变当下的话语权分配。从左翼人士推动拉丁新文字的整个过程看，这项运动确实冲击了国民政府的国语统一，它在战时民众教育、抗战动员、边区扫盲的广泛应用，既能起到提高识字率的作用，又抢夺了国民政府的话语权，在这方面来说，拉丁新文字对于中共是一大助力，无论是实际应用还是政治诉求，它都是成功的。

　　从鲁迅的层面来看，他并没有表现出对拉丁新文字政治方面的兴趣，新文字只是他知识大众化这项宏伟事业的基本组成部分。李欧梵将新文字看成是鲁迅力图将知识大众化中的重要一环，鲁迅对大众传播新知有一整套宏伟的措施。对于文盲，鲁迅推荐的是电影、讲演、戏剧演出；在介于文盲和识字者之间，鲁迅运用的是木刻艺术；鲁迅对作家们的要求是努力推行新文字和文学通俗化："制定拼音文字体系，采用方言写作，用地方话进行试验，为大众接受文学和文学鉴赏作准备。"① 他看重的是新文字的原始功效——教育。

鲁迅不遗余力推进拉丁新文字，希望民众用这种方式提高识字率，联系他在 1908 年《文文化偏至论》提出"是故将生存两间，角逐列国是务，其首在立人，人立而后凡事举"的观点来看，几乎 30 年的时间他都在一直践行最初的信念"立人"，27 岁的鲁迅认为中国要在世界上生存，和各国竞争，首先就要培植人材，把人材培植出来了，一切事情就都可以兴办。此后他的一切事业都是为此服务，无论是从杂文针砭时弊，还是翻译外国文学作品、科学自然作品来开启民智，他如此尽心尽力，以致在文学、美术、博物、学术等各个领域都作出巨大贡献。但他所作的一切事业，如果要满足他的预期，基本都需要一个前提——受众能看懂他的作品，因此教育是一切的根基，让大众掌握文字，掌握知识，整个国家的"立人"才是有成功的可能，这也是鲁迅提倡拉丁新文字的初衷。

拉丁化新文字从诞生开始，在中国一直推行到 1955 年《汉字拼音方案》拟成为止，是中国文字改革运动史上的重要篇章，鲁迅在这项运动中作出的贡献不容小觑，他的提倡影响了多少人学习拉丁化新文字，引起了何等蝴蝶效应，由于年代久远都已湮没在历史的尘埃中，还需要后人进行细细的发掘，现仅以此初步的脉络整理，以待方家更精深专业的研究。

---

① 李欧梵:《鲁迅关于文学与革命的观念的变化》，载《当代英语世界鲁迅研究》，江西人民出版社 1993 年版，第 277 页。

鲁迅五四何以成立？

——兼论鲁迅五四的文学史意义

姬学友（安阳师范学院文学院）

熟悉鲁迅生平掌故者都知道，鲁迅的文学经典特别是其成名作《狂人日记》和代表作《阿Q正传》的诞生，既非鲁迅主动而为，也非自然而然的发生，而是完全得益于五四时期的那种良好的人文拼图，以及置身于这一人文拼图中的作者（鲁迅）与编者（钱玄同和孙伏园）之间的良性互动关系。是《新青年》杂志寻找同路人以启蒙大众的文化使命，是集同乡、同门、老友多种身份为一体的《新青年》编辑钱玄同的激将，使鲁迅焕发了文学青春和生命热力，没有《新青年》，任何一个渠道都难以激起沉入"国民"与"古代"有年、以"钞古碑""麻醉"自己的鲁迅，[①] 都容纳不了深刻、复杂和庞大的鲁迅系统。同样，是《晨报副刊》这一适合的发表园地，是集同乡、学生、编者多种身份为一体的孙伏园的不断催稿，使鲁

---

① 鲁迅：《呐喊·自序》，《鲁迅全集》第 1 卷，人民文学出版社 1981 年版（下同），第 418 页。

迅鼓足干劲，写出了足以和世界上任何文学经典媲美的巅峰之作《阿Q正传》。可见，鲁迅的成功，缘于五四文学革命所形成的良好的文化氛围。没有这种由媒体、地域、学缘、籍贯、人事关系等因素有机关联、良性互动而构成的文学网络或文化场域，鲁迅文学经典的诞生是不可想象的。简言之，没有五四文学革命，就没有鲁迅文学经典的诞生。这是一个基本事实。故而，对这一基本事实的探究和论述，即对鲁迅与五四文学革命、鲁迅与五四新文化运动的关系的探究和论述，长期以来都是学术界的聚焦点和着力点，相关的著述称得上汗牛充栋。这样一种言说角度，我们可以称之为五四语境中的鲁迅，或曰五四的鲁迅。但是，既然鲁迅与五四文学革命的关系如此休戚与共，有如一枚硬币的两面，那么，将硬币的另一面也完整地展示出来，就显得很有必要。这另一面，即另一个基本事实是，没有鲁迅文学经典的诞生，五四文学革命就没有实绩，五四新文化运动就缺少实质性内容。这样一种言说角度，我们可以称之为鲁迅语境中的五四，或曰鲁迅的五四。应该说，对这一基本事实，学术界的关注是不够的，或有所忽略的。笔者浅见，自20世纪90年代以来，对于鲁迅语境中的五四或曰鲁迅的五四进行探究和论述的成果为数不多，在这为数不多的成果中，王富仁先生的见解和钱理群先生的命题启人深思，值得重视。

一、"鲁迅五四"命题的提出

王富仁在对多元共生的五四新文化思潮的梳理中，论述了鲁迅文学经典的原创性及其与五四文学革命的互文性，强调了鲁迅作为卓越文化个体的独立性。他的基本思路是，鲁迅的独立性固然不能脱离新文化运动这一语境，不能以鲁迅代替其他人的作用，但也不能反过来，把鲁迅当做其他人的随从。

按照王富仁的归纳，"五四"时代是一个思想解放、文化多元的时代，"五四"时代的中国现代文化主要由这样几大分支构成：以蔡元培为代表的现代教育文化，以陈独秀为代表的现代报刊文化，以胡适为代表的现代学院派文化，以鲁迅为代表的现代社会文化，以李大钊为代表的现代革命文化等。他还进一步对这几大文化分支的逻辑关系作了富有思辨性的理论阐发。王富仁认为，必须重视蔡元培及北京大学对新文化运动的影响和贡献，重视新文化运动的多种构成。因为蔡元培的特殊经历和资格，因为他的"兼容并包，思想自由"的办学理念，使他能够把一切足以扼杀大学文化创造的政治、经济、权力因素尽量地阻挡在学校之外，能够把所有有用的社会人才和信息引入到大学文化机制中来，这是一个现代教育家的基本能力和责任。如此，蔡元培开拓和保障了一种既独立又开放的新型的大学文化空间，并使这一空间具有了发挥最大潜力的可能性。他把陈独秀聘请到北大任文科学长，把《新青年》也带入北大，并以"兼容并包"为之提供思想自由的空间，这样，依靠陈独秀的现代报刊文化（《新青年》），及其横向扩散的传播方式的开放性、社会性和现实性，才能使北大教授的思想、言论直接发送到社会上、知识界，容易造成广泛的舆论影响，从而打破北大文化的封闭性，纵向传授性。其结果是北大文化（现代教育文化）与《新青年》（现代报刊文化）的深度融合，即，北大文化通过《新青年》这样可以快速反应的传播渠道，使自己的雅文化获得了广泛的社会性、现实性；《新青年》依托北大，又使自己的思想和言论在社会公众中具有了较高的权威性和说服力。而胡适的白话文倡导和尝试，则为陈独秀的现代报刊和蔡元培的大学教育提供了最基本最好用的语言载体，并借助报刊迅速流通到社会，体现其传播价值和革新意义。所以，现代教育、现代报刊和白话文三者结合所生成的公共空间，促使文学革命的主张和新文化运动的思潮产生了辐射性连环性的社会效应。但是，如果没有鲁迅的白话文学创作，没有《狂人日记》《孔乙己》《药》以及《阿Q正传》这些文学经典的诞生，则上述公共空间和原则提倡，将没有赖以填充和佐证的公共产品和实质性的文化内涵，没有血肉和生命力；因为五四精神比如什么是个性解放，什么是奴性，什么是思想启蒙等等，只能通过鲁迅的作品才能深切感受到，而且异常清晰和鲜活。有了鲁迅，五四精神就不会简单地表现为民主与科学等枯燥空泛的条文。鲁迅在整个新文化运动中是一个独立和独特的文化存在，没有鲁迅，整个新文化运动将是干巴巴的，因而也是缺少生机和光彩的。是鲁迅打开了中国现代文学的大门，是鲁迅的文学经典支撑着文学革命的公信力，他对新文学的贡献远非新青年同人所能比拟。①

钱理群则基于五四先贤的个人化表述以及后来的众多研究者对五四新文化运动的不同阐释，第一次提出了"鲁迅五四"这一重要命题。

在一篇纪念李何林的文章中，钱理群说："在某些大体的具有某种模糊性的共同价值理念之外，运动的发动者与有影响者，都以自己的各自不同的理解、追求与实践在五四新文化运动上打上个人

---

① 说明：本段文字系根据笔者听王富仁讲授《现代文学综论》课程的课堂笔记整理而成。时间：1995年10月，地点：北京师范大学新二教室。如与讲授者原意不符，文责由整理者自负。

的烙印，甚至形成某种传统，于是，在总体的'五四'之下，还有陈独秀、李大钊的'五四'，胡适的'五四'，蔡元培的'五四'，自然也还有鲁迅的'五四'等等。后人，也包括现代文学史的研究者，在对'五四'进行回顾、研究、叙述与评价时，事实上如李何林先生所说，是不可能自觉与不自觉地表现出某种倾向性的，即在对'五四'精神有总体的认同或批判之外，也还包含有对前述不同的个人'五四'的不同理解与评判。在我看来，这或许正是一个契机：有可能由此形成不同的'五四观'及相应的不同学派。在这样的观照下，李何林先生在《近二十年中国文艺思潮论》中对鲁迅在五四新文学运动与新文学思潮史中地位的突显，就具有了重要的史的意义：这是第一部自觉地认同鲁迅'五四'，突出鲁迅所代表与开创的五四传统的文学思潮史著作。"[1]

钱理群发现，"《新青年》同人对'民主'、'科学'的理解并不一致"，并"事实上导致他们的严重分歧，一旦偏离他们一度共同拥有的批判和否定的对象，这种分歧将会以更加尖锐、甚至相互对立的方式呈现出来"。[2] 就是说，对五四新文化运动发生发展的解读，因为发动者、参与者的自我意识的差异，已经衍生出各种不同的打上个人印记的五四观。例如，胡适在《中国新文学大系·建设理论集》的长篇导言中，一改其在《五十年来中国之文学》最后部分对五四文学革命的比较客观的介绍，以大量篇幅突显自己提倡白话文的历史功绩和地位，少量篇幅述说陈独秀、周作人及其他几个

---

[1] 钱理群：《我对于李何林先生的学术贡献的两点看法》，《鲁迅研究月刊》2004 年第 10 期，第 9 页。

[2] 钱理群：《我对于李何林先生的学术贡献的两点看法》，《鲁迅研究月刊》2004 年第 10 期，第 9 页。

人的理论贡献和作用，只字未提鲁迅。①《中国新文学大系》是对五四新文化运动以来的新文学第一次大规模的历史整理与叙述，它的出版是 20 世纪 30 年代的一大文化盛典，影响很大，文化界包括文学界应该是非常关注的，但胡适的这种看法在当时并没有受到多少质疑。可见在许多人的心目中，尽着新文学与新文学思潮的"领港"和"舵工"的"职务"的，是胡适等人，而非鲁迅。也就是说，在胡适等人的五四文学观中，是没有鲁迅的位置的。为了消解这种遮蔽鲁迅作用的五四观，作为新文学史家的李何林才会行使自己的话语权和阐释权，把鲁迅和五四新文学融合起来，把鲁迅五四作为引领中国现代文学发展的主导因素。他认为，"在近二十年内各时期里面中国文艺思潮的浪涛中"，尽着"领港"和"舵工"的"职务"的，是鲁迅，五四新文学是由鲁迅支撑和推动的。② 他不否认胡适有作用，但认为不是主要作用。这是钱理群据以提出"鲁迅五四"这一命题的文学史背景。

在后来的一次《漫说"鲁迅五四"》的演讲中，钱理群对他提出的"鲁迅五四"的命题做了溯源和进一步发挥。他说："我的这个命题是从汪晖在十年前写的《中国现代历史中的"五四"启蒙运动》一文提出的一个观点引申出来的。"③

汪晖的这篇论文分两次发表在《文学评论》（1989 年第 3、4期）上，篇幅较长，这里作一扼要介绍。汪晖认为，五四运动的发动者和参与者个性各异，其提出和遵奉的启蒙学说千差万别，

---

① 姜义华主编：《胡适学术文集·新文学运动》，中华书局 1993 年版，第 225—260 页。
② 李何林：《近二十年中国文艺思潮论》，陕西人民出版社 1981 年版，第 14 页。
③《书城》2009 年第 5 期，第 5 页。

这就造成了新文化运动的各种思潮缺乏统一的方法论基础，缺乏内在的历史和逻辑。"在中国历史上，没有一个时代的文人象'五四'新文化运动者那样相互之间（团体之间、个人之间）区别得那样分明，也没有一个时代的文人象'五四'新文化运动者那样在如此分明的歧异中保持着较之'歧异'更为'分明'的'同志感'。"①形成这种"同志感"的一个重要纽带，就是五四同人的"态度的统一性"。② 即，在对于中国传统文化和社会的批判与怀疑态度上，五四先贤的态度倾向性是总体一致的。胡适、周作人都有一个概括，五四新文化运动的核心观念是"重新估定一切价值"。就是鲁迅在《狂人日记》中所诘问的："从来如此，便对么？"这种对传统观念、价值的重新思考和重新估价，是"五四"那一代的一个基本共同点。除此之外，也还有一些共同价值理想，如民主、科学、启蒙等等。但如果进一步追问，问题就出来了：以什么标准来重新估定价值呢？要持守怎样的民主观、科学观、启蒙观呢？具体、深入到这些层面，五四的发动者、参与者彼此之间就很不一致了。

据此，钱理群得出了自己的结论："在某些大体的、具有某种模糊性的共同价值观念之下，每一个在当时有影响的发动者、参与者，都以各自不同的理解、追求与实践，在五四新文化运动上打下个人的烙印，甚至形成某种传统。于是，在总体的'五四'之下，有陈独秀、李大钊的'五四'——那是走向马克思主义的'五四'；有胡适的'五四'，那是走向自由主义的'五四'；当然，也就有鲁

---

① 《文学评论》1989 年第 3 期，第 20 页。
② 《文学评论》1989 年第 3 期，第 18 页。

迅的'五四'。还有蔡元培的'五四'。我最近在研究沈从文，就注意到，沈从文在六十年前，也就是上一世纪的四十年代写了好几篇文章谈'五四'传统。谈的就是蔡元培的'美育代替宗教'的传统，希望通过文学的复兴来重建信仰，再造中国。"[1]

钱理群谈"鲁迅五四"，更强调"鲁迅在五四新文化运动上打下的个人印记，从而形成的鲁迅传统"。他认为，鲁迅传统是"五四"大传统下的小传统。就是说，鲁迅传统在基本方向上和"五四"传统是一致的，是其有机组成部分，它和其他人的"五四"不是对立，而是相互补充和制约的；鲁迅的贡献是独立而重要的，但绝不是唯一的，尤其不能以"鲁迅五四"来代表整个"五四"传统。[2]

王富仁虽然没有明确提出"鲁迅五四"的命题，但他在强调"鲁迅在五四新文化运动上打下的个人印记"这一点上，在强调鲁迅作为文化个体的独立性这一点上，与钱理群是一致的。汪晖也没有直接触及"鲁迅五四"的命题，但他的关于五四先贤整体"态度的同一性"和个体观点的差异性的论述，引发了钱理群提出"鲁迅五四"命题的灵感和思路。

二、"鲁迅五四"命题的合法性

上文提及，李何林在《近二十年中国文艺思潮论》一书中对鲁迅传统重要性的高调凸显，和对新文学史编撰话语权的有效运用，

---

[1]《书城》2009年第5期，第5页。
[2]《书城》2009年第5期，第6页。

是钱理群提出"鲁迅五四"这一命题的文学史背景。置诸中国现代文学发展实际，这一命题看似单薄和突兀，实则底蕴深厚，而且其来有自，水到渠成。

其一，五四先贤和鲁迅同时代人关于鲁迅的本真诚朴的论述，是"鲁迅五四"的命题得以成立的史实依据。

蔡元培在 1938 年版《鲁迅全集》序言中说，鲁迅是"为新文学开山的""蹊径独辟，为后学开示无数法门"。

陈独秀在《我对于鲁迅之认识》中说，"鲁迅先生和他的弟弟启明先生，都是《新青年》作者之一人，虽然不是最主要的作者，发表的文字也很不少，尤其是启明先生；然而他们两位，都有他们自己独立的思想，不是因为符合《新青年》作者中那一个人而参加的，所以他们的作品在《新青年》中特别有价值，这是我个人的私见。鲁迅先生的短篇幽默文章，在中国有空前的天才，思想也是前进的。"[1]

胡适在 1922 年的《五十年来中国之文学》一文中，回顾五四前后小说创作情况时说："这一年多（1921 年以后）的小说月报已成了一个提倡'创作'的小说的重要机关，内中也曾有几篇很好的创作。但成绩最大的却是托名'鲁迅'的，他的短篇小说从四年前的《狂人日记》到最近的《阿Q正传》，虽然不多，差不多没有不好的。"[2] 1922 年 8 月 11 日，胡适还在日记中写道："周氏兄弟最可爱，他们的天才都很高。豫才兼有鉴赏力和创作力，而启明的鉴赏力虽佳，创作较少。"在《谈新诗——八年来一件大事》中，他

---

[1]《鲁迅回忆录》（散篇·上），北京出版社 1999 年版，第 130 页。
[2] 姜义华主编：《胡适学术文集·新文学运动》，中华书局 1993 年版，第 160 页。

明确承认鲁迅的"新诗人"身份，赞赏其新诗颇有新意："我所知道的'新诗人'，除了会稽周氏弟兄之外，大都是从旧式诗、词、曲里脱胎出来的。"① 1958 年 5 月 4 日，胡适在台湾发表纪念新文化运动的演讲，特别表彰了鲁迅："我们那时代一个《新青年》的同事，也姓周，叫做周豫才，他的笔名叫'鲁迅'，他在我们那时候，他在《新青年》时代是个健将，是个大将。我们这班人不大十分作创作文学，只有鲁迅喜欢弄创作的东西，他写了许多随感录、杂感录，不过最重要的是写了许多短篇小说。"

郁达夫有一篇题为《鲁迅的伟大》的短文，发表在 3 月 1 日日本《改造》第十九卷第三号上。文中说："如问中国自有新文学运动以来，谁最伟大？谁最能代表这个时代？我将毫不踌躇地回答：是鲁迅。鲁迅的小说，比之中国几千年来所有这方面的杰作，更高一筹。至于他的随笔杂感，更提供了前不见古人，而后人又绝不能追随的风格，首先其特色为观察之深刻，谈锋之犀利，文笔之简洁，比喻之巧妙，又因其飘溢几分幽默的气氛，就难怪读者会感到一种即使喝毒酒也不怕死似的凄厉的风味。当我们见到局部时，他见到的却是全面。当我们热衷去掌握现实时，他已把握了古今与未来。要全面了解中国的民族精神，除了读《鲁迅全集》以外，别无捷径。"② 在《中国新文学大系·散文二集》导言中，郁达夫毫不掩饰自己对鲁迅散文的喜欢："中国现代散文的成绩，以鲁迅周作人两人的为最丰富最伟大，我平时的偏嗜，亦以此二人的散文为最所溺爱。一经开选，如窃贼入了阿拉伯的宝库，东张西望，简直迷了

---

① 姜义华主编：《胡适学术文集·新文学运动》，中华书局 1993 年版，第 390 页。
② 倪墨炎等编：《回忆鲁迅·郁达夫谈鲁迅全编》，上海文化出版社 2006 年版，第 111 页。

我取去的判断；忍心割爱，痛加删削，结果还是把他们两人的作品选成了这一本集子的中心，从分量上说，他们的散文恐怕要占全书的十分之六七。"

朱自清在《中国新文学大系·散文二集》导言中认为："但给诗找一种新语言，决非容易，况且旧势力也太大。多数作者急切里无法甩掉旧诗词的调子；但是有死用活用之别。胡氏好容易造成自己的调子，变化可太少。康白情氏解放算彻底的，他能找出我们语言的一些好音节，《送客黄浦》便是；但集中名为诗而实是散文的却多。只有鲁迅氏兄弟全然摆脱了旧镣铐，周启明氏简直不大用韵。他们另走上欧化一路。走欧化一路的后来越过越多。——这说的欧化，是在文法上。"

同时代人的类似论述不胜枚举，它足以说明，将鲁迅与五四并置，德位完全相配。

其二，鲁迅的五四姿态和五四论述，低调谦抑，诚实不虚，但这丝毫不影响"鲁迅五四"的命名和定位。对于五四，不管是文学革命，还是学生运动，鲁迅的确不是一个热心的领导者，甚至也不是一个主动的参与者。但他毫不含混地坦承，陈独秀、胡适等人是五四文学革命的前驱和主将，自己是"与前驱者保持同一步调"的"听将令"的战士，自己的创作，也是遵循主将的命令而进行的，是"遵命文学"。这与他本人在《呐喊·自序》里自评的"不是一个振臂一呼应者云集的英雄"[1] 是一致的。以鲁迅的白话新诗创作为例，可以很分明看到这一点。在鲁迅全部的文学创作中，白话新

----

[1] 鲁迅：《呐喊·自序》，《鲁迅全集》第 1 卷，人民文学出版社 1981 年版（下同），第 417—418 页。

诗所占的比例极小，成绩也并不显著，但其在五四文学革命初期的助阵之劳和造势之功，却不可忽视。鲁迅在谈到自己为什么创作白话新诗时，曾如此解释："因为那时诗坛寂寞，所以打打边鼓，凑些热闹；待到称为诗人的一出现，就洗手不作了。"① 这当然是自谦。对于鲁迅来说，以新诗的形式创作白话文学，既是对个人"呐喊"的丰富和补充，也是对主将"尝试"的支持与声援，符合他当时的真实心境和文化身份。所以鲁迅之写白话诗，更像是闲余客串或友情出演，主角登场了，自己也就自觉地边缘化了。即令在《〈中国新文学大系〉小说二集序》中谈到自己的小说，也只是以简短的几句话陈述了一个众所周知的历史事实。他说："从一九一八年五月起，《狂人日记》《孔乙己》《药》等，陆续的出现了，算是显示了'文学革命'的实绩，又因那时的认为'表现的深切和格式的特别'，颇激动了一部分青年读者的心。"可见，对于自己在五四文学革命中的作为，鲁迅取一种不喧宾、不夺主、不贪功、不溢美的态度。不过，倘若因此顺竿爬，或者给个棒槌就当针，从鲁迅的自谦和低调中得出结论，以为鲁迅只是主将领导下的一个碌碌无为的兵，在五四文学革命和新文化运动中无足轻重，那就不仅仅是缺乏阅读悟性和文史常识的问题了。

其三，政治家的鲁迅论述，是一个分界线和导航图，规约了此后"鲁迅五四"的走向。

早在 1937 年鲁迅去世一年之际，毛泽东就做了《论鲁迅》的报告，称鲁迅为"中国第一等的圣人"，认为"孔子是封建社会的圣人，鲁迅是新中国的圣人"。到了《新民主主义论》，他不但称鲁

① 鲁迅：《集外集·序言》，《鲁迅全集》第 7 卷，第 4 页。

迅是五四以来文化新军的"最伟大的最英勇的旗手",是"中国文化革命的伟人",而且写下了这段包含了三个"伟大"和七个"最"的话:"鲁迅是中国文化革命的主将,他不但是伟大的文学家,而且是伟大的思想家和伟大的革命家。鲁迅的骨头是最硬的,他没有丝毫的奴颜和媚骨,这是殖民地半殖民地人民最可宝贵的性格。鲁迅是在文化战线上,代表全民族的大多数,向着敌人冲锋陷阵的最正确、最勇敢、最坚决、最忠实、最热忱的空前的民族英雄。鲁迅的方向,就是中华民族新文化的方向。""在'五四'以后,中国产生了完全崭新的文化生力军……二十年来,这个文化新军的锋芒所向,从思想到形式(文字等),无不起了极大的革命。……而鲁迅,就是这个文化新军的最伟大和最英勇的旗手"。

毛泽东的鲁迅论述,相当于将"鲁迅五四"这一小传统,来代替整个"五四"这一大传统;将"鲁迅五四"的独立性升级到唯一性。同样是推崇鲁迅,毛泽东和一般文学史家的侧重点和站位存在着明显的不同和差异。一个是统帅革命力量、具有重塑国家形象雄心的政治领袖;一方是站在"鲁迅五四"的立场、负有书写新文学传统使命的文学史家。所以,他们看待新文学和鲁迅传统的角度、眼光自然各有侧重。以《新民主主义论》和《近二十年中国文艺思潮论》为例。将新文化(五四文学)纳入革命轨道,使鲁迅带上党派色彩,是政治家毛泽东以政治大格局和形势需要为最高准则的文学史观,这是文学史家李何林以历史大趋势和鲁迅传统为终极目标的"鲁迅五四"文学史观,无论如何激进、左翼和革命,也难以跟进和趋同的。对鲁迅的评价,《思潮论》已经"用我当时的思想水平所能提出的最高赞词歌颂了他们在中国现代文艺思想界的地位和贡献"，并套用了毛泽东的"鲁迅是新中国的圣人"的说法。① 但与毛泽东后来的三个"伟大"和七个"最"的评价相较，就不仅是五十步和一百步的问题了。作为新文学史家，李何林把鲁迅严格定位在"中国现代文艺思想界"这个特定范围内，他心目中的鲁迅是"文艺鲁迅"，是局部性的定位；毛泽东则完全不同了，他考虑的是鲁迅"在中国革命史中所占的地位"，在毛泽东看来，鲁迅这个"新中国的圣人""了不起的作家"的意义和价值绝不仅仅局限于文学界，还要扩展到思想界、革命界，而且是有归属的，那就是"他并不是共产党的组织上的人，然而他的思想、行动、著作，都是马克思主义化的"，他"在革命队伍中是一个很优秀的很老练的先锋分子"。毛泽东心目中的鲁迅主要是"政治鲁迅"，是全局性的定位。这种不同和差异所引发的关于"鲁迅五四"的歧义之深，几乎难以达成共识。

其四，过往的新文学史家的论述，虽然没有直接使用"鲁迅五四"的学术概念，但"鲁迅五四"的观念，在那些崇敬鲁迅的文学史家的著述中越来越占据主导地位，且呈现出一种自觉的学术信仰，并经由主流意识形态的介入，逐渐形成事实上理论上的"鲁迅五四"论述体系。

钱理群有一个观点："在我看来，在现代文学研究界确实存在着一个或许可以称作是'鲁迅五四'的学派，李何林先生是举旗帜的代表人物之一，现代文学界的许多前辈，如王瑶先生、唐弢先生也都是这样的举旗帜的学者，而且应该说这样一种'鲁迅五四'观在现代文学中曾经占据着主导地位，并因而出现了十分复

---

① 李何林：《近二十年中国文艺思潮论》，陕西人民出版社 1981 年版，第 5 页。

杂的情况"。①

之所以如此，是建立在他们对鲁迅在中国现代文艺思想史甚至
文化史上的重要性的体认上。比如李何林称许鲁迅"有很多实际革
命行动，不是关在玻璃窗里写文章的人。"认为"鲁迅是中国文艺
界的灵魂。在他参加的论战中，他的文艺思想，他的见解，代表了
中国现代文艺发展方向。"② 既然鲁迅这么重要，以什么样的言说立
场和话语方式来认识和阐释这种作用，对于李何林来说，就不是一
个可以商量、可有可无的小问题，而是一个关系中国现代文学发展
的鲁迅方向和鲁迅传统的大问题，也是一个关系自己的学术生命和
思想信仰的原则问题。在撰写《近二十年中国文艺思潮论》这样
"一本讲文艺思想斗争的书"时，李何林毫不讳言自己的价值观和
倾向性，用当时的"最高赞词"歌颂鲁迅和瞿秋白"在中国现代文
艺思想界的地位和贡献"；在所引的"经"、所据的"典"中，鲁迅
的文艺思想资源占压倒一切的比重和分量，宗旨就是在各种文艺思
想和观点的交锋碰撞中，来突出鲁迅对中国现代文学思潮的巨大影
响力，突出鲁迅在中国现代文艺思想史上的领航作用。

回顾新文学史编撰的历史，从胡适 1922 年撰写的《五十年来
中国的文学》涉及到 1917—1922 年间的新文学并赞扬鲁迅开始，
在 20 世纪二三十年代有关新文学研究的著述中，鲁迅的地位呈渐
次上升态势。如王哲甫《中国新文学运动史》（1935），王丰园的
《中国新文学运动述评》（1936），吴文祺的《新文学述要》，即有类

---

① 钱理群：《我对于李何林先生的学术贡献的两点看法》，《鲁迅研究月刊》2004 年第 10
期，第 9 页。

② 田本相：《李何林传》，河北教育出版社 2003 年版，第 88 页。

似倾向。1935 年出版的《中国新文学大系》各卷导言，可以说是一篇极好的现代新文学小史，为"鲁迅五四"的撰史模式提供了重要的史料依据和理论支撑。1939 年出版的李何林编著的《近二十年中国文艺思潮论》，正式开启了钱理群所命名的"鲁迅五四"的研究立场和撰史模式，这一模式成为其后很长一段时间中国现代文学研究所遵循的共同路向。20 世纪 40 年代以后，这一共同路向逐渐靠拢毛泽东《新民主主义论》关于鲁迅和新文学性质的权威论断，由此"出现了十分复杂的情况"。复杂在何处？鲁迅地位明显上升，而"鲁迅五四"的涵义则被重新界定。看起来越来越强调"鲁迅五四"的主导地位，实际上越来越政治化、组织化。周扬的《新文学史讲义提纲》（《文学评论》1986 年第 1、2 期，估计写作时间在《新民主主义论》发表之后），以《新民主主义论》的观点，来解释近代文学和五四新文学革命，突出了鲁迅的旗手地位。但强调了五四运动是区分新旧民主革命的分界，强调了无产阶级在新文学运动中的重要领导作用。蓝海的《中国抗战文艺史》（1947 年 9 月），已经明确站在中共一边，对鲁迅、瞿秋白、《在延安文艺座谈会上的讲话》和解放区文艺一样作了高度评价。1949 年以后，适应毛泽东文艺思想在全国占领导地位和大学开设中国新文学课程的需要，教育部委托李何林、老舍、蔡仪、王瑶等参与制订了《中国新文学史教学大纲（初稿）》。这份《大纲（初稿）》以《中国新文学史研究》（李何林等著）的书名出版（1951 年），基本勾勒了以《新民主主义论》为圭臬，将"鲁迅五四"置于旗下的中国新文学发生发展的整个过程，规约了中国现代文学学科的研究倾向，为后来的新文学史著所沿用。例如，作为第一部纵贯三十年（1919—1949）的教科书性质的新文学史著，王瑶的《中国新文学史稿》(1951年—1953年版)在新文学的分期、文学史观、思想倾向和史料编排等方面，即受了这份大纲和《思潮论》的较大影响。稍晚一些时候出版的几种文学史著，如蔡仪的《中国新文学史讲话》(1952)，丁易的《中国现代文学史略》(1955)，张毕来的《中国新文学史纲》第1卷（1955)，刘绶松《中国新文学史初稿》(1956)等，同样具备近似的标志性特征。从1957年反右一直到20世纪70年代中期，中国现代文学研究走入歧途和极端。如复旦大学中文系1957级文学系学生集体编著的《中国现代文艺思想斗争史》(1960)，以两条路线斗争和政治挂帅为主导，完全偏离了"鲁迅五四"的走向。新时期，从1980年召开中国现代文学研究会首届学术讨论会算起，现代文学研究开始从歧路和极端中走出。比较引人注目的研究，是1979年—1980年唐弢主编的三卷本《中国现代文学史》的出版，这部总结性的文学史著，既恢复和接续了李何林、王瑶重视鲁迅、重视文艺运动和思想斗争的研究思路和学术传统，同时又遵循了《新民主主义论》的规范，当然也有所开拓和突破。从学科建设的角度说，如果李何林的《思潮论》是学科开始形成的奠基之作，王瑶的《史稿》是学科正式建立的标志之作，那么唐弢的《文学史》则是学科走向成熟的代表之作，这三部著作各有侧重，各有千秋，在"鲁迅五四"论述和中国现代文学的学科化进程中形成了一种连环式的接力关系。

由上所述可知，在毛泽东的鲁迅观发表后，新文学史编撰中鲁迅虽然占比很大，定位很高，但"鲁迅五四"的主导地位却变得弱化，且受到一定程度的矫正。对于这一现象，钱理群做了如下描述："鲁迅五四""成为主导地位的一个重要的不可回避的原因是毛泽东对鲁迅的高度评价所引起的意识形态乃至权力的介入，发展到极端，就将鲁迅'五四'唯一化，对其他人的'五四'形成了某种压抑，而鲁迅'五四'本身也出现了许多李何林先生所说的'歪曲'以及投机者的渗入，并在事实上形成了对鲁迅'五四'的不同理解与阐释，出现了许多分歧。而这样的分歧在学术研究中是永远存在的。"①

三、"鲁迅五四"的本质应该也必然是"文学五四"

通过简单梳理，可见各方对"鲁迅五四"的论述并非纯粹，并非仅仅局限于文学领域。其中不乏平实的客观理性的个人化视角，不乏以二元对立的思维方式行使话语权的撰史模式，这些视角和模式未必尽如人意，但对"鲁迅五四"的论述都有一定的启迪作用，对现代文学学科建设也有某种助推意义。至于期间曾经有过的歪曲"鲁迅五四"、并有意识地对之进行泛政治化利用的现象，已经远逾"鲁迅五四"的本体或本来面目。

那么，"鲁迅五四"的本体或本来面目是什么呢？笔者认为，"鲁迅五四"应该也必然是"文学五四"，而不是别的什么。钱理群在他的两篇文章中，涉及到了"鲁迅五四"命题的客观存在，以及"鲁迅五四"与整个"五四"、他人"五四"的逻辑关系，但因文章宗旨和篇幅问题，对"鲁迅五四"的本质属性未作进一步论述。类似的为数不多的研究成果也因关注的重点不在于此，而无法提供较为明晰的具体答案。但有一点可以肯定，钱理群根据文学史研究实

① 钱理群：《我对于李何林先生的学术贡献的两点看法》，《鲁迅研究月刊》2004 年第 10 期，第 12 页。

际和个人独立思考提出的"鲁迅五四"的学术命题，不是为了压制其他五四先贤的五四论述，不是为了遮蔽早已成为定论的整体的五四精神论述，而是为了正本清源，还原"鲁迅五四"的文学属性。即鲁迅是当之无愧的五四文学形象代言人，中国现代文学奠基人。离开这些基本元素谈"鲁迅五四"，就成了无源之水无本之木。因为：

首先，五四先贤和鲁迅的同时代人都是在文学意义上高度评价鲁迅对五四新文学的巨大贡献的。蔡元培的"新文学开山"论，陈独秀的"独立的思想"和"空前的天才"说，胡适的"天才都很高，豫才兼具鉴赏力和创作力"的结论，以及郁达夫、朱自清等对鲁迅诗文的美誉，都是着眼于文学的事实判断。

其次，鲁迅自己也是从文学创作角度，客观理性甚至过于低调地陈述自己五四文学革命时期的文学业绩的，这有他的一系列文学自述和创作谈为证。

第三，五四文学革命初始的实际情况，正如胡适在《中国的文艺复兴运动》中所说：是"提倡有心，创作无力"。①

实际情况还不只是"创作无力"这么简单，当时的现状是无人应和。正如鲁迅在《呐喊·自序》中说的："我懂得他的意思了，他们正办《新青年》，然而那时仿佛不特没有人来赞同，并且也还没有人来反对，我想，他们许是感到寂寞了"。也就是说，蔡元培、陈独秀、胡适，这些鲁迅佩服的文学革命的前驱和主将，虽然为文学革命提供了足够大的公共空间，且不遗余力提倡文学革命，也造足了声势，甚至还使出了钱玄同和刘半农所精心策划的"双簧"式

---

① 姜义华主编：《胡适学术文集·新文学运动》，中华书局1993年版，第295页。

的招数，但他们本人却拿不出有说服力的像样的文学作品来。若不是鲁迅以自己厚积薄发的创作成果及时"显示了文学革命的实绩"，以一己之力撑起了五四文学革命的一片天，五四文学革命就会虎头蛇尾，陷入只挂招牌、没有货色的尴尬境地，给当时还很强大的反对新文学的守旧势力以反击的口实。从这个层面看，怎么估计"鲁迅五四"的文学价值也不为过。

第四，中国现代文学史发生发展的历程证明，现代作家中的绝大多数是沿着"鲁迅五四"的文学轨迹行进的。用蔡元培的话说，鲁迅的文学创作"蹊径独辟，为后学开示无数法门"。茅盾也说，"在中国新文坛上，鲁迅君常常是创造'新形式'的先锋：《呐喊》里的十多篇小说几乎一篇有一篇新形式，而这些新形式又莫不给青年作者以极大的影响，必然有多数人跟上去试验。"[1] 对此，《中国现代文学三十年》（修订本）是这样描述的："鲁迅无疑是最具有原创性与源泉性的现代中国的思想家与文学家，中国现代思想与文学的开创者之一。他的精神深刻地影响着他的读者、研究者，以至一代又一代的中国现代作家、现代知识分子和青年。鲁迅极富创造力和想象力的文学创作，为中国现代文学的发展奠定了深厚的基础，开拓了广阔天地。几乎所有的中国现代作家都是在鲁迅开创的基础上，发展了不同方面的文学风格体式，这构成了中国现代文学的一个独特现象。"[2] 这段话，完全可以作为蔡元培和茅盾观点的注脚。比如，20世纪二三十年代的中国乡土小说创作，就是沿着鲁迅小

---

[1] 茅盾：《关于鲁迅研究的一点意见》，《茅盾心目中的鲁迅》，陕西人民出版社1992年版，第52页。

[2] 钱理群等主编：《中国现代文学三十年》，北京大学出版社1998年版，第34页。

说所开辟的题材路径发展起来的，这一点连与鲁迅不睦的沈从文也承认。他在谈到自己的文学创作所受的影响时说："由'楚辞'、'史记'、曹植诗到'桂枝儿'小曲，什么我都喜欢看看。从小又读过'聊斋志异'和'今古奇观'，外国作家契诃夫和莫泊桑短篇正介绍进来，加之由鲁迅先生起始以乡村回忆做题材的小说正受广大读者欢迎，我的学习用笔，因之获得不少勇气和信心。"[①]

第五，就终极意义上说，作家靠作品说话，文学史就是作品史。五四一代人中，鲁迅的文学开拓是多方面的，成就无与伦比，故而，以鲁迅与五四新文学为话题描述这一时期的文学发展的著述，所在多有。胡适在《建设的文学革命论》中说："国语没有文学，便没有生命，便没有价值，便不能成立，便不能发达。"[②]

笔者理解为，胡适提倡白话文功不可没，但他在白话文学创作上的价值仅止于"尝试"，这样的"尝试"，作为给五四文学暖场的背景板，是没有问题的，但它代表不了五四文学的艺术高度和思想深度，对以后的作家创作的示范效应可以忽略不计，虽然后来也曾有人表示，自己的诗作是效"胡适之体"，那只是一种戏谑的说法，其指代相当于"我的朋友胡适之"。能够代表五四文学的艺术高度和思想深度，对以后的作家创作产生恒久的示范效应的，是鲁迅的作品。因此，没有鲁迅创作的白话文学经典的强力支撑，白话文即胡适所说的国语，便没有生命力和价值，便可能在与文言文较量中失去存在的合理性和必要性。王富仁在《关于中国现代文学史编写

---

① 《沈从文小说选集》，人民文学出版社1957年版，第3页。
② 姜义华主编：《胡适学术文集·新文学运动》，中华书局1993年版，第295页。

问题的几点思考》①　一文中有一个观点："文学史不是作家史，而是作品史。文学史不是为作家树碑立传的，而是让读者了解我们现代文学史上的文学作品的。在过去，我们老是争论文学史写谁不写谁，我认为更重要是写哪些作品而不写哪些作品。""文学史不是思想史，也不是文艺理论史。它的思想性应当是在成功的文学作品中实际表现出来的，它的艺术性应该是成功的文学作品实际实现了的，都不应当是作家自己用理论的语言表达出来的。"② 依据这样的标准，文学史意义上的"鲁迅五四"的命题，其成立天经地义。

鲁迅和五四，这是两个为国内外学术界持续关注、具有国际影响力的研究课题，也是两个重写文学史绕不过去的重要原点。无论中国现代文学史上曾经有多少群星闪耀，其在中国文学史的长河中也只是短短的三十余年，随着岁月和读者的淘洗，能够流传下来的经典作品将不会太多，有资格留在文学史上并占有较为稳定位置的经典作品将会更少，这是一个不可逆转的大趋势。王富仁所说的"中国现代文学史不要越写越厚，而要越写越薄"，③ 就是对这一大趋势的回应。在这一演变过程中，重写文学史面临的挑战将不可避免地集中在作品的思想艺术价值的勘定上。要做到这一点，"鲁迅五四"的命题就显得格外有效。它可以是一种切入历史的视角和方法，也可以是一种选择作品的坐标和参照系。具体操作中，可以将鲁迅与五四的同质化元素，即本质精神的相通和递进逻辑，进行内在的整合和互训，从而更加明晰地彰显中国现代文学作品的现代性

---

① 《文学评论》2000 年第 5 期，第 40 页。
② 《文学评论》2000 年第 5 期，第 43 页。
③ 《文学评论》2000 年第 5 期，第 41 页。

和文学性、经典性和人文性，更加有效地摆脱和摒弃各种非文学因素的芜杂与羁绊，为重写文学史提供一个比较靠谱、可资借鉴的筛选机制和衡文尺度。

鲁迅"走异路，逃异地"考述[①]

刘润涛（河北大学文学院）

　　1898 年鲁迅赴江南水师学堂求学，标志着其从传统读书人向现代知识分子转型的开始。关于这一人生选择的记述，最早见于鲁迅《呐喊·自序》，并称之为"仿佛是想走异路，逃异地"。随后，鲁迅又在《俄文译本〈阿 Q 正传〉序及著者自叙传略》《琐记》等文章中将家境贫困、衍太太制造流言、厌弃 S 城人、求是书院学费贵、不满意绍郡中西学堂课程设置等作为"走异路，逃异地"的原因。鲁迅逝世后，周作人在《椒生》《监督》《戊戌三》《往南京》等文章中既承认鲁迅入江南水师学堂与族祖周庆蕃有关系，又刻意淡化周庆蕃的扶助作用。长期以来，各种鲁迅传记、研究论著对此

----

① 本文系河北大学高层次人才科研启动项目"鲁迅'走异路，逃异地'考述"（801260201281）研究成果。承绍兴鲁迅纪念馆裘士雄、徐东波、徐晓光等老师及河北大学文学院刘玉凯老师惠赐资料，河北省社会科学院文学研究所张永泉老师，中国人民大学文学院杨联芬老师及博士生陈锦红、邢洋拨冗审阅纠谬，谨此致谢。

的论述，主要建立在周氏兄弟回忆文字的基础上。近年来有学者对周氏兄弟的叙述作了较好的补充①，但由于缺乏历史细节呈现和对个体差异性的足够重视，论断略显疏阔，对鲁迅当时境况的解读存在一定偏差。本文试图通过考校各种史料，重建历史现场，呈现历史细节，澄清基本史实，初步勾勒鲁迅"走异路，逃异地"的本相，以期对推进鲁迅研究有所助益。

一、"走异路"之根源

研究者多将鲁迅入江南水师学堂的原因归结为家境拮据、周椒生的关系、维新思潮的影响、S城人的嘴脸等。但仅粗略列举上述因素，不能解释同一处境的周作人为何连续历经戊戌、己亥、庚子、辛丑四年科考失败才赴南京求学，而鲁迅未参加科考即赴南京求学，便是提及鲁迅不喜八股制艺的研究者也只是引述寿洙邻的叙述，不知其所以然。因此要回答这一问题，不仅要着眼于共性的外因，更要重视个体间的差异，必须回到鲁迅思想发展逻辑，考察科举考试特点与鲁迅个人兴趣产生矛盾的成因，方可探知其"走异路"的根源。

科举考试始于隋唐。从文官选举制度史的角度看，"科举之善，在能破朋党之私……前此选举，皆权在举之之人，士有应举之才，而举不之及，夫固无如之何。既可投牒自列，即不得不就而试之，应试者虽不必其皆见取，然终必于其中取出若干人。是不能应试者，有司虽欲循私举之而不得。苟能应试，终必有若干人可以获举也。此实选举之官徇私舞弊之限制，而亦人人有服官之权之所以兑

---

① 如姚锡佩《鲁迅去南京求学前后的若干史实》、散木《周氏昆仲与"求是书院"》等。

现于实也。"① 这一考试制度使政府选举官吏突破门阀限制，大批平民出身的读书人登上政治舞台，尽管不能做到野无遗才，但确实体现了平等竞争的用人机制。科举考试的具体形式又是在人们总结历史经验的基础上形成并不断改进的："汉取士以制策，其弊也，泛滥而不适于用；唐以诗赋，其弊也，浮华而不归于实；宋以论，其弊也，肤浅而不根于理。于是依经立义之文出焉，名曰制义。"② 制艺取士始于明，沿袭数百年，文风取向亦略有差异。明朝洪武、永乐以迄成化、弘治年间，风气初开，文尚简朴；隆庆、万历年间贵机法，渐趋轻佻；天启、崇祯年间，警僻奇杰之气日盛，启横议之风；清袭明制，曾因八股文章不切实际，于康熙七年一科改考策论，嗣后又恢复制艺取士，尚清真雅正。制艺取士，风行日久，弊端暴露。乾隆九年，兵部侍郎舒赫德即上奏称，"科举之制，凭文而取，按格而官，已非良法。况积弊日深，侥幸日众。古人询事考言，其所言者，即其居官所当为之职事也。今之时文，则徒空言而不适于用，且墨卷房行，辗转钞袭，肤词诡说，蔓衍支离，以为苟可以取科第而止，实不足以得人，应将考试条款改移而更张之，别思所以遴拔真才实学之道"，然而当时昧于世界发展潮流的国人未能找到更合理的考试形式，且自时人看来："大凡宣之于口，笔之于书，皆空言也，何独今之时义为然？且夫时义取士，自明至今殆四百年，人知其弊而守之不变者，非不欲变，诚以变之而未有良法美意以善其后。且就此而责其实，则亦未尝不适于用，而未可概行訾毁。何也？时义所论，皆孔孟之绪余、精微之奥旨，未有不深明

---

① 吕思勉：《中国社会史》，上海古籍出版社 2007 年版，第 526 页。
② 江国霖：《序》，《制艺丛话　试律丛话》，上海书店出版社 2001 年版，第 5 页。

书理而得称为佳文者。"① 科举考试要求时文（即八股文）须代圣人立言，"做时文要讲口气，口气不差，道理亦不差，解经便是如此"②，"文章总以理法为主，任他风气变，理法总是不变……大约文章既不可带注疏气，尤不可带词赋气。带注疏气不过失之于少文采，带词赋气便有碍于圣贤口气，所以词赋气尤在所忌"③。因此，杜绝杂览、杂学，保持知识结构精纯，乃是造就闱墨之才的根本前提。蔡元培在私塾学八股文时，曾借阅《三国演义》及《战国策》，塾师王懋修即告诫看不得，认为"演义里所叙的人和事，真伪参半，不可依据；八股文的用字造句，必须出自经书，若把《战国策》一类书的词句掺进去，必为考官所摒弃，而名落孙山，所以还是不看为妙"④。鲁迅在三味书屋读书时的同学章翔耀回忆说："那时候，《水浒》、《三国》、《西厢》、《列国志》、《春秋》、《聊斋志异》等都是木版的。看这些书也要等寿先生走开之后，若被寿先生看见的话，就要问：'你看这些书做啥？'要拿来撕破的。还说：看这些书，头脑要变呆的，只有做文章才好。"⑤ 王懋修、寿镜吾禁止看小说、杂书的根本原因亦在此。另外，童子试⑥与乡试、会试（又称

---

① 梁章钜：《制艺丛话　试律丛话》，上海书店出版社 2001 年版，第 14 页。

② 梁章钜：《制艺丛话　试律丛话》，上海书店出版社 2001 年版，第 18 页。

③ 吴敬梓著、李汉秋辑校：《儒林外史汇校汇评》，上海古籍出版社 2010 年版，第 172 页。

④ 高平叔：《蔡元培年谱长编》第 1 卷，人民教育出版社 1999 年版，第 25 页。

⑤ 张能耿：《三味书屋师生谈鲁迅》，《鲁迅亲友寻访录》，党建读物出版社 2005 年版，第 190 页。

⑥ 童子试即明、清两代取得生员（秀才）资格的考试，分县考、府考、道考三级。县试正试一场，复试五场，府考正试一场，复试三场。道考由提学使主持，又称提学道，所以又叫道考，正试一场，复试一场。

"大场")的命题侧重点和评价标准有所不同。前者或可以《孟子·离娄下》"齐人有一妻一妾"中"蚤起"为题，批判社会、人性的阴暗面，为发挥志意、叙事抒情留有一线空间①；后者必须是逻辑严密的正论，类似于今天的社论。《儒林外史》中高翰林就曾略带夸张地形容这种差别说："凡学道考得起的，是大场里再也不会中的；所以小弟未曾侥幸之先，只一心去揣摩大场，学道那里时常考个三等也罢了""'揣摩'二字，就是这举业的金针了。小弟乡试的那三篇拙作，没有一句话是杜撰，字字都是有来历的，所以才得侥幸。若是不知道揣摩，就是圣人也是不中的"。②喜作小说的蒲松龄、喜谈鬼神的鲁迅父亲周伯宜通过童子试后便屡战屡败，不能得志于科场，原因即在于其知识结构过于驳杂，又未能针对命题特点将正论文写作提高到相当水准。

鲁迅的文化个性为家庭教育、知识结构所塑造，与科举考试要求呈现一种相反的倾向。鲁迅祖父周介孚希望儿孙科场顺利，但"他对于教育却有特殊的一种意见，平常不禁止小孩去看小说，而且有点奖励，以为这很能使人思路通顺，是读书入门的最好方法"，并时常说《西游记》是小说中顶好的作品，又在杭州狱中携带一部《儒林外史》，周氏兄弟时常拿来看。③周介孚认为"小孩子专读经书八股，容易变成呆子，必须先教他看小说，思想灵活了，有了看书的兴趣，再引他回过去用功，才能前进，至少也可免于淤塞

① 袁世硕、徐仲伟：《蒲松龄评传》，南京大学出版社 2000 年版，第 21 页。
② 吴敬梓著、李汉秋辑校：《儒林外史汇校汇评》，上海古籍出版社 2010 年版，第 598 页。
③ 钟叔河编订：《老师二》，《周作人散文全集》第 13 卷，广西师范大学出版社 2009 年版，第 260—261 页。

不通"①，目的非常明确。周伯宜幼承庭训，喜读小说，富有才情，又因乡试屡屡受挫，对科举的热情大减，已忘却了父亲让孩子读小说的初衷，常在晚饭吃酒时给周氏兄弟讲故事，以《聊斋志异》居多，"至于读夜书，那是特别热心科举的人家才有，伯宜公自己不曾看见在读八股，所以并不督率小孩，放学回来就让他们玩去好了"②。这种放任型的教养方式所营造的自由氛围，使鲁迅大致从收集、描画图书画谱出发，逐渐建立起美术、杂学、文学互动的知识结构，潜在地影响了其期待视野和认知方式，左右了其对思想文化的择取、转化和创造，奠定了半生学问事业的倾向。③ 鲁迅喜爱小说、杂学，在三味书屋时就已表现得相当突出。寿镜吾"不喜八股文，所授只经史纲要唐宋诗古文词，鲁迅并不措意，尤不喜欢词章，以为此等描头画角，文人习套不足以发挥志意，故往往置正课不理，别取汉魏六朝文字，或小说杂书，藏抽屉中暗阅，以此为常"。④ "鲁迅书案，当初设在南墙下，面壁微暗，后以门隙有风为词，请移至西北临窗明亮处，其实鲁迅因喜阅小说杂书，藏抽屉中，暗处不便，托词以弃暗而投明也。"⑤ 喜读小说、杂书的个人兴

① 钟叔河编订：《〈西游记〉》，《周作人散文全集》第 10 卷，广西师范大学出版社 2009 年版，第 826 页。

② 钟叔河编订：《抄书》，《周作人散文全集》第 11 卷，广西师范大学出版社 2009 年版，第 683 页。

③ 刘润涛：《鲁迅知识结构探源——围绕其"年少读书"的考察》，《中国现代文学研究丛刊》2018 年第 5 期。

④ 寿洙邻：《我也谈谈鲁迅的故事》，《高山仰止——社会名流忆鲁迅》，河北教育出版社 2000 年版，第 3 页。

⑤ 寿洙邻：《我也谈谈鲁迅的故事》，《高山仰止——社会名流忆鲁迅》，河北教育出版社 2000 年版，第 2 页。

趣使得鲁迅在知识结构上与所谓"正途"的科举士子拉开距离，决定了其后来成为文艺、杂学之才而非场屋闱墨之士。

同时，家庭教育、知识结构的差异直接塑造了鲁迅对科举考试特别是八股文的价值判断。周伯宜在科场案前后为儿子们讲述《聊斋志异》，固然出于周伯宜的个人兴趣，但以其与蒲松龄相似的经历且受科场案的打击来推测，未尝不是一种略舒愤懑的方式。蒲松龄因沉迷小说创作而乡试屡战屡败，颇有怀才不遇的悲愤，故在《聊斋志异》多讥讽激愤之言，批判考官有眼无珠，鄙薄录取标准，感慨命运无常。《司文郎》中宋生少负才名却不得志于场屋而殂难为鬼，王平子作文近似大家而科场落第，余杭生以令人作呕之文竟得志乡试。《何仙》中李生好学深思，何仙将其举业文列为一等，提学署中幕客竟然将其列为四等。《贾奉雉》中贾奉雉虽才名冠世而屡试不中，后来戏从落卷中集其篇冗泛滥、不可告人之句连缀成文，竟中经魁，以致每读墨卷旧稿怏怏不乐，自谓"以金盆玉碗贮狗矢，真无颜出见同人"，遂遁迹山丘……斯时周氏兄弟由于个性和年龄的差异而反应不同：鲁迅当时十二岁至十五周岁，深受周伯宜影响，颇能领会书中的精神，并常同周伯宜谈论怪力乱神，给周作人讲神怪故事①；周作人八岁至十一岁，当时尚不明白"骷髅"一词为何意，待鲁迅解释后深感恐惧，后来将《聊斋志异》《子不语》等归入妖怪书类、《封神传》《西游记》等归入迷信的鬼神书类，作为妨碍人性的生长、破坏人类的平和的文学一并排斥②，甚

---

① 钟叔河编订：《父亲的病上》，《周作人散文全集》第 13 卷，广西师范大学出版社 2009 年版，第 165 页。

② 周作人：《人的文学》，《新青年》1918 年第 5 卷第 6 期。

至直到晚年对《聊斋志异》中《野狗》尚觉得可怕①，表现出一种持续的拒绝反感心理；周建人五岁至八岁，最为幼小，理解水平更为有限，只是跟着大家一起兴奋紧张而已②。后来在祖父周介孚的影响下，周氏兄弟常读《儒林外史》。作者吴敬梓虽然考中秀才后亦屡败场屋，但却不同于蒲松龄抒发怀才不遇的悲愤，而是着眼于反思和否定整个科举制度。《儒林外史》开篇即借王冕之口说朱元璋以《五经》《四书》、八股文取士"这个法却定的不好！将来读书人既有此一条荣身之路，把那文行出处都看得轻了"③。全书由此扩展开来，批判科举制度、功名富贵对人特别是读书人的异化："这些中进士、做翰林的，和他说到传道穷经，他便说迂而无当；和他说到通今博古，他便说杂而不精。究竟事君交友的所在，全然看不得！不如我这鲍朋友，他虽生意是贱业，倒颇颇多君子之行。"④ 在全书结尾处，吴敬梓按照自己的标准，假想朝廷对五十五名已故儒修赐予出身，其中多为带有"名士气"的读书人、武职、女子、释道，而举人品级以上的仅约占五分之一，曲折表达了对科举取士合法性的质疑与颠覆。周氏兄弟同读《儒林外史》，仍有细微区别：鲁迅略微年长，经历家庭变故，个性与周伯宜相近，顺其性情阅读，增强了对科举制度的反感；周作人略微年幼，其学问思想因随

---

① 钟叔河编订：《父亲的病中》，《周作人散文全集》第13卷，广西师范大学出版社2009年版，第167页。原文周作人误将《野狗》记为《野狗猪》，现改之。

② 周建人口述、周晔整理：《鲁迅故家的败落（增订本）》，福建教育出版社2017年版，第96页。

③ 吴敬梓著、李汉秋辑校：《儒林外史汇校汇评》，上海古籍出版社2010年版，第13页。

④ 吴敬梓著、李汉秋辑校：《儒林外史汇校汇评》，上海古籍出版社2010年版，第323—324页。

侍周介孚而深受其影响，对腐儒的病态表现敏感，也保留了读杂书的习惯，但对科举取士并不十分反感。

鲁迅对科举取士的反感还受到"经世致用"传统的影响。据寿洙邻回忆，鲁迅去江南水师学堂前的"后一二年，由我授课，其时我正阅览明季遗老诸书，如亭林、梨洲、船山，及《明季稗史》、《明史纪事本末》、《林文忠全集》、《经世文编》等书。鲁迅亦尽阅之"①。寿洙邻所列书目大致按年代顺序排列，王夫之、顾炎武、黄宗羲等人经历政权鼎革颇有经世致用的倾向，《经世文编》即贺长龄、魏源编印的《皇朝经世文编》更是如此。《皇朝经世文编》第五十七卷"礼政四　学校"专收针对科举弊端的论文，批判之言甚烈而强劲，辩护之语甚弱而无力，价值取向鲜明。像黄宗羲《取士篇》即将明朝覆亡归结于因科举而造成的"资格与朋党"，《科举》则曰"科举之弊未有甚于今日矣"；魏禧《制科策》即云"古者取士之途广，迨后则专出于制科，而其法尤未善"；黄中坚虽从历史角度为明朝制科取士辩护，但更强调"八股之不可不变"；顾炎武《科场》则云科举导致"学问由此而衰，心术由此而坏"；陈廷敬《经学家法论》则云"经学之弊，原于时文"失却圣贤本意与施用之实；朱彝尊《经书取士议》即云科举考四书而弃五经导致经学日微；《议时文取士疏》开头即引兵部侍郎舒赫德所奏科举制度四弊，后面礼部议复承认非不欲变科举，实乃未有善法美意善后，治乱兴衰，初不由此，实则相当于承认科举时文的无用……②论文作者多

---

① 寿洙邻：《我也谈谈鲁迅的故事》，《高山仰止——社会名流忆鲁迅》，河北教育出版社2000年版，第5页。

② 详见沈云龙主编：《皇朝经世文编卷五十七》，《近代中国史料丛刊》第74辑，文海出版社，1966年。

系名人，所论允为鲁迅知心之言，无疑更增强了鲁迅背离科举的决心。

个人性情、家庭教育、知识结构的多重作用养成鲁迅的文化个性、价值判断和读书偏好（也许还有科场案造成的潜在影响），使其无论在三味书屋求学期间抑或遥从期间，均保持着对科举考试的排斥态度。后一二年，寿洙邻授课时，"尚为八股文时代，也尝依时俗的习惯，命题成篇为之改削，他固然不感兴趣，即我所学所做的唐宋四六文，唐人律赋等，亦不措意，惟于我教学生造句，所写假设想的游戏短篇，加以一笑。"① 尽管鲁迅在赴南京前也曾准备科举考试，常将自己所作试帖诗、八股文寄往杭州，向祖父请教，但其志不在举业。同一时期其主动大量购置《阅微草堂笔记》《淞隐漫录》《板桥全集》《古诗源》《古文苑》《二酉堂丛书》《酉阳杂俎》等②与科举考试无关的书，才真正代表鲁迅的志趣所在。

个人兴趣和科举考试之间的强烈对峙，从根本上决定了鲁迅"走异路"的人生选择。假如鲁迅坚持科举，大概也只能重复吴敬梓、蒲松龄、周伯宜的人生悲剧。所幸斯时正值数千年未有之变局，鸦片战争的坚船利炮轰开了中国闭关自守的大门。西学东渐，学堂兴起，为读书人提供了一条不同于科举取士的道路，为鲁迅"走异路"提供了可能性与可行性。

---

① 寿洙邻：《我也谈谈鲁迅的故事》，《高山仰止——社会名流忆鲁迅》，河北教育出版社 2000 年版，第 5 页。

② 钟叔河编订：《往南京》，《周作人散文全集》第 12 卷，广西师范大学出版社 2009 年版，第 606—607 页。

二、新潮之影响

维新思潮之于鲁迅人生选择的影响，姚锡佩等较早对《知新报》与鲁迅爱国思想、学习军事的关系作了极富意义的探讨，[①] 但由于缺乏对《知新报》和当时绍兴社会风气的深入了解，过高估计了鲁迅"走异路，逃异地"的勇气。因此，极有必要重返历史现场，考察维新思潮对鲁迅思想的影响。

光绪二十二年（1896）七月初一日《时务报》在上海创刊，八月初一日出版的第四册"广告"栏中"各处派报处所"即有"绍兴水澄巷墨润堂书坊"字样。《时务报》创刊三个月后，梁启超等人集股万元在澳门大井头第四号成立报馆准备发行报纸，初拟名《广时务报》即后来之《知新报》，意在多译格致书报以续《格致汇编》、多载京师各省近事为《时务报》所不敢言者、报末依《时务报》格式附译列国岁计政要。[②] 光绪二十三年（1897）正月二十一日《知新报》创刊，创刊号"本馆代派报处"即云"外省派报处同上海时务报"，说明自创刊之日起《知新报》即已经传播到绍兴。《知新报》自第十册起封面增添英文译名《THE REFORMER CHINA》，第三十七册至第四十二册在封面增添"东西两半球"地图，其放眼全球、致力维新之意可见一斑。据周作人戊戌年（1898）日记记载：

---

① 姚锡佩：《鲁迅去南京求学前后的若干史实》，《鲁迅研究资料》第 4 辑，天津人民出版社 1980 年版。

② 上海图书馆编：《汪康年师友书札》第 2 卷，上海书店出版社 2017 年版，第 1676—1677 页。

（二月小）初七日……下午接越函……函云：诸暨武童刺死洋人四名……

十一日……接越函，云：三更有欃枪_{即彗星，绍呼扫帚星。}出东南，并告白式。

十五日……闻诸暨之事惟拆教堂，余俱讹传……

（三月大）朔日，……下午接绍_{廿九日}函……函云，有《知新报》，内有瓜分中国一图，言英日俄法德五国谋由扬子江先取白门，瓜分其地，得浙，英也。绍谣有苗兵三千入杭城守镇南关，未知果否……

十七日，……去。报云：俄欲占东三省，英欲占浙。①

周作人日记中所言"瓜分中国一图"即出自光绪二十四年（1898）二月二十一日发行的《知新报》第四十五册由原生学舍主人译自西正月十二号《时事新报》的《法国照会瓜分中国事》。后者所云"英国势力则在于两江、浙江、安徽、湖北五省"与"得浙，英也"相符，后者所云"明年春季桃李花烂漫时为期，各国政府特命全权使节大臣，合聚于扬子江，会于南京，评议决定此案"，不知因何在周作人笔下变成了"英日俄法德五国谋由扬子江先取白门，瓜分其地"。② 可以肯定的是，浙江面临被瓜分而划入英国势力范围的消息，加剧了鲁迅的危机感。

而鲁迅关注诸暨教案显然与胶州湾事件密切相关。1897 年 11 月 1 日，山东曹州府巨野县天主教堂被当地大刀会洗劫，德国传教

① 鲁迅博物馆藏：《周作人日记（影印本）》上册，大象出版社 1996 年版，第 3—6 页。

② 《法国照会瓜分中国事》，《知新报》第 45 册。

士韩理、能方济被杀，德国乘机派兵占据胶州湾。《知新报》自第四十一册起密集转载各报报道并加以评论：《论据胶台》《胶事丛谈》《复议胶事》《借端寻衅》《旁观者清》《难逃公论》《论德国举动》《胶事余谈》《祸机早伏》……陈继俨评论曰：

> 我中（国）之亡与教祸之烈，其起点于此乎！夫吾国无知小民，其刿心怵目，仇视洋人之心，日出而未有已也。西人之旅于中国，若官若商若客卿，其深入内地，遍及行省，又不如言教者之多也。中国既经此大创，彼之位方面，掌外部者，未尝不皇然震慑，痛于既往而慎于将来。然坐是之故而归罪于彼保之徒，讲报复之道，日求一逞以为快者，盖亦所在多有。匪因教而寻衅，教藉匪为口实，吾恐自今以往沿边之地教案愈多，则要挟愈甚。要挟愈甚，则教案亦愈多也。匪直此也。中国会匪之多，莫甚于今日，而有司之累亦倍于昔时。设一不当意，小民思动，乘机以闹教，滔天之流，起于涓滴，事机一发，不可收拾，虽有善者亦无如之何矣。嗟乎，亡命之徒，辱国丧地，虽置之死地，其又奚惜焉！①

假如胶州湾事件尚无切肤之痛，那么近在咫尺的诸暨教案是否会将绍兴变成下一个胶州湾，却不能不引起鲁迅的高度关切。鲁迅在函中特别提到"彗星现于东南"所表现出的不祥感、危机感，即是鲁迅持续关注胶州湾事件所引起的连锁反应。由此看来，鲁迅所

---

① 陈继俨：《论德人据胶州湾》，《知新报》第 44 册。

阅《知新报》应当远不止一册。

胶州湾事件不仅导致列强瓜分中国的言论盛行，而且刺激了中国士人的敏感神经，加速了中国自1860年代洋务运动以来的改革进程，直接促成康有为再次上书，最终导致戊戌变法。在时人眼里，国势陵夷源于缺乏人才，缺乏人才源于制艺取士。制艺时文不但被证明不能抵挡列强的坚船利炮，而且成为国人学习西方、倡导西学、变法维新的绊脚石，甚至连孔子儒家本义亦不能传承。刘祯麟撰文称："西人有言曰：中国，半教之国也。……举中国百千万之衿缨，数百兆之黔庶，群受治于圣教。而其下者不过熟诵四书，以为八股命题之地，其上者乃为训诂考据，效忠许郑，以沉溺于无用之学，而于圣人之经义，实茫然未有所知。故日日言圣教，而其所以夸炫于外人者，不过曰吾有五伦而已。夫五伦亦知为何人所自出哉？惟五伦宁能尽圣教之美备哉？呜呼！以此为教，无惑乎西人之以半相称也。"[1] 刘氏又曾在鲁迅所阅第四十五册《知新报》中，以"重学""热力"喻科举，引康有为论泰西致富强之原因，称："帖括考试之弊积数百年，举世既知无用，而未决于在上之趋向，则庸懦无魄力者观望而不敢变，绝特而聪明者诡驰而惧不用。是以日倡西学、累诏求才而卒未有应者，职是故也。"[2] 鲁迅本来就反感八股帖括，《知新报》上的言论无疑更坚定了原有判断。

既有破坏又有建设，乃维新派的本色。批判制艺八股无用、提倡新学实学变法，两者是紧密联系在一起的。《知新报》借编译新

---

① 刘祯麟：《公羊初学问答自叙》，《知新报》第42册。

② 刘祯麟：《恭读 上谕开经济特科书后》，《知新报》第45册。

闻史实，介绍全球军事、工商、树艺、考矿、枪械、轮船等西学知识，和《时务报》一起成为国人放眼世界的重要窗口。"变"不仅是维新人士的主张，而且是开明官员、地方士绅的共识，因此《时务报》《知新报》才得以流行。贵州学政严修云："朝廷既以实学取士，而士之欲通时变者，舍阅报而外，术亦无由。查上海《时务报》创设于去年之七月，澳门《知新报》踵行于今岁之孟陬。其采录各端，皆近今要务，总持斯事，皆当代通人。现在直隶、安徽、两湖、江浙、山西、广西诸省，均因该报有裨政学，或由官府札饬所属，或由院长劝谕诸生，官吏士民，咸知购阅。《时务报》第六册载鄂督张饬全省官阅报札,第十八册载浙抚廖派(派)各府县报札,第二十五册载湘抚陈购报分给全省各书院札,第二十六册载保定府陈、清苑县劳代分直隶全省府州县报公启,第二十八册载广西洋务局司道饬全省府厅州县购阅《知新报》札,第三十册载江苏学政龙饬各府州县购报分给各书院札,第三十二册载山西清源局通饬各道府州县购报札,又十八册载岳麓书院山长购报发给诸生手谕,又《申报》载安徽芜湖道袁示书院诸生购报手谕况黔省地处边隅而强邻迤迆，山多宝藏而利源未兴，一切农政矿物测绘制造之学均为当务之急。且本年三月礼部议准科岁考试兼时务策论，优拔各场亦不得仍沿旧习专取诗赋楷法。士子有志进取，亦宜早自为谋，合行札饬。"[1] 光绪二十四年正月初六，清廷决定开设经济特科、筹划武备特科：

　　　　同日奉　　上谕：给事中高燮曾奏　请设武备特科一摺，著军机大臣会同兵部归入荣禄奏请参酌中外兵制特设武科片内一并议奏。钦此。

　　　　同日奉　　上谕：总理各国事务衙门会同礼部奏遵议贵州学政严修请设专科一摺。据称就该学政原奏一并酌采，

---

① 严修：《贵州学政严通饬全省教官士绅购阅时务、知新报札》，《知新报》第42册。

一为岁举，一为特科。先行特科，次行岁举。特科约以六事：一曰内政，凡考求方舆险要、郡国利病、民情风俗者隶之；二曰外交，凡考求各国政事、史记、公法、律例、章程者隶之；三曰理财，凡考求税则、矿师、农功、商务者隶之；四曰经武，凡考求行军、布阵、管驾、测量者隶之；五曰格物，凡考求中西算学、声光化电者隶之；六曰考工，凡考求各物象积制造工作者隶之。由三品以上京官及督抚将已仕未仕，注明其人何所专长，咨送总理衙门会同礼部奏请，在保和殿试以策论，简派阅卷大臣商定去留评拟等第。覆试后带领引见听候擢用。此为经济特科。以后或十年一举，或二十年一举，候旨举行，不为常例。岁举则每届赴试年分，由各省学政调取新增算学、艺学各书院学堂高等生监录送乡试，分场专考。首场试算学题，次场试时务题，三场仍试四书文，中试者名曰经济科中贡士者，亦一体覆试、殿试、朝考等语。国家造就人才，但期有裨实用，本可不拘一格。该衙门所议特科、岁举两途，洵足以开风气而广登进。著照所议，行其详细章程。仍著该衙门会同礼部妥议具奏。现在时事多艰，需才孔亟。自降旨以后，该大臣等如有平素所深知者，出具切实考语，陆续咨送，不得瞻徇情面，徒采虚声。俟咨送人数汇齐至百人以上即可奏请定期举行特科，以资观感。其岁举已定年限，各该督抚学政务将所增算学、艺学各书院学堂切实经理，随时督饬。院长教习认真训迪，精益求精，该生监等亦当思经济一科与制艺取士并重，争自濯磨，力图上

进，用副朝廷旁求俊乂至意，将此通谕知之。钦此。^①

光绪帝的态度自然强化了地方官员的改革意志。光绪二十四年三月十一日《知新报》第四十八册载《杭州府林太守饬属购阅知新报札》，其中云："为札饬事，照得泰西报馆林立，风行至广，大概区为二类。一类为论政之报，不特国中新政一一登载，即未发之事，往往报馆昌言于前，政府奉行于后。盖清议所在、民心所向也。一为论学之报，一切艺事皆有专报。凡民间创一新器，得一新理，莫不藉报章颁布，以公于世，人人集思广益，故学业日进，是以泰西人人无有不读报者。去年澳门创《知新报》，皆由西文译出。上半录英俄法意美日各国大事及有关东方交涉者，即泰西论政之报也。下半录农矿工商及一切格致新法，即泰西论学之报也。现《时务报》《农学》《译书公会》各报已蒙_{抚藩}宪札饬购阅。若兼采此报，互证参观，于论政论学更有裨益。为此特札该州县将《知新报》各购阅，其城乡书院另行筹款多购，以供诸生流览。札到即便遵照，并将遵办缘由详报备查。勿违。特札。"当鲁迅从《知新报》中看到这些朝廷与地方官员互动而推广新学的消息时，无疑增强了其选择学洋务、求新学的信心和希望。

拥有数千年文明史的中华帝国，在清末先输于西方列强，再挫于蕞尔东瀛，最终以"野蛮"或"半开化"的屈辱身份，被迫进入以西方文明为范式的全球化。^②尽管科举尚未废除，八股帖括仍然

---

① 《上谕恭录》，《知新报》第 45 册。
② 杨联芬：《绪论 浪漫主义：中国如何'现代'》《浪漫的中国》，人民文学出版社 2016 年版，第 1 页。

盛行，但国势陵夷、八股无用、科举松动、提倡新学，已成为 1898 年前后中国社会的重要思潮。"中国士人沿着'西学为用'的方向走上了'中学不能为体'的不归路"①，促成近代中国的思想与社会发生"权势转移"，西学、实业成为中西竞争中"学战"的关键词。毗邻通商口岸的绍兴，风气更为开放。周氏家族中鲁迅族祖周芹侯 1894 年以前曾到上海学过英文，能修钟表；父亲周伯宜于甲午、乙未年间就有"现在有四个儿子，将来可以派一个往西洋去，一个往东洋去做学问"②的想法；族叔周鸣山、叔叔周伯升分别于 1894 年前后、1897 年去江南水师学堂求学；周建人 1897 年正式入稽山书院（光绪二十九年即 1902 年改为官办会稽县学堂）学习修身、算术、汉文、英文、历史、地理、体育、唱歌等课程。绍兴城乡求新学者并不鲜见。1897 年绍兴名士徐树兰于山会两邑豫仓创办兼修中西学的绍郡中西学堂，许寿裳即入该校专习英语、算术，绍兴昌安门外的丁耀卿 1898 年考入江南陆师学堂附设矿路学堂而成为鲁迅的同班同学；家居乡下直乐施的封燮臣、哨啥莫家漊的阮立夫（鲁迅的姨表兄）分别于 1894、1897 年进入江南水师学堂，余姚（当时属绍兴府）蒋村蒋梦麟的两位兄长、蒋梦麟分别于 1897 年、1898 年入绍郡中西学堂求学，诸暨枫桥花明泉村的何燮侯 1897 年考入求是书院……

值得关注的是，由于个体性情、个人兴趣、知识结构的差异极大，面对同样的社会环境反应也不一样。比如周作人性情相对平和，极欣赏传统士大夫的闲情雅致，常于日常生活中发掘情趣。其

---

① 罗志田：《新的崇拜：西潮冲击下近代中国思想权势的转移》，《权势转移：近代中国的思想与社会》，北京师范大学出版社 2014 年版，第 1 页。

② 钟叔河编订：《伯宜公》，《周作人散文全集》第 11 卷，广西师范大学出版社 2009 年版，第 635—636 页。

赴江南水师学堂前的日记中，吃食、衣着、花草、游玩、嬉牌、看戏、祭祀、科考、文题、诗题、作诗文策论等事所占篇幅甚多。其主动寻求和购阅的书籍为《道情》《槐西杂志》《寰宇琐记》《四溟琐记》《间架结构》《史记》《酉阳杂俎》《四异丛书》《三异笔谈》《四梦汇谈》《张太史塾课》《东莱博议》《文料触机》《搜神记》《七剑十三侠》《四书备旨》《捡韵》《圣谕广训》《处世治家要言》《封神传》《西游记》《两般秋雨庵随笔》《飞影阁画传》《文选》《律例》《瓮牖余谈》《寰瀛画报》《点石斋画报》《风月梦》《归田琐记》《咸鹰声赋》《阅微草堂笔记》《西堂杂俎》《兰蕙同心录》《花镜》《二申野录》《唐宋诗醇》《劝诫三录》《池北偶谈》《恒产琐言》《聪训参语》《听桐庐残草》《滇行日录》《画眉解》《鹌鹑论》《马氏家教瓣香集》《史鉴》《印雪轩随笔》《纲鉴汉纪》《后七剑十三侠》等，多为杂学小说、科举用书。所记时事消息的来源主要有三：杭州随侍期间多有"去""报云"连用字样，即是从周介孚处阅报所得；回绍后多见"闻"字，即是从旁人口中得来；其余来自鲁迅、周伯升、周庆蕃、周介孚等人的信函。周作人所购时事、西学相关书籍不过《英字入门》《乙亥通商便览》《都门纪变百咏》《台湾纪事》《危言》等，寥寥数种而已。因其个人性情、个人兴趣使得知识结构相对稳定封闭，周作人乙亥年（1899）十二月二十八日收到周介孚托鲁迅带来的《求是书院章程》，庚子年（1900）正月初十收到周介孚寄来的《养正书塾条规》，反应相当冷淡，而日记中频繁出现各处科举考题、试做时文试帖诗的记录。直到周介孚回绍后，周作人才开始频繁借阅《申报》、阅读《觉民报》《新闻报》等，知识结构发生转变是促成其赴江南水师学堂的重要因素之一。

近代中国各地区社会变化速度并不同步，各阶层、个体对同一事物的接受亦存在差异，必须深入到具体精微的历史细节中方见具体历史人物的本相。绍兴社会接受维新思潮，变化如此迅疾，所创办的学堂已兼容中西学问，又有光绪帝的谕旨为西学、实学正名，不少读书人家子弟进入求是书院、绍郡中西学堂、江南水师学堂，甚至赴上海求新学。毋庸置疑，求西学、学洋务已是当地读书人的正常选择之一。鲁迅入江南水师学堂，既谈不上"走异路"，也无需太多的勇气，实在只是"逐新潮"而已。

三、浙地之新学堂

鲁迅自述中曾言自己对于绍郡中西学堂不满足，而杭州求是书院的学费贵，因此只能到南京进无需学费的学堂。周作人 1956 年以后的文章也将经济原因作为鲁迅放弃求是书院的原因之一。有学者认为或许鲁迅 1898 年赴杭探监时错过求是书院招考，或许年仅 18 岁的鲁迅尚无此资格，即使参加也未必竞争得过章炳麟诸人，没有作出确定的结论。[①] 因此仍有必要考察求是书院与绍郡中西学堂的情况，以探究鲁迅"逃异地"的本相所在。

光绪二十三年（1897），杭州知府林启将普慈寺充办学堂，定名求是书院。经浙江巡抚廖寿丰同意，由林启为总办，延聘教习，讲授化算图绘诸学，兼及外国语言文字。《杭州府林太守启招考求是书院学生示》云："无论举贡生监，年在三十以内，无嗜好，无习气，务于三月初五日以前，开具三代年貌籍贯住址，邀同本地公正绅士，出具保结，赴院报名。其有略通外国语言文字或化算图绘

---

① 散木《周氏昆仲与"求是书院"》，《鲁迅研究月刊》1997 年第 8 期。

诸学，均当于册上填注，由监院呈送。示期先试经义史论时务策，取录若干名，再行会同教习覆试，选定三十名。每名给伙食洋三元，杂费洋二元。朔课考试化算诸学，望课考试经史策论，均分别给奖。以五年为期，不得无故告退。非假期必常川驻院。其余额外仍按名注册，俟随时传补。"[1] 及至《求是书院章程》除了更为确切说明学生伙食费为每月三元，油烛、杂费等项每月二元外，对招考资格、录取方法、录取人数、考校奖格说得颇为详细：

四　学生

以三十人为额。

一行谊笃实。一文理通畅。一资质敏悟。一精神充足。

无论举贡生监，凡年在三十岁以内愿学者，由父兄或族长邀同公正绅士出具保结，先期到院报名，不取卷费……录取六十名，先行传到三十名，留学两个月，期满由教习各出切实考语，送请抚宪面试，其有缺额，随时挨名传补。新补之人，仍俟两月期满，再行出考送试。

……

六　考校

以讲求实际为主，每月朔日课西学，是为月课，由教习分别等第；每月望日考汉文，或经义，或史论，或时务策，不定篇数，是为加课，由总办分别等第。每年冬间，由抚宪督同总办、监院、教习通校各艺，分别等第，是为会课。除按额给奖外，更有可取者，仍许格外给奖，其名

---

[1]《杭州府林太守启招考求是书院学生示》，《经世报》第2期。

数银数，临时酌定。再比较一年中月课、加课，历考第一名至五次以上者，酌议按月优加膏火。若其学识精进，践履笃实，可期远大之器，并请抚宪择尤存记，以备保荐……

附奖格

每月月课，化学一名奖银二两，二三名奖银一两五钱，四五名一两；算学奖银与化学同；语言文字一名奖银一两五钱，二三名一两，四五名五钱。每月加课三十名，合考经史策论：一名奖银二两，二至五名各一两五钱，六七名各一两，八至十名各五钱。各季会课，化学一名奖银四两，二三名三两，四五名二两，六至十一名一两，十二至三十名各五钱。①

《杭州府林太守启招考求是书院学生示》至少曾刊发丁酉年（1897）《经世报》第 2 期等，《求是书院章程》至少曾刊发于丁酉年（1897）《经世报》第 2 期、《利济学堂报》（第 4 期）、《新闻报》（3 月 28 日、4 月 1 日）等。至 5 月 7 日《新闻报》即刊出《求是书院覆试课题》，即 1897 年 5 月 7 日前已经完成覆试。上述求是书院招生录取情形足以得出确定鲁迅不入求是书院的真相。

首先，求是书院招考学生的出身是举贡生监即举人、贡生、生员（即秀才）、监生。而周作人戊戌年（1898）十一月日记云："初六日芳叔完姻。县试，予与大哥均去"②，即说明直到戊戌年底鲁迅尚在考秀才，当然鲁迅中途放弃考试，最终也没有考中秀才。因

---

① 《求是书院章程》，《经世报》第 2 册。
② 鲁迅博物馆藏：《周作人日记（影印本）》上卷，大象出版社 1996 年版，第 11 页。

此，鲁迅在赴南京求学前不具备报考求是书院资格。

其次，求是书院非但不要学费，每月补贴伙食费三元，油烛、杂费两元，而且对学习优异者奖励力度相当可观。而按照钱均夫的说法，"求是书院初办时，招收已就学之秀才，入学者膳宿费全免，并有三五元之膏火费"[①]。而江南水师学堂"分驾驶管轮两门，各以六十名为额，以二十人为一。学生入堂试习四个月分别去留。后视其英文浅深，第其资质进境，分作一、二、三班。英文胜者为第一班，每月每人除饭食外，给赡银四两。次者为第二班，每月每人除饭食外给赡银三两。再次者为第三班，每月每人除饭食外，给赡银二两。其在堂试习未满四月者只与饭食，不给赡银"[②]。相比而言，求是书院学生膳宿费全免，日常津贴五元理论上相当于三两六钱银子，介于江南水师学堂一班、二班学生赡银标准之间，而实际则相当于四两一钱银子，略高于江南水师学堂一班学生赡银标准。[③] 可

---

① 钱均夫先生讲、赵昭昢笔记：《求是书院之创设与其学风及学生活动情形》，《国立浙江大学校刊》1947年复刊第151期。

② 《江南水师学堂简明章程》，详见《字林沪报》1890年10月9日。

③ 光绪十三年（1887）两广总督张之洞因广东"通省皆用外洋银钱，波及广西，至于闽、台、浙、皖、鄂、烟台、天津所有通商口岸，以及湖南长沙、湘潭，四川打箭炉，前后藏，无不通行，以致利归外洋，漏卮无底"，遂上书铸币获准，所铸银元从外洋例，每元重库平七钱二分，之后诸省纷纷仿效粤省；银钱比价常随市场波动，但光绪二十二年（1896）至三十二年（1906）间，银价相对稳定，官方每两银子折钱两千文，以上参见中国人民银行总行参事室金融史料组编：《中国近代货币史资料第一辑：清政府统治时期（1840—1911）》下册，中华书局1964年版，第672—693页、第588页。周作人提及江南水师学堂"每月各给津贴，称为赡银，副额是起码的一级，月给一两，照例折发银洋一元，制钱三百六十一文"，见钟叔河编订：《副额》，《周作人散文全集》第11卷，广西师范大学出版社2009年版，第774页。故1898年前后理论上银洋一元五角约折合一两银子，而实际银元溢价，每元相当于八钱二分银子。

见求是书院学费贵的状况，在鲁迅赴南京求学时并不存在。

其三，散木在论文中指出鲁迅去杭州时已错过求是书院考期的可能性，值得商榷。如果求是书院每年按常规招生的话，三月初五日之前完成报名，戊戌年招生报名也应在三月初五。据周作人戊戌年日记记载，鲁迅于正月二十八日至二月初一曾往杭州探监，闰三月十三日才离开杭州去江南水师学堂，完全有时间获得招考信息、报名参加求是书院的考试。如求是书院戊戌年上半年没有招生的话，则仅在丁酉年（1897）招收过一届。周介孚相当关心儿孙学业，鲁迅的叔叔伯升在杭州随侍多年，求是书院又在杭州，从周介孚后来向周作人推荐求是书院、养正书塾看，求是书院无疑是最佳的选择。而伯升丁酉年进江南水师学堂，即因伯升没有达到举贡生监的招生资格。因此，求是书院开办外院以前，无论考期如何，鲁迅均无入学之可能。

斯可证明，鲁迅不入求是书院读书乃是不具备求是书院招考资格，而与经济、考期等因素无关。

鲁迅曾说自己对绍郡中西学堂不满足，因为那里面只教汉文、算学、英文和法文。那么，绍郡中西学堂到底怎样呢？1897 年，绍兴名士徐树兰于山会两邑豫仓创办该学堂，其意图如《浙江绍郡中西学堂章程》所云：

> 吾越人文，自昔称盛。有明以来，王刘二子为职识。文成公闵当世士习支离而经济无闻。乃发明良知，提倡后进，功业彪炳于天下。历时既久，渐复疲茶。忠介公起救以慎独之学，而气节之士盛出其门。我朝定鼎后，姚熙之功在台湾，傅重庵泽流苗峒。盖时局变则学问不得不变。道咸以来，习于故常，咿唔占毕，不求实用，而中外通

鲁迅"走异路，逃异地"考述

━ 559 ━

商，藩篱尽撤，时局又为一变。今钦奉谕旨推广学校，各省渐次举行，而吾越风气未开，士多守旧，将何以仰副作育人才之盛意。今创为中西学堂，遴选乡人子弟之颖异者而程课之，以冀其成，亦犹十年教训之意尔。①

至于其规制，则云：

中西学堂为作育人材起见，规橅不容小就。唯创办之初，艰于筹费，不得不先图其要。查盛杏荪京卿在天津道任内，禀请北洋大臣奏设之头、二等学堂，最为得要。绍郡经费未充，只能设立二等学堂。今拟仿其规制，参酌办理，务期体用兼赅，学有实际。②

追根寻源，1895 年盛宣怀主持创办天津中西学堂（后改称北洋大学堂，即今日天津大学前身，为中国近代高等教育的首倡）头等、二等学堂。其中《二等学堂章程》云："二等学堂即外国所称小学堂，日本一国不下数百处，西学之根柢皆从此起。现拟先在天津开设一处，以后由各省会推而至于各郡县，由各通商口岸推而至于各镇市，官绅商富皆可仿照集资开办，轻而易举。"③ 嗣后创办的

---

① 《浙江绍郡中西学堂章程》，原载《民国绍兴县志资料》第 2 辑。其复印件藏于绍兴鲁迅纪念馆。
② 《浙江绍郡中西学堂章程》，原载《民国绍兴县志资料》第 2 辑。其复印件藏于绍兴鲁迅纪念馆。
③ 盛宣怀：《拟设天津中西学堂章程请　奏明立案禀北洋大臣王》，《时务报》光绪二十二年（1896）第 11 册。

上海三等公学、安徽二等学堂、绍郡中西学堂等皆仿其例。盛宣怀敢为天下先而创办新式学堂，对推动中国现代教育发展，功莫大焉。

与天津中西学堂的二级学堂相比，绍郡中西学堂确实仿其规制，又因地制宜。在入学年龄上，前者要求"凡欲入二等学堂之学生，自十三岁起至十五岁止。按其年岁，考其读过《四书》，并通一二经，文理稍顺者，酌量收录。十三岁以下十五岁以上者俱不收入"①；而后者则根据绍兴实际作了一定调整，"凡年二十以下、十岁以上，资性驯良聪俊，身家清白，例准考试者均得入堂肄业，先于首年由亲属出具保结赴堂挂号"②。由于入学年龄限制的差别，在西学课程设计上就有所差异。前者以英文拼写、文法、阅读、写作、翻译为主，旁及代数、各国史鉴、地舆学、平面量地、格物等；后者分英文馆课程、法文馆课程、算学馆课程，较为丰富，尤其是算学馆在教材方面可谓精挑细选，如《几何原本》，狄考文《代数备旨》，傅兰雅所译《代数术》，伟烈亚力所译《代微积拾级》，傅兰雅所译《微积术》等经典译本，③ 程度较前者略高，展现出改革的新意。但在中学方面，两者差异明显，前者"汉文不做八股试帖，专做策论，以备考试，实在学问经济"，故其所学功课由汉文华教习讲读四书经史之学、《圣谕广训》、策论；后者"每月朔日黎明，由监董率诸学生恭诣至圣先师像前，行三跪九叩礼毕，宣

---

① 盛宣怀：《拟设天津中西学堂章程请　奏明立案禀北洋大臣王》，《时务报》光绪二十二年（1896）第11册。

② 《浙江绍郡中西学堂章程》，原载《民国绍兴县志资料》第2辑，现仅见其复印件藏于绍兴鲁迅纪念馆。

③ 《绍郡中西学堂规约》，《知新报》第28期。

讲圣谕"且习字、默书、上书、读书，所讲课程为经、史、儒先言行、管子墨子等书、古文辞、古今诗、制艺，一如私塾，[①] 意在"讲授经史要义兼课策论，而制艺诗赋亦间时课作以副国家取士之制"，当然"学生如有专习英法文、算学，不习中学者亦准来堂附学"[②]，展现出较为灵活的办学机制。如蒋梦麟志在进取功名，准备参加科举考试，入绍郡中西学堂求学两年，后于 1903 年秋考中秀才，又先后入浙江省立高等学堂、南洋公学、伯克利加州大学深造；许寿裳志在新学，作为附班生入绍郡中西学堂学习英语和算术，后于 1899 年转入求是书院读书，又因留学日本而成为鲁迅的终生好友。在收费方面，前者系官学，由天津海关道衙门、招商局、电报局出资，学生免除膳费且每月有膏火费近二两银子；后者"需费甚巨，全赖各处同志广筹慨助，源源挹注。现先由徐绅树兰捐洋银壹千元以资开办"，因此"学生入堂肄业，每人月出束修银洋二元，文章满篇者加一元，下犒洋每季半元。在院吃饭三餐者，每日饭膳钱八十文，所有修金膳资均于首年挂号时先缴两季，下余一半端节缴清"[③]，高出当地私塾数倍。如三味书屋因"先生品行方正，教读认真，'束修'因此也比较的贵，定为一律每节银洋二元，计分清明端午中秋年节四节，预先缴纳"[④]，不及绍郡中西学堂的三

---

① 《绍郡中西学堂规约》，《知新报》第 27 期。
② 《浙江绍郡中西学堂章程》，原载《民国绍兴县志资料》第 2 辑其。其复印件藏于绍兴鲁迅纪念馆。
③ 《浙江绍郡中西学堂章程》，原载《民国绍兴县志资料》第 2 辑，现仅见其复印件藏于绍兴鲁迅纪念馆。
④ 周作人：《三味书屋》，《周作人散文全集》第 12 卷，广西师范大学出版社 2009 年版，第 603 页。

分之一。

由此看来，鲁迅不入绍郡中西学堂的原因大致有三：一是希望早学实业；二是鲁迅因对科举考试的反感而对学堂设置制艺诗赋课程不满，进而对学堂整体感到失望；三是经济因素，像鲁迅这样文章做到满篇的人，每半年的学费高达十三元，高出三味书屋三倍有余，当鲁迅知道比自己小一岁的叔父周伯升早已于丁酉年（1897）去免费且有膳金津贴的江南水师学堂时，自然不会选择去绍郡中西学堂了。

总之，无论鲁迅主观上是否有意向去求是书院、绍郡中西学堂，客观事实是鲁迅既没有资格报考求是书院，又对绍郡中西学堂的课程设置、收费均不满意，而1897年5月由浙江巡抚廖寿丰在杭州普场巷创办的浙江武备学堂当时又只从军队中选拔学生[①]。为了摆脱制艺取士的道路，而且有更优选择时，鲁迅通过"逃异地"选择适合自己的学堂来满足逐新潮、求新学的愿望，乃是自然而然的事情。

四、"逃异地"之动因

在西学东渐的历史背景下，新学堂陆续创设或由传统书院转型而勃兴。鲁迅为何一定要学水师，而且一定要去江南水师学堂读书？经济方面的窘迫，周庆蕃及周伯升的影响为研究者所继承，然而对各种因素具体起到怎样的作用及作用大小却含糊不清，有待仔细考辨厘清。

---

① 廖寿丰：《浙江巡抚廖中丞奏添设武备学堂片》，《经世报》第4期。

对鲁迅决心学水师起到重要影响的是《知新报》关于胶州湾事件及水师重要性的报道。鲁迅所阅《知新报》四十五册所载文章，可分为三类。第一类是因中国面临瓜分危局，且外来威胁多自列强海军，故与水师有关的文章比例最高。康广仁所作《联英策》拟忧分子"德兵之据胶也，将五十日矣。吾无兵，吾无舰，无能为战也。邀索六条，皆许之而不答。倾闻英日兵船驻于舟山欲据长江，俄国兵舰驻于旅顺而法舰亦将来矣。吾皆不能战，势不能不给其所求。诸国不费一粮，不折一矢，而可得吾地也。意、奥、西班牙、葡萄牙、瑞典、丹麦、暹罗接踵咸来，皆分一脔，吾何以给之？瓜分在即，罔知死所，虽欲自强无及也。今日计将安先？"图存先生答曰联英，其理由为"结英则以直布罗陀、苏彝士、亚丁、锡兰为长城，则东西雄国皆不能来矣……英铁舰二百余艘，横绝地球。"刘祯麟《恭读 上谕开经济特科书后》云，泰西所以致富强之由，在于立科以厉智学，而"至近百年来新法益盛。嘉庆十二年始创轮舟。道光二十二年英人犯我广州，且遍收四洲为属地，开土四万里矣。嘉庆十一年始有铁路。道光十七年始有电线。今美人铁路如织网丝，五里十里，纵横午贯，而富甲大地……于是船械横行四海，故以薄技粗器之微而为天下政教之大"。又载编译自纽约《哈罢月报》的《水师缘起》一节，是文连载于《知新报》第四十三期至四十六期，将美国水师与英国水师海战作为美国独立运动的关键环节。《揭俄阴谋》述俄屯兵旅顺口事。《图占南海》述法国兵船屯驻海口欲占领之。《究论胶事》述德国水师拟增船炮章程，又派两艘战船驶向亚东。《凌虐小国》述德国派水师逼迫海带国赔付巨款。《增长水师》述德人有雄长水师于天下之志，德皇降旨为保商务、守港口、御外侮而添置战船若干。《大彼得传》述彼得大帝好行船，创设水师，学习欧美工艺事。其次是路矿交通方面的文章。《电车路表》介绍1897年欧洲各国建筑电车路的增加量。《论制白铁》系统介绍近年来制造锡片（又称白铁、马口铁）的新法。《考矿备要》节译英国珍遮比令架的考矿论著。第三类为商业、格致、农医类，仅《洋参畅销》《医方汇述》《苦心求艺》《树艺求精》数篇。倘若翻检从开始刊载胶州湾事件至鲁迅戊戌年（1898）闰三月初九日决定赴南京前这一时段的《知新报》（即第四十一册至第五十册），除围绕胶州湾事件的文字外，在介绍世界局势方面关于水师的内容最为突出，如《设险守国》《宜节冗费》《联兵藩属》《大振海军》《俄皇大彼得传》《水师缘起》《攻船奇药》《侦探敌船》《新船来华》《勉励商人》《忌亚之兴》《法觎台澎》《俄窥东海述要》《美人有意于亚东》《较论各国现驻东方军情》《俄人经营黑海》《揭论欧人图中国成谋及兴亚抑欧策》等。其根本原因是水师在列强争夺海权、控制殖民地和租界、保障跨国贸易方面扮演了极为重要的角色。路矿交通方面的内容比重则稍逊一筹。即便鲁迅仅看过《知新报》第四十五册，由于胶州湾事件而表现出中国水师的贫弱，也足以让鲁迅产生振兴水师、抵御外侮的想法，遑论鲁迅持续关注胶州湾事件而可能看过更多册《知新报》。后来鲁迅先入江南水师学堂，又退学去江南陆师学堂附设的矿路学堂，其选择专业当与《知新报》的宣传有直接关系。

周庆蕃作为汉文教习兼管轮堂监督，是鲁迅选择江南水师学堂的又一关键性因素。周作人曾说，周庆蕃"被派在江南水师学堂教汉文，兼当监督。那时校长名叫总办，照例由候补道充任，监督用州县，仿佛是学监兼舍监的性质，不过那些官僚不懂得文化，只能管得宿舍的事情罢了"①，"那时候考学堂本不难，只要有人肯去无不欢迎，所以鲁迅的考入水师，本来并不靠什么情面……辛丑壬寅总办是方硕辅，满身大烟气的道学家与桐城派，其时他很得意。癸卯来了黎锦彝，免去他的监督，让他单教汉文，可是还嫌他旧，到了秋天他只得卷铺盖回去了"②。就晚清新式学堂的管理机制而言，总办（规模小的学堂称为监督）相当于校长，总理学堂一切事务；总教习相当于教务长，总理择聘教习、核定课程，所有教习、学生、司事、夫役概归管辖，并会同总办经营学堂应办事宜及挑选学生、购置图书仪器、稽查银钱款目等；提调相当于今日之校长助理或常务副校长，协助总办完成日常行政管理事宜；监督相当于二级学院院长，负责督饬学生恪守规约，会同中西教习，随时考核课程、统计分数、区别优劣，呈总办、总教习复核确定等级，学堂凡有记功过、议赏罚等事，并归监督商承总办、总教习办理，当总教习不在时，可以代理总教习职责。据江南水师学堂第三期轮机科学生何承惠所言："江南水师学堂设在南京仪凤门内，最高领导为总办，由两江总督遴选候补道员中有才干者充任。总办之下，有监学2人，负责行政管理责任。"③ 周作人所谓"学监"即是负责监督学生勤惰、分别优劣等教务事宜的监学，舍监则负责督查学生功课勤惰、衣被服食、动作起居等事。江南水师学堂招生考试基本是教习

① 钟叔河编订：《椒生》，《周作人散文全编》第 11 卷，广西师范大学出版社 2009 年版，第 685 页。

② 钟叔河编订：《监督》，《周作人散文全编》第 11 卷，广西师范大学出版社 2009 年版，第 687—688 页。

③ 何承惠：《清末江南水师学堂回忆》，全国政协文史资料委员会编《文史资料存稿选编·军事机构（下）》，中国文史出版社 2002 年版，第 193 页。

阅卷、监督呈送总办（或者还有总教习），最后由总办确定录取名额。那么，作为汉文教习兼管轮堂监督的周庆蕃至少在决定管轮堂录取结果时具有相当的话语权。当时学生多重驾驶之业而轻管轮之艺，录取时甚至需要抓阄来平衡两堂学生人数。最早去江南水师学堂读书的周家子弟鸣山曾入驾驶堂学习，大概考的分数不够，被和周庆蕃有意见的驾驶堂监督蒋超英开除。后来，周伯升、鲁迅、周作人便索性全部入管轮堂学习，即与周庆蕃关系极为密切。

江南水师学堂设立时的招考条件是"惟其图籍俱属英文，欲读其书，必先识其文，故招募学生自以已通英文者为重，今拟招募俊秀子弟一百二十人，不拘省分籍贯，自十三岁以上，二十岁以下，已读二三经，能作策论，文理通顺，曾习英文三四年者。俟本学堂出示招考时，开明籍贯年貌三代，来堂投考，察其年貌相符，中英文字通顺，再由西医验明气体结壮，身无隐疾，即由本人家属出具甘结及绅士保结，声明身家清白并非寄籍外国，亦不崇奉异邪等教，当留堂试习四个月，再行察看，或口齿不灵或情性执拗，举止轻浮，即行剔退另选，甘保二结发还。"[1] "初开馆时，招致生徒颇觉不易……如此挑剔，故来者虽数百人，而获选者仅百人耳。"[2] 其创办之始至 1903 年招考资格是否有所变化不得而知，但额内生考取不易，额外生录取率也不高却是事实。1901 年周作人赴江南水师学堂考试额外生时，五十九人报考，仅三人通过。周家子弟参加考试的程序大致都是先考取额外生（即试习生），然后经过三个月试习和预备英文，再经考试才补入副额转正。1902 年周冠五去南

---

① 《江南水师学堂简明章程》，《万国公报》第 22 册。
② 《南洋水师学堂考试纪略》，《格致汇编》（1892）秋季卷。

京时，周庆蕃犹告知先读好英文，须预备英文稍有门径，再予补入副额，于是由周作人、奚清如给周冠五补教英文。[①] 考察鲁迅的整个过程如下："（闰三月小）初九日，雨。接越初七日函云，欲往金陵，已说妥，并升叔柬一"；"十二日，细雨，顷晴。下午兄仝仲翔叔来"；"十三日，晴。上午豫亭兄来别"；"二十日，晴……下午接上海十五日函，说已到申"；"（四月大）朔日，晴，接豫山十七函，云已到秣"；"芒种日……接绍函并豫山兄、伯升叔畀予函、上祖父函，椒生从祖上祖父函各乙纸。兄函云，试取试习学生，有缺可补二班"。[②] 上文中周作人日记中的"说妥"，是说周庆蕃允许鲁迅去考试，还是周庆蕃已有把握录取鲁迅呢？这可从周作人、周冠五、周建人等的备考过程中找到线索。辛丑年（1901）"（仲夏吉）末伏……下午升叔来函，云已禀，叔祖使予充额外学生，又允代缴饭金，其语颇佳，但未知其意何居"，"（半年）十二日……下午接大哥函，初六发说已禀，叔祖使予往宁充额外生，并属予八月中同封燮臣出去。又叔祖致大父函亦说此事，并云已为予改名作人；又致封兄信，使予持函往直乐施一会，托临行关会"。[③] 很明显，周作人请周伯升、鲁迅禀过周庆蕃，周庆蕃确定让周作人充额外学生，才为之改名，允代缴饭金，并就此事致信周介孚，又致信封燮臣让其在路上照顾周作人，故此处用"充"而不用"考"。周冠五"壬寅（1902）年同伯㧑到南京，未及补入副额，即于秋季因疟疾而由仲

① 周冠五（观鱼）:《给〈鲁迅的故家〉提些意见》，《鲁迅家庭家族和当年绍兴民俗》，上海文化出版社 2006 年版，第 251 页。

② 鲁迅博物馆藏:《周作人日记（影印本）》上卷，大象出版社 1996 年版，第 7—9 页。

③ 鲁迅博物馆藏:《周作人日记（影印本）》上卷，大象出版社 1996 年版，第 244—247 页。

阳送回，年下椒生回家，藕琴公责其不肯给我补入，因之两老兄弟大闹一场，所以第二年我就不往南京而进府学堂肄业了"[1]，说明周冠五也是经椒生允许"充"了额外生，大致因病缺席副额考试而未能补入。壬寅年（1902）底周建人向周庆蕃请求去江南水师学堂读书，周庆蕃回答"可以，只要有人肯去，学堂总是欢迎的。到了暑假，你只要去考一考，你不是在县学堂读书吗？我想不会有什么问题的"[2]。言下之意，周建人只要去参加额外生、副额生考试，就没有问题。假如母亲鲁瑞不进行阻拦，周建人将成为周家第六个入江南水师学堂读书的人。鲁迅报考江南水师学堂与周伯升、周作人、周冠五、周建人同例，所谓"说妥"云云，即是未考先定之意。面对不到十分之一的录取率，无论周家兄弟如何出色，也不能完全保证其在几十人中脱颖而出。这种未考先定的结果不能不归功于周庆蕃，这当然是鲁迅选择江南水师学堂的重要因素，甚至是首要因素。

作为周氏家族出身和品级最高的周介孚在家族中具有权威性，其让儿子周伯升去江南水师学堂，自然也是影响鲁迅选择江南水师学堂的原因之一。至于选择江南水师学堂的经济因素和S城人的原因，仍可仔细辨别。就经济因素而言，鲁迅家因科场案和周伯宜生病去世暂时陷入困难，但仍有二三十亩地，生活标准也没有降低，而且具有相当的恢复能力。[3] 仅从土地拥有量看，由于民国延续清

---

[1] 周冠五（观鱼）：《给〈鲁迅的故家〉提些意见》，《鲁迅家庭家族和当年绍兴民俗》，上海文化出版社 2006 年版，第 251—252 页。

[2] 周建人口述、周晔整理：《鲁迅故家的败落（增订本）》，福建教育出版社 2017 年版，第 149 页。

[3] 刘润涛：《鲁迅"家道中落"考》，《鲁迅研究月刊》2018 年第 2 期。

朝土地制度，阶层划分基本保持稳定，直到 1933 年，绍兴 64.97％的人家没有土地，17.9％人家土地拥有量为 1—10 亩，8.77％的人家土地拥有量 11—30 亩，[①] 鲁迅家固然算不上大富大贵，但仍至少高出 82.87％以上的人家。因此，鲁迅最早提及此事的经济因素时，语调并不沉重："我要到 N 进 K 学堂去了，仿佛是想走异路，逃异地，去寻求别样的人们。我的母亲没有法，办了八元的川资，说是由我的自便。"[②] 直到 1925 年才特别突出了家境的贫困，变主动为被动，渲染出一种特有的悲情："我渐至于连极少的学费也无法可想；我底母亲便给我筹办了一点旅费，教我去寻无须学费的学校去，因为我总不肯学做幕友或商人，——这是我乡衰落了的读书人家子弟所常走的两条路。其时我是十八岁，便旅行到南京，考入水师学堂了，分在机关科。"[③] 鲁迅"从家里到学堂，大抵要花路费六元，前后要六天工夫"[④]，到江南水师学堂后又有周庆蕃的照顾，考试的结果也已"说妥"，路上还可能有周庆蕃的儿子仲翔关照，八元钱的川资已属宽裕。

在鲁迅的叙述中，衍太太制造流言及 S 城人的愤恨也构成了"逃异地"的原因。衍太太的可恶在鲁迅、周作人、周冠五等人的叙述中都有涉及，但衍太太是否捏造鲁迅偷着变卖家里东西的流

---

① 绍兴市地方志编纂委员会编：《绍兴市志》第 2 册，浙江人民出版社 1996 年版，第 633 页。

② 鲁迅：《呐喊·自序》，《鲁迅全集》第 1 卷，人民文学出版社 2005 年版，第 437 页。

③ 鲁迅：《俄文译本〈阿 Q 正传〉序及著者自叙传略》，《鲁迅全集》第 7 卷，人民文学出版社 2005 年版，第 85 页。

④ 钟叔河编订：《路程》，《周作人散文全编》第 11 卷，广西师范大学出版社 2009 年版，第 770 页。

言，并无旁证，实不可考。至于由痛恨衍太太扩大到 S 城人，大致是鲁迅散文中惯有的杂文、小说笔法所致。真正接近鲁迅当时对 S 城人思想感情状况的是《戛剑生日记》："行人于斜日将堕之时，暝色逼人，四顾满目非故乡之人，细聆满耳皆异乡之语，一念及家乡万里，老亲弱弟必时时相语，谓可当至某处矣，此时真觉柔肠欲断，涕不可仰。故予有句云：日暮客愁集，烟深人语喧。皆所身历，非托诸空言也。"① 所谓 "S 城人的脸早经看熟，如此而已，连心肝也似乎有些了然。总得寻别一类人们去，去寻为 S 城人所诟病的人们，无论其为畜生或魔鬼"②。那样的激愤在哪里呢？或曰即便是学水师是鲁迅的志向，即便是前途已经确定，毕竟以往鲁迅去杭州探监都有章庆相陪且同属浙地，而这次离家是鲁迅第一次长途旅行，难免有游子之思，尚有可商榷之处。但事实上，鲁迅不仅一生保持着强烈的乡邦情结，辑录、校订乡邦文献，而且最为亲近的师友中多数仍为 S 城人。鲁迅对 S 城人的愤恨，大概只是停留在借题发挥、略带戏谑的文字层面而已。

余论

近代中国社会的新陈代谢过程中，古今中西新旧常常在个体身上交织在一起，构成极为复杂的思想光谱，而史学的魅力即在打捞碎片，钩沉细节，呈现本相，鉴往知来。在西学东渐的激变时代，鲁迅既非先觉者，亦非落伍者，其奔赴江南水师学堂，既非迫于无

---

① 鲁迅：《戛剑生杂记》，《鲁迅全集》第 8 卷，人民文学出版社 2005 年版，第 527 页。
② 鲁迅：《琐记》，《鲁迅全集》第 2 卷，人民文学出版社 2005 年版，第 303 页。

奈的结果，亦非完全主动的选择。所谓"走异路"实则"逐新潮"，所谓"学费贵"实则"无资格"，所谓"逃异地"实则"投叔祖"……这才是鲁迅所云"仿佛是想走异路，逃异地"中"仿佛"的本相。鲁迅天性幽默，好戏谑讽刺，又受时代风潮、具体环境影响，所作文字多掺入小说、杂文笔法，不乏假设虚构之词。倘若将鲁迅言行脱榫于时代语境、个人境遇来研究、解读其思想及其创作，或有差之毫厘、谬以千里之患。相对稳妥的做法，仍是在实证的基础上，将鲁迅言行嵌入其人生经验、思想心态的发展历程中，嵌入其同代人的相互比较中，嵌入具体历史语境中，来破解鲁迅之所以成为鲁迅的隐秘。

鲁迅新文化运动时期与托尔斯泰主义的对话

——以《工人绥惠略夫》的翻译为媒介

范国富（重庆师范大学文学院）

1

近年来，学界关于鲁迅与尼采关系的研究取得了长足进步，但是就鲁迅与列夫·托尔斯泰的关系考察而言比较单薄。归咎起来，有以下两个方面的原因阻碍了后人对两者关系的深入思考。一方面是，鲁迅坦言他的思想与文学受托氏影响很少，[①] 这从他前期小说的创作手法与审美追求可看出，相关的研究成果也证实了此点；另一个方面是，鲁迅论及托尔斯泰的文字多为琐碎之谈，并不能构成绝对性的影响关系。但此种研究局面，随着鲁迅翻译研究的逐步深入已经有所改变，鲁迅的汉译文是理解鲁迅思想与文学的重要维

---

① "先生所涂去的是讲到他受俄国文学者影响的地方，将我原稿上的托尔斯泰和高尔基两个名字涂去了，他说：'他们对我的影响是很小的，倒是安德烈夫有些影响。'"参见冯雪峰：《关于鲁迅在文学上的地位——一九三六年给捷克译者写的几句话》，《冯雪峰忆鲁迅》，河北教育出版社，2011 年版，第 120 页。

度，也是鲁迅研究得以深化的关键。他的译文内外多有涉及托尔斯泰的话语，这为我们进一步厘清鲁迅与托尔斯泰的复杂关系提供了重要的材料基础。

纵观以往的研究，研究者考察鲁迅与托尔斯泰的关系时，多采用影响研究、比较研究方式展开相关论题，这些研究对于深入理解中俄两位伟大的人道主义文学家作出了重要的贡献。但在笔者看来，囿于传统的影响研究范式、平行比较研究方法，鲁迅与托尔斯泰之间的重要论题或由此搁浅。细读鲁迅的著译，笔者发现托尔斯泰并非如尼采那样内置于鲁迅的思想与文学，而是作为鲁迅经常与之对话的对象存在着。值得注意的是，鲁迅与托尔斯泰展开对话，并不止于托尔斯泰的思想与文学本身，而且还延伸至托尔斯泰影响下的文学传统。这里，本文引入"托尔斯泰主义"这个概念涵盖之，[①] 以"对话"[②] 介入鲁迅与"托尔斯泰主义"之关系的考察，由此发掘"托尼学说"深的意味。

1934 年 7 月，周作人接受日本友人井上红梅的访谈，介绍了中国文坛五四新文学时期的翻译状况。"最初武者小路实笃的作品颇受欢迎。那是因为五四运动时期对托尔斯泰的人道主义产生共鸣的

---

① 托尔斯泰主义是一个宽泛的概念，它是后人对托尔斯泰思想与文学诸多闪光点的总结。主要包括道德的自我完善、不以暴力抗恶、不抵抗主义、非战思想、对于资本主义的批评、对于人类之爱的推崇、由宗教罪感意识衍生出来的自我忏悔与自我牺牲精神、对于底层民众的关心、同情与理解以及躬行实践的知识分子精神等方面的内容。另外，托尔斯泰主义所彰显的人类主义、世界主义情怀也感染了诸多思想先行者，为人类文化事业做出了杰出的贡献。

② 巴赫金认为，对话是"两个不同主体的话语之间所具有的同意和反对，肯定或补充，问和答的关系"。转引董小英：《再登巴比伦塔——巴赫金与对话理论》，生活·读书·新知三联书店，1994 年版，第 46 页。

人很多。文学理论方面当时也是托尔斯泰的文学理论受重视。岛崎藤村、国木田独步、芥川龙之介、有岛武郎等人的作品也有翻译。"① 这则材料有两个信息值得重视。第一，五四新文化运动时期，托尔斯泰的人道主义思想及其文学理论在中国思想界产生一定的影响，参与了五四新文学的建设；② 第二，同时期，武者小路实笃、有岛武郎的作品被译介到中国，受到新文化人的欢迎，颇受重视。实际上，这两则信息有很大的同质性。追溯起来，武者小路实笃、有岛武郎所代表的日本白桦派文学受托尔斯泰影响甚大，可说是托尔斯泰人道主义思想在日本的继承者。新文化运动时期，周作人、鲁迅都曾热衷译介白桦派的思想与作品，两人的思想受其影响也是显然的。从此种意义上来说，周氏兄弟身上折射着托尔斯泰的投影，且有了新的表现。③

1918 年至 1923 年间，鲁迅翻译的对象有武者小路实笃、爱罗先珂、尼采、阿尔志跋绥夫、有岛武郎等人的作品，将这些翻译对象粗略地从审美风格、精神内涵归类的话，显然，尼采、阿尔志跋绥夫可归为一类，武者小路实笃、爱罗先珂、有岛武郎可归为另一类，前者多有瞩目于自由意志的"精神界之战士"的一面，后者多附有人道主义思想的色泽，这两类作品在鲁迅的精神深处形成了对峙性的存在。1925 年 5 月，鲁迅在致许广平的信中，提及自己内心

---

① ［日］井上红梅：《采访周作人》，董炳月译，《鲁迅研究月刊》1999 年第 8 期。译自：《文艺》（改造社）1934 年 9 月第二卷第九号。

② 参见邓媛：《耿济之译托尔斯泰〈艺术论〉与 20 年代中国文学批评》，《文学评论》2017 年第 6 期。

③ 参见张先飞：《从托尔斯泰到周作人——"五四"俄国人道主义文艺观的受容与"人的文学"观的生成》，《鲁迅研究月刊》2017 年第 7 期。

深处久蓄的矛盾，他称为"人道主义"与"个人的无治主义"两种思想的此消彼长。[①] 深究起来，鲁迅此种思想冲突在他翻译对象的选择上已经埋下伏笔。鲁迅的翻译有明确的目的性，与翻译对象缠斗在一起，解决的是自身的困惑。将鲁迅这些翻译的足迹连缀一起，以阿尔志跋绥夫《工人绥惠略夫》的翻译为媒介，其与托尔斯泰主义的对话也就呈现了出来，或是承接，或是拒绝，鲁迅正是在这种"缠斗"中有了自己的择取。

2

1919 年 2 月，周作人在《新青年》发表了一首题为《小河》的白话长诗。作者采用纯白的语言讲述了一个寓言化的故事。有一天，农人在缓缓流动的小河上筑起了条土堰，于是河水受阻不能向前，在土堰前打着水转。后来，农人又在土堰处修了座石堰，河水依旧在石堰前打着水转，不得向前。原本受惠于小河的水稻、小草、桑树，面对上涨的河水，生命受到威胁，皆起了忧惧的心。此刻，筑堰的农人却不知道哪里去了。钱理群先生认为这首诗表现的是周作人的内心矛盾，也是启蒙知识分子的思想悖论。周作人预感到文化运动引起政治革命的必然性，并对此产生了忧虑。[②] 相较于钱理群先生对《小河》文本的"忧惧"解读而言，笔者更为关心的是周作人如何面对这种"忧惧"之感。

---

① 鲁迅：《250530 致许广平》，《鲁迅全集》（第 11 卷），人民文学出版社，2005 年版，第 493 页。

② 钱理群：《周作人传》，北京十月文艺出版社，2005 年第 2 版，第 181 页。

在写出《小河》的 1919 年，周作人正在关注日本的"新村"运动，并且积极地将其介绍到中国，联合了许多知识界的朋友、青年在中国展开实践，掀起了一场不大不小却影响深远的工读互助运动。董炳月注意到《小河》日译文发表于 1920 年 5 月 1 日出版的《新村》5 月号上，编者在卷后的"杂记"中摘引了周作人来信中的一句话说明《小河》的涵义，"这首诗是为了表达去年年初——恰好那时支那的人们正在为过激派的袭来感到畏惧——一部分所谓智识阶级的心境"。(原文为日文)① 周作人对此另有交待，"民国八年（一九一九）一月，我做了一首新诗，题云'小河'。同年七月我到日本去，顺便一看日向地方的'新村'。这两件事情似乎很有连带的关系，所以一起写在这里，题作'小河与新村'。"② 周作人直白地道出，那一时期热衷于新村的理想宣扬，佩服创始者的热心毅力，使得"那种期待革命而又怀忧虑的心情于此得到多少的慰安"③，这恰是写作《小河》的时代。"忧惧"中的周作人，在日本新村运动中看到了新社会产生的可能性，这有可能避免过激运动带来的社会波动，他积极引介国内，也是带着此种心情。

20 世纪初年，与基督教运动相配合，托尔斯泰在日本产生一定的影响，他一生追寻的"新宗教"也渗入到日本知识界。"托尔斯泰的新宗教即托尔斯泰主义是以全人类的博爱精神为宗旨，以道

① 参见董炳月：《周作人与〈新村〉杂志》，《中国现代文学研究丛刊》1998 年第 2 期。
② 周作人：《小河与新村》(上)，《知堂回想录》(下)，《周作人自编集》，止庵校订，北京十月文艺出版社，2011 年版，第 485 页。
③ 周作人：《小河与新村》(下)，《知堂回想录》(下)，《周作人自编集》，止庵校订，北京十月文艺出版社，2011 年版，第 495—496 页。

德自我完善和勿以暴力抗恶为内容，基于禁欲主义和忏悔意识的宗教。"① 日本白桦派文学受到托尔斯泰主义的强烈影响，"新村"作为一种社会组织形式的诞生同样也掺杂托尔斯泰主义的因素，混合着克鲁泡特金的互助论，有了空想社会主义的性质。白桦派的领军人物武者小路实笃将此种颇具乌托邦色彩的社会组织落到了实处，他在日本日向一带建立了"新村"。关于武者小路实笃创立新村的初衷，刘立善先生做了很好的说明。1917 年，俄国十月革命爆发，布尔什维克的胜利对武者小路实笃产生了极大的震动。消灭阶级差别，实现人类平等，成为武者小路实笃向往的理想社会。1918 年，第一次世界大战进入尾声。日本也因参与战争导致国内经济危机爆发，引发了各种社会问题。人道的问题、劳动问题、工人暴动等事件牵连在一起，在社会意识领域掀起了狂澜。这些问题都刺激到武者小路实笃的思想，他受托尔斯泰民粹主义的影响，决心更新自己的生活，创建了富有理想气息的"新村"。武者小路实笃期望通过物质劳动与精神劳作的结合，创造一种符合"人的生活"，避免暴力革命，实现托尔斯泰非暴力形式的救世之路，摆脱现有的不合理的社会秩序，这成为新村主义的要旨。②

作为一种理想的社会组织，"新村"对此时充满"忧惧"且有"浪漫气质"的周作人来说是极富诱惑力的。他在介绍新村时，注

---

① 周振美：《托尔斯泰主义与中国的宗教思想》，《山东大学学报》（哲学社会科学版）2000 年第 4 期。

② "在建设新世界时，我不愿意使用暴力，唯有依赖人的理性、爱、理智等建设之，稳步发展，才为切当。我不想俯仰之间便推翻一个世界，只愿通过少数人的合作，开创出一种新生活，不知我能否成为这新生活的开创者之一。"参见刘立善：《日本白桦派与中国作家》，辽宁大学出版社，1995 年版，第 197 页。

意到此种社会组织与托尔斯泰的关联。托尔斯泰对农耕文明持有热忱，是泛劳动主义的提倡者，但他注重的是"手的工作"，对"脑力劳动"有所排斥。而且，托尔斯泰提倡极端的利他主义，无己的为他，这是有很大问题的。与托尔斯泰相比，新村运动也提倡泛劳动，但更进了一步，主张"协力的共同生活"。一方面，对于人类尽义务；另一方面，也是对于自我尽义务是承认自我的利他主义，既赞美"协力""个性"，又能发展"共同的精神""自由的精神"。在周作人看来，新村主义是一种切实可行的人生理想，也是"真正普遍的人生的福音"[1]。

在此，周作人谈到新村主义与托尔斯泰所持理念的诸多不同之处。但是，新村主义脱胎于托尔斯泰主义的痕迹还是显然的，对于人类之爱的推崇，散发着浓郁的宗教气息。此外，日本新村还将托尔斯泰的生日作为新村的祭日之一，成为成员休憩、游戏、交流感情的日子。他们相信是神的意志支配着世界的运行，而过"人的生活"也是神的意志，这也是人类的意志，亦是托尔斯泰主义的要义。周作人还特别强调他赞成新村生活的原因，在于新村是由"平和的路"造起一种"人的生活"。[2]

五四时期各种社会思潮泛滥，人们急切地寻找着救国救民的道路。与当时中国新知识界渴望"改造社会"的思潮相契合，"新村"一经周作人介绍到国内，便产生了一定的影响。这对一些致力于改造社会的知识人以及青年产生了极强的感召力，他们试图通过建立

---

[1] 周作人：《日本的新村》，《艺术与生活》，《周作人自编集》，北京十月文艺出版社，2011年版，第222页。

[2] 周作人：《新村的理想与实际》，《艺术与生活》，《周作人自编集》，北京十月文艺出版社，2011年版，第242页。

"新村"形式的社会组织，以人道主义的方式实现社会的变革。① 就在"新村"引起国内知识分子关注的时候，鲁迅对此却是冷淡的。1919 年 7 月，周作人参观日本新村，并寄回《访日本新村记》一文发表。鲁迅在致钱玄同的信中，显示了其时的态度。"关于《新村》的事、两面登也无聊、我想《新青年》上不登也罢、因为只是一点记事、不是什么大文章、不必各处登载的。"② 在前一封信中，鲁迅曾与钱玄同谈到，将周作人的《访日本新村记》登载于《新青年》当年的第六期，由于《新青年》出版已脱期，文章与刊物时间相冲突，引起了一点小麻烦。所以，将此文刊载于《新潮》。可能是由于《新潮》已经刊登，在鲁迅看来，《新青年》也就没有再载此文的必要了。值得注意的是，鲁迅对待此文的态度值得玩味。他认为这不是什么大文章，只是一点记事，没必要到处刊登。

另有一事值得注意。李宗吾翻译的武者小路实笃论文集《人的生活》出版时，周氏兄弟都曾尽力。这本论文集收录武者小路实笃

---

① 继首篇《日本的新村》之后，周作人相继做了有关"新村运动"的系列演讲，以及介绍文章，致力于"新村"在中国的介绍与实践，并在八道湾十一号周宅建立新村支部。这期间，李大钊也撰写了《美利坚之宗教新村运动》介绍了美国七种具体的新村模式，他与周作人就"新村"也有过多次交流。与此同时，《新青年》《星期评论》《新人》《晨报》《时事新报》《民国日报》等刊物纷纷介绍"新村"的有关信息，学生主办的刊物《新潮》《国民》《批评》《工学》《新生命》等刊物也有热烈响应。这些举措使得"新村"短时期内有了很强的影响力，托尔斯泰的泛劳动主义、博爱思想与克鲁泡特金的互助论思想交织在一起，成为一股强有力的社会思潮，激荡着知识分子"改造社会"的努力。

② 鲁迅：《190813 致钱玄同》，《鲁迅全集》（第 11 卷），人民文学出版社，2005 年版，第 379 页。

的四篇文章，着实是武者小路实笃"新村"思想的结晶。周作人为该论文集作了序，在序文中提到稿子经过再三斟酌，其中就包括鲁迅的校对。鲁迅日记有此记事。① 止于此，鲁迅的行文再没有关于"新村"的言论了。

综上，可以看到周氏兄弟对待"新村"截然分明的态度：一个是热情、乐观、理想，充满了浪漫的气息，作文、演讲，乃至于身体力行地实践；另一个，对此显然是冷漠、淡然的，几乎没有关于"新村"的直接发言。当然，鲁迅在小说《头发的故事》② 中有些许隐微的表达。"改革么，武器在那里？攻读么，工厂在那里？"③ 这里的"改革""攻读"都是针对当时社会上的改革思潮而言，"工读互助团"也是日本"新村"与俄国革命影响下的产物，一时间成为青年学生中盛行的社会实践组织。在小说《头发的故事》中，我们可体会到鲁迅对于国民记忆"忘却"的无奈，至于这些并不切实的、充满理想气息、简单移植社会组织方式的社会实践，鲁迅持有深的怀疑。"我要借了阿尔志跋绥夫的话问你们；你们将黄金时代的出现预约给这些人们的子孙了，但有什么给这些人们自己呢？"④ 这句话便来源于鲁迅此时翻译的一篇小说《工人绥惠略夫》，作者正是阿尔志跋绥夫。

① 鲁迅：《一九二一年五月三十一日》，《鲁迅全集》（第15卷），人民文学出版社，2005年版，第433页。

② 本篇小说写作时间为1920年10月，发表于1920年10月10日上海《时事新报·学灯》。

③ 鲁迅：《头发的故事》，《鲁迅全集》（第1卷），人民文学出版社，2005年版，第448页。

④ 鲁迅：《头发的故事》，《鲁迅全集》（第1卷），人民文学出版社，2005年版，第448页。

3

鲁迅最初接触阿尔志跋绥夫的《工人绥惠略夫》是在第一次世界大战刚结束时，他不无讽刺地提到，"对德宣战"的结果，之于中国来说是立了一块"公理战胜"的牌坊，于他而言，只有这一篇《工人绥惠略夫》的译本，这是从那时移交的德文书里挑出来的《革命的故事》中的选篇。[①] 鲁迅开始翻译此篇小说是在 1920 年 10 月 22 日，[②] 于次年 4 月寄沈雁冰，在《小说月报》连载。[③] 在译出《工人绥惠略夫》之后，鲁迅还先后翻译了阿尔志跋绥夫的小说《幸福》《医生》，并写了相关"译者记"，这些"译者记"杂有鲁迅对托尔斯泰主义的思考。1919 年、1920 年，这两年恰是周作人大肆宣扬新村主义的时期，鲁迅先后译出阿尔志跋绥夫的作品，暗含着他对社会现实的思考。

谈到鲁迅选译《工人绥惠略夫》的原因时，研究者多被鲁迅陈述的缘由所吸引，[④] 将其解读为先觉者与群众隔膜的悲剧。但在笔者看来，《工人绥惠略夫》的丰富性不止于此，除却对先觉者悲剧性的揭示之外，鲁迅选译此篇还有更为切实的现实对话。这一时

---

① 鲁迅：《记谈话》，《鲁迅全集》（第 3 卷），人民文学出版社，2005 年版，第 375 页。

② 1920 年 10 月 22 日记，"晴，夜得北京大学信。译《工人绥惠略夫》了，共百廿四枚。"鲁迅：《鲁迅全集》（第 15 卷），人民文学出版社，2005 年版，第 413 页。

③ 1922 年 5 月上海商务印书馆刊发了首印本，被列入《文学研究会丛书》。

④ "大概，觉得民国以前，以后，我们也有许多改革者，境遇和绥惠略夫很相像，所以借借他人的酒杯罢。"鲁迅：《记谈话》，《鲁迅全集》（第 3 卷），人民文学出版社，2005 年版，第 375 页。

期，与"托尔斯泰主义"有密切联系的"新村"思想被热烈绍介，"工读互助组织"也蔓延开来，知识分子渴望用和平的方式致力于社会的改造，取得社会的进步，这些举措在浪漫气息十足的五四时期是令人欢欣鼓舞的。鲁迅对这些充满理想性的社会实践形式并没有直接发言，但他对这些"梦"的态度是复杂的，正如他翻译武者小路实笃反战剧本《一个青年的梦》时的态度。鲁迅在《〈一个青年的梦〉译后记》中申明道，他没有用《A 与战争》的剧本名字，仍以《一个青年的梦》命名。鲁迅固执己见，并不以武者小路实笃更改的名称为是，还是坚持用"一个青年的梦"的旧名。深的原因是，鲁迅赞赏武者先生在该剧本中所追寻的人之生存的理想，没有了战争，人类能够互爱、和平的生活，但就现实来看，这仍是一个需要追寻却无法企及的"梦"。对于鲁迅来说，"一个青年的梦"才是该剧本传达的真实。同样，鲁迅对待周作人热烈绍介的"新村主义"以及知识界推行的"工读互助团"的态度也是复杂的。考虑到"新村主义"和"工读互助团"带有浓厚的托尔斯泰色彩，鲁迅关注阿尔志跋绥夫的背后，实际上也是在与托尔斯泰主义进行对话。虽然鲁迅没有翻译过托尔斯泰的著作，但他对托尔斯泰倡导的理念一直有所关注。[①] 从这个角度审视鲁迅对阿尔志跋绥夫小说的绍介，也就有了新的意味。其间夹杂的有关"托尔斯泰主义"的议论，显示了鲁迅对于中国社会现实的执着关注，亦有"怎么办"的精神困顿。

《工人绥惠略夫》的开篇便以绥惠略夫与"托尔斯泰主义"的

---

① 参见拙文《鲁迅留日时期思想建构中的列夫·托尔斯泰》，《鲁迅研究月刊》2016 年第 10 期。

信徒大学生亚拉借夫的对话展开。亚拉借夫曾是一个无政府主义革命者，后来转向了托尔斯泰主义，成为了一个和平的改良者。他在得知绥惠略夫读过他的两部以农民生活为题材的小说之后，很想听听绥惠略夫对其小说的评价。"他（亚拉藉夫）自己十分相信，这并非为着已有教育的读者而作，却直接为了工人和农民做的。"① 绥惠略夫正是工人，也是亚拉借夫小说的理想读者。绥惠略夫先是肯定小说"很有味!"随后，提出了自己的疑问。"倘若我没有错，你是从这一个立脚点出发的，就是只要有健全的理性与明白的判断力，便不会有一个恶人。就是单是表面上的可以去掉的环境，妨害着人的为善。我不信这事。人是从天性便可恶的。"②

人如果有"健全的理性""明白的判断力"，世界便会走向美好。这的确是亚拉借夫思想的根基，他以后的作品也预想以此为根底。然而，绥惠略夫却将这思想的根基颠覆了，他以一个工人的经验讲出了这"真理"的不可靠。"爱""自己牺牲""同情"……在绥惠略夫看来，这些不过是人类遮掩丑态的自我欺骗而已，人类在猛兽本能的裹挟下放纵自己，世界皆是虚无、荒诞的存在。亚拉借夫对此显然并不赞同，他激昂地宣讲自己的信仰，相信爱的力量能够拯救世界。他认为，"用理想贯彻人生，固然迟缓，然而确实的，而且一到他得了胜，使人类的权利全都平等的时候……"③ 绥惠略夫不相信人类会迎来这样的世界，以及亚拉借夫所谓的"黄金时代"。在与绥惠略夫的对话里，亚拉借夫感受到了绥惠略夫精神世

① 鲁迅:《鲁迅译文全集》（第1卷），福建教育出版社，2008年版，第146页。
② 鲁迅:《鲁迅译文全集》（第1卷），福建教育出版社，2008年版，第146页。
③ 鲁迅:《鲁迅译文全集》（第1卷），福建教育出版社，2008年版，第147页。

界的"黑暗与荒凉",交织着剧烈的烦恼与矛盾,还有那"非人格的报复"。但他自己原来看似坚定的信仰,在绥惠略夫的诘问里也有了细微的变动。

小说中,阿尔志跋绥夫给了亚拉借夫一个颇有意味的镜头,亚拉借夫湿润的眼睛,"注视在托尔斯泰的肖像,那正在墙上锐利地透彻的回看着他的"①。低下头,亚拉借夫又饱含深情地投入写作。他热情地讴歌农民为了爱的信仰忍受苦刑,乃至遭遇死亡。质朴、无言,没有一点英雄的反抗举动。此外,又一幅图画慢慢展开。"有些地方的房屋和屋顶后面的大道上却照耀着几千活火,盘旋过许多匆忙的饶舌的行人,饭店大开,舞蹈场上闪着袒露肩膀,戏园里响着美音;大家谈天,爱恋,生存竞争,生存享乐与死亡。"② 这一对比鲜明的画面,具有强烈的视觉、心理冲击效果,将亚拉借夫与绥惠略夫的对话赋予极强的画面感。在失去心爱的姑娘后,亚拉借夫原来的信仰彻底坍塌了。在危急时刻,为了保护革命者的名单以及绥惠略夫的逃亡,亚拉借夫没有做一个人道主义的旁观者,他选择了以暴力反抗警察的暴力,最后殒命。面对恶的存在,亚拉借夫没有坚守托尔斯泰的无抵抗主义,但他决绝的反抗又是植根于更加深沉的爱,有着强烈的自我牺牲精神。不论是作为小说主人公的绥惠略夫,还是作为第二人物出现的亚拉借夫,在他们身上,都可以体味到阿尔志跋绥夫关于"托尔斯泰主义"的思考。鲁迅翻译《工人绥惠略夫》时,注意到此点,绥惠略夫在无路可走的情况下,不得不探寻一条可以走的路,他在与亚拉借夫的闲谈,以及与黑铁

① 鲁迅:《鲁迅译文全集》(第1卷),福建教育出版社,2008年版,第148页。
② 鲁迅:《鲁迅译文全集》(第1卷),福建教育出版社,2008年版,第149页。

匠的辩论里，"他根据着'经验'，不得不对于托尔斯泰的无抵抗主义发生反抗，而且对于不幸者们也和对于幸福者一样的宣战了"。[①]

关于"托尔斯泰主义"的思考，鲁迅不仅在《工人绥惠略夫》中有所注意，在翻译阿尔志跋绥夫的另外一篇小说《医生》时，亦有深刻的理解。"在这短篇里，不特照例的可以看见作者的细微的性欲描写和心理剖析，且又简单明了的写出了对于无抵抗主义的抵抗和爱憎的纠缠来。无抵抗，是作者所反抗的，因为人在天性上不能没有憎，而这憎，又或根于更广大的爱。因此，阿尔志跋绥夫便仍然不免是托尔斯泰之徒了，而又不免是托尔斯泰主义的反抗者，——圆稳的说，便是托尔斯泰主义的调剂者。"[②]鲁迅意识到阿尔志跋绥夫对"托尔斯泰主义"的思想矛盾，在信仰、怀疑与反抗的摇摆间，阿尔志跋绥夫笔下的人物也有了新的抉择，他们植根于广大的爱，但不能没有憎，对于那些恶的存在，有了决绝的反抗。

鲁迅阅读、翻译阿尔志跋绥夫的小说，与"托尔斯泰主义"默默对话时，近在的"新村主义""工读互助团"的实验正在兴起，这些和平的改良举措自然是美好的，也是令人欢欣鼓舞的，可这些富有理想气息的社会的实践，真的会像倡导者理想的那样，人与人实现了和解，社会就会如此走向坦途了吗？人道主义的生活就会降临凡世吗？鲁迅不得不对此提出诘问，他说阿尔志跋绥夫是"托尔斯泰主义的调剂者"，一面信奉"托尔斯泰主义"，对于人类有广博的爱；另一方面，面对恶的存在，他又不得不有所憎，有所反抗，无法做到托尔斯泰的"妥协""宽恕"。从一定程度上说，这些话也

① 鲁迅：《鲁迅译文全集》（第1卷），福建教育出版社，2008年版，第139页。
② 鲁迅：《鲁迅译文全集》（第1卷），福建教育出版社，2008年版，第275页。

是鲁迅的夫子自道，鲁迅何尝不是一个"托尔斯泰主义的调剂者"。对于阿尔志跋绥夫接受托尔斯泰的影响，鲁迅还引用了阿尔志跋绥夫致毕拉特的信予以说明。阿尔志跋绥夫承认他受到托尔斯泰的影响，但这仅止于艺术方面，而且在作品的外形上避去了托尔斯泰的影子，更为重要的是，阿尔志跋绥夫对于托尔斯泰宣扬的"勿抗恶"思想是不赞同的。这里，鲁迅注意到了阿尔志跋绥夫的思想支点——思谛纳尔。

> 我们这里时时有人说，我是受了尼采（Nietzsche）的影响的。这在我很诧异，极简单的理由，便是我并没有读过尼采。……于我更相近，更了解的是思谛纳尔（Max Stirner）。①

阿尔志跋绥夫坦陈他的思想更近于思谛纳尔，鲁迅留日时期曾接触过思谛纳尔的思想，他称其为"斯契纳尔"。那时，鲁迅注意到施蒂纳"重个人"思想的一面，在《文化偏至论》中勾勒了以施蒂纳、叔本华、克尔凯郭尔、易卜生、尼采为链条的思想谱系，施蒂纳作为首个代表人物被鲁迅认知，而尼采成为这一思想谱系中的集大成者。显然，鲁迅对施蒂纳的思想有所了解，并有所辨析的吸收。② 这里，鲁迅读解阿尔志跋绥夫的小说也有这一思想背景的影响。在他看来，绥惠略夫便显出了"尼采式的强者的色彩"③。"他

---

① 鲁迅:《鲁迅译文全集》（第 1 卷），福建教育出版社，2008 年版，第 139 页。

② 参见汪卫东、张鑫:《由〈文化偏至论〉中施蒂纳的材源看鲁迅对无政府主义的接受》，《鲁迅研究月刊》2014 年第 1 期。

③ 鲁迅:《鲁迅译文全集》（第 1 卷），福建教育出版社，2008 年版，第 139 页。

用了力量和意志的全副，终身战争，就是用了炸弹和手枪，反抗而且沦灭（Untergehen）。"① 如果说思谛纳尔是阿尔志跋绥夫的思想支点的话，从一定程度上来说，尼采可视为鲁迅的思想支点。他对阿尔志跋绥夫的理解便是以尼采的眼光读取的，又折射到他关于"托尔斯泰主义"的对话之中。

4

在周作人大谈"新村主义"，倡导理想生活之时，鲁迅一反之前文艺事业上兄弟怡怡、相互扶助之情，对其是异常缄默的。细细思来，深层次的原因，还是在于鲁迅与周作人在如何追寻人生道路选择上的根本性分歧。与周作人倾心于日本"新村主义"不同，鲁迅这一时期对尼采尤为迷恋，他评论一些人物以及文化现象时，尼采的影子是可以感觉到的。周作人曾言及鲁迅阅读尼采的状况，"德国则于海涅以外只取尼采一人，《札拉图斯忒拉如是说》一册长在案头，曾将序说一篇译出登杂志上，这大约是《新潮》吧，那已是'五四'以后了"②。鲁迅留日时期曾经接受日本"尼采热"的洗礼，早期的五篇文言论文也回荡着尼采深沉的声音。③ 1918 年，鲁迅所作的第一篇现代白话小说《狂人日记》也溢满了尼采的气息。"狂人"以"重估一切价值"之眼看到了世间"吃人"的恐怖。"五

---

① 鲁迅：《鲁迅全集》（第 10 卷），人民文学出版社，2005 年版，第 184 页。

② 周作人：《关于鲁迅之二》，《鲁迅的青年时代》，《周作人自编集》，北京十月文艺出版社，2013 年版，第 147 页。

③ 参见［日］伊藤虎丸：《鲁迅与日本人》，李冬木译，河北教育出版社，2002 年版，第 23—36 页。

四"前后，鲁迅对尼采的兴趣尤为浓烈。1918年，鲁迅先是以文言译出了《察罗斯德罗绪言》。周作人回忆中提到的鲁迅翻译的《察拉图斯忒拉的序言》是白话译文，该译文与附记均刊登于1920年9月1日《新潮》月刊第2卷第5期。除了这两次序言的翻译之外，1921年4月，鲁迅在翻译阿尔志跋绥夫的小说期间，还翻译了森鸥外为生田长江译《查拉图斯特拉如是说》所写的序言《沉默之塔》。1925年，鲁迅又购入两本生田长江的日译本《查拉图斯特拉如是说》和一本阿部次郎的《尼采之查拉图斯特拉如是说——解释与批评》。在此时期两次翻译尼采的《查拉图斯特拉如是说》的序言，还翻译、购买了与尼采相关的书籍。可见，鲁迅对尼采关注的热情之高。[①]

尼采站在世纪的转折点上，重估西欧近代文明，以"权力意志"[②]赋予己身与外在世界以新的价值，这种"权力意志"是鲁迅所欣赏的，成为鲁迅"尊个性""张灵明"，实现"人各有己"的重要精神资源。鲁迅青年留日时期一方面关注尼采式的"立意在反

---

① 参见［澳］张钊贻：《第二章"温和"尼采的东渐与鲁迅的接受》，《鲁迅：中国"温和"的尼采》，北京大学出版社，2011年版，第137—181页。

② "尼采的很多思想是以权力意志为中心的。但是，这个观念却很少得到尼采所攻击的那些概念那样的同样深度的分析。尼采似乎认为，人类主要不是渴望'快乐'和'有用'的东西。他们不渴望摆脱某种东西的自由，而是渴望实现自己的自由，渴望选择一种'生活方式'。这采取了权力意志的形式。但是，在这里，权力并不是征服他人的权力，而是征服自己的权力。权力意志也表现为一种追求知识的意志，即一种引导我们组织混沌、把握和改变我们环境的本能。"参见［挪］G·希尔贝克、N·伊耶：《西方哲学史》（下），童世俊　郁振华　刘进译，上海译文出版社，2012年版第576页。

抗，指归在动作"①的摩罗诗人，另一方面他又专注于富有人道主义思想的俄国文学，如此思考路径也延续到他后来的文化实践之中。这里，笔者所关注的问题是，在鲁迅的生命深处，当尼采遭遇托尔斯泰式人道主义时，这两种异质思想是如何发酵的？鲁迅又是如何在多重精神维度中汲取各种思想资源熔铸自身的？

新文化运动时期，托尔斯泰的思想与尼采的思想已在国内知识界流布，引起不少知识分子的关注。周作人在北京大学讲解近代欧洲文学史时也注意到尼采与托尔斯泰思想的异质性，"Lev Tolstoj (1828—1910) 主张人道主义，与 Nietzsche 超人哲学角力，为近世思想二大潮流。"② 在他所倡导的新村思想中，尽管托尔斯泰占据思想的要津，但周作人也发现了尼采的思想踪迹，"这思想本来很受托尔斯泰的基督教的影响，但实际却又与尼采的进化论的宗教相合了。"③ 值得注意的是，在周作人思想困顿时，④ 尼采在周作人那里并没有起到主导性作用，反而在他思想调整的过程中逐渐淡出。在鲁迅那里，尼采却是被时时召唤的。这一时期，经由译介阿尔志跋

---

① 鲁迅：《摩罗诗力说》，《鲁迅全集》（第1卷），人民文学出版社，2005年版，第68页。

② 周作人：《欧洲近代文学史》，《周作人自编集》，止庵校订，北京十月文艺出版社，2011年版，第189页。鲁迅曾参与此讲义的修订。

③ 周作人：《新村的理想与实际》，《艺术与生活》，《周作人自编集》，北京十月文艺出版社，2011年版，第242页。

④ "我近来的思想动摇与混乱，可谓已至其极了，托尔斯泰的无我爱与尼采的超人，共产主义与善种学，耶佛孔老的教训与科学的例证，我都一样的喜欢尊重，却又不能调和统一起来，造成一条可以行的大路。我只将这各种思想，凌乱的堆在头里，真是乡间的杂货料理店了。"周作人：《山中杂信》，《雨天的书》，《周作人自编集》，北京十月文艺出版社，2011年版，第146页。

绥夫的《工人绥惠略夫》，鲁迅凭借尼采的思想资源，与托尔斯泰主义进行深度对话，这些对话又与鲁迅关于中国现实的思考相交织。1925 年 6 月 26 日，鲁迅在《杂忆》中写了这样一段话：

> 不知道我的性质特别坏，还是脱不出往昔的环境的影响之故，我总觉得复仇是不足为奇的，虽然也并不想诬无抵抗主义者为无人格。但有时也想：报复，谁来裁判，怎样公平呢？便又立刻自答：自己裁判，自己执行；既没有上帝来主持，人便不妨以目偿头，也不妨以头偿目。有时也觉得宽恕是美德，但立刻也疑心这话是怯汉所发明，因为他没有报复的勇气；或者倒是卑怯的人所创造，因为他贻害于人而怕人来报复，便骗以宽恕的美名。①

鲁迅的这种判断，混杂着尼采的思想。在一个非常态的社会里，伦理道德、法律制度不免沦为强权者作恶的工具，当人被压迫且无法通过正常途径申诉，公平、正义无法得到制度有效保障的时候，任何劝善良言恐怕都是徒然的。诚如木山英雄所言，在鲁迅那里"复仇是强者掌握霸权而冒称公理的伪文明世界里弱者反抗强者的原理"②。此外，鲁迅注意到中国人持有"反抗"权利的必要性，但他对中国人所谓的"反抗"也有所警醒。他深察到中国人在恶的强者蹂躏下，遭受的奴役之深，内心所积的怨愤之多，他们往往不

---

① 鲁迅：《杂忆》，《鲁迅全集》（第 1 卷），人民文学出版社，2005 年版，第 236 页。
② 木山英雄：《关于周氏兄弟》，《文学复古与文学革命》，赵京华编译，北京大学出版社，2004 年版，第 248 页。

是反抗强者之恶，而是在弱者身上发泄怨愤。鲁迅在此对那些"放火者"提出了警告，除了引起国民的公愤之外，还要设法注入深沉的勇气，更重要的是竭力启发他们明白的理性。在鲁迅看来，"反抗"并非是奴才式的破坏，也非"一把椅子"的革命，而是致力于人道的生活建设。即便是卢梭、斯谛纳尔、尼采、托尔斯泰、伊孛生等这些被勃兰兑斯视为"轨道的破坏者"①，他们的反抗也是富有理想的。鲁迅所谓的"复仇"实则是与"反抗"相通的，且有清晰的建设性目标——人道的生活，并非虚无主义者对社会的"复仇"，有必要将此分辨开来。

与托尔斯泰悲悯地俯察人类众生不同，鲁迅是一个执着于现世的文人、战士，这与查拉图斯特拉有所相通，"超人是地的意义。你们的意志说罢：超人须是地的意义！我恳愿你们，我的兄弟，忠于地并且不要相信那个，那对你们说些出世的希望的！这是下毒者，无论他故意不是。这是生命的污蔑者，溃烂者和自己中毒者，地也倦于这些了：他们便可以去罢！"②鲁迅拒绝超脱于大地的"黄金世界"，执着于此时此地的抗争，他认为人道的生活必须依靠人的觉悟，敢于打破"瞒和骗"的历史，正视淋漓的鲜血与现实，③"因为人道是各人竭力挣来，培植，保养的，不是别人布施，捐助

---

① 鲁迅：《再论雷峰塔的倒掉》，《鲁迅全集》（第1卷），人民文学出版社，2005年版，第202页。

② 尼采：《察拉图斯忒拉的序言》，唐俟译，《新潮》月刊1920年9月1日第2卷第5期。

③ "世上如果还有真要活下去的人们，就先该敢说，敢笑，敢哭，敢怒，敢骂，敢打，在这可诅咒的地方击退了可诅咒的时代！"鲁迅：《忽然想到（五、六）》，《鲁迅全集》（第3卷），人民文学出版社，2005年版，第45页。

的"。① 在《善恶之彼岸》中，尼采提出了"主人道德"与"奴隶道德"两种道德类型，在他看来，"主人道德立基于力量和自我肯定。相反，奴隶道德的基础是虚弱和顺从"。② 由此，尼采对基督教有所质疑，他认为，"基督教是主人道德的最有力的破坏者。基督徒赞美虚弱、谦卑和逆来顺受的品性，不是因为基督徒爱这些品性，而是一种对于力量、生命的骄傲和自我肯定的隐秘的憎恨。"③ 托尔斯泰吸取了基督教的理念，其思想凝结为后世概述的托尔斯泰主义，阿尔志跋绥夫在小说《工人绥惠略夫》中展开了对托尔斯泰主义的质疑，这些质疑都近乎尼采的观点，鲁迅是注意到的，且有了自己的思考。在中国的文化语境里，鲁迅认为，面对"恶"的猖獗，"善""宽恕"往往沦为"奴隶道德"，并不会对"恶"起到劝转的作用，反而会成为"恶"的纵容者，甚至帮凶。他借用尼采的思想资源，对皇权专制制度下造就的奴隶道德进行了"纠缠如毒蛇""执着如怨鬼"般的批判，意在激活国人麻木的神经，对自己遭受的苦痛有所感知，有所行动。

新文化运动时期，鲁迅还翻译了武者小路实笃的《一个青年的梦》，有岛武郎、爱罗先珂的作品，这些作品皆处于托尔斯泰的河

---

① 鲁迅：《随感录 六十一》，《鲁迅全集》（第 1 卷），人民文学出版社，2005 年版，第 375 页。

② ［挪］G·希尔贝克、N·伊耶：《西方哲学史》（下），童世俊、郁振华、刘进译，上海译文出版社，2012 年版，第 576 页。

③ ［挪］G·希尔贝克、N·伊耶：《西方哲学史》（下），童世俊、郁振华、刘进译，上海译文出版社，2012 年版，第 576 页。关于此点，青年鲁迅已经领悟到。"至尼佉氏，则刺取达尔文进化之说，剖击景教，别说超人。"鲁迅：《破恶声论》，《鲁迅全集》（第 8 卷），人民文学出版社，2005 年版，第 31 页。

流里。鲁迅从切己的生命体验出发，以内化的尼采为思想支点，承接晚清章太炎的"复仇"观，以翻译阿尔志跋绥夫的《工人绥惠略夫》为媒介，与现实展开深度对话，回应了周作人宣扬的"新村主义"，亦在自我生命深处完成了尼采与托尔斯泰主义的对话，间接地审视了"托尔斯泰主义"在现实中国存在与生长的可能性。在鲁迅的生命深处，他借用尼采的思想祛除了托尔斯泰身上带有的乌托邦色彩，执着于现世的抗争，拒绝了托尔斯泰的"不抵抗主义"，同时，沐浴在俄国文学的人道主义传统中，在托尔斯泰博大的爱意里，鲁迅使得尼采的"权力意志"有了爱的色泽，摒弃了尼采超人的傲然，成为一个强韧的、执着于现世的人道主义生活者。

后五四分裂：鲁迅与现代评论派之争

邱焕星（中国海洋大学文学与新闻传播学院）

    关于鲁迅与现代评论派之争，既往研究主要有两种思路，早期多从大革命（共产革命）的角度，站在鲁迅的立场上痛斥现代评论派的帮闲反动①，近些年的研究则喜欢从文化（五四启蒙）的角度，将鲁迅与现代评论派之争视为不同启蒙话语的冲突②。这两种研究虽然看起来思路不同，但都严重脱离了论战发生的真实历史背景，没有在后五四时代向国民革命转换的大潮中，探究双方的矛盾冲突，因而也就难以解释论战引发的两个关键问题：《现代评论》何以会从联合战线上的"兄弟周刊"，在论战后变成了"与反动派朋

---

① 譬如瞿秋白：《〈鲁迅杂感选集〉序言》，《1913—1983 鲁迅研究学术论著资料汇编（第一卷）》，中国文联出版公司，1985 年版。

② 譬如宋剑华、晏洁的《两种启蒙话语的对立与冲突——论鲁迅与"现代评论派"现代性价值观的思想差异性》（《云梦学刊》2006 年第 6 期）、王玉宝的《从文化启蒙到社会革命——鲁迅与"现代评论派"的论争及其思想转向》（《河南科技大学学报》2012 年第 4 期）。

比为奸的""本阶级的恶势力的代表"①？鲁迅又何以从一个小说作家，在论战后变成了"中国思想界的权威，时代的战士，青年叛徒的领袖"②？所以，本文试图通过史料的搜集梳理，重置论战发生的背景，重探国民革命之于论战的影响，重新思考后五四时代知识阶级的道路选择，以及国民革命前期的文化政治问题。

女师大风潮："某藉某系"与
"东吉祥派的正人君子"

1924年10月，冯玉祥发动北京政变扶持段祺瑞上台，同时宣布拥护中山主义，国民党于是借助南北合作的有利时机，开始在北方推行国民革命。与之前走上层路线的辛亥革命不同，深受苏俄影响的国民革命具有民族主义和民主主义的性质，它力求建立一个社会各阶层的联合战线，因而特别重视"宣传与组织"③：一方面"意欲多延北大教授入党，以收荟萃人才之效"④，另一方面努力组织民众尤其是发动学生运动。由于冯玉祥"对民众运动采取消极不干涉的状态……所以此刻的群众运动和社团活动都得着充分的自由而尽量作去"⑤。

《现代评论》的创办，正是这种政治变化的产物，早在国民党一大召开时，孙中山就想在北京办一个刊物，"先叫王雪艇（王世

---

① 霉江：《通信》，《莽原》周刊第 20 期，1925 年 9 月 4 日。

② 鸣銮（余鸣銮）：《欢迎鲁迅先生》，《广州民国日报》，1927 年 1 月 27 日。

③ 敬云：《中国革命之前途》，《中国青年》第 5 期，1923 年 11 月 17 日。

④ 《汪精卫为北京党务致戴季陶、廖仲恺函》，《第一次国共合作在北京》，北京出版社，1989 年版，第 89 页。

⑤ 《柏经狄三、四月份工作报告》，《北京青年运动史料（1919—1927）》，北京出版社，1990 年版，第 406 页。

杰的别字）他们做起来，我津贴他们些"①，而国民党中委石瑛"亦主联合北大教授发行一刊物"②，不过因为当时还是曹吴直系统治，时机并不成熟，等到北京政变爆发，"汪精卫主张在北方办一个刊物，由段拿出一千元作开办费。这笔款由李石曾先生转到"③，最终《现代评论》在1924年12月13日创刊。不过，"《现代评论》的撰稿人的政治色彩是复杂的"④，主要成员如王世杰、周鲠生、燕树棠、唐有壬等，虽然都是"同盟会出身的国民党"⑤，但又都是信奉英美自由主义的北大法政学科教授，标举独立精神和研究态度，支持温和渐进的社会改良，因而他们组织观念极为松散，基本都是"挂名党员"，既"反对北洋军阀、反对章士钊"也"反对李石曾"⑥，甚至被国民党北京特别市党部视为"游移派刊物"⑦。

而从文化渊源上看，《现代评论》则属于《新青年》的精神余脉，它实际由太平洋社和创造社合办，由于鲁迅和创造社的郁达夫私交甚好，同时周作人"因张凤举的拉拢，与东吉祥诸君子谬托知

① 马叙伦：《我在六十岁以前》，《四十自述　我在六十岁以前　我的半生》，岳麓书社，1998年版，第50页。

② 范体仁：《现代评论派与王世杰》，《文史资料选辑》第90辑，文史资料出版社，1983年版，第142页。

③ 陈纪滢：《陈通伯先生一生的贡献》，台湾《传记文学》，第60卷第6期。

④ 《陈翰笙谈〈现代评论〉周刊》，《中国现代文学研究丛刊》，1990年第2期。

⑤ 陈西滢：《关于"新月社"——覆董保中先生的一封信》，台湾《传记文学》，第18卷第4期。

⑥ 《陈翰笙谈〈现代评论〉周刊》，《中国现代文学研究丛刊》，1990年第2期。

⑦ 郭春涛：《国民党北京特别市党部党务报告》，《第一次国共合作在北京》，北京出版社，1989年版，第277页。

己的有些来往"①，所以《现代评论》最初被视为后五四思想革命"联合战线"的成员。1925年3月初，"徐旭生（《猛进》主编——引者注）给鲁迅的信说，思想革命也以语丝，现代评论，猛进三种列举，而办文学思想的月刊又商之于胡适之"②，他们试图借助冯玉祥政变后舆论的放开，联合起来发动一场《新青年》式的"思想革命"，改变后五四时代社会的复辟倒退，因而张凤举曾在《现代评论》上连载过《鲁迅先生》一文，赞扬新出版的《呐喊》，孙伏园则"在《京副》上，至于指《猛进》《现代》《语丝》为'兄弟周刊'"③。

此时的北京"似乎彼此并不存着不可调和的斗争。人事关系错综复杂，思想界限很不清楚"，不但南北政府相安无事，国民革命和思想革命也各自发展，这是一个"革命的浪漫的、文学的、蜜月式的阶段"。④ 但是随着南北政府因国民会议的分歧在3月份决裂，国共两党开始发动群众来对抗北洋政府，由此推动了学潮的兴起，段祺瑞随即任命章士钊为教育总长来"整饬学风"，双方的冲突开始集中到了女师大风潮上面。而恰恰就在此时，陈西滢在《现代评论》的"闲话"专栏，批评了"北京教育界占最大势力的某藉某系的人在暗中鼓动"⑤ 女师大风潮，由此拉开了论战的序幕，自此思

---

① 周作人：《知堂回想录（下）》，河北教育出版社，2002年版，第415页。

② 高长虹：《1925，北京出版界形势指掌图》，上海《狂飙》周刊第5期，1926年11月7日。

③ 鲁迅：《致许广平》（二十九），1925年6月13日，《两地书全编》，浙江文艺出版社，1998年版，第444页。

④ 王凡西：《双山回忆录》，东方出版社，2004年版，第20页。

⑤ 西滢：《闲话》，《现代评论》第1卷第25期，1925年5月30日。

想革命开始和国民革命产生了交集。

从"某藉某系"即浙江籍、北大国文系的暗示来看，陈西滢的发难最初是从北大内部的派系冲突着眼的。"《现代评论》创办时，北大校内有两派。一派以国文系教授为主，主要是些留日学生，再加上几个留法学生。如三沈（兼士、尹默、志远）、二马（裕藻、叙伦）等。他们的后台是李石曾。另一派是以胡适为首的从英、美回来的留学生。以胡适为首的这一派办起了《现代评论》"，"当时被国文系那些人反对的，都愿意为《现代评论》写稿"。① 李石曾既是法日派领袖也是国民党元老，由于胡适等英美派在 1919 年到 1923 年间，利用本派王宠惠组阁的机会将学制从日本模式改成美国模式，此举直接导致了五四后学运衰退，教育独立论盛行，为了打击教育界的英美派势力，李石曾采用了各种手段来控制北京的高校，而利用学潮操控女师大进而让易培基出任校长就是举措之一，但是因为杨荫榆背后有英美派和政府支持，双方一度陷入了僵持状态。

虽说陈西滢自称是"旁观的人"②，但好友顾颉刚却在日记中指出了真相："杨是无锡人，与通伯（指陈西滢——引者注）为亲同乡，通伯遂在《现代评论》上作文为杨鸣冤。"③ 而鲁迅早已听许广平说"《现代评论》执笔的人物，他的背景是英美派，在前几期中也有一篇关于风潮的带色彩的论调，的确我也听见人说某大那一派

---

① 《陈翰笙谈〈现代评论〉周刊》，《中国现代文学研究丛刊》1990 年第 2 期。

② 西滢：《闲话》，《现代评论》第 1 卷第 25 期，1925 年 5 月 30 日。

③ 顾颉刚：《顾颉刚日记第一卷（1913—1926）》，台湾联经出版事业股份有限公司，2007 年版，第 446 页。

（指北大英美派——引者注）的人很替她出力"①。也正因此，鲁迅看到《闲话》后极为愤怒，在他看来这是"装作局外人的样子，真会玩把戏"②，为此他专门撰写了《并非闲话》和《我的"籍"和"系"》，一方面澄清真相，另一方面批评陈西滢装"公允"造"流言"，诱导读者认为他们是臭名昭著的研究系和交通系，在当时整顿学风的背景下，陈提出的"教育当局应当切实的调查这次风潮的内容"的建议，"大有挑唆北洋军阀政府来严厉压迫女师大的学生的意思"③。

由于《现代评论》此前以联合战线的成员面目出现，这种友军的暗箭让鲁迅他们在舆论上处于极为尴尬的境地，因而周作人"终于翻脸，以至破口大骂"，"几乎做了一百八十度的大回旋，脱却绅士的'沙龙'，加入从前那么想逃避的女校"④。而鲁迅此前就不太认同徐旭生的"联合战线"构想，认为"大家集合起来"只会是"浩大而灰色的军容"，远不如"小集团或单身的短兵战"⑤，因而创办《莽原》、另启思想革命，将矛头直指英美派这些"'特殊智识阶级'的留学生"⑥，认为他们的整理国故导致了后五四社会的复古倒退。如今陈西滢竟然主动挑战，鲁迅于是迅速将火力集中到了《现

---

① 许广平：《致鲁迅》（九），1925 年 4 月 16 日，《两地书全编》，浙江文艺出版社，1998 年版，第 418 页。

② 鲁迅：《致许广平》（二十四），1925 年 5 月 30 日，《两地书全编》，浙江文艺出版社，1998 年版，第 436 页。

③ 周作人：《知堂回想录（下）》，河北教育出版社，2002 年版，第 505 页。

④ 周作人：《知堂回想录（下）》，河北教育出版社，2002 年版，第 505 页。

⑤ 鲁迅：《通讯》，《猛进》第 5 期，1925 年 4 月 3 日。

⑥ 冥昭（鲁迅）：《春末闲谈》，《莽原》周刊第 1 期，1925 年 4 月 24 日。

代评论》，由此导致了思想革命联合战线的公开破裂。

不过，双方此时还仅仅是初步性地试探交火，两派真正的幕后首脑并未现身，鲁迅最初参与学潮是为了支持许广平而非李石曾，并且"某藉某系"主要指三沈二马这些吴兴、宁波人的，"移转过来说绍兴人，可以说是不虞之誉了"，实际上周氏兄弟起初"在国文系里我们是实在毫不足轻重的"①，而陈西滢也自认为"我同杨女士非但不是亲戚，简直就完全不认识"②，所以双方在正面冲突过一次后，并没有进一步的交锋发生。但是到了八月初，事情发生了重大变化，由于教育总长章士钊提请政府强制停办女师大，"李石曾等见所主持之女师风潮，学生方面已归失败，情急生智，遂急速于十八日召集评议会，宣布北大独立。在李等原意，以为北大发难，其余国立各校，或当惟北大之马首是瞻，亦追随脱离教部"③。

但是，胡适、陈西滢等人认为李石曾此举非法，于是十七教授联名在 8 月 21 日发表《为北大脱离教部关系事致本校同事的公函》，反对法日派越权利用学校名义卷入学潮。胡适此举实际是对李石曾及法日派步步紧逼的反击，此前的 7 月 31 日，李石曾领导的清室善后委员会在清查养心殿时，发现了一批阴谋复辟的文件，其中有胡适和溥仪联系的内容，于是李石曾有意散布这些信息，导致反清大同盟公开呼吁将胡适驱逐出京。④ 对于胡适的反击，李石曾一方也不甘示弱，8 月 26 日他也联合十七名教授发表《为反对章士钊事致本校同事的公函》，申明评议会的权力，同时向代理校长

① 周作人：《知堂回想录（下）》，河北教育出版社，2002 年版，第 415 页。

② 西滢：《〈闲话的闲话之闲话〉引出来的几封信》，《晨报副刊》，1926 年 1 月 30 日。

③《北京大学脱离教部之索隐》，《申报》，1925 年 9 月 12 日。

④ 参看吴景洲：《故宫盗宝案真相》，文史资料出版社，1983 年版，第 50、67 页。

蒋梦麟施压，最终蒋梦麟在 8 月 31 日发布启事支持执行脱离教部案，此事也印证了此前陈西滢的判断，"通伯又谈北大所谓'法国文化派'结党把持，倾轧梦麟的情形，闻之一叹。梦麟方倚此辈为心腹朋友呢！我虽早窥破此辈的趋势，但我终不料他们会阴险下流到这步田地！此辈者，李石曾、顾孟余、沈尹默一班人也"①。

北大脱离教部案，反映了法日派和英美派派系斗争的公开化，失败后的胡适从此不再出席评议会，而法日派动员一部分学生发起"排胡运动"，胡适被迫于 9 月离开北大，11 月提出了辞呈，所以许广平后来总结说："女师大风潮不是单纯的一个学校的事情。因为女师大的国文系，也就是我选课的一系，六位教员都是在北大国文系任教的，且又多是反对胡适的，所以斗争又牵涉到北京大学内部。这个斗争，是中国知识分子在五四运动之后，走向分化的具体反映。"② 而从驱杨到反章再到对抗教育部，也不难看出女师大风潮的日渐政治化来。

在看到本派利益和北大大本营被法日派撼动后，作为英美派核心的《现代评论》群体气愤难平，从 8 月 22 日出版的第 37 期开始，他们对法日派展开了激烈的批评，由此拉开了与鲁迅论战的序幕。《现代评论》的核心观点，是反对教育的政治化，主要分为三个方面：首先是区分"爱国运动"和"学潮"，他们不反对学生参与爱国运动，但反对带来教育秩序混乱的学潮，认为女师大学潮"和抵抗英日的爱国运动的价值与重要，两相衡量，两相比较，孰

① 曹伯言整理：《胡适日记全编（四）》，安徽教育出版社，2001 年版，第 202 页。
② 许广平：《女师大风潮与"三一八"惨案》，《许广平文集（第二卷）》，江苏文艺出版社，1998 年版，第 215 页。

轻孰重，不言自知"①；其次是坚持"政教分离"，反对学生废学救国，"务令爱国运动不妨害求学之目的"，"爱国运动不过是一时的行为，造就学问，毕竟是国家百年之计"②，所以"救国须从救出你自己下手！""努力把你这块材料铸造成个有用的东西"③；第三，反对政党和教员利用学生和学潮谋取私利，认为"学风不好，应付责任的是教员，不是学生"④，批评"不教书的教员的挑拨"和"不爱教育的教育家的利用"⑤，因而将矛头指向了操纵学生运动的法日派和国民党。

此时的周氏兄弟，因为在女师大风潮中的深度介入，以及拥有《语丝》、《莽原》、《京报副刊》等舆论阵地，已从某藉某系的边缘移到了中心，成了法日派的论战先锋。与《现代评论》表面强调政教分离实则政治着眼类似，周作人和林语堂等《语丝》同人也有意从政治着眼，将现代评论派视为章士钊复古运动的帮凶，认为"此刻中国（至少是北京）的言论界上显然分出两个局面：一是继承《新青年》以来的思想革命的革新运动，……一是继承《公言报》以来的反动的复古运动"⑥，因此他们提出了"必谈政治"的口号，批评现代评论派的"'勿谈政治'的高论不是空空一个学理，是与政府的行为态度互相表里"⑦，这种"绅士的人生观"是一种"让我

---

① 召（燕树棠）：《爱国运动与学潮》，《现代评论》第 2 卷第 38 期，1925 年 8 月 29 日。

② 周鲠生：《爱国运动》，《现代评论》第 2 卷第 45 期，1925 年 10 月 17 日。

③ 胡适：《爱国与求学》，《现代评论》第 2 卷第 389 期，1925 年 9 月 5 日。

④ 燕树棠：《教员与学风》，《现代评论》第 2 卷第 41 期，1925 年 9 月 19 日。

⑤ 宇文：《高等教育谈（四）——风潮》，《现代评论》第 2 卷第 51 期，1925 年 11 月 28 日。

⑥ 辛民（周作人）：《言论界之分野》，《京报副刊》，1925 年 8 月 21 日。

⑦ 林语堂：《谬论的谬论》，《语丝》第 52 期，1925 年 11 月 9 日。

吃主义"，而女师大风潮和五卅运动则是一种"不让你吃主义"①。

但是，鲁迅的反击最初并非着眼于政治，而更多着眼于《现代评论》本身的发言动机：首先，鲁迅指出《现代评论》并非如其标榜的那样"公正"，"什么'政潮'咧，'党'咧，仿佛他们都是上帝一样，超然象外，十分公平似的。……丑态，我说，倒还没有什么丢人，丑态而蒙着公正的皮，这才催人呕吐"②；其次，鲁迅指出"正人君子"擅用"流言"、"暗箭"，而"'流言'本是畜类的武器，鬼蜮的手段"③。总的来看，这一时期的鲁迅还是延续他重启思想革命时对"特殊智识阶级"批判的思路，侧重批评现代评论派的假公正，并未涉及他们和章士钊之间的联系，还没有超出派系矛盾的范围，而且方法上以"反讽"为主，给现代评论派起了很多"褒义"的徽号，如正人君子、学者、教授、绅士、公理、正义等等，实际是正义反用，目的是揭露他们正派外表和正义口号背后的真小人、假公正的面目。

不过随着双方冲突的进一步发展，鲁迅也在11月22、23日分别做了《坚壁清野主义》和《寡妇主义》，来与《语丝》同人的"主义"宣传相呼应，但他仍没有将此政治化，还是从反对封建道德的思想革命视野，批判"坚壁清野主义"和"寡妇主义"是禁锢人性的女贞思想，所以"社会不改良，'收起来'便无用"④，很显然，在鲁迅此时的眼中社会环境并没有实质性改变，"谈政治"自

---

① 岂明（周作人）：《让我吃主义》，《语丝》第54期，1925年11月23日。
② 鲁迅：《答KS君》，《莽原》周刊第19期，1925年8月28日。
③ 鲁迅：《并非闲话》，《京报副刊》，1925年6月1日。
④ 鲁迅：《坚壁清野主义》，《新女性》月刊创刊号，1926年1月1日。

然也就没有思想改造更具根本意义。但是正如周作人发现的，实际上"环境却改变了"，在政治形势激化和言论界分野的情况下，他们"不能悠然地置身事外"，被迫放下了思想革命的工作，"滚入政治漩涡"①。

首都革命："章士钊门下走狗"与"骂之为战"

北大脱离教育部后，形势并未按照李石曾的预想发展，首先是段祺瑞釜底抽薪，停发了北大经费，其次"北大宣布独立后，各校寂然无应者……李石曾等之原来计画，至是归于失败"②，而"李石曾等所主持之女师大，马（二十一）开学，到学生七十余，女大收学生共三百余，内旧女师大生百余"③，形势显然对宗帽胡同临时开课的女师大不利。这个僵局持续了两个多月，最终随着政治形势的发展而得到了解决，由于浙奉战争中奉军的郭松龄11月23日在滦州倒戈，北京陷入了无政府状态，章士钊等政府阁员纷纷逃往天津，国民党左派利用这个有利时机，发动了一场推翻段祺瑞政府的"首都革命"，试图建立以徐谦为主席的国民革命政权。此举虽然因为冯玉祥的犹疑镇压而失败，但首都革命形成的反政府风潮，却给女师大问题提供了解决的契机。

11月30日下午，鲁迅和许寿裳等人一起护送女师大学生复校，学生随即发表《复校宣言》，第二天举行各界联合会，会上提出

---

① 凯明（周作人）：《我最》，《语丝》第47期，1925年10月5日。
② 《北京大学脱离教部之索隐》，《申报》，1925年9月12日。
③ 《教育消息》，《申报》，1925年9月22日。

"章士钊为卖国奸贼，现彼既倒，凡被彼辞散之学校，应立即恢复，建立之学校，应一律解散"，但是女子大学方面强调"国立女子大学，以其为国立之学校，而非章士钊之私有品也"，"女师大占据我校，不过少数人报复之私见，并未有正式政府之委命，其行为绝对非法"。① 由于教育总长逃逸，导致问题迟迟无法解决，而女师大学生先是占据校舍，后是断绝女大学生伙食，通过恐吓手段将其驱逐，在这种情况下，女大校长胡敦复邀请教育界的英美派人士，成立了"教育界公理维持会"（后改名为"国立女子大学后援会"），试图利用英美派的势力对抗法日派，他们发表了《致北京各校教职员联席会议函》，宣称女师大复校"其事不惟大违法律，抑且秩出政治常规"，"否则群乘政变，自由仇复，弱肉强食，相率而为败法乱纪，北京学校，将从此多事"。②

　　看到此信的鲁迅，随即写了《"公理"的把戏》，矛头直指参加了"教育界公理维持会"的现代评论派，批评这些"先前反对北大对章士钊独立"的"东吉祥派的正人君子"，"当章氏势焰熏天时，我也曾环顾这首善之区，寻求所谓'公理''道义'之类而不得；而现在突起之所谓'教育界名流'者，那时则鸦雀无声；甚且捧献肉麻透顶的呈文，以歌颂功德"③。这是鲁迅第一次将现代评论派和章士钊联系在一起批评，反映了他对知识分子和政治权力关系认识的深化，开始从批判知识阶级自身转向批判知识阶级的权力依附性。

---

① 《女大与女师大仍在相持中》，《晨报》，1925 年 12 月 9 日。
② 《女子大学后援会积极奋斗》，《晨报》，1925 年 12 月 17 日。
③ 鲁迅：《"公理"的把戏》，《国民新报副刊》，1925 年 12 月 24 日。

现代评论派参加"教育界公理维持会",既有派系斗争原因,也由于"《现代评论》社内有几个人,因为本身是家长的缘故,加入了女大维持会"①,他们在第 54 期刊发了多篇文章批评女师大"非法"复校,尤其是批评阴谋家"以办教育为名,而实际上只以学校为个人或政党的武器"②,他们缺乏"诚实;组织力;与基本的政治知识",只是"蓄意利用民众"、"逢迎民众"③。而陈西滢更是在《闲话》中,批评女师大"叫警卫司令部派兵到女大去打土匪,再用暴力去占据"的行为,他质问说:"如果章士钊的罪状在摧残几十个女学生的学业,那么援助女师大者那能反过身来摧残三百几十个女学生的学业?"④

但在鲁迅看来,陈西滢的说法不过是"今日之我打昨日之我,'道义'之手批'公理'之颊——说得俗一点:自己打嘴巴"⑤,他讽刺说:"杨荫榆时候多数不该'压迫'少数,现在是少数应该服从多数了"⑥,"刘百昭殴曳女师大学生,《现代评论》上连屁也不放,一到女师大恢复,陈西滢鼓动女大学生占据校舍时,却道要是她们不肯走便怎样呢?你们总不好意思用强力把她们的东西搬走了罢?"⑦ 显然,这是一种"在章士钊门下暗做走狗"⑧的"势利"、

---

① 岂明(周作人):《"〈现代评论〉主角"唐有壬〈致〈晶报〉书〉书后》,《语丝》第 86 期,1926 年 7 月 5 日。

② 召(燕树棠):《扰乱的教育界》,《现代评论》第 2 卷第 54 期,1925 年 12 月 19 日。

③ 王世杰:《民众运动与领袖》,《现代评论》第 2 卷第 54 期,1925 年 12 月 19 日。

④ 西滢:《闲话》,《现代评论》第 2 卷第 54 期,1925 年 12 月 19 日。

⑤ 鲁迅:《碎话》,《猛进》第 44 期,1926 年 1 月 8 日。

⑥ 鲁迅:《这回是"多数"的把戏》,《国民新报副刊》,1925 年 12 月 31 日。

⑦ 鲁迅:《论"费厄泼赖"应该缓行》,《莽原》半月刊第 1 期,1926 年 1 月 10 日。

⑧ 鲁迅:《这回是"多数"的把戏》,《国民新报副刊》,1925 年 12 月 31 日。

"骑墙"行为。然而，此时周作人却提出了"不打落水狗"，认为"在平地上追赶胡狲，也有点无聊，卑劣，虽然我不是绅士，却也有我的体统与身分。所谓革命政府不知还有几天的运命，但我总已不得不宣告自十二月一日起我这账簿上《赋得章士钊及其他》的题目也当一笔勾销了事"①。林语堂也认为"对于失败者不应再施攻击，因为我们所攻击的在于思想非在人，以今日之段祺瑞章士钊为倒，我们便不应再攻击其个人"，而不打落水狗"正足以补充'费厄泼赖'的意义"②。

针对《语丝》同人的这些看法，鲁迅在12月29日专门撰写了《论"费厄泼赖"应该缓行》，提出"费厄泼赖"是一种错误的知识分子精神，"尤其有流弊，甚至于可以变成弱点，反给恶势力占便宜"。"不打死老虎"的前提，是"敌手也须是刚勇的斗士，一败之后，或自愧自悔而不再来，或尚须堂皇地来相报复"，但"狗性总不大会改变的"，尤其是《现代评论》这种"叭儿狗"，"它却虽然是狗，又很像猫，折中，公允，调和，平正之状可掬，悠悠然摆出别个无不偏激，惟独自己得了'中庸之道'似的脸来"，而女师大复校之争正是现代评论派嗅到了"'费厄'气味之故"，"利用了来替章士钊的'遗泽'保镳"，所以"'费厄'必视对手之如何而施，无论其怎样落水，为人也则帮之，为狗也则不管之，为坏狗也则打之"。③

鲁迅的这种痛打落水狗的精神，在首都革命后左派全面占优的

---

① 岂明（周作人）：《失题》，《语丝》第56期，1925年12月7日。

② 语堂：《插论语丝的文体——稳健、骂人、及费厄泼赖》，《语丝》第57期，1925年12月14日。

③ 鲁迅：《论"费厄泼赖"应该缓行》，《莽原》半月刊第1期，1926年1月10日。

形势下，开始得到了充分地发挥。此时的北京政府和教育界，已经为冯玉祥系和国民党人全面控制，易培基出任了教育总长兼女师大校长，鲁迅不但复职，还被聘为女师大国文系教授、教职员会代表和评议会委员，并且出任了国民党北方机关报《国民新报》副刊的乙刊编辑。面对着这种不利形势，1926年1月2日陈西滢发表"新年的决心"，表示"以后永远不管人家的闲事"①，实际是承认失败宣布退出，但在鲁迅看来，所谓的"不管闲事"不过是"故意装痴作傻"②，"骗骗极端老实人"③，他们并不想放弃这个痛打落水狗的机会，而是步步紧逼。

先是周作人暗示陈西滢"因为愤女师大前途之棘，先章士钊，后杨荫榆而扬言于众曰，'现在的女学生都可以叫局'"④，接着是鲁迅、刘半农、川岛、林语堂，以"下流"⑤的语言讽刺陈西滢和他的女友凌叔华，再之后则是川岛重提凌叔华剽窃瑟亚词侣的画⑥。"忍不住的爆发了"的陈西滢说："他们兄弟二位既然那样的咄咄逼人，我现在偶然不客气一次"，必须要"揭穿一两个'假面具'"。⑦于是陈西滢在给徐志摩的信中，也重提鲁迅的《中国小说史略》抄

---

① 西滢：《闲话》，《现代评论》第3卷第56期，1926年1月2日。

② 鲁迅：《杂论管闲事·做学问·灰色等》，《语丝》第62期，1926年1月18日。

③ 鲁迅：《有趣的消息》，《国民新报副刊》，1926年1月19日。

④ 岂明（周作人）：《闲话的闲话之闲话》，《晨报副刊》，1926年1月20日。

⑤ 《西滢致志摩》，1926年1月28日，《闲话的闲话之闲话引出来的几封信》，《晨报副刊》，1926年1月30日。

⑥ "爱管闲事"（川岛）：《刘博士订正现代文学史冤狱图表》，《语丝》第63期，1926年1月26日。

⑦ 《西滢致凤举》，1926年1月26日，《闲话的闲话之闲话引出来的几封信》，《晨报副刊》，1926年1月30日。

袭日本人岩谷温的《支那文学概论讲话》一事，这些信在徐志摩主编的《晨报副刊》上刊出后，随即让周氏兄弟陷入了极其被动的状态。"叫局"事件由于见证人自陈"误传"，周作人只好在《语丝》、《晨报副刊》发表文章，声明"叫局"事件和陈西滢无关，他直到晚年还对此耿耿于怀①。但是鲁迅却不愿像周作人这样认输，而是"以眼还眼以牙还牙"，他当即撰写《不是信》，逐条反驳陈西滢的讽刺，坚决否认"抄袭"问题，并且还写了大量的文章，来揭露"正人君子"的"臭架子"、"鸟公理"。而为了反击现代评论派，川岛随即爆出《现代评论》接受政府津贴的丑闻，由于"《现代评论》收受章士钊一千元的消息乃是从《现代评论》社出来的"②，此事让他们一时极为狼狈。

从"叫局"到"抄袭"再到"津贴"事件，双方各自给对手制造着"流言"，试图抹黑丑化对方。此时远因近因、私仇公愤相互掺杂，是非已经很难分清，"双方的怨毒愈结愈深，结果彼此都拿出本性里的骂街婆甚至野兽一类东西来对付，倒叫旁边看热闹人中间冷心肠的耻笑，热心肠的打寒噤"③，然而也正是在这场"对骂的笔战"④ 中，双方理念上的差异充分展现了出来。作为坚持理性不尚攻讦的英美派，陈西滢反对"打笔墨官司的时候，谁写得多，骂得下流，捏造得新奇就是谁的理由大"，检讨骂战导致"暴戾之气

---

① 周作人：《知堂回想录》（下），河北教育出版社，2002 年版，第 511 页。

② 岂明（周作人）：《"〈现代评论〉主角"唐有壬〈致〈晶报〉书〉书后》，《语丝》第 86 期，1926 年 7 月 5 日。

③ 志摩：《关于下面一束通信告读者们》，《晨报副刊》，1926 年 1 月 30 日。

④ 胡适：《胡适致鲁迅、周作人、陈源（稿）》，《胡适来往书信选（上）》，中华书局，1979 年版，第 378 页。

占据我的心"，"我已经踏了两脚泥"①，徐志摩复信指出"意气是病象的分数多，健康的分数少"、"怨毒是可怕的"②。而在丁西林看来，"骂绅士的臭架子，在中国实在是思想的因袭，不是思想革命"，周氏兄弟"所骂的人，都是'民众'所要骂的人"，这其实是"维持了他们的思想领袖的地位和威信"。③

但是从重倡思想革命开始，鲁迅就一直强调"由骂而生出骂以上的事情来"，对于恶势力"须得指出其可骂之道，而又继之以骂"④，而英美派的可骂之道，正在于他们用麒麟皮包着马脚，学者、君子、自由、理性等等，不过是杀人不见血的"好名声"、"好花样"，"要救正这些，也只好先行发露各样的劣点，撕下那好看的假面具来"，"摇身一变，化为泼皮，相骂相打"⑤。所以，鲁迅后来在谈到这一时期的骂文时说："虽大抵和个人斗争，但实为公仇，决非私怨，而销数独少，足见读者的判断，亦幼稚者居多也。"⑥ 而相对于鲁迅对"骂之为战"的重视，《语丝》同人则有一个转变的过程，周作人自五四以来一直在提倡"文艺上的宽容"，但随着女师大风潮的介入，他认识到"提倡宽容之'流弊'亦大矣哉"⑦，逐

---

① 《西滢致志摩》，1926 年 1 月 28 日，《闲话的闲话之闲话引出来的几封信》，《晨报副刊》，1926 年 1 月 30 日。

② 志摩：《关于下面一束通信告读者们》，《晨报副刊》，1926 年 1 月 30 日。

③ 西林（丁西林）：《"臭绅士"与"臭架子"》，《现代评论》第 3 卷第 66 期，1926 年 3 月 13 日。

④ 鲁迅：《通讯（复吕蕴儒）》，《豫报副刊》，1925 年 5 月 6 日。

⑤ 鲁迅：《通讯》，《猛进》第 5 期，1925 年 4 月 3 日。

⑥ 鲁迅：《致杨霁云》，1934 年 5 月 22 日，《鲁迅全集》（第十三卷），人民文学出版社，2005 年版，第 113 页。

⑦ 星命（周作人）：《忠厚的胡博士》，《京报副刊》，1925 年 8 月 18 日。

渐转向了浙东师爷的"喜骂人的脾气"①。而林语堂极为赞成周作人的"骂人"转向，"渐渐越发相信吴稚晖的野蛮文学论"和"鲁迅不得不骂东方文明"，意识到"有艺术的骂比无生气的批评效力大得多"②。

但是，鲁迅的"打落水狗"和"骂之为战"，虽然是一种彻底的战斗精神，但他在将《现代评论》抽象化、类型化的同时，也抹杀了对手的复杂性，表现出一种鲜明的"党同伐异"倾向。实际上，《现代评论》总体政治倾向是亲国民党的，其上登有大量批评北洋政府和章士钊的文字，以致发行到第十五期即被京师警察厅尽数搜去，不过他们反对左派的暴力革命，"相信用会议的方法来解决国事，至少总比用战争的方法来解决国事妥当些"③，"明知'与虎谋皮'的不易，并始终怀疑段氏的决心和能力，但在全国生灵重遭涂炭之后，何忍就说一个'不'字，所以主张给段氏政策一个试验的机会，希望外靠舆论的督责，内恃会中开明分子的努力，为暗淡的时局，开一条光明的途径"④。但当段章日趋反动之后，现代评论派也多次批评"政府既不可靠，军阀又不足恃"⑤，强调"惨剧直接负责任的完全是政府当局"⑥。具体到陈西滢而言，他在《甲寅》

---

① 周作人：《雨天的书序》，《语丝》第 55 期，1925 年 11 月 30 日。

② 语堂（林语堂）：《插论语丝的文体——稳健、骂人、及费厄泼赖》，《语丝》第 57 期，1925 年 12 月 14 日。

③ 高一涵：《善后会议的出席问题》，《现代评论》第 1 卷第 5 期，1925 年 1 月 10 日。

④ 刘光一：《今后之时局》，《现代评论》第 1 卷第 14 期，1925 年 3 月 14 日。

⑤ 王星拱：《谈经济绝交》，《现代评论》第 2 卷第 31 期，1925 年 7 月 11 日。

⑥ 松（周鲠生）：《二十六日的北京示威游行》，《现代评论》第 2 卷第 47 期，1925 年 10 月 31 日。

重刊后一直在捍卫白话文和新文化运动，多次在《闲话》中讽刺章士钊，认为"白话文重自我的表现，文言文却重模仿"[①]；对于群众运动，陈西滢曾批评政府"取好于洋人"，认为"巡警禁止民众示威运动尤其是可怪"[②]；对于军阀政客，陈西滢也曾批评"民众受了军阀们的残杀，宰割"，将矛头公开指向了"吴佩孚，吴景濂，高恩洪，猪仔议员"[③]。

所以，正如鲁迅和李石曾派系不能一视同仁一样，现代评论也不能简单说是段章的走狗，但在愈演愈烈的斗争形势下，他们都被对方做了简单化处理。《现代评论》曾经标举"独立"精神、"研究"态度和"不尚攻讦"，《莽原》和《语丝》也都强调"自由思想"和"独立判断"，双方不但文化同源而且人际交熟，如今在政局变动和政党势力的推动下，各执一词互相攻讦，一方指责对方非法和利用学生，另一方则指责对手捧章和假装公正，都欲陷论敌于极为反动之地。在"滚入政治漩涡"之后，双方是愈陷愈深，逐渐走向最后的决裂。

三·一八惨案："民众领袖的责任"与
"段祺瑞的帮闲"

正当《现代评论》为"津贴"一事而头疼之时，三·一八惨案爆发了，但是惨案非但没有转移公众的视线，反倒因为《现代评论》的一些逆时之论，更使他们处在了舆论的当口，受到了鲁迅等

① 西滢：《闲话（四则）》，《现代评论》第 2 卷第 38 期，1925 年 8 月 29 日。
② 西滢：《闲话（二则）》，《现代评论》第 2 卷第 47 期，1925 年 10 月 31 日。
③ 西滢：《闲话（三则）》，《现代评论》第 2 卷第 49 期，1925 年 11 月 14 日。

人的猛烈抨击。

惨案发生以后，不但自己的学生横遭杀戮，而且政府为了推卸责任，宣布"本日由徐谦以共产党执行委员会名义，散布传单，率领暴徒数百人，闯袭国务院"①。鲁迅得知后极其愤怒，撰写了《无花的蔷薇之二》，一方面痛斥"如此残虐险狠的行为，不但在禽兽中所未曾见，便是在人类中也极少有的"，另一方面指出"墨写的谎说，决掩不住血写的事实"。②但是，由于天安门大会本是利用民众的民族主义情绪，来维护苏俄和国共的利益，所以"北京知识阶级所谓大学教授如马君武、燕树棠、查良钊"，开始在《顺天时报》、《晨报》等刊物上，批评"爱国运动为受人利用"③，矛头直指运动的领导者；3月20日《晨报》方面批评"徐谦、顾兆熊、李煜瀛、易培基"，"以救国为手段，以猎官为目的，以青年为壑"④；3月21日政府方面认为"徐谦等阴谋破坏，非伊朝夕，与真正请愿学生，显有区别，藉端生事，酿成巨变"⑤；3月25日国家主义派发表宣言，批评"民众运动之主持者""虽非有意置民众于死地，但见事不明，以人命为儿戏，实罪无可逭"⑥。

在鲁迅看来，这些言论是"一些比刀枪更可以惊心动魄者"⑦，政府杀人的罗网之所以能够布成，"其关键就全在于'流言'的奏

---

① 《段祺瑞政府的通缉令》，《京报》，1926年3月20日。

② 鲁迅：《无花的蔷薇之二》，《语丝》第72期，1926年3月29日。

③ 《卖国贼及其走狗之妖言》，《国民新报》，1926年3月21日。

④ 林学衡：《为青年流血问题敬告全国国民》，《晨报》，1926年3月20日。

⑤ 《贾德耀关于惨案谈话》，《顺天时报》，1926年3月21日。

⑥ 《中国全国国家主义团体联合会宣言》，《商报》，1926年3月25日。

⑦ 鲁迅：《"死地"》，《国民新报副刊》，1926年3月30日。

了功效"，譬如"将请愿者作共产党论"，从而为异己者"安排下一点可死之道"，而它的起源就是"去年有些'正人君子'们称别人为'学棍''学匪'的时候"，"因为这类诨号，和'臭绅士''文士'之类不同，在'棍''匪'字里，就藏着可死之道的"①。显然，鲁迅有意将现代评论派和段祺瑞政府、女师大风潮和三·一八惨案放在了一起，批评的重心开始从当局的凶残转向了流言家的下劣，将现代评论派归入了段祺瑞的"帮闲"②这些"反动派"之列。鲁迅的这种勾连，还因为此前《京报》登出政府通缉鲁迅等人的消息而被强化，他发现被通缉的人员，多是之前女师大风潮中反对章士钊和现代评论派的"某藉某系"成员③。而《京报》也认为"章马深恶教育界之迭次反对，早有大兴党狱之意，特托陈任中调查反对者之姓名，开单密告"，只是内阁成员"大都不主罗织人数过多"，才没有正式发布。④

　　但是《现代评论》的立场，并非像鲁迅所说的那么简单，他们在 3 月 27 日的第 68 期上，发表了《悼三月十八日的牺牲者》："我们伤痛；我们在这里，谨对于死者伤者，以及死者伤者之父母，夫妇，儿女，献我们无限的哀思。我们愤慨；但是我们相信，杀人者终有伏法之一日。我们恐惧；但是我们相信，凡从事民众运动的人，将因君等之牺牲，得着些铭心刻骨的教训。"⑤从这段话不难看出，《现代评论》的批判分别指向了死者、杀人者、领导者三个方

① 鲁迅：《可惨与可笑》，《京报副刊》，1926 年 3 月 28 日。
② 鲁迅：《忆韦素园君》，《文学》月刊第 3 卷第 4 号，1934 年 10 月。
③ 鲁迅：《大衍发微》，《京报副刊》，1926 年 4 月 16 日。
④ 《"三·一八"惨案之内幕种种》，《京报》，1926 年 4 月 9 日。
⑤ 记者：《悼三月十八日的牺牲者》，《现代评论》第 3 卷第 68 期，1926 年 3 月 27 日。

面：首先是哀悼牺牲者，但又指出这些学生的胡闹和行为越轨，许仕廉认为"一般青年，虽崇拜自由平等革命的学，然未深加研究。少青意气极重，故环境所激，当有少数人越出常轨以外行为"[1]；其次是谴责政府元首犯罪以及通缉令非法，主编王世杰明确指出"段祺瑞以及其他参加残杀计划的决定的人，自然要与他土匪式的卫队，同为本案的责任者"，而通缉令是"侵犯司法独立与人权"的[2]；三是批评群众领袖及父兄师长的不负责任，陈西滢认为徐谦等人"未免太不负民众领袖的责任"，"犯了故意引人去死地的嫌疑"，而"这次死伤者之中，妇女小孩占了一部分"，譬如"杨女士（杨德群——引者注）还是不大愿意去，半路又回转。一个教职员勉强她去，她不得已去了"，结果导致了她的最后牺牲。[3]

《现代评论》第 68 期发表之后，他们批判政府的一面未受多少关注，但对群众运动的批评却引起多方的不满，共产党将其划入"军阀、政客、官僚、'学者'、国家主义派的领袖和国民党右派的分子"[4] 之列，而被批评的"父兄师长"们也极为愤怒，尤其是陈西滢关于杨德群被迫参加运动的言论成为了舆论的中心。此前因"叫局"事件被陈搞得很狼狈的周作人率先发难，一方面强调杨德群"究心于孙中山三民主义"，是"舍生取义、杀身成仁"的烈士，另一方面痛斥陈西滢"捏造事实，传布流言"，"实在是《现代评

---

[1] 许仕廉：《首都革命与军学阶级战争》，《现代评论》第 3 卷第 68 期，1926 年 3 月 27 日。

[2] 王世杰：《论三月十八日的惨剧》，《现代评论》第 3 卷第 68 期，1926 年 3 月 27 日。

[3] 西滢：《闲话》，《现代评论》第 3 卷第 68 期，1926 年 3 月 27 日。

[4] 秋白（瞿秋白）：《北京屠杀后之中国民族的仁爱性》，《向导周报》第 149 期，1926 年 4 月 13 日。

论》社里替章士钊最出力的唯一的人"。① 鲁迅随后跟进批评：4 月
1 日作《记念刘和珍君》，强调学生请愿是"欣然前往"、杨德群是
"沉勇而有爱"，并批评"流言家竟至如此之下劣"；② 4 月 2 日作
《空谈》，讽刺陈西滢"说：群众领袖应负道义上的责任。这些东西
仿佛就承认了对徒手群众应该开枪，执政府前原是'死地'，死者
就如自投罗网一般"③。

　　不仅如此，杨德群的亲戚任培道和同学李慧、雷瑜等人，先后
发表声明强调杨是坚持"中山革命精神"的烈士④，并致信陈西滢
指责他"颠倒事实，一似欲为卖国贼减轻罪恶者"，要求他"履行
更正之责，速为披露，以明真相"⑤。陈西滢被迫公开答复，他一
方面强调自己是从"杨女士的亲戚"和"与女师大有关的人"那里听
来的，另一方面委屈地表示"因为那'杨女士不大愿意去'一句
话，有些人在许多文章里就说我的罪状比执政府卫队还大！比军阀
还凶！"在其他人都说杨德群被迫参加的情况下，唯独自己成为被
围攻的对象，陈西滢认为根源就是"我曾经有一次在生气的时候揭
穿过有些人（指周氏兄弟——引者注）的真面目，可是，难道四五
十个死者的冤可以不雪，睚眦之仇却不可不报吗？"⑥

　　看到此文后，周作人先后写了《论并非文人相轻》、《论并非睚

① 岂明（周作人）：《陈源口中的杨德群女士》，《京报副刊》，1926 年 3 月 30 日。

② 鲁迅：《记念刘和珍君》，《语丝》第 74 期，1926 年 4 月 12 日。

③ 鲁迅：《空谈》，《国民新报副刊》，1926 年 4 月 10 日。

④ 任培道：《杨德群烈士事略》，《京报副刊》，1926 年 3 月 26 日。

⑤ 雷瑜等：《给西滢先生的一封信——为杨德群女士辩诬》，《京报副刊》，1926 年 4 月 4
日。

⑥ 西滢：《杨德群女士事件》，《现代评论》第 3 卷第 70 期，1926 年 4 月 10 日。

眦之仇》等文章，自言"我与陈源一点都没有什么仇"①，"我轻陈源，与他之是否文人毫不相关，我只轻他是章士钊的党徒，是《现代评论》社的第一个捧章的人"②。对于自己坚决不放过《现代评论》的原因，周作人指出：

> 五四时代北京各校教职员几乎是一致反抗政府，这回大屠杀之后，不特不能联合反抗，反有联席会议的燕树棠，《现代评论》的陈源之流，使用了明枪暗箭，替段政府出力，顺了通缉令的意旨，归罪于所谓群众领袖，转移大家的目光，减少攻击政府的力量，这种丑态是五四时代所没有的。其实这种情形当然不是此刻才有的，去年大半年来早已如此，反反章士钊事件可以算是这个无耻运动的最高潮，而这回的残杀也就是其结果。政府以前还怕舆论制裁，不敢任意胡为，……有了一部分'知识阶级'做段章的镖客，段政府自然就胆大了，——现在还不开枪等候何时！③

周作人强调与陈西滢没有私仇的说法，自然不可尽信，但他从知识阶级反抗政府的角度，点中了《现代评论》的自由主义理念在革命年代的保守性一面。《现代评论》一直追求"公理"，宣扬"非但攻击公认的仇敌，还要大胆的批评自己的朋友，在提倡民权的声

---

① 岂明（周作人）：《论并非睚眦之仇》，《语丝》第 75 期，1926 年 4 月 19 日。
② 岂明（周作人）：《论并非文人相轻》，《京报副刊》，1926 年 4 月 10 日。
③ 岂明（周作人）：《恕府卫》，《京报副刊》，1926 年 4 月 2 日。

浪中，有人非但反抗强权，还要针砭民众，在以好恶为是非的潮流中，有人本科学的精神，以事实为根据的讨论是非"①，但在国民革命和军阀横行的时代背景下，这种"公理"追求极易变成对革命暴力的批判和对反革命暴力的辩护，从五卅惨案开始"共产党便疑心我们是国家主义者，有意和他们为难，便恨了《现代评论》"②，而三一八惨案后的逆势之论，更是让《现代评论》从一个"有时赞成，有时反对"的"游移派"刊物③，变成了一份与《晨报》、《顺天时报》性质相同的反动刊物，以致于唐有壬抱怨说：

> 甚么反革命派呀，反动派呀，帝国主义者之走狗呀，文妖呀，奴才呀，畜生之畜生呀，都是我们的绰号。这一年来的《语丝》《猛进》《京报副刊》《国民新报副刊》，都充满了这种口吻，甚至去年十二月二十五日的反基督教大同盟运动，竟将《现代评论》社的人都列入应打应烧的名单里面。④

周作人和唐有壬的话，向我们呈现了不同的历史认识，其中周作人对五四之后知识分子分化的认识是很敏锐的，但他将原因归罪

① 西滢：《闲话》，《现代评论》第 3 卷第 53 期，1925 年 12 月 12 日。
② 岂明（周作人）：《"〈现代评论〉主角"唐有壬〈致〈晶报〉书〉书后》，《语丝》第 86 期，1926 年 7 月 5 日。
③ 郭春涛：《国民党北京特别市党部党务报告》，1926 年 1 月 11 日，《第一次国共合作在北京》，北京出版社，1989 年版，第 277 页。
④ 岂明（周作人）：《"〈现代评论〉主角"唐有壬〈致〈晶报〉书〉书后》，《语丝》第 86 期，1926 年 7 月 5 日。

于一部分知识分子的堕落却是表象之论，而真正的原因从唐有壬的话中不难看出，这其实是 1920 年代政治形势的变化导致的思想界的分化，尤其是 1924 年国民党一大改组后，知识分子因对新式政党和新式革命的不同态度而日渐分化。其实左翼知识分子并非完全不知革命政党存在的问题，但政治正义和"党同伐异"的需要让他们出现了选择性的盲视，这尤其表现在鲁迅那里。

作为国民革命的支持者和《国民新报》乙刊的编辑，鲁迅此一时期的文章只批判政府和帮闲，却不批评群众领袖和国民军。实际上，惨案前鲁迅就听许广平讲述于右任煽动她们当女烈士的事，并知晓国民党早有安排的信息，所以当天他阻止了许广平去集会请愿。① 惨案后，辛岛骁曾回忆鲁迅私下对"部分领导者的利己行为感到憎恶"，质问他们"从旁边发出号召"，"叫纯真的学生朝着枪口冲击"，"这样就能救中国吗?"② 荆有麟也曾回忆鲁迅在惨案后与李石曾、马叙伦等人在中央公园集会，商讨怎样应付和反对敌人的暴行。③ 从这些情况来看，鲁迅选择维护群众领袖，实际既有个人取向也有政治的考量。

当时的舆论除了批评群众领袖外，对国民军的批评也很多，学生总会公开指责"事变发生在国民军驻扎之地，而且事前曾得警察

---

① 许广平：《附录一》，《鲁迅回忆录（手稿本）》，长江文艺出版社，2010 年版，第206、207 页。
② 辛岛骁：《回忆鲁迅》，《鲁迅回忆录（散篇）》（下册），北京出版社，1999 年版，第1514 页。
③ 荆有麟：《鲁迅避难在北平》，《鲁迅回忆录（专著）》（上），北京出版社，2000 年版，第 135 页。

厅许可，所以这次惨案国民军应负相当的责任"①，甚至有人认为"杀学生之罪不在段张而在国民军"②。但是鲁迅对国民军也未加批评，而学生总会的批评就发表在《国民新报》上，更关键的是，鲁迅的亲朋如周作人发表了《为三月十八日国务院残杀事件忠告国民军》、张凤举发表了《檄告国民军》，怒批其为"民众之敌"，这些文章自然是鲁迅能看到的，但他同样选择了沉默。其实国共两党私下里对国民军也极为不满，但是为了"继续作抓住国民军，建立反直奉的联合战线的工作"③，他们都没有公开指责。

不过，鲁迅在《"死地"》、《记念刘和珍君》、《空谈》等文章中，也含蓄地传达了他对革命党人战法的看法，"恳切地希望：'请愿'的事，从此可以停止了"，"流血非即等于改革。血的应用，正如金钱一般，吝啬固然是不行的，浪费也大大的失算"。鲁迅这种对"革命流血"的理性接受和感性排斥，其实是当时知识分子普遍存在的一种矛盾心态，早在五四时期，李大钊就鼓吹过英国式的"无血革命"，然而正如陈独秀发现的，"现在社会底制度和分子不良，用和平的方法改革不了"④，所以他率先转向了苏俄式革命，然而这种革命的逻辑，却是"在现世界与那天堂的中间却隔着一座海，一座血污海，人类泅得过这血海，才能登彼岸"⑤。

① 《学生总会对三月十八惨案宣传大纲》，《国民新报》，1926 年 3 月 26 日。

② "芷"：《对国民军之怀疑》，《清华周刊》第 25 卷第 5 号，1926 年 3 月 26 日。

③ 《柏经狄三、四月份工作报告》，《北京青年运动史料（1919—1927）》，北京出版社，1990 年版，第 413 页。

④ 陈独秀：《革命与作乱》，《新青年》第 8 卷第 4 号，1920 年 12 月 1 日。

⑤ 徐志摩：《欧游漫录》，《徐志摩全集（第 3 卷）》，广西民族出版社，1991 年版，第258 页。

结语：新知识阶级分裂

作为与双方都相交的朋友，胡适曾专门致信周氏兄弟和陈西滢进行调停，他强调大家是"自家人"，"不要回头来自相践踏"，他这样分析双方的矛盾根源："三位都自信这回打的是一场正谊之战……结果便是友谊上的破裂，而当日各本良心之主张就渐渐变成了对骂的笔战。……我深深地感觉你们的笔战里双方都含有一点不容忍的态度，所以不知不觉地影响了不少的少年朋友，暗示他们朝着冷酷、不容忍的方向走！这是最可惋惜的。"[①] 应当说，胡适对双方源出一家的认识很准确，但他将矛盾根源归之为"不容忍"的知识分子理性问题，毫无疑问是皮相之论，他没有注意到五四之后国民革命的兴起对新知识阶级道路选择的重大影响，因而这种私下调停是不会起任何作用的。

真正具有历史感的认识，是由瞿秋白作出的："'五四'到'五卅'前后，中国思想界里逐步的准备着第二次的'伟大的分裂'。这一次已经不是国故和新文化的分别，而是新文化内部的分裂。"[②]对于这种分裂的原因，时任北大教授的李璜认为"是根于对当时国内政治见解的有异与留学国度所受学术熏陶有所歧见之故"[③]。实际情况确如这二人所言，在五四时斗倒了旧知识阶级之后，新知识阶

---

① 胡适：《胡适致鲁迅、周作人、陈源（稿）》，《胡适来往书信选（上）》，中华书局，1979年版，第378页。

② 瞿秋白：《〈鲁迅杂感选集〉序言》，《1913—1983鲁迅研究学术论著资料汇编（第一卷）》，中国文联出版公司，1985年版，第823页。

③ 李璜：《回国任教与对当时学术界的观察》，台湾《传记文学》，第21卷第5期。

级却在后五四时代爆发了问题与主义、整理国故等论争，逐渐分化成法日派和英美派两大派系，双方的文化理念分歧日益为派系冲突所强化。不过这些分化最初主要是基于文化分歧，双方并无公开的分裂冲突，无论在这些群体内部还是在旁观者眼中，他们都是五四新文化运动的继承者，属于同一"联合战线"。但是，随着国民革命的发动和苏俄式政党、群众运动的兴起，新知识阶级的关注对象逐渐从文化转向了政治，而政治势力的介入进一步将他们的派系冲突转变成了政见之争。具体来说，女师大风潮就是一个重要的催化剂，各方的介入形成了"《莽原》《语丝》《猛进》对《现代评论》《京副》《民副》对《晨副》"的"界限"①，最终随着首都革命和三·一八惨案的爆发，法日派与英美派激化为"革命/反革命"的对立，联合战线就此彻底分裂为左右两派，预兆着三十年代左右之争时代的到来。

新知识阶级分裂的根源，其实和他们对五四自由主义的坚守程度有关，英美派在五四时代转为国民革命时代之时，观念还停留在五四时期，不愿文化和政治结合，更不愿从根本上放弃现有政治体系，因而拒斥国民革命和群众运动。但鲁迅这种"革命的知识阶层，终于发现了他们反对剥削制度的朦胧的理想，只有同着新兴的社会主义的先进阶级前进，才能够实现"②，逐渐接受了二十世纪的激进革命观念，所以这场知识阶级论战，实际是自由主义和激进主义、改良和革命两种社会变革理念的碰撞。正是在这种新旧交替的

---

① 高长虹：《1925，北京出版界形势指掌图》，上海《狂飙》周刊第5期，1926年11月7日。

② 瞿秋白：《〈鲁迅杂感选集〉序言》，《1913—1983鲁迅研究学术论著资料汇编（第一卷）》，中国文联出版公司，1985年版，第825页。

过程中，鲁迅的思想革命和国民革命获得了交集，他一方面用"化为泼皮，相骂相打"的战术，实践了思想革命批判"特殊智识阶级"的目的，另一方面他批判了知识分子"公理"追求背后的反动性，自觉选择了反抗政府的亲革命立场，逐渐成为了"绅士阶级的贰臣"和"革命家的诤友"①。

这场论战不仅仅是改变了鲁迅的思想观念，而且产生了很大的社会反响："鲁迅和陈西滢之间的笔战，牵涉的竟往往是私事。但它们在当时青年中所引起的关心却不下于军国大事。其影响也决不比堂堂正正的政治辩论所发生者为小。人们以无限兴趣注意着围绕于文艺与私事的冷战，却在这些上面分清着新和旧，前进和倒退，非正统和正统，革命和保守。"② 显然，国民革命时代关于"思想"的界定变了，由此文化领导权就从英美派手中转移了，正是因此，鲁迅成了"青年叛徒的领袖"，"在思想界几乎做了一时的盟主。韦素园在一个新开广告上把他称作思想界的权威者，在当时进步的青年界抱反感的人是很少的"③。不仅如此，鲁迅在女师大风潮中对青年学生的支持和三·一八惨案中对段祺瑞政府的批判，"道出了我们普遍的心声"④，他的影响因此跨出了思想文艺界，开始被称作"青年叛徒的领袖"和"时代的战士"，从一个"作家"变成了革命

---

① 瞿秋白：《〈鲁迅杂感选集〉序言》，《1913—1983鲁迅研究学术论著资料汇编（第一卷）》，中国文联出版公司，1985年版，第819页。

② 王凡西：《双山回忆录》，东方出版社，2004年版，第16页。

③ 高长虹：《一点回忆——关于鲁迅和我》，《高长虹全集》（第四卷），中央编译出版社，2010年版，第365页。

④ 王凡西：《双山回忆录》，东方出版社，2004年版，第20页。

时代的"首要政治家"①。在这个知识阶级/青年学生/革命政党的国民革命三角联盟中，鲁迅式的知识阶级左派拥有革命联盟的文化领导权，成功实现了权威和权力的分离，与政府的现实政治控制和革命党的政治领导权三足鼎立，进而创造了"文化政治"（文化革命）的知识阶级参与方式。

但是激变的政治形势，一方面强化了鲁迅的现实性和批判性，另一方面也导致了简单化、粗暴化和反思的弱化。事实上鲁迅遭遇国民革命的结果，一定程度上是以放弃思想革命的目标和知识分子的批判性为代价的，他逐渐表现出激烈的"党同伐异"的倾向，在批判政府的暴力压迫和帮闲知识分子的妥协性时，回避了革命自身的暴力专制以及知识分子独立性的丧失问题。在这方面，我们需要意识到现代评论派和鲁迅实际上是互为镜鉴的，各有其洞见与盲视，虽然中国现代史最终选择了激进革命一路，但作为知道历史结果的后来人，我们在认同历史选择的同时，也必须要看到这种选择的局限性和历史上曾经存在过的其他声音。

---

① 托克维尔：《旧制度与大革命》，商务印书馆，1992年版，第180页。

再造新文学与后五四时期的鲁迅

李　玮（南京师范大学文学院）

引言

近年来，鲁迅研究努力突破启蒙范式和革命范式的框架，重新审视文学、文化和政治的关系。这一努力的显在表现即是：有别于启蒙范式凸显"五四"前后的鲁迅，革命范式着重谈论 1930 年代的鲁迅，许多鲁迅研究者开始重视国民革命前后的鲁迅[①]。在反思文学与政治、审美与历史关系的问题链中，鲁迅在遭遇国民革命的挑战时所呈现的复杂和矛盾的面貌，成为推进文学史和思想史认知的重要资源。

不同于前人借国民革命时期的鲁迅讨论知识分子和革命的问

---

① 代表性研究有邱焕星：《当思想革命遭遇国民革命——中期鲁迅与"文学政治"传统的创造》（《中国现代文学研究丛刊》2018 年第 11 期）；韩琛：《鲁迅 1927：革命与复辟》（《鲁迅研究月刊》2018 年第 11 期）；张洁宇：《走出学院：一种反省与自觉——论广州时期鲁迅的思想轨迹及其意义》（《文艺研究》2017 年第 1 期）等等。

题，本文更关注文学如何切入政治的问题。新文化运动退潮至国民革命前期（1924—1926 年①），革命给新文学带来了意义危机。面对对于新文学参与"复辟"的质疑，鲁迅既反对胡适等人继续文学建设的观点，也没有直接参与革命，而是在"纯文学"和"革命文学"之间，对"文学"和"革命"进行双重反思，由此，后五四时期的鲁迅，表现出有别于五四时期和"南下"之后的独特性。区别于否定新文学和继续建设新文学两种态度，鲁迅呼唤重建"崭新的文坛"和"真的新文艺"。他通过退居文坛边缘、重回"革命之前"原点，打开了不同于南/北政治空间的文学空间。通过推动新文学从"中心"走到"边缘"，从"纯化"转为"杂化"，从"本质化主体"转换为否定性的"虚无主体"，鲁迅赋予新文学在政治革命之外的革命性，"再造"了新文学的意义和传统。后五四时期鲁迅"再造新文学"的历史线索，在"纯文学"和"革命文学"之外，为文学提供了既区隔政治革命又面向政治革命的另一种选择。

一、南/北之间新文学的意义危机与"再造新文学"

1925 年 9 月，胡适到武汉大学重申"新文学运动的意义"，批

---

① 自 1924 年 9 月直奉战争到 1926 年 7 月北伐起兵被认为是国民革命前期。罗志田等编写的《中华民国史》第 5 卷将 1924—1926 年称之为北伐前的转折期，特点为北洋体系的崩溃与南方新势力的兴起。（罗志田、杨天宏、冯筱才、何艳艳著，中华书局 2011 年 7 月）

判以章士钊为代表的"甲寅派"的复古①。值得注意的是，此次论争呈现的已非文言或白话的文学语言问题，而是"文学"如何"革命"或"复辟"的问题。

此次演讲，胡适仍然在文学内部中谈论文言、白话孰优孰劣。针对章士钊"青年从《尝试集》学习诗歌律令"②的讽刺，胡适强调建设新文学需要"努力，修养"，以及"深刻的观察，深刻的经验，高尚的见解"③。显然，胡适执着于新文学在"纯文学"意义上的价值，并期待进一步的文学建设。他选择"南下"发表这次演讲，有意争取"军阀势力"以外的支持。不过，令胡适始料未及的是，南方的革命青年在反对章士钊的同时，也把胡适和章士钊视为同党，将《尝试集》与"复辟"等同起来，认为他"替章士钊出死力"④，"此次恐怕不是来讲学的，是想利用这个机会尝试运动复辟的……我想你不久又或有个《尝试集》出版了"。⑤

已有研究者指出胡适在善后会议、女师大学潮中的一系列表现

① 1925 年，章士钊在《甲寅》杂志上重刊《评新文化运动》一文，抨击新文化运动，特别是文学革命。该文曾在 1923 年 8 月 21 日至 22 日的《新闻报》上发表过，胡适当时认为"不值得一驳"。1925 年，时任北洋政府教育总长的章士钊重新发表此文，引起许多附和。他们的论说虽无新意，但因论者的政府背景，如周作人所说，此番"复古""现在的势力却不容忽视"。辛民（周作人）：《言论界之分野》，《京报副刊》1925 年 8 月 21 日。

② 孤桐（章士钊）：《评新文化运动》，《甲寅》，第 1 卷第 9 期，1925 年。

③ 胡适：《新文学运动之意义》，《胡适全集》，第 12 卷，安徽教育出版社 2003 年，第 87 页。

④ 胡适：《胡适日记》，《胡适全集》，第 30 卷，安徽教育出版社 2003 年，第 200 页。

⑤ 胡适：《胡适日记》，《胡适全集》，第 30 卷，安徽教育出版社 2003 年，第 202 页。

让青年感到"失望"。① 但这里，我们要关注的是，此次事件所暴露的新文学发展中的问题。1924 年后，新文化运动退潮，南北政治矛盾的激化，军阀政治凋敝，国共合作，孙中山逝世，南北和谈破裂，广州成立国民政府，酝酿北伐。在北洋政府和南方革命势力之间，政治摩擦频现。如蔡元培描述说："现在政治上的失望与改革的热诚，激动人人的神经，又与二三十年前差不多了……"② 在国共两党的政治动员下，学生运动、罢工运动风起云涌。在革命动员的对立面，政府巩固统治，推行保守政治。在南/北政治的挤压下，"文学"无法回避"如何政治"的问题。新文学的价值被重估，包括文言、白话之争在内的文学问题都被转换为"革命"还是"复辟"的政治问题。

章士钊此时反对新文学和"新文化"，与他"打压学生运动"，"整饬学风"，"崇尚读经"，"恢复旧德"一脉相承，"含有政治的目的"③。对于章士钊的"复古"，鲁迅的反应与胡适不同。对章士钊引发的文言白话之争，鲁迅不以为然，认为"《甲寅》不足称为敌手，也无所谓战斗"④。他并不认为民国十四年章士钊的一系列文化方针仅是文化层面"开倒车"，而是将之与民国四年的"复辟"相联系，在政治层面加以理解，"尊孔，崇儒，专经，复古，由来已

---

① 参见罗志田：《再造文明之梦——胡适传》，四川人民出版社 1995 年，第 319—320 页。

② 蔡元培：《北大十月二十五日演说词》，《蔡元培全集》，第四卷，中华书局 1984 年，第 274—275 页。

③ 尤小立：《人生最大败笔，章士钊从政困局》，《光明日报》，2006 年 4 月 4 日。

④ 鲁迅：《答 KS 君》，第三卷，人民文学出版社 2005 年版，第 120 页。

经很久了。皇帝和大臣，想来总要取其一端"。①

在革命势力较强的"南方"，对新文学的审度同样来自政治上的考虑。早在1923年，有着中共背景的《中国青年》（上海）就开始批判新文学"纯文学化"和"精英化"的倾向，呼唤打破专业壁垒，向社会政治敞开。恽代英让作家"从空想的楼阁中跑出来，看看你周围的现实状况"②，邓中夏要求"新诗人应该多做描写社会实际生活的作品"③，以"大转变时期何时来呢"表达对新文学的质疑。到了1925年前后，对新文学的质疑转化为"否定"。上海"五卅"发生后，"文学家有什么用？"的问题被提出，"文学"整体的功能也被质疑④。曾经新文学队伍中的主要成员相继自我否定或被否定。茅盾在1925年表示"在这里，实际上，我是否定了自己早期的某些文艺观。"⑤ 郁达夫被质问"可不可以把这些银灰色的附属物一刀斩断了呢？"⑥ 更有对文学革命"革命性"整体的否定，在上海的刊物上有文章认为："文学革命只不过革了一个形式，思想上并无多大的变化"，其中，胡适首当其冲受到批判，"曾作文学革命先锋的胡适之……引起述古的倒流"⑦。

在这种情势下，胡适反驳章士钊，重申"新文学意义"，已经不合时宜。他在"文学"内部谈论文学问题的方式，他对南北问题

---

① 鲁迅：《十四年的读经》，第三卷，人民文学出版社2005年版，第136页。

② 代英（恽代英）：《八股？》，《中国青年》，1卷8期，1923年。

③ 中夏（邓中夏）：《新诗人的棒喝》，《中国青年》，1卷7期，1923年。

④ 畹兰：《文学家究竟有什么用处》，《妇女周刊》，第27期，1925年。

⑤ 茅盾：《我走过的道路》（上），人民文学出版社1997年版，第320页。

⑥ 高长虹：《走到出版界》，泰东书局1928年版，第186页。

⑦ 小堃：《文学革命和革命文学》，《上海先施团日报》，1925年12月13日。

的回避，让他的新文学在 1925 年前后的南北之间进退失据。一方面，胡适慷慨激昂地反驳，"章士钊君的谩骂，决不能使陈源、胡适不做白话文"①。他与 1920 年代中期回国的"英美派"（包括陈西滢、徐志摩等人）相互呼应，推进新文学建设，强调"文学"的"纯洁"和"高尚"②；另一方面，胡适捍卫"纯文学"，因其精英化、保守性，被认为是参与"复辟"，维护"当局"③。

在"建设"和"否定"之间，鲁迅开始"再造"。正是 1925 年前后，鲁迅与胡适"分道"④。鲁迅有意针对"艺术之宫"的建造，批判胡适等强调"文学性"的论点，并将之与保守政治联系起来。⑤由此，鲁迅反思新文学的问题。当胡适执着于新文学继续的推进和巩固时，鲁迅"觉得什么都要从新做过"⑥，呼唤"崭新的文场"、"真的新文艺"⑦。他有意破坏新文学的建设，推进"新文坛"分裂，推动新文学回到社会边缘，重新召唤文学青年，重提"思想革命"，推动文学向"政治"敞开。

鲁迅在 1925 年前后对"文学"的"处置"，改变了他在文学

---

① 胡适：《老章又反叛了!》，《胡适全集》，第 12 卷，安徽教育出版社 2003 年版，第 77 页。

② 在胡适强调"高尚"的同时，陈西滢说"一到创作的时候，真正的艺术家又忘却了一切，他只创造他心灵中最美最真实的东西。"西滢：《闲话》，《现代评论》第二卷第四十八期。

③ 对于新闻界将自己与"当局"拉在一块，胡适感到惊讶。胡适：《致邵飘萍》，《胡适全集》第 23 卷，合肥：安徽教育出版社 2003 年版，第 398—399 页。

④ 据孙郁考证，自 1924 年 8 月以后胡适和鲁迅的书信往来中断。孙郁：《鲁迅与胡适》，长江文艺出版社 2007 年版，第 189 页。

⑤ 鲁迅：《通讯》，《鲁迅全集》，第三卷，人民文学出版社 2005 年版，第 26 页。

⑥ 鲁迅：《忽然想到》，《鲁迅全集》，第三卷，人民文学出版社 2005 年版，第 17 页。

⑦ 鲁迅：《论睁了眼看》，第一卷，人民文学出版社 2005 年版，第 254—255 页。

革命发生后强调积累和创作的姿态。如在 1920 年前后《新青年》分裂时，鲁迅虽然认为"官场总是头痛，不会优容的"，但仍期待"积累"和"建设"，希望"学术思想艺文的气息浓厚起来"①。1923 年鲁迅仍在新文学内部执着于文学的建设，认为"新的年青的文学家的第一件事是创作或介绍，蝇飞鸟乱，可以什么都不理"。② 但是到了 1925 年，鲁迅期待的是文学边界的破坏，希望"加多破坏论者"③。他对青年只管创作表示失望，认为"做诗及小说者尚有人"，"最缺少的是'文明批评'和'社会批评'"④，并"希望中国的青年站出来，对于中国的社会，文明，都毫无忌惮地加以批评"⑤。

　　1925 年前后政治风潮对鲁迅文学观转变的影响显而易见，不过鲁迅的独特之处就在于，他并不在南/北的政治结构中否定文学革命。针对"文学家有什么用"的提问，鲁迅一方面表示对"所谓的文学家"的否定，指出"文学家除了诌几句所谓诗文之外，实在毫无用处"，另一方面又认为"文学"可以"感动别人，启发后人"。⑥ 鲁迅既破坏又捍卫"文学"，探讨新文学在"纯文学"和"革命文学"之间"第三样"的可能，这使鲁迅既不同于

---

① 鲁迅：《210103 致胡适》，《鲁迅全集》，第十一卷，人民文学出版社 2005 年版，第 387 页。

② 鲁迅：《关于〈小说世界〉》，《鲁迅全集》，第八卷，人民文学出版社 2005 年版，第 138 页。

③ 鲁迅：《250331 致许广平》，《鲁迅全集》，第十一卷，人民文学出版社 2005 年版，第 471—472 页。

④ 鲁迅：《两地书》，《鲁迅全集》，第十一卷，人民文学出版社 2005 年版，第 64 页。

⑤ 鲁迅：《华盖集·题记》，《鲁迅全集》，第三卷，人民文学出版社 2005 年版，第 4 页。

⑥ 鲁迅：《忽然想到》，《鲁迅全集》，第三卷，人民文学出版社 2005 年版，第 100 页。

1925 年的胡适，也不同于南北的政治双方。在应对南北政治的同时，鲁迅通过"再造"新文学的时空，试图建构既"区隔"政治又"面向"政治的文学主体。

二、退回边缘：重建新文学的空间

怎样构建"崭新的文场"？鲁迅首先通过空间上退回边缘来实现。梁实秋曾经描述 1925 年前后北京文艺界的分门别户[1]，鲁迅否定了这一说法[2]。不过，1925 年前后"新文坛"的"分裂"显而易见，而鲁迅的作用极为关键。"分裂"的开端是 1924 年 10 月《晨报副镌》编辑的更换。此事与南北之争密切相关，"因为《晨报》后台老板研究系人物，虽可在北洋军阀面前大谈科学与文艺，但中山先生的北上，及他们带来的政治主张和思潮，已使《晨报》老板有些恐慌了。于是他们不满于再起的青年运动，更不满于孙伏园所编的副刊。"[3]

政治影响的另一面，是文坛内部的"破坏"。鲁迅曾说，早在易主之前"伏园的椅子颇有不稳之势。因为有一位留学生（不幸我忘掉了他的名姓）新从欧洲回来，和晨报馆有深关系，甚不满意于副刊，决意加以改革，并且为战斗计，已经得了'学者'的指示，

---

① 徐丹甫（梁实秋）：《北京文艺界的分门别户》，《时事新报·学灯》，1927 年 6 月 4 日。

② 鲁迅：《我和〈语丝〉的始终》，《鲁迅全集》，第四卷，人民文学出版社 2005 年版，第 168 页。

③ 荆有麟：《〈京报〉的崛起》，《鲁迅先生二三事——前期弟子忆鲁迅》，河北教育出版社 2001 年，第 239—240 页。

在开手看 Anatole France 的小说了。"① 鲁迅口中的"留学生"是徐志摩②，而"学者"指陈西滢。在鲁迅看来，文学观的分裂导致《晨报》易主。徐志摩的确在《晨报》上发表有关"法郎士"（"Anatole France"，引者注）的文章，在文中强调以此种"艺术的天才"，解决新文学"粗糙"的问题。③ 鲁迅对此种文学态度甚为不满。鲁迅以《我的失恋》讽刺徐志摩的创作④，此事成为《晨报》孙伏园辞职的导火索。既知徐志摩等与《晨报》的私交，又知孙伏园已经位置不保，却还出言讽刺，鲁迅似乎有意激化矛盾，促成分裂。并且，《晨报》本来是鲁迅发表文章最主要的平台之一，甚至被当作周氏兄弟文坛成名的关键⑤，此时鲁迅的行为更像是放弃越加保守的"主流文坛"。

不仅是放弃《晨报》，鲁迅对销量大地位高的刊物均表示不满。远离《晨报》后，鲁迅推动《京报副刊》创刊，参与筹办《语丝》。但《京报副刊》和《语丝》销量大增后，也显出保守姿态。鲁迅认

① 鲁迅：《我和〈语丝〉的始终》，《鲁迅全集》，第四卷，人民文学出版社 2005 年版，第 169 页。

② 徐志摩也承认自己在孙伏园离职前就与《晨报》有所接触，并受到编辑副刊的邀请，"我认识陈博生，因此常替《晨报》写些杂格的东西。去年黄子美随便说其要我去办副刊……"徐志摩：《我为什么来办我想怎么办》，《晨报副刊》，1925 年 10 月 1 日。

③ 志摩（徐志摩）：《法郎士先生的牙慧》，《晨报副镌》，1925 年 12 月 30 日。

④ "因为那稿子不过是三段打油诗，题作《我的失恋》，是看见当时'阿呀阿唷，我要死了'之类的失恋诗盛行，故意做一首用'由她去罢'收场的东西，开开玩笑的。"鲁迅：《我和〈语丝〉的始终》，《鲁迅全集》，第四卷，人民文学出版社 2005 年版，第 168 页。

⑤ 梁实秋曾认为文学革命发生后周氏兄弟之所以能成为"文坛盟主"，一大半是因为晨副特约撰稿员的身份，徐丹甫（梁实秋）：《北京文艺界的分门别户》，《时事新报·学灯》，1927 年 6 月 4 日。

为"语丝派的人，先前确曾和黑暗战斗，但他们自己一有地位，本身便变成黑暗了，一声不响，专用小玩意，来抖抖的把守饭碗"①。对于《京报副刊》，鲁迅也说"伏园的态度我日益怀疑"②，对孙伏园编辑作风的保守化表示反感。孙伏园接管《京报》后，虽然在用稿上不排斥最初参与"新文化运动"的几个"老人"，但对于"新人"的稿件也已渐渐不甚接受。鲁迅于是表示《京副》也开始摆架子③。他转而与这两份刊物拉开距离。

与此同时，鲁迅更多地青睐文坛边缘的"小周刊"，并努力自办刊物，召集青年。他预设一个"浩大而灰色的军容"作为对立面，认为只有"各种小周刊，虽然量少力微，却是小集团或单身的短兵战，在黑暗中，时见匕首的闪光，使同类者知道也还有谁在袭击古老坚固的堡垒"④。鲁迅以其对"大"的放弃，和对"小"的选择，为"新文坛"设置了"新"与"旧"、"灰色"与"闪光"的"区隔"，以此重新构建以边缘、反抗为特征的文学空间。

于是便有了 1925 年鲁迅自办《莽原》等刊物的出现。鲁迅自办刊物，并非要形成新的势力和中心，相反，当 1920 年代中期老一辈作家批评青年创作位于"水平线下"时，鲁迅有意召集"乳毛还未褪尽的青年"⑤。他说，"我总想自己办点刊物。只有老作家总

---

① 鲁迅：《300222 致章廷谦》，《鲁迅全集》，第十二卷，人民文学出版社 2005 年版，第 223 页。

② 鲁迅：《250613 致许广平》，《鲁迅全集》，第十一卷，人民文学出版社 2005 年版，第 497 页。

③ 鲁迅：《〈中国新文学大系〉小说二集序》，《鲁迅全集》，第六卷，人民文学出版社 2005 年版，第 258 页。

④ 鲁迅：《通讯》，《鲁迅全集》，第三卷，人民文学出版社 2005 年版，第 25 页。

⑤ 鲁迅：《我和〈语丝〉的始终》，第四卷，人民文学出版社 2005 年版，第 171 页。

是不够的，不让新作家起来，这怎么行。"① 相较于形成一个具有自足性、体系化的"文学场"，鲁迅办刊物更像是消解"文学场"。他放弃中心刊物，回避销量倍增的刊物，纠集"乳毛还未褪尽"和"水平线下"的边缘力量。

这个"边缘"是反抗"中心"的"边缘"。鲁迅期待"小周刊"以"起哄"② 和"撒泼"③ 的姿态存在。"起哄"和"撒泼"与胡适提倡的"严肃的态度"恰好相反。如果说后者是对新文学经典秩序的认同，那么前者就是对该秩序的破坏。有学者指出这是"鲁迅提出的战法，也是他对青年发出的召唤，召唤一种打破'隐隐然不可动摇'之常态结构的主体重建能力。"④ 鲁迅不仅要求青年"撒泼"，而且也希望"导师们"也"掷去了这种尊号"，"摇身一变，化为泼皮，相骂相打"。⑤ 当然，"起哄"和"撒泼"不仅仅是破坏新文学，它更意味着以"边缘性"生发文学、文化革新的活力，使文学能够"毫无忌惮"。

鲁迅通过退居边缘，为新文学创造了一个反抗的空间。这个空间既不属于南方（革命阵地），也不属于北京（北洋政府）。它在"旧文坛"的边缘，既反抗新文学的精英化和纯粹化，也抵制着革命对新文学的"否定"。它在以"边缘性"表达来自于文学内部的"否定性"力量。

---

① 许钦文：《鲁迅先生二三事》，河北教育出版社 2000 年版，第 102 页。
② 鲁迅：《两地书》，《鲁迅全集》，第十一卷，人民文学出版社 2005 年版，第 64 页。
③ 鲁迅：《250530 致许广平》，《鲁迅全集》，第十一卷，人民文学出版社 2005 年版，第 494 页。
④ 姜涛：《公寓里的塔，1920 年代的文学和青年》，北京大学出版社 2015 年，第 262 页。
⑤ 鲁迅：《通讯》，《鲁迅全集》，第三卷，人民文学出版社 2005 年版，第 27 页。

三、破坏边界：重提"思想革命"

在空间上推动新文学退居边缘的同时，1925 年前后鲁迅一方面阻碍胡适等人对于新文学专业化进程的推动，破坏新文学的线性发展；另一方面重提"思想革命"，打破"文学"的专业化边界，推动新文学的"杂化"。

针对胡适和陈西滢所提出的"高尚"、"纯正"的文学标准，鲁迅偏偏呈现"不纯洁"、"功利性"的文学创作过程，说自己的创作是"挤"出来的。[①] 胡适发表文章《爱国运动与求学》，认为"救国千万事，何一不当为"。他鼓励学生以分门别类的专业化建设，振兴民族的道路。[②] 作为呼应，陶孟和提出了"救国的文学家"[③] 的说法。鲁迅将这些观点联系起来，认为过于专业的发展，将制约精神的能动性。他说青年从"艺术之宫"、"研究室"中出来后，"救国的资格也许有一点了，却不料还是一个精神上种种方面没有充分发达的畸形物，真是可怜。"[④]

当文学的专业化进程转化为前辈、后辈的代际转换时，对青年创作"不成熟"的批评是新文学建设过程中常见的现象。[⑤] 如《现

---

① 鲁迅：《并非〈闲话〉三》，《鲁迅全集》，第三卷，人民文学出版社 2005 年版，第 158 页。

② 胡适：《爱国运动与求学》，《现代评论》，第二卷第 39 期，1925 年。

③ 陶孟和：《救国与求学》，《现代评论》，第二卷第 37 期，1925 年。

④ 鲁迅：《"碎话"》，《鲁迅全集》，第三卷，人民文学出版社 2005 年版，第 171 页。

⑤ 参见姜涛：《公寓里的塔，1920 年代的文学和青年》，北京大学出版社 2015 年，第 251—256 页。

代评论》第二卷第三十期就刊登了江绍原的《黄狗与青年作者》一文，认为编辑不知选择，只要稿子，青年作者"就天天生产——生产出许多先天不足，月份不足的小家伙们"。随后，徐志摩主编的《晨报副刊》也刊出文章应和。[①] 鲁迅则以自己的创作为青年辩护："倘用现在突然流行起来了的论调，将青年的急于发表未熟的作品称为'流产'，则我的便是'打胎'。"[②]

破坏新文学的"文学性"和"专业化"，是为了恢复新文学介入社会政治的"功能性"。鲁迅将新文学发展过程中诸如"进入艺术之宫"等问题，归结为"中了'老法子'的计"[③]。他说，"我想，现在的办法，首先还得用那几年以前《新青年》上已说过的'思想革命'"[④]。许多研究者认为鲁迅此时强调"思想革命"是延续启蒙道路，这种理解成就了"启蒙鲁迅"的连续性。不过，这里我们要强调的是"思想革命"和"文学革命"之间的关系。《新青年》上的"思想革命"是在谈论新文学的革命路径时被提出的。周作人在《思想革命》一文中，对文学革命做进一步说明："单变文字不变思想的改革，也怎能算是文学革命的完全胜利呢?"[⑤] 傅斯年进而推陈，"现在大家所谈的文学革命，当然不专就艺术一方面而论"，"最要注意的是思想的转变"。[⑥]

---

① 奚若：青年"借副刊作出风头的场所，更属堕志"。(《副刊殃》，《晨报副镌》1925 年 10 月 5 日)

② 鲁迅：《并非〈闲话〉三》，《鲁迅全集》，第三卷，人民文学出版社 2005 年版，第 159 页。

③ 鲁迅：《通讯》，《鲁迅全集》，第三卷，人民文学出版社 2005 年版，第 26 页。

④ 鲁迅：《通讯》，《鲁迅全集》，第三卷，人民文学出版社 2005 年版，第 23 页。

⑤ 仲密（周作人）：《思想革命》，《每周评论》，1919 年 3 月 2 日。

⑥ 傅斯年：《白话文学与心理的改革》，《新潮》，第 1 卷第 5 期，1919 年。

并不能说，新文学发生的最初动力就是"思想革命"，也不能说鲁迅重提"思想革命"仅仅是为了解决"文学问题"。但显然，重提"思想革命"为"文学"走出"艺术之宫"提供了路径。相较于"文学性"，鲁迅强调"思想性"是为了模糊新文学的边界，以"新思想"重新恢复新文学与"新政治"之间的有机联系。当"文学革命"止步于白话和文言机械的语言分野时，鲁迅以"思想革命"重启"文学"更新的脚步。

　　鲁迅在"文学的标准"之外重提"思想的标准"，推动了新文学的"杂化"。在具体的文学实践中，重提"思想革命"让鲁迅在文体上产生了"杂文的自觉"①。"杂文"的"文学"身份得不到承认，有人劝鲁迅"不要做这样的短评"。虽然鲁迅也知道"杂文"和真正意义上的"文学创作"之间的差别，"然而要做这样的东西的时候，恐怕也还要做这样的东西"。原因便是对于"文学性"的反抗，对"思想"的重视。他说："我以为如果艺术之宫里有这么麻烦的禁令，倒不如不进去"，并对自己的文学选择进行了修辞化的描写："乐则大笑，悲则大叫，愤则大骂"②。邱焕星曾分析"重启思想革命"促成鲁迅的"热骂"，由此促成审美转换，增加文学的批判性。③ 从雅正的文学走向热骂的文学，鲁迅将"思想"的标准和指向重新引入文学，由此打破新文学的"文学性"中心论，由此沟通文学与社会政治之间的联系。

---

① 木山英雄：《〈野草〉主体构建的逻辑及其方法》，北京大学出版社 2004 年，第 49 页。
② 鲁迅：《华盖集题记》，《鲁迅全集》，第三卷，人民文学出版社 2005 年，第 4 页。
③ 邱焕星：《鲁迅"骂之为战"的发生》，《文学评论》，2016 年第 2 期。

四、重回"革命之前"：创造虚无文学主体

"思想革命"只是鲁迅敞开"文学"的路径之一，"从新做过"并不是重回《新青年》时期的"文学革命"，它不仅指向对新文学的反思，而且指向对"革命之后"的反思，并由此避免直接进入"革命文学"。在鲁迅提出"什么都要从新做过"的同时，他表达了对于"轮回把戏"的恐惧，其中便是"革命的轮回"，"我觉得革命以前，我是做奴隶；革命以后不多久，就受了奴隶的骗，变成他们的奴隶了"。① 当"革命"的主体是另一种本质化的"思想"或"文学"时，"思想革命"或是"文学革命"只能再次中"老法子"的计，重复威权模式，陷入"革命—革革命"无限的循环。《新青年》时代的"文学革命"走向"文学复辟"，"启蒙"走向"规训"，便是此种"革命"的必然后果。

应该注意到，1924 年到 1926 年鲁迅文本中文学主体，较之1917 年到 1924 年文本中的文学主体，有了很大不同。在《故乡》(1921 年创作)、《阿 Q 正传》(1921—1922 年创作) 等小说中，"我"洋溢着启蒙主体的自信，并以此审度他人的"失败"，如《故乡》中的"我"定义了"闰土""杨二嫂"的"悲剧"，并预设了"悲剧"克服之"路"。启蒙主体有着政治行动的力量，它/他以对启蒙对象的遮蔽、"代言"和"规训"为特征。国民革命前期的"我"缺少主体自信，充满了否定性，特别是自我否定。"失败"和"孤独"是该时期主体的特征，小说《孤独者》(1925 年创作) 中

---

① 鲁迅：《忽然想到》，《鲁迅全集》，第三卷，人民文学出版社 2005 年版，第 16 页。

"我"只能反观另一个"我"——"魏连殳"，经历和否定他"失败了的胜利"，从直面他的"死亡"中"出走"；《伤逝》（1925 年创作）中的"我"（涓生）在亲手扼杀了另一个"我"（作为涓生镜像的子君）后，从她的"死亡"中"出走"……

这种主体模式于《野草》（1924—1926 年创作）中表现得更为突出。作为主体的它/他经历了自我否定后，抛却了线性历史，放弃了明确阵营，首先面对的是"自我"的"无地"和"虚空"。"我"以"野草"自比，"野草"既是"我"，也是"文学"。"野草"以及《野草》集中许多文学主体意象存在于本质化时空之间：时间上的"过去"与"未来"，空间上的"明"与"暗"，甚至本体层面的"生"与"死"之间。它/他没有属于自己的线性时间（从过去到未来），只能凭依"过去"确立自己的时间。虽然"过去的生命已经死亡"、"朽腐"，但"我"对这"死亡"和"朽腐"有"大欢喜"，"因为我借此知道它还非空虚"[①]。它/他也没有属于自己的空间，不属于"地狱"，也不属于"黄金世界"，"彷徨于无地"。[②] 在时间上的虚空"死亡"，在空间上的虚空"无地"，正是"再造新文学"时间上逆转，空间上退避的"内面"（主体精神）。

正如鲁迅描述他这段时期的创作，他一方面"并无喷泉一般的思想，伟大华美的文章，既没有主义要宣传"，另一方面"也不想发起一种什么运动"。在国民革命前的"文学"和"政治"之间，鲁迅说："对于偏爱我的读者的增献，或者最好倒不如是一个'无

---

① 鲁迅：《野草·题辞》，《鲁迅全集》，第二卷，人民文学出版社 2005 年版，第 163 页。
② 鲁迅：《影的告别》，《鲁迅全集》，第二卷，人民文学出版社 2005 年版，第 169 页。

所有'。"①"再造新文学"的主体既非"回到文学"，也非"政治超越"，而是左右批判、否定，甚至自我解构，反本质化的"无所有"（"无时"、"无地"）。木山英雄关注到鲁迅1926年8月之前两年间，即国民革命前期的鲁迅创作，包括《野草》《孤独者》等创作，以及"杂文的自觉"②，他也指出该时期鲁迅文本中的"自我""无论向左向右都无以迈出步子，无论何物最后均无法自己完成"。③ 但恰恰是这种无所归依的"无"，表达着强烈的左右批判的否定性，或者说革命性。

鲁迅在国民革命前期创造的"无所有"，与竹内好分析"革命之前"的鲁迅的"无"④ 相互呼应，表达着一种面向政治又不同于政治的"革命性"。1925年前后鲁迅的确在重新编织辛亥革命之前的"回忆"或"青春"，沟通起所有"革命之前"（辛亥革命、文学革命）的历史，由此积蓄起"革命"的动能。在他的文本中频频出现对辛亥革命前的"杂忆"。一是辛亥革命之前所写的文章，"民国告成以后，我便将他们忘却了，而不料现在他们竟又时时在我的眼前出现。"⑤ 二是辛亥革命之前的文化心理演化为新的"文学梦"。

---

① 鲁迅：《写在〈坟〉后面》，《鲁迅全集》，第一卷，人民文学出版社2005年版，第298、300页。

② ［日］木山英雄：《〈野草〉主体构建的逻辑及其方法》，《文学复古与文学革命——木山英雄中国现代文学思想论集》，赵京华编译，北京大学出版社2004年，第49页。

③ ［日］木山英雄：《〈野草〉主体构建的逻辑及其方法》，《文学复古与文学革命——木山英雄中国现代文学思想论集》，赵京华编译，北京大学出版社2004年，第52页。

④ 竹内好认为鲁迅对"无"的创造一是集中于"文学革命"之前的北京蛰伏期，一是"辛亥革命"之前的仙台时期。（参见［日］竹内好：《鲁迅》，李心峰译，浙江文艺出版社1986年，第53、61、66页。）

⑤ 鲁迅：《坟·题记》，《鲁迅全集》，第一卷，人民文学出版社2005年版，第3页。

鲁迅感慨"待到革命起来，就大体而言，复仇思想可是减退了"①，辛亥革命前盛行"复仇"心理在国民革命前被转化为文学意象，便有了《复仇一》《复仇二》。在《希望》一文中，他将"复仇"等革命心理转化为"虚妄"中寻求的"逝去的""青春"，作为重启革命性。②

将"文学"的时间反拨到"革命之前"，以"虚无性"表达"否定性"，这使得鲁迅再造了一种既"革命"又拒绝"革命"的新文学。它既否定了胡适积累建设的文学发展道路，也否定了"文学"奔向新的本质论（变身为"革命文学"）的发展道路。它将"文学"嵌入无法成为"完成式"时间中，"文学"由此无法成为一个自足的存在，只能在不断地"功能化"中确立自身。

五、"转向"之外的"徘徊"
——作为另一种选择的"再造新文学"

"再造新文学"是针对新文化运动退潮至国民革命前期"文学如何革命"的问题而产生的。"再造新文学"既不满意于新文学对政治"回避"，也没有直接"转向"。它的时空不属于"南"，也不属于"北"，而是在南/北之间的"边缘"地带；既不在革命时间之外，也不在革命时间之内，而是在"革命之前"。它在"从文学革命到国民革命"的"转向历史"中创造了一个"徘徊"的"时空"，以"边缘化"、"芜杂化"和"虚无性"成就"文学"既"反对复

---

① 鲁迅：《杂忆》，《鲁迅全集》，第一卷，人民文学出版社 2005 年版，第 234 页。

② "倘使我还得偷生在不明不暗的这'虚妄'中，我就还要寻求那逝去的悲凉漂渺的青春，但不妨在我的身外。"《希望》，《鲁迅全集》，第二卷，人民文学出版社 2005 年版，第 181 页。

辟"又"超越革命"、既区隔政治又面向政治的位置。

在新文化运动退潮至国民革命前期,"徘徊"并不是普遍的选择,甚至并不能成就连续性的历史。当新文学的价值面临革命的重估时,放弃"文学性",拥抱"革命性"成为许多作家的选择,新文学的骨干如文研会、创造社的重要成员(如沈雁冰、郭沫若、成仿吾、穆木天、王独清等)纷纷向革命"转向"。曾经强调"不应该自己滚到党派政争的旋涡里去"①,执着于新文学"建设"的胡适也被"革命"纠正。1926年到了苏联的胡适表达了对革命运动的景仰。② 胡适开始对"文学革命"进行自我否定,反问"究竟我回国九年来,干了一些什么! 成绩在何处?"③ 由是,他否定了新文学和整个的"新文坛",他说"满地是'新文艺'的定期刊,满地是浅薄无聊的文艺与政谈。"④ 于是,胡适"好久不谈文艺了"⑤。

鲁迅也面临"转向"的压力。首先,青年更多地奔向更为实际的国民革命,"再造新文学"难成气候。《莽原》的问题不仅是"小说太多,议论太少",而且"现在则并小说也少"。鲁迅认为"我想有希望的青年似乎大抵打仗去了","大约大家专心爱国,要到民间

---

① 胡适:《致北大同事公函》,《胡适全集》,第23卷,安徽教育出版社2003年版,第409页。
② "我去看那'革命博物馆',看那一八九〇~一九一七年的革命运动,真使我们愧死。" 胡适:《欧游道中寄书》,《胡适全集》,第3集,人民文学出版社2005年版,第53页。
③ 胡适:《欧游道中寄书》,《胡适全集》,第3集,人民文学出版社2005年版,第53页。
④ 胡适:《欧游道中寄书》,《胡适全集》,第3集,人民文学出版社2005年版,第53页。
⑤ 茅盾:《我走过的道路》(上),人民文学出版社1997年版,第20页。

去，所以不做文章了"。①《莽原》原有的主要作家先后"南下"，韦素园去国民军第二军任翻译，向培良去武汉任《革命军日报》编辑，尚钺南下加入了中国共产党……不仅是《莽原》，各种定期刊"哪怕是处在敌对地位的，材料都异常枯窘"②，因为"到实际运动起来的时候，思想革命的工作自然无暇做起了"③。

其次，边缘性、反抗性的"再造新文学"面临"革命"的"收编"。《国民新报》④，作为国民党在北京的机关刊物，就联络鲁迅。受到邵元冲之约，鲁迅常有稿寄去，还介绍了韦素园前去编副刊。⑤当韦素园去国民革命军工作后，1925 年 12 月 2 日，鲁迅往《国民新报》报馆，即日起与张定璜同任乙刊编辑。⑥ 革命的《国民新报》在北京形成新的势力，鲁迅也进入革命文坛中心，被作为当之无愧的新的"权威"⑦，或"头领"⑧。

再次，革命改变社会的直接效果也影响着鲁迅的选择。在他参与女师大学潮的过程中，不仅与国共两党有了直接的交集，而且开始将实际的军事斗争置于"文学"之上。在参与女师大学潮的过程

---

① 鲁迅：《250629 致许广平》，第十一卷，人民文学出版社 2005 年版，第 502 页。

② 高长虹：《走到出版界》，泰东书局 1928 年版，第 53 页。

③ 高长虹：《走到出版界》，泰东书局 1928 年版，第 99 页。

④ 《国民新报》是继《星期评论》《建设》之后，国民党在 1925 年创办的机关报，如孙伏园的描述："这个报纸在当时算是革命的最前锋，战斗性很强的……"孙伏园：《孙氏兄弟谈鲁迅》，新星出版社 2006 年版，第 66 页。

⑤ 高长虹：《走到出版界》，泰东书局 1928 年版，第 229 页。

⑥ 鲁迅博物馆鲁迅研究室编：《鲁迅年谱》，第二卷，人民文学出版社 1983 年版，第 259—260 页。

⑦ 伏园（孙伏园）：《一年来国内定期出版界略述补》，《京报副刊》，1926 年 1 月 18 日。

⑧ 冬芬：《读过〈莽原〉》，《京报副刊》，1926 年 3 月 2 日。

中，他开始借孙中山的逝世发表看法："总要改革才好。但改进最快的还是火与剑，孙中山奔波一世，而中国还是如此者，最大原因还在他没有党军，因此不能不迁就有武力的别人。"① 这是因为他"现在愈加相信说话和弄笔的都是不中用的人"②，认为"现在的强弱之分""在有无枪炮""尤其是在拿枪炮的人"。③

似乎一切都在"革命"的席卷下不可避免地"转向"。"从文学革命到国民革命"成为连续性的历史。国民革命改写了"文学革命"的意义，连胡适都开始以"文学革命"成就"国民革命"说明新文学的价值。④ 不可否认，鲁迅自己也被"从文学革命到国民革命""历史"的裹挟，参与线性历史的行列。北伐起兵后，鲁迅在谈话中表示对"光明的将来"的确信，"有存在，便有希望"，"我们一定有悠久的将来，而且一定是光明的将来"⑤，由此摆脱了徘徊、寂寞和绝望的状态。1926 年 6 月 17 日，鲁迅在给李秉中的信中表示"我近来的思想，倒比先前乐观些，并不怎样颓唐"，"此后我想仍到热闹地方，照例捣乱"。⑥ 走向"乐观"、"热闹"，鲁迅由此"南下"，完成了"转向"的历史。

不过，在连续性历史的缝隙中，我们仍应该注意"转向"之外的"徘徊"——后五四时期鲁迅对"新文学中心"的放弃和对进入

---

① 鲁迅：《250408 致许广平》，第十一卷，人民文学出版社 2005 年版，第 475 页。

② 鲁迅：《250508 致许广平》，第十一卷，人民文学出版社 2005 年版，第 491 页。

③ 鲁迅：《补白》，第三卷，人民文学出版社 2005 年版，第 107 页。

④ 胡适：《新文化运动与国民党》，《胡适全集》，安徽教育出版社 2003 年，第 433 页。

⑤ 鲁迅：《记谈话》，《鲁迅全集》，第三卷，人民文学出版社 2005 年版，第 378 页。

⑥ 鲁迅：《260617 致李秉中》，《鲁迅全集》，第十一卷，人民文学出版社 2005 年版，第 528—529 页。

"革命文学"的犹疑。在"徘徊"的过程中，鲁迅再造了以"边缘性"和"芜杂性"为特征的新文学，以"虚无"和"绝望"为时空的"新文学主体"，在南/北之间，在"纯文学"和"革命"之间所创造的"第三样"可能。"再造新文学"并不能如"革命文学"那样产生"内圣外王"的"革命主体"，促成"有结果"的"革命"。相反，它以非南非北的"空间"区隔非此即彼的政治站队，以"徘徊"在"革命之前"逃离历史目的论的时间掌控。当只有进入"历史"才被认为是"成功"时，"文学史"被反复重写而陷入循环后，鲁迅在新文化运动退潮至国民革命前期的新文学"再造"，能够为文学的发展在"纯文学"和"革命文学"的循环之外提供第三种选择。

本文系国家社科基金项目"二十世纪中国政治文化与鲁迅研究的发展"（项目号：16CZW043）阶段性成果，江苏省社科基地项目（项目号：15JD023）阶段性成果。

鲁迅故乡情感之历时考察

何巧云［北京鲁迅博物馆（北京新文化运动纪念馆）］

对故乡的怀恋是人类永恒的精神现象，鲁迅对故乡是一种怎样的情感？在郁达夫看来，"鲁迅不但对于杭州，并没有好感，就是对他出身地的绍兴，也似乎并没有什么依依不舍的怀恋"[①]。而在冯雪峰的眼中："他谈到绍兴，每次都使我发生一个相同的感觉，就是他的故乡绍兴，似乎常常在引起他的一种很可回味的回忆。"[②] 对此，现代学者论述颇多。日本学者尾崎文昭认为："鲁迅对故乡异乎寻常的执着，这已是广为人知的了。""要是换一种说法，不妨将它说成是 nostalgia。它在汉语中可译作怀乡病、乡愁、怀旧等"。[③]

---

① 郁达夫：《回忆鲁迅——郁达夫谈鲁迅全编》，上海文化出版社 2006 年版（下同），第 32—33 页。

② 冯雪峰：《回忆鲁迅》，收鲁迅博物馆鲁迅研究室《鲁迅研究月刊》选编：《鲁迅回忆录》中册，北京出版社，1999 年，第 610 页。

③ ［日］尾崎文昭：《"故乡"的二重性及"希望"的二重性》，庄玮译，《鲁迅研究月刊》1990 年第 6、7 期。

孙郁认为："先生不是有故乡癖的人""即便是对自己的故乡绍兴，也很少歌颂的篇什。"① 这是和周作人相互比较的。王嘉良认为："鲁迅似乎天生就有一种对故地热土的钟爱与怀恋，这种难以言状的情感已深深地融化在其创作中。"② 刘思源认为："他之所谓不爱，乃是爱得至深的一种曲折反映；他之所谓不爱，指的是贫穷落后、闭塞愚昧、充满着压迫和苦难的现实的绍兴，在他的精神深处却埋着另一个绍兴，那是他割舍不去、化解不开的故乡情结。"③ 凌云岚认为在 1913—1917 年、1926 年、1936 年，其生命的三个低潮期，鲁迅的目光总是投向故乡的民间世界，这是有着重要的精神意义的。④ 陈方竞阐释了鲁迅对浙东特殊的地理历史文化传统的体认和追寻建立在他与故乡文化的"血缘与地缘"关系之上，是在他主题意识参与下通过"复活—认同"、"深化—辨异"、"升华—消解"实现的。"⑤ 吴辰认为，随着其国民性批判立场的逐步形成，鲁迅也经历了一个由'浙东的鲁迅'到'鲁迅的浙东'的变化。"⑥

爱或是不爱，怀乡或是反思，都很难以一元化的方式定义鲁迅的故乡情感。"鲁迅在个人生活上是抱着'念旧'的价值观的。但

---

① 孙郁：《鲁迅眼里的北京》，《鲁迅研究月刊》2001 年第 7 期。

② 王嘉良：《两哲文化传统：鲁迅文化人格形成的内源性因素》，《鲁迅研究月刊》2002 年第 7 期。

③ 刘思源：《鲁迅的故乡情结》，《鲁迅研究月刊》2002 年第 8 期。

④ 凌云岚：《鲁迅与民间文化——游子的精神返乡之旅》，《鲁迅研究月刊》2003 年第 1 期。

⑤ 陈方竞：《"鲁迅与浙东文化"论纲（一）》，《西南民族大学学报》（人文社科版）2006 年第 7 期。

⑥ 吴辰：《从会馆走出的狂人——从日记看鲁迅与浙东人际关系网络》，《鲁迅研究月刊》2015 年第 6 期。

他很不愿让它上升到明确的意识层来。"① 但可以尝试通过时间维度的梳理，发现在其明确的意识之下，埋藏着对故乡最真实的情感。鲁迅对故乡的情感是复杂变化的，在人生的不同境遇期对故乡的认识与感触皆不同，可以分为变化中的四个阶段。

一、求学时期的"思乡"

1898—1901 年，鲁迅居于南京，处于"怀乡"时期。人在青年期对熟悉的故乡往往怀有一种逃离的冲动。1898 年农历五月，鲁迅 17 岁，他投考南京水师学堂，初次离家远行。是年，他作了《戛剑生杂记》记录旅途的日暮客愁。"行人于斜日将堕之时，暝色逼人。四顾满目，非故乡之人；细聆满耳，皆异乡之语。一念及家乡万里，老亲弱弟，必时时相语，谓可当至某处矣。此时直觉柔肠欲断，涕不可抑。故予有句云：日暮客愁集，烟深人语喧。皆所身历，非托诸空言也。"② 在"他乡"的事实存在与他对故乡的心理怀念碰撞，形成这种"日暮乡关何处去，烟波江上使人愁"的羁思情怀。1900 年农历三月，鲁迅 20 岁，在南京陆师学堂附设的矿物铁路学堂读书，托同学带归其诗作《别诸弟》："谋生无奈日奔驰，有弟偏教各别离。最是令人凄绝处，孤檠长夜雨来时。还家未久又离家，日暮新愁分外加。"③

---

① ［美］林毓生：《鲁迅的复杂意识》，尹慧珉译，乐黛云编：《国外鲁迅研究论集》（1960—1981），北京大学出版社编 1981 年版，第 40—78 页。
② 鲁迅：《集外集拾遗补编·附录二》，《鲁迅全集》第 8 卷，人民文学出版社 2005 年版（下同），第 527 页。
③ 鲁迅：《集外集拾遗补编·附录二》，《鲁迅全集》第 8 卷，第 531 页。

1901 年正月廿五日，鲁迅与家人相聚后，又收拾行李，启行往宁，周作人夜用戛剑生原韵作七绝三首以送之并索和诗。农历二月，鲁迅作诗相和，并跋。"梦魂常向故乡驰，始信人间苦别离。夜半倚床忆诸弟，残灯如豆月明时。日暮舟停老圃家，棘篱绕屋树交加。怅然回忆家乡乐，抱瓮何时共养花？春风容易送韶年，一掉烟波夜驶船。何事脊令偏傲我，时随帆顶过长天！仲弟次予去春留别元韵三章，即以送别，并索和。予每把笔，辄黯然而止。越十余日，客窗偶暇，潦草成句，即邮寄之。嗟乎！登楼陨涕，英雄未必忘家；执手消魂，兄弟竟居异地！深秋明月，照游子而更明；寒夜怨笳，遇羁人而增怨。此情此景，盖未有不悄然以悲者矣。辛丑仲春夏剑生拟删草。"[1] 张向天在笺注中注："在在都成了思念的引线，亟写忆念之情的不可抑止。"[2] 这里更多的是一种对往昔的回忆、想象和留念，突出了对家人依恋的真挚情感，可以看出他已经是一位受传统文化影响较深的有素养的青年诗人，这时他的风格柔和。故乡存在于他明确的思想意识中，并以诗歌的形式，清晰无掩饰地表露着。

1902—1909 年，鲁迅求学于日本。虽然远离故乡，但是在周作人日记中多记载有"草日本信稿"，可见鲁迅与故乡的书信往来不断，往来寄还不少。这种血缘之情的不断沟通，是鲁迅在异乡为游子时的一种精神鼓舞。1902 年 6 月鲁迅给周作人的信中，附近照三张，分赠家人以释远念。1902 年 11 月，鲁迅与许寿裳等浙江籍留日学生 101 人在东京共同组成浙江同乡会，决定出版《浙江潮》

---

① 鲁迅：《集外集拾遗补编·附录二》，《鲁迅全集》第 8 卷，第 536 页。
② 张向天：《鲁迅旧诗笺注》，广东人民出版社 1959 年版，第 14 页。

月刊。1903 年 1 月，鲁迅与陶成章、许寿裳等 29 名绍兴籍留日学生召开绍兴同乡恳亲会，并联名发出《绍兴同乡公函》，劝导绍兴人出国留学。其开篇即云："同乡公鉴：远别数千里外，无时不悬故乡痕影于心目中。" 1903 年，《浙江潮》揭露刘鹗卖国投降的一场斗争中，鲁迅特作《中国地质略论》一文刊于《浙江潮》中，在结论部分，鲁迅更感思采矿权之旁落已经"复见于吾浙矣"，以"吾浙"视角推测未来有可能发生之情形。1903 年 11 月，鲁迅参加"浙学会"。这种怀乡心情在日记中偶有投射，鲁迅在 1904 年 10 月 8 日致蒋抑卮书信中记录："仙台久雨，今已放晴，遥思吾乡，想亦久作秋气。"[1] 1905 年夏天，鲁迅特去明朝遗臣绍兴乡人朱舜水墓地凭吊。

鲁迅在日本求学阶段与南京求学时的思乡之情感，是一脉延续的，但此时的思乡已不局限于地理位置上的绍兴和绍兴的老宅和家人。鲁迅此阶段在《自题小像》一诗中，写道："灵台无计逃神矢，风雨如磐暗故园。寄意寒星荃不察，我以我血荐轩辕。"其中，故园词意为故乡，而此时的故乡是代表着"家"与"国"的故乡，是一种忧愤救国的迫切心愿。这超越了传统士大夫的桑梓乡思，是其成为现代知识分子的一种独立和担当精神之体现。

二、居乡之中的"疏离"

1909 年 8 月鲁迅结束日本的留学生活，先在杭州浙江两级师范

---

[1] 鲁迅：《书信·041008 致蒋抑卮》，《鲁迅全集》第 11 卷，人民文学出版社，2005 年，第 330 页。

学堂任生理学和化学教员。1910 年 7 月回到故乡绍兴，被聘为绍兴中学堂的教务主任，兼博物（生物）教员，兼任兼学。在授课之余，他开始辑录唐以前小说佚文（后汇成《古小说钩沉》）及有关会稽的史地书（后汇成《会稽郡故书襍集》）。又手拟《绍兴八县乡人著作》[①]，收集乡土文献。在辛亥革命之前，在故乡的鲁迅对故乡有着无法言及的失落，以"辫子事件"和"木瓜之役"为代表。"在这意义上，他是一种失意之人，沉在寂寞的心境里。而且那没辫子的事情，仍然变化着形形色色和他作着祟。"[②] 1910 年 8 月 15日他在致许寿裳信中所说："仆不愿居越中也，留以年抄为度。"1911 年 1 月 2 日鲁迅致信许寿裳："仆归里以来，经二大涛。幸不颠陨，顾防守攻战，心力颇瘁。"

辛亥革命后，鲁迅曾一度信心高涨，对故乡寄托了其自由与共和的最高理想。鲁迅接受以王金发为首的绍兴军政分府委任，任浙江山会初级师范学堂监督。其间，鲁迅望乡人发扬传统的实干精神，群策群力，建设家乡。怀着对乡土深厚的感情，他为《越铎日报》创刊号撰写了《出世辞》，发出了为故乡自豪的心声："于越故称无敌于天下，海岳精液，善生俊异，后先络绎，展其殊才。"其后又发表《尔越人毋忘先民之训》一文。此时的鲁迅对故乡的拳拳之心，殷切至深，真挚感人。1911 年 1 月 10 日致张琴孙信中，他希望"造福地方，至非浅鲜，此仆等所深望于诸君子者也。"在这一阶段，可以深沉地感受到鲁迅当时具有高昂的使命感，服务乡梓

---

① 周作人说明其为回国后所记，其时当在民国以前。见《鲁迅研究资料》3，文物出版社 1979 年，第 115 页。

② ［日］小田原夫：《鲁迅传》，艺文书房 1943 年，第 25 页。

与独立共和的目标相统一。但是，这种统一之中，亦有着不和谐。1911年7月31日在致许寿裳信中，鲁迅作此反观："闭居越中，与新颢气久不相接，未二载遽成村人，不足自悲悼耶。"到1912年3月7日，鲁迅向许寿裳再次表明："越中棘地不可居，倘得北行，意当较善乎？"离开似乎已经箭在弦上。1912年4月底，鲁迅与许寿裳一同从绍兴出发，辗转至北京。

回到故乡的鲁迅为何如此急待离开故乡呢？从个人的生存环境来看，闭塞的地理位置和狭隘与传统的文化氛围，让鲁迅不适，其亟待于新潮流的激荡和思想精神的共鸣，这是当时绍兴所不能提供的。从个人的身份认同来看，因为新的文化身份的转变，否定/丧失了与家乡相关联的旧的文化身份，也因此造成自己的无处归属。"他们身处家乡，却怀有近似乡愁的忧郁，他们以往对家乡的心理认同崩溃了。他们缺失来自现有'家乡'的慰藉。此外，对于给他们造成悲痛的事态，他们既没有发言权也无法施加影响，由此产生极大的疏离感。'乡痛'即被创造出来用于描述这一失去寄托并极度忧伤的特殊精神忧郁症。"[①] 思乡与乡痛并不相同，思乡是一种欲图归去，而乡痛的过程刚好相反，欲图离开。所以，"鲁迅之不能久于其位，甚至不能见容于他的故乡，乃是辛亥革命失败的影响下的必然结果。他所谓的在《新生》事件以后，又'亲历或旁观过几样更寂寞、更悲哀的事'（《呐喊·自序》），这应该就是其中之一。"[②] 在近代社会变迁的背景下，知识分子血缘关系和地缘关系被

① 转引自刘小红：《风险社会下精神家园危机反思》，《社会科学论坛》2005年第6期。见《参考消息》2010年5月26日版"试说新语"。
② 林辰：《鲁迅传》，福建人民出版社2004年，第82页。

打破。鲁迅对此时故乡的疏离，并不仅是其个人精神品格与故乡之间的不相兼容，而是具有时代之背景。具有独立思想的鲁迅走出了故乡的围域，走向开阔的世界。

三、离乡之后的"归乡"

故乡这个词常常与强烈的思想感情相联，主要是怀念和渴望。当一个人离开故乡越远，往往故乡在信中的感受就更加清晰与凸显。

鲁迅到达北京后的第一件事是和故乡密切相连的。1912 年 5 月 5 日，鲁迅在日记中记录："夜至山会邑馆访许铭伯先生，得《越中先贤祠墓》一册。"这是鲁迅来京第一晚的活动记录。1912 年 5 月 13 日日记载："十三日午阅报载绍兴于十日兵乱，十一犹未平。不测诚妄，愁绝，欲发电询之，终不果行。""十四日晨以快信寄二弟，询越事诚妄。"绍兴兵乱，鲁迅因家人在绍，心急如焚。1912 年 9 月 25 日，"二十五日阴历中秋也。下午钱稻孙来。收二十日《民兴日报》一分。晚铭伯、季市招饮，谈至十时返室，见圆月寒光胶然，如故乡焉，未知吾家仍以月饼祀之不。"11 月 8 日"又购一小白泥炉，炽炭少许置室中，时时看之，颇忘旅人之苦。"12 月 31 日，"三十一日晚铭伯招饮，季市及俞毓吴在坐，肴质而旨，有乡味也，谈良久归。"1913 年 4 月 19 日日记载："上午钱允斌来，名聘真，旧杭州师范博物科学生。"1913 年 5 月 12 日，商契衡来，并偕旧第五中校生三人，均为鲁迅在居乡时执教之学生。此时，鲁迅居京，依旧以"旅人"自居。他与绍兴关系密切，主要通过家人书信往来，同时收览家乡报纸，了解绍兴乡情，并积极与同乡人接触，保持乡谊关系。

1913年6月17日，鲁迅日记记载"作归计，（中略）拟持归者也。"此次返籍前后共五十三天，8月7日返京。此次回绍兴，鲁迅会见故人，并与故人同游成章女学校、兰亭、禹陵、第五中学校，出故书肆、以清旧款，往绍兴教育会。在踏向归途的7月27日的日记中有明确的记载。"下午乘舟向西兴。以子身居孤舟中，颇有寂寥之感。"1916年12月9日，鲁迅在写于许季裳的信中道："季市君足下：别后于四日到上海，七日晨抵越中，途中尚平安。虽于所见事状，时不惬意，然兴会最佳者，乃在将到未到时也。故乡景物颇无异于四年前，臧否不知所云。"1918年10月29日，鲁迅作《绍兴镜跋》（未发表）。

故乡的空间，是相对于生活的地理空间，正因为是远离故乡的空间，所以对故乡有了更多的追忆与偏爱。在此阶段，鲁迅在1913年3月19日日记载："又《赵似升长生册》一部二册，二角，此书本无足观，以是越人所作，聊复存之。"1918年7月29日，在《吕超墓出土吴郡郑蔓镜考》中写道："余以此竟出于故乡，铭文又不常见，长夏索居，辄加审释中华民国七年七月廿九日记。"鲁迅此时似私藏有对越人越地之偏爱。

然而，任何故乡，都是为离去而设的，其内心的故乡离去感日益增强，鲁迅对故乡爱的意识更趋复杂。爱的另一面在其离开故乡之后并未消失，阴暗面却时时触及其内心柔软处。1912年7月19日鲁迅于日记中记录："十九日晨得二弟信，十二日绍兴发，云范爱农以十日水死。悲夫悲夫，君子无终，越之不幸也，于是何几仲辈为群大蠹。"7月22日，"夜作均言三章，哀范君也，其中有云：'故里寒云恶，炎天凛夜长。独沈清冷水，能否海愁肠？'"至1912年8月7日，见北京报载初五日电云，绍兴分府卫兵毁越铎报馆。

这时的故乡，在鲁迅的潜意识里是否已经划下了深深的一笔黑色？

四、断去故乡的脐带

　　鲁迅于 1919 年做出了一个巨大的决定——举家北迁。1919 年 1 月 16 日，鲁迅在给许寿裳的信中表达自己的离乡之意，并且态度坚定。信中说："明年，在绍之屋为族人所迫，必须卖去，便拟挈眷居于北京，不复有越人安越之想。"并发出了"而近来与绍兴之感情亦日恶，殊不自至［知］其何故也"的感叹。2 月，鲁迅因族人将绍兴新台门宅卖去，故拟举家北迁。1919 年 11 月 1 日启程回乡，29 日返京，共二十九天。此次返乡，鲁迅将父亲周凤仪、四弟椿寿及幼妹端姑之墓从南门外龟头山移消摇楼。"二十四日晴。下午以舟二艘奉母借三弟及眷属携行李发绍兴，蒋玉田叔来送。夜灯笼焚，以手按灭之，伤指。"十指连心，此处日记不经意的一笔记录，却让人感触颇多，这种与家乡的离别，预示着一种告别。至此，鲁迅脱离开了家乡，正式进入都市的生活，他脱离了传统的民间社会，也割去了传统的地缘之根。1921 年 2 月 8 日"八日晴。春节休假。上午寄新青年社说稿一篇。"此为《故乡》，后收入《呐喊》。他将记忆囊匣中最美的瑰宝融合为文字，作了一个完整的交待，而后，关于故乡的记忆就如同剑入宝匣之中，一直等待着呼唤为之再打开。1922 年 12 月 3 日，鲁迅在《呐喊》的序中写道"所谓回忆者，虽说可以使人欢欣，有时也不免使人寂寞，使精神的丝缕还牵着已逝的寂寞的时光，"① 直至 1925 年的元旦前后，在一种

---

① 鲁迅：《呐喊·自序》，《鲁迅全集》第 1 卷，第 437 页。

沉默和无望的日子里，鲁迅陷入了深深的回忆中。1925 年的 1 月 24 日正是农历新年。在这欢庆团圆年之际，鲁迅写下《野草》中的几篇文章。无论回忆的是江南还是故乡，是雪还是逝去的春天，这个农历新年的元旦，鲁迅在远方怀念着某一个有着逝去儿时的回忆，却是真实的存在，这是远方思乡者的梦境。而在梦境之外，1925 年 12 月 29 日，在《论"费厄泼赖"应该缓行》一文里，鲁迅写道："所以秋瑾的故乡也还是那样的故乡，年复一年，丝毫没有长进。"这里既是秋瑾的故乡，亦是鲁迅的故乡。

1926—1927 年，鲁迅南下，仿佛是一个流寓者。许寿裳先生在《亡友鲁迅印象记》中回忆道："自去年秋，出北京，中经厦门，广州，至此仅一年，他的生活是不安的，遭遇是创痛的。"然而，正是在这个阶段"回忆在心里出土了，写了十篇《朝花夕拾》"。这是从记忆中抄出的十篇，是对故乡最美的反哺。1927 年 5 月 1 日，鲁迅在《朝花夕拾》的小引中写道："我有一时，曾经屡次忆起儿时在故乡所吃的蔬果：菱角，罗汉豆，茭白，香瓜。凡这些，都是极其鲜美可口的；都曾是使我思乡的蛊惑。后来，我在久别之后尝到了，也不过如此；惟独在记忆上，还有旧来的意味留存。他们也许要哄骗我一生，使我时时反顾。"[1] 同时期他还写出了《铸剑》。《铸剑》取材上返回故乡越地，表现了与《朝花夕拾》相同的精神指向。"在对故乡的时时反顾中，鲁迅并不仅仅是获得了一种精神性的抚慰与安宁，更重要的是他从这一精神家园中寻求到抵抗

---

[1] 鲁迅：《朝花夕拾·小引》，《鲁迅全集》第 2 卷，第 236 页。

黑暗的精神资源与力量，从而支撑他走出绝望，迎来新生。"① 这种富有感情的回忆，是真诚的，是对于怀旧叙事的自觉反思。"正是由这不可排解的'失落感'，形成了现代散文的'寻找'模式——寻找失去了的过去，寻找一去不返的童年，寻找不复重复的旧梦。"② 然而存于记忆中的故乡一旦回望，也就在回味中消失。他在1927年5月15日致章廷谦信中表明："我也不想回浙，但未定到那里去。"1927年10月，鲁迅最后定居于上海。同年12月19日，他在致邵文熔信中云："离乡一久，并故乡亦不易归矣。"直到1928年7月，鲁迅、许广平在许钦文陪伴下游杭州，许钦文在回忆录中说："预定一年以后，鲁迅先生和景宋都再来杭州。决定在秋天来，凉爽点，而且也一道到绍兴去，在稽山鉴水之间看看乌桕的红叶。"③

　　然而，1928年9月，国民党浙江省党务指导委员会以"言论乖谬，存心反动"等罪名，查禁《语丝》等书刊十五种。国民党浙江省党部于1930年呈请中央，下达了对所谓"堕落反动"文人鲁迅的通缉令。鲁迅曾以笔名解嘲此事。但这件事给鲁迅带来了相当灰暗且深刻的影响。"为了这一纸文书，使先生从此自弃于故乡，也使故乡负斥逐先生之恶名。"④ 他写给曹聚仁的信"倘能暂时居乡，本为夙愿；但他乡不熟悉，故乡又不能归去"⑤（信中说及前数年拿

---

① 王晓初：《"思想的蛊惑"：〈朝花夕拾〉》及其他——论鲁迅的"第二次绝望"与思想的发展》，《学术月刊》2008年第12期。

② 钱理群：《乡市风声》，复旦大学出版社，2005年，第3页。

③《鲁迅生平史料汇编》第2辑，第477页。

④ 许广平：《欣慰的纪念》，《鲁迅回忆录》，北京出版社，1997年，第361页。

⑤ 鲁迅：《书信附录一8致曹聚仁》，《鲁迅全集》第14卷，第411页。

卢布之事，当在 1932 年后一两年，或应为 1934 年）。后来，1934年 4 月 13 日，鲁迅在致母亲信中提及："（许广平）多年想看看南镇及禹陵，今年亦因香市时适值天冷且雨，竟不能去"。1935 年 8月 1 日，晚得绍兴修志委员会信，此后在绍兴县志第一辑第十六册"人物列传"中收有《周树人》一篇，结尾注称："采访，据自叙传略。"鲁迅与绍兴的关系因为乡土而始终存在着，并且被历史所记录。在此之后，鲁迅写出了《我的第一个师父》和《女吊》两篇经典的回忆之作。在《我的第一个师父》中，鲁迅回忆前几年回北京看望母亲，"母亲还给了我婴儿时代的银筛，是那时的惟一记念。"[①]身在上海的鲁迅，故乡虽然咫尺之遥，却不再有真实的记忆环境了，鲁迅关于故乡的记忆是越来越少了。

结语

从离开故乡到寄托故乡情感于会稽，最后故乡消解于文字的回想中，这种情感是微妙复杂的。其中包含了永恒的回忆、文化的血脉、报乡之愿望，亦有真实存在的疏离感。其中故乡在鲁迅的笔下既是素材，又是文化符号，更是汉民族的寓言。正如许多鲁迅研究者都注意到的，"经过虚构以后的鲁迅故乡，已经不再是绍兴或鲁镇这个具体地方，而是中国古村社会的一个缩影了"[②]。然而，外在的情感变化中亦有不变的东西，鲁迅的落款留印始终以"会稽"为

① 鲁迅：《且介亭杂文末编·我的第一个师父》，《鲁迅全集》第 6 卷，人民文学出版社 2005 年，第 597 页。

② ［美］李欧梵：《铁屋中的呐喊》，尹慧珉译，岳麓书社，1999 年，第 67 页。

精神标志。

从最初的 1901 年正月二十九日，鲁迅在手稿《重订〈徐霞客游记〉目录及跋》中落款"稽山戛剑生挑灯志"，同年在《祭书神文》中云："会稽戛剑生等谨以寒泉冷华，祀书神长恩"，到从日本寄回照片上题"会稽山下之平民，日出国中之游子"，鲁迅均把自己定义为会稽人，并是一个"游子"的身份。1906 年《中国矿产志》初版封面上署"江宁顾琅会稽周树人合纂"。在东京版《域外小说集》扉页右上角印有两行文字：《域外小说集》第一（二）册，会稽周氏兄弟纂译。1914 年鲁迅捐刻《百喻经》，在尾版处刻有"会稽周树人施银洋六十元，敬刻此。"1915 年 9 月 8 日，陈师曾刻印收藏印成，文六，曰"会稽周氏收藏"。1916 年三月鲁迅收到杜兆霖的《蜕龛印存》，于改写稿署名"会稽周树"以归。落款留印这种深刻的文化传统说明了鲁迅在精神文化中是以会稽为自己的身份认同。直至 1934 年 11 月 29 日，鲁迅作《河南卢氏曹先生教泽碑文》文后落款依旧为"会稽后学鲁迅谨撰"，1935 年 4 月 22 日《镰田诚一墓记》中亦是"会稽鲁迅撰"。由此可见，虽然落款姓名已变化，但是会稽作为鲁迅的精神家园，却成为一个永恒的符号。

至此，关于文前郁达夫和冯雪峰对鲁迅的故乡感情的两种不同观点，可以做如下阐释。鲁迅对故乡情感的复杂性，不是爱与不爱的对立，而是精神谱系的多维延伸。鲁迅出生的地理位置在绍兴，这是其地理坐标。故乡的人文地理、文化传统对鲁迅耳濡目染、长期浸薰，是地域性、血缘性的，随着人生的经历和时代的变迁，血缘和地缘关系易于疏远和断裂，使得鲁迅越来越少地怀念地理空间意义上的故乡了，这种桑梓的情思由初始的浓烈逐渐转为最后阶段的稀薄记忆，所以有鲁迅对故乡没有"依依不舍的怀恋"的判断。

而其远溯的精神故园，却在逐步的沉淀、生发，熔铸出新的生命力，形成其思想创新之归属，尤其是在东西方文明交汇的语境中反而更加鲜明地凸显出来。会稽也因为有了鲁迅的精神结构，而不复为古代传说中的会稽，从此有了独特的现代意味。

鲁迅、刘亮程、刘慈欣在"故乡"层面的异时空对话

张永辉（中华女子学院文化传播学院）

一、作品间的对话性与当代性

不同时空的作家可以凭作品对话。从"人类"角度看所有作家的作品，都是"一"部作品；这"一"大作，由不同时代、不同地域、不同种族民族、不同性别的作家共同完成，或者说只要人类在延续，它就永远处于未完成中。这"一"作品的不同部分，意义总会相关，或相依，相异，相对比，相补充，或者互为依据，互为背景。

另一种更直接的情况是作家之间的相互学习、模仿、戏仿，就像刘慈欣对阿瑟·克拉克的模仿、卡夫卡对狄更斯的模仿，或者鲁迅的《幸福的家庭》对许钦文《幸福的家庭》的戏仿。这种相互间的学习、模仿、戏仿使这些作品成为意义共同体或相关体。不同作品关涉相似问题和意义，它们间的"对话性"随即产生。一切历史都是当代史，一切作品都是当代作品。作品的相似性和当代性就是

跨时空作品间对话的基础。

故乡书写是文学创作的恒久主题。故乡是子宫、襁褓、摇篮，是乐园、温柔乡、避风塘，是生而为人的根据地，是开疆拓土的基地，也是休养生息之所。从故乡视角考察鲁迅的《一件小事》、刘亮程的《对一朵花微笑》、刘慈欣的《带上她的眼睛》，可以发现他们在相似问题和意义上的对话。

二、"故乡"的三个层面

我们心灵中那个叫"故乡"的部分最早与童年相关，童年也是我们的故乡。"故乡"的"故"最早该指童年，这是时间；"故乡"的"乡"指环境，是空间。故乡是我们身体与精神的内涵与外延，我们归属于故乡，与故乡成为一个整体。故人、故事、故园是故乡的有机组成部分。

故乡应是善意的，异乡或带敌意。故乡常与温暖相连，与诗情画意相连。故乡像一幅铺在地上的画，或一幅挂起来的画；人在故乡中，如在画中行；或人在异乡中，画在随我行。故乡的善意与美丽融合在一起，善即美，美也善。

因为归属于故乡，所以我们偏爱故乡；故乡是我们的家园，我们是故乡的代表。月是故乡明，水是故乡甜，味是故乡好。说到趣味无争辩，说到故乡也无法争辩。"三年此夕无月光，明月多应在故乡"（丘逢甲）；"神心降福处，应在故乡多"（皇甫冉）。明月多在故乡，福气多在故乡，爱乡之情，其心可鉴。童年的印象根深蒂固，就像字刻在石上；而老年的印象浮光掠影，如同字写在沙上。月是故乡明，那是童年视角；味是故乡好，那个"味"是儿童鲜嫩敏感的味蕾体验后的产物。童年如白纸，故乡如笔墨；故乡气濡染童年，如笔墨气初上白纸。

在隐喻意义上，母亲是我们的第一故乡。所以文人墨客写到故乡常常写到母亲。儿童略觉不安，常常扑到母亲怀里；母亲是避风港，是庇护所，是食物源泉，也是爱的源泉。所以一个宽容有爱的母亲对孩子是一种福佑。上帝是教徒的故乡，母亲是孩子的故乡。扩而展之，我们把父母兄弟姊妹叔伯等亲人和邻人、乡人、儿时伙伴等一概视为第一故乡。第一故乡是人文故乡，故乡人是核心。

第二故乡是自然故乡，大自然是核心。这个大自然总体上是善意的，蓝天碧水和鲜花绿草，日落月升与鸟鸣微风……第二故乡不管是高山平原，还是丘陵沙漠，最起码的条件是我们可以在其中生存下来。生命离不开水，"大海就是我故乡"带有生命起源意义的认同。我们指认自己是大海之子、大河之子；山之子、水之子……指认自己与十二种动物相关，说自己是狮象豹鹰、狼熊鱼鸽。我们指认大自然就是我们的母亲，第二个母亲，我们的第二故乡。

农业社会的第一故乡、第二故乡基本上是一个整体，是不可分离的；母亲与大自然联属一体。工业社会的第一故乡、第二故乡就不得不分离。母亲仍然是工业社会中人类的第一故乡，但工业社会不得不与大自然拉开距离，甚至以破坏大自然作为自己的存在前提。所以工业社会的思乡常常表现为思念第二故乡：大自然。信息社会的人口流动、先进通讯技术、高速交通技术、数字化、网络化等因素进一步破坏了故乡审美中的时空距离。没有时间的沉淀，故乡无法完成自己；没有空间的拉长，故乡无法显现自己。

不管是主动离开故乡，还是被动离开故乡，从"离开"那一刹那起，我们就开始流浪之旅。是流浪，也是旅行。被动离开故乡，带有流浪性质，身若浮萍，命若风筝，漂泊无依；主动离开故乡，带有旅行性质，是探索之旅，开拓之旅，也许带有殖民性、侵略性，或者援助性、友善性。思乡，是流浪之旅常常温习的功课。"若为化得身千亿，散上峰头望故乡"（柳宗元）；"瘦马恋秋草，征人思故乡"（刘长卿）。返乡，是流浪之旅在某些特定时刻的选择。或者"仕宦而至将相，富贵而归故乡"（欧阳修）；或者"大风起兮云飞扬，威加海内兮归故乡"（刘邦）；或者"少年随将讨河湟，头白时清返故乡"（张乔）。

如果无法返乡，无异于人生悲剧和心理悲剧。无法返乡，也许因为客观原因，也许因为主观否定故乡、弃置故乡。如前所述，"故乡"是从儿时起，内生于我们身体与心灵的一部分；如果我们离开故乡，或者故乡被否定，被弃置，无异于从我们身体与心灵里撕下一大块，会在我们身体与心灵里造成一个"空洞"，无底洞。为了补上这个空洞、无底洞，保持生命的完整性，我们倾向于寻找第三故乡，或创构第三故乡。

第三故乡可以是他乡，日久他乡即故乡；也可以是志同道合的人群即同道同志；可以是某种热爱的职业，某种甘愿献身的事业；同样也可以是民族、国家、文化、宗教或信仰。寻找或建立第三故乡的第一步是试图寻求它与第一故乡、第二故乡的同质性。同声相应，同气相求。这种同质性自然是善意的、友好的、利于生存的。人性恶论者大约无法找到自己的第三故乡，因为人性恶，人不可信，他人就是地狱。人性恶论者都是孤独的，他们无法与他人建立联结，他们自处于他人之外。人性恶论者是一种悲剧性的存在。一旦寻找或建立了善意之区、美丽之地，我们就渴望与之联结，联属一体，从而建立归属感、整体感，小我融于大我，个体找到故乡。有故乡，则心安；无故乡，心无所依。

综上所诉，第一故乡是人文故乡，故乡人是主要承载者，母亲常常是源头；第二故乡是童年时的自然环境，大自然是主要承载者；第三故乡是成年人更广阔精神世界的承载处，可以是职业、事业、工作岗位、居住环境，也可以是更为抽象的愿景、志向、精神追求、思想信仰、民族追求、人类关怀等，可以简称为精神故乡。

农业社会活动范围不超过百里的农民，其第一、第二、第三故乡大体重合，这是他们有限的活动范围决定的。传统社会的读书人，学而优则仕，学成文武艺，货与帝王家。其第三故乡往往是建功立业，功成名就；立德立功立言三不朽；格物致知，诚意正心，齐家治国平天下。现代社会的知识分子，有"心事"具体只关注自身工作岗位的，有"心事"浩茫连广宇、于无声处听惊雷的。心事具体确实的，其第三故乡创构于其知识岗位上；心事浩茫的，其第三故乡可以超越一己之事业，延伸到社会、世界、广宇。

这三个故乡，都具有客观性，即有物质基础；也都有主观性。孪生兄弟可能对父母、亲人、故乡人有趋于两极的主观感受；同样的大自然环境会在不同人心中落下截然不同的印迹；成年人的精神世界更是千差万别，同事、邻居间可能相差千里万里。三个故乡的面貌也会随着我们的年龄增长、思想变化、社会变迁、自然流转而有所变化。

每个人都生于故乡中，长于故乡中，也渴望死于故乡中；所谓叶落归根，人老归乡。没有故乡就没有根。第一故乡的人文性，第二故乡的自然性，都带有先天性，个人无法选择；而第三故乡带有后天性、创构性、选择性和精神性。

人类永远在恋乡、离乡、思乡、返乡、寻乡、创构故乡的路上，床前永远有一片故乡的月光。

三、《一件小事》《无题》与"无穷的远方，无数的人们"即第三故乡的建立

鲁迅的《一件小事》这样开头："我从乡下跑进京城里，一转眼已经六年了。其间耳闻目睹的所谓国家大事，算起来也很不少；但在我心里，都不留什么痕迹，倘要我寻出这些事的影响来说，便只是增长了我的坏脾气——老实说，便是教我一天比一天的看不起人。"

《一件小事》中的"我"大体可以看作鲁迅。这个"我"与《狂人日记》中的狂人一样，把所有人都看作"吃人者"，包括狂人自己在内。所以狂人与"我"不信任人，一定程度上可以视为人性恶论者。"我"跑进京城六年，增长了"看不起人"的坏脾气。为什么"看不起人"？因为"其间耳闻目睹的所谓国家大事"。哪些"国家大事"？有什么具体影响？鲁迅在《自选集》自序中说过："见过辛亥革命，见过二次革命，见过袁世凯称帝，张勋复辟，看来看去，就看得怀疑起来，于是失望，颓唐得很了。"但是，人力车夫救助老女人的这件小事，使"怀疑、失望、颓唐、看不起人"的"我"感到震撼。这"一件小事"动摇了鲁迅的人性观、群众观、社会观。他从人力车夫的行为中看到了人性善的曙光，看到了平凡群众的价值，看到了社会得救的希望，也是自己得救的契机。

《一件小事》背后的心路历程略显曲折。鲁迅的童年世界即其第一故乡、第二故乡，是由慈母、兄弟、三味书屋、百草园、五猖

会、阿长、《山海经》、少年闰土、社戏等元素构成的。在鲁迅祖父入狱、父亲生病之前，这个第一故乡、第二故乡基本上是个美好世界，是衣食无忧、备受尊敬的地主少爷的美好童年。从祖父入狱、父亲生病之后，鲁迅的第一故乡一下子垮塌了。鲁迅自述几乎有四年多，几乎每天出入于当铺和药店。药店的柜台和他一样高，当铺的柜台比他高一倍，他从比他高一倍的柜台上送去衣服和首饰，"在侮蔑里接了钱"，再到药店给父亲买药。从小康人家坠入困顿的途中，鲁迅看见了"世人的真面目"，其实是看到了其故乡人的真面目："势利脸"。"我要到 N 进 K 学堂去了，仿佛是想走异路，逃异地，去寻求别样的人们。"第一故乡从一个善意友好世界一变而为一个恶意敌对世界，这给少年鲁迅极大震惊。"走异路，逃异地，去寻别样的人们"，这其实是寻找"第三故乡"的过程。直至彻底离开老年闰土、鲁四老爷、祥林嫂、柳妈、豆腐西施杨二嫂的"故乡"，鲁迅彻底走上了创构第三故乡的道路。"只有坚定地跨进事情的对立面，有些事情才能达到。人们不得不走向远方，去寻找已经离开的故乡。"[①]

鲁迅在寻找、创构第三故乡的途中，首先需要建立对他人的信任，而这信任的前提在于发现他人的善意。如果他人都是"吃人者"，都是地狱，那么人与人之间就无法互信，就无法联为一体；那么每个人都是孤独的个体，含有恶意的个体，大家就像沙子一样无法联属一体，无法形成"人国"。人性恶的世界里必须生长出人性善的花朵，人性恶的力量才会有所减弱，人性善的力量才会有所

① 《卡夫卡全集》第四卷，叶廷芳主编，黎奇、赵登荣译，中央编译出版社，2015 年，第 410 页。

增强，人与人的互信才会建立，自我的整体感、一体感才会获得，第三故乡的世界才会建构起来。人力车夫的行为让"我"感到惭愧，他以善举促使"我"由"看不起人"转变为看得起人，尤其是看得起普通人、群众。那个"任个人而排众数"的鲁迅终于认识到"众数"的价值。认可"众数"的善意和价值，鲁迅才得以在精神层面与群体建立连接，这"别样的人们"就是鲁迅的第三故乡。

《一件小事》写于 1919 年，事件发生于 1917 年冬天。如果仅仅把本篇当作虚构类作品，似乎不足以说明鲁迅的思想转变，那么《热风》中的《无题》（1922 年）堪称《一件小事》的非虚构版本①。《无题》中的故事更加微小。鲁迅在一个制糖公司买面包，公司伙计用手指搔开罩住鲁迅所未买的部分，怕被偷，鲁迅觉得受了侮辱，说："不必的，我决不至于多拿一个……"鲁迅预料公司伙计会"强辩"，谁料他"赶紧掣回手去，于是惭愧了"，"于是我也惭愧了"。惭愧是人性觉醒的独特标志；低等动物不会惭愧，低等动物永远无愧。鲁迅反省自己："这种惭愧，往往成为我的怀疑人类的头上的一滴冷水，这于我是有损的。"虽然这对那个怀疑人类的鲁迅有损，但却对那个认同人类而建立起第三故乡的鲁迅有益。"看几页托尔斯泰的书，渐渐觉得我的周围，又远远地包着人类的希望。"

鲁迅第三故乡的建立是一个漫长的过程。如果说从他少年逃离故乡开始，那么直到他 1936 年去世前，这一工作依然在进行。1936 年的一天晚上，病中鲁迅想让许广平开灯，他想"看来看去的看一下"，因为"这也是生活"；但"她没有懂得我的话"，没有

---

① 鲁迅：《鲁迅全集》第一卷，人民文学出版社，2005 年，第 405—406 页。

开灯：

"街灯的光穿窗而入，屋子里显出微明，我大略一看，熟识的墙壁，壁端的棱线，熟识的书堆，堆边的未订的画集，外面的进行着的夜，无穷的远方，无数的人们，都和我有关。我存在着，我在生活，我将生活下去，我开始觉得自己更切实了，我有动作的欲望……"①

这"无穷的远方，无数的人们，都和我有关"，确切无疑地证明着鲁迅与他身外的世界建立起了血肉相连的归属感，他的的确确把他身外的世界建构成了他的第三故乡。鲁迅身外的世界是一个广大的世界，鲁迅的第三故乡也是广大的。

四、《对一朵花微笑》里第二故乡的
建立与第三故乡的可能

刘亮程的《对一朵花微笑》，完全围绕第二故乡即大自然展开。"我一回头，身后的草全开花了。一大片。好像谁说了一个笑话，把一滩草惹笑了。"面对微风中的一片花朵，有的半掩芳唇，忍俊不禁，有的哈哈大笑，前仰后合，有的笑声吟吟，有的扭头掩面……"我禁不住也笑了起来。先是微笑，继而哈哈大笑。"

"我"的这次微笑、哈哈大笑有其特殊意义："这是我第一次在荒野中，一个人笑出声来。"若以实际意思来看，这"荒野"该是新疆黄沙梁附近的荒野，当然也可以从隐喻意思来解。刘亮程在《我改变的事物》里表示出对"野地""荒野"的特殊偏好：

---

① 鲁迅：《鲁迅全集》第六卷，人民文学出版社 2005 年版，第 624 页。

"我年轻力盛的那些年，常常扛一把铁锨，像个无事的人，在村外的野地上闲转。我不喜欢在路上溜达，那个时候每条路都有一个明确去处，而我是个毫无目的的人，不希望路把我带到我不情愿的地方。我喜欢一个人在荒野上转悠，看哪不顺眼了，就挖两锨。那片荒野不是谁的，许多草还没有名字，胡乱地长着。"

"荒野"在此意味着原生态，无名无主、自由无限制、无方向无目的，是一种块状存在，向四面八方蔓延，就像平地上一摊水的漫漶。《对一朵花微笑》里的荒野是纯粹的荒野，枯黄是它的典型颜色，枯萎多年的荒草是它的典型事物。而那个对荒野有偏好的"我"是这种样子：少有笑容的脸，无精打采的行走，太严肃、过于呆板的脸，一个劳忙半世的人，一个渴望出人头地的人。这是一个对生存的痛苦与贫瘠感到麻木、迟钝的人，一个被"荒野"的"荒"压得喘不过气来的人，一个被压得弯着腰的人……他没有闲心，他在荒野里看不到美与善，他被埋在荒野里的枯萎多年的草里出不来。

但是突然之间，一片花开击中了他，更严格地说是"一个人脑中的奇怪想法"逗笑了花，逗笑了自己。微笑是因为已经解除了面对荒野的紧张，哈哈大笑是因为已经彻底放松；一个被荒野俘虏的人就这样瞬间解除了荒野对自己的五花大绑，他瞬间获得自由，他瞬间获得超越荒野的力量。就在他微笑并哈哈大笑的瞬间，荒野从他的对立物转化为他的一部分。这个原本是敌意的、荒凉的不具备第二故乡性质的荒野，转瞬间化为他的第二故乡，有了些微的善意和美，他找到了他与荒野的连接点——脑中的奇怪想法与一片花枝乱颤。荒野的自我与我的自我在这样的连接点上联属为一个整体。荒野接受了我，我也接受了荒野。一个奇想、一朵花、一片绿叶、一片青草，成为连接我与荒野、我与世界的纽带。所以，"我"有这样的领悟：

"以后我觉得，我成了荒野中的一个。真正进入一片荒野其实不容易，荒野旷敞着，这个巨大的门让你努力进入时不经意已经走出来，成为外面人。它的细部永远对你紧闭着。"

当我真正接纳荒野、甚至吞噬荒野之后，我真正是走进去了，走进了更广阔、更粗糙也更美丽的大自然；也真正是走出来了，因为走进更广大的世界而自我感觉走出了一个更狭小的物质世界。自然，对荒野的接纳、吞噬、连接也可能遮蔽荒野的细部，也可能对荒野产生误读、误解、误看、误听。这是没有办法的事情，一种选择必然会排除其他选择，就像一条路无论怎样曲折，总是线性，总是通向两个方向。荒野的块状不复存在，荒野的自由、无主、无名等也不复存在，因为它在我这里获得了一个确切的意义。这个有着一片鲜花、一片青草的荒野成为了刘亮程的第二故乡，对于习惯于以隐喻说话的作者来说，这也可以看作他对第三故乡的隐喻。新疆黄沙梁这个贫瘠荒芜的地方大约无法承载刘亮程的第三故乡。他的第三故乡里有一朵花的存在，有一群花的存在，有美和更美的事物存在。这个第三故乡可以是"文学世界"，也可以是一个更实指的身外世界、广大世界。

对于新疆这个荒僻的村庄和周围的荒野而言，刘亮程像个"闲锤子"；他是这个村庄、这片荒野的观察者、进入者、记录者。进入这片荒野着实不容易，进去了，他就有了第二故乡；进去了也就意味着出来了，出来走向他的第三故乡。

五、《带上她的眼睛》中第二故乡的两种形态

以更贴近小说现实情境的写法，这篇小说的题目应该写做"带上她的眼镜"。小说中的我与她是靠着中微子眼镜所发射的超高频信息波，在地面与地心之间传递视听味触等感觉的。

我是航天个人装备工程师，她是落日六号地航飞船上的领航员，大约刚刚大学毕业；我在两个月连续工作后去做短暂旅行，她被永远封闭在地心中失事的落日六号控制仓里；在塔克拉玛干草原，一副中微子眼镜把我与她的世界连在一起。

在我的眼里，这是一个糟糕的世界，一个可恶的时代。多数人们过着灰色的生活，在一个毫无诗意的世界上；人们都是时间上的穷光蛋，在一个闪电变幻疯狂追逐的时代，因为得到过于容易，人们根本不珍惜自己的生活。甚至最难寻觅的爱情，也可以在虚拟现实网上暂时得到。"所以人们不再珍视什么了，面对着一大堆伸手可得的水果，他们把拿起的每一个咬一口就扔掉。"

但她的面前没有这些"水果"。

她所在的距离地面六千八百公里的地心，温度高达五千度，"压力可以把碳在一秒钟内变成金刚石的液态铁镍"。落日六号的控制仓等于是处在一个巨大的炼钢炉里。地质工程师因为受不了巨大的心理压力，睡梦中迷迷糊糊醒来拉开了四道绝热门中的一道，瞬间涌入的热浪立刻把他烧成了一段木炭。"指令长在一个密封舱飞快地关上了绝热门，避免了'落日六号'的彻底毁灭。他自己被严重烧伤，在写完最后一页航行日志后死去了。""从那以后，在这个星球的最深处，在'落日六号'上，只剩下她一个人了。"

"'落日六号'的中子材料外壳足以抵抗地心的巨大压力，而飞船上的生命循环系统还可以运行五十至八十年，她将在这不到十平方米的地心世界里度过自己的余生。"

　　本篇中的我与她基本不涉及第一故乡的信息，第二故乡是关注重点。在热得像地狱的控制仓里，当接收到来自塔克拉玛干草原的信息：野花、溪水、白云、微风、落日、月下草原、鸟鸣……她把这个地面上的世界称作天国，对这些自然风景的感受，就是天国的感受。而我感受中的这个世界是灰色的、平凡的、浮躁的、疯狂的……两者对同一世界的感受有天壤之别。在我眼中的平凡事物，在她眼中气象万千：

　　"这世界能给人多少感觉啊！谁要能说清这些感觉，就如同说清大雷雨有多少雨点一样。看天边那大团的白云，银白银白的，我这时觉得它们好像是固态的，像发光玉石构成的高山。下面的草原，这时倒像是气态的，好像所有的绿草都飞离了大地，成了一片绿色的云海。看！当那片云遮住太阳又飘开时，草原上光和影的变幻是多么气势磅礴啊！"

　　在热得像地狱的控制仓里，她复活了我对第二故乡大自然的鲜活感受。"在过去的一天一夜里，她教会了我某种东西，一种说不清的东西，像月夜中草原上的光影一样朦胧，由于它，以后我眼中的世界与以前会有些不同的。"从塔克拉玛干草原回来后，我的世界的确与以前有所不同，因为有一颗意识种子留了下来，在我孤独寂寞的精神沙漠里长出了星星点点的嫩绿，并逐渐弥漫开来。晚风、鸟鸣、夜幕垂挂下来，已经能够引起我的注意。大自然的美逐渐呈现在我的感受世界里，我的第二故乡逐渐复活，它也必然会给我的现实生活带来变化和活力。

视第二故乡为天国的她，经此草原之"行"后，生活也起了一些变化。

"……你们发来的最后一份补充建议已经收到，今后，我会按照整个研究计划努力工作的。将来，可能是几代人以后吧，也许会有地心飞船找到'落日六号'并同它对接，有人会再次进入这里，但愿那时我留下的资料会有用。请你们放心，我会在这里安排好自己生活的。我现在已适应这里，不再觉得狭窄和封闭了，整个世界都围着我呀，我闭上眼睛就能看见上面的大草原，还可以清楚地看见每一朵我起了名字的小花呢。再见。"

我的第二故乡在现实世界复活，她的第二故乡在想象世界复活。她的现实世界在地心不足十平米的控制仓里，我的现实世界是城市里小职员的灰色生活。她的控制仓就是我所在的城市，她的禁锢与封闭就是我的禁锢与封闭。她的第三故乡是那个不足十平米的控制仓，我的第三故乡是一个灰色的城市；是大自然，人类的第二故乡，给我们注入了美丽与鲜活，勇气和希望。小说里的她有着"最轻柔"的声音："我想象着这声音从外太空飘来，像一阵微风吹过轨道上那些庞大粗陋的钢结构，使它们立刻变得像橡皮泥一样软。"人类对大自然的感受也需要一颗最轻柔的心。

小说的题目用"带上她的眼镜"是可以的，但是，不能传达在地心不足十平米的控制仓里，她以"眼睛"凝望地面世界的深意与诗意。带上她的"眼睛"，才可以看见被司空见惯所遮蔽的第二故乡。第二故乡的再发现，新发现，也是人类精神世界新能源的发现，借着天国、第二故乡的灌顶与加持，人类重新复苏面对世界与宇宙的勇气。

六、重建与世界的联结即重整自我、重回故乡

《一件小事》中的我，借着人力车夫的一点善意，重新建立对人性的信任；《对一朵花微笑》中的我，因为一个奇怪的想法、一朵花，重塑自己与荒野的关系；《带上她的眼睛》里的我，透过一个特别女孩的眼睛，重新整合自己对城市生活的感受。在重建、重塑、重整之前，三个"我"的面前，都是一个可疑而恶意的世界。

家道破落的少年鲁迅被第一故乡的势利脸们抛弃的时候，少年鲁迅也抛弃了生于斯长于斯的第一故乡。那么，在第二故乡大自然那里鲁迅可以获得安慰么？答案是极其有限或者不能。鲁迅在《厦门通信》里曾写道："我对于自然美，自恨并无敏感，所以即使恭逢良辰美景，也不甚感动。但好几天，却忘不掉郑成功的遗迹。离我的住所不远就有一道城墙，据说便是他筑的。一想到除了台湾，这厦门乃是满人入关以后我们中国的最后亡的地方，委实觉得可悲可喜。"鲁迅写雪，写夜，写花，写野草，写好的风景，都有妙笔，证明着他对自然美并非迟钝；但如果说鲁迅重人文风物，轻自然景物，大体是不错的。

鲁迅在《新秋杂识（三）》里有这样的玩笑话："偶然看看文学家的名文，说是秋花为之惨容，大海为之沉默云云，只是愈加感到自己的麻木。我就从来没有见过秋花为了我在悲哀，忽然变了颜色；只要有风，大海是总在呼啸的，不管我爱闹还是爱静。"虽然玩笑归玩笑，貌似不可当真，但据弗洛伊德的理论，玩笑里也有真意，也有真理；否则，玩笑就失去了成为玩笑的依据。还是这一篇文章里，鲁迅写道："科学我学的很浅，只读过一本生物学教科书，

但是，它那些教训，花是植物的生殖机关呀，虫鸣鸟啭，是在求偶呀之类，就完全忘不掉了。"写过《中国地质略论》《人之历史》《科学史教篇》，一生关注科学、提倡科学的鲁迅，其科学知识很可能制约了他对自然事物的想象力、幻想力。

没有第一故乡的支持与牵挂，没有第二故乡的精神小灶与包容熏染，没有中国的社会、文化认同，《一件小事》背后的鲁迅何其孤独。他认为他所面对的就是一个"人吃人"的世界，这是一个极其可疑并饱含恶意的世界。《对一朵花微笑》里的世界，是实际上的荒野、野地，也是隐喻意义上的荒野、野地，满目是枯黄的荒草，荒凉、贫瘠长在了草上，也长在了我的心上；这也是一个极其可疑并饱含恶意的世界。《带上她的眼睛》里的世界，是灰色的、平凡的，"这是一个闪电变幻疯狂追逐的时代，女孩子们都浮躁到了极点"；这不是一个宜居的时代，它的可疑与恶意表现于使人感觉迟钝、心灵麻木。

如果把人的自我区分为"内我"与"外我"，那么内我指人的情绪、感觉、感情、思想、信仰等精神系统，"外我"指人活动其中的环境与时代。人的第一故乡与第二故乡都隶属于人的外我系统。内我与外我建立关联性，内我才觉安稳；内我与外我无法联结，孤独、寂寞、神经质、反社会倾向等是其产物。外我是内我的外延与扩展，内我是外我的内涵与落点。人力车夫的善意、一朵微笑的花、她眼中的世界就是我们与现实世界的联结点，也是三种内我与外我的联结点。一旦内我与外我联结，人的内我与外我即获得信息与心理上的平衡，人的内我变成开放的内我，人的外我获得内我的能量支持。

人的内我是在第一故乡和第二故乡的土壤中生长起来的。把异乡世界、外乡世界故乡化，化为第三故乡，是内我向外我延展的自然思路。第三故乡也是人的外我。鲁迅生前病中所谓的"无穷的远方，无数的人们，都和我有关。我存在着，我在生活，我将生活下去，我开始觉得自己更切实了"，其中"无穷的远方""无数的人们"即鲁迅所建立起来的外我，即第三故乡，即身外世界。正是因为身内世界辽远深邃，身外世界才会通向无穷。内我世界的广度、深度、丰富性与外我世界的广度、深度、丰富性成正比。内我有如天气度，外我即第三故乡，也有如天气度；内我如深林大泽，外我即第三故乡，也如深林大泽。

如果没有刘亮程脑中的一个奇怪想法，他身后的一群花朵就不会笑起来。一小片花朵、一小片青草，相对于荒野显得微不足道，但足以亮人眼目，亮人心目，足以怡情悦性，滋润精神。如果仅有一个奇怪想法，眼睛却没有遇到一群精神抖擞的花朵，一群姿态各异的花朵，一片郁郁葱葱的青草，那么微笑与哈哈大笑就没了根由，没了依据，没了契机。心灵与事物同步共振，内我与外我才有了沟通与融合的资本。靠着奇想与花朵、微笑与大笑，荒野被内我接受为第二故乡，一个包含花朵与荒野的自我被建构起来。荒野的冷酷凶蛮与花草的恣肆鲜丽同时向内我输送营养。刘亮程惯于以隐喻说话，他接纳荒野的方式也可以看作他建构第三故乡的方式。

没有对比就没有发现。《带上她的眼睛》中，把她的眼睛与我的眼睛进行对比，把她的世界与我的世界进行对比，我有了惊人的发现。地心控制仓里的十平米与地面航天中心的城市进行对比；五千度高温环绕、热得像地狱的控制仓，与青山绿水、森林平原唾手可得的地面世界进行对比：一个是地狱，一个是天国。需要追问的是我的内我何以如此迟钝麻木？我的外我——第二故乡与第三故乡——何以如此灰色平凡?

地心中女孩的自白"我现在就像从很深很深的水底冲出来呼吸到空气,我太怕封闭了",其实也是地面上我这个航天个人装备工程师的自白,我陷入灰色生活、平凡事物、浮躁时代的感受中出不来;也是荒野里那个灰头土脸、严肃呆板、没有笑容的刘亮程的自白,我想从荒野里走出来,但是先要走进去,然后才能走出来;也是《一件小事》里那个被国家大事、生活琐事弄得心灰意冷的我的自白,我曾用"狂"的方式与全社会为敌,甚至与自己为敌,但不管用的,要想生存下去,还得去做候补官员或者什么,举世皆浊我无法独清,举世皆醉我无法独醒,况且,我在这个酱缸里也无法自净;况且,孩子们也会向娘老子们学习,救救孩子的呼声,似显无力。外我一片漆黑,内我无法独白。

内我与外我的相生相克、制约运化将持续终生;封闭与反封闭的矛盾冲突也将持续终生。以最明亮的眼睛,最轻柔的声音,最敏感细腻的心灵,才能发现一个天国一样的第二故乡,就像她一样;才能发现一个可进可出的荒野,一个可以微笑、可以大笑的心灵,就像《对一朵花微笑》中的我那样;才能联通个人与众数、精英与平民感情,才能把身外世界化为自我的第三故乡,就像《一件小事》《无题》里的我一样。

七、作家的年龄与感受

可以把人的一生分为四个时期:儿童期,青年期,中年期,老年期。儿童期喜欢探索,好奇心强,主要是学习和肯定世界;青年期为了确立自己的人格独立性和社会地位,喜欢批评世界、否定世界以肯定自己，愤青、狂人往往出自这个时期，实际上是以差异化策略促成自己的个性特点；中年期智慧羽翼逐渐丰满，人生经验逐渐丰富，心智结构逐渐趋于平衡，感性与理性也能和谐共处，这个时期的内我与外我浑融一体，主要以接纳、肯定等同一化策略应对世界；老年期是疏离世界的时期，外我与内我都同步缩小，以逆向趋势复返童年。

鲁迅写《一件小事》时38岁，写《无题》时41岁；写《对一朵花微笑》《带上她的眼睛》的刘亮程、刘慈欣大约36岁左右。这个年龄段大体对应于中年期。

中年期会经历一个感受危机、审美疲倦、思想调整的过程。时光迫近中年后，青年时期比较偏激的情绪与思想，明显已经无法适应现实需要；现实的严酷、无聊、无趣磨钝了中年人的感受；上有老下有小的家庭压力，中流砥柱、社会中坚的地位又使他们承担较重的社会责任，在压力与责任的掩埋中，他们渴望能浮出水面透口气。在接纳世界、维护世界、建设世界的途中，中年人渴望更新自我，以应对来自四面八方的压力与挑战。

上述几篇作品中对世界的接纳、故乡化、内我的调整、外我的更新与扩大，都折射着三位中年作者试图调整自我、调整内我与外我关系、接纳或建构不同层面故乡世界的努力。

《狂人日记》百年祭

张业松（复旦大学中文系）

"1918 年 5 月《新青年》上发表的《狂人日记》震动了新文学界，几乎在一夜之间就使鲁迅闻名全国并登上了新文学领袖的地位。"[1] 这是我们所熟知的传奇故事，"鲁迅"和"中国新文学"的伟大起点。尽管事情并不像这样简单和充满戏剧性色彩，而是还有将近一年的空白期，《狂人日记》才等来了它的第一个公开发表的读者反应——傅斯年在《新潮》1919 年 2 月号上的一句话提及，以及 4 月号上的短评《一段疯话》，从而使得中国新文学传播史上出现了所谓"被忽略的一年"[2]。何以如此呢？茅盾在 1923 年提供了一个解释："那时《新青年》方在提倡'文学革命'，方在无情地猛攻中国的传统思想，在一般社会看来，那一百多面一本的《新青年》几乎是无句不狂，有

---

① 李欧梵著，尹慧珉译：《铁屋中的呐喊——鲁迅研究》，岳麓书社，1999 年，第 55 页。

② 参见张钰：《被忽略的一年——谈〈狂人日记〉的即时反响兼中国现代文学史的书写》，《江苏第二师范学院学报（社会科学）》2014 年 6 月。

字皆怪的，所以可怪的《狂人日记》夹在里面，便也不见得怎样怪，而曾未能邀国粹家之一斥。前无古人的文艺作品《狂人日记》于是遂悄悄地闪了过去，不曾在'文坛'上掀起显著的风波。"① 这个解释提供了一个来自"内部"视角的有趣的观察，即作为《新青年》的"编创人员"②，如何看待《狂人日记》在"影响"问题上的独特与寻常之间的辩证：它以自己的独特参与到《新青年》的言论环境中去，在其中显得寻常，同时又在这种寻常中保持着自己的独特。所以，观察它的"影响"，需要考虑它的作用对象。在"猛攻中国的传统思想"方面，它"不见得怎样怪"；而在造成新的"文艺作品"方面，它却是"前无古人"的。这提示我们，在讨论《狂人日记》的相关问题时，需要充分考虑语境。既要考虑它对语境的参与，也要考虑它与语境的对话；既要评估它对语境的贡献，也要承认它是语境的产物。如此辩证往复，庶几才能有助于增进我们对历史和文艺的认知。

百年一瞬。围绕这篇作品的内容、形式、思想、语言、历史和现实意义，百年间已经积累了大量的研究成果，基于由此形成的"公共知识"，人们不会置疑，是这篇作品以"教科书级的"的"现代汉语"推进了刷新中国文学和社会思想面貌的进程，深刻影响了"白话文运动"、"反礼教/反传统"、"中国文学现代性"等社会和文

---

① 雁冰：《读〈呐喊〉》，原载《时事新报·学灯》1923 年 10 月 8 日，引自中国社会科学院文学研究所鲁迅研究室编：《1913—1983 鲁迅研究学术论著资料汇编》第 1 卷，中国文联出版公司，1985 年，第 34 页。

② 茅盾在《新青年》发表作品的最早记录见于 1920 年 11 月《新青年》第 8 卷第 3 期，一篇题为《罗素论苏维埃俄罗斯》的译作，原作者（美）哈德曼。参见查国华、孙中田：《茅盾著译年表》，载孙中田、查国华编著：《茅盾研究资料》下册，知识产权出版社，2010 年，第 797 页。

学主题的进展，以"表现的深切和格式的特别""暴露家族制度和礼教的弊害"①，在这暴露中，展现时代的根本冲突、示范"民主与科学"的精神和威力、揭示社会改良的任务的长期性和艰巨性，从而使"在寂寞里奔驰的猛士"②们得一神助，极大地促进了后来被称为"五四新文化运动"的社会革新进程。

尽管如此，对《狂人日记》所拓开的知识领域的处理，永远不能说已经足够充分，围绕上述"公共知识"范畴内的相关主题的讨论，几乎在每个时代都会被重新提起。百年之下，一代代的读者仍不免追问："狂人"到底是谁？他的下落究竟如何？围绕这篇经典作品，始终需要面对的一个核心问题是对"狂人"及其结局的理解，这个问题的形式化表现即是正文的"白话"与小序的"文言"之间的触目的并置和对立。这一形式化的呈现，实体化了时代的根本困境，也使得作品的意义表达变得暧昧：作品所提供的"新"与"旧"的情境框架，是"狂人"败北的象征，抑或有意味的措置？经过尖锐冲突和反躬自省，问题得以化解？有所进展？还是依然存在？如此种种，诱人深思。一得之愚，试申论之。

自命的"狂人"和被污染的信息

《狂人日记》尽管赫赫有名，文本也早已为人熟知，却仍然有个出人意料的地方：除了被题作《狂人日记》的这个"书名"本身

---

① 鲁迅：《且介亭杂文二集·〈中国新文学大系〉小说二集序》，《鲁迅全集》第6卷，人民文学出版社，2005年，第246—247页。

② 鲁迅：《呐喊·自序》，《鲁迅全集》第1卷，人民文学出版社，2005年，第441页。

之外，"狂人"这个名号在作品里一次都没出现过。甚至在这句交代里，也没有重复"狂人"字样："至于书名，则本人愈后所题，不复改也。"①此外与"狂"有关的，文中也只有一个"迫害狂"。那是"余"在读过日记后就他的病症做出的判断，在决定书名"不复改也"时最多起到了辅助作用，不能说是"狂人"名号的来源。当我最初注意到这个现象时，十分惊讶，当然也随即恍然有所悟出。即，"狂人"不仅不是作品世界里所有人给予这个人物的共识身份，甚至除了他自己，没有迹象表明其他任何人曾称他为"狂人"；进而，就作品所提供的信息来看，他自命为"狂人"，似乎也并没有昭告天下，而只是题写在病中日记上，除了大哥，"远道来视"的"余"应该是第三个知情者。真是惊人的真相啊！一百年来，我们"狂人""狂人"地叫得顺口，却原来这个称呼只是他的自署自命，在他的生活世界里即使有人知道，也并不太当一回事。大哥对待题有《狂人日记》书名的二册日记的态度，直是视同儿戏、浑若无物，同时当成笑话："因大笑，出示日记二册，谓可见当日病状，不妨献诸旧友"，不仅随意示，还随随便便给人拿去了。"因"何有此作派呢？"劳君远道来视，然已早愈，赴某地候补矣。"与其说是欣慰于"早愈"，更多还是满足于"候补"吧！

这到底是什么意思呢？"狂人"病中日记，愈后自题书名，大哥示献旧友，余持归阅编，撮录一篇，书名不复改也。尝试从《狂人日记》文本里追踪"狂人"这个名号的来历，得到的是这样一些信息。这些信息来自"余"所"撮录"的日记正文之前的说明文字

---

① 鲁迅：《狂人日记》，王世家、止庵编：《鲁迅著译编年全集》第叁卷，人民出版社，2009年，第19页。下引《狂人日记》文本出处同此版本，不另注。

里。这些说明文字原文没有为之编号或命名，研究者一般通称"小序"，本文将沿用这一称呼。对于这篇小序，在《狂人日记》的阅读史上有很长时间不太重视，一般所谓"从头读起"，是从正文第一节"今天晚上，很好的月光"开始的。[①] 即使对小序有所注意，关注点也基本是在"然已早愈，赴某地候补矣"，把"狂人"的这个下落视为"反抗失败"的证据或象征。如此一来，作品整体上的内涵确实就变得相对简单，使其沦为单纯的"反传统宣传品"。毫无疑问，在"暴露家族制度和礼教的弊害"方面，作品是有着"激进反传统主义"的内涵的，包括以"狂人"依据进化论的原理对大哥的劝说，和在大哥的"专制"管治之下的"偏要说"，应和于《新青年》阵营的"民主与科学"的宣传，都是作用明显且得到充分估价的，这不成问题。成问题的是，在这样的观点下，甚至日记部分所包含的"狂人"的自我反省，即"四千年来时时吃人的地方，今天才明白，我也在其中混了多年……有了四千年吃人履历的我，当初虽然不知道，现在明白，难见真的人！"也会被解读为仅仅是对"吃人传统吞噬一切"的控诉，从而实际上封闭了文本的阐释空间，把作品连同作者埋葬进早已冷却的历史尘灰堆里。

小序在内容上是交代了"狂人"病愈之后的下落，也就是正文故事的后话。所谓"病愈候补"，看起来是对日记中的揭露吃人社会的"荒唐之言"的翻转。在形式上采用了文言书面语体，简练雅致，与正文部分所采用的"错杂无伦次"、且可能充满"语误"的白话口语体迥然有别。这样一种从内容到形式的双重反讽的文体构

---

① 如伊藤虎丸著，李冬木译：《鲁迅与日本人：亚洲的近代与"个"的思想》，河北教育出版社，2000年，第106页。

造，赋予作品复杂的解读和阐释空间，八十年代以后逐渐受到研究者的重视，产生了不少有价值的讨论，但也留下许多问题。如有人认为这是构造了一座"反讽的迷宫"："在《狂人日记》的双重叙述之间，作者的观点是游移的，作者不是从一个焦点讲述一个故事，不是从一个立场作出一种独断的评价……作者是超然的、缄默的，从叙述世界撤离了，把读者留在两种漂移的叙述观点和两种选择之间"①，简言之，是一座结构的、也是一座意义的"迷宫"，这座迷宫没有出口，设计者不给提示，观光客茫无头绪。这就未免有点过于玄妙，莫测高深了。有人认为小序通过"余"将日记置加了前因后果，并通过这种置加以常人的观点"划定了常人世界/狂人世界之间的二元对立关系"，"狂人"在返回常人世界之后将日记命名为《狂人日记》"是一种否定性的命名，这与其大哥的观点并无二致"，也与小序的叙述者的看法相通。"如此，小序通过'余'，并连同日记作者与大哥，形成了对日记的否定性共识，这也便是常人世界对狂人世界的否定性共识。"不仅如此，甚至鲁迅也内在于这种共识："鲁迅通过小序否定日记而指示着常人世界对狂人世界的否定态度。鲁迅在此显露出一种虚无感和自嘲，就像他在《野草》中所说的那样：'我将开口，同时感到空虚'，狂人开口了，但说的是疯话。"②这看起来是更深地陷入了迷宫，不仅"狂人"、"余"、"大哥"，还连带鲁迅，也一起迷失在里面，找不到出口了！最后，还有论者断言："'余'作小序中，大哥所说狂人'已早愈，赴某地候补矣'。

---

① 温儒敏、旷新年：《〈狂人日记〉：反讽的迷宫——对该小说"序"在全篇中结构意义的探讨》，《鲁迅研究月刊》1990 年第 8 期。

② 薛毅、钱理群：《〈狂人日记〉细读》，《鲁迅研究月刊》1994 年第 11 期。

这是一种纯客观的叙事，丝毫没有附加意义。"①

到底是怎么一回事呢？我认为关键还是在对视点的解读上。如所周知，《狂人日记》的叙述包含着复杂的视点转换，不同的视点会呈现出不同的景观。迷宫是一种平面构造，套路太深确实容易使人迷失，如果增加一个视点再来看，局面也许就尽入眼底，毫无迷惑可言了。接下来让我们回到文本，尝试就"狂人"的身份信息做一番整理，看看是什么情况。由于日记部分出自"余"的整理，是"被污染"的文本，有论者宣称："站在狂人本身的立场或视角出发来看待这份日记，这根本不可能"②，但也不妨来试试看。

首先是看待"狂人"的外在视点。如前所述，作品所提供的信息中，没有外人把他视为"狂人"，而最初只是作为"病人"对待（正文中未直接出现名称。关键信息见于第四节："今天请何先生来，给你诊一诊"），进而视为"疯子"（第十节），最后也是视为"病人"（小序。"大病""病者""迫害狂"）。

与此相应的是"狂人"内在视点下的自我身份寻求和确认：最初是"恶人"（第三节："照我自己想，虽然不是恶人，自从踹了古家的簿子，可就难说了。况且他们一翻脸，便说人是恶人。"），继而是"疯子"（第十节："预备下一个疯子的名目罩上我……这是他们的老谱！"），最后是"狂人"（小序："至于书名，则本人愈后所题"）。前两项来自对外界意图的接受，最后项是自认。

以上对照可见，这根本就是一出内心戏：一位没有人称之为"狂人"的人，经历了一番高度狂热的内心活动，最后默默地把自

---

① 李今：《文本·历史与主题——〈狂人日记〉再细读》，《文学评论》2008 年第 3 期。
② 王钦：《翻译的诱惑：重读〈狂人日记〉》，《现代中文学刊》2012 年第 6 期。

己命名为"狂人"。他的这番内心戏戏码也很充足，计有如下场次：

内在视点下的自我表现：害怕（第一至三节）→呕吐（第四节）→诅咒（第五至七节）→劝转（第八节）→耻感（第十二节）→"候补"（小序）。

关于"狂人"的心理和认识转变，一直以来是《狂人日记》研究的重点，尤其是最后两节中的决定性转变。高度重视这两节中所包含的思想内涵本身没有错，但如果过于局限于这两节，忽略心理和认识转变过程的长期渐变性，也就过犹不及。在把握"狂人"自省觉醒之契机方面，丸尾常喜先生曾经敏锐地指出，那并不是"疯病"发展到最高阶段之后戏剧性翻转，而是在日记第四节即已启动：

"原来也有你！这一件大发见，虽似意外，也在意中：合伙吃我的人，便是我的哥哥！

吃人的是我哥哥！

我是吃人的人的兄弟！

我自己被人吃了，可仍然是吃人的人的兄弟！"

这是一个基于哥哥→兄弟之间的连带感而产生耻辱感、并由耻辱感引出连带责任意识的完整进程，该进程最初的契机，是第四节开头的"呕吐"：

"早上，我静坐了一会儿。陈老五送进饭来，一碗菜，一碗蒸鱼；这鱼的眼睛，白而且硬，张着嘴，同那一伙想吃人的人一样。吃了几筷，滑溜溜的不知是鱼是人，便把他兜肚连肠的吐出。"

由此，一个由生理及于心理、再由心理见于认识的"狂人"自省和自新的过程得以完整呈现。"呕吐"→"作为兄弟的耻辱"→

"自身的耻辱"，直到以"难见真的人！"做结的第十二节达至顶点①，完成狂人对"超级自我"（自认为没有吃过人的人）的否定，达成依靠自身内在精神力量（智慧）而来的康复。

有意思的，"狂人"的疯狂与"狂人"的觉醒，看似两回事，却意外地是紧密相连、齐头并进的。进一步回溯，第四节生理上的呕吐，诱因在之前的心理过程，也就是外视角下的疯狂过程。《狂人日记》的正文因为采用狂人第一人称内视角叙述，开篇似即已被确认为外视角下的病人，文本呈现的只是内视角意识向外视角观念移行靠拢的过程，对于"狂人"发病的具体原因并无清晰说明。也就是说，"狂人"何以称得上是一位狂人，只有内视角下的自我估量，而缺乏外视角下的定义和说明，这使得读者只能追随"狂人"的内视角，与他一起向荒莽的意识丛林里历险，共同探究，求取答案。在此过程中，我们逐渐获得确信，认识到"狂人"之"狂"，在于他具备那样的勇气和智慧，自我克服了心理、生理以至理智上的软弱，从历史到社会到家庭，在广泛的范围内挑战了秩序和权力，面对失败的结果和更深重的耻感意识带来的心理灾难，仍勇于独往，赍志不屈。

《狂人日记》显示"狂人"有充分的自主意识，从日记开篇已是自觉的叛逆者形象。其"狂"即在于挑战"常"。沈从文后来在自己的作品里反复处理了"变"与"常"，近年来得到人们越来越多的思索；先于沈从文，鲁迅反复处理过"狂"与"常"，在此问题上是否同样再造了中国人的感觉结构呢？这个问题很值得思考。

---

① 参见丸尾常喜著、秦弓译：《"人"与"鬼"的纠葛：鲁迅小说论析》，人民文学出版社，1995年，第242页。

在《狂人日记》的例子上，小序告诉读者，"狂人"最终似乎是回到并且安于寻常，以"候补""否定"了之前的"疯"狂。这是说，"候补"对于他来说，就是绝对的灵魂死灭之态，其人只具有曝露"当日病状""以供医家研究"，并接受凭吊的价值了吗？

关于《狂人日记》是否应当成隐喻和象征文本来读，也有很多争论。在此我首先想说，如果允许象征隐喻读法存在的话，当然应该在整个文本里取同一态度，"病状""医家"这些说法，不管出现在文本的哪个位置，用象征隐喻之法就应该都当成象征隐喻看待，逻辑一致就好了，而不该热衷于在"文本世界"里划界线，搞成一边一"世界"、一边一读法。就是说，我无法同意将小序部分与日记部分切分成两个不同的"世界"区别对待的读法，而认为二者无论在人事还是法则上，本是一体，只是人们的讲述方式或有不同、人物的言行表现或有差异罢了。相对于在看起来明显有区别的表述形态上开掘差异，更应该做的难道不是去找寻其间的内在联系，从而更好地鉴识其差异？

比如说，所谓"候补"，到底是什么意思？按《全集》本注释："候补　清代官制，只有官衔而没有实际职务的中下级官员，由吏部抽签分发到某部或某省，听候委用，称为候补。"[1] 即是说，相对于作品发表的时间，这个词是一个旧词，在作品中起到的作用，首先必须是时间戳记，提示"故事发生的时间"。其次，借用了解和说明一件事情的新闻五要素论，who, what, why, when, where，在这个场合，明确了关于"候补"的话是什么时候说的或说的是什么时候，接下来需要明确是谁在说，以及为什么说、在哪儿说。答

---

① 鲁迅：《狂人日记》，《鲁迅全集》第1卷，人民文学出版社，2005年，第455页注2。

案都很清楚，只是在通常的阅读我们会不意识。"劳君远道来视，然已早愈，赴某地候补矣"，这句话出自"狂人"的大哥之口，所表达的其实是一种过时的意识、感觉和言语状态。这些信息，才是需要我们在尝试就"狂人"的"病愈候补"事态做出评断时必须明确意识到的。相对于"狂人"的自我表达，即使不考虑出现在日记中的兄弟之间的严重对立，"大哥"的说法也完全可能是出自"不可靠信源"的歪曲表达。如果说在"大哥"的这一说法中有什么是确定不移的事实的话，只有一个，即"狂人"远离了他曾在病中与之发生过严重冲突的家、远离了这位对他无条件行使专制家长威权、思想意识上和他完全处于两个世界的"大哥"，开始了独立面对世界的新生活。所谓"候补"，因而完全可能是"谋生"的一种在过时意识下的"体面"说法啊。

在一位像鲁迅这样老练的作者笔下，没有什么是"纯客观"的、也没有什么是"丝毫没有附加意义"的，这差不多已经成为鲁迅研究中的常识，毋庸赘言。在一篇叫《狂人日记》、以"狂人"为绝对中心的小说中，关于"狂人"的下落、小序与正文的关联等问题，我们需要严重注意的，首先必须仍是他的自我表达，其次才是那些被污染的周边信息，而且对于后者，尤其要特别注意小心鉴别。

"狂人"在小序中没有直接出场，其中出现的唯一确定无疑的他的自我表达，只有愈后自题的"狂人日记"。由于在能见到的日记正文中，无论别人还是他自己都没有称他为"狂人"，由此可以得出结论：反而是在愈后，"狂人"才把自己确认为"狂人"；正因为这一愈后自题、自我确认，才使他由环境认知中的"病人"和"疯子"超脱出来，成为与众不同的人，具有了供了解和研究的公共价值。

在近代中国的社会文化语境中，"病人""疯子"与"狂人"之不同在于，前两者可能只是一种事态描述，后者却是一种价值表达。关于这个问题，下文将有专门处理，现在要做的，是继续细读作品文本。

标点符号的用法

日记部分的结尾留下"救救孩子……"一句，一般理解为"狂人"对自身的道义优越性幻灭之后，转而寻求新的救赎之路的"呐喊"。正是在这一意义上，"狂人"自身的人格完整性才得以被确认，《狂人日记》的社会历史意义也才得以建立。以往的研究几乎没有人怀疑第十三节作为日记部分的结尾在逻辑上是合理的、在全篇的意义构造上是不可或缺的。如果没有这一节，《狂人日记》就成了真正意义上的"失败者的记录"，完全是另一篇作品了。从"廿年以前，把古久先生的陈年流水簿子，踹了一脚"起，到即使被罩上"一个疯子的名目"也"偏要说，'你们立刻改了，从真心改起！'"，"狂人"的"长时段激进革命"终归于失败——即并没有什么效果，激昂奋斗之后仍是被作为疯子软禁，"太阳也不出，门也不开，日日是两顿饭"，由此带来的结果是志气顿挫，从"凡事须得研究，才能明白"一变而为"不能想了"，并进一步自我怀疑，反身而诚，认识到"四千年来时时吃人的地方，今天才明白，我也在其中混了多年……难见真的人！"这里的一机之转固然至为关键，是"狂人"超凡脱俗、优入"现代思想"圣域之处，但倘若没有自我救赎的后续手段，也就是即此沦入"灵魂地狱"的无边黑暗，在同时代世界文学中的"受伤的灵魂的绝望哀鸣"中添加一个中国声音而已。但"狂人"和"狂人日记"都要比这更加有为得多。"狂人"病中日记不辍，且在愈后珍而重之，自题为"狂人日记"，显然不是无所用心；"撮录"者"余"，直言要"以供医家研究"；真正的作者鲁迅更是自供是为了"听将令""呐喊"。多重意向信息叠加，必然要使对作品意图的理解导向更积极的方面。所以，一般理解上把重点放在正文结尾，以"救救孩子"为"呐喊"的体现，不仅是可以理解的，推敲起来，这样的理解也并不比将重点放在"狂人"的"荒唐之言"即前述"长时段激进革命"中的表现上、进而围绕"狂人"是"真疯"、"假疯"还是"半疯"争议不休①更不高明。

所以，如果说因为第十三节的存在，才使得《狂人日记》成其为经典，并不为过。但究竟是什么样的经典，则需要进一步澄清。这个结尾在全文十四节（包括小序）中篇幅最短，总共两句话，字数少于同样是两句话的第六节，却可以说，留下了中国现代文学史上最长的问题之一。这个问题的重点不在第一句中用问号（?）表征的设问："没有吃过人的孩子，或者还有?"因为答案无论是有还是没有，对经历千难万险的心路历程跋涉至此的"狂人"来说都并不重要。事既至此，已经洞察了"四千年来"的"历史"和"眼前"的"家务"的终极隐秘，他并不需要在此外再去寻求何种真相、理由或前提，而只要好好抓住、盯紧、保守这个终极真相，把它对象化，使自己从精神上抽身出来，去做该做和能做的事，这才

---

① 参见郜元宝：《"与其防破绽，不如忘破绽"——围绕〈狂人日记〉的一段学术史回顾》，《现代中文学刊》2012 年第 6 期。

是更重要的。对此，他也已经是早有明确认识。回头看前文第九节，所说的差不多就是这层意思："自己想吃人，又怕被别人吃了，都用着疑心极深的眼光，面面相觑。……去了这心思，放心做事走路吃饭睡觉，何等舒服。这只是一条门槛，一个关头。他们可是父子兄弟夫妇朋友师生仇敌和各不相识的人，都结成一伙，互相劝勉，互相牵掣，死也不肯跨过这一步。"第十节中劝说大哥，"只要转一步，只要立刻改了，也就人人太平"，也是本于这种认识。只不过那时候还没有认识到自己可能也属于吃人被吃之伙。现在把"研究"和去蔽的工作做到极致，想无可想，"不能想了"，也就"放心做事走路吃饭睡觉"，"人人太平"，首先是自己心理上太平。

但是，"狂人"在这里达至了心理太平，甚至太平到可以安然病愈，赴某地"候补"了，留给文学史的却曾经是一个绝大问题：他都跑去"候补"了，日记结尾的"救救孩子"到底是什么意思？胡言乱语？作者强加？文本断裂？反讽装置？艺术瑕疵？道德伪善？传统强大？玩潜伏？……连串诘难，不多不少构成了《狂人日记》的百年阐释史，也使得它的被经典化过程一直在路上，未有穷期。

前文已证，从"狂人"的立场上去看，来自"大哥"的所谓"候补"之说，完全可能只是离家自立的另一种说法。如此，则日记结尾"救救孩子"的"呐喊"与小序中"狂人"的下落之间就不存在意义冲突，无需为之聚讼不休了。但同时，把"救救孩子"视为"狂人"的呐喊，还有一个更具体的技术难题需要处理，即，日记的最后一句原文写作"救救孩子……"，留下的是一串省略号，不仅不是"竭尽全力的呼吁：'救救孩子！'"① 相反更像语气低沉的自语。原文中的省略号，不知不觉被读成了惊叹号，语感以及意义导向完全不一样了。这样的事情在《狂人日记》的阐释史上不仅屡见不鲜，而且至今犹然。

《狂人日记》的各种版本中，作为日记结句之有机组成部分的这个新式标点并无版本差异；写作《狂人日记》时期的鲁迅，也并非不熟悉新式标点的使用方法，相反，他是在中国最早使用和推广新式标点的先驱之一②；《狂人日记》全文中，共有 12 处使用了省略号、30 处使用了惊叹号——这说明，鲁迅事实上把惊叹号用得更顺手，只要他愿意，没有理由会在结句这样的关键之处出错——

"没有吃过人的孩子，或者还有？

救救孩子……"

这里面没有祈使的意味，也不是呼告，更没有体现惊讶、愤怒、警告等等的感情色彩，表达的与其说是"呐喊"，不如说是沉思，宛如一声嘟囔，表示事情到此可以告一段落，做一个退场的表示，同时开始考虑下一步要做和能做的事情，体现的是思维的转向，和情境的转移。

李欧梵先生也注意到"救救孩子"后面是省略号，并承认它减弱了呐喊的力量，但却解释为反讽，将之纳入独异个人反抗庸众注定失败的阐释框架中，从而接通作为整体的鲁迅文学的"绝望反抗"或"铁屋里呐喊"的主题。如此，则《狂人日记》的"绝望反

① 李欧梵著，尹慧珉译：《铁屋中的呐喊——鲁迅研究》，岳麓书社，1999 年，第 63 页。
② 参见高天如：《中国现代语言计划的理论和实践》，第三章第 2 节《新式标点符号的研制和应用》，复旦大学出版社，1993 年，第 72—80 页。

抗"就变成了对这一精神事件的直接图示，"狂人"作为"失败"的战士、鲁迅作为不屈的战士被同时定型，前者灰溜溜地消失于文言的灰烬里，后者卓立于五四巨人群雕的核心，高扬的手臂再也放不下来……

鲁迅在《呐喊·自序》里列举自己"听将令"的例子时，并没有提到《狂人日记》。相比于提到的《药》和《明天》的结尾，如果"救救孩子"真是被设计为"竭尽全力的呼吁"的话，显然会是更为理想的例子。

日本前辈学者的相关研究中，在这一问题上体现出了他们一贯的尊重原文、体贴作者用心的优长。他们各自思考问题的角度、方法、立场、观点乃至结论容或不同，但以对基本事实的清楚认知为前提则是一致的。如此，虽最后达成的结论可能相去甚远，但很多具体的判断和感受却能完全相通。比如伊藤虎丸先生将《狂人日记》视为"描写了因青春的'独醒'而发了狂的主人公被治愈的过程。就是说，《狂人日记》可谓'治好狂人'或'复归社会'的记录"，而"表现'治好狂人'（复归社会）的一句"，正是第十三节的两行，尤其是"'救救孩子……'，这句不用惊叹号而是用删节号来表示语势渐弱的话"，这句话"是那样缺乏自信，而且平庸陈腐。也可以说，是非常符合一个改革的努力受挫后，去做'候补'的小官吏的身份的"。但，"如果仅仅这样来看，《狂人日记》便成了败北的文学——改革者受挫折的记录了。"他指出，当然不是那样，"话说得是那样弱，已经不是冲着'大哥'了。那是对着自己说的诚实的希冀。一个知道了自己也是'吃人'的人，要去拯救'没有吃过人的孩子'——未被玷污的新中国的未来。平庸陈腐也好，缺乏自信也好，这里有着一种要在日常生活中去扎扎实实工作的积极姿态。"① 虽然这一段并不是伊藤先生论述的重点，其中也包含认识不足的地方，却能对作者和人物的心理如此体贴，读来令人感动。北冈正子先生的研究也有异曲同工之妙。她写道："当'已经并非一个切迫而不能已于言的'鲁迅再次开口时，首先讲出来的是'我'，即一个察觉到自己致命性污辱——罪孽的人物。'我'在嘟哝着'不能想了'（第十二则日记），作者鲁迅却是要看这个'不能想了'的'我'怎样去活。可以认为，鲁迅再一次的从文学出发，是以自省为根底，具有重新摸索自我存在之场域的意义。这其中不是就有恢复同一人格的意向吗？"② 这个结论建立在对小序与正文中的"我"之间"云泥之别"、即"狂人"世界与"常人"世界截然对立的推论上，起点不能令人信服，结论却是可以同意的，"以自省为根底……重新摸索自我存在之场域"的说法尤其到位。这样奇妙的学术，实在是令人享受。

本节行文至此，关于标点符号的用法的讨论已经可以结束。"救救孩子……"的表达是呐喊还是沉思，争论已经没有意义。"狂人"病愈"候补"是积极还是消极，结论已经清楚。最后要说的是：对于《狂人日记》的读者而言，"救救孩子……"一句中的省略号，始终是一个意味深长的提示和警醒，"教我惭愧，催我自新"③，于赤膊上阵的进取中有所回心。这大概可以算是鲁迅文学中留下的最有价值的教训之一吧！

---

① 伊藤虎丸著，李冬木译：《鲁迅与日本人：亚洲的近代与"个"的思想》，河北教育出版社，2000 年，第 119—120 页。

② 北冈正子著，李冬木译：《鲁迅　救亡之梦的去向：从恶魔派诗人论到〈狂人日记〉》，生活·读书·新知三联书店，2015 年，第 115 页。

③ 鲁迅：《一件小事》，《鲁迅全集》第 1 卷，人民文学出版社，2005 年，第 483 页。

近代"狂人"话语的主流形态

  李冬木先生在近期发表的力作①中，从语汇、社会媒体、"尼采"和"无政府主义"话语、文学创作、时代精神特征等方面征引了大量材料，梳理鲁迅留学时期的明治知识环境中的"狂人"言说，自谦是提供了日本近代"'狂人'言说史的一个粗略概述"，令人大开眼界。其立论的重点，是这一环境对"鲁迅的'狂人'"可能存在的影响，结论认为："周树人实际上是带着一个完整的'狂人'雏形回国的。这是他建构自身过程当中的一个生成物。病理知识、精神内核以及作为艺术对象去表现的文学样式都齐了。"简言之，他力图证明，明治知识环境的"狂人"言说帮助孕育了鲁迅的"狂人"，只待风云际会、瓜熟蒂落。这当然是雄辩的论说，鲁迅笔下的"狂人"的精神气质以及"技术路线"无疑是与明治日本的"狂人"言说相通的。对此我们之前或有所知，但容有未详，冬木先生的贡献实在是值得感谢的。作为学习体会，我在这里要尝试处理另外的材料，提供一点争论，即：除了明治知识环境，鲁迅笔下的"狂人"的一个更直接的来源，应该是近代中国、尤其是晚清民初时期自身的知识环境。这一环境主要以汉语为载体，存在和作用于其时的汉语知识人群体中，不管这些群体托身何处，他们共享和共创了这个环境，并从中受益。这样说当然不是要抹煞明治日本知识环境的作用和影响，而毋宁是想说，鉴于当年旅日知识人群数量

---

① 李冬木：《狂人之诞生——明治时代的"狂人"言说与鲁迅的〈狂人日记〉》，《文学评论》2018 年第 5 期。

庞大，无论在任何方面，日本的影响都不会仅止于一人，而是造成了留学界及新知识界的普遍风气，并促进了人群间的相互影响。而且，明治知识界风气的养成，很大程度上亦是来自西方影响，而同时期中国知识界也已开始直接承受西方影响。由此，一个在多方交互作用之下转换创生的近代中国新知识环境，已自成系统，有效运转，并日益丰富。演生其中的"狂人"话语，因既属"先进"话语，又秉有传统依托，更是其中发育得较快的部分。具体到鲁迅，考虑到《狂人日记》迟至他归国 10 年之后才被创出，则其得益于自国知识环境的部分，或较外缘更为显明。

关于作为小说人物形象的"狂人"来历，过去有"原型说"。其中较著名的，一说来自于鲁迅的表兄弟[①]，一说来自于章太炎[②]。关于后者，鲁迅杂文里记，太炎素有"章疯子"之称："民国元年章太炎先生在北京，好发议论，而且毫无顾忌地褒贬。常常被贬的一群人于是给他起了一个绰号，曰'章疯子'。其人既是疯子，议论当然是疯话，没有价值的了，但每有言论，也仍在他们的报章上登出来，不过题目特别，道：《章疯子太发其疯》。有一回，他可是骂到他们的反对党头上去了。那怎么办呢？第二天报上登出来的时候，那题目是：《章疯子居然不疯》。"[③] 如此翻覆来去都是文章，可见这位"疯子"名头之响亮。但鲁迅的"狂人"之于"章疯子"，恐远不只在"人物原型"的层次上发生关联，而有着更深刻的精神

① 参见周作人著，止庵校订：《鲁迅小说里的人物》，河北教育出版社，2002 年，第15—16 页。

② 参见陈思和：《现代知识分子觉醒期的呐喊：〈狂人日记〉》，《杭州师范学院学报（社会科学版）》2003 年第 4 期。

③ 鲁迅：《补白》，《鲁迅全集》第 3 卷，人民文学出版社，2005 年，第 110—111 页。

连带。这种连带首先表现在，与"狂人"一样，"章疯子"并非只是来源于外界指认或强加，而更来源于自我确认，是一种根源于自我身份、角色和社会责任意识的有意为之。"章疯子"最著名的自供状，出自东京留学生欢迎会演说辞①。1906 年 6 月 29 日章太炎因"苏报案"三年刑满释放后流亡日本，受到英雄般的欢迎。7 月 15 日东京留学生在神田町锦辉馆为他举办欢迎会，据《民报》第 6 号记载："是日至者二千人，时方雨，欸门者众，不得遽入，咸植立雨中，无惰容。"② 当时的在日中国留学生总数约为 8000 人左右③，出席者占四分之一，可谓盛况空前。这篇讲词完整登载于《民报》第 6 号，据该刊披露，稿件出自太炎先生自己的手笔④，是我目前所见的唯一一篇真正属于"写出来的""章太炎的白话文"⑤

---

① 章太炎：《演说录》，《民报》第 6 号，第 1—15 页。见黄季陆主编：《中华民国史料丛编·民报》精装合订本第 2 册，台湾省台北市：中国国民党中央委员会党史史料编纂委员会 1983 年 4 月再版，第 0789—0803 页。下引不另注。

② 民意：《纪七月十五日欢迎章炳麟枚叔先生事》，《民报》第 6 号，第 119 页。引自黄季陆主编：《中华民国史料丛编·民报》精装合订本第 2 册，台湾省台北市：中国国民党中央委员会党史史料编纂委员会 1983 年 4 月再版，第 0907 页。

③ "至于 1906 年，亦即留日学生人数最多的一年，各方面都指八千之说。故此，以 1905 与 1906 两年，留日学生人数都在八千左右大概是不错的。"见实藤惠秀著，谭汝谦、林启彦译：《中国人留学日本史》，北京：生活·读书·新知三联书店，1983 年，第 39 页。

④ "所论蕴义深隽，先生已为文以自述，揭于本报之前。兹略之"。见民意：《纪七月十五日欢迎章炳麟枚叔先生事》，《民报》第 6 号，第 120 页。引自黄季陆主编：《中华民国史料丛编·民报》精装合订本第 2 册，台湾省台北市：中国国民党中央委员会党史史料编纂委员会 1983 年 4 月再版，第 0908 页。

⑤ 章太炎出口成章，发表过不少精彩的口头演讲，记载下来是漂亮的"白话文"。1921 年上海泰东图书局出版了张静庐化名吴斋仁编选的一册《章太炎的白话文》，其中没有这篇《演说录》。

作品。

关于此次演讲，鲁迅先生的毕生挚交许寿裳在《章炳麟传》中记载为"在欢迎会上发狮子吼"，并用了差不多整整一个小节，照录了讲辞内容的近一半。最后说："这篇演说，洋洋洒洒，长六千言，是最警辟有价值的救国文字，全文曾登《民报》第六号，而《太炎文录》中未见收入，故特地多抄一些如上。"①

太炎先生的这篇演说辞气纵横，"令人神旺"，内容上与"鲁迅的'狂人'"存在着明显的亲缘关系。首先是自认"疯癫神经"，不以为耻，反以为荣："大概为人在世，被他人说个疯颠，断然不肯承认，除那笑傲山水诗豪画伯的一流人，又作别论，其余总是一样。独有兄弟却承认我是疯颠，我是有神经病，而且听见说我疯颠，说我有神经病的话，倒反格外高兴。为甚么缘故呢？大凡非常可怪的议论，不是神经病人，断不能想，就能想也不敢说。说了以后，遇着艰难困苦的时候，不是神经病人，断不能百折不回，孤行已意。所以古来有大学问成大事业的，必得有神经病才能做到。"接下去自我作故，攀圣做贤，建立了一个古今中外的"神经病"人系谱，并号令于人："诸君且看那希腊哲学家琐格拉底［苏格拉底。引者注，下同］，可不是有神经病的么？那提出民权自由的路索［卢梭］，为追一狗，跳过河去，这也实在是神经病。那回教初祖摩

---

① 许寿裳:《章炳麟传》，东方出版社，2009 年，第 51 页。此《传》中记欢迎会"到者七千余人，座无隙地，至屋檐上皆满，为的来看革命伟人，中国救星"（第 47 页），夸张数字实本于太炎自订年谱所云"余抵东京，同志迎于锦辉馆。来观者七千人，或著屋檐上"（见王云五主编、章炳麟撰:《民国章太炎先生炳麟自订年谱》，台北:台湾商务印书馆 1980 年 7 月初版，第 11 页）。由太炎自己的这一"情感记忆"，亦可见现场留给他的印象之深。

罕默德，据今日宗教家论定，是有脏燥病的。像我汉人，明朝熊延弼［此处延字误，应为廷］的兵略，古来无二，然而看他《气性传》［疑应为熊著《性气先生传》］说，熊廷弼简直是个疯子。近代左宗棠的为人，保护满奴，残杀同类，原是不足道的。但他那出奇制胜的方略，毕竟令人佩服。这左宗棠少年在岳麓书院的事，种种奇怪，想是人人共知。更有德毕士马克［俾士麦］，曾经在旅馆里头，叫唤堂官，没有答应，便就开起枪来，这是何等性情呢？仔细看来，那六人才典功业，都是由神经病里流出来的。为这缘故，兄弟承认自己有神经病；也愿诸位同志，人人个个，都有一两分的神经病。"

以上所引，算是侧重于"狂人""疯子"形迹方面的表现，接下来则是侧重神思，要建立如何才算合格的和有价值的"神经病"的标准，并为之筹划方略，以献身于国家事业："若有人说，假如人人有神经病，办事必定瞀乱，怎得有个条理？但兄弟所说的神经病，并不是粗豪卤莽，乱打乱跳，要把那细针密缕的思想，装载在神经病里。譬如思想是个货物，神经病是个汽船，没有思想，空空洞洞的神经病，必无实济；没有神经病，这思想可能自动的么？""至于近日办事的方法，一切政治、法律、战术等项，这都是诸君已经研究的，不必提起。依兄弟看，第一要在感情，没有感情，凭你有百千万亿的拿破仑、华盛顿，总是人各一心，不能团结。当初柏拉图说：'人的感情，原是一种醉病'，这仍是归于神经是了。要成就这感情，有两件事是最〈要〉的：第一、是用宗教发起信心，增进国民的道德；第二、是用国粹激动种性，增进爱国的热肠。""以上所说，是近日办事的方法，全在宗教、国粹两项，兄弟今天，不过与诸君略谈，自己可以尽力的，总不出此两事。所望于诸君的，也便在此两事。总之，要把我的神经病质，传染诸君，更传染与四万万人。"

此外还有很多激动人心的议论和煽动，不再具引。太炎先生的这篇激情洋溢而思路周密的演说，不啻于另一篇《革命军》的宣言①。其中包含的文化改造和社会革命的思想和方案，在后续的历史进展中得到了方方面面的体现，更在鲁迅的各类作品和实践活动中留下明显痕迹。试举一例：周作人后来曾表彰《狂人日记》"虽然说是狂人的日记，其实思路清彻，有一贯的条理，不是精神病患者所能写得出来的，这里迫害狂的名字原不过是作为一个楔子罢了"②，这与太炎教诲中"把那细针密缕的思想，装载在神经病里"明显是一脉相承的。

没有证据表明鲁迅是现场聆听太炎演说的二千留学生之一③，但鲁迅是否受到章太炎言论的影响，原是无需论述的。他自己在去世前10天写的《关于太炎先生二三事》中说："回忆三十余年之前，木板的《訄书》已经出版了，我读不断，当然也看不懂，恐怕那时的青年，这样的多得很。我的知道中国有太炎先生，并非因为他的经学和小学，是为了他驳斥康有为和作邹容的《革命军》序，竟被监禁于上海的西牢……一九〇六年六月出狱，即日东渡，到了东京，不久就主持《民报》。我爱看这《民报》，但并非为了先生的文笔古奥，索解为难，或说佛法，谈'俱分进化'，是为了他和主张保皇的梁启超斗争，和'××'［疑为'献策'］的×××［指

---

① 章太炎与《革命军》作者邹容同狱于"苏报"案，曾为之作序。邹容死狱，太炎幸免，二人在志气方面应是完全相通的。

② 周作人著，止庵校订：《鲁迅小说里的人物》，河北教育出版社，2002年，第18页。

③ 参见高恒文：《〈狂人日记〉新证》，《天津师大学报》1996年第6期。

吴稚晖] 斗争，和'以《红楼梦》为成佛之要道'的×××［指蓝公武] 斗争，真是所向披靡，令人神旺。前去听讲也在这时候，但又并非因为他是学者，却为了他是有学问的革命家，所以直到现在，先生的音容笑貌，还在目前，而所讲的《说文解字》，却一句也不记得了。"① 木板《訄书》刊行于 1899 年。鲁迅的回忆既说明了他接触太炎著作之早，也说明了他接受太炎影响的主要方面，在于革命的思想行为。这次演说是否现场倾听、感受和体验并不重要，重要的是上述回忆表明鲁迅深受《民报》时期的太炎感染，所谓"入脑入心"，铭刻终身。众所周知，此后鲁迅像今天的年轻人追星一样追随太炎先生，在"弃医从文"之后的整个留学生活后期紧密趋奉，成为入室弟子，经过了一段不短于仙台留学期的"从太炎游"的时期。

今天我们对仙台留学生活于鲁迅文学的影响有深入的研究，对"伍舍"时期，则通常直接视为"从文"之后的第一阶段产出期，把研究重点放在了对这一阶段的作品的解读上，研究《摩罗诗力说》《文化偏至论》等的"材源"和"思想"等，有很多精彩的成果，但相对却忽视了，这一时期仍然是鲁迅作为留学生的求学时期，而且尤其是已经选定"从文"之道后的观念养成和事业培养期，对作为文学家的鲁迅之养成，理当至关重要。由此也可以清楚地看到，1902—1909 年鲁迅在日本的留学生活是可以划分为清晰的三个阶段的，即 1902—1904 年的弘文学院语言学习阶段、1904—1906 年的仙台医学学习阶段以及 1906—1909 的"从太炎游"

---

① 鲁迅：《关于太炎先生二三事》，《鲁迅全集》第 6 卷，人民文学出版社，2005 年，第565—566 页。

阶段。他在前两个阶段的文学活动及著述都属于业余活动的范畴，只有在"从太炎游"的阶段才算是把"文学运动"当成正经事业在做，因而这一阶段的状况应该尤其值得注意才对。

日本一桥大学名誉教授木山英雄先生曾高度评价鲁迅留学时期的收获，将其称为两大"奇观"："可说这是面对东方文明古国衰微的敏感高傲的灵魂，把欧化主义的时弊归结为十九世纪式的'无知至上'与'多数万能'两点，从而与基督教欧洲内部的克尔凯郭尔和尼采，特别是后者对于资产阶级'末人'的轻蔑性批判发生共鸣，这已堪称一大奇观。而与此同时，他又与中国内部的章炳麟所主张的，立足于岂止是前资本主义社会，而且是前制度性原理的自存自主发生共鸣，这堪称又一个奇观。"并在此基础上进一步指出："他（章炳麟）在《民报》时期独特的思想斗争最全面的继承者，则非鲁迅莫属了。"[①] 神户大学名誉教授山田敬三先生也曾注意到："（与太炎先生）直接见面是在鲁迅的'伍舍'时代。但是在这以前，鲁迅推崇拜伦或尼采时的作品中，就已有浓厚的章太炎思想影响。有的段落甚至令人感到，鲁迅的拜伦形象或尼采形象，或许就是章太炎的形象。"[②] 这都是非常敏锐而令人信服的观察，也可证鲁迅从太炎所习得的，远非表面看起来那样无关紧要。

《狂人日记》发表后，最早的评论来自时为北京大学学生的傅斯年（署名孟真），他在发表于《新潮》第 1 卷第 4 号上的《一段疯话》中写道："鲁迅先生所作《狂人日记》的狂人，对于人世的

---

① 木山英雄著，赵京华编译：《文学复古与文学革命：木山英雄中国现代文学思想论集》，引文所属篇目的译者为孙歌。北京大学出版社，2004 年，第 237 页。

② 山田敬三著，韩贞全、武殿勋译：《鲁迅世界》，山东人民出版社，1983 年，第 92 页。

见解，真个透彻极了；但是世人总不能不说他是狂人。……文化的进步，都由于有若干狂人，不问能不能，不管大家愿不愿，一个人去辟不经人迹的路。最初大家笑他，厌他，恨他，一会儿便要惊怪他，佩服他，终结还是爱他，像神明一般的待他。所以我敢决然断定，疯子是乌托邦的发明家，未来社会的制造者。"这里对"狂人"的描述，与太炎所说的"神经病"如出一辙。也即是说，"狂人"一经露面，"青年读者"马上就辨认出了他的真面目，并将自己代入为他的友伴。这一事实清楚地表明，《狂人日记》的整体话语形态，深深根植于晚清以来中国话语环境的激进思潮脉络里，时代读者对此有着切身的认同感，在关于他的身份、价值和实质上，根本就不会发生误认。在这一意义上，太炎的"神经病质"就像一粒种子，一经植入晚清"东京留学生"青年心灵的沃土里生根发芽，托生为"狂人"，移植到"五四"青年的养成环境里，已被奉如"神明"、"断定"为"乌托邦的发明家，未来社会的制造者"了，也就是鲁迅本人所不喜欢而又确凿无疑的"青年导师"了。

《新潮》第1卷第4号出版于1919年4月，正是"五四"运动爆发前夕，傅斯年的言论体现的可以说是激进革新运动高潮时期的社会观念。随着"运动"的退潮，社会观念也许会随之改变，但在对"狂人"的看法上，反而呈现出认同感进一步加强的倾向。发表于1924年6月12日《时事新报·学灯》上的杨邨人言论说："我现在才发觉我们都是发昏瞎活的人，只有狂人才是醒悟者！人们可怜狂人的举动，说他是'荒唐悖谬'，人们自己不自觉自己才是

'荒唐悖谬'，而且实在是可怜的呵!"① 即此两例，已足以证明
"狂人"话语已演生成晚清民初中国知识话语中的正典，在塑造
时代观念方面发挥了颠倒乾坤的功效。《狂人日记》产生和作用
于其中，与时代环境之关系，诚所谓相互发明，"固不足怪也"。
一直到 1933 年，周楞伽"也还觉得身旁满是吃人的人一样"，忍
不住发出叹息："《狂人日记》的时代，到底要到什么时候，才会
过去呢?"②

　　"《狂人日记》的时代"，当然不是说由《狂人日记》单独造成
的时代，而是一个由《狂人日记》参与其中、以之为突出代表、社
会各方力量共同造成的时代。以《狂人日记》为中心，从"章疯
子"到鲁迅、从鲁迅到"五四青年"傅斯年、再到由"五四"召唤
出来的二三十年代青年，这条线索可以说是代表了晚清至民初的
"近代文学"中"狂人"话语的主流形态，这一主流形态的"狂人
话语"，也是刺激、召唤和促进近代中国知识、思想、文学和社会
变革的主要力量。在此之外，还有种种其他形态的"狂人"、"疯
子"、"癫子"等活跃于同时代，或个性奇癖如"辜疯子"③，或任性

---

① 杨邨人:《读鲁迅的〈呐喊〉》,《时事新报·学灯》1924 年 6 月 12 日。引自中国社会
　科学院文学研究所鲁迅研究室编:《1913—1983 鲁迅研究学术论著资料汇编》第 1 卷,
　中国文联出版公司, 1985 年, 第 54 页。
② 周楞伽:《读〈狂人日记〉》,《申报·自由谈》, 1933 年 9 月 29 日第 16 页。
③ 指辜鸿铭。见胡适《记辜鸿铭》:"入座之后，戴弥微的左边是辜鸿铭，右边是徐墀。
　大家正在喝酒吃菜，忽然辜鸿铭用手在戴弥微的背上一拍，说:'先生，你可要小
　心!'戴先生吓了一跳，问他为什么? 他说:'因为你坐在辜疯子和徐癫子的中间!'
　大家听了，哄堂大笑，因为大家都知道 'Cranky Hsfi' 和 'Crazy Ku' 的两个绰号。"
　《胡适全集》第 22 卷, 安徽教育出版社, 2003 年, 第 356 页。

无忌如刘文典①，"文人狂像""政客狂事""社会狂态"等等层出不穷②，体现出时代的文化风气，既是时代变革的表现，也是变革的重要参与力量。他们可能代表着"狂人"话语的其他方面，也可能真的是"被历史的车轮碾碎"，丧失了人格的自主性，总之都是这个"三千年未有之变局"的大转型时代的参与者和见证者。

当然，这个"近代'狂人话语'的主流形态"本身也不是无源之水。除了因缘际会互动促生之外，对所托身的自国文明传统的创造性承传，自然也是题中之义。林少阳先生在近著《鼎革以文——清季革命与章太炎"复古"的新文化运动》中以大篇幅讨论了章太炎与以"狂狷论"为中心的革命儒学之间的关联，其中涉及鲁迅，并把"鲁迅的狂狷论"作为"一个观察章太炎与鲁迅关联的视角"③，是这方面极富启发的新成果，有待进一步消化吸收。

结语

总结来说，本文的论点是：鲁迅笔下的"狂人"是一个自觉自勉的"狂人"，其病愈"候补"，固然与狂言狂行之尝试的"失败"相关，但更多是出于自我反省之下的志向下沉，从"劝转"当权者转向"沉入于国民"，自我砥砺，怀志不屈。这里面有尼采笔下的查拉图斯特拉的启迪，但根源上的取径，则是康德意义上的启蒙。

---

① 参见刘兆吉：《刘文典先生遗闻轶事数则》，《新文学史料》2002 年第 4 期。

② 参见燕楚：《民国狂人录》，南方出版社，2012 年。

③ 参见林少阳：《鼎革以文——清季革命与章太炎"复古"的新文化运动》，尤其是《第三编 清季章太炎与革命儒学》，上海人民出版社，2018 年，第 305—356 页。

《狂人日记》的创出，来源于鲁迅长久以来的关怀，有赴日留学时期明治知识环境的熏陶，更多是"从太炎游"的思想和人格典范作用所致，总体上属于晚清民初自国（尤其是语言、文化上的）知识环境的产物，代表了这一时期"狂人"话语的主流形态。其开创性意义，在于树立了现代自我的典型，是康德意义上的启蒙的示范之书。就此而言，我们都是"狂人"的后裔。

在文学上，《狂人日记》的意义已有很多有价值的讨论，本文涉及不多，有些值得进一步讨论的地方，权待日后处理。在此仅简单提及：我认为《狂人日记》在文学上的最大价值，在于提供了两方面的示范作用：一是现代白话的成功示范，提示并实践了文言、口语与欧化白话（翻译语体）的有机结合，促进形成新的书面文学语言；二是以文学捕捉、赋形、表征时代焦点的成功示范，开启内视点与外视点交互并用"反映现实"的尝试，在技术层面提升了汉语文学的表达手段。前者有力推进了白话文运动，后者开启了所谓"新文学现实主义传统"，尽管即使是在鲁迅的自我意识中，这个"现实主义"的命名也是值得讨论的。

《狂人日记》诞后百年，"狂人"使命任重道远。谨以此文为之芹献，馨香祷祝：自国文明摆脱束缚，只是向上走！

2019 年 3 月 30 日，作于京都同志社大学，期间尤其得益于《现代中文学刊》主编陈子善先生的督促，谨此志谢

基金项目：本文系国家社科基金重点项目"左翼文学文献整理与研究"（项目编号：14AZD098）的阶段性成果。

沉入语言中的"冷峻"与"温情"

——《孔乙己》语言特色分析

于小植（北京语言大学人文学院）

　　《孔乙己》是鲁迅在"五四"运动前夕继《狂人日记》之后发表的第二篇白话小说，最早发表在 1919 年 4 月《新青年》第六卷第四号上，后收入《呐喊》集。在自己的小说中，鲁迅最喜欢《孔乙己》。孙伏园在《鲁迅先生二三事》中记载："我曾问过鲁迅先生，其中（指《呐喊》），哪一篇最好。他说他最喜欢《孔乙己》，所以译了外国文。我问他的好处，他说能于寥寥数页之中，将社会对于苦人的冷淡，不慌不忙地描写出来，讽刺又不很显露，有大家风度。"① 鲁迅对《孔乙己》做了最好的诠释，《孔乙己》全文不足 2800 字，却字字珠玑，整个文本呈现出言辞浅、意象深的特征。

　　作为五四新文学的典范性文本，《孔乙己》在文本外部和内部设置了多维阐释空间，尤其是文本叙述语言呈现出来的特质，将五四白话文语言推向一个峰值。《孔乙己》的叙述语言力求摆脱语言

---

① 孙伏园：《鲁迅先生二三事》，湖南人民出版社，1980 年，第 16 页。

的繁琐和缠绕，用词直接、精准、简练，类似中国古典艺术的白描技法，但这种极简语言却搭建出一种冷峻、悲凉的叙述氛围；同时文本叙述语言的"留白"和"模糊性"特征又使文本时刻保持叙述张力，增强了文本的多义性和包容性；文本叙述语言呈现出来的经典效果是建立在鲁迅对白话语言特质的不断试挖掘、试验和寻找基础上的，鲁迅对文本进行了60多处修改，对叙述语言的苛刻态度不仅仅在于对语言"技法"的单向度诉求，更在于文本的主题、思想和精神指向，使文本叙述语言勾连起一个"冷峻"和"温情"交织的情感世界。

一、白描与冷峻

日本学者尾崎文昭认为鲁迅具有"往复深化型的'多疑'思维方式"[①]，这一定义得到了诸多中国学者的认同。思维方式"往复"，表达却不枝蔓，鲁迅的文学创作很少使用华丽的辞藻和冗长的句式，而是一笔不苟，每个字、词都经得起读者反复推敲、品味，践行了白居易"为诗宜精搜"的文学主张。在小说创作中，鲁迅喜欢使用白描手法，他说："'白描'却并没有秘诀。如果要说有，也不过是和障眼法反一调：有真意，去粉饰，少做作，勿卖弄而已。"[②] "白描"原本指单用墨色线条勾勒而不加渲染的中国绘画技法，鲁迅将这种技法借鉴到文学创作之中，他选择用简练的笔墨，勾画鲜

---

① ［日］尾崎文昭：《试论鲁迅"多疑"的思维方式》，孙歌译，《鲁迅研究月刊》1993年第1期，第21页。

② 鲁迅：《作文秘诀》，《鲁迅全集》第4卷，人民文学出版社，1981年，第614页。

明生动的形象。

《孔乙己》使用了白描技法，用字准确、拿捏得当。鲁迅仅以2800字就刻画出了饱受封建教育制度摧残的知识分子孔乙己形象，并写出了"社会对于苦人的冷淡"[①]。鲁迅曾师从章太炎，小学功底深厚，他追求用俭省的笔墨表达丰富内涵的文学创作境界。下文试举几例：

> 鲁镇的酒店的格局，是和别处不同的：都是当街一个曲尺形的大柜台，柜里面预备着热水，可以随时温酒。[②]

《孔乙己》全文共有六次"温"酒，指的是给酒加热，那么，为什么不用"热酒"、"烫酒"，而是反复使用"温酒"呢？《玉篇·水部》对"温"字的解释是"温，渐热也。"[③]《孔乙己》表现的是一个"凉薄"的世界，在这样的世界里，"热酒""烫酒"有突兀之感，因此，作者选择了与小说氛围相对契合的"温"字。

> 做工的人……靠柜外站着，热热的喝了休息；……只有穿长衫的，才踱进店面隔壁的房子里，要酒要菜，慢慢地坐喝。

上文中，四个单音节动词的使用十分考究。"靠"字写出了短衣

---

① 孙伏园：《鲁迅先生二三事》，湖南人民出版社1980年，第16页。

② 鲁迅：《孔乙己》，《鲁迅全集》第1卷，人民文学出版社，1981年，第434—438页。本文以下所引《孙乙己》，均出自此处，不再一一注明。

③ 顾野王：《玉篇校释·水部》，上海古籍出版社，1989年，第554页。

帮的辛苦，散工之后身体疲乏，只能借力于柜台。与之相对的"踱"字，使"长衫主顾"仿佛迈着八字步般悠闲自在的神态跃然纸上。同时，短衣帮散工之后也只能"站"着喝酒，而没有进行体力劳动的长衫主顾虽然不累，却可以"坐"喝，这种两相对比让人不禁想起了海子的诗歌"月亮下/一共有两个人/穷人和富人"①。鲁迅用四个单音节动词不动声色地白描出了封建社会的等级制度的精神渊源。

　　他身材很高大；青白脸色，皱纹间时常夹些伤痕；一部乱蓬蓬的花白的胡子。

　　作者并没有浓墨重彩地描写孔乙己的外貌，但一个落魄的读书人形象宛在目前。其中"夹"字尤为传神。"夹，从左右相持。说文：'夹，持也。从大，侠二人。'清段玉裁注：'捉物必以两手，故凡持曰夹。'"②"夹"是动词，用动词来形容人的外貌，以动写静地刻画出孔乙己饱受磨难的脸——不仅布满皱纹，而且带着伤痕，可以引发读者对于孔乙己日常生活处境的联想。

　　孔乙己一到店，所有喝酒的人便都看着他笑，有的叫道："孔乙己，你脸上又添上新伤疤了！"……他们又故意的高声嚷道："你一定又偷了人家的东西了！"

　　这是短衣帮和孔乙己的第一次交锋。首先是短衣帮的挑衅，希

---

①　海子：《麦地》，《海子的诗》，中国书店，2007年，第12页。
②　《辞源》，商务印书馆，1988年，第387、708、360页。

望通过"叫"的方式，让孔乙己因自己的伤疤而羞愧。实际上"叫"字已有高声呼喊之意。《说文》记载"叫，呼也。"[1] 孔乙己并没有用语言还击短衣帮，而是用"排出九文大钱"的动作显示自己的阔绰和对短衣帮戏谑的不屑。于是，短衣帮不甘示弱地"高声嚷"出对孔乙己偷窃的猜测。"嚷"和"叫"是递进关系，顺序不可颠倒，"嚷"比"叫"的声音更大，这两个词一前一后，不仅表现了短衣帮气焰嚣张，而且可以表现出双方对峙的升级，短衣帮身处社会底层，生活并不宽裕，但对同样穷困潦倒的孔乙己却没有丝毫同情，而是通过嘲笑孔乙己来换取自己暂时的欢乐。这时，店内的气氛愈欢乐，世情越冷峻。

你怎的连半个秀才也捞不到呢

上文中，作者没有使用"考""得"等常见动词，而是匠心独运地使用了"捞"字，为小说增添了复义色彩。"捞"字的本义是："水中取物。沉取曰捞。"[2] 现代汉语中的"捞"有两个意思，"1. 从水或其他液体里取出（东西）。2. 用不正当手段取得。"[3] 如果按第 1 个意思来理解文本中的"捞"字，很容易使人联想到"水中捞月"，作者借短衣帮之口说出以孔乙己为代表的旧知识分子考取功名正如同"水中捞月"般虚幻缥缈不切实际。如果按第 2 个意思来理解，文本中的"捞"字则带有试图占便宜却未能得逞的意

---

[1] 段玉裁：《说文解字注》，上海古籍出版社，1988 年，第 223 页。

[2] 《辞源》，商务印书馆，1988 年，第 708 年。

[3] 李行健主编：《现代汉语规范词典》，外语教学与研究出版社，2004 年，第 784 页。

沉入语言中的"冷峻"与"温情"

思。考取功名是以孔乙己为代表的旧社会知识分子的理想，具有正当性、合法性和神圣感，但是短衣帮却以一个"捞"字将孔乙己的理想变成了不自量力、侥幸混世，从而轻松地取缔了孔乙己理想的正当性和合法性。

> 便回过脸去，不再理会……我愈不耐烦了，努着嘴走远。

孔乙己不仅受到短衣帮无情的羞辱，也受到了小伙计的冷落。作者用动词"回"字表现小伙计对孔乙己的厌恶，面对孔乙己的提问，小伙计干脆"回过脸去……走远"，目的在于不给孔乙己继续搭话的机会。"努"是一个生硬的动作，表现极不情愿的样子。

> 穿一件破夹袄，盘着两腿，下面垫一个蒲包，用草绳在肩上挂住；
> 我温了酒，端出去，放在门槛上。
> 摸出四文大钱

这是孔乙己的最后一次出场，作者用"穿、盘、垫、挂"四个单音节动词白描出孔乙己被人打折腿后的窘态，没有赘笔、没有铺排，三言两语把孔乙己穷途末路的境遇呈现在读者面前。接着，作者用"温""端""放"三个动词描述了小伙计不动声色地做了自己分内的工作，小伙计这次没有嘲笑、没有鄙夷，也没有怜悯和同情，作者让小伙计变成了一个不添加自身感情色彩的、置身度外的叙事者。孔乙己昔日"排出九文大钱"的阔绰已然不再，他"摸出了四文大钱"，"摸"字形容动作迟缓，这大概是孔乙己仅有的钱，借用刘勰《文心雕龙·情采》中"为情而造文"①的观点，作者用"摸"字表现最后的这碗酒钱的珍贵和孔乙己对仅有的四文大钱的不舍。

二、"留白"与"多义"

《孔乙己》中，作者使用了"似乎"、"大约"、"仿佛"等词语，形成一种似是而非的模糊性语句或模糊性语态，对作品内涵的表现产生了特殊的效用。阿尔森古留加曾从康德的草稿中摘录了一段札记，"知性在模糊不清的情况下起作用最大，……模糊观念要比明晰观念更富有表现力……在模糊中能够产生知性和理性的各种活动。……美应当是不可言传的东西。我们并不总是能够用语言表达我们所想的东西。"②与"精确语句"相比，"模糊语句"的外延具有不确定性、内涵具有不准确性的特征，因而其灵活性更胜一筹，可以引发读者的联想，甚至激发读者的幻想，产生"语尽而意远"③的效果。因为"模糊语句"具有弹性，在小说中运用模糊语句可以起到增强文字的概括性、灵活性和语言穿透力的作用。

在《孔乙己》中，模糊性词语"大抵"出现一次，"似乎"出现一次，"大约"出现两次。下文依次加以分析：

---

① 刘勰：《文心雕龙》，中州古籍出版社，2008 年，第 338 页。
② [苏联] 阿尔森古留加：《康德传》，商务印书馆，1981 年，第 115 页。
③ 白居易：《文苑诗格》，南文博雅电子书，2015 年，第 3 页。

> 但这些顾客，多是短衣帮，大抵没有这样阔绰。

"大抵"意为"大都、大致。……史记太史公自序：'诗三百篇，大抵圣贤发愤之所为作也。'"使用"大抵"表现此处的叙述是非常客观的，短衣帮通常都不阔绰，所以只能站着喝酒；而孔乙己却与众不同，虽然也站着喝酒，却不像短衣帮们那般斤斤计较，偶尔还有"排"出九文大钱的阔绰举动。但又不像长衫主顾那般真正的"阔绰"，不能"要酒要菜，慢慢地坐喝"。在咸亨酒店里，孔乙己是一个无法归类的独异的存在。

> 穿的虽然是长衫，可是又脏又破，似乎十多年没有补，也没有洗。

"十多年没有补，也没有洗"的结论是小伙计根据长衫的外观推测出来的，运用模糊性"似乎"有助于增加叙述的客观色彩。关于孔乙己的长衫，文本中"孔乙己是站着喝酒而穿长衫的唯一的人"一句至关重要。"站着喝酒"与"穿长衫"构成了一组矛盾，我们可以对此进行双重理解：第一是孔乙己尽管在经济上只配"站着喝酒"，但是他在情感立场上不认同"短衣帮"，因此他"穿长衫"，表明他对"读书人"身份的自我认同。第二是孔乙己因为是读书人而"穿长衫"，他"排出九文大钱"，要了两碗酒和一碟茴香豆，符合"要酒要菜，慢慢地坐喝"的条件，然而他却选择"站着喝酒"，说明他虽是读书人身份，但却对短衣帮有情感认同，不愿与其他穿长衫的主顾坐到一起。孔乙己经济的困窘和读书人身份使他陷入"尴尬"的境遇，作者叙事的张力使作品具有复义性征。

"他怎么会来？……他打折了腿了。"掌柜说，"哦！"
"他总仍旧是偷。这一回，是自己发昏，竟偷到丁举人家
里去了。他家的东西，偷得的么？""后来怎么样？""怎么
样？先写服辩，后来是打，打了大半夜，再打折了腿。"
"后来呢？""后来打折了腿了。""打折了怎样呢？""怎
样？……谁晓得？许是死了。"

　　这段话中几处使用前一句的结尾词做下一句的开头语，是顶真
（又称联珠、蝉联、连环）的修辞方法。前后邻近的句子"头尾蝉
联，上接下递，可使结构紧密、语气贯通流畅"，[1] 作者使用这种修
辞方法意在突出事件的环环相扣。

　　"后来怎么样？"——"怎么样？"
　　"后来呢？"——"后来打折了腿了。"
　　"打折了怎样呢？"——"怎样？"

　　向来追求"为诗精搜"、不得"语剩智穷"的作者在这段对话
中并没有减少笔墨，而是让酒客不断地粘连掌柜的问话，造成一种
节奏强烈的紧张感。大段铺排的最后，忽然用"许是死了"四个字
戛然结束对话，与前文粘连的语气形成对比，如同一盆冷水突然浇
灭前文的火，突出了"看客们"对孔乙己的生死毫不在意的态度。
小说的结尾，作者再次使用了模糊性词语"大约"。

---

① 刘焕辉：《修辞学纲要》，百花洲文艺出版社，1993年，第290页。

"我到现在终于没有见——大约孔乙己的确死了。"

　　在这句话中，将表示不确定性的模糊性词语"大约"和表示确定性的副词"的确"并置，属于矛盾修辞，是鲁迅的一大语言特色，在他的其他作品中，也有许多矛盾修辞的句子，如"为了忘却的记念""无词的言语"（《颓败线的颤动》）、"我不如彷徨于无地"（《影的告别》）等。《孔乙己》的篇末，因为小伙计没有亲眼见证孔乙己的死亡，于是用"大约"表示出是一种推测；而由于"长久没有看见孔乙己"，"我"断定孔乙己死了，于是用"的确"表示出这是一种有根据的推测。"大约"与"的确"的连用，暗示出这种推测的不求确证而又敢于推测的状态，表现出小伙计对孔乙己死亡与否的无所谓的心态。

　　虽然孔乙己可以使"店内外充满了快活的空气"，"可是没有他，别人也便这么过"。无论是咸亨酒店的酒客、掌柜，还是叙述者"我"，对孔乙己的态度只有嘲笑和冷漠，作为科举制度牺牲品的孔乙己最后不知所终，也没有人关心他的生死。但在这冷峻的世情背后，作者的心中却流淌着暖意和温情，我们可以从作者对这篇小说的深度修改和以副词为主的叙事干预中加以考察和证实。

三、"炼字"与经典

　　据许广平回忆，鲁迅写作一般"经过深思熟虑，腹稿打好了。就提起笔来，一气呵成，所以初稿往往就是定稿"。[①] 但其实鲁迅在

---

① 许广平：《鲁迅回忆录》，上海文艺出版社，1978年，第217页。

完成一篇作品之后，常对自己的作品进行推敲和修改，精益求精。鲁迅在《我怎么做起小说来》中说："我做完之后，总要看两遍，自己觉得拗口的，就增删几个字，一定要它读得顺口；没有相宜的白话，宁可引古语，希望总有人会懂，只有自己懂得或连自己也不懂的生造出来的字句，是不大用的。"① 可见，鲁迅创作态度认真，力求"设情有宅，置言有位"，② 既关注作品的情节安排，也注重语言的运用。许广平说"有时改动一字一句，都经过细心推敲"。③ 在《为了忘却的记念》一文中，写给柔石的悼亡诗，鲁迅将"惯于长夜度春时"，修改为"惯于长夜过春时"；将"眼看朋辈成新鬼，怒向刀边觅小诗"，修改为"忍看朋辈成新鬼，怒向刀丛觅小诗"。④ 虽然只改了三个字，却"更深刻地表达了鲁迅当时的愤怒心情和对敌人的刻骨仇恨"⑤。鲁迅曾指出张天翼作品的缺点是"伤于冗长"，他叮嘱张天翼："将来汇印时，再细细的看一看，将无之亦毫无损害于全局的节、句、字删去一些，一定可以更有精采。"⑥

《孔乙己》最初发表于 1919 年《新青年》杂志第 6 卷第 4 号上，鲁迅将《孔乙己》收录进《呐喊》集时，做了认真的修改，改

① 鲁迅：《我怎么做起小说来》，《鲁迅全集》第 4 卷，人民文学出版社，1981 年，第 512—513 页。

② 刘勰：《文心雕龙·章句》，中州古籍出版社，2008 年，第 279 页。

③ 许广平：《鲁迅先生怎样对待写作和编辑工作》，《鲁迅的写作和生活》，上海文化出版社，2006 年，第 17 页。

④ 鲁迅：《为了忘却的纪念》，《鲁迅全集》第 4 卷，人民文学出版社，1981 年，第 486—487 页。

⑤ 许广平：《鲁迅先生怎样对待写作和编辑工作》，《鲁迅的写作和生活》，上海文化出版社，2006 年，第 18 页。

⑥ 鲁迅：《致张天翼》，《鲁迅全集》第 12 卷，人民文学出版社，1981 年，第 144 页。

笔 60 余处。① 正是鲁迅的"咬文嚼字"和苦心孤诣铸就了《孔乙己》的文学经典性。

> 他们往往要亲眼（初版为：亲）看着黄酒从坛子里舀出，看过壶子底里有水没有，又亲看将壶子放在热水里，然后放心。

这是对短衣帮"缠夹不清"的一段细节描写。《孔乙己》发表的初版本上，没有"眼"这个字，收入《呐喊》集的时候，鲁迅加上了"眼"字。这句话中，"看"字出现了三次，初版本是"亲看着—看过—又亲看"，两次"亲看"属于重复使用，因此，鲁迅在修改的时候，加上了一个"眼"字，变成了"亲眼看着—看过—又亲看"，既避免了用词的重复，又构成了字数参差错落之感。虽然只有一字之差，却能看出鲁迅对于个性化修辞方式的追求。在鲁迅的其他作品中，很容易找到类似的例子，如在《颓败线的颤动》中，鲁迅写道：

> 她赤身露体地，石像似的站在荒野的中央，于一刹那间照见过往的一切：饥饿，苦痛，惊异，羞辱，欢欣，于是发抖；害苦，委屈，带累，于是痉挛；杀，于是平静。②

---

① 参见吴周文：《〈孔乙己〉改笔读解》，《鲁迅研究月刊》2002 年第 12 期，第 29—33 页。

② 鲁迅：《颓败线的颤动》，《鲁迅全集》第 2 卷，人民文学出版社，1981 年，第 205—206 页。

在三个"于是"前面，鲁迅分别用了五个双音节词、三个双音节词、一个单音节词，他用变化和跳跃来打破原有的节奏或者人们熟悉的"对偶"的格律，为了产生特殊的审美效用，鲁迅追求"破格"，追求打破惯例和传统的窠臼，因此他的文风独具一格。

> 倘肯多花一文，便可以买一碟盐煮笋，或者（初版为：或）茴香豆，做下酒物了，如果出到十几文，那就能买一样荤菜（初版无此句），但这些顾客，多是短衣帮，大抵没有这样阔绰。只有穿（初版为：着）长衫的，才踱进店面隔壁的房子里，要酒要菜，慢慢地坐（初版为：吃）喝。

不计标点，收入《呐喊》集时，鲁迅对初版于《新青年》的《孔乙己》的这段文字进行了四处修改。第一，把"或"改为了"或者"。第二，《孔乙己》在《新青年》初版时，用的是"着长衫"，收入《呐喊》集时，鲁迅改为了"穿长衫"。"着"是一个古老的通行词语，在《大唐西域记》等隋唐文献中多有出现。在明清典籍中，尤其是佛书中，与"衣服"搭配的动词，多使用"着"。鲁迅是"白话文运动"的主要倡导者，修订《孔乙己》的时候，他认为"穿"字的口语性更强，因此将"着"改为"穿"。关于此处修改，吴周文认为："江浙方言中一般说穿衣服为'着衣裳'，这个'着'字不太好理解，改为'穿'字就通俗易懂了。"① 这种解释不能成立，现代绍兴话说"穿衣"，并不说"着衣"，鲁迅在初版本中

---

① 吴周文：《〈孔乙己〉改笔读解》，《鲁迅研究月刊》2002 年第 12 期，第 31 页。

使用"着"字并不是方言现象。第三，加着重号的"如果出到十几文，那就能买一样荤菜"一句，初版时没有，是鲁迅在收入《呐喊》集时后加的。在《孔乙己》中，作者想要说明孔乙己在经济地位上已经沦为了短衣帮，但却不愿意脱去长衫。如果没有括号内的这句话，意思是短衣帮不能买盐竹笋或者茴香豆做下酒物，而小说的下文中孔乙己买了茴香豆做下酒物，无法达成作者关于短衣帮与孔乙己经济地位一致的叙事意图，因此增加括号内的这句是非常必要的。通过这句，读者还可以知道"长衫"主顾到底是如何阔绰的，除了"站喝"和"坐喝"以外，他们吃的内容与短衣帮有怎样的不同。增加了 15 个字，就将贫富差异和阶层对立更为具体地落实于鲁镇酒店之中了。第四，把初版本的"吃喝"改为了"坐喝"。"坐喝"一方面可以表现"长衫"主顾态度悠闲，另一方面"坐喝"可以与"站喝"形成对比，"长衫"主顾与"短衣帮"自然也形成了对比，为无从归类的孔乙己的出场做足了铺垫。

自此以后，又长久没有见孔乙己。到了年关，掌柜取下粉板说，"孔乙己还欠十九个钱呢！"到第二年的端午（初版为：清明），又说"孔乙己还欠十九个钱呢！"到中秋（初版为：端午）可是没有说，再到年关（初版为：中秋）也没有看见他。

在这段话中，鲁迅将节气名称由初版的"年关-清明-端午-中秋"改为"年关-端午-中秋-年关"。整篇小说中，"孔乙己还欠十九个钱呢！"共出现了四次，为了表现只有想到要帐时，孔乙己才会被人想起，鲁迅修改时去掉了"清明"，因为清明是纪念家中已故亲人的节日，债主一般不会在清明节要帐。鲁迅笔下的咸亨酒店大概有年关、端午、中秋三节结账的习惯，修改后，读者可以更加清楚地知道，在酒店掌柜心目中，孔乙己的分量不及"十九个钱"。旧社会欠租、负债的人必须在旧历年底清偿债务，过年像过关一样，因此被称为"年关"。修改后，以"年关"始，到"年关"终，使一年的意象更为完整，而且，最后一个"年关"与第一个"年关"形成反复，使"年关"一词得到了强调，凸显出社会对苦人的凉薄。

鲁迅对《孔乙己》的修改基于他对旧社会酒店实际状况和民间风俗习惯的了解，他描画的是炎凉的世态人情，我们却可以从"冷"的文字背后，感受到鲁迅对孔乙己的深切同情，感佩他"吟安一个字，捻断数茎须"①的艺术追求。

四、词语与温情

汉语里的动词表示动作、发展、变化、存在或消失等，形容词表示人或事物的形状、性质以及动作、行为的状态。而副词是用在动词、形容词前面起修饰、限定作用的，用来说明动作行为或性质状态等所涉及的范围、时间、程度、情态以及肯定或否定的情况。在小说中，副词可以起到准确表达作者的情感和意图的作用。作者将自己的主观倾向与具有"修饰、限定"功能的副词相融合，使自己的独特思想与人文关怀渗入到副词与相应的词、短语、句子的组合之中，以完成对小说中的人物和事件的评价，进而形成对小说中

① 卢延让：《苦吟》，《全唐诗》，中华书局，2008年，第715卷。

人与事的性质状态、发展变化的干预性表述。

表面上看，《孔乙己》是以在咸亨酒店当小伙计的"我"的视角进行叙述的，但细心的读者会发现，小说的第一段在介绍酒的价钱时，插入了一个叙述功能很强的夹注："这是二十多年前的事，现在每碗要涨到十文"。这句话暗示了小说中不仅有一个从十二岁开始当酒店伙计的少年"我"，而二十多年后带着理性思考的成年"我"也通过这句夹注，在小说一开始就进入了文本。通读全文，我们不难看出少年"我"对待孔乙己的冷漠与厌恶，但成年"我"却并非如此。在以成年"我"为视角的叙述中，我们会逐渐发现孔乙己身上的闪光点，让我们在冷漠凉薄的语言氛围中感到脉脉温情，这种叙事效果是作者通过一系列副词的使用达成的。

首先，作者有意识地选用副词将孔乙己不断推入一个受人嘲弄的尴尬境地。小说中"笑"共出现了 14 次，用副词"都"修饰"笑"的有 5 次，鲁迅用副词"都"告诉我们，摧残孔乙己的并非是一个具体的人，如果是一人，读者的阅读期待必定是找出凶手，走上复仇之路，但是摧残孔乙己的是"无主名无意识的杀人团"[1]，孔乙己"不幸上了历史和数目的无意识的圈套，做了无主名的牺牲"[2]，而面对这种境遇作者和读者都是无力的。

> 所有喝酒的人便都看着他笑
>
> 引得众人都哄笑起来
>
> 众人也都哄笑起来

---

① 鲁迅：《我之节烈观》，《鲁迅全集》第 1 卷，人民文学出版社，1981 年，第 124 页。

② 鲁迅：《我之节烈观》，《鲁迅全集》第 1 卷，人民文学出版社，1981 年，第 125 页。

于是这一群孩子都在笑声里走散了

此时已经聚集了几个人，便和掌柜都笑了。

上文 5 句话中的副词"都"表示范围，总括了"喝酒的人"、两次出现的"众人"、"孩子"、"聚集的几个人和掌柜"全部对象。鲁迅通过"都"告诉读者"笑"的并非独立的个体，而是众人、是群体，"笑"中充满了戏虐和嘲弄。孔乙己悲惨的遭遇，众人不能感同身受，孔乙己的悲惨带给众人的是欢乐。众人"笑"的过程就是孔乙己尊严被践踏、精神被摧残的过程，也是作者对以孔乙己为代表的无钱无权的读书人的关怀和同情逐步加深的过程。

小说第四段的叙述者是少年时的"我"，少年时的"我"描述了酒客对孔乙己的揭短和嘲笑。第五段中断了少年"我"对孔乙己来酒店时情形的叙述，插叙了成年"我"对孔乙己人生经历的讲述，第五段使用了大量副词，成年"我"的叙述干预色彩明显，可以说第五段是成年"我"为孔乙己进行的辩护。少年"我"与成年"我"对孔乙己的情感倾向是不同的，少年"我"冷漠，成年"我"充满同情，而成年"我"的情感倾向与作者是趋同的。

终于没有进学

时间副词"终于"多用于表示所意料的或所期望的事情最终发生。不关心孔乙己生死的少年"我"，自然更不可能关心孔乙己是否"进学"，显然，小说第五段是由成年"我"讲述的。孔乙己"没有进学"是成年"我"所不希望发生的，鲁迅用副词"终于"

修饰"没有进学"，意在说明孔乙己是经过努力的，只是没有得到好的结果，反喻成年"我"（成年"我"的情感立场与作者接近）不希望的事情最终发生了，饱含了遗憾和同情。

> 幸而写得一笔好字

"幸而"是语气副词，"指由于某种有利条件而侥幸避免不良后果"[1]。用"幸而"修饰"写得一笔好字"，意在说明孔乙己拥有这个特长是光荣和幸运的，孔乙己的这个特长对成年"我"来说是意外之喜，成年"我"认可孔乙己的读书人身份。

> 便免不了偶然做些偷窃的事

副词"偶然"表示出乎意外。用"偶然"修饰动宾短语"做些偷窃的事"，作者意在强调孔乙己并非惯犯，他在绝大部分时间里是能保持读书人操守的，"偷窃"是极少发生的。而前面的"免不了"更进一步说明孔乙己"偷窃"实属为生活所迫，不得已而为之，成年"我"（立场同作者）对孔乙己的袒护之心彰明较著。

> 但他在我们店里，品行却比别人都好。虽然间或没有
> 现钱，暂时记在粉板上，但不出一月，定然还清

---

① 吕叔湘主编：《现代汉语八百词》，商务印书馆，1999 年增订版，第 586 页。

"都"在这里是范围副词，是带有强调意味的总括，强调孔乙己的品行好过店里的每一个人，无一例外。频率副词"间或"表示动作、事情时断时续地发生或者发生不是普遍的，相当于"有时候"、"偶尔"，修饰动宾短语"没有现钱"；时间副词"暂时"表示较短的时间之内，修饰动补短语"记在粉板上"；"还清"的前面加上肯定副词"定然"，表明孔乙己必然还清欠款，强调孔乙己讲诚信。

　　小说的第五段使用了大量的副词，目的在于强化孔乙己努力考取功名未果、有所擅长、讲信用、迫不得已时才偶尔偷窃的人物形象；同时也强化了作者对孔乙己的同情、关怀、肯定乃至袒护之情。

　　第四段的叙述者是做小伙计的少年"我"，在少年"我"眼中，酒客对孔乙己的戏虐使"店内外充满了快活的空气"，对热闹场面的讲述反衬出少年"我"内心的冷漠和凉薄。第五段成年"我"叙述的调子是低沉的，低沉之中却流露出温情和暖意。成年"我"怀着重新审视的心情逐渐加强了对少年"我"叙述的干预，成年"我"与少年"我"建构出了孔乙己的不同侧面。

　　根据《孔乙己》发表时鲁迅的《附记》，小说创作于1918年冬天。小说篇幅短小，在语言上匠心独运，鲁迅用沉郁清峻、婉曲犀利的俭省语言描画了世情凉薄、世人冷漠的封建社会之一隅。小说中，模糊性语句的运用增加了作品的弹性，起到了增强文字的概括性、灵活性和语言穿透力的作用。一方面，《孔乙己》文本呈现了一个"冷峻"的世界；一方面，读者可以体察到埋藏于本文内里的鲁迅的"温情"。因此，在面对鲁迅作品的时候，不能仅通过语言的"冷"来判断鲁迅对国民性的指责与批判，而是要从语言细节入手，发掘鲁迅的艺术追求和人文关怀。语言是思想的现实，文本中"冷峻"与"温情"之间的张力，正是借助文本的语言产生的。

本文系北京市习近平新时代中国特色社会主义思想研究中心项目"新时代中国国家形象塑造与国家影响力提升研究（19LLZD15）的阶段性成果；北京语言大学院级项目（中央高校基本科研业务费专项资助，20YJ030003）

《伤逝》：五四新人与民族国家想象

张　娟（东南大学人文学院）

　　《伤逝》是一个具有魅惑性的意义交缠的文本，也是在鲁迅的单篇小说中被反复阅读阐释最多的文本之一。综观《伤逝》研究话语，既往研究大致有三种基本范式：政治革命范式、生命哲学范式、审美形式范式。审美形式的探讨有复调说、审美距离说、音乐性、抒情话语等等。政治革命范式随着 20 世纪 90 年代之后生命哲学和人性审视的崛起逐渐式微，从生命哲学角度解读的更是蔚为大观。迄今为止有周作人的纪念"兄弟"之情说、《娜拉出走以后怎样》的女性解放问题形象化解答说、知识分子内在弱点说、涓生的"忏悔录"说、探讨人性说、男性中心倾向说等等。但是在阅读《伤逝》的过程中，笔者又深刻感受到，虽然《伤逝》的阐释话语已经非常丰富且深入，但是在《伤逝》文本中还是有一些盲区有意无意地被研究者忽略。《伤逝》的讨论长久被局限在私人空间，涓生离开子君的原因被放置在爱情内部讨论，涓生"寂寞与空虚"的内在本质和他对去向"新的生路"的强烈渴望往往被忽视。这种解读倾向和20世纪90年代以来后现代主义解构主义流行的背景息息相关，鲁迅的民族国家思想和启蒙倾向都处于被遮蔽的状态，不免走向另一种盲区。

本文尝试立足民族国家视野，重新解读《伤逝》。从文本症候"新的生路"谈起，探讨涓生在小说中真正的诉求到底是什么，重新审视从"新民"到"新人"的五四一代的"脱嵌"现象。《伤逝》中涓生和子君在爱情、物质、社会、生存等多个层面遇到的困局，如果仅仅如爱情角度阐释，很难抵达本质，事实上，这正是五四新人在时代转型期遇到的脱嵌困境。《伤逝》"忏悔录"式的文本结构和反复出现的"寂寞和空虚"，一方面表征着"新人"通过自我解剖和自我改造寻求出路的失败，另一方面也暗示着五四一代真正的出路和民族国家诉求的复杂关系。在此基础上，可进一步讨论现代民族国家建构的艰难历程中鲁迅的文学转向，和中国五四"新人"的再嵌化问题。

一、"新的生路"与"新人"的诉求

重读《伤逝》，最重要的是探讨涓生的诉求到底是什么。是个体的爱情，还是内在的国族使命？它反复提到的"新的生路"到底是什么？《伤逝》中有一处非常值得探究的"症候"，就是"新的生路"反复出现。正如鲁迅关注的是"娜拉出走以后怎样"，在《伤逝》中他着墨最多的不是爱情是怎么发生的，而是"爱情开始以后怎样"。小说最精彩的部分是从爱情失败的地方写起，子君的死并没有成为小说的终结，涓生依然要以遗忘和说谎做自己的前导，继续前行，爱情只是涓生尝试的一种逃离的手段，小说的终极指向是对"新的生路"的追寻和向往。

涓生竭力想要跨出的"新的生路"到底是什么？在文中有没有给出提示？事实上，在文中也有"症候"出现。整篇小说都弥漫着沉重的悲哀的气息，如同一个巨大的黑洞，将人带入无限的空虚，结构复杂的沉闷的复沓的长句使得小说像一个绵长的叹息。但是文章有三处想象，意外地采用了语气轻快、节奏感强的短句，连续的排比传达出一种自由的气息和新生的喜悦。而这三处想象，正体现了一种民族想象共同体的建构，从某种意义上讲，"我"和社会的关联，我与世界的同在是通过想象的方式构建的。

第一处想象出现在涓生在和子君的隔膜越来越深重的时候，涓生选择了到通俗图书馆读书，在这个公共空间，他获得了少有的轻松感。"屋子和读者渐渐消失了，我看见怒涛中的渔夫，战壕中的兵士，摩托车中的贵人，洋场上的投机家，深山密林中的豪杰，讲台上的教授，昏夜的运动者和深夜的偷儿……。"① 这是一个广阔的社会图景，正如鲁迅所言："熟识的墙壁，壁端的棱线，熟识的书堆，堆边的未订的画集，外面的进行着的夜，无穷的远方，无数的人们，都和我有关。"② 涓生想要离开子君，不是因为爱上了别的女人，而是因为他有着更深广的理想和追求，他以知识分子的情怀与这个世界休戚与共，从农民阶级的渔夫，到战壕中的士兵，从汽车中的富人，到洋场上的金融家，从深山中的英雄豪杰，到学院派的教授，从夜里的运动者到小偷，这是整个社会的全景图，涓生不是

---

① 鲁迅：《伤逝》，《鲁迅全集》（第 2 卷），人民文学出版社，1981 年，第 121 页。（以下《伤逝》引文均出自此版本，恕不赘注）

② 鲁迅：《这也是生活》，《鲁迅全集》（第 6 卷），人民文学出版社，1981 年，第 601 页。

一个简单的爱情故事的男主角，他是一个启蒙思想者，他觉得自己对世界负有责任。

第二处想象出现在涓生和子君说了分手之后。虽然分手对于子君来说犹如灭顶之灾。而涓生也不是不知道这些话的效力，否则他便不会感觉"时时疑心有一个隐形的坏孩子，在背后恶意地刻毒地学舌"。但是，他终究还是选择说出来，为了"新的路的开辟，新的生活的再造，为的是免得一同灭亡"。而且涓生一厢情愿地想象子君终于可以觉悟，并勇敢开启自己新生的道路。值得注意的是，这一新生之路也不是新的爱情，而是同样宽广的社会的图景："在通俗图书馆里往往瞥见一闪的光明，新的生路横在前面。她勇猛地觉悟了，毅然走出这冰冷的家，而且，——毫无怨恨的神色。我便轻如行云，漂浮空际，上有蔚蓝的天，下是深山大海，广厦高楼，战场，摩托车，洋场，公馆，晴明的闹市，黑暗的夜……。而且，真的，我豫感得这新生面便要来到了。"在涓生的想象中，已经走出了"父权"的家的子君，此时又走出"夫权"的家。涓生对子君的爱，不是以爱作为终结的，而是以启蒙作为终结，他希望看到的是一个能够独立走向社会的女性。而只有子君独立了，涓生便也可以独立，他就可以在不同的空间、不同的时间自由行走，走向广阔天地。

第三处想象是子君离家，留下了"生活材料的全副"，涓生被房屋的空虚和隐忍的子君所压迫，艰于呼吸视听："我似乎被周围所排挤，奔到院子中间，有昏黑在我的周围；正屋的纸窗上映出明亮的灯光，他们正在逗着孩子推笑。我的心也沉静下来，觉得在沉重的迫压中，渐渐隐约地现出脱走的路径：深山大泽，洋场，电灯下的盛筵；壕沟，最黑最黑的深夜，利刃的一击，毫无声响的脚步……"无法面对当下的涓生同样依靠想象建构自己的新生，而其建构的世界让我们想到鲁迅的一篇散文《这样的战士》："他走进无物之阵，所遇见的都对他一式点头。他知道这点头就是敌人的武器，是杀人不见血的武器，许多战士都在此灭亡，正如炮弹一般，使猛士无所用其力。"① 不管敌人怎样强大，战士面对的是怎样的无物之阵，他都一次又一次举起投枪。这样的战士就是"最黑最黑的深夜里"那"利刃的一击"，而战斗的场景同样涵盖了从农村（深山大泽）到洋场（城市），从室内（电灯下的盛筵）到室外（壕沟）。

涓生的三处"新生"想象都与社会和民族国家相关，尽管这种想象是充满诗意的幻想，语焉不详的。安德森对"民族"这个概念给出了一个富于想象力的定义："它是一种想象的政治共同体——并且，它是被想象为本质上有限的（limited），同时也享有主权的共同体。"② "它是想象的，因为即使是最小的民族的成员，也不可能认识他们大多数的同胞，和他们相遇，或者甚至听说过他们，然而，他们相互联结的意象却活在每一位成员的心中。"③ 涓生对于"新的生路"的想象，就是和"无尽的人们，无穷的远方"联系在一起的，他并不认识，也没有相遇，但是他却觉得自己的命运与他们有关，自己的奋斗是为他们才有意义。从这一角度来讲，涓生正是从传统帝制和农业文明中走出来的一代"新人"，涓生最终选择

---

① 鲁迅：《这样的战士》，《鲁迅全集》（第2卷），人民文学出版社，1981年，第214页。

② （美）本尼迪克特·安德森：《想象的共同体——民族主义的起源与散布·导论》，上海人民出版社，2016年，第6页。

③ （美）本尼迪克特·安德森：《想象的共同体——民族主义的起源与散布·导论》，上海人民出版社，2016年，第6页。

离开子君，不是因为移情别恋，而是因为他向往的"新的生路"是国家民族的建构，他自觉把自我和现代民族国家联系在一起，他的理想不是一己爱情，而是要担当改造世界的责任。

晚清时期梁启超就提出"新民"说，关心的是在现代民族国家视角下如何塑造新的"民"。这里的"民"也即国民，也就是脱离奴隶状态的现代国民，认为"苟有新民，何患无新制度，无新政府，无新国家"，[①] 在这种"新民"的意义建构中，一切都是为了"国家"，要培养现代"国民"，就要完善自身，这也是鲁迅的改造国民性理论生成的重要社会基础。新文化运动前后"新人"逐渐取代"新民"，关注个性主义思想影响下的自我完善的新"人"，这一"新人"概念主要是受西方民主自由思想影响，关注如何"从传统的礼法道德、风俗习惯等层层束缚解放出来，成为西方现代文化标准下所定义的'人'"[②]。《伤逝》中的涓生从爱情的私人领域开始改造，就是这一代中国知识分子从"新民"向"新人"转变的代表。清末民初，中国知识分子面对着国家巨变，1905年科举制度废除，传统文人通过科举进入政治权力中心的道路从此关闭。清廷的新政导致了传统士绅阶级的没落和宗族学堂的消失，传统文化出现断层，大量知识分子涌向城市，接受新式教育。《伤逝》小说开篇的时候，涓生居住在绍兴会馆，这个绍兴会馆建于清道光六年，主要接待山阴、会稽两县赶考的举人。现实生活中当鲁迅来到这里的时候，科举制已经废弃了。而在科举正式废止之前，鲁迅已于

---

① 梁启超：《新民说》，（台北）中华书局1978年版，第2页。
② 王汎森：《从新民到新人：近代思想中的"自我"与"政治"》，许纪霖主编：《世俗时代与超越精神》，江苏人民出版社，2008年，第171页。

1898 年闰三月考入南京的江南水师学堂，1902 年 2 月由江南督练公所派赴日本留学。1912 年，鲁迅作为一个外省青年来到北京，就落脚在这宣武门外南半截胡同的会馆，在民国政府教育部挂着闲职，整日靠抄写残碑拓片消磨时光。鲁迅在绍兴会馆里经历过漫长的沉默期，用竹内好的话来说，就是"酝酿着呐喊的凝重的沉默"，并在沉默中有"回心"式的觉悟，而这一期间"寂寞、沉默是'重'的，'回心'式的觉悟则是'轻'的"①。鲁迅的这种轻与重，和涓生是一样的。晚清的中国，面临"千年未有之变局"，旧的社会秩序土崩瓦解，知识分子从传统的家国秩序中被连根拔起，在"家国天下"的连续体中出现了断层。早期知识分子们从"新民"到"新人"，从公共领域到私人领域，试图建立自我和国家的新秩序，是这一代知识分子的宿命，也是他们的担当。他们对于自己的未来、民族的出路认识都不是特别清晰，他做出了战斗的姿态，迈出了去往新路的步伐，也做出了自己所能做出的最大的牺牲，但他没有实质性地找到自己的道路，作为历史的"中间物"，他向我们展示了"新人"诞生的艰难。在《伤逝》中塑造了怎样的"新人"，他们的革命之路怎样，正是我们接下来要探讨的问题。

二、从"新民"到"新人"——五四一代的脱嵌

查尔斯·泰勒在《现代性中的社会想象》一书中认为，传统社会到近代社会的历史转型过程中，发生过一场"大脱嵌"（great disembodying）。传统中国社会是一个家国天下的连续体，个人的

---

① 刘超:《绍兴会馆里鲁迅内在精神的重与轻》,《书屋》2016 年第 3 期, 第 24 页。

行为和生活必须放置在这样的框架之中才能获得存在的合理性。清末民初，随着帝制的崩溃和政体的裂变，自我逐渐摆脱家国天下的共同体框架，成为一个独立的个体。特别是知识分子，他们是家国的伦理秩序的重要一环，通过现实世界中的文化伦理秩序，"齐家治国"然后"平天下"，是他们的使命，也是他们身份认同感的重要来源。《伤逝》中的涓生和子君就是这一代中国知识分子从"新民"向"新人"转变的代表。辛亥革命以后，政治上的王权接替，宗法共同体解体，传统的社会秩序和心灵秩序被瓦解，晚清热情高涨的国家主义有所退潮，辛亥一代的"新民"们在大脱嵌时代，开始向"新人"转型，但是从"新民"向"新人"又是非常艰难的。

首先，最值得我们注意的就是在民族国家转型的脱序时代的"新人"们的边缘和孤独。这种"边缘"指向的是整个社会政治经济体系的不健全，同时也是个体与国家秩序的脱序的表征。和传统的熟人社会不同，涓生和子君都不属于北京这个城市，小说没有交代涓生来自哪里，但他寄住在绍兴会馆，这是一个外来漂泊者的身份。子君同样是个"边缘者"，小说中她寄住在叔子家，离开了父亲的家，而她死后的知情人透露子君家大约住在乡下。来到北京，涓生和子君也无法融入这个城市，涓生工作是一个整日在局里抄写的小公务员，而他可以寻找的工作有钞写、教读、译书、写稿，小说中涓生没有什么朋友，也没有亲人。和子君关系恶化后，他无处可去，只好逃到通俗图书馆，在这里都是陌生人，涓生也害怕看到熟人轻蔑的表情。涓生也曾访问过熟人，但这些熟人的家是温暖的，神情却让涓生在骨髓中觉得寒冽。同样，子君也是孤独的，她先冲破了家庭的束缚，离开了自己的原生家庭，来到叔叔家，而叔叔很明显对子君和涓生的交往是反对的，以至于在婚后的生活中，子君最大的精神慰藉是阿随，最重要的外交活动是和房东"官太太""暗战"小油鸡的伙食。作为一个"外来者"，一个城市和乡村之间的边缘人，涓生一直无法进入政治和革命的中心，这正是从传统的家国秩序中脱序而出的一个知识分子的真实写照。寻求在新的国族秩序中的个体位置，正是涓生新生的路的方向。

另外，值得注意的是，在这个民族国家尚属雏形，生活于早期市民社会的涓生和子君们，来自于翻译和报章杂志的西方想象成为他们生活和思想的重要参照。《伤逝》的开篇写道："如果我能够，我要写下我的悔恨和悲哀，为子君，为自己。"这个句式非常的拗口，和中国式的表达截然不同，但如果翻译成英文，却极其流利："If I can, I would write down my regret and sorrow, for Zi Jun, for myself."这种受西方翻译腔影响的话语模式在《伤逝》中表现的极为明显，"世界"和"西方"的文学经验，正是涓生的知识背景。实际上，这种受西方影响，由日文、英文、德文混合在一起，表现着新的思想和道德的话语词汇最终也成为了五四精英的话语方式，树立了西化的权威。通过小说和报纸发声，才能为"重现民族这种想象的共同体，提供了技术上的手段"。[①] 在《伤逝》中，涓生作为一个现代知识分子，使用的是白话，为《自由之友》翻译稿件，对子君讲述西方文学的故事，都体现着语言变革带来的成长环境的变化。小说中，涓生的精神资源基本来自于西方文化。谈恋爱的时候，涓生对子君启蒙和规训的精神资源是西方文学："破屋里便慢慢充满了我的语声，谈家庭专职，谈打破旧习惯，谈男女平等，谈

---

① （美）本尼迪克特·安德森：《想象的共同体——民族主义的起源与散布》，上海人民出版社，2011年，第23页。

伊孛生，谈泰戈尔，谈雪莱……"；涓生失业之后，他作为自由职业者选择的谋生方式是为《自由之友》翻译；想要和子君分手的时候，涓生依靠的依然是西方的精神资源："我和她闲谈，故意地引起我们的往事，提到文艺，于是涉及外国的文人，文人的作品：《诺拉》，《海的女人》。称扬诺拉的果决……"最能体现西方文化影响的，是涓生的在慌乱和热烈中进行的求婚，后来涓生表示"我已经记不清那时怎样地将我纯真热烈的爱表示给她"。涓生在求婚前十几天就仔细研究过自己如何表白，如何措辞，甚至遭到拒绝以后要怎么办，可是在求婚的当下，却头脑一片空白，慌张中，"身不由己地竟用了在电影上见过的方法了"。这一点是颇有意味的，"西方社会学家哈贝马斯曾经指出，现代市民社会的建立有赖于公共领域的形成，公共领域的形成有赖于报纸、小说等印刷媒体的发达。后者之所以有如此功用，就在于其可以通过多种叙事缔造一个想象的共同体（Imagined Community），此共同体因其聚拢了民众共同的时空想象而使大家感觉好像生活在一个共同的时空体中，享有共同的日常生活。"[1] 慌乱时刻主宰人行为的往往是潜意识，采用了西方式的单膝跪地，可见在涓生的想象中西方文化已经具有了压倒性的地位，甚至深入到了潜意识层面，这正是民众的日常生活想象共同体在涓生求婚事件上的潜在表现。"中国从传统帝国向现代国家转型的历史进程，却同样与肇始于西方的现代性与全球化密不可分。"[2] 在五四时期的创作中，"西方"成为一个看似不在场的在场者，而《伤逝》描写的就是一个从东方走向世界的知识分子的心灵

---

① 谷鹏飞、赵琴：《美学与现代性问题》，人民出版社 2013 年，第 174 页。
② 吴晓东：《文学的诗性之灯》，上海书店，2010 年，第 52 页。

史。涓生在西方的知识背景下试图启蒙一个东方式的女性，目的不是为了爱情，而是为了"新的生路"，当然由于子君的传统婚姻观和现实社会机制的不健全，这段爱情失败了，子君也逝世了，但追寻者涓生并没有停下走向生路的脚步，即使他身上依然背负着道德的重负，但这一切均可视为我们走向世界必须付出的代价。

其次，涓生和子君作为"新人"，其实并没有太大的权力关系的差别，涓生导向的是思想启蒙，子君导向的是生活启蒙，相同的是，他们的尝试都失败了。涓生和子君从私人的家庭空间走向了社会的公共空间，在这个生活空间发生巨大变化的时期，"生活政治"是民族国家视野里的一代新人面临的重要课题。在晚清以来，对于女性的身份定位和理想建构也是"生活政治"、"现代性理念"的一个重要部分，鲁迅的演讲《娜拉出走会怎样》、小说《伤逝》就是对易卜生的《傀儡家庭》中娜拉出走的持续讨论。对于子君来说，她从私人的家庭空间走向社会公共空间，结束了传统时代的女性相夫教子的模式，她首先要面临的是树立新的身份的问题。加拿大社会学家查尔斯·泰勒认为，现代人"生活政治"的核心内容就是"自我"如何被"他人"所承认。[①] 五四初期的子君的新的身份应该是什么，同居之后她是应该如涓生所愿继续"读书"和"散步"，还是承担繁重的家庭劳动？如果家庭劳动和经济收入得不到社会保障，女性的解放是否就是一种虚妄？在家庭财产关系上，虽然同居时子君变卖了自己的金戒指和耳环以加入家庭的股份，但社会没有提供给子君一份合适的工作，这种家庭经济关系是否能够保持稳

---

① 刘维公：《布迪厄与生活风格社会学研究：兼论现代社会中的社会学危机》，《社会理论学报》1999 年第 1 期，第 347—371 页。

定？更重要的是，子君是否具备独立的条件和地位？涓生和子君之间的隔膜，根本在于涓生和子君在国民国家视野中扮演的角色是不同的。子君认为革命的目的就是爱情，她是把革命和爱情划等号的，涓生的诉求是国族理想，爱情只是去往"新的生路"的一个条件，不是全部。但涓生和子君在"新人"的本质上都一样，在现代民族国家发生的过程中，他们都是迷茫者，涓生在尝试用思想启蒙的方式寻找新的生路，子君则身体力行用生活启蒙的方式追寻涓生，他们的失败不在于启蒙本身的问题，而是当时的民族国家并没有完全准备好迎接这批新人的到来，同时，这一代知识分子在西化的视野中也还并没有真正认清自己所处的时代。

综上，在民族国家视野下考察《伤逝》，会发现具有典型的五四文化特征的涓生们在"大脱嵌"之后挣脱了传统的家国天下的共同体框架，试图成为独立的个人。但是在传统家国体系脱序的五四语境下，"新人"们不但无法在新的国族体系中找到自己的位置，也无法实现孤独自我的自我认同。刘禾认为："如果说中国现代文学破土而出，成为这一时期一个重要事件，那么这与其说是因为小说、诗歌以及其他文学形式是自我表现的透明工具，忠实地记录了历史的脉搏，不如说是因为阅读、书写以及其他的文学实践，在中国的民族建设及其关于'现代人'想象的/幻想的（imaginary/imaginative）建构过程中，被视为一种强有力的中介（segents）。"①《伤逝》也是一种破土而出的象征，这部小说写出了五四"新人"真实的生存状况和他们在转型时代的挣扎与艰难，而

① 刘禾：《跨语际实践——文学、民族文化与被译介的现代性（中国，1900—1937）》宋伟杰等著，生活·读书·新知三联书店 2002 年，第 3 页。

最终导向的结果，依然是失败。

三、"寂静和空虚"——五四脱嵌的困境

五四"新人"们对于自己的未来、民族的出路认识都不是特别清晰，他做出了战斗的姿态，迈出了去往新路的步伐，也做出自己所能做出的最大的牺牲，但他们没有实质性地找到自己的道路，作为历史的"中间物"，他向我们展示了"新人"诞生的艰难。《伤逝》的主题通常被认为是爱情，但有意味的是，文章中出现最多的关键词不是"爱"，而是"寂寞和空虚"，在文中"寂寞和空虚"有三次集中出现，分别在开始、中间和结尾，形成首尾呼应的环形结构，可谓是文章当之无愧的真正主题，形成了从借着爱情逃离"寂寞和空虚"到爱情失败又重回"寂静和空虚"的螺旋式上升结构。结尾在子君离开后，轮回般的"寂寞和空虚"再次出现，爱情的尝试失败，新的生路还未开始，涓生又回到了原地，但这是"真实"换来的"虚空"，意味着以爱情方式尝试革命之路的失败。无国家则无国民的新生，涓生和子君以自由恋爱的方式寻找"新的生路"，最终在现实中折戟而归。

涓生和子君作为进步知识分子，是从"新民"到"新人"转换的典型形象，他们选择以恋爱自由的方式开始"新人"之路，也是从清末到民初的民族主义五四时期个人主义的典型选择。从弃医从文事件开始，鲁迅的国民意识开始觉醒。在 20 年代早期的小说创作中，鲁迅的《阿 Q 正传》探讨了一个从乡民到国民的游民阿 Q 怎样将自己放置在新的时代，接下来的知识分子系列《在酒楼上》、《孤独者》、《端午节》、《兄弟》等或者从职业层面，或者从情感生

活层面，都是探讨现代不同的阶层的国民怎样调适自我与国家的关系。值得注意的是，在这一系列的写作中，我们看到涓生这一代知识分子其实是脱离了传统的"家国天下"固态结构，在《伤逝》中涓生和子君尝试以恋爱自主的方式宣布在国家和家族之间自我的诞生，就像傅斯年所说："我只承认大的方面有人类，小的方面有'我'是真实的。'我'和人类中间的一切阶级，若家族、地方、国家等等，都是偶像。我们要为人类的缘故，培成一个'真我'。"①鲁迅在文本中设计他们一直是同居的关系，而没有传统的婚姻身份，这就是一个大胆的隐喻，意味着他们现代民族国家中家与国的断裂，正是由于传统宗法、家国体制已经失效，传统的婚姻关系对他们来说已然不再重要。在《伤逝》故事发生的 1925 年，鲁迅笔下的涓生、子君们已经被纳入现代国家的统治，他们都是从乡下北漂到北京的知识分子，从传统书生转化为国民。在政治和社会的现代转型中，西方的刺激和影响下，他们试图从私人生活领域开始新人、新生活的尝试。

回到具体文本中，"寂静和空虚"既是爱情的起点，也是爱情的结果，还是新生之路的伴随者。"会馆里的被遗忘在偏僻里的破屋是这样地寂静和空虚。时光过得真快，我爱子君，仗着她逃出这寂静和空虚，已经满一年了。"在一些研究者的解读中，认为这里强调的是子君的爱，但在这句中的"仗着"一词，提示了子君只是涓生逃离"寂静和空虚"的一个由头，对涓生而言，逃避"寂静和空虚"的愿望要远甚于对子君的爱。"在一年之前，这寂静和空虚

---

① 傅斯年：《〈新潮〉之回顾与前瞻》，见《傅斯年全集》，第 1 卷，湖南教育出版社，2003 年，第 297 页。

是并不这样的，常常含着期待；期待子君的到来。"接下来的这两句中，同样是"寂寞和空虚"，但意义却截然不同，当时的"寂静和空虚"是不知道该如何走向前路，而期待着用爱情来拯救自己，在涓生的世界里，这个"爱情"又被赋予了"民族"、"革命"、"解放"、"自由"的意义。这一点在后文有两处提示。一处在涓生和子君约会时谈论的话题，"我的心宁帖了，默默地相视片时之后，破屋里便渐渐充满了我的语声，谈家庭专制，谈打破旧习惯，谈男女平等，谈伊孛生，谈泰戈尔，谈雪莱……。她总是微笑点头，两眼里弥漫着稚气的好奇的光泽。"① 这个典型的场景中有两个值得我们关注的"症候"，一是恋爱中的两个年轻人，谈论的并不是柔情蜜意的爱情本身，家庭专制、打破旧习惯、男女平等等都是启蒙革命的话题；二是两个人之间的关系，并不像是男女恋爱关系，而是男性启蒙者对女性的革命宣讲。另外一处则是，在子君说出"我是我自己的，他们谁也没有干涉我的权利！"后，涓生感叹："这几句话很震动了我的灵魂，此后许多天还在耳中发响，而且说不出的狂喜，知道中国女性，并不如厌世家所说那样的无法可施，在不远的将来，便要看见辉煌的曙色的。"涓生把子君的爱的宣言直接上升到革命的高度，可见在涓生看来爱情是实现革命和启蒙的一种途径。

涓生和子君从纯真而热烈的爱情开始，到慌张而尴尬的求婚，再到渐渐"清醒地读遍了她的身体，她的灵魂"，但是不过三星期，"我似乎于她已经更加了解，揭去许多先前以为了解而现在看来却是隔膜，即所谓真的隔膜了"。这个"隔膜"出现在爱情的最高潮，

---

① 鲁迅：《伤逝》，《鲁迅全集》（第 2 卷），人民文学出版社，1981 年，第 111 页。

以阴冷的寒意预示了爱情逐渐走向的惨淡结局。子君日益粗糙起来，两人的生活日益窘迫起来，外来的打击和冬天的到来，使得涓生离开的决心立意坚定。"空虚"一词大量出现，涓生看到了子君的怨色，却并没有同情，只是"冷冷地气愤和暗笑了"，"她所磨练的思想和豁达无畏的言论，到底也还是一个空虚，而对于这空虚却并未自觉"。此处的"空虚"指向的也是与真实相悖的"落空"；涓生决心说出分手，"也还是去年在会馆的破屋里讲过的那些话，但现在已经变成空虚"。恋爱时在会馆里给子君讲外国文艺和文人，是为了启蒙子君踏出爱的脚步，而今天同样的话语，却是为了劝她勇敢离开。此处的"空虚"指向依然是真实的虚妄；涓生向子君宣告了爱情的死亡，写给《自由之友》总编辑的信也只有微薄的回音，"我却单是催，就用了九分的邮票，一天的饥饿，又都白挨给于己一无所得的空虚了。"此处的"空虚"是一无所有。二人"同居"，意味着对传统社群关系和家族系统的拆解，传统的中国人在这些社会网络中获得个人的位置和身份认同，涓生和子君的革命意义在于破坏家族，形成近代国民，通过个人从家族、地缘共同体中出走，形成独立的自我，形成具有个人意识和担当改造世界责任的新人。但是现实中难以找到合理的身份定位、社会职业体系和保障机制不完善、性别沟通差异等等使得他们的爱情革命危机重重。

第三次"寂静和空虚"的大量出现，是在子君离去以后。子君的离开，意味着用爱情的方式尝试革命的失败，一年后的"寂静和空虚"是尝试用爱情来把自己拉出寂寞空虚的境地，最后爱情失败又回到原点而感受到的更深的空虚。我回到吉兆胡同，子君已离开，"我不信；但是屋子里是异样的寂寞和空虚"。接下来，这个"空虚"开始频繁地出现，我一个人在子君离去的吉兆胡同的房子里承受着灵魂的拷问与敲打，"空虚"是新的生路的无法跨入，"寂静"是必然发生的子君的死。小说的最后一次出现"空虚"是在结尾的部分，这是"虚空"的变体。"但是，这却更虚空于新的生路……"深有意味的是，此处的"但是"作为一个连词，承接的不是上文，而是小说的开头"如果我能够，我要写下我的悔恨和悲哀，为子君，为自己。"小说以严谨到不可思议的圆形结构又回到了起点，在时间上从追忆的夹杂着回忆与忏悔的过去式回到了现在式。重要的是，"空虚"在这里有了去往未来的指向。就像小说结尾那个沉重的"一九二五年十月二十一日毕"，当作者用尽全力深深写下"毕"字的时候，这部小说才具有了意义，而其最大的意义就是用文字向"寂静和空虚"告别，用遗忘给子君送葬，通过说谎的方式忘记真实，通过遗忘，直到不再想到用遗忘给子君送葬，才能向新的生路跨进第一步去。虽然涓生对子君的离去充满痛惜和忏悔，但他依然要坚持迈向新的生路，也确证了小说的真正立意并不是爱情，而是新生之路。

小说由"寂静和空虚"始，由"寂静和空虚"终，正说明小说的主题并不是简单的爱情，《伤逝》中指向的是五四"新人"在大脱嵌时代的虚无感，爱情只是尝试逃离这种虚无的想象性尝试，而这种尝试最终失败了，五四"新人"必然要继续追寻下去。五四运动时期从清末民初的民族主义转向了个人主义，而这种个人主义在现实中无法和国家民族相结合，从而导向了虚无。"个人与国家分离，成为一个个别的、自明的、具有内在自我深度的概念"①，涓生和那些西方的雪莱、易卜生等一起，共同建构起一个孤独的自我，

① 许纪霖：《家国天下》，上海人民出版社，2017年，第419页。

这个自我开始感受到"寂静和空虚"，从集体主义的传统阴影中冲决出来，渴望用个性解放或爱情革命的方式走向新生，当这一尝试失败之时，这批知识分子很容易走向虚无主义。涓生的恋爱和出走内隐着他在脱序的家国中成为了无所依傍的虚无主义的个人，而并没有真正获得自主性，颠覆家国天下的原本秩序。

《伤逝》写作的 1925 年，正是鲁迅深陷虚无主义的漩涡之时。1925 年 3 月 18 日作者在给许广平的信中曾说："我的作品，太黑暗了，因为我常觉得惟'黑暗与虚无'乃是'实有'，却偏要向这些作绝望的抗战，所以很多着偏激的声音。其实这或者是年龄和经历的关系，也许未必一定的确的，因为我终于不能证实：惟黑暗与虚无乃是实有。"① 同年，他写作了《墓碣文》，"……于浩歌狂热之际中寒；于天上看见深渊。于一切眼上看见无所有；于无所希望中得救。……""……有一游魂，化为长蛇，口在毒牙。不以啮人，自啮其身，终以殒颠。""……答我。否则，离开！……"② 这种"希望之为虚妄"的虚无主义和《伤逝》结尾的虚无感是一致的，虽然最终指向的是"绝望的抗战"，但他只是用自己的意念在超越，是一种悬置的"希望"。90 年代以来，研究者大多将这种虚无主义认为是"存在主义"哲学，但笔者较为认可"鲁迅哲学与存在主义有根本区别，不仅因为他的'虚妄主义'哲学在范畴和结构上有异于存在哲学，更重要的，两种哲学所面对的文化给定性完全不同。"③ 鲁迅所讲的"个体"与西方在上帝和超越性背景下的"个体存在"

---

① 鲁迅《两地书·四》《鲁迅全集》第 11 卷，人民文学出版社，1981 年，第 18 页。
② 鲁迅：《墓碣文》《鲁迅全集》第 2 卷，人民文学出版社，1981 年，第 202 页。
③ 周令飞主编：《鲁迅思想系统研究》，人民日报出版社，2016 年，第 118 页。

截然不同，鲁迅的"个体"是与中国的群体主义相对的，他的虚妄之感更多来自于家国的断裂。涓生等这一代知识分子脱离了传统的社会文化共同体，剥离了自己的家族、地方共同体成员身份，在《伤逝》中涓生和子君的社会关系网络被前所未有地弱化，甚至连婚姻都不在乎，退出了父子、夫妇、师生、朋友等私人领域，获得了平等的国民身份，但是"从晚清到五四，在摧毁了传统的家族、地缘和信仰共同体的同时，并没有建立起以市民社会为基础的现代社会共同体"。① 涓生此时的虚无感和寻找生路而不得的迷茫正来自于这种个人与国家无法对接的失重感。

四、五四的危机和"新人"再嵌化思考

在"大脱嵌"家国天下连续体断裂之后，知识分子是如何重新调试自我和国家之间的关系的，他们是由此获得了自由，还是成为了无所依傍的虚无主义者？他们是否需要"再嵌化"，重新将自我放置于新的家国天下的结构之中？这正是《伤逝》在爱情想象的"具象"下隐含讨论的问题，在现代民族国家的建构史中，《伤逝》是一个重要却容易被忽视的一环。事实上，从五四"新人"诞生的艰难，可见"新人"的诞生和转折不是思想革命本身的桎梏，而是整个世界语境和社会结构的问题。鲁迅对于"新人"的诞生与思考，既是一个时间概念，又是一个空间概念，既是对"老中国儿女们"的国民性层面的精神追讨，同时也是放在全球空间中正在变动中的城市社会中的"新人"的精神隐患。一方面

---

① 许纪霖著：《家国天下》，上海人民出版社，2017年，第378页。

是"新人"在世界中的位置，另一方面是"新人"在历史中的位置。

首先，从《伤逝》写作中的文化经验和背景来看，涓生和子君可以说是在西方的召唤下产生的。这一方面体现了"五四"革命实质是具有世界主义情怀的，在世界民族国家背景下产生的思想革命运动，另一方面也提示了我们"五四"失败的重要原因。涓生在西方式的爱情想象中用西方文化资源启蒙子君，"单膝跪地"求婚，他们用同居而非传统一纸婚约的方式实践了西方式的情爱想象，但是这一尝试以惨败告终。小说真正精彩的部分开始于爱情消亡的时刻，涓生陷入了无止境的"忏悔"与"自辩"之中，这种潜在的复调式的心理漩涡体验，生命哲学范式的研究者往往从人性的暗面进行解释，但忽视了其博弈背后作为反思者的涓生可能遭遇到的真正困境。《伤逝》中一年前经历着爱情的涓生和一年后反思中的涓生形成复调式的叙事声音，无论涓生怎样辩护、怎样忏悔，必须看到的一条主线就是，涓生即使背负道德的重负，也坚持离开子君的抉择，他要用"遗忘"和"说谎"来做自己前导，其实也是在调适自己，告别启蒙的失败之路，重觅他途。从五四思想的发展来看，五四前期，梁启超、陈独秀、傅斯年等人的理念是世界主义压倒国家主义，把中国看作世界的一个单位。在"欧战"的刺激下，中国知识分子普遍接受了以进化论为中心的新的世界观，认为应该向西方学习，认为物质主义和国家主义有着内在的逻辑关系。同时，也提倡"世界主义的国家"观念，认为"不能知有国家不知有世界"[1]，但是这种世界主义的乌托邦很快在现实中碰壁，鲁迅的《伤逝》中

---

[1] 梁启超：《欧游心影录》，《梁启超全集》，第 5 册，第 2978 页。

反映出来的对于西方世界的无条件服膺和中国现实的脱节，可以说是"新人"失败的重要原因。

其次，鲁迅经历了从清末民初的民族主义到五四运动时期的个人主义，从"新民"到"新人"的过程，实质也是民族国家观念不断演进的过程。晚清的中国被卷入弱肉强食的世界竞争体系，从而被激发出了现代民族国家观念，在西方的主导的世界秩序下，晚清到民国初年，是国家主义狂飙突进的时代。五四新文化运动时期，由于知识分子对中华民国的失望和反思，与国家分离的个人观念开始出现，国家不再是天赋神意，而是人为的建构，个人获得了自主和独立性，不再以国家为归宿，也不再像晚清那样成为和国家一体的概念。而这种个人主义在现实中无法和国家民族相结合，从而导向了虚无。1925 年"女师大风潮"进一步升级，鲁迅因支持进步学生正义斗争被教育总长章士钊免除佥事职务，也是在这一年，国民大革命开始，鲁迅经历了虚无主义向死而生的绝望之后，为了重新获得个人生活的意义，他又尝试将个人重新置于新的家国天下的意义框架之中。正如王汎森所言，1925 年之后的新人，也不再是五四时期那种人生的、文学的、艺术的、哲学的、道德的新人，而是政治的、社会的、主义的新人。[1] 从鲁迅的创作来看，1925 年经历了最沉重的黑暗，他还是逐步从对内在自我的观照转向了现实人生。1927 年，鲁迅在为黎锦明的小说《尘影》写作的题辞中，首次提出了"大时代"的概念，"在我自己，觉得中国现在是一个进向大时代的时代。但这所谓大，并不一定指可以由此得生，而也可

---

[1] 王汎森：《从新民到新人：近代思想中的"自我"与"政治"》，《中国近代思想史的转型时代》，第 180 页。

以由此得死。"① 这个"大时代"的表述背后是鲁迅思想从"小我"到"大我"的发展。联系 1925 年前后的转折，从早期"任个人而排众数"的尼采主义，五四时期的启蒙主义，再到 1926 年离开北京中鲁迅的思想观念中对工农大众的强调，可以看到早期梁启超式的"新民"偏重国家和群体的国民建构，鲁迅早期的国民性改造与之相呼应，五四时期经过新文化运动洗礼，"新民"转向追求西方式的个体解放和独立，但是吕纬甫、魏连殳和涓生们经过各种尝试和冲决，最终发现这些道路都行不通，从而转向了新的国家民族秩序的构建，将个人重新置于民族国家的框架里去理解，找寻另一种"大我"。"所谓的大我，不再是人类，也不是社会，而是民族国家。"② 虽然此时的民族国家随着救亡主题的席卷全国，已经不再是梁启超时代的"民族国家"，鲁珀特·爱默生认为民族乃是"最大的共同体，每到危机迫在眉睫时，都能有效激发人民的效忠……为了完成刻不容缓的任务，它是把人变成社会动物最有效的方法，也是最能把人团结起来的终极手段"。③ 正像历史上"国家"和"民族"的概念总是在文化和政治之间穿梭，此时，中国现代的国家民族观念也逐步在救亡语境下从文化概念转为了政治概念。鲁迅也逐渐在国民大革命中走向了后期的"杂文时代"。1925 年的鲁迅以《伤逝》和《墓碣文》为标志，可以说达到了虚无主义的巅峰，但

---

① 鲁迅：《〈尘影〉题辞》，《而已集》《鲁迅全集》第 3 卷，人民文学出版社，1981 年，第 547 页。

② 许纪霖：《个人主义在中国——"五四"时期的自我观研究》，童世骏主编：《西学在中国：五四运动 90 周年的思考》生活·读书·新知三联书店，2010 年。

③ （美）哈罗德·伊罗生著：《群氓之族：群体认同与政治变迁》，广西师范大学出版社，2015 年，第 288 页。

这也是新的转向的开始，涓生渴望的"新的生路"在1925年后逐渐有了答案。1925年之后，鲁迅逐渐将自己重新置于新的家国天下的意义框架之中，重建了在新秩序下的自我认同。

"大脱嵌"之后，国家民族新秩序和现代人的"自我"都面临着"再嵌化"的问题，如何将自我放置于家国天下的新秩序中，家国天下如何在新的自我树立的情况下重新建构，是本文最后指向的问题。五四时期，在民族国家体系建构的过程中，文学最大限度地参与了时代的建构，鲁迅在《狂人日记》、《伤逝》、《孤独者》、《在酒楼上》等文本中建构"新人"形象，就是以现代个体为中心的文学图景，在此基础上，觉醒的个人要建立"人的国"，这个"国"是现代性的产物，"外之既不后于世界之思潮，内之仍弗失固有之血脉"①，从而在世界语境中建立起独立的国族形象。从本质上讲，鲁迅发出的"五四"的声音实质是在与世界对话，而并不仅仅是涓生一个人的灵魂斗争。五四作为一个反传统的思想浪潮，"民主科学"、"个性解放"、"文学革命"等口号旗帜鲜明地在时间上定义了五四的现代性。但同时，从世界性的空间格局考察《伤逝》等文本，也在提示我们，"五四"启蒙者们并非在文明的内部批判和自否定，而是在空间格局上以世界为背景开始反思，其对传统的反叛与拒斥，背后有着西方文化的强烈影响，坚定地去往"新的生路"的涓生们即使曾经举棋不定、批判自我，他们还是愿意牺牲自我和爱情的代价，探索民族的新生之路。但是事实证明，"新人"们空有勇气是不够的，单纯向西方学习是无效的，在国家民族概念摇摆不定的时代，启蒙也只能是"失语"并"失效"的。《伤逝》之后，

---

① 鲁迅：《文化偏至论》，《河南》第7号，1908年8月5日。

鲁迅的写作逐渐放弃了"新人"的启蒙主义式推演，而转向社会批判和文明批判，可以说也是鲁迅从"立人"到"立国"的身体力行的实践。而对西方文化如何融入本土的反思，对建立现代民族国家道路的理性思考，则是五四时期还没有能力解决，但鲁迅已经敏感意识到的问题。

本文系东南大学 2019 年中央高校基本科研业务经费（人文社科）重大引导课题阶段性研究成果。

《腊叶》写作与"延宕的伦理革命"

李　哲（中国社会科学院文学研究所）

在《腊叶》中，鲁迅对"叶"有三种不同的指称：一为"木叶"（"繁霜夜降，木叶多半凋零"），二是"病叶"（"这是病叶啊!"），三则是标题中所说的"腊叶"。不同的名称关联着不同的知识话语："木叶"是中国古典诗学独特的语汇，林庚先生的《说"木叶"》一文对此有精到的论述："它乃是'木'与'叶'的统一，疏朗与绵密的交织，一个迢远而情深的美丽的形象。"[①]"病叶"则关联着 1920 年代"新文学"中普遍存在的"疾病的隐喻"，有学者在论及周作人新诗时即指出："由疾病引发的不安的、热动的主体形象，遍布于 1920 年代普遍感伤、浪漫的新诗写作中，焦灼的、羸弱的乃至疯狂的身体感受，也成为现代文学经验发生的前提之一。"[②]与前两者的艺术意蕴不同，"腊叶"一词更具科学品质，它是晚清

---

① 林庚：《说"木叶"》，《唐诗综论》，商务印书馆，2011 年，第 304 页。

② 姜涛：《公寓里的塔：1920 年代的文学与青年》，北京大学出版社，2015 年，第 96 页。

以来传入中国的博物学专有名词，系"植物标本"之意。

当然，鲁迅的书写并非将这三者处理为截然分明的畛域，而是呈现出一个多重话语体系交织、重叠的"混杂"过程。也正是在这种"混杂"中，各种话语剧烈碰撞，既形成了参差互现的艺术效果，也产生了互相对峙的空间情境，甚至衍生出彼此拮抗的价值伦理。本文所要试图论证的是，这多重话语"混杂"的书写乃是"个人"从群体中脱落、分离进而将自身确立为"主体"的表征，而多重话语之间在意义上的互相消解、彼此颠覆则意味着"个人主体"并未形成内在的一致性，因而时时面临着内在的悖论和自我瓦解的危机。

基于此，本文可大致分成三大部分：第一小节着重讨论"爱我者的想要保存我"这一核心题旨，并对"腊叶"一词的语义及精神意蕴进行考证和辨析；第二、三、四、五小结是对《腊叶》文本进行逐句"笺释"，并据此还原鲁迅"混杂"书写的机制，进而呈现"无物之我"（"个人主体"）确立的过程；结语部分则将文本中"无物之我"的确立过程放置在"后五四"时代"伦理革命"的话语脉络中，对《腊叶》"爱我者为保存我而作"这一题旨进行历史定位。

一 《腊叶》题旨辨析与"腊叶"语义考证

在多年后创作的《〈野草〉英文译本序》中，鲁迅曾明确道出了《腊叶》的题旨："《腊叶》，是为爱我者的想要保存我而作的。"①既往的研究中，"爱我者"往往被指涉为许广平，鲁迅那段被孙伏

---

① 鲁迅：《〈野草〉英文译本序》，《鲁迅全集》第 4 卷，人民文学出版社，2005 年，第 365 页。

园转述的表述常常被研究者征引："许公很鼓励我，希望我努力工作，不要松懈，不要怠忽；但又很爱护我，希望我多加保养，不要过劳，不要发很。这是不能两全的，这里面有着矛盾。《腊叶》的感兴就从这儿得来，《雁门集》等等却是无关宏旨的。"① 当事人许广平自身的回忆似乎也坐实了这一点，她在回忆文章中提及："在《野草》中的那篇《腊叶》，那假设被摘下来夹在《雁门集》里的斑驳的枫叶，就是自况的。"②

自上世纪 90 年代以来，《腊叶》对鲁迅 1925 年前后"婚恋生活"的指涉已经成为作品阐释难以回避的现实语境。但问题在于，部分研究者对《野草》的解读完全聚焦于鲁迅的"个人情感"经历，而包括《腊叶》在内的诸多作品自然也落入了"私典探秘"的套路之中。③ 已有诸多学者对这种"索隐"式研究予以批评④，但遗憾的是，大多数批评者只是通过实证史料的辨析予以事实层面的反驳，而少有人注意到"私典探秘"背后隐藏的意识形态话语。事实上，"索隐派"研究的内在理路关联着"后革命"时代种种"告别革命"的社会思潮，他们通过对"婚恋情感"材料的钩沉、发覆，构筑一个隐秘、暧昧、幽暗的"私人空间"，而这个"私人空

---

① 孙伏园：《鲁迅先生二三事》，《鲁迅回忆录》（专著）（上册），北京出版社，1999 年，第 86 页。

② 许广平：《因校对〈三十年集〉而引起的话旧》，《鲁迅研究资料汇编第 3 卷》（中国社会科学院文学研究所鲁迅研究室编），中国文联出版公司，1985 年，第 710—711 页。

③ 其中的代表性著作为李天明《难以直说的苦衷——鲁迅〈野草〉探秘》、胡尹强《鲁迅：为爱情作证——破解〈野草〉世纪之谜》和余放成《"难于直说"的爱情——〈野草〉主题探微》。

④ 如陈漱渝：《如此"私典探秘"——从鲁迅日记中的"羽太"和"H"君谈起》，《书屋》2002 年第 11 期。

间"及其衍生的"爱情神话"不断瓦解着鲁迅"革命者"形象、颠覆着"革命"整体的历史叙事。实际上，大多数批评者与"索隐派"分享着共同的认识论前提，即基于"个人领域/公共领域"的界分将"恋爱"与"革命"区隔乃至对立起来。他们似乎忘记了，将"恋爱"视之为"个人私事"恰恰是"新时期"意识形态逐步建构的话语逻辑。

正是上述颇富"新时期"意味的"爱情"意识形态，使得《腊叶》的研究者对鲁迅"译本序"的解读变得浅薄和狭隘。他们不仅无从在历史语境中考察"爱我者"的具体意涵，而且忽视了鲁迅自述中"保存"一词的重要意义，更无视"爱"与"保存"之间的悖论性关系。也正是在这种后设的"爱情"叙述中，许广平被坐实为唯一的"爱我者"，而作为"旧女性"的朱安变成了"事件"的缺席者乃至负面形象。基于此，本文试图将朱安这一关键人物重新纳入视野，突破对《腊叶》题旨的窄化理解，进而在历史语境中重新把握鲁迅"恋爱"中的"革命性"及其伦理层面的紧张感。

事实上，《腊叶》的写作时间为 1925 年 12 月 26 日，按照文本提示，"病叶"应是在"去年的深秋"摘下，并被"夹在刚才买到的《雁门集》里"，也就是说，鲁迅购买《雁门集》的时间应在1924 年秋。但查鲁迅 1924 年所列书账，并无《雁门集》一书，甚至在《鲁迅手迹和藏书目录》中，亦不见此书任何踪迹。由此或可推测，鲁迅可能以其他方式得知了"萨都剌"这一名字隐含的寓意。在这方面，鲁迅 1923 年秋的一则日记非常值得注意："午后装火炉，用泉三。陈援庵赠《元西域人华化考》稿本一部二册，由罗膺中携来。"① 同年之书账对此亦有明确记载:"元西域人华化考稿本二册 陈援庵赠 十一月八日。"② 陈援庵即陈垣,其《西域人华化考》一书提及:"回回教世家之诗人,莫著于萨都剌、丁鹤年。"③ 陈垣详细考证了萨都剌的身世,自然也提到了那本《雁门集》:"萨都剌,字天锡,有《雁门集》传世。"④ 基于此,鲁迅知晓《雁门集》一书,或与此陈垣赠《西域人华化考》有关。

另外值得注意的是同日日记中与"陈垣赠书"记载比邻的文字:"夜饮汾酒,始废粥进饭,距始病时三十九日矣。"⑤ 鲁迅自"兄弟失和"后携妇搬出八道湾,继而遭遇重病,这条日记即是彼时大病初愈的记载。很多研究者都意识到《腊叶》的写作与鲁迅自身的重病经历有关,认为它是鲁迅"面对人生终点的一次生命的思考"。⑥ 包括钱理群先生在内的大部分研究者,都将鲁迅"病重"的时间锁定在《腊叶》写作之时"从 1925 年 9 月 23 日起,到 1926 年 1 月 5 日,正是鲁迅肺病复发,面临着死亡威胁的时刻"。⑦

但查鲁迅 1925 年末书信可知,鲁迅此时所谓"肺病复发"并没有想象中那么凶险。鲁迅在 9 月 29 日给许钦文的信中坦言:"我其实无病,自这几天经一生检查了一天星斗,从血液以至小便等等。终于决定是喝酒太多,吸烟太多,睡觉太少之故。所以现已不

---

① 鲁迅:《日记十二》,《鲁迅全集》第 15 卷,人民文学出版社,2005 年,第 487 页。

② 鲁迅:《日记十二》,《鲁迅全集》第 15 卷,人民文学出版社,2005 年,第 496 页。

③ 陈垣:《元西域人华化考》,世界书局印行,第 63 页。

④ 陈垣:《元西域人华化考》,世界书局印行,第 63 页。

⑤ 鲁迅:《日记十二》,《鲁迅全集》第 15 卷,人民文学出版社,2005 年,第 487 页。

⑥ 钱理群:《生命的两次相遇——我与鲁迅的〈腊叶〉》,《文艺争鸣》,1999 年第 3 期。

⑦ 钱理群:《生命的两次相遇——我与鲁迅的〈腊叶〉》,《文艺争鸣》,1999 年第 3 期。

喝酒而少吸烟，多睡觉，病也好起来了。"① 而在 11 月 8 日又给许钦文去信说："我病已渐愈，或者可以说全愈了罢，现已教书了。"② 而与此次肺病复发相比，1923 年兄弟失和后那场初发的肺病显然更为凶险，它更能对应鲁迅真正"面临着死亡威胁的时刻"。而在这一时刻，真正对鲁迅予以"保存"的"爱我者"并非许广平，而是随鲁迅搬出八道湾的妇人朱安。与鲁迅一家同住的俞芳的回忆印证了 1924 年 11 月 18 日日记中提及的"废粥进饭"之说：

在砖塔胡同大先生病时，吃不下饭，只能吃粥。大师母每次烧粥前，先把米弄碎，烧成容易消化的粥糊，并托大街到稻香村等有名的食品商店去买糟鸡、熟火腿、肉松等大先生平时喜欢吃的菜，给大先生下粥，使之开胃。她自己却不吃这些好菜。大师母对大先生生活上的照顾是无微不至的。③

需要说明的是，《腊叶》的文学书写并非简单的"实录"，对《腊叶》题旨的探求也无从以"实证"的方式寻求"本事"。因此，上述材料的辨析并不构成严格的历史考证，笔者无意将"爱我者"坐实为朱安以替换许广平。基于朱安这一人物，笔者试图超越鲁迅与单个人物、单一事件私人性关系的"生活史"，进而把握他在1920 年代中期这一特定历史语境中的生存境遇和心理结构。

所以，与其把"爱我者"过快地指涉为朱安或许广平，不如对

---

① 鲁迅：《250930 致许钦文》，《鲁迅全集》第 11 卷，人民文学出版社，2005 年，第 516 页。

② 鲁迅：《251108 致许钦文》，《鲁迅全集》第 11 卷，人民文学出版社，2005 年，第 519 页。

③ 俞芳：《我记忆中的鲁迅先生》，《鲁迅回忆录》（专著）（下册），北京出版社，1999 年，第 1580 页。

"爱我者的想要保存我"做一个语法逻辑层面的分析：首先，"爱我者"指称的两性关系是一个单向度的结构，即"爱"并不是双方的，"爱我"的"他者"其实对应着一个"不爱"的"自我"。其次则要注意句式中隐含的被动语态，这个"不爱"的"自我"处在宾语位置上，它并不是"爱"的主体发动者，而是一个"被爱者"。由此可见，"爱我者的想要保存我"的题旨中存在一个充满"被动性"的深层心理结构，在这个结构中，"爱我者"的身份具体是谁并不重要，重要的是那个结构所规定的"自我"与"他者"各自所处的位置和等级。从这个意义上说，与许广平的"恋爱"固然给鲁迅带来了种种生活上的新契机，但并不能从根本上瓦解这种结构。1926年许广平在《风子是我的爱……》中写道："它首先向我说：'你战胜了！'……从前它将我当作小孩子看的耻辱，如今洗刷了！这许是战胜了罢。"[①] 由此亦可以看出，"无爱者"生发了"爱"的情感，但是基于"爱我者"的被动结构依然没有真正摆脱，"战胜""甘于做我的俘虏"这种表述依然从侧边表征着鲁迅情感上的踌躇。在这种"爱我者的想要保存我"的话语结构性之中，许广平和朱安根本没有区别，"我"所处的"被动性"位置决定了"爱"与"保存"难以纾解的悖论性关系。

只有在这种充满"被动"性的困顿情境中，我们才能理解鲁迅为何要用"腊叶"自况，也才能够进一步挖掘"腊叶"这一语词所负载的历史信息和精神意涵。如本文开头部分所述，"腊叶"系近代以来传入中国的博物学名词，清末民初的博物学教育已经出现了非常详细的"腊叶标本制作法"：

---

① 平林：《风子是我的爱……》，《国民新报副刊（乙刊）》第70号，1926年2月23日。

采集之植物夹于标品纸内，整其姿势，各标品纸之间夹以吸湿纸，渐次重叠数十层，再加压板，其上置石材吸湿纸。最初每日须更二次，数日后每日一次，或隔日一次，但标品纸不必更换也。月余后植物干燥而腊叶成矣。[1]

鲁迅从日本归国后，也在地方新式学堂中教授过植物学课程，而采集和制作标本也成为他持续的私人爱好。周建人对此有详细回忆：

鲁迅先生把植物采来，把枝条剪成适当的长短，又把一张报纸对裁开，又对折拢，把整株的植物或剪好的枝条，夹在中间，同时夹入一张纸条，写明植物的名称，采集的地方和年月。在这一夹纸的上下，再衬上几张四折的报纸。研究植物的人制标本常用压榨器，但鲁迅先生在家中制标本之用木板制夹板，夹板用绳扎住，可以晒在太阳下面，使标本快点干燥。[2]

由此可知，所谓"腊叶"意指被抽掉了水分后压制而成的标本，而首句所谓"一片压干的枫叶"即指涉此物。在全然"被动"的情势之中，"爱"与"保存"的意义皆是负面的，那个"被爱"、"被保存"的"我"以"一片被压干的枫叶"自况，正表明其处于深度的生存困顿和心理危机之中。

综上所述，《腊叶》固然与"恋爱"相关，但更多是对现代人生存危机的对象化呈现。如何从"被爱"、"被保存"的客体位置挣脱出来，如何通过写作确立自身的"主体性"，才是《腊叶》书写

① 《普通腊叶制造法》，《江苏教育行政月报》，1917 年第 2 期。
② 周建人：《鲁迅先生和植物学》，《鲁迅回忆录》（专著）（中册），北京出版社，1999 年，第 764 页。

的内在动力与核心题旨。

二　"拟古"之境的营造

"这使我记起去年的深秋。繁霜夜降，木叶多半凋零，庭前的一株小小的枫树也变成红色了。"[1]

季节被设定在"去年的深秋"，但此处"秋景"并非实写，而是试图营造一种充满"古意"的诗学情境。所谓"繁霜夜降，木叶多半凋零"似乎借自汉代诗人张衡《定情歌》——"大火流兮草虫鸣，繁霜降兮草木零"[2]，而"庭前的一株小小的枫树"也神似潘岳《秋兴赋》中的意象和句法——"庭树槭以洒落兮，劲风戾而吹帷"。[3] 在《腊叶》的整篇描述之中，与古典诗学渊源颇深的意象、词语及句法散布其间，如"绕树"（绕树三匝，何枝可依），"徘徊"（过故乡，则必徘徊焉），以及"坠"（病叶多先坠，寒花只暂香），"灼灼"（桃之夭夭，灼灼其华），等等。在这样一个词语序列中，即使被鲁迅本人称之为"无关宏旨"的《雁门集》也有其特定的意义——它在文章的开头出现，可以视为营造"古意"的意象性媒介。

---

① 《腊叶》首句的意蕴已经在第一小节有所涉及，因此"笺释"部分从次句开始。

② 《定情赋》本为张衡佚作，鲁迅所见篇目或出自《艺文类聚卷十八　人部二　美妇人》中的记载："后汉张衡定情赋曰：夫何妖女之淑丽，光华艳而秀容，断当时而呈美，冠阳匹而无双。曰：大火流兮草虫鸣，繁霜降兮草木零，秋为期兮时已征，思美人兮愁屏营。"参见《艺文类聚》（欧阳询撰、往绍楹校），上海古籍出版社，1982年，第331页。

③ 潘岳：《秋兴赋》，《古文辞类纂》（清姚鼐纂集　胡士明、李祚唐标校），上海古籍出版社，2016年，第776页。

很难将这种"古意"的营造直接对应为"托物言志"或"情景交融"的一般性阐释。鲁迅在后来反思自己早期"新文学"写作时曾经提及:"新文学兴起以来,未忘积习而常用成语如我的和故意作怪而乱用谁也不懂的生语如创造社一流的文字,都使文艺和大众隔离。"① 这似乎在提示我们,并不存在一个现成的"古典"情境供现代人栖居其中,而"繁霜夜降""木叶凋零"仅仅是"常用成语",它们更像是从古典书籍中撷取的文字质料,并被排列成与古人诗文"形似"的书面符号序列。从"新文学"自身确立的美学标准来看,它们甚至会被视为胡适反对的"滥调套语"。而只有通过"新文学"感觉装置的运作,这些破碎的文字质料才有可能被赋形、组织,并衍生出一个充满了"古意"的诗学情境:

"我曾绕树徘徊,细看叶片的颜色,当他青葱的时候是从没有这么注意的。"

"我"在"细看"。但通过"细看"把握的并非作为"物"的"叶片",而是"叶片的颜色"。也就是说,"细看"的行为使"色"从"物"中游离出来——实体的世界悄然消泯,而一个充满诗意的幻觉世界初步呈现出模糊的轮廓。

事实上,"情景交融"的古典抒情是以某种近似印象主义的现代感觉方式展开的:

"他也并非全树通红,最多的是浅绛,有几片则在绯红地上,还带着几团浓绿。"

坂垣鹰穗所著、鲁迅翻译的《近代美术史潮论》曾经论及印象

---

① 鲁迅:《叶永蓁作〈小小十年〉小引》,《鲁迅全集》第 4 卷,人民文学出版社,2005年,第 152 页。

主义的构型方式:"他们所要描写的,已不是树木的'模范',也不是水的'代表'了。而且又不是一定的树木,一定的水这东西。倒是在或一偶然之间,选取了的树木或水的在或一瞬间的情形。是使这树木或水之所以有生气的色和光的效果。"[①] 在印象主义的视觉装置中,整一的"全树通红"并不存在,映入眼帘的乃是"浅绛""绯红"与"浓绿"等参差的"色块"。于此,"物"和"我"共同消失在一片斑斓的光色之中。显然,这与"古典诗学"的生成方式大异其趣,它所呈现的情境与其说是"古典"的,不如说是在"拟古"。

那么接下来的问题在于,"我"为什么要去"拟古"?为什么要营造一个"古意"的情境并沉浸其中呢?对此,《腊叶》自身的文字似乎透露了某些信息。首先值得注意的是上文中"绕树徘徊"一语。在古典诗学序列中,"绕树"与"徘徊"皆有各自的出处,而此处两者连用是典型的现代句式,它营造着一个"写实"的情境——确乎有一个"我"正在"庭前"绕着秋树反复盘桓。这其实意味着,鲁迅既呈现出"细看"之下的光色世界,也呈现出"细看者"本身的形象。

这个通过"细看"营造古典意境的"我"本身并非"古人",他不仅没有任何遗世独立的气息,反而接近"新文学"中"热动、不安的主体形象"[②]——他与自身所处的情境相刃相靡,且充满了焦灼、苦闷。在鲁迅同时期翻译的《苦闷的象征》中,厨川白村把

① 板垣鹰穗:《近代美术史潮论》,《鲁迅译文全集》第 3 卷,福建教育出版社,2008 年,第 346 页。
② 姜涛:《公寓里的塔:1920 年代的文学与青年》,北京大学出版社,2015 年,第 96 页。

这种现代生命状态描述为"两种力的冲突":"一面既有自由地使自己的本能得到满足这一种欲求,而人类的本性既然是道德底存在物(moral being),则另一面就该又有一种欲求,要将这样的本能压抑下去。"① 与古人"天人合一"和"物我交融"的和谐不同,现代人处在彼此分裂的"自然"与"社会"中,他们与外界的对峙其实是现代人"在自己这本身中"的矛盾和冲突,而后者正是生命力的存在方式:"精神和物质,灵和肉,理想和现实之间,有着不绝的不调和,不断的冲突和纠葛。"② 从这个意义上来说,"拟古"实际上是一个发明"古典情境"的实践,"热动、不安的主体"需要营造一个"诗意栖居"的空间,而"绕树徘徊"本身正可视为现代心理装置发动的机括。

需要进一步指出的是,基于这种现代心理装置驱动而生成的"拟古"世界并非弥散性的无限世界,"庭前的一株小小的枫树"中的"庭前"一词标出了它清晰的边界。"庭前"意味着一个自足性、隔绝性的有限空间,它悄然排斥着社会性、现实性。在这个意义上,所谓"绕树徘徊"无法成为指向现实的社会实践,而只是自我的审美行为,即如文末所说的那样,是一种对"秋树"的"赏玩"。

别具意味的是,"赏玩"是一个非常典型的周作人式语词。而如果将鲁迅笔下这个"庭前"的空间与周作人"自己的园地"予以对比,可能会呈现出某种潜在的对话关系。从某种意义上说,"庭前"与"自己的园地"都可以视为对 1920 年代制度化文坛的隐喻,它

---

① 厨川白村:《苦闷的象征》(鲁迅译),《鲁迅译文全集》第 2 卷,福建教育出版社,2008 年,第 229 页。

② 厨川白村:《苦闷的象征》(鲁迅译),《鲁迅译文全集》第 2 卷,福建教育出版社,2008 年,第 229 页。

指涉着一个"拟古"意味的"新文苑"的产生。但鲁迅似乎更清醒地意识到，这种想象的自足性掩盖不了现代世界基础性的分裂。而"拟古者"们并未意识到"艺术审美"仅仅是现代世界多重维度之一，他们更不愿承认，那种与"传统"相互接续的"文脉"实际上只能在"艺术审美"这个单一的层次上展开，而这种展开恰恰是以对科学认知和伦理道德实践等其他多重维度的锁闭为前提。

三 "拟人"之物的呈现

"五四"一代的"新文学"作家多从旧式文人转化而来，因此，传统的知识资源和文化感觉也必然作为"积习"存留在书写过程之中。尤其是在思想革命、文学实践和个人生活中遭遇多重困顿的情况下，通过"拟古"营造供自己身心安顿的诗学情境也会成为某种"惯性"。回到《腊叶》来说，那种充满魏晋意味的"秋景"出现正是"自我"沉浸其中的结果，而所谓沉浸，却是以"自我"的消弭为基本前提。

但鲁迅自身非常清楚，围绕"秋"展开的"拟古"是虚幻的，所以在这虚幻的"拟古"情境中，隐含着切实的"拟人"意象。值得注意的是"一株小小的枫树"这种称谓——"小小的"修饰语透露出怜惜和同情，这种表述类似于《秋夜》中那些不知名的"小粉红花"的意象。放在 1920 年代的文学语境来看，这种"小"的修饰可以视为人道主义思潮在文学中的表征——在一个弱肉强食的丛林世界中，对"强者"的攻击与对"弱小者"的同情相伴而生，它们构成了人道主义的一体两面。具体到文学层面来说，"小"的意象带有浓郁的童话色彩，它尤其与鲁迅翻译的爱罗先珂童话作品存在高度的互文性。如在《桃色的云》等作品中，爱罗先珂即构筑一个弱肉强食的残酷世界，处于弱势一方的"小小的""花草"往往被作充满情感的拟人化书写，而"小小的"这一定语必然营造出典型的童话意象：

> "小小的花儿呀，睡觉的呵，驯良的，
>
> 小小的虫儿呀，也睡觉的呵，到春天为止。①"

在《腊叶》中，正是通过"小小的"这一"拟人化"的修饰，原本作为植物存在的"枫树"被塑造为"弱小者"的形象。也正是这个形象从内部瓦解了"拟古"情境的诗意，并揭示出"古典诗意"背后的"古典暴力"——《腊叶》中这株"小小的枫树"最终"变成红色"，显然不是一种古典诗学意义上的"物色之变"，而是弱小者被摧残的隐喻。事实上，"秋"在鲁迅的笔下并不仅仅是一个用于感物吟志的季节，早在《摩罗诗力说》中，它就构成了指称文明没落的象征："有读古国文化史者，循代而下，至于卷末，必凄以有所觉，如脱春温而入于秋肃，勾萌绝朕，枯槁在前，吾无以名，姑谓之萧条而止。"②"肃杀""枯槁""萧条"已经成为鲁迅心目中固化的"秋"之属性，而"秋"也在鲁迅之后的写作中逐步具有了"人格"特征。鲁迅对此有清晰的自觉："然而荷叶却早枯了；小草也有点萎黄。这些现象，我先前总以为是所谓'严霜'之故，于是有时候对于那'廪秋'不免口出怨言，加以攻击。"③

---

① 爱罗先珂：《桃色的云·序》（鲁迅译），《鲁迅译文全集》第2卷，福建教育出版社，2008年，第105页。

② 鲁迅：《摩罗诗力说》，《鲁迅全集》第1卷，人民文学出版社，2005年，第65页。

③ 鲁迅：《厦门通信（二）》，《鲁迅全集》第1卷，人民文学出版社，2005年，第392页。

基于此一背景审视《腊叶》,"繁霜夜降,木叶多半凋零"就不能按照张衡《定情歌》的古典意蕴予以理解,它实则象征着一个残忍、冷酷的肃杀之"秋"。同样,《腊叶》开头所营造的"庭前"空间并不能像《秋兴赋》那样将人导向"江湖山薮之思",恰恰相反,这个"庭前"与鲁迅身处其中的"弱肉强食"的社会现实保持着高度的同构性,甚至可以说,它本身就是"弱肉强食"社会的缩微图式。在这个空间中,"绕树徘徊者"的焦灼、苦闷不仅得不到纾解,反而会被放大和加剧。

这里体现出某种极具鲁迅特色的悖论性情境——消弭"自我"的过程恰恰是"自我"不断意识到世界之残酷、不断意识到"自我"之赢弱的过程,也就是说,对"自我"的消弭恰恰以"肉身"的痛感确证着"自我"的存在。从这个意义上说,"病叶"是以"肉身"的生命形式出现在"我"之面前:

一片独有一点蛀孔,镶着乌黑的花边,在红,黄和绿的斑驳中,明眸似的向人凝视。

可以借助厨川白村的"交感"概念描述这种独特的感觉机制:"在有限(finite)中见无限(infinite),在'物'中见'心'。这就是自己活在对象之中,也就是在对象中发见自己。"[1] 按此种说法,"我"对"病叶"的发现,是在"病"这一点上与"病叶"产生了"交感","病叶"也成了"病中之我"对象化的产物——"蛀孔"对"我"投来的"凝视",其实是"我"借助"蛀孔"投向自身的"凝视"。正是在这个时候,那个沉浸、迷醉于光色之中的"我"重

---

① 厨川白村:《苦闷的象征》(鲁迅译),《鲁迅译文全集》第 2 卷,福建教育出版社,2008,第 255—256 页。

《腊叶》写作与"延宕的伦理革命"

—— 769 ——

新浮现，甚至重新占据了"主体"的位置：

　　我自念：这是病叶呵！

　　感叹的语气充满了"我"对"病叶"的同情和悲悯，一个"人道主义"的"主体"从斑驳的光色中浮现出来，并衍生了某种指向"病叶"的拯救行动：

　　便将他摘了下来，夹在刚才买到的《雁门集》里。

　　在这里，这个"人道主义"的"主体"似乎将原本处于锁闭状态的道德伦理维度重新敞开了。但这种道德伦理的敞开并不意味着审美的终结，反而是以艺术审美为基本前提。厨川白村《苦闷的象征》中曾经提及过日本女人脸上的黑痣（beautiful spot）："心醉之后看人，虽痘疤也是笑靥。将痘疤单看作痘疤的时候，就是还没有彻骨地心醉着的证据。在真爱人生，要彻到人间味的底里去的近代人，则就在这丑秽的黑暗面和罪恶里，也有美，看见诗。"① 具体到《腊叶》来说，正是"病叶之美"引发了"我"对"美之病叶"的同情、悲悯和拯救：

　　大概是愿使这将坠的被蚀而斑斓的颜色，暂得保存，不即与群叶一同飘散罢。"

　　由此可见，"我"所要"保存"的不是"病叶"本身，而依然是"将坠的被蚀而斑斓的颜色"，是"斑斓的颜色"使得这片"病叶"从"群叶"中区别出来——"艺术审美"引发了"道德伦理"的行动，但它同样暴露出了"人道主义"之"主体"的限度——"我"的同情、悲悯和拯救仍旧是以"病叶之美"为导向的审美活

---

① 厨川白村：《苦闷的象征》（鲁迅译），《鲁迅译文全集》第 2 卷，福建教育出版社，2008 年，第 314 页。

动，充满了随机性、偶然性和指向自身的封闭性。

四 "物性之变"的显影

但今夜它却黄蜡似的躺在我的眼前，那眸子也不复似去年一般灼灼。

时间点从"去年的深秋"转回"今夜"，形成一个"今昔对比"的结构。在这里，作者压缩了时间延展的维度，而用一个"但"字将"去年"与"今夜"并置在一起，从而形成了令人触目惊心的对比效果：一方面，鲁迅以"灼灼"状"病叶"之貌，使之充满了生命质感；但另一方面，以"黄蜡"比喻的"腊叶"则是生命力丧失的表征，"躺在我的眼前"的表述近乎将"腊叶"视为一具僵卧的死尸。

这里的问题在于，为何是"去年深秋"带有"蛀孔"的"病叶"呈现出"灼灼之貌"且充满着生命力，而"今夜"这个经过了"保存"的"腊叶"却如死尸一般"躺在我的眼前"？或许合理的解释是，所谓"今昔对比"结构中有关昔日的"回忆"部分，带有鲜明的虚构性。如本文第三小节所述，"灼灼"并非"病叶"作为自然之物的实体属性，而是"物"与"我"之间"交感"的结果，正是在这种"交感"中，羸弱的"病叶"才能呈现出"洋溢着'生命感'的活活泼泼的力的面貌"①。从这个意义上说，无论是"木叶"的"凋零"，还是"病叶"的"灼灼"，其实都是"回忆"机制再造

① 厨川白村：《苦闷的象征》（鲁迅译），《鲁迅译文全集》第 2 卷，福建教育出版社，2008 年，第 314 页。

的结果。事实上，"今昔对比"实际上是一个极为封闭的感觉结构，流逝的时间似乎在"今"与"昔"两个定点之间形成了漩涡，进而构筑了一个封闭的镜像空间。这是一个"今夜"之"我"试图栖居其中的空间，一个试图阻隔现实及纾解苦闷的空间。在这里，"今昔对比"的本质乃是"今不如昔"的感喟，"回忆"诱惑着遭遇现实困顿的"我"沉浸、迷醉，并最终沦陷于那片"斑斓的颜色"之中。

但这个虚拟的镜像空间真的能够让"我"栖居其中并纾解苦闷吗？答案显然是否定的。因为"今昔对比"的虚拟结构只能隐匿时间的流逝，而并不能将其彻底取消。而一旦意识到那个不断流逝的时间轨迹，就会发现极为残酷的现实——"病叶"和它那"将坠的被蚀而斑斓的颜色"不仅没有因"暂得保存"而焕发新的生机，反而变成了"黄蜡似的躺在我的眼前"的、死尸一般的"腊叶"。

被"今昔对比"结构所隐匿起来的流逝的时间也并不是空洞的，这其中充斥着冷酷的"物性之变"——从"病叶"变为"腊叶"。第一小节中已有对"腊叶标本制作法"的详细介绍，在那个物理性的制作过程中，"剪"、"整"、"压"和"使之干燥"这类动词构成了其中具体的操作环节。而如果结合这一点来看，《腊叶》文学书写的基础部分正是以生物学知识为前提。这种知识谱系及其赖以成立的科学理性精神充满了自然意义上的冷酷，也正是基于对这种冷酷现实予以遗忘的尝试，"我"才会从"审美/道德"的维度上建构"拟古"或"拟人"的诗意空间。

但是，"黄蜡似的躺在我的眼前"的"腊叶"依然昭示着那个已然发生的"物性之变"，后者不仅仅提示着"保存病叶"行动的虚妄，更用"科学理性"强大的还原力颠覆着《腊叶》全篇所营造的诗意：充满了"古意"或者"人道主义"伦理意味的"寒霜夜降，木叶凋零"不正是普通的自然现象吗？而"这是病叶啊！"固然可以视为悲悯的唱叹，但不同样可以视为医学意义上的"诊断"吗？而在无可更改的"物性之变"中，对"病叶"予以"保存"又如何可能，甚至那些作为拯救动作的"摘"与"夹"自身不正充满了自然的暴力吗？对这个隐秘的"物性之变"的揭示，实际上暴露了鲁迅世界观中冷酷无情的科学底色。正如怀特海所说，"科学"所主宰的世界本身是充满"悲剧"的："这种无情的必然性充满了科学的思想。物理的定律就等于人生命运的律令。"[1]

五 "无物之我"的确立

基于上文所述，鲁迅对现代人"科学性/悲剧性"情境的领会铺陈了《腊叶》书写的"绝望"底色，这意味着《腊叶》的书写不仅要营造镜像空间和虚拟"主体"，更要对它们予以无情而彻底地弃绝：

假使再过几年，旧时的颜色在我记忆中消去，怕连我也不知道他何以夹在书里面的原因了。

这里突然出现了指向未来的时态（"再过几年"），原本那种"今昔对比"的封闭感觉结构被敞开了，虚拟的主体及其栖居的镜像空间不复存在，而无情流逝的时间彰显出自身冷峻的轨迹。"旧时的颜色"在不断"消去"，而"记忆"则是不可靠的，它本身是对"时间无情流逝"这一残酷现实的遗忘。将这个残酷现实发覆出

---

① A·N·怀特海：《科学与近代世界》，商务印书馆，1959 年，第 11 页。

来，也正意味着将与生命意义尖锐对立的"虚无"彰显出来。如此，一种彻底的"虚无"在这里现身，而前文所写的"病叶之美"及其对"病叶"的"保存"皆成了镜花水月般的虚妄。

但鲁迅显然并未止步于这"虚无"的一刻。这个所谓的"未来时态"并非直线式时间的延展，其轨迹形态也与那种由机械钟表标识的物理时间大相径庭。在《书苑折枝》中，鲁迅用文言表述了这种时间感觉的真切状态："余颇懒，常卧阅杂书，或意有所会，虑其遗忘，亦惰于钞写，但偶夹一纸条以识之。流光电逝，情随事迁，检书偶逢昔日所留纸，辄自诧置此何意，且悼心境变化之速，有如是也。"① 如果沿此进一步追索，自然会发现所谓"流光电逝"接近于佛教意义上"一切有为法，如梦幻泡影，如露亦如电"的"无常"，而所谓"情随事迁"的用语源自王羲之的《兰亭集序》："及其所之既倦，情随事迁，感慨系之矣。向之所欣，俯仰之间，已为陈迹，犹不能不以之兴怀，况修短随化，终期于尽。"借助佛教旨趣和魏晋文章的资源，《腊叶》的书写营造出"流光电逝，情随事迁"的时间感受。这种时间感受自然与"古典诗学"多有相通，但与现代科学观念也并不抵牾，可以说，鲁迅在这里对时间的把握呈现着人类最普遍、最基本的生命感觉，它既难以用"古典"和"现代"予以分割，也无法用"科学"和"诗学"来予以区别。

借助此一贯通性的时间感受，鲁迅凸显了自己对"生命有限性"的洞察和体悟：

将坠的病叶的斑斓，似乎也只能在极短时中相对，更何况是葱

---

① 鲁迅：《书苑折枝》，《鲁迅全集》第 8 卷，人民文学出版社，2005 年，第 215 页。

郁的呢。

与杜甫"病叶多先坠，寒花只暂香"的诗句类似，"将坠的病叶的斑斓"也是"生命有限性"的象喻。而正是在"生命有限性"这一点上，"古典"与"现代"、"科学"与"诗学"形成了深层的相通。以这种兼具基源性和普遍性的生命感觉为本位，鲁迅实际上获得了打破"古今中西"之知识畛域的能力，也创造出应对科学世界"无情的必然性"的契机。

如在本句中，"将坠的病叶的斑斓"被放置在"极短时中"，且与"我"处于彼此"相对"的关系。这种"极短时中相对"自然可以用现代印象主义艺术的"交感"机制予以解释。如艺术批评家弗莱所说："这一世界-过程不是缘于孤立而又自我包含的独享的交互作用，而是缘于诸对象的交互作用，其性质有赖于与其他事物的关系。"① 这里的"交互作用"可视为与"交感"同义，它是在"瞬间"发生的，而印象主义美学正是"瞬间"的美学："瞬间压倒长久和永恒，感觉每一种现象都是稍纵即逝的、一次性的组合，是在不可能让人两次踏入的大河里的一簇波浪，这就是印象主义的基本特征。"② 具体到《腊叶》而言，"灼灼"并非"病叶"之生物属性，那种令人迷醉的斑斓之色只能在"物"与"我"在"极短时中"遇合的结果。

这里需要强调的是，印象主义式的"瞬间"感觉并不仅仅是一种艺术手法，它关联着欧美现代都市人的整体生命状态，诚如豪泽

---

① 弗莱：《印象主义的哲学》，《弗莱艺术批评文选》，江苏美术出版社，2010 年，第 54 页。

② 阿诺尔德·豪泽尔：《艺术社会史》（黄燎宇译），2015 年，第 507—508 页。

尔所说："'偶然'是一切存在的原则，瞬间的真理会抵消其他任何真理。如果用美学语言来表达，就是气氛主宰生活……"① 而正是在这一点上，《腊叶》书写背后的感觉方式拉开了与印象主义的距离。对鲁迅而言，那种摄人心魄的"灼灼"之貌"只能在极短时中相对"，他无意将此"瞬间"无限延展、弥散，营造"主宰生活"的"气氛"，反倒要把"气氛"封印在"瞬间"之中。与其说这是对印象主义之"美"的否定，还不如说是对它的限定——"美"只能在"极短时中"存在，而不能被视为全部的生活。

于此，鲁迅笔下的"我"已经不再沉浸于任何由"印象主义"营造的情境中，他同样拒绝在"空无"中消弭自身，而选择了与"空无"相对：

看看窗外，很能耐寒的树木也早经秃尽了；枫树更何消说得。

"早经秃尽"乃是"我"对于"空无"的指认，这不再具有"风景"意义，"秋景"正是对"空无"体验的现实具象化。"窗外"的世界涤荡了所有基于"象喻"建构的诗意和超验性，它是纯然的"物"之世界。而正是在与这个世界的对峙中，一个新的"主体之我"确立起来。这个"主体之我"身处"空无"之中，却又与"空无"对峙，"物"之世界自身并不产生、也更不自然携带"意义"，恰恰相反，"意义"本就是由"主体"自身生成并赋予给"物"之世界的。

从这个意义上说，所谓"交感"并非偶然性的遇合，而恰恰是"主体"自身充满创造性的心理实践过程——也就是说，这个"主体之我"既可以将情感投之于"物"，也自然可以将其"收回"。如

---

① 阿诺尔德·豪泽尔：《艺术社会史》（黄燎宇译），2015 年，第 507—508 页。

前文所述，"病叶"之"灼灼"乃是"我"将自身浓郁的情感和强烈的意志灌注其中的结果。但反过来说，"那眸子也不复似去年一般灼灼"正是由于"我"已经不再将"情感"投注其中的缘故——如果说"眸子灼灼"的"病叶"乃是病中"我"的表征，那么"躺"在这里的、"黄蜡"似的"腊叶"却已是一个与"我"无关的"客观之物"，它可以被认知、被观察，但不再被"感应"。

当"主体之我"拒绝再度与它合一，"物"就仅仅是"物"而已。

事实上，这个"主体之我"是在与"物"之"交感"机制的弃绝中确立的，而它的形态是一个与"物"之世界彼此对峙、也即与"虚无"对峙的"无物之我"——一个拒绝被"物"所象征、所指代的"本然"的"我"，一个纯粹的"主体之我"。之所以说这个"无物之我"具有纯粹意义，是因为即使面对虚无世界的荒芜，即使要时时刻刻感受时间的无情流逝和生命的有限，"我"也拒绝返回"绕树徘徊"的状态，拒绝在虚妄的"美"与"善"中沉迷、陷溺：

当深秋时，想来也许有和这去年的模样相似的病叶罢，但可惜我今年竟没有赏玩秋树的余闲。

在这里，"物我交融"成了独一无二、无法复现的"瞬间"："病叶"依然会有，但"我"却拒绝再度"赏玩"，拒绝再度与任何"物"发生"交感"并沉迷其中。

这里需要充分理解"赏玩"一词之于鲁迅的独特意义。如本文第一部分所述，"赏玩"也是一个极富周作人意味的语词，在他那里，"赏玩"指涉着某种"超功利"的"趣味"。与周作人相比，鲁迅对"余闲"的理解既有相通之处，但也存在差异。后者曾批评中国书的版式"使人发生一种压迫和窘促之感，不特很少'读书之乐'，且觉得仿佛人生已没有'余裕'，'不留余地'了。"① 于此，《腊叶》中的"余闲"亦可作"余裕"或"余地"解，它意味着遭遇身心困顿的主体需要在"余地"的转圜中重新入世。而"赏玩"也自然成为充满主体性和开放性实践的环节，是一个有着"开始"与"终结"的心理运转机制。因此，"不再有余闲"正意味着这个心理机制运作的完成，那些令"我"操心的现实纷至沓来，而"我"也将自身重新介入了纷繁复杂的人间事务中。从这个意义上说，重新入世的"我"并没有涤荡自身的焦灼、苦闷，他涤荡的乃是自己涤荡焦灼、苦闷的虚妄冲动本身。"我"似乎意识到焦灼与苦闷正是现代人之为现代人的题中之意，正如厨川白村所言："人类所做的事，无瑕的事是没有的，譬如即使极其愉快的旅行，在长路中，一定要带一两件失策，或者什么苦恼，不舒服的事。"②

结语　延宕的"伦理革命"：
从"牺牲之爱"到"为己之爱"

在对《腊叶》文本的逐句"笺释"之后，我们看到了作者鲁迅的"混杂书写"形态。而在这背后，一个充满了"主体性"的"无物之我"彰显了自身。但拘囿于文本内部的阐释尚无法触及如下问题：这个看似无所依凭的"无物之我"究竟来自何处？又如何确立？在 1920 年代的历史语境中，它又意味着什么？回答这些问题，

---

① 鲁迅：《忽然想到》，《鲁迅全集》第 3 卷，人民文学出版社，2005 年，第 15 页。
② 厨川白村：《出了象牙之塔》（鲁迅译），《鲁迅译文全集》第 2 卷，福建教育出版社，2008 年，第 310 页。

需要引入文本外部的分析视野，进而对《腊叶》的精神意蕴予以历史定位。

本文第一小节阐释了《〈野草〉英文译本序》中"爱我者的想要保存我"的表述。事实上，《〈野草〉英文译本序》写作时间虽与《新青年》倡导"伦理革命"相隔甚远，但"爱"与"保存"的话语早在《新青年》时期就已经出之于鲁迅笔下。1918 年发表的《我们现在怎样做父亲》对此有清晰的表述："我现在心以为然的道理，极其简单。便是依据生物界的现象，一，要保存生命；二，要延续这生命；三，要发展这生命（就是进化）。生物都这样做，父亲也就是这样做。"① 如鲁迅所说，"保存"话语是"依据生物界的现象"予以确立，即"生物为保存生命起见，具有种种本能"。这种生物学意义上的"本能"非常具体地指涉着"食欲"和"性欲"："食欲是保存自己，保存现在生命的事；性欲是保存后裔，保存永久生命的事。"②

与此相配合，鲁迅此一时期所提倡的"爱"乃是发生在代际之间、指向"子"一辈的"父之爱"："自然界的安排，虽不免也有缺点，但结合长幼的方法，却并无错误。他并不用'恩'，却给与生物以一种天性，我们称他为'爱'。动物界中除了生子数目太多——爱不周到的如鱼类之外，总是挚爱他的幼子，不但绝无利益心情，甚或至于牺牲了自己，让他的将来的生命，去上那发展的长

---

① 鲁迅：《我们现在怎样做父亲》，《鲁迅全集》第 1 卷，人民文学出版社，2005 年，第 135 页。

② 鲁迅：《我们现在怎样做父亲》，《鲁迅全集》第 1 卷，人民文学出版社，2005 年，第 136 页。

途。"① 事实上，鲁迅这一思路沿袭自晚清时期严复所翻译的《天演论》："物莫不慈其子姓，此种植所以传也。今设去其自然爱子之情，则虽深谕切戒，以保存世宗旨重，吾知人之类其灭久矣，此其尤大彰明较著者也。"② 借助"进化论"的思想资源，鲁迅试图把这种"天性"的"爱子"之情推及到更广的社会领域，进而在"物竞天择"的现代世界中重组中国人伦。

但问题在于，这种以生物学之"爱"所确立的人生观实际上存在着结构性的内在矛盾：一方面，"无论何国何人，大都承认'爱己'是一件应当的事。这便是保存生命的要义，也就是继续生命的根基"；但另一方面，"觉醒的人，此后应将这天性的爱，更加扩张，更加醇化；用无我的爱，自己牺牲于后起新人"——"爱己"与"爱人"之间构成了"人道主义与个人主义这两种思想的消长起伏"③。

而由此反顾《新青年》时期的鲁迅自己，会发现他对"伦理革命"的参与存在一个决断，即选择了"牺牲于后起之人"的"爱人"，而搁置了"爱己"的问题。从某种意义上说，鲁迅是"以父之名"参与了《新青年》的"伦理革命"，而这其中没有给"为己"之"爱情"提供任何位置。也正因为此，作为生物之"本能"的"性欲"并不指向"两性之爱"，它依然属于"保存后裔"、"延续生命"的话语逻辑之中："夫妇是伴侣，是共同劳动者，又是新生命

① 鲁迅：《我们现在怎样做父亲》，《鲁迅全集》第 1 卷，人民文学出版社，2005 年，第 138 页。
② 赫胥黎：《天演论》（严复译），商务印书馆，1981 年，第 16 页。
③ 鲁迅：《两地书　致许广平二十四》，《鲁迅全集》第 11 卷，人民文学出版社，2005 年，第 81 页。

创造者的意义。"① 显然，这里的"两性关系"与现代意义上的"爱情"并不完全对应，鲁迅此一时期对"爱情"的绝望也印证了这一点，他借助一个"不相识的少年"之笔表达了这种"不知爱为何物"的困惑："爱情是什么东西？我也不知道。中国的男女大抵一对或一群——一男多女——的住着，不知道有谁知道。"②

鲁迅这种"以父之名"参与"伦理革命"的姿态是由两种因素决定的：一是他"听将令"的自我定位，这意味着要搁置"个人主义"的维度，从而"与前驱者取同一的步调"；二是由于此时八道湾的周氏家族依然存在，作为长子的鲁迅依然要履行"长兄如父"的家族职责。在这两重因素的合力之下，鲁迅根本无法如彼时的"新青年"那样实行"恋爱自由"并亲身介入"伦理革命"，而所谓"以父之名"实则意味着他所想象的"革命主体"乃是将自身排除在外的"子"一辈青年："先从觉醒的人开手，各自解放了自己的孩子。自己背着因袭的重担，肩住了黑暗的闸门，放他们到宽阔光明的地方去；此后幸福的度日，合理的做人。"③ 从这个意义上说，《新青年》时代的鲁迅只是"伦理革命"的参与者而非践行者，换句话说，"伦理革命"之于鲁迅而言只是一场"他人的革命"。

但截至《野草》写作的 1925 年前后，情势却发生了巨大的变化。一方面，"《新青年》的团体散掉了，有的高升，有的退隐，有

---

① 鲁迅：《我们现在怎样做父亲》，《鲁迅全集》第 1 卷，人民文学出版社，2005 年，第 136 页。

② 鲁迅：《我们现在怎样做父亲》，《鲁迅全集》第 1 卷，人民文学出版社，2005 年，第 338 页。

③ 鲁迅：《我们现在怎样做父亲》，《鲁迅全集》第 1 卷，人民文学出版社，2005 年，第 145 页。

的前进，我又经验了一回同一战阵中的伙伴还是会这么变化"①，这也被鲁迅视为《野草》写作开启的现实语境："有了小感触，就写些短文，夸大点说，就是散文诗，以后印成一本，谓之《野草》。"②但另一方面的因素可能同样重要，1923 年"兄弟失和"事件后，鲁迅夫妇搬离八道湾，这其实意味着那个聚族而居的周氏家族已经彻底解体，而在与朱安夫妇二人的小家庭内部，鲁迅已经失去了"长兄"这一宗族身份。在这里，前文所述两种因素的合力皆已不复存在，鲁迅自然卸下了《新青年》时期的"父一辈"身份，变成了一个内外交困、身心俱疲的"孤独者"。如此，被压抑的"个人主义"再度凸显，而《新青年》时代从正面肯定的"牺牲之爱"变成了反题。

那么，如何理解《腊叶》题旨中作为反题的"牺牲之爱"？对此，本文第一小节朱安对病中鲁迅予以照顾的诸多史料就具有重要的意义。如果说《新青年》时代的鲁迅是"救救孩子"的"父亲"，并把自己拟想为"牺牲之爱"的施予者，那么此一时期生命垂危的鲁迅自身却在两性关系中处于"弱小者"的位置上。当"弱小者"从他人变成了自我，当"爱者"变成了"被爱者"，"爱"的意义也就发生了畸变——原本与"恩"相互区别的"爱"又重新与"恩"相混淆，而"生命"在以"爱"之名义得以"保存"的同时，"生命力"却在被不断压抑乃至扼杀。就这一点而言，《腊叶》中的

---

① 鲁迅：《〈自选集〉自序》，《鲁迅全集》第 4 卷，人民文学出版社，2005 年，第 469 页。

② 鲁迅：《〈自选集〉自序》，《鲁迅全集》第 4 卷，人民文学出版社，2005 年，第 469 页。

"保存"正是作为"被爱着/不爱者"的鲁迅对"牺牲之爱"之内面残酷性的揭示——原本尚有"灼灼之貌"的"病叶"变成了一片"黄蜡"似的"腊叶"。

基于这样一个语境，鲁迅与许广平的"恋爱"显然不能仅仅视为"私人"的"婚恋生活"。真正的突破性甚至不是"恋爱"本身，而是在于鲁迅对"爱"的理解发生了颠覆性的变化。1925 的 5 月 5 日，鲁迅在《忽然想到》一文中表达了这种充满"强力意志"的"爱"："无论爱什么，——饭，异性，国，民族，人类等等，——只有纠缠如毒蛇，执着如怨鬼，二六时中，没有已时者有望。"[1] 而同年 10 月 21 日写就的《伤逝》中，鲁迅借涓生之口再度表达了这种"爱"的形态："这是真的，爱情必须时时更新，生长，创造。"[2] 这些有关"爱"的表述完全不同于《新青年》时期的"牺牲之爱"，它不再是为"弱小者"牺牲的"父之爱"，而是"为己之爱"。对"五四落潮期"中的鲁迅而言，这不啻是一场"革命"——一场《新青年》时期未能发生而延宕了的"伦理革命"，也是一场他在 1925 年独自践行、切身介入的"伦理革命"。相比《新青年》所提倡的那场"伦理革命"，鲁迅此次"伦理革命"显得更为彻底和激进。

基于这场"伦理革命"的背景反顾《腊叶》，我们就会发现，笺释中所呈现的那个"无物之我"乃是一个无所依凭的"主体之我"。只有在这个近乎极端的"为己"层面上，鲁迅才真正把"爱"视为"天性"，进而将其与"保存"等同起来。由此反顾，"为爱我

---

[1] 鲁迅：《杂感》，《鲁迅全集》第 3 卷，人民文学出版社，2005 年，第 52 页。
[2] 鲁迅：《伤逝》，《鲁迅全集》第 2 卷，人民文学出版社，2005 年，第 118 页。

者的想要保存我而作"的《腊叶》的真正题旨并非"保存自我",而是"自我保存","被爱者/不爱者"意在突破"爱我者"给定的"被动结构",建构出一个充满主体性的"为己的个人"。

在《腊叶》中,确乎存在"保存"之主体的置换,在现实中的被拯救者变成了借助"爱我者"救赎自身的"保存者":"我"先是将"病叶"夹在《雁门集》中,这是对其生物性的保存;之后,在其变成"蜡黄"时,"我"又复活了它的"灼灼",这是记忆之保存;而当"旧时的颜色在我记忆中消去"时,"保存"行动也并未终结,因为"我"又将其书写为文字——此时,《腊叶》的书写本身构成了"保存"的内在环节。因此,那个"无物之我"的"主体"并不是在文本内部虚拟的结果,"主体"指向了那个编织文本的写作者,指向了"五四"时代的作家鲁迅自身。

但在 1920 年代中期,鲁迅彻底的"伦理革命"并未生成新的"革命伦理"。那个"为己的个人"之"主体"是无所依傍的,甚至可以说,全然"为己的个人"在现实中并不存在。任何"个人"都必然伴随着"他人",尤其是在"家庭"重组的过程中,不可能忽视与"爱我者"的结构性关系。即使在新式的"婚恋话语"中,这个"自我/他者"的深层结构也是无可撼动的,所谓"个人主体"的"诞生"仍旧带有虚拟的性质。具体到此时的鲁迅而言,与"强力意志"同构的"为己之爱"不仅迫促着他投入"革命"之中,也将与己相关的"爱我者"卷入并置于"革命对象"的位置上。基于这种理解,悉心照料自身且拯救自己于危难的"爱我者"往往被视为与"爱"无关,她们只是"爱的布施者"。而"布施"恰恰在此一时期成为鲁迅诅咒的存在:"倘使我得到了谁的布施,我就要像兀鹰看见死尸一样,在四近徘徊,祝愿她的灭亡,给我亲自看见;

或者咒诅她以外的一切全都灭亡，连我自己，因为我就应该得到咒诅。"① 由此我们看到，"从旧营垒中来"的鲁迅既是"革命"的发动者，也与"爱的布施者"一起成为"革命"的对象，他不间断地对"旧营垒"予以"反戈一击"，但也使自己无时无刻不处于持续的"伦理危机"之中。

---

① 鲁迅：《过客》，《鲁迅全集》第 2 卷，人民文学出版社，2005 年，第 197 页。

空白的序文与暧昧的题辞

——鲁迅的"《彷徨》叙事"

邢　程（浙江大学中文系）

一、悬置：从"《呐喊》叙事"到"《彷徨》叙事"

鲁迅在写于 1929 年末的《我和〈语丝〉的始终》一文中，提到谭正璧在《中国文学进化史》中的一个说法，谭文云：

> 鲁迅的小说集是《呐喊》和《彷徨》，许钦文、王鲁彦、老舍、芳草等和他是一派……这派作者，起初大都因耐不住沉寂而起来"呐喊"，后来屡遭失望，所收获的只是异样的空虚，于是只有'彷徨'于十字街头了。①

鲁迅在文章中将此语简化为：

---

① 谭正璧：《中国文学进化史》，上海古籍出版社，2012 年，第 207 页。

谭正璧先生有一句用我的小说的名目，来批评我的作品的经过的极伶俐而省事的话道："鲁迅始于'呐喊'而终于'彷徨'"（大意），我以为移来叙述我和《语丝》由始以至此时的历史，倒是很确切的。①

　　据鲁迅日记载，谭正璧与鲁迅有过书信往来，1925 年曾将其所作《中国文学史大纲》特别寄赠鲁迅一册，而 1929 年 9 月出版的《中国文学进化史》乃是在《大纲》基础上进行的拓展。其书述文学史，自上古时代写起，新文学只是很小的一部分。谈及鲁迅，创造性地将"呐喊"与"彷徨"从作品集的层面提炼为对文学风貌的表述。鲁迅敏锐地捕捉到这一点，进而加以利用，写入了对《语丝》的追忆之中。

　　谭的文章，与鲁迅自己的说法，都有将"呐喊"及"彷徨"两个词语从小说集题名上升到文学史叙述的"转义"意味。这种"转义"所依赖的基础，首先在于小说集题名本身表征的一套叙述，即对小说集之诞生因由和过程的解释，事实上，《呐喊》的起手也确实关联着新文学的展开；这之外，也在于论者对小说集本身思想、风格及题旨的把握。鲁迅在新文学中的创作"实绩"当然令他在文学史的叙述中占据重要的位置。但是，"呐喊"与"彷徨"各自代表的文学史叙述，是否就可以因此而成为固定的意义符码，恐怕是值得重探与深究的。

　　所谓"《呐喊》叙事"，乃笔者为求便利而制造的说法。"《呐喊》叙事"基本上是由《呐喊自序》一文中的自叙内容所奠定的，

---

① 鲁迅：《鲁迅全集》第四卷，人民文学出版社，2005 年，第 172 页。

笼括了鲁迅自少年时代开始的个人生活、求学经历与思想变化的过程。简要来说，"《呐喊》叙事"展示出的线索是：少年时遭遇来自家庭内外的挫败，故而"走异路"、"逃异地"，经由南京辗转日本，经历了"弃医从文"的决定性时刻，初治文艺却以寂寞的回应收场，辛亥革命以后定居北京，在寥落的心情中"钞古碑"，因为有感于《新青年》集团诸人的热情，决意以文章作为"呐喊"，为其助力，遂有了《狂人日记》，以及《呐喊》中的诸篇小说。这种自叙一方面在历史层面描述了鲁迅自身经历以及其白话短篇小说诞生的过程，另一方面也为整部《呐喊》确定了主导思想，并提供了阐释方向，使小说的意义附属于"五四"新文化逻辑的框架中。

《呐喊自序》写作于 1922 年底、小说集出版问世之前，鲁迅在其中解释了"呐喊"的意味与由来，并由之建构了《呐喊》与《新青年》乃至文学革命的关系。所谓"有时候仍不免呐喊几声，聊以慰藉那在寂寞里奔驰的猛士，使他不惮于前驱"，"既然是呐喊，则当然须听将令的了"等语，基本成为对鲁迅这一时期小说创作之动机与基调的表述。而小说集出版以后，直至 1930 年代，鲁迅对《呐喊》的屡次叙述，也左右不出《呐喊自序》定下的调子。如1932 年底《〈自选集〉自序》中所谓"既不是直接对于'文学革命'的热情，又为什么提笔的呢？想起来，大半倒是为了对于热情者们的同感。这些战士，我想，虽在寂寞中，想头是不错的，也来喊几声助助威罢"，与《呐喊自序》中的表述，有几乎完全一致的意思。也就是说，《呐喊》的意味，从小说集问世之初，即是非常明确的，鲁迅对于其中诸篇的解释，以及"呐喊"的内涵，始终是稳定的，没有太多变化。"《呐喊》叙事"在这个意义上表征了鲁迅在文学革命以及五四时期的立场，是明晰的、贯彻始终的。

但当学界将《呐喊自序》作为阐释鲁迅的钥匙时，此文本身的一些特质被忽视了，比如它的写作时间。在《呐喊》作为单行本发行之前，《呐喊自序》首先发表于 1923 年 8 月 21 日北京的《晨报·文学旬刊》上，文后有《晨报》编者的按语，推介《呐喊》并附上了小说篇目目录。也就是说，此文作为一篇独立的文章，其原始发表语境与小说集的广告有关。今天的读者读《呐喊》，是以小说集的形式来接受的，《自序》往往作为统摄全篇的叙述，笼罩着诸篇作品的基调。但必须注意的一个事实是，《自序》的完成，距离《狂人日记》在《新青年》上的发表有四年多的时间。在这样一段不算短暂的时间里，鲁迅写作诸篇小说、发表、进而得到同人与普通读者等各方面人士的反馈，并获得声誉与切实的利益，是一个往复而不间断的过程。《自序》固然是对小说创作的某种直接的说明，但伴随着一篇篇小说的写作与发表，周树人成为"鲁迅"而声名大噪，某种程度上这也影响着鲁迅在对小说进行结集出版的时候，编织回忆、写出这篇《自序》的方式与姿态。如果《狂人日记》并未一举走红，《新青年》的阵仗终于如《新生》一样流于破产，那么，日后即使要出版小说集并为之作序，鲁迅是否还会在其中以这样的口吻讲述同样的故事？也就是说，《呐喊自序》提供的有关《呐喊》的一套叙事，一方面，固然有其历史客观性，另一方面，也是基于一种后见立场的完善与补充。

对《呐喊自序》的阅读与接受，不仅存在"历史"维度上的模糊，同时也有"思想"维度上的惯性。鲁迅自身的故事，与小说讲述的虚构（或半虚构）的故事，二者所构成的"个人"与"国族"之关系，仿佛成为理解作品乃至其时文学史状况的前提。当《狂人日记》作为一个国族寓言成为文学革命的有力"实绩"时，《呐喊自序》中提供的关于鲁迅个人的叙事，则成为国族寓言的一种个体化表征（个人寓言），国族的晦暗历史与个体的挫败经验仿佛昭示着，"寓言"不但存在于文本之内，也笼罩在文本之外，两套故事（"叙事"）互相融合，互相补充，彼此强化。《呐喊》的小说文本与《呐喊自序》所提供的"《呐喊》叙事"共同构成了文学史的经典叙述，这种经典叙述并不特别关切文学形式的具体层面，如白话语体、文体演变、叙事技巧等问题（当然这些方面的研究是颇具难度的），而是在小说本文与《自序》二者所构成的循环论证中，结实地建构出那一段文学史、《呐喊》乃至鲁迅本人的某种基调。

《呐喊自序》讲述的"弃医从文"，包含两个过程，首先是弃中医择西医，第二是弃医学择文学，前者是由"中"到"西"（或由"古"到"今"）的过程，后者则是由器物而进于精神的过程。这与《狂人日记》乃至整部《呐喊》在题旨上构成了高度的吻合。也正是因此，无论从"知人论世"的角度，抑或以各种西人理论切入，《自序》提供的"《呐喊》叙事"都成为阐释《呐喊》的至关重要的材料，是关于"叙述"的"叙述"。

本文的关切在于上述第二层"叙述"。而提出"《呐喊》叙事"并对之进行大致的描述，实则为了引入"《彷徨》叙事"这一概念。如果说《呐喊自序》这一篇文章以及以后鲁迅围绕《呐喊》之写作而进行的叙述，构成了明晰且一以贯之的"《呐喊》叙事"的话，那么针对小说集《彷徨》而进行的"《彷徨》叙事"，状况则更为复杂。

这涉及两段时间。首先是小说集出版前后一段时间。《彷徨》的序言位置为一组"题辞"所取代，"题辞"的几句，剪裁自《离骚》：

朝发轫于苍梧兮，夕余至乎县圃；欲少留此灵琐兮，日忽忽其将暮。

　　吾令羲和弭节兮，望崦嵫而勿迫；路漫漫其修远兮，吾将上下而求索。

　　《彷徨》出版以后一段时间，鲁迅都没有对"彷徨"进行正面的解释。其创作小说时候的心境，在小说文本之外，只能从同期留下的其他文字和材料中去间接地摸索。在《彷徨》问世之前，鲁迅已经相继出版了《呐喊》、《热风》以及《华盖集》，三部文集都在结集之时被鲁迅认真安排了序言。其中包含了鲁迅对自己漫长经历的叙述，同时也附着着鲁迅对于自家文章缘何而生、意指何处的解释。同样的情况也出现在《彷徨》以后的其他文集中。唯独《彷徨》，仿佛是鲁迅刻意留下的空白，又似乎是对于释名权的一种出让。总之，与其他文集相比，鲁迅在《彷徨》中有限度的缄默，是值得注意的。如果说《狂人日记》之"横空出世"是由钱玄同直接催生的，那么《呐喊》停笔至《彷徨》起笔，中间一年多的时间，又是什么催生了小说《祝福》（《彷徨》中的首篇作品）呢？

　　《彷徨》序跋的被悬置，使得对这一问题的回答导向了三十年代。鲁迅在《〈自选集〉自序》、《中国新文学大系·小说二集导言》等文章中，终于对《彷徨》进行了追述。而被引为"题辞"的几句《离骚》经，因其本身经寓言或象征而产生的多义性，似乎也成为鲁迅自说的旁证。在以后的阐释与研究中，这很自然地成为读解《彷徨》的指导性材料。然而，1924年的起笔，与1930年以后的追认，乃是两种不同情境下的行为。在这里，关于"叙述"的"叙述"，其实是值得细致讨论的。与"《呐喊》叙事"

空白的序文与暧昧的题辞

不同的是，在小说集出生时的自叙与日后的追认这二者之间，《彷徨》出现了不对等的情形，三十年代鲁迅的"追认"并没有小说集写作其时的"自叙"作为对应物而进行互证。仅仅以《离骚》中几句诗代替了序言，使得"历史"在日后成为了"一个任人打扮的小姑娘"，或者说，二十年代"《彷徨》叙事"的被悬置，在三十年代给了鲁迅更自由的叙述空间，曾经的欲言又止或隐而不发，穿过小说"所指"的暧昧性（高超的写作技巧），忽然获得了一种明确意味，而这种意味的后赋性，则可能遮盖了小说创生时的原始语境。

本文的主旨，便在于揭开并提示"《彷徨》叙事"在三十年代可能存在的建构性色彩。笔者以为，重新分析鲁迅自己对于《彷徨》的界定与追述，可能导向小说阐释的新的视野和思路，这或许关乎对鲁迅在狭义的"文学"层面的新的认知。

二、追认："后文学革命"话语

上文已经提到，鲁迅在很长一段时间里，悬置了对《彷徨》的直接解释。今天看到的其关于《彷徨》的说法，大多发生在三十年代以后，而这一套"《彷徨》叙事"，则基本上表现为"《呐喊》叙事"的延续。比较典型的两处叙事分别为写于 1932 年的《〈自选集〉自序》与 1935 年为《中国新文学大系》起草的《小说二集导言》：

> 后来《新青年》的团体散掉了，有的高升，有的退隐，有的前进，我又经验了一回同一战阵中的伙伴还是会这么变化，并且落得一个"作家"的头衔，依然在沙漠中

走来走去，……得到较整齐的材料，则还是做短篇小说，只因为成了游勇，布不成阵了，所以技术虽然比先前好一些，思路也似乎较无拘束，而战斗的意气却冷得不少。新的战友在哪里呢？我想，这是很不好的。于是集印了这时期的十一篇作品，谓之《彷徨》，愿以后不再这模样。

"路漫漫其修远兮，吾将上下而求索。"①

（《〈自选集〉自序》）

从一九一八年五月起，《狂人日记》，《孔乙己》，《药》等，陆续的出现了，算是显示了"文学革命"的实绩，又因那时的认为"表现的深切和格式的特别"，颇激动了一部分青年读者的心。然而这激动，却是向来怠慢了绍介欧洲大陆文学的缘故。……此后虽然脱离了外国作家的影响，技巧稍为圆熟，刻划也稍加深切，如"肥皂"，"离婚"等，但一面也减少了热情，不为读者们所注意了。②

（《〈中国新文学大系〉小说二集导言》）

在前一段文字中，鲁迅对于五四落潮以后《新青年》团体内部分化的精炼叙述经常被文学史家引用，在这种情况下，鲁迅自己"成了游勇，布不成阵"，也成为公认的《彷徨》的创作背景。这种叙述使得《彷徨》的创作被置于一种"后文学革命"的线索中，"游勇"一语将《彷徨》时期鲁迅的状态引导向《新青年》的"集

---

① 鲁迅：《鲁迅全集》第四卷，人民文学出版社，2005年，第469页。
② 鲁迅：《鲁迅全集》第六卷，人民文学出版社，2005年，第246页。

团式作战",仿佛二者的不同仅仅在于环境的变化,而不在于写作主体的意志。上述第二段文字,亦是将对《彷徨》的追认置于《呐喊》开辟的小说写作世界的框架中,"外国作家的影响","减少了热情"等语,看起来仍然是以《呐喊》展露的诸种写作要素来衡量《彷徨》。总体而言,《呐喊》自然是文学革命的产物(无论是主动的行为抑或"听将令"),而《彷徨》尽管"战斗的意气"与"热情"都减少了许多,但在叙述里,既然还是在"战斗"及"热情"的维度中接受打量,那么给人造成的印象,则是承续了《呐喊》的思想与题旨,只是因为从前的战友"高升"或者"退隐",故而意气不复那般强烈罢了。

李欧梵在分析《野草》时,引用了鲁迅在 1931 年对于《野草》的说明:"那时难于直说,所以有时措辞就很含糊了。"[1] 这句话之后,李欧梵立刻指出"当时鲁迅已完全进入左翼阵线"[2],此处一笔带过的这句话提示了一个很重要的问题,即如何观审鲁迅对自己作品后赋的说明。此外,寇志明亦注意到《〈自选集〉自序》的不同版本,提出 1933 年上海天马书店单行本《鲁迅自选集》的自序一段原文:"所以,这些'革命文学',也可以说,就是'遵命文学'。不过我所遵奉的,是那时在压迫之下的革命的前驱者的命令,也是我自己本来愿意遵奉的命令,决不是皇上的圣旨,也不是金元和真的指挥刀。"在鲁迅手稿中并没有"在压迫之下的"和"本来"两语。[3] 这

---

① 这是鲁迅 1931 年在《野草》英文译本序中的话,见于《鲁迅全集》第四卷,人民文学出版社,第 356 页。

② 李欧梵:《铁屋中的呐喊》,尹慧珉译,人民文学出版社,2010 年,第 89 页。

③ 寇志明并指出,香港汇通书店 1970 年出版的《鲁迅自选文集》,其自序与上海天马书店 1933 年版一致,而人民文学出版社 1981 年版则与鲁迅手稿一致。

种对勘恐怕也指向 1930 年代的左翼语境。① 意识形态与立场当然不会完全覆盖掉文本的价值，但彻底抛却这种追述的语境，恐怕会使我们对于原作的理解有所偏离，导致我们忽视掉原作本来具有的一些意味。当然，对于后述语境的分析，须是非常小心的，粗暴地处理掉即使是非常明显的意识形态色彩，可能也会导致阐释的失效。总之，这是一个复杂的问题。但至少，以"时机"的不同区隔开作品写作的原始语境与对其后赋的追认，是一种必要的清醒意识。

另外一种也可被纳入"《彷徨》叙事"的书写是鲁迅 1933 年的诗作《题〈彷徨〉》：

> 寂寞新文苑，平安旧战场。
> 两间余一卒，荷戟尚彷徨。

此诗传达的意象，与《〈自选集〉自序》中的叙述是基本一致的，其要点就在于将《彷徨》赋了某种"战斗"性的色彩，同时将这种"战斗"放置在了一个更大的逻辑和语境之中。"寂寞新文苑，平安旧战场"即是《新青年》团体的分化以后，鲁迅"依然在沙漠上走来走去"的写照，"两间余一卒"正可对应"成了游勇，布不成阵了"，"荷戟独彷徨"则暗含着"新的战友在哪里呢"的呼唤。解读鲁迅的意思，则《彷徨》是旧战结束，而新的战友尚未到来之前，"彷徨"不定时留下的作品。这种说法在一定意义上是符合事实的。《彷徨》的确是写作于鲁迅告别《新青年》团体、离开

① 文怀樟《鲁迅与天马书店》一文也曾提到天马书店与左联之间的关联，见于《山东师院学报》(社会科学版)，1979 年第 2 期。

北京之前那段时间，而《彷徨》中的诸篇小说，也确实色彩晦暗，不再似《呐喊》时期有那样鲜明的批判指向。但值得注意的是，鲁迅在界定这段"彷徨"期时，是有意将其放置在延续着"文学革命"逻辑的一种历史观中，并经由他惯用的拼贴式叙述的修辞，将《彷徨》与"文学革命"的"战士"的形象联结在了一起。"新文苑"与"旧战场"的互文性修辞，实际上消除了"文学革命"在五四落潮以后，随着《新青年》诸人的分道扬镳而发生的终止或者断裂。与前述"成了游勇"、"新的战友在哪里呢"等语一样，暗示了"文学革命"的一贯性，更加建构并强化了自家始终坚持"文学革命"立场的形象。而相应地，1926年题在《彷徨》扉页上的"路漫漫其修远兮，吾将上下而求索"也就由此被赋予了求索文学革命之路与革命伙伴的意味。

最近也有学者指出，《题〈彷徨〉》这首诗，其内蕴的意味与指涉的对象，同《彷徨》这部小说集并无太大关联：《题〈彷徨〉》这一题目，并非与诗作本身一同产生的，而是后来被高疆录于《人间世》时附加上的；鲁迅的旧诗创作，往往是即兴的，这一首也不例外，因此《彷徨》这部小说集实际上只是这一诗作发表的"媒介"，诗中所谓"新文苑"与"旧战场"乃是站在三十年代的立场上进行的描述，前者指涉的并非《彷徨》写作时的语境，而是诗作完成的当下，原诗末句中的"尚"字即是一种证据。[①]

加以周详的考证与分析，这一结论成立的可能性很大，但仍然无法消除鲁迅言语中的暧昧意味。"新文苑"与"旧战场"的比对

---

① 谢俊：《"寂寞新文苑"与"平安旧战场"新解——从三十年代初视野下读〈题〈彷徨〉〉》，《现代中文学刊》2017年第3期。

实在与他对五四前后的追述有极高的吻合度，而"彷徨"一词的使用，固然可能是其当下心态的即时性写照，但也很难说其中没有模糊小说集《彷徨》内涵的意图。

总而言之，鲁迅在三十年代对于《彷徨》的追认，是在"五四"与新文学的延续性脉络上进行的。但鲁迅并未明确区分的，是作品中的"形式"与"价值"这二者，在这种延续性中各自承担了多少。指出《彷徨》比《呐喊》"技术"好了，借鉴国外作品的经验少了，同时"战斗的意气"与"热情"少了，加之"两间余一卒，荷戟尚（独）彷徨"的多义性，很容易令人在"价值"维度上接受《呐喊》的主题，在此之下对《彷徨》加以审视。但实际上，文学史线索中真正得到延续的，更大程度上可能是"形式"维度中的东西，譬如白话，譬如短篇小说的体例，等等。无论鲁迅在三十年代的"《彷徨》叙事"是否有意在"价值"维度上刻意制造与《呐喊》并提的效果，事实上，在以后的研究与阐释中，这一效果确实被不断实践着。

三、还原：战斗还是抒情

"《彷徨》叙事"对于《彷徨》阐释视域的限制，笔者以为最重要的在于"公意"与"私意"之间，前者对后者造成的压抑。《呐喊自序》中陈述出的，铁屋之喻象征的踟蹰，"希望"之"可有"与"必无"间的争斗，疗救国民精神疾病的动力，全都指向新文化运动的启蒙功能，乃是一种"对公的"表达。在"《呐喊》叙事"中，小说所承担的，是鲁迅作为"先觉者"的思考，个体经验与国族经验的寓言性同构，使得个体的"经验"被象征性地吸收于国族叙事中，而私人的、微观的"情绪"，则被抹去或放逐了。

当"《彷徨》叙事"也被置于这样一条脉络中时，小说本身的阐释方向也就被决定了。延续着《呐喊》的题旨，《彷徨》自然也成为公共的、宏观的、外向的写作，总是有关"社会批判"与"文明批判"。即使在讨论文学中的个人主义与主观主义的研究里，《彷徨》仍然会被与《呐喊》并置，连同鲁迅其他可视为"创作"的集子一起，被认为"唯一主题是反抗，是中国人民的革命和整个中国社会的解放"[1]。然而事实上，《彷徨》的起手可能恰恰就是一种私人情绪的作用。[2]《呐喊》以后，沉寂了一年多的小说家鲁迅重新提笔时，动意何在，实在是值得深入推敲的。

有意思的是，尽管鲁迅将"呐喊"与"彷徨"并提，作为对文学史的陈述，如本文开篇指出的那样，但鲁迅视两部小说集的态度，恐怕有所区别。一个值得注意的事实是，《伤逝》与《孤独者》在小说结集之前未曾公开发表；另外，《呐喊》出版后，鲁迅曾大量将之赠予友人，这可见于鲁迅的日记，而同样的情况并未发生在《彷徨》上。1926 年 8 月《彷徨》出版之后，鲁迅并未有大范围赠书的行为，这自然与他离开北京、并屡次转徙的生活状况有关，但如若有意赠书，借助邮政托人办理，也并非不可能之事。推究其前后态度迥异的缘故，一方面是鲁迅自己社交人际在二十年代中期以后发生了变化，另一方面，更为重要的，恐怕还是在于《呐喊》与《彷徨》二集之中，鲁迅赋予的寄托有所不同。广泛地赠与友人，

---

① 普实克：《中国现代文学中的主观主义和个人主义》，见于李欧梵编，《抒情与史诗——现代中国文学论集》，上海三联书店 2010 年，第 5—6 页。

② 参见邢程：《旧历年、团圆、仪式及其他——再读〈祝福〉》，《文学评论》2018 年第 2 期。

实际上也从另一个角度证明了《呐喊》的"听将令"，所言既是为公，则出版之后，便须给同道及看客一个交代。而稍后所作的《彷徨》，则有更多"私意"的色彩，故大抵不愿大张旗鼓。

这让人暂时搁置 1930 年代以后的"《彷徨》叙事"，而回顾 1926 年小说集出版时的状况。替代了序言的"题辞"于是成为一条线索。以《离骚》诗句作为题辞，与小说集的题名"彷徨"是呼应的。鲁迅在《中国小说史略》中论及神话与传说，曾提到屈原的《天问》，引用王逸《楚辞章句》做说明，以"屈原放逐，彷徨山泽"八个字概括了屈原创作的背景和语境。1924 年 7 月赴西安讲学后，整理《汉文学史纲要》，其中"屈原与宋玉"一节，复又论及屈原本事，讲到屈原如何被人离间于楚怀王，以至于被疏远被放逐，不得不"彷徨山泽"。1930 年代以后，鲁迅将这种"彷徨"之感归因于《新青年》团体的解散，引导了对"彷徨"以及《彷徨》的阐释方向。而实际上，若将"彷徨"一词置于鲁迅对屈原的观照视野中来解读，其语境会有所扩展，在表达踟蹰、受阻等意涵之外，也包括了"彷徨"主体所以"彷徨"的另一重原因：遭到间离与被放逐。

不作序跋而以诗骚语句代言，这在鲁迅对自家文集的安排情况中，是一种十分特别的现象。屈原诗句本身，其背后是一个完整的立意于自叙与托讽的语境，而鲁迅只剪裁其中几句代替序言，便包含了一种欲言又止的暧昧。这种题辞的方式，可能已经暗示了小说文本象征式的写法，其制造出的故事世界，或许还有一种隐微的意味，指向某种内心的、无法明言的寄托。

在这一点上，唯一的"解人"大概便是周作人，其在《知堂回想录·不辩解说（下）》中再次强调鲁迅的《伤逝》是为兄弟失和而作：

> 　　《伤逝》这篇小说很是难懂，但如果把这和《弟兄》
> 合起来看时，后者有十分之九以上是"真实"，而《伤逝》
> 乃是全个是"诗"。诗的成分是空灵的，鲁迅照例喜欢用
> 《离骚》的手法来写诗，这里又用的不是温李的词藻，而
> 是安特来也夫一派的句子，所以结果更似乎很是晦涩了。
> 《伤逝》不是普通恋爱小说，乃是借假了男女的死亡来哀
> 悼兄弟恩情的断绝的。

　　周作人之所谓"诗"，显然并不指向一般意义上的文类概念，而是在文字的叙事层面，将之与"真实"相对，意在提示鲁迅文字里关于旧事的那部分，出于某种写作习惯或者动机，而存在"不实"的成分，即所谓"诗的成分是空灵的"。而同时，周作人也指出，"鲁迅照例喜欢用《离骚》的手法来写诗"，联系上述对"诗"的理解，则是指鲁迅以《离骚》的手法创作小说，此处当然是指《伤逝》。此外，又"用的不是温李的词藻，而是安特来也夫一派的句子"，将行文上的遣词造句的特征归于安特来夫一派，可见"《离骚》的手法"之"手法"，并非指字句层面的修辞，而是指文章组织中对于所选意象的隐喻性的安排。

　　在《彷徨》中的小说陆续开始写作以后，鲁迅于 1924 年 5 月 25 日正式迁入阜成门内西三条胡同，同年 9 月 8 日，鲁迅日记中载：

> 　　自集《离骚》句为联，托乔大壮写之。

所集两句，乃是"望崦嵫而勿迫，恐鹈鴂之先鸣"① 对这两句的解释，朱熹《楚辞集注》中云："鹈鴂，鸟名，即诗所谓'七月鸣鵙'者。盖鴂鵙声相近，又其声恶，阴气至，则先鸣而草死也。"② 清代蒋骥的《山带阁注楚辞》则云："崦嵫。山名。日入处。言使望日所入之山而弗附近。盖不使遽暮也。"又："鹈鴂。鵙也。秋至则鸣而草枯。以喻谗人构祸。而贤士将罹其害也。"③ 鲁迅离开八道湾，乃是"兄弟失和"的结果。而失和的缘故，已成为学界讳莫如深也确乎无法考证坐实之事，这亦并非论者关注的问题。但是从鲁迅集《离骚》句的行为来看，如果说他亲历的与揣想的事情在"流言"、"离间"与"放逐"的层面上与屈原的本事和《离骚》的写作构成了某种象征及隐喻的关系，也未尝不是一种自洽的看法。④

如果此说成立，那么对于小说集《彷徨》的解读，其语境恐怕要从五四话语延长线的"游勇"精神回到鲁迅在 1920 年代中期的个人生活。在这个意义上，"路漫漫其修远兮"的"彷徨"，在屈原那里，则并非在于其"忧国忧民"的公心，而是在人生道路上遇阻受挫时对自己的悲恸与感怀。由此，一个大胆的说法或许是，《彷徨》以小说这一种虚构性叙事性的写作，接续了屈原那里开创的某种"抒情传统"，也就是说，鲁迅利用象征及托讽的修辞，通过小

---

① 这一副字，今天在北京鲁迅博物馆（鲁迅西三条故居）还可以见到。

② 朱熹：《楚辞集注》，上海古籍出版社，1979 年，第 22 页。

③ 蒋骥：《山带阁注楚辞》，中华书局上海编辑所编辑，中华书局，1958 年，第 42、47 页。

④ 游国恩《楚辞概论》中也特别强调《离骚》乃是屈原被放逐之后的作品。而上述提及的朱熹的《楚辞集注》，连同游国恩此论在内，都被鲁迅列在了《汉文学史纲要》中"屈原与宋玉"一节之后，作为参考书目。此即是说，鲁迅对于朱、游二氏的解读，在一定程度上应该是认可的。

说所构建的完整的故事世界，表征自家在遭遇挫败、蒙冤受屈时的痛苦心情。这实际上是其绝妙的文学技巧的一个证明。在本文第二段落提到的《〈自选集〉自序》与《〈中国新文学大系〉小说二集序》两篇文章中，鲁迅也自陈相对《呐喊》而言，《彷徨》的写作技巧"比先前好一些"，"圆熟"，"刻划也稍加深切"，并且"脱离了外国作家的影响"，但是对此，他未曾有过更为具体的说法。而假使回到《彷徨》小说的原始情况，回到鲁迅借用以作为题辞的《离骚》诗句，或许可以开辟出一条窥见小说技巧秘密的进路。也就是说，将"《彷徨》叙事"由三十年代还原至小说集生成的时代，可能会提示出小说集在《呐喊》延长线之外的另一个被压抑了的面向：与屈原《离骚》相关的，隐喻与象征的写法，及其背后寄托的由私人事务引起的发愤抒情——前者是形式，后者则是与形式相关的价值。

周作人对《伤逝》的"定论"正在获得学界愈发严肃的正视："《伤逝》中存在着两个文本：一个显在的爱情故事，一个潜藏的兄弟隐喻。两个文本既彼此相关又彼此独立，构成了一种既可相互呼应又可互不相扰的奇特效果。"① 此语其实触及了一个文学问题：叙事文本（小说）的象征与隐喻问题。这也正是笔者希望提请注意的"小说技巧"。也正是在这个意义上，《彷徨》与《离骚》获得了关联（亦与厨川白村《苦闷的象征》获得了关联②）。这里笔者所指的，乃是诗骚的比赋原理。重点并不在于将什么比作什么（因此历

---

① 张洁宇：《"度日"与"做人"——〈伤逝〉的兄弟隐喻与人生观分歧》，《学术月刊》2018 年第 11 期。

② 关于《苦闷的象征》在文学原理上对鲁迅小说创作发生的启发，笔者将另行著文分析。

来试图索隐的努力往往失效），而在于"比"这一写作技法本身，创造并割离开了两个叙事意象，其一是完整的小说故事，其一是背后的私人事务及其引发的诸种心情。

这里不妨稍费一点笔墨。《彷徨》较之《呐喊》，技术究竟进步在哪里？鲁迅的自叙未免太过笼统。笔者以为，《彷徨》高于《呐喊》之处，在于小说故事的完整性与独立性。《呐喊》中的名篇，如《狂人日记》、《药》，不需多说，读者往往可以直接抵达鲁迅希望传递的主旨，故事本身的成立，几乎完全依赖于主旨理念在逻辑上的合理性，"人血馒头"的精彩，在于其譬喻了革命先行者面对庸众时所遭逢的待遇，本体与喻体，或曰能指与所指，是捆绑出现的，脱离了所要指涉的主旨，"人血馒头"本身什么也不是。一方面，《呐喊》中的名篇具有高强度的寓言性特征，但另一方面，这种寓言性是以牺牲故事本身的完整程度为代价的，故而《阿Ｑ正传》完全可以被指认为一部现代主义而非现实主义的作品①。但《彷徨》中子君与涓生、祥林嫂等故事则不然，其本体或曰能指本身，具有很高的完整性和独立性，不需要依赖任何隐喻性的关联即可自成一体。有趣的是，《呐喊》的单纯的寓言性到《彷徨》的叙事的寓言性，正与《橘颂》到《离骚》的进步相近。

从20年代鲁迅对《离骚》的征用，到30年代他对"《彷徨》叙事"的建构，在意义层面，存在着很容易（在写作主体方面）被置换或（在读者、研究者方面）被混淆的内容。《离骚》可能暗含的因"离间"而"被放逐"的意味，在30年代被表述为"成了游

---

① 参见张旭东：《中国现代主义起源的"名""言"之辩：重读〈阿Ｑ正传〉》，《鲁迅研究月刊》，2009年第1期。

勇",能指背后的所指,自然也经历了由私到公的变化——"被放逐"指向家事,而"游勇"关涉的则是文学革命这一套宏观的文学史话语——只不过这种变化过于隐微,以至于不被察见。当然,在某些时候,私与公乃是一体之两面,无论是一般文史常识中的屈原形象,还是鲁迅自己在不同文本中描述的屈原,都存在这样的情况。但是,在面对诸如《彷徨》这样的文学作品时,在微观语境中区分"私"与"公",对于小说的阐释,还是会产生完全不同的效果。这一点,是不能不重新注意并进行深究的。否则,诸如周作人对小说《伤逝》的说法就会被简单地视为一面之词的"强解"①,而无法得到文学研究框架内真正有效的回应。

本文讨论的并不是具体的小说文本以怎样的手法表征怎样的私人性的寄托,这是或将是另外的工作。这里想要提示的是,《彷徨》研究所存在的另一种可能的向度,以及这一向度在一直以来的阐释视域中被压抑的情况。如果说写作本身即是一种症候,则对于作品的研究也往往具有症候性的色彩,对鲁迅作品的阐释,似乎特别可以见出"时代视野"的影响。今天,鲁迅之"文学"是否可能被解读出别样的意味,或许正需要从反思文学史的惯常性叙述开始。

本文系教育部人文社会科学青年基金项目《鲁迅"自叙"研究》成果,项目编号:18YJC751054。

---

① 张钊贻:《〈伤逝〉是悼念弟兄丧失之作?——周作人强解的真意揣测》,《上海鲁迅研究》2015 年 01 期。

言说与失语：浅论鲁迅儿童形象的建构

李俊尧（中国人民大学文学院）

在鲁迅的散文、小说等作品中，出现了大量儿童形象。他们或者作为主要人物，推动情节发展；或者作为叙述人，对故事事件进行观照；又或者仅仅是场景的一部分，起着点染的作用。这众多的儿童形象拥有明确的分类规则，并且通过不同的方式，展现了等级社会对儿童的压迫和侵蚀，传达了鲁迅对儿童生存状况的思考和文化理想。通过研究分析鲁迅作品中儿童形象的言说与失语，可以更加简洁深入地了解鲁迅的儿童观，以及儿童作为独立群体的精神世界。

儿童形象的特点：自然本性与灵肉苦难

在鲁迅的作品中，儿童形象的定位反映了鲁迅复杂的儿童观。鲁迅对儿童形象的塑造有着明显的跨文体意识，植根于国民性命题上的创作视阈，促使鲁迅不仅将儿童作为小说情节和环境塑造的要素，还将其作为自我剖析的范本，以回忆、反省的方式提醒读者儿童作为人生萌芽阶段和国民性养成根源的基础性作用。《风筝》中"我"对那个"绝望地站在小屋里"[1] 的"小兄弟"所做的折毁风筝的行为，便是封建思想摧残自由和天性的真实写照，而如果返回到真实与现实的讨论中，经过周作人和周建人的回忆，这一事件却实属"诗的部分"[2]。鲁迅之所以将儿童的心理变化与生活际遇作为书写的重要部分，源于他极其复杂的儿童观：一方面，他对近现代儿童的生存状况感到沮丧。伊藤虎丸认为，鲁迅反对封建桎梏、争取自由精神和独立意志的启蒙思想，借助于他对于传统中国"奴隶社会"话语体系的深刻理解。在儒家思想的长期压迫下，尊卑等级森严的中国社会本就呈现出"奴隶—奴隶主"[3] 的层层剥削形态，儿童则更处于这个社会形态的最底层。而近代有关儿童地位的发现有着重大的偏差，如梁启超《少年中国说》等观点，实际上是将近代社会改良和救亡的社会政治希望寄托在儿童身上，将他们作为革新社会的生力军和预备队，却并没有从心理和个性出发将儿童作为社会的特殊群体来关照，或将儿童时期作为生命的特殊时期来讨论。这直接导致了中国社会儿童观念的发展困境。也正是由于这一点，鲁迅才提出了"救救孩子"的解放呼声；另一方面，对人性和中国文化还抱有最基本的期待，而这种期待就落脚于儿童与青年。对于青年，鲁迅寄望于他们拥有突破旧世界的战斗的能力。对于儿童，鲁迅则希望他们拥有本真和自由，而非成为奴隶的奴隶，或者奴隶

① 鲁迅：《风筝》，《鲁迅全集》第二卷，人民文学出版社，2005年，第188页。
② 周作人：《鲁迅与〈弟兄〉》，《鲁迅回忆录》中册，北京出版社，1999年，第855页。
③ 参见伊藤虎丸：《鲁迅与终末论——近代现实主义的成立》，生活·读书·新知三联书店，2008年。

的预备。这种最基本的期待使鲁迅形成了"立人"思想，也促使他担当并呼吁全社会的成年人担当起维护和促进儿童与青年成长的义务。

鲁迅的儿童观，使得他笔下的儿童形象显著地分化为不同的群体。从情节内容和人物经历上，可大致划分为"纯真者"和"受难者"两个形象序列。在"纯真者"序列的儿童形象塑造上，鲁迅显得极为感性，在有限的几个形象上，他试图展现出纯真、善良、聪颖、勤劳、淳朴等美好的普世价值，这些儿童形象代表了鲁迅对理想人格的构思和对人性、国民性转变进步的期待。平桥村的双喜、阿发等少年，既展现了童真、童趣，又用智慧和朴实带给人以希望和温暖；相反地，《过客》中小女孩裹伤的简单举动，竟是过客感受到的"极少有"而又"太多"的好意，这让冷漠与孤寂穿过简单的世态炎凉，上升为深刻的生命体验。

如果说"纯真者"序列代表了鲁迅儿童观中希望、乐观的一面，那么"受难者"序列则更多地表现了鲁迅对儿童生存和成长状态的消极态度。"受难者"儿童形象所遭受的苦难大致分为精神苦难和肉体苦难两种。小拴、阿毛、宝儿等儿童的死亡事件中，父母挽救他们的过程极为类似，都是不断地付出精神和物质的代价，同时又被所谓的"救人者"和看客玩弄于股掌之间。他们用死亡带来的悲剧，并不仅止于表现孩童死亡对父母感情上造成的摧残，还表现了希望的破灭所形成的更广漠的悲哀。尤其是《药》中作为启蒙者、革命者的夏瑜，反而要用自己的血为小拴陪葬，鲁迅对革命和启蒙前途的怀疑，此时通过儿童的消逝得以展现。对于儿童形象中的精神"受难者"，鲁迅运用了与其他儿童形象完全不同的处理手法，一扫悲悯与怜爱，转向了憎恶与敌视。这类形象最显著的特点，是已经具备了鲁迅一贯抨击的"愚弱的国民"的征候，进而逐渐加入了奴隶与奴隶主的队伍。他们或为看客，或为"切切察察"的议论者，或这仅仅是简单地模仿大人的行为动作。这类形象的出现，并不来源于感性和想象，而是真实的生活体验，记录着鲁迅所见所闻所感的"吃人"社会对孩子的毒害。这类形象的面目越可憎、越接近成人，所表现出童真天性受到的污染和侵害就越深重。

儿童形象的言说：逃避与腐蚀

鲁迅可以说是现代文学革命主将中最迫切地为青年和儿童发声的作家。从最初提出"救救孩子"口号，到周作人发表《儿童的文学》，鲁迅对于儿童的认识也从新锐转向成熟，逐渐归依于新文学运动所持儿童本位思想所指导的儿童的文学观念之下。为了显示儿童狭窄的天性发展空间，鲁迅在作品中通过控制形象经历世事的多寡，设置了一组"对比实验"，经过实验而进行言说的儿童形象显示出两种倾向，即面对社会迫害和侵蚀表现出的逃避与腐蚀。

儿童形象的"逃避"型声音，主要来自于"纯真者"形象序列，借助天真纯洁的话语展现儿童未受侵蚀的精神世界和人类生命最本真的话语形态。这类声音及其发出者往往出现在《朝花夕拾》和《社戏》这种回忆童年和故乡的作品之中，不仅传达了鲁迅期待一切儿童发扬天性的愿望，也传达了鲁迅本人对于童年和童真的怀想。但是，这样的期望毕竟植根于"一种'有条件'的乐观，而且只基于他对人性可改变性的期待"，① 因此这种声音避开了现实中儿童与他们的家庭所经受的苦难，所及之处有着乡村牧歌的清雅。《社戏》中的平桥村少年，他们的机智与活力，将"迅哥儿"从沉闷的空气中解救了出来：

> 忽然间，一个最聪明的双喜大悟似的提议了，他说，"大船？八叔的航船不是回来了么？"十几个别的少年也大悟，立刻撺掇起来，说可以坐了这航船和我一同去。我高兴了。然而外祖母又怕都是孩子，不可靠；母亲又说是若叫大人一同去，他们白天全有工作，要他熬夜，是不合情理的。在这迟疑之中，双喜可又看出底细来了，便又大声的说道，"我写包票！船又大；迅哥儿向来不乱跑；我们又都是识水性的！"②

一"悟"一"说"之间，既找出了看戏的方法，又打消了成人的疑虑，双喜的机智与可亲跃然纸上。而那美味至极的罗汉豆，也来自于一段有趣的对话：

> ……这回想出来的是桂生，说是罗汉豆正旺相，柴火又现成，我们可以偷一点来煮吃。大家都赞成，立刻近岸停了船；岸上的田里，乌油油的都是结实的罗汉豆。

---

① 鲁迅思想系统研究课题组：《鲁迅思想系统研究》，人民日报出版社，2016 年，第 84 页。

② 鲁迅：《社戏》，《鲁迅全集》第一卷，人民文学出版社，2005 年，第 591 页。

"阿阿，阿发，这边是你家的，这边是老六一家的，我们偷那一边的呢？"双喜先跳下去了，在岸上说。

我们也都跳上岸。阿发一面跳，一面说道，"且慢，让我来看一看罢，"他于是往来的摸了一回，直起身来说道，"偷我们的罢，我们的大得多呢。"一声答应，大家便散开在阿发家的豆田里，各摘了一大捧，抛入船舱中。双喜以为再多偷，倘给阿发的娘知道是要哭骂的，于是各人便到六一公公的田里又各偷了一大捧。[①]

偷摘了豆，以成人的心思便是"要哭骂的"，而在这里，鲁迅却有意逃避成人观念的物欲的影响，写出了一个带着众人去自家地里偷豆子的阿发。在谈及故乡蔬果的时候，鲁迅曾说："凡这些，都是极其鲜美可口的，都曾是使我思乡的蛊惑。后来，我在久别之后尝到了，也不过如此。"[②] 可以说，鲁迅对儿童有一种和对故乡一样的"美化心理"，有意识地隐去他们的恶，将他们善的内心通过言语动作传递出来，塑造了一群"乌托邦"式的儿童形象。

当鲁迅直面现实，让被社会侵蚀的儿童发声时，他便重新拾起了他惯用的冷漠笔调，开始雕琢一颗腐蚀的童心。《孔乙己》中的叙述者声音，是这类儿童形象声音中最有代表性的例子。一般认为，叙述者在文中以一个十二三岁少年儿童的口吻，表现出了与成人世界相同的麻木与冷漠，以及鉴赏他人痛苦的"看客"征候。值

---

① 鲁迅：《社戏》，《鲁迅全集》第一卷，人民文学出版社，2005 年，第 595 页。
② 鲁迅：《朝花夕拾·小引》，《鲁迅全集》第二卷，人民文学出版社，2005 年，第 237 页。

得思考的是，汪晖认为在此篇中，鲁迅是"用回忆童年经历的形式叙述故事"①，也就是说，彼时十二三岁作为小伙计的"我"，和孔乙己，以及众多的庸众一样，都处于现时的"我"的审视和剖析之下。如此一来，《孔乙己》中小伙计的声音，亦即叙述者话语便包含了两层内容：一是彼时作为小伙计的"我"对孔乙己的冷漠与麻木，如：

> 我想，讨饭一样的人，也配考我么？便回过脸去，不再理会。……我暗想我和掌柜的等级还很远呢，而且我们掌柜也从不将茴香豆上账；又好笑，又不耐烦，懒懒的答他道，"谁要你教，不是草头底下一个来回的回字么？"孔乙己显出极高兴的样子，将两个指头的长指甲敲着柜台，点头说，"对呀对呀！……回字有四样写法，你知道么？"我愈不耐烦了，努着嘴走远。②

而另一部分，则显示出现时"我"的反思，如：

> 孔乙己是这样的使人快活，可是没有他，别人也便这么过。

然而，无论怎样反思与解剖，"我"对于孔乙己悲惨命运的冷漠与麻木延续了下来，甚至于对他的生死也懒于深究。借此，鲁迅

---

① 汪晖：《反抗绝望》，河北教育出版社，2000 年，第 217 页。
② 鲁迅：《孔乙己》，《鲁迅全集》第一卷，人民文学出版社，2005 年，第 459 页。

揭示出人性的侵蚀，并非从成年开始，而是"譬如一粒种子，正因为内中本含有枝叶花果的胚，长大时才能够发出这些东西来"。[①] 而置入这些胚芽的，正是社会对儿童和他们家庭的压迫，以及弥漫在人与人之间的麻木和冷漠。

儿童形象的失语：被动与依附

当我们讨论文学层面上的"失语"现象时，其状况通常有两种：1. 主动失语，意指在具备一定言说条件的情况下，人物或叙述者主动放弃言说的机会和权力，造成心理变化或情节延伸上的空缺。2. 被动失语，即人物或叙述者有言说的欲望和动机，但受到环境限制，没有机会和条件进行言说。但是在儿童形象出现的作品中，往往出现第三种失语现象，即儿童仅具备不完全的言说能力，需要借助和依附成人的言语和动作对环境作出反应。这种情况，我们姑且可称之为"依附失语"。在鲁迅的作品当中，儿童形象所出现的失语现象，基本都属于被动失语和依附失语。而不管是被动失语还是依附失语，都植根于层层压迫奴役的社会等级中。如果说通过言说，鲁迅展现了儿童形象的内心，那么通过失语现象，鲁迅则将儿童形象简单化、类型化，通过行为来剖析愚弱国民们更加愚弱的后代。

儿童形象被动失语的范例，在鲁迅作品中的类型非常固定，基本表现为儿童面对成人的威势而无力反抗的沉默。儿童本身固有的自我意识缺乏的特点，更加重了等级社会对他们的剥削，从话语到

---

① 鲁迅：《孤独者》，《鲁迅全集》第二卷，人民文学出版社，2005年，第93页。

行为，成人世界掌握着理所当然的霸权。在作品中，我们经常看到这样的片段：

> 拍！
>
> 他腰骨笔直了，因为他根据经验，知道这一声"拍"是主妇的手掌打在他们的三岁的女儿的头上的声音。
>
> ……
>
> 孩子就躺倒在门的右边，脸向着地，一见他，便"哇"的哭出来了。[①]

孩子挨打之后的哭，与旋即的笑，倒没有什么，而往往这一打一哭的前后，少了父母对孩子的教育，多了无端的咒骂和苛责。鲁迅认识到，在作为社会基本单位的家庭中，以大欺小同样是生活的主题，家长无理由地压迫和侮辱孩子，只不过是因为他们受到了压迫和侮辱而无力反抗，只能转嫁到更加弱小的儿童身上。作为受压迫底层的儿童并不具备言说的能力和条件，只好无端地哭，进而无端的笑，在无语和畏惧中逐渐接受和适应这一切。

儿童对迫害的适应直接引导他们走向了另一个倾向，就是对迫害的学习和模仿。简单的模仿和习得之后，由于儿童不完全的理解能力，一些成人的行为和动作逐渐代替儿童本身的言语和动作，成了儿童嬉戏游乐的方式，或者展现自身行为能力和成熟度的标识，这就是依附失语的表征。在鲁迅作品中，被孩子们继承的最典型的两种动作，即是"围观"与"杀戮"。在鲁迅的认识中，围观者与

---

① 鲁迅：《幸福的家庭》，《鲁迅全集》第二卷，人民文学出版社，2005年，第40页。

杀戮者同是杀人犯，而发生依附失语的儿童，已经不再是处在受难底层的需要拯救的"孩子"，而是即将步入"吃人"队列的凶手。《示众》有这样的片段：

> 刹时间，也就围满了大半圈的看客。待到增加了秃头的老头子之后，空缺已经不多，而立刻又被一个赤膊的红鼻子胖大汉补满了。这胖子过于横阔，占了两人的地位，所以续到的便只能屈在第二层，从前面的两个脖子之间伸进脑袋去……又像用了力掷在墙上而反拨过来的皮球一般，一个小学生飞奔上来，一手按住了自己头上的雪白的小布帽，向人丛中直钻进去。

已是如此狭窄的空间，然而一个孩子对看犯人的心情，远胜于去各处玩闹的兴致，而且竟不亚于一众闲散的成年市民。又如《孤独者》中：

> ……其时是在我的寓里的酒后，他似乎微露悲哀模样，半仰着头道：
> "想起来真觉得有些奇怪。我到你这里来时，街上看见一个很小的小孩，拿了一片芦叶指着我道：杀！他还不很能走路……。"[①]

魏连殳因为一个还不太会走路的小孩作出的杀戮动作，感到极

---

① 鲁迅：《孤独者》，《鲁迅全集》第二卷，人民文学出版社，2005 年，第 94 页。

其诧异，甚至开始怀疑自己原先认为"孩子都是天真，只是被环境教坏了"的主张。可见孩子们的变化之快，连成人都是意识不到的。在鲁迅笔下，儿童对于围观和杀戮的模仿，并不仅仅是模仿一种行为，而是希望在从事这种行为时得到和成人一样的快感，获得心理的满足，并且得到成人世界的认可。一代代孩子不断的模仿，便构成了吃人社会的死循环。而更多儿童的天性和本真，也会由于失语而被扼杀在无声无息之中。

综上所述，鲁迅在他的散文、小说等文体的作品中，塑造了一系列鲜明的儿童形象。通过人物的言说与失语，既感怀着童真、童趣，创造了具有美好品质，发出呼唤人心光芒的呐喊的儿童形象，坚守着他对文化理想乌托邦的执着；也精确地塑造了深受身体和心灵摧残的儿童形象，他们是等级森严的腐败社会的牺牲品，而利用他们的消逝与堕落，鲁迅也揭示了这个社会的循环模式和最终结局。通过观照鲁迅笔下儿童的言说与失语，我们可以更容易地回到儿童本位思想的起点，真正将儿童"视为完全的个人"，并关注他们"内外两面的生活"①，从发展和进化的角度上对文化的未来有所把握。

---

① 周作人：《儿童的文学》，《新青年》1920 年第八卷第四期。

在文学与历史之间

——纪念五四运动 100 周年学术研讨会会议综述

范国富（重庆师范大学文学院）

　　为纪念五四运动 100 周年，进一步整理与总结百年来中国由传统走向现代的历史经验，重思和探讨新文化先贤们 20 世纪初提出的思想和文化命题，2019 年 4 月 12 日至 14 日，"在文学与历史之间——纪念五四运动 100 周年学术研讨会"在北京东方饭店举行。此次会议由北京鲁迅博物馆（北京新文化运动纪念馆）、中国鲁迅研究会联合主办。会议开幕式由北京鲁迅博物馆（北京新文化运动纪念馆）研究室主任姜异新主持，北京鲁迅博物馆（北京新文化运动纪念馆）常务副馆长黄乔生、中国鲁迅研究会常务副会长董炳月致辞。黄乔生副馆长介绍了北京鲁迅博物馆（北京新文化运动纪念馆）即将举办的纪念五四运动一百周年系列展览："国民：1919""五四现场""中国的文艺复兴：新文化八大家"，借此追述和缅怀在五四新文化运动中做出巨大贡献的先行者们的文化伟业和思想遗产。董炳月会长结合开会地点东方饭店的百年历史，以及周边的鲁迅故居绍兴会馆，详细地介绍了鲁迅 1919 年四、五月份的活动，以生动的讲述将与会学者拉进了百年前的历史时空。来自北京鲁迅博物馆（北京新文化运动纪念馆）、上海鲁迅纪念馆、中国社会科学院、北京大学、南京大学、复旦大学、中国人民大学、北京师范大学、四川大学、西南大学等机构和高校的专家及学者 100 余人出席了会议。专家学者围绕"五四"综合研究、鲁迅研究、新文化人物研究三大议题，分八个场次，展开广泛深入的研讨，取得了丰硕的成果。

一、"五四"综合研究

自 1915 年陈独秀创办《青年杂志》发起新文化运动至今，"五四"新文化运动已经成为学界不断回顾与反思的对象，在后代学者不断地建构与重构的反刍过程中，五四新文化运动的价值与意义不断地被发掘、阐释，既是对历史的再发现，也是对诸多现实问题的深刻回应。五四新文化运动依然是现代中国生成与发展绕不过去的历史存在。

欧阳哲生（北京大学）的《材料、诠释与价值重估——百年五四运动史研究之检视》一文从材料、诠释与价值重估三个方面对五四运动史研究做了学术史的检视。认为五四运动的文献材料主要有三个来源：当时的报刊，亲历者的回忆和评价，保存的档案。后人从不同主义的视角诠释五四运动，五四运动研究呈现多元的状态。而五四的思想意义也是在这种多元的研究状态中不断叙说、论述、阐释、争议，但其意皆在弘扬五四的民主、科学精神。留学生在 20 世纪中国文化的发生、发展中起到了关键性的作用。赵京华（北京第二外国语学院）在《走出求法与传道的留学怪圈——中国百年留学现象的反思》一文中回顾百年中国海外留学史，指出为了建立在文化自信基础上的现代高等教育体制，也为切实地进行互通有无、彼此平等的思想学术交流，中国人应走出"求法与传道"的百年留学怪圈。李林荣（北京第二外国语学院）的《重述百年文学史进程中的五四传统与左右两翼》一文深刻反思了百年新文学的发展历程。白海君（鞍山师范学院）的《新文化人的"后五四时代"体验》探讨了新文化运动后，新文化人的不同道路选择。韩琛（青岛大学）在《再造文明与复古革命——世界史上的"五四"》一文中将五四新文化运动置入世界史的视野进行探讨，在他看来，五四新文化运动是二十世纪中国文明复兴运动的特别之体现，而五四中国文明复兴论的真正价值所在，是以中国为方法重构现代世界的文明图景。鲁迅、胡适是五四新文化运动的核心人物。沈庆利（北京师范大学）在《"五四"与"精神现代性"建构——兼谈"胡适还是鲁迅"之争》一文中谈到五四运动以来的中国现代性建构这一综合性的系统工程，包括感性、理性和"反思—超越"等不同层面。胡适的"科学现代性"建构，鲁迅对于"批判现代性"的探求，两者思想相得益彰。21 世纪中国社会既需要鲁迅也需要胡适，同时还须寻求对鲁迅、胡适等五四文化先驱的"超越"，努力建构一种"反思——超越型"的现代性。如何细致考察五四时期的话语建构，以及它们在此后百年中不断被建构成不同话语形态的情况，这对研究者来说是不小的挑战。张先飞（河南大学）在《"认识性装置"的建构与运作：以五四现代人道主义思潮运动为例》一文中借助日本柄谷行人提出的"认识性装置"理论模式且予以深度改造，以兹作为考察 20 世纪各类话语系统及认知机制建构的主要分析工具。论者认为，"认识性装置"的建构可谓后发展国家进行独立思想创造与生产的有效方式，而其建构的多元化形态与特点也应得到认真考量。赵静（对外经济贸易大学）在《蔡元培与五四新文学运动的"合流"与"背离"——以〈《红楼梦》索隐〉为"认识装置"》一文中对"认识装置"理论模式亦有灵活运用，以之剖析蔡元培从民族、政治、历史等角度索隐《红楼梦》背后的思想机制，由此探求蔡元培与五四新文学运动的"合流"与"背离"。

五四前后是新旧文学交织的时代，考察那一代旧式文人的文学之路别具意义。邵宁宁（海南师范大学）在《旧垒新声：汪辟疆与中国现代新文学——对新文化运动后新旧文学之间非对抗性关系的一例个案考察》一文中对保守派文人汪辟疆的诗歌、散文创作进行发掘、解读，深入探讨旧式文人与新文学之间的关系，展现了新文学发展的复杂性。在新文学变革时期，旧剧改革是值得关注的研究对象。付立松（中国人民大学博士生）在《新文化史上的旧剧改革与梅兰芳批判》一文中细致考察了新文化史上的梅兰芳批判与相关戏剧运动的关系，进而探视鲁迅等倾向激进者与胡适、"第三种人"等倾向自由者的不同文化抉择及矛盾所在。赵鲲（天水师范学院）在《文何以载道？——"新文学运动"前后"文以载道"观的迷思》一文中探究新文化运动前后，旧派以及新派文学阵营对"文以载道"既有分歧而又相呼应的学理争论，展现了现代文学对"文以载道"问题的迷思。为寻求白话文学的合理性，五四知识分子试着从传统发掘资源。王小惠（西南大学）在《中国传统白话小说之争与"五四"文学革命——以钱玄同、胡适为例》一文中探讨了胡适、钱玄同关于中国传统白话小说的争论，展示了两者对新文学的不同设计和贡献。姜玉琴（上海外国语大学）的《从〈尝试集〉到〈女神〉：两个不同的新诗传统——兼论有关新诗的起点和奠基问题》再度思考五四新诗真正的逻辑起点，重审肇始和发展时期的五四新诗复杂的多重面相。她认为以描摹、叙述为宗旨的胡适之《尝试集》与以张扬情感和个性为生命的郭沫若之《女神》体现着不同的诗学话语体系，充分说明在1921年之前的五四新诗中存有写实与浪漫、抒情与叙情两个不同的美学型构。

在五四文学革命发轫之初，白话报已经开始推动文学语言形式的变革。张向东（西北民族大学）在《清末的白话报人和五四文学革命的历史关联》一文中将清末白话报人在五四文学革命中扮演的角色分为"推动者""游离者"与"反对者"三类，并对各种角色与五四文学革命的关系作出翔实的考察。正如欧阳哲生所言，当时的报刊是研究五四运动的基础文献材料，理应得到研究者的重视。万士端（上海师范大学博士生）的《启蒙现代性在中国的原初形象及其演变——〈新青年〉封面与插图研究》关注《新青年》的插图、封面的细节流变与五四现代性之间的互动关系，聚焦20世纪启蒙思想萌动的环境、姿态、演绎与流变，激活中国启蒙的历史图景，更加直观和深入地认知启蒙现代性在中国原初形象及其演变。林强（福建师范大学）的《新文化运动中的报刊媒介与学术共同体及批评规范的形成——以〈新潮〉杂志为中心》以《新潮》杂志为中心，考察新文化运动中的报刊媒介与学术共同体及批评规范形成之间的关系，还原了现代学术理性批评精神和文风的形成史。目前关于五四时期的期刊研究多聚焦于全国有影响的报刊，但对于地方性报刊研究相对较少。熊彤（浙江省博物馆）的《五四时期进步报刊微观研究——以浙江省博物馆藏〈赤城丛刊〉为例》对该馆馆藏《赤城丛刊》进行微观研究，就刊物的创办背景、形式与内容、刊物的影响三方面展开细致分析，并指出了地方性刊物研究所面临的一系列问题。"五四"传统在台湾、香港的传承是一个值得深究的话题，张晓婉（厦门大学）在《20世纪50年代台湾文学场域中的"五四"传统改造问题——以数种台湾文学期刊为考察中心》一文中以数种台湾文学期刊为考察中心，探讨了20世纪50年代台湾文学场域中的"五四"传统改造问题，发现其改造的倾向是，淡化"五四"新文学的政治革命意涵，内化、疏导文学中的苦闷矛盾情绪，掩饰、调和写实主义的现实批判精神，对台湾思想界产生了深远影响。李明刚（广东海洋大学）的《被忽略的〈香港策群〉与另一种"五四"——兼及地方文学史研究的反思》通过对《香港策群》等一手史料的发掘，还原历史发生图景，进而重新检视新文化运动发生的"在地化"过程与以往文学史叙述之不足。

五四新文化运动之后，中国进入了一个"主义时代"。孟庆澍（首都师范大学）在《"主义"的登场与少年中国学会的分裂》一文中系统考察了"国家主义"在少年中国学会的提出、传播以及引发的争论，而主义之争最后导致了学会走向解体。新文化运动提倡的思想革命不但没有取代政治革命，反而与政治革命愈加紧密地结合起来。李世鹏（中国人民大学）在《流动的主义——五四前后四川的新知阅读与无政府主义的兴起》一文中回溯五四时期四川新思潮和无政府主义的发展，发现阅读扮演了重要角色，正是通过书籍、小册子的传播、阅读，新知识和主义得以流动到四川各地。"安那其"包含反对一切形式的统治之意，带有非常激进的反抗色彩。妥佳宁（四川大学）的《安那其主义视角下的"五四"新文化运动》亦从安那其主义的视角审视作为反专制运动的新文化运动。熊权（河北大学）在《新文化运动的"主义"对话——以青年张闻天的文学、思想为中心》一文中以青年张闻天的文学、思想为中心，探讨了在新文化运动的语境里，传入中国的马克思主义历经与他种"主义"的互动对话，最终成为独立的存在，呈现了一幅并非斗争而是兼容的新文化图景。

版本研究是现代文学研究中的重要领域，乔世华（辽宁师范大学）的《〈儿童文学之管见〉的修改》阐述了郭沫若多次修改其作《儿童文学之管见》的过程，从中可窥见郭沫若在对新文学偶像、外国作家、民间文艺、文艺功用等诸种问题认知上的变化，这也侧面反映出"五四"时期一部分文艺工作者在世事沧桑中的思想演变。师陀的《争斗》被认为是一部未完成的长篇小说，慕津锋（中国现代文学馆）的《长篇小说〈争斗〉从"未完稿"到"完整稿"——馆藏〈争斗〉资料的发掘与整理》提及在整理馆藏资料时，于 2017、2019 年先后发现《争斗》四章手稿（一、一一、一二、一三）以及 3—13 章的复写稿（尤其是第八章的出现），让这部小说变得极为完整。"娜拉出走，或归来"是现代文学的重要书写主题之一，唐姆嘉（北京大学中文系博士生）在《众声喧哗背后：五四女作家的娜拉书写》一文中通过爬梳五四女作家的文学创作，考察作为书写对象的"娜拉"们的困境与挣扎、选择与出路，探讨了五四女作家集体建构的娜拉书写背后的文化心理与文坛生态。裴争（枣庄学院）的《痴狂叙事与现代中国小说的源起——以〈狂人日记〉〈沉沦〉等为例》讨论了疯狂叙事与现代中国小说的源起问题，认为鲁迅的《狂人日记》与郁达夫的《沉沦》是痴狂叙事作为现代中国小说源起的代表性作品。

二、鲁迅研究

鲁迅以文学实践的方式参与五四新文化运动，他的思想与文学牵连着当代中国诸多文化症结。鲁迅的相关议题成为众多与会学者关注的重心。

关于鲁迅思想与文学的认识，是一个无限抵近的过程。细小的发现与再阐释，或可推动鲁迅研究走向纵深。董炳月（中国社会科学院）在《幼者本位：从伦理到美学——鲁迅思想与文学再认识》一文中着重考察了鲁迅五四时期"幼者本位"的伦理观，认为其兼具自然观与伦理观二重性，其观念的形成直接受到日本白桦派作家有岛武郎的影响，且与进化论发生关联，构成了注重生命意志与生存权力的"幼者本位进化观"。"幼者"作为一种角色，决定着鲁迅相关作品的叙述方式、意义结构、美学面貌。姜异新（北京鲁迅博物馆（北京新文化运动纪念馆））的《鲁迅之于五四新文化运动的抵抗性》将百年前以学生示威游行为标志的爱国反帝之五四事件蕴含于五四新文化启蒙潮流之中来展开论述，分析鲁迅如何以其文学性呈现独有的五四遗产。基于诗学本质的讨论核心，该文阐释了其统摄下意指的抵抗性三层内涵：鲁迅对于五四事件的无记载、零叙述是对主流新文化叙述逐渐敷演出渲染性与转喻性的抵抗；《〈呐喊〉自序》中的反讽叙述模态是对蕴含着线性进化观的新文化思维的有力抵抗；以及鲁迅对于整个五四新文化运动以杂文诗性对抗时评式局限性表达之启蒙反思，而其抵抗的精神支点乃立基于自决的主体。张洁宇（中国人民大学）的《"弃教从文"与后五四时代的鲁迅》注意到鲁迅经历了从"弃医从文"到"弃教从文"曲折探索之路，指出鲁迅第二次"从文"不是对第一次"从文"的重复或回归，而是一次重新出发。前者之"文"体现了鲁迅早期的"文艺"思想，是一个宽泛的、带有鲜明时代特征的"文"；后者明确指向一种更直接、更个人化的自由写作（尤其是杂文写作和翻译为主）的方式。张业松（复旦大学）在《〈狂人日记〉百年祭》一文中以《狂人日记》的百年阐释史为背景，细读文本，以句尾的省略号等长期被忽略的细节为突破口，重新定义了《狂人日记》的经典性。姬学友（安阳师范学院）在《鲁迅五四何以成立？——兼论鲁迅五四的文学史意义》中提出"鲁迅五四"的命题，并以王富仁、钱理群两位先生关于鲁迅与五四文学革命、鲁迅与五四新文化运动的关系的论述为基点，论证鲁迅五四命题的合法性，进而阐释鲁迅五四作为一种切入历史的视角和方法的价值与意义。新文化运动落潮后，鲁迅的文化选择成为此次与会者关注的重点。邱焕星（江苏师范大学）的《后五四分裂：鲁迅与现代评论派之争》认为正是国民革命的兴起，导致了五四新知识阶级的最终破裂，将法日派和英美派的派系冲突推向了政见之争，形成了革命与反革命的左右对立，而这场新知识阶级论战的实质，是自由主义和激进主义、改良和革命两种社会变革理念的碰撞。李玮（南京师范大学）在《再造新文学与后五四时期的鲁迅》中谈到后五四时期鲁迅再造新文学的努力，在"纯文学"和"革命文学"之外，为文学切入政治革命提供了第三样选择。钟诚（山东大学）的《国家转型、主体性与文学的作用——重思"左翼鲁迅"的意义》围绕"国家转型、主体性、文学的作用"之间的关联展开深入辨析，认为虽然坚守五四新文化运动立场的鲁迅对于近代以来所发展出的制度文明的领会不够确切和深入，但其对主体性的重视以及由此发展出的特别的文学对于今天的我们来讲仍是重要的理论和实践参考。邢程（北京大学）在《值得深究的"〈彷徨〉叙事"》中一方面指出"《彷徨》叙事"在文学史叙述中的建构性意味，另一方面通过对其在后五四时期的变化的分析，提出《彷徨》之产生的私人化的、抒情的面向，以期为其中具体篇章的阐释开出新路。

鲁迅文本解读是鲁迅研究的重要组成部分，也是深化鲁迅研究的关键。李哲（中国社会科学院）在《〈腊叶〉写作与"延宕的伦理革命"》中细读鲁迅的《腊叶》，发现该文本是多重话语体系的交织，各种话语剧烈碰撞，鲁迅伦理革命的隐秘潜在其中。论者将文本中"无物之我"的确立过程放置在"后五四"时代"伦理革命"的话语脉络中，对《腊叶》"爱我者为保存我而作"这一题旨进行了历史定位。乔丽华（上海鲁迅纪念馆）的《"脚的把戏"及其隐喻——以杨二嫂、爱姑为标本》从鲁迅小说中的两个比喻"圆规"和"钩刀"入手，考察这两个比喻的由来及其所蕴藏的含义。鲁迅批判她们畸形残缺的身体与思想，希望女性从身体和精神上摆脱"缠足"，获得疗救。于小植（北京语言大学）的《"彻骨寒"与"梅花开"：论〈孔乙己〉的语言特色》一文结合鲁迅对《孔乙己》的改笔，分析了该小说的语言特色。近年来，鲁迅晚年所作《阿金》引起了研究者的诸多关注。张娟（东南大学）在《〈阿金〉：五四启蒙的失效与城市逻辑的兴起》中再读《阿金》，发现鲁迅在五四时期"看"与"被看"中的主客体关系中建立起来的启蒙话语被打碎，甚至使作者对自己的知识分子身份产生深刻的怀疑和价值的混乱。论者认为，此种权力的倒置直指五四启蒙的终结，这种终结召唤的是城市逻辑的兴起，阿金正表现出中国被世界民族国家体系裹挟进入都市社会的特殊性和复杂性。仲济强（北京师范大学博士后）的《动态自我意识的生成：〈墓碣文〉〈过客〉的再阐释》探索了鲁迅新的自我认同方式的生成：即在意识到日常状态下自我有限性的前提下，以自我克服自我超越的方式寻求无限可能性的向未来敞开的动态自我。何巧云［北京鲁迅博物馆（北京新文化运动纪念馆）］在《鲁迅故乡情感之历时考察》中对鲁迅故乡情感的变化做了历时性考察，深入解析了鲁迅不同时期的故乡情感。将比较文学的研究方式引入鲁迅研究，可从另一个维度打开鲁迅世界。张永辉（中华女子学院）在《鲁迅、刘亮程、刘慈欣在"故乡"层面的异时空对话》中认为不同时空的作家可以凭作品对话，故乡书写作为文学创作的恒久主题，可分为人文故乡、童年时的自然环境、成年人更广阔精神世界的承载处三个层面。论者将鲁迅、刘亮程、刘慈欣三位作家中年时期的作品《一件小事》《无题》、《对一朵花的微笑》、《带上她的眼睛》放在一起进行比较分析，发现这些作品折射着三位中年作者试图调整自我、调整内我与外我关系、接纳或建构不同层面故乡世界的努力。李屹（中国人民大学博士生）的《幽灵的复仇和弱者的革命——鲁迅〈铸剑〉与莎士比亚〈哈姆莱特〉对读记》将鲁迅《铸剑》与莎士比亚《哈姆莱特》对读，对两部作品的诸多相关细节进行细致解析，再次打开两个文本，呈现了文本的丰富性。雷超（中国人民大学博士生）在《析鲁迅〈补天〉的"自我指涉"性质》中运用多种材料考证、辨析，分析了鲁迅《补天》的"自我指涉"性质。

徐仲佳（上海财经大学）的《论鲁迅先生爱情选择的现代性价值》从鲁迅生活时代的现代性爱思潮角度重新估价其爱情选择的现代性价值。黄江苏（浙江师范大学）的《"火的冰"：鲁迅寓京六年之再认识》重述文学家鲁迅诞生的历程，认为寓京六年（1912—

1918）除了为鲁迅沉淀了丰富的文学素材，也给了鲁迅"我不回转去"的决心。鲁迅与五四文学传统有着深切关联，蔡洞峰（安庆师范大学）在《鲁迅文学与文学五四的渊源》中从鲁迅的文学理想出发透视五四新文学与五四新文化的关系及其现代转型，以此把握20世纪新文学的现代品格和精神内涵以及鲁迅文学的现实意义。《我们现在怎样做父亲》是鲁迅有关"立人"及儿童教育思想的重要表述，赵鹏（海南师范大学博士生）在《呐喊与困惑：父亲实践中的鲁迅》中结合鲁迅的作品、书信、日记，考察了父亲实践中的鲁迅。李俊尧（河北大学研究生）在《言说与失语：浅论鲁迅儿童形象的建构》中分析了鲁迅作品中儿童形象的言说与失语，细致阐释了鲁迅"幼者本位"的思想。

　　鲁迅及其研究史料的发掘与再整理，向来为学人所重视。廖久明（乐山师范学院）在《〈罗曼·罗兰评鲁迅〉相关问题论考》中对《罗曼·罗兰评鲁迅》的作者进行了翔实的考证，发现作者并非孙伏园，而是其胞弟孙福熙。施晓燕（上海鲁迅纪念馆）在《鲁迅与拉丁化新文字》中细致梳理了鲁迅与拉丁新文字运动之间的关系。刘贵福（辽宁师范大学）在《钱玄同与鲁迅》一文中以钱玄同与鲁迅交往为主脉，辨析了两者思想的异同及相互影响。刘润涛（河北大学）的《鲁迅"走异路，逃异地"考述》通过考校各种史料，呈现历史细节，澄清基本事实，重建了鲁迅"走异路，逃异地"的本相。符晓（长春理工大学）的《周氏兄弟对匈牙利文学的译介与传播》回顾了周氏兄弟译介匈牙利文学的动因，即关注"弱势民族文学"、个人文学修养旨趣和外语习惯。指出周氏兄弟对匈牙利文学的译介也影响了茅盾等后来作家和翻译家的创作和翻译。梁海军（中南大学）在《论弗朗索瓦·朱利安的鲁迅研究》中

在文学与历史之间

介绍了法国汉学家弗朗索瓦·朱利安的鲁迅研究，朱利安关于鲁迅研究的新思想和新方法，开启了纯文学层面的鲁迅研究方向，对法语世界的鲁迅研究活动产生了一定的影响。

三、新文化人物研究

　　五四新文化运动是一场文化启蒙运动，也是一场文艺复兴运动。这场文化运动是由诸多杰出的现代知识分子参与的。对他们进行个案研究是深化新文化运动研究的基础工作。

　　胡适是新文化运动的重要参与者，他的话语实践与新文化运动深刻缠绕在一起。宋广波（中国社会科学院）的《胡适与科学——新文化运动时期科学研究与科学传播的一个个案研究》认为从辛亥革命到1923年的"科学与人生观论战"这十年，是中国科学的奠基时期，也是中国科学史研究至关重要的十年。胡适对科学的传播不遗余力，而科学在他创建中国现代学术过程中也有举足轻重的意义。论者对此做了细致的梳理。林建刚（重庆文理学院）的《五四时期"问题与主义"之争中的胡适形象》重返新文化运动的历史现场，澄清胡适在"问题与主义"之争中的形象，并深入分析了胡适形象被歪曲的原因。欧阳健（福建师范大学）的《"逼上梁山"的神话——解构胡适关于"新文学运动"的历史叙述》认为胡适先后利用陈独秀的执着、谦虚以及陈独秀的困厄，通过历史的陈述，一步步夺取了陈独秀的旗手和主帅的地位。闫启鑫（安徽博物院）的《安徽博物院藏胡适手书十言联考证——兼谈胡适与歙县许承尧家的交往》考证了该院藏胡适手书十言联背后的名人交往及流传过程。李婉薇（香港教育大学）的《"须讲文法"之文和"作诗如作文"之文——就〈新青年〉所见略论胡适对诗体解放的贡献》将胡适《文学改良刍议》中"须讲文法"与其另一重要宣言"作诗如作文"放在一起考察，在她看来，"文学革命"不单是改换一种书写语言，而是把根深蒂固的文体观和审美要求作脱胎换骨的大手笔。张媛媛（中央民族大学研究生）在《梅光迪对胡适白话诗学的影响——兼谈〈答梅觐庄——白话诗〉创作始末》中通过追溯胡适第一首白话诗《答梅觐庄——白话诗》的创作始末，分析梅光迪对胡适白话诗学的影响。冀楠（三星电子）在《美国留学期间（1910—1917）胡适思想行为探究》中对《胡适留学日记》《胡适文存》以及胡适与朋友、家人往来书信等史料进行梳理，展现了青年胡适思想的蝶变史。

周作人相关史料发掘成为本次学术会议的一大亮点。黄开发（北京师范大学）在《周作人致周建人的一封未刊书信》中披露、解读了周作人1937年2月9日致周建人的一封未刊书信，该信系北京鲁迅博物馆馆藏，为许广平抄录，1956年捐赠给北京鲁迅博物馆。全文一千余字，钢笔书写，内容丰富，是研究周氏三兄弟关系的重要文献，从中可以找到索解三个家庭间矛盾的关键线索。论者强调，理解周建人晚年对兄弟关系的叙述，也需要联系此信相关的背景。宋声泉（北京邮电大学）在《江南水师学堂与"原周作人"的肇基——以四本字典的考订为中心》中以周作人江南水师学堂时期所用《商务书馆华英字典》《新译英和辞典》等四部字典的考订为线索，使江南水师学堂时期的经历之于周作人主体生成的起点意义得以浮现。论者认为江南水师学堂之于"原周作人"的肇基作用至少包含三个方面：一是激起了对外语的兴趣，为"杂学"扎下了根基；二是建立新型的自我意识，打下了思想底色；三是"把国文弄通了，可以随便写一点东西"。读懂江南水师学堂的周作人是真正理解留学日本于其价值的一个重要前提。汤志辉（湖南大学）在《周作人佚序〈中国与日本的文化关系〉考述》中探讨了新发现的周作人给于式玉女士写的序文《中国与日本的文化关系》，介绍了周作人作此序文的原因，并考察两人的交游。认为该序文体现了周作人对中日文化关系的新思考，其中将日本的中国研究分为"支那学者"与"支那通"两种类型，并提出中国的国学研究还要借助外邦的支那学，是"学人之耻"的问题。除周作人的史料发掘之外，与会者对其他新文化人的相关史料进行了精细考证。沈尹默嫡孙沈长庆在《〈五四〉白话诗杂谈》中引用诸多家藏沈尹默未刊史料，介绍了沈尹默先生新文化运动期间的文化活动状况。李斌（汕头大学）的《也谈五四时期欧阳予倩离开南通的时间及佚信——对吴修申〈关于欧阳予倩的两则札记〉的补正兼论现代文学的史料研究问题》修正了欧阳予倩离开南通的时间，并论及现代文学的史料研究问题。做史料研究，必须要有严谨、刻苦的治学态度和精神，这样才能有助于个人、整体的学术提升。凌孟华（重庆师范大学）在《罗家伦与1941年陪都重庆沙磁文化区的五四纪念》中探讨了如题周边历史，指出《沙磁文化》月刊是研究罗家伦与中央大学关系不能忽视的非文学期刊，值得学界关注。郭彦娜（北京对外经济贸易大学）在《中国现代文学对外译介先驱：宋春舫被文学史忽略的另一面》中认为，在1926年旅法学人敬渔隐翻译鲁迅的《阿Q正传》前十年，宋春舫就通过在华报刊《北京正闻报》向西方介绍新文化运动与新文学运动，并出版了第一部系统研究中国现代文学的法文著作《现代中国文学》。同时，宋春舫还翻译了6首白话新诗和1篇现代通俗小说，是将中国现代文学作品推向西方世界的第一人。

不少学者将目光聚焦于五四前后新文化人的文化实践，且有新的发现。刘静［北京鲁迅博物馆（北京新文化运动纪念馆）］的《尺牍之间的"文白之变"——〈新青年〉同人应用文改革之实践》对北京鲁迅博物馆馆藏的两封信件（钱玄同1918年12月11日致周树人及周作人1918年12月14日致钱玄同）进行了对照释读，并结合刘半农刊登于《新青年》的《言文对照的尺牍》一文，引出一段新文化同人游戏繁冗文言文之佳话，再现了五四时期促进白话文改革的实验现场。田丹［北京鲁迅博物馆（北京新文化运动纪念馆）］的《沈兼士与新文学创建》谈到沈兼士与新文学建设之间的关系。朱洪涛（常熟理工学院）的《家庭革命中的顾颉刚》认为顾颉刚将公共层面的启蒙与私人空间的诉说二者有机结合起来，使之成为新文化运动时期一份家庭不幸的典型诉状书，显示启蒙的难以完成与实际革命的无奈。易凤林（江西省社会科学院）的《陈独秀"五四"前后教育思想探析》认为陈独秀在批判旧式教育的同时，以他的政治思想为基础构筑了新教育制度的蓝图。石钟扬（南京财经大学）的《谁是"五四"时代的狂人——陈独秀与〈狂人日记〉（续编）》详细梳理了陈独秀的鲁迅观。马海亭［北京鲁迅博物馆（北京新文化运动纪念馆）］的《五四运动中的李大钊》介绍了李大钊于五四运动中传播马克思主义的情况。王玉（上海行政学院）的《五四前后周作人与李大钊的交往——以〈周作人日记〉为中心》考察了周作人与李大钊的交游。

除上述关注点之外，与会者还谈到另外一些五四时期的作家作品。韩国学者薛熹祯［北京大学外国语学院韩国（朝鲜）语言文化系］的《现代中国小说的"文体互渗"与文化场域——"五四"新式短篇小说与传统长篇章回体小说之刍议》以张恨水、鲁迅的小说创作为例，结合具体的文化场域，探讨了现代中国小说"文体互渗"的现象，并论及传统长篇章回体小说对现代中国小说创作的影响。阎晓明（《中国妇女》杂志社）的《咏出新乐府响彻行云间——"天津五四运动杰出领导者"于方舟诗文创作活动研究》从忧国忧民的悲悯情怀等八个方面探讨了"天津五四运动杰出领导者"于方舟的诗文创作活动，以示一位启蒙于五四新文化青年的成长年轮与心路历程。陈曦（辽宁大学研究生）的《探析凌叔华小说中女性的悲剧色彩》借助黑格尔和亚里士多德的悲剧观阐释凌叔华笔下女性的悲剧根源，将其归纳为女性内心隐秘经验与外部世界的冲突、五四时期封建传统与现代理性之间的冲突以及女性自身"致命的缺陷"即女性的依附性心理。凌叔华女性悲剧书写既丰富了五四时代的女性内涵，又凝聚了凌叔华对自由恋爱、新式教育下人性问题的反思。王晓冬（西南大学）的《"新"文学里的"旧"人物——废名与五四新文化》从废名独特的"种子说"出发，分析其对五四新文化、新文学独特的理解与定位，并结合废名多古典诗词的引用及其晦涩的文体风格，全面展示废名在五四新文化中的独特地位与价值。由此，论者称废名为"新"文学里的"旧"人物。

中国鲁迅研究会副会长、北京第二外国语学院赵京华教授作大会总结发言。他认为本次学术会议圆满成功，设置的议题重大，内容非常丰富，与会学者讨论深刻、热烈、广泛，为五四运动 100 周年纪念活动开了一个好头。他指出，新文化人一百年前提出的再造文明的方案，对于今天的我们来说仍未失效，那时提出的议题并未完成，仍需努力。与会学者在学术性增强的同时，不要忘记五四的历史使命，尤其须要从世界视野、东亚视角切入研究。

总之，这次学术会议既有对五四研究史的回顾与总结，又有新史料的披露与挖掘，既有思想史的宏观把握，又有历史细微处的个案考察，兼及新文学作家作品的思想探究与互文分析，取得了丰硕成果，对于推进五四研究、新文化运动研究将产生深远影响。与会学者还参观了北大红楼"五四"百年展，充分体现出文学与历史的交融对话。

编后记

    2019 年恰逢五四运动 100 周年。百年五四，是个宏大的命题，也是特别具有纪念意义的时间节点，海内外多地机构举办学术研讨会。世纪回望，感慨系之。由北京鲁迅博物馆（北京新文化运动纪念馆）、中国鲁迅研究会主办的"在文学与历史之间——纪念五四运动 100 周年"学术研讨会于当年 4 月 12—14 日在北京召开，来自全国高校、科研院所及文化单位的百余名专家学者，咸集百年老建筑东方饭店，共同纪念这一划时代的爱国运动，在历史的宏阔长河和文学的细微浪花中遥望中国由传统步入现代的蹒跚脚步，重思和探讨新文化先贤们于 20 世纪初提出的思想和文化命题。

    研讨会结束会后，与会专家学者参观了"北京大学红楼百年纪念展"。位于北京市东城区五四大街 29 号的北大红楼是五四运动的发源地与历史见证，以爱国、进步、民主、科学为核心的五四精神从这里孕育和传播。作为守望五四运动历史遗存的文博人，弘扬五四精神、传承鲁迅文化，是义不容辞的责任与使命。

本次会议收到论文上百篇，与会学者紧紧围绕"五四"综合研究、鲁迅研究、新文化人物研究三大议题，以主旨演讲和分组讨论的形式，分八个场次，展开广泛深入的交流与研讨。既有对五四研究史的回顾与总结，又有新史料的披露与挖掘；既有思想史的宏观把握，又有历史细微处的个案考察，兼及新文学作家作品的思想探究与互文分析，充分体现出文学与历史的交融对话。会后我们精选论文，分为五四新文化卷、鲁迅卷上下两册，共约计六十万字，在上海三联书店的支持下，进行了调整和修改，期间又遭遇新冠肺炎疫情的全球大流行，现在终于历经磨砺而将付梓。

本论文集的特点在于，集中呈现了五四新文化运动这一宏大命题下的微观视角和多维观照，举凡前五四、后五四、个体的五四、地方的五四、物证现场、文本细读、无抵抗的周遭、非主流的边缘、被忽略的个案、逐渐清晰的隐线、新旧交叉的进路……在在体现出文学与历史的张力、时代与往昔的共情，以及五四新文化现代性建构更加丰富和立体的面向。

此次会议是在馆党委的领导下圆满召开的，会议题目"在文学与历史之间"由常务副馆长黄乔生拟定，既充分彰显了中国文史融合的传统，又充分凸显五四新文化运动首举"文学革命"义旗的关键时刻。中国鲁迅研究会凝聚学界同仁，彰显了专门性、跨学科的学术面貌。研究室作为会议筹备和举办的具体执行部门，组成精干的会务组，秦素银、何巧云、张娟、王霞、阿其拉图通力合作，使会议得以高效进行。何巧云还为本书稿的校订工作付出了辛勤劳作。现在会议成果终于面世出版，特向各位积极参会并提交论文的专家学者致以谢忱！也期待广大读者热情地提出建议和批评。

姜异新

2020 年 12 月 11 日

图书在版编目（CIP）数据

在文学与历史之间：纪念五四运动 100 周年学术研讨会论文集/北京鲁迅博物馆（北京新文化运动纪念馆）编. —上海：上海三联书店，2021.8
ISBN 978－7－5426－7155－4

Ⅰ．①在…　Ⅱ．①北…　Ⅲ．①五四运动－学术会议－文集②鲁迅研究－学术会议－文集　Ⅳ．①K261.107－53②I210－53

中国版本图书馆 CIP 数据核字（2020）第 167408 号

在文学与历史之间：纪念五四运动 100 周年学术研讨会论文集

编　者／北京鲁迅博物馆（北京新文化运动纪念馆）

责任编辑／徐建新
装帧设计／未了工作室
监　制／姚　军
责任校对／王凌霄　林志鸿

出版发行／上海三联书店
　　　　　（200030）中国上海市漕溪北路 331 号 A 座 6 楼
邮购电话／021－22895540
印　刷／上海展强印刷有限公司

版　次／2021 年 8 月第 1 版
印　次／2021 年 8 月第 1 次印刷
开　本／890×1240　1/32
字　数／620 千字
印　张／26.5
书　号／ISBN 978－7－5426－7155－4/K·602
定　价／148.00 元

敬启读者，如发现本书有印装质量问题，请与印刷厂联系 021－66366565